东京百年史

从江户到昭和 1867—1989

[美]爱德华·赛登施蒂克/著

谢思远 刘 娜/译

曹艾达/校

(上)

上海社会科学院出版社
SHANGHAI ACADEMY OF SOCIAL SCIENCES PRESS

目　录

引言　　　　　　　　　　　　　　　　　　1
前言　　　　　　　　　　　　　　　　　　1

（上部）
下町，山之手　　　　　　　　　　　　　1

地图（1892年东京、1914年东京）　　　　　2
作者自序　　　　　　　　　　　　　　　　7
第一章　终结与开端　　　　　　　　　　11
第二章　文明开化　　　　　　　　　　　34
第三章　双重生活　　　　　　　　　　　98
第四章　颓废文化的衰亡　　　　　　　　156
第五章　下町，山之手　　　　　　　　　195
第六章　大正风貌　　　　　　　　　　　258

（下部）
东京崛起　　　　　　　　　　　　　　291

地图（1927年东京、1932—1947年东京区部、
　　　1947年以来的东京都）　　　　　　292
作者自序　　　　　　　　　　　　　　　301

第七章　震后的日子	305
第八章　快乐重建	323
第九章　黑暗降临	398
第十章　棒鳕和芋头	461
第十一章　奥运时代	545
第十二章　昭和余韵	607
作者注释	673
索引	681
中译本后记	707

引 言

世上很少有城市像东京这样,生存、搏动和呼吸都和地形息息相关;也很少有城市像它那样随着空间的褶皱发生变化。对于一个街区没有多少特色,地势平坦之处几乎被建筑群所掩盖的城市来说,这尤其具有讽刺意味。但它并不总是这样,还有什么比这样的东京史写法更好的呢:通过叙述一些街区的兴衰沉浮,另一些更雄心勃勃的街区如何攀登社会-空间阶梯,反映地理变迁。爱德华·赛登施蒂克(Edward Seidensticker)的这两本书正是这样写的,在包括唐纳德·里奇(Donald Richie)和出版商在内的许多人的努力下,它们被首度合并到一张封面之下。

不管哪种语言里都很难找到一本书像赛登施蒂克先生的经典叙述那样,不仅充满了一个城市的精神,而且渗透着作者的智慧。这两部书写的都不是传统意义上的历史。虽然作者怀着一种强烈的历史兴衰意识写就了它们,但却是通过表现一种处于衰落和边缘化、同时又是城镇一部分的生活方式,把它们结合在一起。贯穿这两本书的是一种不祥之感和行将就木的宿命感。但与此同时,作者也恰如其分、举重若轻地选取了每次阅读都能引人发笑和使人惊讶的细节。

这当然不是任何人的东京,它是赛登施蒂克的。赛登施蒂克的东京从下町①开始,其视野向外推进至包含了浅草的整个地区。这两

---

① 在东京历史上江户时代的市域范围内,习惯将高台地区称作"山之手"(山の手),而将低地各町所在地区称为"下町",下町的代表地区有日本桥、京桥、神田、下谷、浅草、本所、深川等。

卷书的大部分内容都是在讲述下町及其代表的精神是如何消亡的，一直写到近几年差不多一切尘埃落定，浅草被赋予了充当游客前哨站的角色。在这些字里行间的叙述中，东京的许多区域都占有一席之地，它们无疑是主要登场角色，被赋予了这样一种个性：因时而变，却又扎根于下町几乎返祖式的原始吸引力和"山之手"地区展现出的暴发户式妄自尊大的气氛中。于是我们从中看到了银座如何从江户幕府时期一个默默无闻的地方，一跃成为尽是展示时髦新奇之物的商店橱窗。而这座商人城市旧时的中心——"日本桥"则要泰然得多，仅是逐渐输给了附近的丸之内地区。战后因为美军军事设施的建立而发展起来的一个暴发户式的红灯区——六本木，受到作者的冷遇。新宿和涩谷说得委婉点则是被远远抛在了角落。

在这些区域周边，有许多给本书注入了活力的建筑：如毁于1923年关东大地震的浅草"十二层"①，坐落于市中心、地理位置不便的东京中央车站②，因经受住地震冲击而闻名遐迩的弗兰克·劳埃德·赖特③设计的帝国饭店，城市的主要剧院如著名的歌舞伎座④和涩谷演舞场⑤。除了建筑外，人也是。他们的生命塑造了城市，定义它的文化——像手表制造商精工株式会社的缔造者服部金太郎、对日本建筑学发展产生重大影响的英国建筑师约西亚·肯德尔⑥、最受爱戴的著名浅草喜剧演员榎本健一⑦、在新宿建起一片街区并将其乐观地称作歌舞伎町的铃木⑧。但对这两本书主旨产生最重要影响的

---

① 即凌云阁，明治至大正末期位于浅草的十二层塔，1923年因关东大地震导致第8层以上崩塌，后被整体拆除。
② 即东京中央火车站，其日文名即"东京站"（東京駅）。
③ 弗兰克·劳埃德·赖特（Frank Lloyd Wright，1867—1959），美国建筑家，在日本有许多他设计的建筑。
④ 位于东京都中央区银座四丁目的歌舞伎剧场，历史悠久。
⑤ 指位于东京都中央区银座六丁目的新桥演舞场。
⑥ 约西亚·肯德尔（Josiah Conder，1852—1920），英国著名建筑设计师，在日本明治时代担任日本政府的外国顾问，在日本现代建筑史上留下了不朽的功绩。——译者注
⑦ 榎本健一（1904—1970），日本演员、歌手，被尊为"日本喜剧之王"。
⑧ 即铃木喜兵卫，其是第二次世界大战后主导新宿地区复兴建设工作的重要人物。

人,是许多至少将他们的部分作品构筑在东京土地上的作家,他们当中不仅有我们许多人都已经非常熟悉的谷崎润一郎①、川端康成②,还有名气小一点的小山内薰③和高见顺④。

这是一部社会文化史,它的光怪陆离被佐以富有启迪的各种插曲花絮,为东京的历史提供了更加宽广的背景语境。它围绕若干主体展开:上层人士中间的腐化;诸如百货公司那样的新文化和技术;节日、表演、剧院;艺伎和持有证照经营的花街。但这两本书远非传统意义上的历史著作,它们实际上可以说自成一派。我们很难不去思考赛登施蒂克在书写东京时所感受到的自由度。一方面,他并不是在做翻译,必须让自己的作品受制于原著;另一方面,他也不是以历史学家的身份在写,因而也没必要采用历史学这个行当里的一些研究方法和工具。然而,他却以一种不可思议的方式抓住了历史变迁中的重要细节——明治时代的东京街头发生的从徒步到坐车的过渡,以及大地震过后居民饮食习惯的改变——妇女们开始大批外出就餐,这正是当时活生生的历史,在报纸、舞台和小餐馆中都能见到。事实上,这种写作路径与日本表现历史与地理的传统有更多的相同点,把对地形地理的描述和对社会文化史的辛辣讥讽结合起来。不过,总的说来,本书读起来会使人下意识地感受到永井荷风⑤的存在,赛登施蒂克翻译了他创作的哀情故事,也在某种程度上沾染了他的文化偏见。

保罗·韦利⑥

---

① 谷崎润一郎(1886—1965),日本小说家,代表作有《春琴抄》、《细雪》等。
② 川端康成(1899—1972),日本小说家,1968年获诺贝尔文学奖,代表作有《伊豆的舞女》、《雪国》等。
③ 小山内薰(1881—1928),日本戏剧导演、小说家、剧作家,新剧运动先驱。
④ 高见顺(1907—1965),日本小说家、诗人、评论家。
⑤ 永井荷风(1879—1959),日本小说家,代表作有《美国故事》、《法国故事》等。本书作者爱德华·赛登施蒂克对其颇有研究,著有《三流文人——永井荷风》(*Kafu the Scribbler*)一书。
⑥ 保罗·韦利(Paul Waley),利兹大学人文地理学教授,著有《东京:故事之城》(*Tokyo: City of Stories*)等。

前　言

由于我五十多年的老朋友去世了，所以我沿着不忍池①的岸边散步时经常会想起他。我们都住在不忍池附近，他在汤岛的山上，我在池子旁的上野。不忍池是一个不错的碰头地点，因为我们对它都比较熟悉，并且整个区域有我们都喜欢的协会。

这些协会大部分是文学性质的。夏目漱石曾住在附近，他在那里写了《我是猫》。森鸥外②的屋子也仍旧在那里（不过现在已经被改成宾馆），而爱德自己则住在森鸥外《雁》中的阿玉时常攀登的陡峭街道的顶端。

爱德觉得附近仍然有点文学的气息，把自己视为最后的文人之一。他不仅关注过去的文学（就像他翻译《源氏物语》时说的那样），也喜欢过去本身（正如他在这部光辉灿烂的两卷本东京史中所展现的那样）。然而他对过去怀有一种矛盾的心态，他在他最优秀的作品《三流文人——永井荷风》中与我们分享了这种心态。

就像永井荷风不喜欢明治时代③的日本，以至于直到大正时代④的日本看上去变得更加糟糕，才给了他某种喜欢逝去的明治时代的理由那样，赛登施蒂克也不喜欢现代日本的许多东西，直到较新的种

---

① 位于东京都台东区上野公园的天然湖。
② 森鸥外（1862—1922），日本作家，代表作有《舞女》等。
③ 1868 年至 1912 年。
④ 1912 年至 1926 年。

种迹象显示某种更糟糕的东西即将到来,届时他会怀念他曾经讨厌的东西。

他把这些观点集中表达在他为《读卖新闻》写的火药味甚浓的专栏文章里,出版的英文版书名是《日本这个国家》。这是一个有着双重含义的书名,它可以被读成"这个国家"(ko no kuni,この國),也可以读成"这国家!",表达出一种对日本的极度的恼怒。他的观点和他得出结论的方式与永井荷风是如此接近,以至于《三流文人——永井荷风》既是洞察力卓越的文学史作品,又是一种彻底的身份认同。

当我沿着不忍池岸边散步时,常常想起我曾多次在那里碰到过赛登施蒂克,那时他缓缓漫步,看上去非常像晚年的永井荷风本人(当然他更胖一些)。当我们讨论文学的时候,我们总是谈起永井荷风。他说他的一大遗憾便是从未亲眼见过这位伟大的作家。他认识川端康成、谷崎润一郎、三岛由纪夫①和其他一些文学家,但他从未与他最崇拜的永井荷风见过面。

因为永井荷风也是我最喜欢的日本作家,他成了联结我和爱德两人的一个共同点。在英文文学中,我们也都喜欢某些像永井荷风那样有着完美无瑕风格并对过往有着非凡品位的作家:例如托马斯·拉夫·皮科克(Thomas Love Peacock)、爱德华·利尔(Edward Lear)、刘易斯·卡罗尔(Lewis Carroll),以及罗纳德·费尔班克(Ronald Firbank)。

还有简·奥斯汀。我们都迷醉于她的六部小说,一直读它们,甚至还与舒拉米斯·鲁宾菲因(Shulamith Rubinfein)和希拉格·克吕尼(Sheelagh Cluny)一道成立了一个未经授权的日本简·奥斯汀协会(Jane Austen Society of Japan),该协会只为我们自己而设。有人或许会觉得这样的文学品位狭隘了,但它们结出了绝赞的硕果。每当我重读赛登施蒂克翻译的《源氏物语》,我都会读到这种笔调,这种

---

① 三岛由纪夫(1925—1970),本名平冈公威,日本作家、政治活动家,代表作有《金阁寺》等。

语气,这种翻译的感觉——它的轻盈,它的贴切——都归功于他对简·奥斯汀的崇拜。她就立在那里,正好位于紫式部①身后。

有时候我在晚上绕不忍池散步的时候,会在某张长凳上发现爱德坐在那里,凝视着池子。有时候他会在那里喝酒(他喜欢烧酒),有时则不然。不论他喝不喝酒,我们谈论的都是同样的话题。我记得有这样一次对话。"我很高兴见到你,"他说,"因为我有事要跟你说。我下午都和安部公房②待在一起,我们谈到他的风格,他说评论家总说他受弗兰兹·卡夫卡(Franz Kafka)的影响,但他们都完全错了。真正影响他的是《爱丽丝漫游仙境》。那不是很好吗?刘易斯·卡罗尔!"

但那时赛登施蒂克的身体开始出现问题。他戒掉了对烧酒的癖好,做了髋关节置换手术,从那以后便再也无法好好走路了。我有时在晚上看到他在不忍池周围蹒跚跛行,但渐渐地他不来了——他老是摔倒。于是我们大约一个星期在他喜欢的上野的印度饭店碰一次面,他可以坐出租车来。

在大肆批判了我们生活的昭和日本③后,他现在称赞了战后刚开始的几年,因为他又发现了平成日本④的许多毛病。在我们后来的会面中,激怒他的是当代年轻人的懒散、无礼和自恋的态度举止。他怀念曾经的昭和时代,那时的日本年轻人看上去不知比平成年轻人好多少,而那些人正是他在当年大加鞭挞的。我们(就像永井荷风和所有旧时代的人那样)通常都怀念那种曾活在我们心里的美好事物,不论它是否真的存在过。

赛登施蒂克不但是一个文人,也是一位出色的翻译家,他还是一个高标准、严要求,能足够坦率地批评他所爱之物的人。他对日本怀

---

① 《源氏物语》的作者。
② 安部公房(1924—1993),日本小说家、剧作家,代表作有《壁》等。
③ 1926年至1989年。
④ 1989年起至2019年明仁天皇退位。

有深深的爱恋,比其他许多外国人甚至日本人都有过之而无不及。或许这就是他在 2007 年 4 月 26 日出事那天在不忍池岸边的原因。那是一个温暖得不同寻常,同时预示着夏天即将到来的春日。现在,随着夜晚的临近和长影在水上的展开,或许正是因为想享受这一切,他从出租车上下来,尽他最大的努力走过公园,前往印度饭店与我和我们的朋友帕特里克·洛弗尔(Patrick Lovell)共进晚餐。

现在当我在池子旁边踱步的时候,我总是会走过他那天跌倒摔碎自己颅骨的小阶梯。它很短,只有五个台阶,但从顶端摔下来足以让他陷入昏迷,他在昏迷了四个月后于 8 月 26 日与世长辞。

然后,当我继续在池子周围漫步的时候,我在远处看到有人正坐在我们曾经坐过的地方。天已经变黑——现在已经是黄昏了,天上出现了一两颗星星。我走近坐着的那人。我知道他不是我的朋友——爱德华·赛登施蒂克,但我希望他是。

唐纳德·里奇[①]

[①] 唐纳德·里奇(Donald Richie,1924—2013),美国作家、影评家、导演、编剧,长期居于日本,致力于日本电影的研究并写有专著。

(上部)

下町，山之手

东京从江户时代到大地震
幕府将军的古老都市如何演变为近代大都市
1867—1923

翻译：谢思远　校译：曹艾达

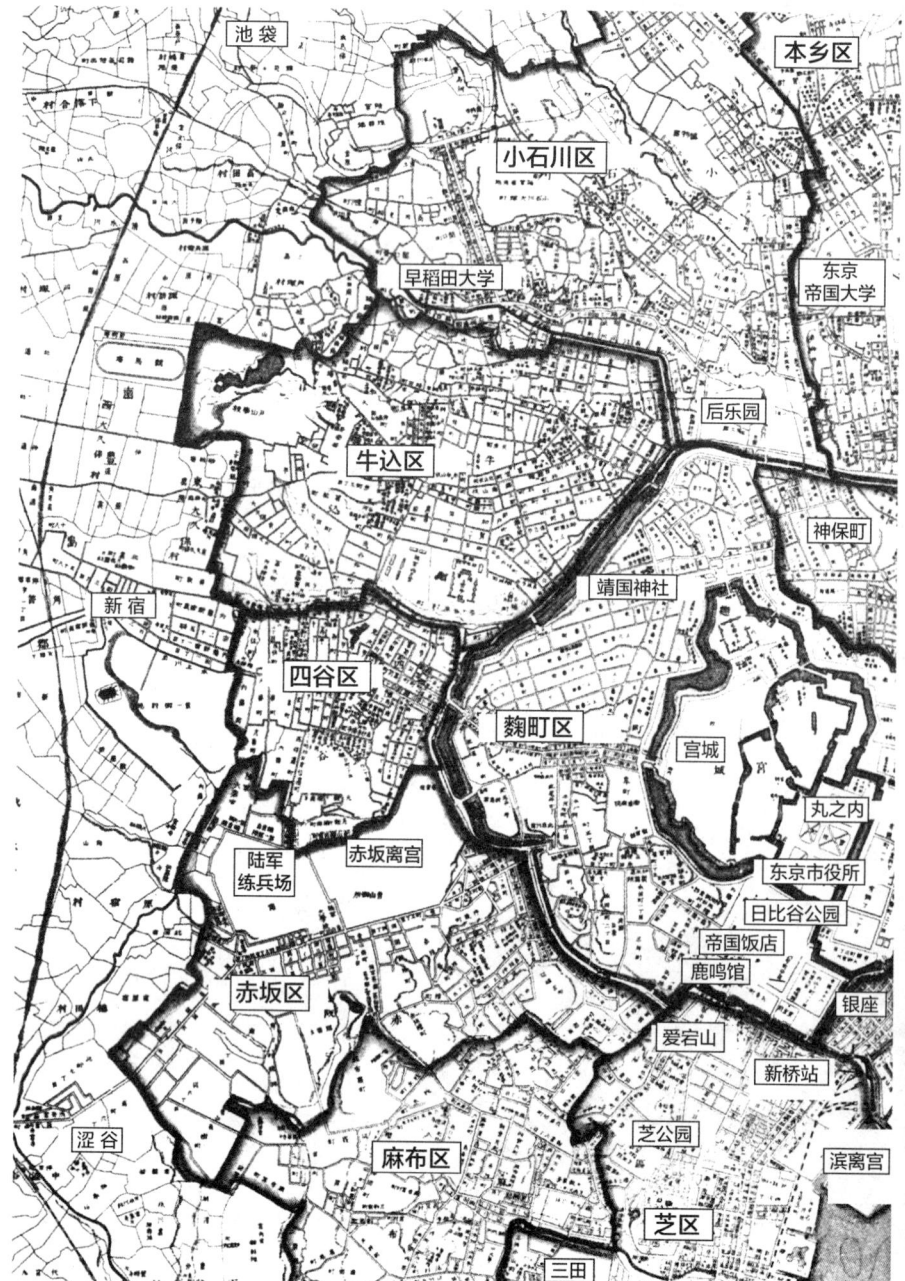

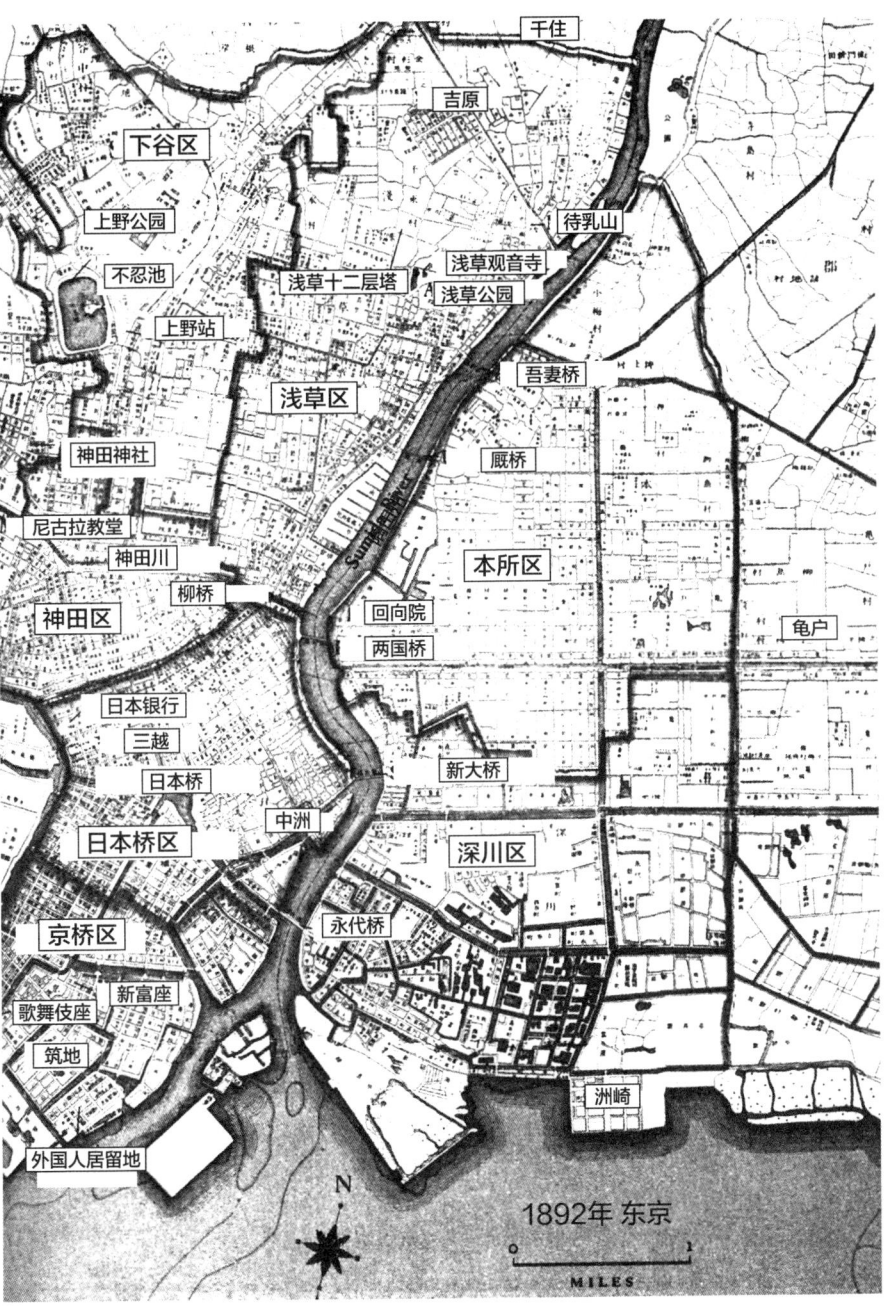

1892年 东京

审图号：GS(2017)3244号，此插图系书中原文插图

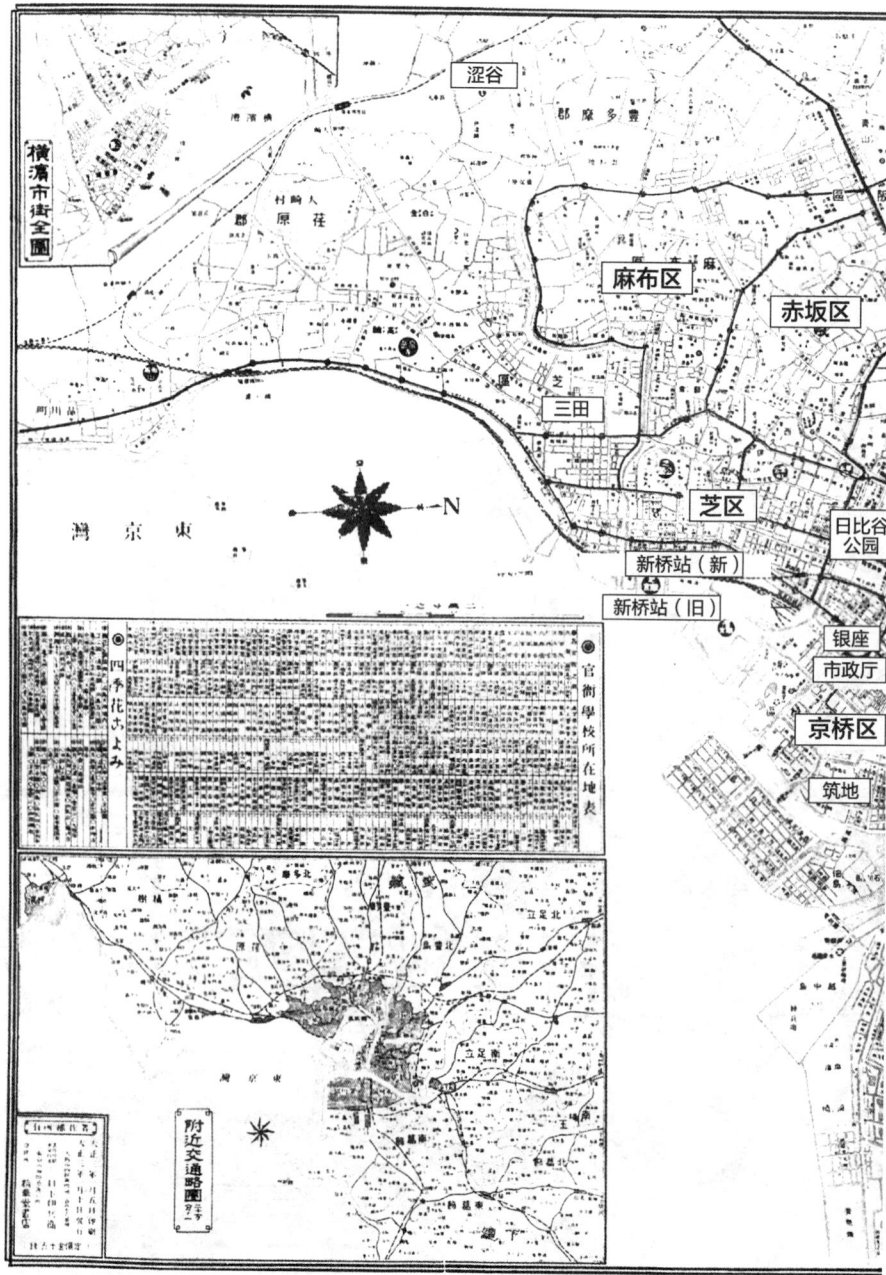

1914年 东京

审图号：GS(2017)3244 号，此插图系书中原文插图

作者自序

我年轻时并不给书籍题词。题词显得浮夸和自我炫耀。现在开始题词太迟了,但如果本书带有题词,那它将是对永井荷风的纪念。尽管他不是一个优秀的小说家,但他在擅长的领域却显得越发出色了。他写得最好的是抒情文章,而非长篇的记叙文、戏剧。他是一个与我观点一致的小说家,我们对这座世界上总是如此引人入胜的城市的看法不谋而合。在我探索、想象和思索东京这座城市时,他既是我的向导,也是我的同伴。

我不像他那样怀念江户这个曾经的德川将军驻地和东京的前身。不知怎的,德川时代有点黑暗和险恶。太多有才华的人遭到了镇压,不论我是不是有才华,我总是觉得,如果我生在江户,我也会是被镇压的一分子。

我像荷风一样对当年这座城市如日中天的那部分城区怀有好感。它的落日余晖撑过了接下来的明治政权统治时期,一直延续到关东大地震发生之时。它就是"下町"——平民聚居的平原,我在这里称它为低地城①(Low City)。明治时代是日本现代化和经济奇迹般变革的开端。但下町并没有丧失它在德川幕府统治时期明确掌握的文化霸权。

自关东大地震发生六十年以来出现了许多激动人心的事物,它们距离现在比距离明治时代初期要稍微久远一点。我需要再写一本

---

① 出于约定俗成的叫法,在下文中还是将 Low City 译为下町。——译者注

关于这数十年——尤其是自日本战败投降以来的数十年的书。我大概会写这本书,但它的大部分内容一定是和东京的另一半地域(现在它的大小已经远远不止一半了)即多山的高地——"山之手"有关。那是艺术家和知识分子的所在地,老板和富豪也越来越多。如果本书有关山之手的内容比下町少,那是因为在一个复合的大城市里,不是所有东西都会对你产生同等的吸引力,一本源于个人经历的书,自然会把注意力放在有趣和讨人喜欢的东西上。

永井荷风是一位挽歌作家,他哀悼江户的逝去,悲叹现代东京的崛起。有了这样一位向导和同伴,哀伤的语调势必会时不时地在本书中出现。当然,新旧交替是密不可分的。但因为发生在江户的故事有很多都是下町的,所以与下町没什么关系的事,本书自然会很少提到。它不是一个书香之地,也不是政治氛围浓厚的地方。另一番考虑又迫使我去掉了政治和知识领域的问题,这是因为东京在1868年成了首都,我认为我们或许应该对"因为它是首都而出现的东西"和"因为它是一个城市而出现的东西"做一个区分。

因此,本书包含的政治史和思想史很少,文学史和经济史也不多。文学上主要的例外情况是江户市民的大爱——戏剧。发生在歌舞伎①身上的故事对于东京作为城市的故事来说极为重要,但对于其作为首都的故事来说则不是。尽力把一个不断发生变化的城市描写得如同有机体一般恐怕并不现实,因为城市不像有机体和具体的公共机构那样,它会在各种方面向各种方向变化。本书的主题是一个一直都在发生变化的城市,以及江户的遗产和其身上发生的变化。往小了说,这是一个东京作为首都如何接纳时代的潮流的故事。

本书遵循了翻译日本人名的习惯。姓放在名之前。如果对于某人只用了一个单词称呼,那么它要么是优雅的笔名(虽然也有像"三岛由纪夫"这样干巴无味的笔名),不然它就是姓;有笔名的时候就用笔名。因此,"永井"和"时雨"都是笔名;而"谷崎"、"久保田"和"涩

---

① 日本传统的一种戏剧表演艺术,起源于江户时代初期。

泽"都是姓。

东京都档案馆的工作人员为我搜集插图提供了热情的帮助。版画来自唐纳德·基恩(Donald Keene)和我自己的收藏(木版画和平版画都是,有题注的除外)。我还要感谢东京中央图书馆(Tokyo Central Library)和《东洋经济新报》(Toyo Keizai Shimpo)。福田弘志先生(Mr. Fukuda Hiroshi)在拍摄因为复制原因无法漂洋过海的照片上,提供了热情的帮助。①

注释都保持在最低限度②,仅限于大部分有直接引用出处的地方。一个非常重要的来源(仅在注释中加以标注)是一本名为《东京百年史》的巨著③(*A History of the Tokyo Century*,虽然它是从江户早期开始写起),其由东京都政府在20世纪70年代早期出版,附带有1980年出版的年表。它自然是本大部头,不算年表就有六卷,每一卷大约有1500页,它在内容质量上同样是参差不齐的,但都是不可或缺的。

旅行指南非常有用,其中有四本在注释中注明了。东京市在1907年出版的两卷旅行指南尤其如此。④ 然后便是城区史,我没有在注释中标出,因为我没有直接从上面引用。像英国人那样,日本人也是精力充沛、颇有成就的地方史学家。他们的方志卷宗数量多得令人眼花缭乱,其质量不逊色于能在《泰晤士报文学增刊》上刊登书评的那些史著,比方说相当于我们"东南伯克郡⑤令人钦佩的历史"之类。每个城区都有至少一部区志。其中有些比另一些更好,并不是因为后者写得特别不可靠,而是因为前者编排得更好,未被过度精减。

---

① 由于图片清晰度原因,此次中译本未能收录。
② 本书上部的页下注中,除了标注"译者注"之处外,皆为校译者注,在此说明。原书作者注释仍按英文原版的排版方式置于全书最末。
③ 此处书名据安西彻雄的日译本(以下简称"日译本")译出,这部巨著由东京都政府主持编纂,自昭和四十七年(1972年)起共耗时八年出版。
④ 日译本述其为明治四十年(1907年)东京市政府发行的《东京案内》(该书名可译为《东京导览》)两卷本。
⑤ 伯克郡位于英格兰东南部,著名的温莎城堡即坐落于此。

我不想假装已把它们全都看过,但我所看过的那些书,没有一本是没有价值的。

本书最重要的灵感来源是永井荷风。我最后的鸣谢献给他,如果有题词的话,这份题词也献给他。

爱德华·赛登施蒂克
1982 年 4 月

第一章 终结与开端

1923年9月1日的日本有一种不祥之感。从春天到来的2月初算起,9月2日刚好是第两百十日。每年在这五谷丰登但台风肆虐的季节里,人们都心怀忧惧地等待着"两百十日"的到来,因为台风很可能会毁坏收成。而1923年的这场灾难却在9月1日便降临了。

和夏末的大多数时候一样,这天早上天气温暖而沉闷,伴有蝉①刺耳的鸣叫声。之后刮起了几阵强风,风向自9点起由东风转为南风,多多少少缓解了天气的闷热。一股低气压笼罩在关东平原的南部,东京城就坐落在平原边缘。随着上午时间的推移,风变得更大了。雨也落了下来,一直下到11点,天气放晴。

此刻东京城正在等待炮声的响起——自1871年以来,每到正午,皇居广场的大炮都会开炮报时。

在离正午还差1分15.4秒的时候,一场大地震向关东平原袭来。最初的震动是如此猛烈,以至于日本中央气象台的地震仪都被震坏了。东京帝国大学残存的地震仪记录下了唯一详细的余震记录——在接下来的三天里,有多达1700多次余震。震中位于城市东南部的相模湾②。地壳沿着幽深的海沟发生下沉,两侧则抬升隆起。城东正好处在一条地震带上,该地震带从江户川一直延伸到东京湾

---

① 原文为Locusts,此据日译本修改。
② 位于日本东京西南部50公里处,三浦半岛与伊豆半岛之间的半圆型海域。湾口广阔,湾腹较小。水深在1000米以上,航运非常发达。——译者注

(南北走向),而且与另一条地震带(横穿过相模湾宽阔的河口,从千叶半岛①一直延伸到伊豆半岛)距离非常近。之前在1855年,就发生过一次以江户川一带为中心的灾难性地震。另一场破坏力稍轻的大地震则发生在1894年夏季,也是以两大地震带附近为中心。当时人们就推测不久又会有另一场大地震,甚至直至今天,人们仍然这样认为。要求把都城迁到相对安全区域的呼声曾在1923年喧嚣一时,最后被天皇本人发布的一份声明平息。

9月1日到9月2日之间,东京平原地区的大部分,即东京东部的下町陷入一片火海。下町孕育了江户独特文化的大部分,它代表了人们心目中的江户印象,而"东京"之名,要等到明治天皇于1867年从京都迁来此处后,才为人所熟知。下町的许多建筑在9月1日地震发生时还侥幸逃过一劫,可在40个小时之后,大部分都因火灾而化为灰烬。

虽然我们不知道究竟有多少人死于地震以及随后的火灾,但西方媒体最初的报道几乎都有所夸大。《洛杉矶时报》通告大批惊恐的日本读者称,50万人死于非命。而今天对东京死亡人数的最高估计是十万多人。更多的人是死于火灾而非地震本身,而且似乎淹死的人比死于塌方的要多。

如果我们接受较低的伤亡数字,那么可以说差不多半数(也有可能是半数以上)罹难者都是瞬间死在下町的一处单独的场地,那是隅田川②东岸(左岸)附近的一片空地,以前是陆军的被服厂。最初的地震震动过后,大火开始在城市的部分地区蔓延。从下午3点开始,火旋风沿着隅田川四处肆虐。据目击者称,最大的一股旋风笼罩了差不多整个国技馆(其是河东岸最大的建筑物),高达几百米。火旋风约在4时许席卷了被服厂的这片空地,将刚刚从火焰包围的下町逃出来,在那里避难的3万难民烧成了灰烬。

---

① 指房总半岛,位于日本关东地方东南部,占据了千叶县的大部分地区。
② 隅田川,东京的一条河川,为荒川支流,注入东京湾。

怀有强烈自杀冲动的伟大短篇小说家芥川龙之介，喜欢对别人谈起，要是那时候他还住在老家本所①（位于隅田川东岸），也会像其他人一样去那里避难，那样就能省去自杀的麻烦了。

我妻子亲戚家九口人，只有一个20岁左右的儿子幸存下来。在一股旋风将他卷到安田家的庭园池塘附近之前，他正站着将遮板举在头上以阻挡火花。在那里他总算恢复了意识。②

日本传统的木质结构房屋对大风、洪水和地震都有很强的抵抗力，这次也不例外。可随后一场大火向下町袭来，一阵肆虐之后只留下散乱的建筑残骸。如果单单只有地震的话，虽然损失也会非常惨重，但这座古老城市的大部分城区都能幸存下来。即便在佩里准将叩开日本国门③已经过去70年，最后一任江户幕府将军还政天皇已经过去50年，城里的大部分房子仍然是木制的。用更坚实的材料建造的房子虽然挺过了地震，但许多都毁于大火。许多人盛赞弗兰克·劳埃德·赖特设计的帝国饭店岿然不动地经受住了地震的冲击，就好像是建在一块防震的火山岩地基上。它确实挺了过来，因而值得赞赏，其他许多现代建筑也是如此（当然不是全部）。目击者称，三越百货日本桥店在地震中只是被震碎了几扇窗，但当它被大火包围时，冲天火光却像太阳一样耀眼夺目。帝国饭店没有遭受同样的灾难，纯属运气使然。

由于大火在地震后迅速席卷城市，因此很难判断地震造成的损失。要想弄清楚在地震发生后、火灾发生前的短暂时间里到底发生了什么非常困难，因为恐惧导致人们的记忆已然失真，模糊不清。最

---

① 本所区位于东京都墨田区，属于下町的一部分。芥川龙之介幼时曾寄养在东京市本所区小泉町他母亲的亲属家。
② 日译本注明其引自《大东京繁昌记》（昭和三年刊）下町篇。
③ 指1853年的"黑船事件"，日本被迫开国。

可靠的信息显示灾难过后,全城差不多3/4的建筑物不是被毁就是严重受损,这当中又有近2/3是毁于火灾。如此说来,由地震直接导致建筑物受灾情况,可能为两组数据之间的差额,即约占1/12。

江户城在当时有15个城区,只有一个即牛込区没有发生火灾,它位于"山之手",是地处西面的山区。有5个城区的建筑物受灾情况超过了90%,另有一个受灾情况接近但稍好一些。损失最惨重的这5个区主要位于下町,沿隅田川和海湾分布。半斤八两的第6个区即下谷区的大部分也位于下町,但也有一小部分延伸到了山之手地区,其位于下町平原的这一部分几乎被完全摧毁,人们可以清楚地看到火线止于山脚即山之手的边界上。如果下谷区的上野公园也像之前被服厂的空地那样被波及,那么伤亡人数可能还要翻番。

确定火灾的数量和原因,与区分地震损失和火灾损失一样困难。当时最准确的估计是火灾的数量在130起以上,其中超过一半是无法控制的。大部分发生于地震的头一天下午和晚上。9月2日清晨,人们看到三越百货被大火烧得耀眼异常。下谷区东部的浅草共发生了19①次火灾,是15个城区当中最多的。到9月3日,最后几处火灾不是自己燃尽,就是终被扑灭。

人们普遍认为导致这场浩劫的主要原因是首波地震来袭的时间恰在正午。当时城里基本上家家户户都在燃气炉和炭火盆上做午饭,以常识来看的话,火灾正是从这些明火和小火苗烧起来的。

但事实上由其他原因引发的火灾也不在少数。化学品被认为是最大的诱因,其次才是电线和炊火。这意味着同样的灾难在今天的任何时间点可能会再次上演。之前1855年的地震发生在午夜,下町也有许多地方被毁坏,大部分损失是由火灾造成的——虽说那时还是19世纪中期,江户城还没有电线,助燃的化学品也几乎没有,但看起来,每当建筑物大量倒塌的时候,火灾就会发生。消防部门在刮风的天气里对许多地方同时爆发的火灾是无能为力的。如今东京城里

---

① 日译本作23次。

各处已堆满了各种化学品,各种公共设施的电线盘绕纠结在一起。诚然建筑物不像过去那样都是木制的,但由于下町许多地方的建筑都极密集,又建在原来的填海地上,这里无疑会在下一次地震时成为受创最严重的地方。

当时流传在江户城里的一个谣言非常异想天开,称某个西方国家发明了一种地震机器,正在拿日本做实验。不过好在当时并没有爆发针对"外人"(在日本通常指"西方人")的暴力事件。岛国的排外情绪反而发泄到了朝鲜人身上。

日本政府竭力推行戒严政策,其目的并不是为了保障在日的朝鲜人的安全,而是因为迫害朝鲜人可能会招致西方人的反对,它不会让这样丢脸的报道出现在西方媒体上。有人散布谣言称朝鲜人正在往井里下毒,连警察也呼吁公众注意井水安全,这一表态虽然后来被指为煽动公众对朝鲜人的敌意,不过这种敌意或许并不需要特别去煽动就能起来。愿意且实际上是希望把朝鲜人往最坏里想,是近代日本文化中一贯的主题。不管怎样,有相当多的朝鲜人惨遭屠杀。官方很不情愿地宣布被杀害的朝鲜人不多,只有三位数。但根据开明学者吉野作造[①]的研究,这个数字应该再乘以十才行,多达两千多人。

江户并没有被完全摧毁。城里最有名的寺庙——浅草寺及其中的观音像就幸免于难。对于观音像能大难不毁的原因,在当时有一个有趣的传说,说是有一尊明治歌舞伎演员团十郎[②]的铜像,其一身打扮就如在《暂》(剧名意为"请稍等一会儿")中的装扮,伸手压退了来自北面的火势。但火灾还是烧毁了花街中最受尊崇、曾是江户文

[①] 吉野作造(1878—1933),政治学者、思想家、明治文化研究家,是日本大正民主运动的发起人。
[②] 日本一个起于江户时代初期的歌舞伎世家,到 2013 年已经传承 12 代,历代座主袭名市川团十郎,其中第九代因对于男角、旦角、反派、新剧都很精通,且改良戏剧,使其以写实风格被称为活历史剧,在明治维新年代,担负起重振歌舞伎界的重任,提高了艺人地位,被称为明治剧圣。——译者注

化中心的吉原。

明治时期东京的若干标志性建筑也难逃一劫。日本国内最早的铁路线在北部设立的终点站——老"新桥站",就是没能挺过地震的现代建筑之一。砖造的浅草十二层塔"凌云阁"虽然在1894年的地震中幸存下来(当时很多用砖头建的烟囱都倒塌了,以砖头为材料的建筑抗震性一度受到普遍的质疑),人们也一度认为它是防震的,但1923年的这次地震却使它的第八层发生断裂。顶上的几层落入附近的湖里,剩下的部分则在翌年被工程兵拆毁。

最大的损失是日本商人和工匠的发源地、江户文化的中心——下町完全被毁了。自成为幕府的行政中心那天起,江户就被分成了两块区别明显的区域:多山丘的"山之手"或者说"高地城"(High City),大致在幕府城堡(现在天皇的皇宫)的西面形成了一个半圆;而平坦的下町则从东面补完了圆圈。"山之手"地区虽然也有小片如"飞地"般的平民①居住区,但大部分地区都被庙宇、神社和武家贵族府邸占据。下町也有武家贵族府邸和不少庙宇,不过仍然可以称得上是平民区的代表。虽然作为上流社会的武士阶层确实都很有教养,但山之手地区的品位——或者说被普遍认为是符合上流社会的品位——却带着一股尚古学究之气。江户的活力还是在它的下町地区。

下町一直是一个界限模糊的区域,很难划出严格的边界。它有时候看起来更像是一个概念,而非一个地理实体。德川幕府在17世纪着手给自己建造宅邸时,把大部分地质坚实的丘陵地区赐给了武士贵族,并把位于城堡东面、布满沼泽的隅田川和利根川的河口地区填满。由此产生的平地便成了商人和工匠们的住地,前者为贪婪的武士阶层供给商品,后者为他们提供劳力。

这片西面是江户城、东边毗邻隅田川和江户湾的土地,便是最初

---

① 日译本使用"町人"一词,是江户时代对居住在都市中的工商业者的总称,更加贴切,但本书为方便读者理解仍意译为"平民",实际上两者意思略有差异。

的下町。在明治时代的 15 个城区里，它只涵盖了日本桥区、京桥区，外加神田区、下谷区的平原部分。明治时代最喧嚣的寻欢作乐中心——浅草，几乎可以说完全不在江户时代的城区范围内。它位于守卫进城道路的一个哨所外面，最初是为前来参拜浅草寺观音的香客们而建的。之后又与剧场街区连接，成为相关设施的一部分，向更北的吉原花街提供餐饮及服务。

今天隅田川东面的所有区域都被视作下町的一部分，不过实际上直至明治时代，人们（而且不是所有人）仅是把隅田川东岸旁的一条狭长地带归入下町。

下町的中心在"日本桥"，它是幕府最早填河而成的土地中最广阔的那块。日本桥定义了下町的基调和特征。严格意义上的"日本桥"（にほんばし，Nihombashi①）这座桥，既是这片地域得名的原因，也是日本所有道路的起点。各地离东京的距离都是从日本桥开始算起的。对日本桥居民来说，向东不用走很远（可能只要走到隅田川，也可能要再往前几步）就会感到走进了乡巴佬的地盘。下町范围不大，但街区紧凑、生活舒适。

下町在最后一任幕府将军"还政"到关东大地震发生的这段时间，变化甚大。对于江户文化何时消亡，研究江户的专家们随着时间的推移，不断地将这个时间点向后挪。他们在 1895 年至 1912 年时就告诉我们说江户文化终将消亡，只剩东京能够存留下来。然而即便到了今天，下町仍然不同于"山之手"地区，因而我们或许可以说，江户的某些东西直至今日也依然存活着。不过即使如此，关东大地震仍然是一场灾难，下町的中心地带没能从中恢复过来。早在 1923 年以前，富人就陆续从日本桥移居他地，日本桥的活力也就跟着消失了。地震加快了富人从下町向西、向南迁居的速度，首先体现在银座的崛起上。现今最繁华的酒吧区和购物中心，都远在明治时代东京城的西郊。

---

① 现在的罗马音多写作 Nihonbashi。

29　　"日本桥"和"下町"总体上是保守的。当然也有人对德川幕府严苛的身份等级制度心怀不满,这种尊卑体系把商人列为所有阶层中最低贱的一级。作为回击,下町的讽刺文学和戏剧对居住在"山之手"的武士贵族阶层进行了揶揄,但这股潮流从未强大到可以让城市大众对旧体制形成威胁。土生土长的江户人自称"江户之子",他们乐于臣服在德川将军膝下。而幕府也明智地在一些节日里以屈尊的姿态去关心平民百姓。当威胁幕府政权的势力最终出现的时候,它来自偏远的藩国。相较于旧幕府时代的武士贵族,"江户之子"更厌恶那些新兴掌权的"乡下来的武士"。

　　我们可以批判说江户之子多少有点自命不凡。不过正宗的"江户之子"到今天仍不乏其人,他们的自视甚高已经到了傲慢无礼的程度,倾向于把世界分为"下町"和"下町"以外的其他地方,对后者怀有一种歧视的态度。小说家谷崎润一郎1886年出生于一个商人家庭,他虽然是一个地地道道的"江户之子",却对他的同乡没有多少好感,在他的作品里,"江户之子"被描写为软弱无能、怨天尤人之辈。但江户的下町确有更高的品位标准。如果我们结合之后的历史发展来看,会发现这种排他性也许是为了保持这种品位的必要手段,如果真是如此,那么有这些缺点也无伤大雅。

30　　日本桥以南的京桥区包含了银座。后者积极主动地迎接新时代:在旧幕府时代它虽是工匠生活区,但因为距离代表了新时代的新建铁路的终点站很近,它便热切地从横滨,并经由横滨从欧美,引进新事物。谷崎和其他作家描述了"江户之子"在新住民涌入时的大规模迁出,四散各地,以及这种变化的主要受害者——日本桥。这当然有点夸张了。有人怀疑谷崎这样夸大其词不过是为了达到一种文学修辞的效果。他描写"江户之子"在来自西方国家的企业家面前所表现出来的无助时也很夸张。而事实上,江户的许多家族都应对得很好。这当中做得最好的就有三井。早在17世纪,三井家就在日本桥开店,落户生根了。不过在这些变化发生之后,仍长期留在下町的"江户之子"确实很少了。江户的人口和文化向南、向西迁移的趋势是不可逆转的,而在大地震之后速度更快了。

"山之手"远没有像下町那样遭到严重的破坏。不断扩大的郊区受损更小,其中很多后来都被并入市区范围内。在大地震前后的这些年里,东京府(Tokyo Prefecture,既包括城区也包括郊区)的工业生产一直都保持稳定。与此同时,东京 15 个城区范围内的工业产值则急剧下降,而郊区的份额则处于增长中。

由于下町的寻欢作乐场所都在大火中烧毁了,"山之手"的相关场所便繁荣起来。但它们缺少同样的传统,这种变化意味着东京生活中某种重要的东西消失了。小说家永井荷风①和真正的"江户之子"谷崎润一郎不同,一是因为他并不出身商人阶层,二是因为他的家族在城里待的时间还不足三代,而俗话说没有住满三代就不能说是正宗的"江户之子"。即使如此,他仍十分热心地关注江户和东京的文化。在他的职业生涯里,他始终不停地悲叹东京杀死了江户,终其一生,他都以一种可爱的自相矛盾的心态,纪念江户文化如何在某些人给出的这个或那个死期后幸存下来。尽管他一般被视为情色小说家,他的作品从本质上讲还是怀旧和哀伤的。花街在江户文化中处于核心地位,如果有什么地方能保存江户文化的某些东西的话,那正是在这些守旧的区域。因此,它们成为他最喜欢的主题,也是理所当然的。他毫不掩饰自己对"山之手"新兴的寻欢场所的厌恶、轻蔑,指责其没有把性爱引导到它应有的位置。过去花街中拥有极高地位的花魁②们,并不是仅靠性的欢愉来讨顾客的欢心。只会这些是无法成为出色的花魁的。过去的游廓③同时也是浓缩了各种艺术技艺的

---

① 日本小说家、散文家。原名壮吉,别号断肠亭主人、石南居士等。1902 年即以自然主义倾向的小说《地狱之花》成名。倾向唯美主义,带有享乐主义色彩,主要作品有《隅田川》、《争风吃醋》、《梅雨前后》、《东趣话》等。还写有《断肠亭杂稿》、《断肠亭日记》和《荷风随笔》等散文作品。——译者注
② 江户时代对吉原妓院中地位最高的妓女的称呼,她们掌握多种高档礼仪和艺能,如书法、舞蹈、和歌、茶道、围棋等。
③ 古时的日本妓女叫"游女",妓院的所在地叫"游廓"或"游廊"。——译者注

中心。

中国传统纪年的第七十七个干支周期在 1923 年结束。① 当第七十七个甲子自公元 1864 年②开始时,德川幕府正处在最后的骚乱当中。最后一任幕府将军德川庆喜的短暂统治很快就结束了,紧接着发生了"明治维新",英文译为 Restoration。江户变成了东京,成为明治天皇的居住地。事实上,"Restoration"是对日文"维新"(*ishin*)③一词的拙劣英译,"维新"的意思更接近于"革新"(renovation)和"复兴"(revitalization)。

江户在第七十七个甲子开始的时候,自然不知道德川将军的统治这么快就要结束了。但人们有足够的理由感到恐慌,尤其是对外国人的存在,而且这些外国人一点也没有要离开的迹象。开港伊始,西方人似乎还受到充满好奇心的日本人的礼遇。但这种情况不久就发生变化。一位荷兰观察家将变化的时间确定在 1862 年④,接下来发生了包括向美国领事投掷石块的多起暴力事件。这位荷兰观察家把责任归咎于外国人自身——他们多是被港口城市吸引而来的无法无天的人。江户市民看起来与暴力事件关系不大,至少他们对外国人还不至于如此反感。不过他们似乎和那些要为暴力事件负责的兵痞们观点一致,都认为夷人应该被逐回自己的地盘——大洋彼岸。

早在 1863 年,一座新的英国公使馆就被来自武士阶层的纵火者们焚毁⑤,他们当中就有后来明治时期杰出的政治家伊藤博文。公使馆建于距离相对安全的横滨最近的城区里。它没有被占领,针对同一地点其他公使馆的占领计划也都落了空。江户市民听说纵火的消

---

① 中国传统纪年以十天干和十二地支相配,以六十年为一个周期。每一个周期的起始是甲子年。
② 即元治元年。
③ 时人针对其中的大政奉还、废藩置县等措施而称其为"御一新",日译本亦采用此词。
④ 即文久二年,这年发生了"生麦事件",日本武藏国橘树郡生麦村武士砍杀了外国人。该事件导致英国军舰炮轰鹿儿岛。
⑤ 即文久二年十二月(1863 年 1 月)发生的焚烧江户品川御殿山建设中的英国公使馆事件。

息后，看起来心满意足。

　　江户和欧洲那些首都不同。后者本身就是一个商业中心，它们的利益独立于统治者，有时甚至与之相冲突。江户更像华盛顿而非伦敦和巴黎，是人为缔造出来的首都的一个早期实例，比华盛顿的建立都要早。严格说来，它根本不是都城，因为天皇在德川幕府统治的几个世纪里一直都待在京都。但江户却是权力的实际所在地。第一任幕府将军德川家康在此建城是出于军事上的目的，并且和华盛顿一样，商人和工匠阶层随着时间推移逐渐聚集在此处，为官僚机构效劳。德川幕府有一个巨大的官僚机构，它在制度上规定地方上的豪强必须在江户保有宅邸。① 江户人大体上是乐于效劳并同时赚取钱财的，只要看看武士阶层的生活状况，就能明白下层武士是有点羡慕他们的生活水平的。

　　标示土地使用情况的地图，尽管在细节上存在差别，但都一致显示城里的大片土地都被移交给了武士贵族、寺庙和神社，而只有小部分土地到了平民、商人和工匠手中。如果我们给予"武士贵族阶层"一个宽泛的定义——包括每一个以某种形式依附于中央官僚机构的人以及地方领主在京城的行政人员，那么江户市民可能只占有江户1/5的土地。即使是下町也并非全部是属于他们的。从隅田川两岸一直到浅草基本都是武士贵族的宅邸。河流东岸的大部分土地，以及"日本桥"及银座以东的大片土地也都是他们的。沿下町平原北部和南部边缘的地区则有大量的寺院土地。50万江户市民实际上挤在江户城的一小部分城区里，其面积还比不上两个现在的中心城区或者四个相对较小的明治时代的城区。

　　江户在18世纪晚期到19世纪早期可能是世界上最大的城市，它的人口超过100万，有时候可能多达一百二三十万。这时候，欧洲

---

① 即参勤交代制，德川幕府在1635年颁布的《武家诸法度》中规定，作为各地领主的大名，每年要在规定时间内到江户向幕府将军述职，称为"参勤"，返回其领地则称为"交代"，大名家人则必须长期居于江户。

最大城市伦敦的人口都还不到 100 万。商人和工匠的人数一直稳定在 50 万,剩下的是大量的武士贵族和官僚机构人员。城中也有不少僧侣和神官,算上他们的家人,总数多达 10 万人。此外还有贱民,他们的地位比商人还低,是德川时期正统观念确立的四大阶级中最低贱的。江户的流浪者和外乡人也不在少数。最后还有艺人,随着德川政权行将就木,他们的境况也越来越糟糕了。

以江户为主题的浮世绘——无论是木版画还是屏风画——都使人感觉它像是最适宜居住的地方。陈设精美的小商店雅致地分布在寺庙和神社当中,每家寺庙神社中都可以看到各种有趣的演出:变戏法、耍杂技、弹唱、武术,等等。有时甚至还有从海外运来的老虎或者大象,用以满足处于闭关锁国状态中的大众对异域风情的渴求。

浮世绘描绘的这些景象中,最显眼的要属"日本桥"地区的主要街道。它们使人联想起一种熙熙攘攘而又愉快的生活。这种生活确实存在过,但浮世绘并没有揭示出后街小巷同样可能存在的拥挤状况。主街或者说"前街"两侧都是境况较好的商店,住着较富裕的商人。较不富裕的人则占据着后面的小巷,住在沿着露天阴沟而建的木板房小屋里,水井和厕所都是公用的。

老城区的规模不够填满明治时期的 15 个城区,更不用说现在的 23 个城区了。在江户的川柳①俳句中,有一句话叫做:"江户之域远至本乡之兼康。"②这里面提到了"本乡"区的一家著名商店"兼康"③,距离现今的东京大学本乡校区不远。虽然市政官的管辖权实际延伸得更远一些,江户城区范围仍要算作是从这里开始。如今兼康实际

---

① 川柳是日本杂俳的一种,多为讽刺短诗,属于江户的庶民文学。
② 俳句原文为「本郷も兼康までは江戸の内」。我那深谙日本文化的朋友凌树建议译为"北方本乡台,旁有兼康沽药散,皆处江户边"。
③ "兼康"是江户时代初期牙医兼康祐悦开办的经营牙粉"乳香散"的小店。后发展成为药品杂货店。分家之后,位于本乡的店改用"兼康"一词的平假名:「かねやす」并沿用至今,此处为方便读者,仍译为"兼康"。1730 年由于火灾,时任江户町奉行的大冈忠相规定以本乡的「かねやす」店为起始点,禁止用茅草铺设屋顶,由此形成了关于江户市域范围止于本乡的「かねやす」的说法。

已地处闹市区。江户城区的范围是以江户城为中心,半径2—3英里的区域,而且东边临海区还不到那么宽。在这有限面积里大约1/5的土地上,长期稳定地生活着50万市民,大约是现在东京人口的1/20,但他们却挤在远少于现今东京1/20的土地上。在后巷,工匠和较贫穷商人的标准住宅是被称为"九尺二间"的居室①,其分为两个部分,其中面朝小巷的是无地板的泥地,正面宽9英尺,进深12英尺。有些较为富有的商人像"山之手"的武士贵族那样居住于豪华的大宅中,过着铺张奢华的生活,但不那么有钱的下町居民则生活在阴暗恶臭的环境中,整日与泥巴灰尘、虫子和传染病为伴。后巷的大部分木屋有着最易燃易坏的木板屋顶,一有火灾就会剧烈燃烧。但江户之子们却对火灾引以为豪,将其称为"江户之花"②。火灾发生的频率之高、次数之多,使得下町没有一间房屋能保留20年以上。当然,有些房子一直保留到了今天,但精确的统计数字显示,每隔不到25年,这些屋舍就会遭遇厄运。

人们很容易对大和绘③中描绘的江户的美好生活方式,产生伤感的留恋之情。专事买卖的"江户之子"最爱兜售的正是"乡愁之感"。但明治时期是一个生机勃勃的时代,即便是最保守的居民也会对它的到来产生一种从束缚中得到解放的感觉。

谷崎对大地震后城市重建好的样子有一番著名的想象与憧憬。地震发生的时候,他正在位于东京西南方向、距其40英里左右的箱根山。他对旧城的毁灭感到欣喜,憧憬束缚较少,能更自由发展的新城的建立。由于他心中旧城的印象正是源自孩提时代居住的"日本桥",而那时日本桥还留有浓重的江户氛围,因而我们可以从他的思

---

① 此处据英原文译出,结合日译本并询问了朋友凌树,"九尺二间"的构造是:正面宽九尺(即一间半 = 2.727米),深二间(3.636米),正门处有一条窄长的没铺地板的泥地(称"土间")面朝小巷,也作厨房并有灶头,穿过土间则是垫高的有榻榻米的睡觉休息处。
② 本书作者在此处译为与日文发音相近的"Edo no harm"。
③ 日本绘画的一种名称,与受中国影响甚深的"唐绘"有很大不同,多描绘贵族生活及其事物,追求唯美主义情趣,色彩浓艳华丽。

23

考当中体会到,"江户之子"对告别江户和压抑的幕府体制该是怎样一种感受:

卡迪奥·赫恩①(Lafcadio Hearn)曾说过,人们对于自己处于极度悲伤时的所见所闻会一生难忘。但在我看来,人无论在多么悲伤的时刻,也能回想起与忧伤截然相反的幸福、愉快和惹人发笑的事情。当我得知自己逃过了地震一劫时,我既担心留在横滨的妻子和女儿,但几乎又在同一时刻,胸中涌起一股无法抑制的喜悦之情。"这下东京会变得更好啦"我如是想道……

我听说旧金山花了不到十年就变得比之前更好了。东京在十年后也定已复兴,建成大片像丸之内大楼和海上保险大楼那样巍然的高楼大厦。我能想象这座新的大都市的宏伟壮丽以及民风礼仪上发生的一切变化:井井有条的街道布局、崭新光亮的人行道、汽车的川流不息、高楼大厦鳞次栉比展现的几何美感,以及在它们当中蜿蜒迂回的高架线、地铁和无轨电车;不夜城的喧嚣和能与巴黎纽约相匹敌的娱乐场所。新东京的片段像电影一样在我眼前闪过。晚会里,穿着晚礼服和燕尾服进进出出的人们,还有那如同浮在夜空中的海上明月一般的香槟酒杯。深夜剧院外的混乱,车头灯在昏暗的街道里交相辉映。舞台上交错泛滥的薄纱、绸缎、木架和灯光。银座和浅草灯火阑珊处路人的媚笑。土耳其澡堂里、按摩院里和美容院里的私密悦乐,还有猎奇式的犯罪。虽然我长期以来都习惯沉浸在这种白日梦里,幻想各种新奇的事物,但真正不可思议的是这些幻想居然会如此顽固地缠绕在我心中浮现的妻女哀伤的面容中。②

---

① 现代怪谈文学的鼻祖,著名的作家兼学者,写过不少向西方介绍日本和日本文化的书,是近代史上有名的日本通,1896 年加入日本国籍,从妻姓小泉,取名八云。——译者注
② 引自谷崎润一郎「東京をおもふ」。

在"二战"刚刚结束的那几年里,时人常能惊讶地从那些逃过美军飞机轰炸的幸运居民口中听到意外的话,这些本该是无比幸运的人却说,要是他们的住所也能被炸一下就好了。这样一来,就能重建一所更现代化,更明亮、通风的居所了。当后巷巷口的木门被拆除时,当大火之后连后巷本身也在新时代的口号中被更符合"文明开化"标准的东西取代时,江户居民也一定都怀有同样的想法吧。

明治维新带来了以煤烟为首,一批与工业化相伴随的新形式的丑陋之物,因而永井荷风悲叹说和谐不在,也并没有说错。但明治维新也把人们从过去的恐惧和痛苦当中解救出来。1888 年春,在北郊曾经的小冢原刑场①举行了法会,为那些在此被斩首或以其他方式处以极刑之人的亡魂超度。按那时的估算,命丧于此的人数大约有 1 万。现在坐落在刑场上的寺庙据称供养着 20 万孤魂野鬼。如果我们以后者的数字为准,那么在小冢原刑场投入使用的 300 年里,每天大约有两人在此丧命,而且它还不是江户唯一的刑场。明治时期的江户市民就不必担心如此严酷的刑罚,并且也逐渐摆脱了传染病和火灾的侵害。

此外,明治维新还带来了精神上的解放。作为一个在"日本桥"土生土长的江户人,剧作家长谷川时雨在《旧闻日本桥》(1935 年发表)中这样描述了父亲在 1889 年明治宪法颁布时的感受:"他和朋友们之所以为新宪法的颁布欢欣鼓舞,和漫长屈辱的终结有关,从祖辈开始就因町人身份而遭贱视的日子终于结束了。"

一个人应该避免感情用事,但也不应走向另一个极端。明治维新期间刚受到启蒙的精英都有一种强烈的倾向,那就是把江户文化当作粗俗堕落的糟粕予以抛弃,其中"颓废堕落"一词直到现在都经常被用来形容 19 世纪早期的艺术和文学。

它在狭义上或许是"颓废堕落"的,因为江户文化如此多地聚焦于花街妓院,晚期的江户文学也确实不能算上品。这种颓废堕落(如

---

① 位于东京都荒川区南千住二丁目,为江户三大刑场之一,现其上建有延命寺。

果有的话)既产生于幕府僵化的保守主义,也因为妓院是当时唯一盛行一点民主的地方,在那里只要有钱和品位,阶级无关紧要。至于晚期的江户文学水平较低这点,问题出在当时整体品位的下降,而非这种品位所产生的文学作品。

平安时代①孕育出了许多高雅的文学作品,当时光源氏②在以他名字命名的故事中,言行举止都是如此优雅,以至于我们觉得平安时代是一个所有人的品位都不错的时代。但它本质上不是每个人都有的东西。温文尔雅的平安时代宫廷文化和商业气息浓厚的江户市民文化在以下两点上定是非常相似的:一是认为好的品位很重要,二是培养好品位的方法多如星辰。

江户文化本身便是留给子孙后代的最好遗产。它的神韵在于其戏剧性和表演性。日本早期历史上最出色的文化产物——茶道(一种以茶为媒介、烹茶饮茶的仪式)在本质上也是表演性质的。经由富足而有教养的人士之手,茶道集合了工艺、绘画以及建筑中的精华,这套礼仪本身也是一种被仪式化的会话所强化的庄重舞蹈,其以茶室为舞台。茶室里的茶具和挂轴这些东西虽然也能传给后人,但对于茶道的参与者来说,茶道本身才是使这若干美丽的构成要素在瞬间邂逅,产生美的关键,这种神韵是无法传给后来者的。

江户文化的精髓也带有相同的特质,将吉原的一晚比作午后的一席茶并不是一句玩笑话。在这两种场合中,表演都是最重要的内容。至于流芳百世反而不是很重要。戏剧也是如此。许多西方戏剧中的高水平剧本也是出色的文学作品,日本戏剧在文学价值上出类拔萃者并不罕见,但德川时代的剧作,不仅是江户一地的,连大阪在内,作为文学作品流芳后世的并不多。

---

① 是日本古代的一个历史时期,从 794 年桓武天皇将首都从奈良移到平安京(现在的京都)开始,到1192年源赖朝建立镰仓幕府一揽大权为止,相当于从中国中唐到南宋中前期。因都城在平安京,故称平安时代。——译者注
② 光源氏,即源氏,紫式部小说《源氏物语》的男主角。——译者注

江户的精华在于歌舞伎和花街游廓,它们优雅的夜生活也带有戏剧性的一面。正如茶道一样,它也是将各种纷繁要素交织在一起,产生瞬间即逝的完美。歌舞伎对游廓的影响甚大,两者可以说是一种共生关系。吉原和其他花街的最终卖点自然是情色,但其前戏顺序安排也是戏剧化的。歌舞的温文尔雅对于吉原的重要性不亚于对于戏园。游女分很多级别,她们中的最低一级自然只想着快快接客。而与此相对,吉原花魁的书信和绘画不时出现在展览会中,并以高价卖出,可见后者有着多么令人惊叹的教养和才艺。

　　游廓是文化中心,也是少数几个能让富有的市民感到自在的地方,没有喜欢吹毛求疵的官员来教导他们必须在一成不变的社会等级的底层安守本分。自从在17世纪崛起,不再是一处偏僻之地后,吉原在江户文化中就处于核心地位。

　　吉原的高雅游乐不是贫穷的店老板和工匠能够享受得起的,不过他们和江户人一样喜欢戏剧。城里布满了寄席①,在那里人们只需花少量的入场费就能观看表演,消磨一天的时光。那里也可以看到严肃的讲释②表演和滑稽的落语表演、对名演员的模仿、变戏法、平衡杂技,以及各种曲艺和奇术表演。在节日里,神社和寺庙周边区域也有各种免费的表演。夏天晚上会表演"怪谈"③戏以制造欢快凉爽的效果。事实上,对当今上班族来说最压抑的夏季,对江户市民来说却是最美好的季节。他们可以在夜晚打赤膊四处闲逛,欣赏周边戏棚等处的各种表演和风景来纳凉。

　　他们游赏的时候多半是步行。江户的一大特点就是车子很少,从徒步到坐车的转变也是明治维新的重大变革之一。虽然江户的有钱人过去常常坐船和轿子,但除了运货的马车车夫以外,几乎没有人

---

① 日语所谓的"寄席"是演出落语(类似中国的单口相声)、漫才(类似对口相声)等传统曲艺的剧场。——译者注
② 即日后的"讲谈"表演形式,是日本大众说唱艺术的一种。初称"讲释",明治以后称"讲谈"。
③ 一种恐怖古怪故事,最初多是与幽灵妖怪相关的民间传说故事。

乘车。不止一个现代日本城市被人们称作"日本的威尼斯",这个称呼也能被用于江户——虽然它不像威尼斯那样有着亲海的特性,街道中水路所占的比例当然也更低,但两者之间一直存在着相似性。江户过去有一张水路网,其中天然和人工的都有。去吉原最舒适的方式是坐船。被近代的交通运输方式所遗忘,威尼斯在今天仍然还是威尼斯,但江户却不是这样。没有一个日本城市能够逃脱机动车车轮的滚滚洪流。如今的现代日本实际上已经没有威尼斯这样的城市了。要是江户没有成为现代国家的政治中心,引领"文明开化"的风气,那么更多的江户运河和河流网或许还能保留下来。

在江户晚期,日本桥的居民如果想在戏园剧场里待一天,或者在吉原住一晚的话,通常不得不走上很长一段路。戏园剧场街区和吉原并排挨着,在北郊形成了地理和美学上的联合体。吉原从德川时代早期起就在此处,从"吉原田圃"这一称呼中,我们就能知道它位于郊外。歌舞伎的戏园剧场则是在江户晚期的时候才被搬到了北部,当时幕府还有最后一点清教徒式的热忱①,力图倡导市民节衣缩食来缓解经济困难。

浅草由于观音寺的存在,已经是一个繁荣的中心。它长期以来都是坐船去吉原的旅行者的最后一站。而现在它又有了歌舞伎加入。在江户时代的最后几十年里,剧院和最好的妓院都刚好坐落在城市的东北边界以外,浅草正位于边界上。因此,尽管浅草地处潮湿的郊区,地理位置并不好,但幕府阻止下层阶级纵欲浪费的"俭约令"反而让浅草成了江户城最大的娱乐区。这为它之后在明治时期的发展带来了决定性的意义。

观音寺吸引了大批香客,他们中的许多人更多的是冲着享乐去的,而不是出于虔诚,这也使观音寺变得比市内的任何寺庙都要兴

---

① 即天保改革,江户时代天保年间(1830—1843)施行的改革,其中一项措施是抑制物价上涨,禁止奢侈,矫正风俗,颁布"俭约令",将剧场戏园移至江户北郊外的浅草附近,封闭寄席剧场,限制庶民娱乐。

盛。"挤热闹"是江户之子的最爱之一。单是一大群人聚集在一起已是一件乐事了,而人群聚集的传闻常会吸引更多人前来。最初吉原在17世纪①被迁往北部的时候,浅草观音堂坐落于一处潮沼中,距离日本桥的北面有相当一段距离,在一个守卫城市入口要道的哨所之外。这个偏僻的地理位置正是吉原被迁往这里的原因。幕府没有极端到宣布寻欢作乐是非法行为,而是要求它像墓地一样与市民生活保持距离。

戏园剧场在很久之后的德川末期也遭受了同样的待遇。1841年到1843年间发布的"天保改革"法令纷繁复杂、严谨细致,对江户市民的生活做了事无巨细的规定。城里的寄席剧场从500多个减少为15个,留下的15个也都只许演出一本正经,具有道德教化作用的剧目。

幕府认为若干行业的妇女——如乐师、美发师以及浅草观音寺射箭摊雇用的女性拾箭人②——是败坏社会风气之人,因而禁止她们继续从业。

1842年,歌舞伎剧场也被置于风口浪尖,迁往江户的北部边界,距离浅草比吉原近,步行的话快上5分钟。歌舞伎在19世纪初的几十年③里非常受欢迎,有名气的演员成了文化名人及时尚、品位的引领者,与今天的电视红人并无二致。当两座主剧场相继失火被烧毁后,幕府当局拒绝予以重建,甚至考虑彻底禁止歌舞伎的可能性。但市政官员内部对此事也存在分歧,之后达成妥协,允许歌舞伎重建剧院,但必须到远离原址的地方去建。最后选了某位大名在郊区的别墅旧址作为新剧场。新剧场在幕府的改革热情消退之后仍然屹立不倒,当江户变成东京,明治时代开始时也是如此。

---

① 即1657年的明历大火,又称振袖火事事。之后,吉原由日本桥迁至浅草附近。
② 江户时代在神社等热闹场所附近设有被称为「楊弓場」的射箭游戏场,其中雇用了负责拾箭和招待客人的女性,称「矢取り女」,其中有些人私下卖身。
③ 即江户时代后期的文化文政时代(1804—1829),又称化政时代。在这一时期以江户为中心发展起来的庶民文化与"元禄文化"并列,代表了町人文化的空前繁荣。

因此浅草在为新时代的东京提供寻欢作乐场所方面占有优势。但在最近几十年里,它令人遗憾地衰落了,部分原因可能是因为它在江户晚期和明治早期的地位过高了。过去人们到浅草去是靠步行和坐船。现在到了机动车的时代,他们改为乘车了。未来属于那些公共交通便捷,以及能让旅客方便地换乘郊区火车的地区。浅草由于过于自信而不愿成为这些新兴场所中的一员。

当然这种变化不是一蹴而就的。但江户城以及后来的东京总是容易发生急剧的变革,而且这些变革无一例外地都具有灾难性。我们或许不能说灾难的发生随着江户时代进入末期而更加频繁。但在1853年佩里准将造访日本后,日本确实发生了一连串灾难,黑船事件本身就被许多人列为灾难之首。一股不祥的预感笼罩在幕府和江户城上空。

日本传统的编年史体系并不是按照单一顺序纪元的,如公元前(B.C.)或者公元(A.D.),而是通过一系列的年号进行纪年,这些年号都可以根据统治者的意志随意更改。在前现代的日本,统治者变更年号通常是为了祈求祥瑞。如果一个年号并不风调雨顺,统治者就会尝试更换另一个年号。佩里造访日本后,日本的年号换了一个又一个,在明治天皇即位前,十年不到的时间里总共换了四次。直到明治维新才最终结束了德川幕府的垂死挣扎。

下町一半的城区都毁于1855年的那场地震。1858年又发生了两次大火,之后一直到德川时代终结,虽然未有规模如此之大者,但仍有两次在德川幕府被推翻前的几年里算是比较大的了,其中一次烧毁了吉原。江户城的"本丸",即主城堡也在1860年代被烧毁过两次,而若要重建,费用已经超出了幕府的承受限度。

在又一场火灾过后,一座临时建成的天守阁①成了明治天皇的皇居,但其在明治初年又一次被焚毁。人们把另一座较小堡垒的失火

---

① 日本近代城郭建筑的一种,即耸立于城堡中央的望楼。

原因归咎于纵火。这样一来,明治天皇在迁都东京的最初几十年里,大部分时间都住在位于皇宫主体区域西南部的纪伊德川家府邸里。它后来成了赤坂离宫和皇太子的居所,而现在则变成了宾馆,用来接待来访的皇室成员和高级神职人员。

和过去一样,传染病一直困扰着江户。疾病也被视为不祥之兆。1858年波及全日本的霍乱就被视作与美国军舰在长崎的出现相关。

港口的开放意味着外国商人、传教士以及怀着赤裸裸发财梦的投机分子的到来。德川幕府政权从来没考虑过要撤销17世纪发布的反基督教法令,但只要教众都是外国人,那幕府就对基督教睁一只眼闭一只眼。港口开放后紧接着就出现了通货膨胀,人们把它归咎于商人。在1864年的一个晚上,有十个日本商人被杀,这明显是一次有组织预谋的行动。

1866年秋,当第十四代将军①的葬礼还在进行的时候,"米骚动"爆发了。将军的死与民众暴动凑在一起,这种巧合又是一种极不祥的预兆。其实和将军去世有关的一切都被不祥笼罩,就好像上天已经彻底放弃了幕府。第十四代将军非常年轻,才刚成年,他当选将军后,派系斗争一度在表面上得到平息,而现在又重新爆发。他在大阪死于脚气病,是德川家族中首位在江户之外辞世的将军。

米骚动肇始于隅田川东面的深川,起初是饱受居高不下的粮价之苦的穷人的和平集会。但在几天之内,隅田川西侧平原地区也开始聚集大批民众,人数暴增,把街道都堵塞了。"山之手"地区也聚集了一些人,只不过人数没有下町平原多。暴动发生在葬礼进入高潮的四天前。装满米的米仓遭到洗劫,同时,"唐物屋"也遭到哄抢。唐物屋的字面意思是"经营中国商品的商家",通常指经营外国舶来品,尤其是经由横滨输入日本的外国货的商家。正是在骚乱期间,美国领事在上野遭到投石袭击,当时他正在那里观察骚乱民众。

最初对经济不满而爆发的抗议活动,现在又加上对开国之后社

---

① 即德川家茂——译者注

会急剧变动的愤怒以及对未来的不安情绪,火上浇油越演越烈。由于缺乏组织和革命目标,骚乱并未给幕府政权带来严重威胁,但排外的声势浩大。尽管旧时代可能是黑暗而又肮脏的,但江户民众大体上并不想抛弃一直以来的生活方式。

然而,德川政权偏偏又给自己和江户找麻烦。江户的人口早在维新前就开始萎缩。到1862年时,幕府又放松了一项对维护德川统治秩序来说极为重要的制度①,该制度规定地方领主必须把他们的家属寄放在江户作人质,并每年在江户待上一段时间。现在幕府允许那些领主的家人回家,于是后者都愉快地离开了江户。最激进的倒幕派毛利藩②拆毁了他们在江户的宅邸,其刚好坐落于江户城堡南面,此时那里留下一片广阔的空地,标志着一个时代的结束。

接着在下层武士当中出现了大面积的失业,整个江户城也丧失了经济活力。1864年,幕府企图恢复一度放松的旧制度,但没有成功。这些变化或许没有大大加速德川幕府的倒台,但它们马上对江户产生了严酷的影响。和外国人的存在一样,它们也明白无误地宣告了时代已经发生变化。

1863年,第十四代将军德川家茂感到有必要就外患问题咨询朝廷的意见,于是不得不动身前往天皇所在的都城京都。倒幕派一直叫嚣要立即一劳永逸地驱逐外国人。德川家茂是17世纪初期以来首位造访京都的将军。虽然他又回江户待过一段时间,但在任期的最后几年里,他大部分时间都待在京都及其附近区域。他的继承人——第十五代也是最后一代将军德川庆喜,在他短暂的将军生涯里,从未在江户生活过。

德川幕府的江户市政官员制度③一直持续存在,直到幕府被推

---

① 即之前脚注中所述"参勤交代制"。
② 即长洲藩,以毛利氏为藩主,领有周防国和长门国,在幕末与萨摩藩共同成为倒幕运动的主力。
③ 日译本作"町奉行",其是德川幕府官员的一种职称,掌管领地内的行政、司法,虽然京都、大阪等也设有该职,但一般专指江户町奉行。

翻。但自从1863年起,这座将军膝下的城市在大多数时候已没有将军在了。江户人不知道最后的结局会是什么。将军已经离开,他的威望和江户的威望实际上是一回事。会有类似资格的人取代他吗,江户会再度沦为一个地方性城市、一个偏僻的港口,甚至回到1600年开府以前的那种状态吗?对此,在将军和他的家臣都离去之后,仍然留在江户的50万市民只能拭目以待。

第二章　文明开化

1868 年,也就是改元为明治的这年年初,曾经的第十五代将军,如今已不再是将军的庆喜回到了江户。

对西南倒幕派的"讨伐"结束得很不光彩,德川幕府已没有人力物力再一次发起惩罚性远征。西南倒幕派已经开始实施类似现代的征兵制度,而幕府的军队不仅补给差,可能斗志也不是很高,毕竟他们在几个世纪里都过着和平享乐的生活。眼见自己的统治已经到了日暮穷途的地步,幕府将军德川庆喜于 1868 年初(这是阳历的时间,按阴历来算的话应该是 1867 年末)①宣布辞去将军职务,"大政奉还"。他自己在江户仍然颇受尊敬。在明治时代晚期,他结束了在静冈的长期流亡生活,受邀为江户最具象征意义的"日本桥"这座桥题词。他的题词后来被刻在了石头②上,历经地震和战火而没有遭到破坏。前任将军即第十四代将军的遗孀③成了浪漫崇拜的对象,这位皇家的公主出于政治目的而结婚,但在幕府最终的巨变期间拒绝离开江户。

受政治煽动而起的暴力活动使幕府的家臣纷纷逃离江户。来自地方藩国的武家贵族早已逃之夭夭,他们的宅邸被烧掉、拆毁,任其

---

① 原文如此,日译本未收此句。一般认为大政奉还的时间为庆应三年十月(1867 年 11 月)。
② 日译本作"铜牌"。
③ 即和宫(1846—1877),孝明天皇异母妹,1862 年因孝明天皇"公武合体"的主张而下嫁德川家茂,史称"和宫降嫁"。

腐朽。犯罪分子利用政治暴力活动趁火打劫。天黑后,江户全城居民门窗紧锁,"山之手"的大部分区域以及城堡附近区域,甚至在白天都不怎么安全。

下层武士和市民仍然留在江户,他们无处可去,也无事可做,因为他们的经济基础建立在为幕府提供服务之上,而后者如今正在分崩离析。江户的人口在"维新"后立即骤降到了50万。市民们几乎完全不知道新政府对"外夷"及与夷邦交往持何种态度。横滨是当时日本与美国这个打开了日本国门的国家开展贸易最便利的港口。但是,如果新政权并不打算融入世界,那么将首都设在远离横滨的地方,就有着十分重要的象征意义。有人确实力主让大阪做首都,或者让大阪和江户共同作为首都。

甚至在1868年7月(9月改元为明治)江户已经改名为东京(意即"东部都城")的时候,定都的问题仍未最终拍板。经过对文字的巧妙加工,即将江户改名为东"京"(包含大量汉字使近代日语非常适合这样做),日本政府在江户"建立"了一个首都。然而,当时日本的都城还并未从京都迁走。所以京都(意为"首都")可以继续扮演它长久以来已经习惯扮演的角色,即"传统上的首都"或者说"礼仪象征性的首都"。① 明治天皇似乎仍旧把京都当作首都;他的陵墓就位于京都南郊的桃山。

一些学者争论说江户的名字根本没有改成东京。这个观点似乎有点偏激,但语言的复杂性使其成为可能。签发于庆应四年七月(1868年)的一份重要诏书的大意是:江户是东部诸地的重镇,会聚人流,从此处可纵观全国、亲理国事,因此江户可谓东京。②

这可能意味着江户仍然是江户,但它现在又成了"东部都城",或

---

① 德川幕府时期名义上的首都仍是京都,但实际的政治中心是将军所在的江户,因此这么说。
② 此据英文原版译出,日译本则作「江戸を称して東京とし、京都を称して西京とせん」强调江户称为东京,只是相对于"京都"是西京而言。

者说是"东部的大都会中心"。语言的另一个奇妙之处使江户的新名称可以有两种发音的方式:"Tokei"或者"Tokyo"。不论这两种发音作为新名字是否正好讲的是同一种事物,它们在明治早期都是通用的。我们可以从出版于1874年的W. E. 格里菲斯(W. E. Griffis)所著的东京旅行指南了解到,当时只有外国人仍然称东京为江户。

留下来的江户市民也不知道天皇将来是否会到东京与他们共同生活。城里的经济生活仍然陷于停顿,娱乐业实际上也是如此。剧院在1868年初就已经关门,来吉原寻欢作乐的人也很少了。当时维新派的部队正向江户城挺进。维新实际上是一场革命,而这场革命会如何处置旧政权的权力中心还需拭目以待。毕竟江户城在创造新世界的革命中出力不多,那些向江户进发的西南诸藩军知道江户人对他们的品位和举止很反感。忧郁和不安弥漫全城。

江户城等待着,而明治天皇的军队(即西南诸藩军)则从西面气势汹汹地杀来。他们所唱的一首歌将被吉尔伯特(Gilbert)和萨利文(Sullivan)作为著名的萨沃伊歌剧《日本天皇》①中天皇军队的军歌。它写于天皇军队向江户进军途中,相传作曲的是明治陆军的创建者大村益次郎②。天皇军队的进军因为先在静冈、后在江户举行的和谈会议而在箱根山附近止步。会谈的结果是同意江户城堡将不做抵抗,和平移交。1868年,最后一任将军德川庆喜离开了江户城,在接下来几天里完成了对江户城区和城堡的不流血移交。革命军的前锋已经到达品川和板桥,这两个地方分别处于从日本桥经海岸和内陆道路前往京都的第一站上。③

---

① 由英国作曲家阿瑟·萨利文(Arthur Sullivan)与剧作家威廉·S.吉尔伯特(W. S. Gilbert)合作的歌剧称为"萨沃伊歌剧",其后成为一种剧种,多是带有讽刺意味的喜剧。当时流行假借异国故事讽刺英国上流社会,《日本天皇》(Mikado)这部剧作即其中之一。
② 日本近代史上著名的军事家,在长州藩进行军事改革,并在指挥讨幕军打败幕府军和创建日本近代军制的过程中,起过重要作用。——译者注
③ 从日本桥出发的旅行者,若经沿海线(即东海道)前往京都,第一站是武藏的品川宿,若经内陆线(即中山道)前往京都,第一站是武藏的板桥宿。

江户城区内和北部藩国的抵抗仍在继续。虽然分散在江户城内的大部分德川幕府军已经投降,但仍有一小队人(彰义队)盘踞在上野,他们从此地派出一支巡逻队四处巡视,就好像他们还掌控着江户城一样。下谷之上的高地(即现在的上野公园所在地)被宏伟的宽永寺占据,它是德川家的菩提寺①之一,背后坐落着六代将军的陵墓。负隅顽抗的彰义队控制了宽永寺的住持:轮王寺宫公现法亲王②,或许正是这个原因让天皇军队踌躇不前。

农历五月,公历6月4日,天皇军队终于发动了总攻。从早晨开始,炮弹就从本乡高地发射,穿过山谷落到了上野。经过一番激烈的战斗,彰义队南部的防线直到下午晚些时候才出现缺口,地点位于"黑门",靠近现在上野公园的主入口处。在这场战斗中,大约300人阵亡,守军彰义队的伤亡人数是攻方的两倍。许多炮弹射程太短,似乎都没有打到目标,引发了几处火灾。宽永寺的大部分房屋被毁,在上野和本乡之间的区域有1000多间民舍被焚毁。宽永寺的住持乔装逃离,不久便乘船离开了江户。

如果我们撇开语言表述上的精确性不谈,说江户此时就是东京,就是日本的首都了,那么它和以往的都城——奈良和京都相比还是有不同之处的。它在当时已经是一座有着辉煌历史的大城市了。江户作为幕府将军的所在地,它的建立过程可以说是人为指定首都,或者说是人为指定权力所在地的一个早期的实例,这在中国和日本都有先例。不同的地方在于,奈良和京都最初是在乡间建起来的,那里没有庞大的市民阶层排斥官厅的到来,在这一点上,德川幕府入驻江户时也是如此,但当天皇到来时,江户已经拥有数百年的历史。体面

---

① 日本的一种寺庙,其中供奉先祖牌位,为死者祈求冥福,德川家最有名的菩提寺是宽永寺和增上寺。
② 即北白川宫能久亲王(1847—1895),孝明天皇的义弟,最后一任宽永寺贯首(任贯首者被尊称为"轮王寺宫")。

的江户之子都已凭借他们与德川将军的亲近关系获得了地位,他们以此自傲。其中凡是有余裕追求高雅品位的人,都可以自豪地宣称他们所到达的境界已无人能及。但现在大批土包子涌入江户,他们对江户的礼仪规矩一点都不敏感。

> 粗野兵痞毁我城,
> 江户往昔不复还。

这是谷崎润一郎很久以后代表江户之子所说的话。当然,这说得有点夸张,但许多江户市民都会附和他的抱怨。

1868年秋,天皇离开了京都。赶了三个星期的路后,他来到位于江户正南方向的品川驿站(品川宿),并于11月26日早晨进入城堡。大批市民出门迎接,不过对天皇的到来,他们的迎驾与其说是热闹非凡,不如说更多的是毕恭毕敬,一片沉默。为了预防江户最熟悉的灾害——火灾,需要用火的商家在这天都被勒令歇业。但市区已再度恢复了活力。江户人虽然喜爱德川将军,但也很高兴能喝一杯皇室赏赐的美酒。11月,新政府下令全城休假(当然江户的商户基本上已经习惯了年中无休),并在全城分发2563桶皇室米酒,这些酒全都被喝得干干净净。

在平定了北部诸藩以后,天皇于1869年初返回京都,又在春天回到东京,他正是从这个时候起开始在东京永久定居。由于明治天皇并未公开正式宣布再也不回京都了,旧都城仍然期待他会回来。直到1871年,京都才撤掉最后一个宫内省的部门,大部分宫廷贵族都在东京定居下来。江户城堡变成了皇宫,到今天仍然如此,东京则成了国家的政治中心,至1923年关东大地震以前,几乎无人对此提出过异议。

1872年,已成为皇宫的江户城堡的外门被拆除,有人之前就觉得城堡的壁垒建得过于夸张,天皇不需要如此铺张的防御工事。若干内门(不包括最里面的)也被排除在皇宫的管辖范围外,不过没有被立即拆除。城堡的两处塔楼被拆毁,其石头被用来建造桥梁,这得到新政府的支持,而德川幕府之前没有同意。

新政权对江户的政策最初是极谨慎的。幕府时代的行政组织实际上完整保留下来,只是改换了名字。位于城堡以东平原的南北町奉行所都被更名为"裁判所",像在德川时期那样负责轮流治理江户。

一条画于1869年的红线划定了江户的主城区即市区范围。它大致沿袭了德川幕府时代的行政区域。几个月后,红线内的区域被划分成6个城区。"东京府"一词在1868年被首次使用,指市区和周边的广大辖区。1871年东京府又被分成11个城区,其中内城的6个区维持原状。① 1878年这6个区又被分成15个区,其覆盖了比今天的6个中心城区略小的范围以及紧靠隅田川以东的两个城区。政府不时对城市的边界做出一些小的修正,1920年有过一次较大的修正,位于西面的新宿区的一部分(不包括车站以及今日新宿最繁华的地段)被划入四谷区。除了这些细小的变动外,15个城区在"二战"结束以前基本没什么变动。只是在1932年的时候,又有20个区加入城区,使城区的规模拓展到包含35个区,大致覆盖了1872年东京府的11个城区。明治初期所画的这条红线有时会在奇特的地方转弯,比如往北推到浅草之上,突然急转弯把吉原囊括在市区内。从地图上可以看出吉原和浅草是多么靠近开阔的乡间田野。明治早期的东京府不像今天的"东京都"那么大,现在的"东京都"与过去江户所在的武藏国相比又显得很小了。1871年,大体上位于多摩河(其下游在过去和现在都是东京都和神奈川县的分界线)上游河谷的多摩地区被划入神奈川县。由于多摩是东京主要的供水来源,也是建筑材料的重要供给地,历任的东京府知事都十分热心地推动多摩区回归东京。1893年,多摩区终于被收回,东京府的面积也扩大了两倍。静冈县的伊豆诸岛和隶属内务省管辖的小笠原群岛在1878年和1880年就被划入东京府。之后硫磺岛也在1891年被划入小笠原群

---

① 日译本作明治四年(1871年)东京府下被分为6大区97小区,明治六年(1873年)又改为红线内6大区,红线外5大区。

岛,这样,随着多摩区在两年后的回归,今日东京都的边界线就被确定下来。虽然小笠原群岛和硫磺岛都与东京相距遥远,但依然属于东京的一部分(美国管辖时期除外)。因此,说冲绳是日本在"二战"时期唯一被美军登陆的直属领土并不完全准确。①

距离东京更远的北海道根室②在明治早期的一段时间里也曾是东京府的一部分。当时东京的经济仍然处在不稳定的状态,因为它尚未得到像德川幕府时代那样庞大的官僚机构的支持,于是希望通过将北海道的偏远之地划入东京府的方式,重新安置贫困人口。

东京府是日本三大府之一,其他两大府分别是大阪府和京都府。与其他县相比,这三个府的地方自治受到更为严格的限制。它们在1898年才有第一任市长,比其他市差不多晚了十年。大阪和京都如今仍旧是府,除了知事③以外还设有市长。东京在第二次世界大战期间,成了全日本唯一的"都"(即首都区域),到了今天,又是日本唯一没有市长的城市。

1898年9月30日④,给予大阪、京都和东京特殊待遇的法律被废除,于是10月1日就此被定为东京的"市民日",以纪念东京获准拥有市长。新市长由市议会选举产生(当然,市议会议员的选举权只有少数市民才拥有)。市议会提名三名候选人,得到内务府的推荐后,其中一人会被天皇敕令任命为市长。任命得到市议会最多支持的人为市长已经成为惯例。第一任市长是来自下町神田区的议员。东京已经有过至少两位著名的市长。一位是困难时期坚定的议会民主制捍卫者尾崎行雄⑤,他活了差不多一个世纪,另一个是以"大包袱皮市长"(这一绰号使人联想到其无所不包的大计划)著称于世的后

---

① 第二次世界大战的硫磺岛战役中,美军曾登陆硫磺岛与日军激战。
② 根室位于北海道最东端,明治三年(1870年)6月编入东京府,同年10月19日,这一安排被废止。
③ 知事是日本的都道府县的首长,对应中文或可译为"省长"。
④ 日译本直接作10月1日。
⑤ 尾崎行雄(1858—1954),日本众议院议员中当选次数、连任年数、最高龄议员的纪录保持者,被尊为"宪政之神"、日本"议会政治之父",1903—1912年任东京市长。

藤新平①。虽然不能说后藤的大包袱皮有什么大的作为,但该领域的研究者还是称赞他在提升东京自治观念方面功绩卓著。他在大地震发生的几个星期前辞职,去接管日本与革命后的俄国的艰难谈判。由于与他关系密切的原敬②首相遭到暗杀,他的政治影响力急剧下降。不过在出任市长前,他在台湾(当时是日本的殖民地)总督任上以及中央政府内已经声名显赫。

1889年,东京进行了首次市议会议员选举。这年,其他城市已获准选举市长。有选举权的人依据收入被划为三等,每一等级选出他们各自的议员。

在最初的选举中当选的议员里,有一些极其著名的人士。事实上,我们只要看看历届当选人的名单,就能知道他们形成了一个有着极大影响力的集团。内务府对市政府的法案拥有否决权,时不时地对市长和市议会加以限制。新时代的号召者——宣扬"文明开化"的旗手福泽谕吉就曾当选第一届市议会的议员。安田财阀金融帝国的缔造者安田善次郎也被最贫困的阶层推举为代表。

并不是各级政府都有市议会那样的高水准,丑闻也时有发生。其中最轰动一时的就是"砂利事件"。1920年11月的一天,就在为纪念明治天皇而修建的明治神宫举行竣工镇座祭③的当日,神宫桥发生了部分坍塌,调查显示桥梁使用的是粗劣的水泥,这转而又牵扯出市政府当中的腐败。这一腐败案和公用事业腐败案正好同时发生。东京史上最受欢迎的市长田尻稻次郎引咎辞职,由后藤新平接任。东京作为市政管理出色的城市是名副其实的,但回顾市议会、都议会的

---

① 后藤新平(1857—1929),曾任日本内务大臣、外务大臣、满铁初代总裁等,1920—1923任东京市长,因其制定的各种计划规模庞大、无所不包,而被称为"大风吕敷"(即大包袱皮)。
② 日本政治家,第19任日本首相。生于1856年2月9日。历任递信大臣、内务大臣、内阁总理大臣。其在任内打破萨长藩阀政治,成为日本第一位平民出身的首相,组织日本第一次的政党内阁,但于1921年11月4日在任内被暗杀,卒号一山。——译者注
③ 镇座祭是神道教用语,指神社建好之后为将神明请入神社镇座于此而举行的祭典,此处的"竣工镇座祭"或可译为"落成典礼"。

历史,贪污受贿的问题确实时有发生。

明治政府的体制在中央和地方上都很难说是民主的,但与德川幕府相比还算民主。它为背离传统的做法提供了可能性。许多人不论出身贵贱,皆可就如何管理民众发表意见。明治时代是日本历史上的一个重要时期,对平民才能和气力的承认,或许能解释这个时期日本社会迸发出来的活力。长谷川时雨①在明治宪法生效的当晚就这样评价道:东京全城因为过于兴奋而彻夜难眠。

时雨的父亲发表了一通纪念演说,但听众早已烂醉如泥,在事先按照信号应该大声喊"好!好!好!"的地方,却大叫"糟!糟!糟!"瞎起哄,遇到应该反过来的情况却又喝彩。所有人都兴奋过头,还有人酒喝太多喝死了。这样充满热情的一面是那些把明治时代视为政治高压时代,认为其种下了"二战"战败祸根的人所忽略的。

东京城的人口大约在明治五年(1872年)的时候又开始增加,但直到1880年代的时候才达到江户时代顶峰时的水平。人口稀少的"山之手"的人口增长率要快于下町,但在人口增长的绝对数量上,下町更大。新涌入的人口绝大部分都来自日本东北部的贫困地区。下町的人口数量虽然稳定,离婚率却高于"山之手",也高于全国的平均水平。不过说起来,下町对性和家庭生活一直都比较随便。它的男性人口比重很大,时至今日,东京依旧是日本少数几个男性人口数量超过女性的地方之一。在明治维新到关东大地震之间的这段时间里,"山之手"的变化要比下町更大。江户之子哀叹城市死亡时,指的是市民(即町人)的四散及其文化——江户町人文化的消散。有钱人离开了城市,他们对艺术的资助也随之停止。下町的某些城区,尤其是紧靠皇宫东面的一带发生了翻天覆地的变化。

和现在一样,所谓变化并非在各方面都是一样的。在听闻了江户之子的悲叹,着手详查这种变化后,你或许会更惊讶于江户文化的延续性。例如,在明治维新到东京大地震之间的这段时间里,街道样

---

① 长谷川时雨(1879—1941),日本女作家,代表作有《江岛生岛》、《旧闻日本桥》等。

式变化很小。1840年来日的美国教育家W. E. 格里菲斯在他1874年出版的东京旅行指南里就评论过"成排的房屋都很低矮,都是易燃材料建的。与此同时,没有房屋的空地却很多,且十分空旷"。明治末期从市政厅屋顶上拍下的照片显示,曾经坐落着武士贵族府邸的空地依旧多得惊人。我们从神田的尼古拉教堂①那里拍的照片中也能看到几乎一望无际的低矮木制建筑一直延伸到地平线,最后消融在一片灰色雾霭中,这并非煤烟,而可能是摄影技术的不完善造成的。

要在这些绵延的屋舍中找到江户小巷的遗迹,必须凝神定气,这里的火灾实在太频繁了,而且人们希望多少拓宽狭窄的陋巷的愿望也太强。不过,看到那些从高处拍下的照片,会让人忍不住想知道所有这些住在穷街陋巷里、成千上万的人们正在做什么,正在想什么,而实际上,缺少显眼的建筑物这点本身似乎提供了解答。对这些人来说,相较于提倡文明开化的精英们的生活,他们的生活方式一定更接近一百年前的祖辈。甚至在今天,下町也依然不同于山之手。它更刻板、保守,也更排斥时髦的东西。两者的差别在于江户以来的传统仍然在此地顽强地生存着,而非已经被现代的这个世纪所塑造。

人们通常认为查尔斯·比尔德②(Charles Beard)把地震前不久的东京说成"与其说是个城市,不如说是农村的集合体"很有创见性,但实际上在这之前已有外国人如此评价了。1879年随同格兰特将军③和夫人一同访日的杨约翰④(John Russell Young)就这样描述了

---

① 正式名称为东京复活大圣堂,位于今东京都千代田区神田骏河台,通称"尼古拉堂"(ニコライ堂)。
② 查尔斯·比尔德(Charles A. Beard,1874—1948),20世纪上半叶最有影响力的历史学家之一,著有《美国宪法的经济观》,其在1923年关东大地震之后作为东京重建的市政顾问来访日本。
③ 尤里西斯·辛普森·格兰特(Ulysses Simpson Grant,1822—1885),美国军事家、陆军上将、第18任美国总统,他是美国历史上第一位从西点军校毕业的总统。在美国南北战争后期任联邦军总司令,屡建奇功。——译者注
④ 杨约翰(John Russell Young,1840—1899),美国记者、作家。曾受邀参与美国总统格兰特1877—1879年的环球旅行,其见闻记述于《与格兰特将军的环球旅行》(Around the World with General Grant)一书中。

他们沿河而上,去贵族宅邸用餐的旅程:

> 太子(prince)本打算在他那离延辽馆①最近的主宅招待我们。但由于附近爆发了霍乱,他便邀请我们去他在东京郊区的另一处宅邸。我们乘船入河,经过美国公使馆(American Legation)宽敞的宅地,它的旗子已经饱受风吹雨打,破破烂烂。我们还经过欧洲人的居住地,感觉它看起来像康尼狄格州的一个富裕小镇,我们注意到有一些屋顶竖着十字架的小教堂;又过了一个小时左右,我们经过茶馆、船只,在桥下看着夜幕降临于城市。要认识到东京是一座城市,而且还是世界上最大的城市之一这点并不容易,它看上去更像是一片片连绵的村庄,其中点缀着绿树和空地,偶尔有围起的庭院打断连排的房屋。东京没有什么特征,除了闲适安然之外,没什么能让你过目难忘的特点。河岸较低且龙须草丛生,一些地方是沼泽。我们来到太子的宅邸后,发现他已经命人用竹子建了一座穿过沼泽、伸到河中的堤道。

从明治时代到关东大地震发生前,东京城的发展几乎没有中断过。只是在第一次世界大战爆发前夕,由于人们对经济状况感到不安,人口略有下降。但到明治时代结束时,东京的人口已经逼近200万。1908年,日本政府做了一次细致的调查,结果发现早期的一些依据家庭户数登记统计出的数字被夸大了,这次调查显示东京有大约170万人。到了1920年第一次全国人口普查的时候,这个数字上升到200多万。这次普查还显示大约一半的城市居民是出生在东京以外的地方——人数最多的是来自东京湾对面的千叶县者。因此,

---

① 延辽馆是日本最早的石砌西洋式建筑,1869年为迎接英国王子到访而由海军军所改建为迎宾馆,1879年经英国建筑师约西亚·肯德尔设计重修,用于接待来访的格兰特总统。

江户之子对来自西南地区如萨摩、长州等地的乡巴佬涌入东京的抱怨，可能有些夸大其词了。在基于家庭户数登记推算人口的时代，即人口普查实施前的十年里，据估计城市中心三个区的人口增长率大大低于全城的人口增长率。增长最快的是皇宫西面的四谷区。山之手地区正越来越明显地成为精英的居住地，此时的精英已更多是以金钱而非家世出身来衡量。富裕的商人不再被迫生活在拥挤的低地平原，到明治时代结束时，他们中的大部分人都已选择离开下町。浅草区在人口数量和密度两方面都位居第一。

东京经历了一系列带有点试验性质的重命名和改组，到了明治四年和五年，它已经挺过了明治维新最动荡的时期，并为文明开化做好了准备。日语中的"文明开化"这四个汉字组成了两个非常古老的词，为开启新时代提供了神奇的准则。虽然"文明"这两个日语中使用的汉字在英文里一般被翻译成"civilization"（中文译为"文明"），但它的意思实际更接近于"culture"（中文译为"文化"）；而"开化"虽然有"开放"(opening)或者"解放"(liberation)的意思，但最常见的翻译是"启蒙"(enlightenment)。这两个词都是很早就从中文里面引进至日本的。早在1867年，这两个词就被组合在了一起，提供了一种能够摆脱过去的阴霾的选择。

"审视历史，人生初始是蒙昧的，接着渐渐朝着文明开化的方向前进。"早在1867年，福泽谕吉[①]就在《西洋事情》的第二篇中如此写道。他还为新时代创造了许多其他新名词和新的表达方式。虽然福泽谕吉在1867年的时候还年轻，刚30岁出头，但他所创办的私塾——庆应义塾大学的前身——已有近十年的历史了。没有任何一所大学像庆应这样由一人所创。他个人实力强大，总的来说性格温

[①] 日本近代著名的启蒙思想家、明治时期杰出的教育家、日本著名私立大学庆应义塾大学的创立者。他毕生从事著述和教育活动，形成了富有启蒙意义的教育思想，对传播西方资本主义文明，对日本资本主义的发展起了巨大的推动作用，因而被尊为"日本近代教育之父"、"明治时期教育的伟大功臣"。——译者注

和。在教育、新闻以及其他各个领域里,他都是自由和功利主义原则最活跃、最成功的宣传者。在他看来,只要秉持这两项原则,就能在西方人自己设定的游戏规则中击败他们。

对于明治政府来说,"文明开化"的含义就是采用西方的模式和方法。尽管明治政府一直没有福泽那样的自由主义倾向,但赞成认为新的方针能有效地对抗西方的侵蚀。旧时代最大的两个城市东京和大阪,将和新兴的港口城市一起引领日本前进。

西方的侵蚀已经显而易见了,而随着大鼻子、白皮肤的外国人大量来到日本,这种侵蚀将变得愈发明显。江户本来预定于1862年正式对外国人开放,但由于局势不稳推迟了五年。幕府一直在建造外国人居留地。选中位于城堡和银座地区东面,海湾处的筑地①的原因,既是为了让外国人和当地人互不侵扰,也是因为其地理位置:它和城市的其他地方之间隔着运河、城门,并有大片被称作"海军原"的空地。居留地在1867年已经建成,但当时11个外国公使馆的代表们在"大政奉还"几个星期后收到消息称,他们的进驻必须等到局势更稳定之后。明治政府最终在年末宣布开放江户。包括美国公使馆在内的若干公使馆都迁往了筑地。

居留地的大门不久便被拆除,往来变得畅通无阻。受雇于政府的外国人虽被安排住在筑地以外的东京其他地方,比如"加贺宅邸"(今天东京大学的本乡校区)。但规定其他外国人如果真要在东京居住生活,就必须住在筑地。不过实际上选择住在筑地的外国人并不多。除了一些传教士以外,筑地并不受欧洲人和美国人的欢迎。外国人的人数在一百上下浮动,中国人在其中的比重越来越大。尽管外国人人数不多,但他们却是一群有趣的人。一份1872年的外籍居民名单里就包含一位被描述为"马戏演员"的法国人。当然这些人中

---

① 位于东京都中央区,隅田川北侧,"筑地"之名,意为"填海而成的土地",过去此处有许多海军设施。

也不乏像鸦片贩子这样名声不佳的人,外国领事馆对他们的礼遇引起了日本人的反感,不过这也反而使日本人推动文明开化的热情日益高涨——他们觉得只要彻底地推行文明开化,就能说服外国列强摒弃治外法权。

筑地的两大名胜都不在外国人居留地内。筑地侯泰卢馆(築地ホテル館)位于运河对岸的南部地区,新岛原花街游廊则位于居留地的北面到西面,靠近京桥,建它是为了满足外国绅士可能有的需求。

"侯泰卢馆"这样的建筑只可能出现在明治时代早期。它的名字和建筑式样都体现了它是明治时代日本和西方首次会面下的产物。"侯泰卢"(ホテル,Hoteru)是"宾馆"(Hotel)的意思,而"馆"(館,kan)则是一个意义相似的日本汉字。该建筑颇受早期摄影师和晚期浮世绘画家的偏爱。它历史短暂,仅仅存在了 5 年就被烧毁,它虽说是西式风格的建筑,却和任何西方国家的建筑都不一样。它的结构像它的名字一样给人一种东西合璧的感觉——以传统日式建筑为基础,在细部加以西式的装饰。其建筑师名叫清水喜助,是现代最大的建筑公司之一,今日的清水建设公司的创始人。清水最初是一位木匠,也可能是一位建筑承包商,出身日本北陆①地区,在横滨学习西洋建筑学。

虽然"侯泰卢馆"竣工于明治时代早期,对它的筹建工作早在幕府末期就已开始,当时的规划是把它作为外国人居留地的附属建筑。它呈加长版的 U 形。关于它具体规模大小的记载前后不一,不过它应该有 200 英尺长,正面宽四十间②(72.72 米),三层高的楼房里有 200 多个房间,工作人员超过 100 名。幕府本能地要求它不能面朝大海,而要朝向平淡无奇的银座和海军操场;最初的设计方案弄得气派非凡,却被排外的官员推翻,他们希望这个地方看起来更像是一个送客地而非迎宾处。这座建筑在海湾一侧有一座漂亮的日式庭园,里

---

① 指日本本州岛中部临日本海的诸县。
② 此据日译本。

面有一间茶室和一个亭子。不过它外表最引人注目的特点是有着会使人联想起16世纪日本城堡天守阁那样的塔楼,以及传统日式的菱纹墙①。

从外观上看,除了高度和窗框外,侯泰卢馆似乎并不怎么像西洋建筑,但从其宽阔的游廊中可以明显看到设计者受到印度英式建筑风格的影响。从风向标到塔楼四角上都拉着链条,上面挂着风铃。内室则是西洋风格,涂有灰泥和油漆。

在它存在的短暂时间里,侯泰卢馆一直被列为东京城的名胜之一。然而,像该地本身一样,它似乎并不受人们待见。1870年,它被卖给了横滨的一个商人财团,之后就在1872年的银座大火中消失了。有趣的是,这场灾难和1936年的军部崛起事件②一样也是"二二六事件",即发生在二月的第二十六天。当然后者是公历日期,而前者是旧农历的时间;但是"二二六"明显是一个多灾多难的日子。

1872年的火灾起于下午三点钟,起火点在旧江户城内的政府建筑里。在强风的吹动下,大火向东蔓延,烧了200多英亩的土地,直至东京湾才最终被扑灭。官厅、庙宇神社,以及新老贵族的府邸都被烧毁,5万平民百姓无家可归。这不是明治时代最大的火灾,却可能是影响最为深远的大火。这场大火之后,一个新的银座诞生了,这是一个为文明开化而建的商业中心,也是一个新时代的标志。

当时还有一处名胜是新岛原。为了招待外国人,明治政府下令兴建了这一游廊。它于1869年完工,是新政府最早建成的项目之一。其名称借自京都著名的岛原游廊。妓女们来自关东各地,不过大部分人都是直接从吉原转来的。考虑到居留地的外国人并不是太多且主要是传教士,新岛原在1870年即它短暂历史的巅峰时期确实

---

① 指以四角平瓦沿对角线镶在壁面上,并在接缝处抹上白色泥灰而砌成的菱纹样的墙,日本汉字可写为「海鼠壁」。
② 指1936年"二二六兵变",日本皇道派军官发动叛乱,包围东京首相府及各大国家机关,刺杀多名高官,事件导致冈田内阁集体辞职,之后上台的广田内阁成为日本军部的傀儡,该事件也是日本法西斯主义发展的重要事件。

规模惊人。它照搬了吉原的复杂制度,设有茶屋作为预约点,共有1700多名高级妓女和大约200名艺伎和艺人(其中21人是男性),妓楼共130家,茶屋也有84家之多。

新岛原并不繁荣。事实上,它的历史甚至比侯泰卢馆都要短,因为它在银座大火发生前就关门停业了。市政府从一份报告中了解到,有相当多的外国人前来参观,但很少有人逗留游玩。旧的武士阶层也是敬而远之。其他风月场所在很大程度上都依赖来自武士阶层的客户,但新岛原只有普通的市民前来。1870年,一场大火烧毁了河对岸深川的一处游廊(据说它保有最后一处原汁原味的江户艺伎表演场所)。接下来的重新规划导致新岛原被关闭。妓女被迁到了浅草。从此之后,政府出钱经营游廊的尝试再也没有出现。

新岛原游廊最有趣的地方在于,它向我们揭示了官方不断变化的标准。在明治时代早期,明治政府认为外国人和日本人没什么大的差别,当然也需要到妓院里去快活一下。但很快政府就开始故作姿态,或许更好的说法是与国际接轨,迎合外国人。铁路通到横滨的时候,一次土地买卖使游廊正好被建在了铁轨边上,离横滨终点站不远。没过多久,政府当局就命其迁走,因为外国游客会觉得它和文明开化不相称。

筑地的外国人居留地看起来主要是一个汇集了光明向上的传教活动和发展教育事业的地方。比较出名的机构如现在的立教大学——其英文名为圣保罗——就起源于此,圣·路加医院直到今天还坐落在它创立时所在的地方。

敏感的市民对外国人居留地的反应和它本身一样有趣。在日本闭关锁国的几个世纪里,"基督教"一词都具有阴暗不祥的意思。从表面上看,外国人居留地也有着非常浓重的基督教色彩,因而人们想当然地认为这里暗藏着表面上看不到的、不可告人的东西。

大约在世纪之交的时候,谷崎润一郎被送往外国人居留地学习英语。他后来这样描述了这段经历:

那时候筑地的居留地里有一家纯粹由英国妇人经营的英语学校,据说教师当中没有一个日本人。说起这片居留地……里面没有日本人,尽是充满异域风情的西洋建筑坐落在整齐的街道两旁。一户姓萨默(Summer)的英国人家在里面开了一所英文学校。入口处是一扇被油漆粉刷过的带有百叶窗的门,门上挂着木制牌匾,上面刻着几个汉字:"专教欧洲字母。"①没人能正确地叫出学校的名字。一般人只知道"萨默家"。我刚刚提到了"英国人家",但事实上没人敢保证说她们真的是英国人,或许就只是一群从上海、香港等地方来的三教九流。不管怎样,她们是一群"外国女人",而且很是妖媚动人,年龄可能从十八九岁到三十岁不等。她们表面上以姐妹相称,有一个老女人被她们称作妈妈,那里一个男人也没有。我记得最年轻的一个女孩子自称名叫爱丽丝(Alice),说她只有19岁。其他还有莉莉(Lily)、艾格尼丝(Agnes)和苏萨(Susa)(本书作者按:原话如此)……倘若她们确实是姐妹,那么她们彼此间长得一点也不像就很奇怪了。

即便对我们这些组团开班上课的人来说,一个月的学费也要一日元。因而可以想见那些接受私人授课的人支付的学费一定更多。当时一日元并不是一笔小数目。英国人自然比我们这些处在蒙昧未开化行列的人要求更高的生活质量。他们是文明人。所以我们不能抱怨高昂的学费……

胁田曾小声告诉我——他明显是从他的哥哥那里听来的——外国女人在秘密接待日本上流社会的男士,也卖淫给某些歌舞伎演员(不过在这种场合下她们也可能是买春的)。上一代"梅幸"名号的持有人也在其中。他又说私人授课的内容非常奇怪,因为上课时间通常都在晚上且在楼上。我手头就有证据

---

① 英原文为"Bullseye School of European Letters",日译本未收此句,待考。

能证明胁田所言不虚,在昭和廿九年一月廿七日①《东京新闻》名为"谈话室"的专栏上,已故演员河原崎权十郎在一篇名为《论六代目菊五郎的病态心理》的文章中就有提及。以下我将摘录其中相关的文章段落:

> 当时筑地有一所名叫萨默的英语学校。我被送到那里学习。在我之前,上一代的羽左卫门、梅幸以及身为上一代歌右卫门的福助都来过,而且看起来他们的目标与其说是学习英语,不如说是醉翁之意不在酒。在萨默学校的女孩子当中,有一个非常漂亮的女孩叫苏萨,她是吸引我们到那里去的一个尤物。
>
> 后来笹沼为了陪我也报名参加了萨默学校。我们两个寻思着找一天去看一看楼上是什么样子。我们一路上忐忑不安,但还是成功瞥见了里面华丽的装饰。②

另一位异域文化爱好者,诗人北原白秋③在外国人居留地被关东大地震摧毁、一去不返之后也抒发了自己对昔日筑地的怀念,他这样写道:

> 渡船驶往何处,房州还是伊豆?
> 耳畔汽笛声响起。
> 越过河便是佃岛,
> 岸边闪着大都会酒店的灯光。

这首木下杢太郎④年轻时写的小调,连同 Eau-de-vie de

---

① 即1954年1月27日。
② 引自谷崎润一郎《幼少时代》。
③ 日本诗人、歌人。其诗歌中抒情及象征的风格,在日本诗坛较有影响。——译者注
④ 木下杢太郎(1885—1945),本名太田正雄,日本诗人、剧作家、翻译家、美术史学者,代表作有《食后之歌》、《南蛮寺门前》等。

Dantzick(金粉酒)①、在筑地居留地紫菖蒲花园里弹奏三弦的日本少女的三色版画、教堂的彩色玻璃和常春藤、弥漫着泡桐紫色花朵香味的游廊、推着婴儿车的中国奶妈、流淌在河中"银色的,绿色的,红色的"晚霞的流光溢彩一起,啊!还有圣·路加医院的晚樱和它的鸣钟、不可思议的大都会酒店密室、鸦片和纸牌中的K,全都化为了嗜好异域风情的外道者以及我们未完的美梦所留下的微弱余光。②

外国人居留地在银座大火之后进行了重建,但筑地侯泰卢馆没有。不过正如白秋所回忆的那样,还有其他的旅馆酒店存在。1890年,当美国公使馆搬到了如今大使馆所在的赤坂后,它的原址上建起了"大都会酒店"(メトロポール)。1874年格里菲斯在东京旅行指南中向人们推荐了上野精养轩③。早在第一条铁路通车的时候,它就在筑地了,其供应外国人的食物都由运输工特地从横滨送来。精养轩作为上野一家有名的大饭店至今仍在营业。

19世纪末,对日"不平等条约"的修改终结了治外法权,此时筑地的外国人居留地便失去了其原有的特殊意义,外国人得以自由选择地方居住。外国人居留地最终消失于1923年的地震和大火中,只留下圣·路加医院诉说着昔日的历史。

明治维新之后不久,东京的交通运输便开始从徒步和水路运输过渡到车辆运输。在这一过程的第一阶段,有一点引人注目,就是它没有效法西方,而是进行了自主创新。人力车和黄包车传统上一直被当作人类堕落的象征而受到痛斥。不可否认,人力车有其堕落的一面。但作为一项发明,它在理念上的巧思和设计上的独创性还是

---

① 《金粉酒》是木下杢太郎所作的一首诗,其开头是"Eau-de-vie de Dantzick. 黄金浮く酒"。
② 引自《大东京繁昌记》下町篇。
③ 日本著名的西餐厅,创立于明治五年(1872年)。——译者注

值得肯定的。实际上,如果决心要推广车行运输方式的话,那么人力车就是在起步阶段的一种廉价、简便而清洁的运输方式。人力车的起源虽然还没有完全弄清楚,但看起来似乎是源自日本,或者更确切地说是源自东京。目前最广为接受的一种说法给出了三位发明者的姓名,并将发明的时间定在了1869年。一般认为人力车最早出现在日本桥。但仅仅数年后,东京市内的人力车数量已多达5万辆①。铁制的车轮在高低不平的街道和桥梁上驶过,发出咯咯的响声,车夫们独特的宏亮吆喝声夹杂在街头的各种叫卖声中。但行人们似乎并未对车夫们要求让道的喊声加以关注。美国动物学教授 E. S. 莫尔斯(Edward. S. Morse)于明治十年(1877年)来到东京大学任教,他曾提到路上行人对车夫喊出的警告置若罔闻——他们不让路,好像认为车子自己会绕道。

有些人力车装饰典雅,而有些车子坐位背后张贴的画看上去就很色情了。1872年,过于大胆的装饰风格遭到禁止。乡间虽然另当别论,但东京开始注重提升品位了。政府要求车夫不能仅仅穿兜裆布而要有适当的着装,莫尔斯就描写过一个车夫在市郊停车以便整理着装。

在明治时代早期的一段时间里,一种四轮人力车在东京和横滨之间运营,它可以承载好几名乘客,至少有两个车夫在前后推拉。据说那时还有在一周内就把满载的人力车从东京拉到京都的记录,以及有关女车夫的记录。

从明治时代晚期开始,人力车的数量急剧减少,车夫们陷入了严重的经济困境。在大地震前夕,市区里只剩下不到两万辆了,人力车被迫转往郊区,在那里,较先进的交通工具要出现得慢一点。

人力车是一种极好的运输方式,尤其适合人口密集的狭窄城市街道。诚然,它会扬起很多灰尘,带来许多噪音,但比起它真正的头号竞争对手马车来说,它扬起的灰尘相对较少,在其他方面也更清

---

① 日译本作两万辆。

洁。老实憨厚的车夫不难找,其危险性也远小于马。而且大多数人似乎已经喜欢上了人力车发出的噪音——至少人们对明治时代的回忆总是充斥着人力车的响声。当橡胶轮胎替换了铁制车轮,人力车行进时的噪音也消失了,但车夫的吆喝声依然存在。或许人力车最好的地方在于它能给乘客一种成为城市一部分的感觉。

这种最早、最简单的交通工具甚至改变了城市。运河和河流变得不那么重要,原先依赖水路而生意兴隆的地方,如吉原附近的著名老饭店,都倒闭歇业。接着出现了更快捷的交通工具,人们又迅速转向了后者。古老的交通工具消失得如此彻底,让人感觉也挺可惜的。现在除了留有少数几辆用于载艺伎会客的之外,人力车已经消亡了。

不过在人力车还兴盛的时代,人力车本身也是导致另一种传统出行方式消亡的原因。轿子过去是那些不走路的人的主要交通工具,但随着人力车的突然流行而几乎绝迹。据说自从 1876 年顽固保守派,岛津氏的岛津久光①乘轿动身前往鹿儿岛后,轿子就只偶尔才能在葬礼和某些婚礼上见到了。如果雇不起马车,又觉得人力车配不上自己,新娘便会坐轿子出行。而当机动灵柩车和廉价的出租车出现后,轿子甚至连这些特殊场合都用不上了。

1871 年,天皇御驾前往滨离宫的时候第一次乘马车。几年后,格兰特将军和夫人将在这里居住。② 马车作为普通市民的公共交通工具在人力车首次亮相后不久就出现了。到 1869 年,横滨有了马拉公交车,过了没几年——确切的时间已不可考——在银座也能看到了。1870 年代的短短几年里出现了双层公交车,驾驶员身着雍容华贵的天鹅绒制服,头戴三角帽。最早的固定线路是从南边的新桥穿过银座,经日本桥到达浅草;以及从城市南端的品川向西直至横滨。

---

① 岛津久光(1817—1887),幕末萨摩藩实际上的最高掌权者,公武合体运动的推动者之一,曾任明治政府内阁顾问、左大臣。1876 年 4 月告老还乡,从东京返回家乡鹿儿岛。
② 美国总统格兰特将军访日时下榻的延辽馆就位于滨离宫内。滨离宫(现全名为"滨离宫恩赐庭园")位于东京都中央区。

马拉的公交车一般被称作"圆太郎"(えんたろ，Entaro)，这个名字来源于广受好评，能惟妙惟肖地模仿列车员喇叭声的落语家橘家圆太郎①。当出租车的时代到来时，它们在很长一段时间里也被称作"圆出租"(円タクシ)，这是一个由"圆太郎"的缩写"圆"(円)和"出租车"(タクシ，即Taxi)组成的词，其第一个音节"圆"也表示车费是一日元。

铁道马车②出现于1883年。最初的线路是按照马拉公交车线路设置的：从新桥到日本桥，最后到达浅草。但是随着新的机械设备不断引进，马牵引的交通工具在日本的繁荣时间比在欧洲和美国要短得多。铁道马车投入使用不到十年，东京就开始试验电车。1890年的"内国劝业博览会"③便是以电车作为一大看点。1903年，一家私营公司铺设了第一条公共电车铁轨线并开通运营，其从品川通到新桥，后来又延伸到上野和浅草。于是有轨电车急速发展，很快便达到日均约十万人的客流量，且费用比人力车低廉，所以人力车只好退到郊区运营。有轨电车系统起初是私有的，但私营企业在经营过程中产生了许多问题，经营有轨电车的三家公司并立，造成了巨大的混乱。在1911年，也就是明治时代的末期，东京市政府出资收购了整个有轨电车系统。

当初的混乱到了何种地步，永井荷风最优美的短篇作品之一《深川之歌》对此恰有描述。文中提到他在四谷乘上有轨电车，向东出发，穿过整个城市④。当电车经过筑地时，发生了一件他没有想到但又很平常的事情，导致他偏离了目的地：

> 电车穿过樱桥。运河比之前看上去更宽阔了。货船来来往往，显得异常忙碌。但道路却在鳞次栉比的住家和小店正门装

---

① 即第四代橘家圆太郎(1845—1898)，本名石井菊松。
② 在铁轨上行驶的由马拉的列车，其具体样子可参见三世重所绘《银座炼瓦街的铁道马车》。
③ 日本明治时代为促进国内产业发展，培育有竞争力的出口产品而由政府主办的博览会，从1877年至1903年共举办了5届。
④ 日译本为"从麹町向筑地的方向前进"。

饰的新年门松的映衬下,显得更加寒碜。街道两边的行人杂乱无章。电车在坂本公园前停了下来,然后再怎么等就是不见发车,我们前后的车子都停了,驾驶员和乘务员也不知道在何时不知所踪了。

"又来了,可恶。肯定是又停电了。"身穿平纹绸外褂,脚踏竹皮草履的商人对着他的同伴,一个披着毛皮围巾的红脸老头儿抱怨道。

这时一个背着黄绿色包袱,将包袱皮两端系在脖颈处的小男孩最先跳起来叫到:"啊!车子排得好长啊,都望不到头!"

列车员跑回来,一边换掉腋下的包,重新戴好后脑勺的帽子,一边擦了擦额角的汗。

"真是抱歉,能否请大家下车换乘其他车呢?"

听他这么说,车厢中的大多数人都站起身,其中有人不快地问道:"能告诉我们到底出了什么事情?要等很长时间吗?"

"实在抱歉,就是您看到的这样子,从茅场町开始就都停了。"

车厢里的人都纷纷下车,我也只好随着人流不假思索地站起身,虽然我没主动要求,列车员还是给了我去深川的换乘票。

就这样,荷风渡过隅田川,来到了深川。他不由得思考起落后于时代的下町与他先前经过的文明开化的山之手地区的反差。虽然对前者的古风之美充满了向往和怀念,却必须回到后者生活。我们据此可以揣测,要是有轨电车系统能运行得更顺畅一点的话,他就不会有机会作这番黄昏感怀了。

我们前面已说过,人力车的出现改变了河川附近旧有的商业模式。有轨电车产生的影响就更大了,大丸吴服屋[①]就是一个典型的例

[①] 吴服是和服所用的各种织物的总称。大丸百货的前身是吴服店,历史可以追溯至享保年间(18世纪初),最早是在京都伏见,其后在江户日本桥开业,1928年成功转型为百货公司。

子。它是少数几家成功发展成为百货公司的店家,大丸百货①建于18世纪,是明治中期最受欢迎的百货公司,甚至连奠定三井财富基础的三越百货都自叹弗如。对此,长谷川时雨评价说:"大丸过去是日本桥文化和繁荣的中心,其地位就好比今天的三越百货一样。"在她还是一个姑娘的时候,那里是一个令人惊叹和兴奋的地方。它的商店橱窗装有栅栏,与其说是为了防止窃贼,不如说是为了把男店员圈在店里(当时商店里还没有女店员)。有时候店里进来一个面容如狐狸精一般娇美的外国女郎,日本桥的游手好闲之徒就会聚在一起围观。但和它的竞争对手不同的是,大丸不在有轨电车自银座开往上野的南北主干线上。于是客人便越来越少,到明治时代落幕时,它不得已停止了在东京的业务,退往关西地区,直到"二战"后才杀回东京。不过这一次,它没有再游离于交通系统之外。把店铺开在了东京中央车站的大楼里,雄踞于其入口处。

对某些人来说(比如永井荷风),有轨电车是无序和丑陋的象征;对另一些人来说,这是通往新世界的入口,既令人生畏,又充满了诱惑力。小说家夏目漱石笔下的三四郎当时还是一名来自农村的大学生,他听从了朋友的建议来到东京,像发了疯似地乘着电车漫无目的地四处乱跑,试图抓住新世界的节奏。

在伦敦募集资金之后,1870年日本开始修建铁路。主工程师是英国人②,另有100名外国技术人员及工人参与其中。直到1879年,火车司机和列车员的工作才被委托给日本人,并且最初只限于白天的运营。第一条线是从东京银座南面的新桥到横滨的樱木町。樱木町站今天仍然接待着大量旅客,但已不再是横滨的主要车站。这条线路的终点站已在大约40年后因线路延伸而改到了如今的东京中央车站。旧的新桥站则成了一个货运站,并于1923年撤消。

---

① 日本一家大型百货集团。以关西为基地,在大阪、京都、神户、札幌、下关市、福冈及东京设有多家分店,还曾在海外设有分店。——译者注
② 即爱德蒙德·莫伦(Edmund Morel,1840—1871),1870年赴日指导日本铁路建设。

1872年夏天，铁路最先开始投入使用时，曾暂时以位于东京市区南部边界之外的品川作为起点，即首先开通的是品川到横滨这一段。到了秋天，新桥站作为新的始发站，终于在一片欢呼当中开通使用。天皇亲自乘坐了第一趟火车，他那天穿着西装，而大部分高级朝臣则依然身着传统的宫廷礼服。此时的西装价格非常高昂，很难买到。在同乘的贵宾中还有琉球国王。

火车票的费用比船和马拉公交车都要高。因此虽然所有人都想乘火车，但只有富人才有钱每天都坐火车。据说80%的乘客都是在横滨做生意的商人和投机者。最初的火车票上印有除日文之外的英语、德语和法语三种文字。但从1876年开始，就只有英文了。E. S. 莫尔斯（E. S. Morse）在1877年发现著名的大森贝冢遗址①时，正是在坐火车前往横滨的路上，这也被认为是日本考古学的发源。29公里的路程，当时坐火车要将近一个小时，且大森在当时是一片一望无际的乡野，没有什么遮挡视野的建筑物，因此莫尔斯不用离开车厢，就可以悠然从容地从车上凝视那些土堆，并鉴别它们是什么。

东京—横滨线是东海道铁路线的第一段。至1889年，东海道铁路线终于开通至神户。而从上野通往北部的干线则与东海道铁路线不同，它由私营企业修建，于1891年通至本州岛北端的青森县。到世纪之交之时，私营企业开始为东京郊区铁路线网的建设出力，这些铁路网使城市发生了剧变。1903年，位于市区外西南面的涩谷站平均一天可以接待1.5万名旅客，而在不到20年前它刚开站时，一天的旅客才不过15人。

新桥站与江户的传统之间存在着奇怪的联系。车站所在的地方，之前坐落着龙野藩领主在江户的宅邸。龙野藩就在以"四十七赤

---

① 位于东京都品川区至大田区的贝冢，属神纹时代（公元前14500年—前300年左右）末期。所谓贝冢，也作贝丘，是史前人们捕食的贝壳堆积成的遗迹。

穗浪士"①而闻名的赤穗藩边上,据说为主君报仇之后,义士们在从吉良宅前往高轮的泉岳寺途中,曾在江户的此处宅邸歇息。

如果说铁路让一些人欢呼雀跃,那么它也引发了一些人的反对。当时反对最激烈的似乎是官僚机构,他们觉得把横滨的洋人运到皇室附近可不是个好主意。如果一定要建铁路的话,往北建不是更好吗?在北面,铁路可以用来运兵,对付当时最显而易见的直接威胁——俄国人。结果政府要求铁路的一部分线路(正好是城南那一段,即从品川起)必须靠近内陆铺设,虽然沿海岸线铺设会更加便捷,但陆军出于战略上的原因加以反对。

铁路在老百姓当中倒是没有像电报那样引起反感。当时关于电报的谣言已经离谱至极,把它和基督教的所谓咒术及活人献祭联系起来。人们对待火车头却很是亲切。他们觉得它一定很可怜、很热吧,于是从路堤上取水泼到火车头上。

在关东大地震前夕,东京市内有一万辆汽车,但这些汽车并未像铁路和有轨电车取代人力车那样取代铁路。而且在一个重要的点上,汽车根本赢不过铁路。铁路出现的时候,江户的浮世绘创作仍然生机勃勃,尽管很多人说它堕落,但无论是在艺术创作还是买卖交易方面,它都充满活力。当时日本人创作了大量的浮世绘,单单是东京每年的印刷量就达百万之多,而且几乎全是产自下町。它们价格低廉,其中很少有卖到一便士的。它们都是一次性的消耗品,无论作为艺术品还是投资对象都价值寥寥,印刷技术水平也不高。就算印刷时颜色没套准,作者和买家都不会在意。有时印刷者还会大量使用颜色艳丽的化学颜料。不过,明治时代的浮世绘常常洋溢着一种富有感染力的热情。虽然它们在全盘细节上并不可靠,但作为传递明

---

① 在日本几乎家喻户晓的武士。元禄十四年(1701年),赤穗藩主浅野长矩奉命接待天皇使者,但受吉良义央愚弄而失礼,愤而伤害吉良,因此违反了法律,被判剖腹,家臣则成为浪人。之后他的47位家臣为其报仇,杀死吉良,史称"赤穗事件"。这47人除了一名叫阪右卫门的生存外,其余后来全部剖腹自尽。——译者注
以赤穗事件为题材,有著名的歌舞伎剧目《忠臣藏》。

治精神的史料，仍然比照片有着更重要的意义。经年累月它们也散失了许多。如今残存的浮世绘成了时髦的东西，它的美元价格有时可以达到四位数，日元也升至六位数。

明治早期的浮世绘画家爱上了火车和铁轨。当然他们的作品并非写实，而是以空想居多，就像从未见过大象和长颈鹿的人首次描绘它们一样。火车可能没有车轴，车厢在轮子上滚动，好似房子在圆木上滚动一般。窗户被画得花里胡哨，两辆火车迎面在同一条铁轨上行驶，好像出现这样奇异的事情没什么问题。不过这些古怪的图像似乎很有预见性，预示着将来要出现的城市问题：雾霾、交通拥堵，以及对逼近眼前的灾难漠不关心的官员们。

不过也并非没有写实的作品。公认的明治浮世绘版画大师小林清亲①的作品就既写实又令人印象深刻，他对诸如火车之类很难把握的题材也处理得非常漂亮。

小林1847年出生于墨田区东部的本所，该地靠近现在的两国站②，距离伟大的葛饰北斋③的出生地不远。幕府在此地有竹园和贮木场。他的父亲是受雇于幕府的工头。他虽是小林家众多的儿子中年纪最小的，却被定为家族继承人，跟随幕府将军去了静冈。虽然流亡的将军自己的生活远未到赤贫的程度，但他的家臣却大多一贫如洗。小林靠四处打零工过着朝不保夕的生活，其中一份工作就是在寄席④舞台上表演。他最后决定返回东京，途中在横滨停留了一段时间，在英国海军军官查尔斯·威格曼（Charles Wirgman）的指导下学习西洋画的技法，后者当时是作为《伦敦新闻画报》（Illustrated

---

① 明治时代的版画家和浮世绘画师，他把油画的光影艺术带到了浮世绘之中，形成了特有的光线画，被称为"最后的浮世绘大师"。——译者注
② 两国站位于东京都墨田区，其名"两国"与隅田川上的"两国桥"有关。关于两国桥之名的由来是这样的：大约300多年前，南葛饰郡并入武藏国，于是隅田川就成为下总国和武藏国的国境，因此横跨此处隅田川两岸的桥便被称为两国桥。
③ 日本江户时代的浮世绘版画家，他的绘画风格对后来的欧洲画坛影响很大，德加、马奈、梵高、高更等许多印象派绘画大师都临摹过他的作品。——译者注
④ 日本的传统小剧场，演出落语、漫才、杂耍等大众曲艺节目。

London News)驻横滨的记者来到日本的。据说小林还在明治时期最有名的摄影师下冈莲杖①门下一丝不苟地学习了摄影和日本画的技法②。

从1876到1881年,小林的版画家生涯持续了不到5年,虽然他后来确实又画过一些版画,不过他的主要作品都集中创作于这一时期。在这短短的几年里,他创作了100多幅以东京景物为题材的版画。最后一幅早期多产时期绘制的版画,画的是1881年的神田大火,在这场大火中,小林自家的房子化为了灰烬(顺便提一下,这场大火是明治时代东京遭遇的最大一次火灾)。

在明治早期,浮世绘画家都竞相以西方舶来品为题材作画,而小林和他学生(当时似乎有两个)的特色则是在绘画技法上也采用了西式手法。如果考虑到他所采用的明暗法和透视法,或许他已经不再属于浮世绘传统了。

通常明治时代以铁路为题材的版画,色彩都极其鲜艳华丽,有时甚至可以说是到了艳俗的程度。画家也不管所描绘的是哪个时刻,画面中通常都是天气晴朗、樱花盛开。但小林最为拿手的则是夜景画,他对时间和季节都把握得很精确,没有像他的前辈那样永远是春色满园。他画的火车沿着高轮山向南行驶,在黄昏的薄暮中泛着微光,浮现出些许色彩,使观者能够想象得到云彩后的月亮几乎是满月。③

小林后期的版画,尤其是在他主要从事插画师工作期间创作的版画,欠缺他在早年创作力旺盛时期的作品中具有的那种热烈而忧郁的风韵。这种忧郁的气质甚至可以说是对未来的一种预见,或者说我们之所以会有这种感觉,是因为我们知道他所钟爱的题材——

---

① 明治初期的画家,摄像师。作为日本最早的职业摄像师,他曾在横滨开设了日本第一家商业照相馆,被视为日本摄影之父。——译者注
② 日译本补述小林还曾在高桥由一等人门下学习西洋画。
③ 参见小林清亲所绘《高轮堤上的火车》(高輪土手の汽車)。

下町将会发生什么。他对夜景的偏好想来也具有某种象征意义,因为下町夜晚的生活中也一样蕴含着对落日残照的恋恋不舍和对再次迎来破晓的忧惧。

67

  小林画中从鹿鸣馆①窗轩中流泻出的灯光看似明亮,但却给人一种就要熄灭之感。吉原外宏伟庄严的老字号饭店里仍然灯火通明,但总觉得有一种暗淡的惆怅在其中徜徉,因为人力车在驶往吉原的路上并未像从前人们乘船前来时那样在此处停留。吉原郊外暮色中的田野上坐落着一座游女们敬拜的小神社。但不久之后这片土地上也会涌入居民,建起新的街坊,将田野埋没其中。我们知晓这点,小林似乎也预感到了。② 城内的诸多小神社和寺庙都在新世界找到了它们的信众和一席之地,但这座小神社却不然,它消失得无影无踪,在今天没有留下任何痕迹。

  小林拥有那个时代许多旅行画家都欠缺的特殊才能,那就是捕捉转瞬即逝的情绪和色调。当时其他的浮世绘版画艺术家把一切都置于仲春的阳光之下,却忽视了它更美的另一半景致。小林是一个天才型的艺术家。江户被东京逐渐替代的这个时代,也为映衬和升华傍晚及夜阑的灯光,提供了合适的题材。他比明治天皇晚三年去世。

68

  随着汽车的登场以及街道和路况的改善,水路的重要性就下降了。由河流、运河以及沟渠组成的河网范围非常广:从城西的群山之中一直延伸到了城市以北的利根川。在幕府统治时期,大部分物资都通过水路运进江户。大正时代结束时,即关东大地震结束三年后,大部分物资已靠陆路运输。不过在贸易方面,由于横滨承担了作为东京海上门户的作用,所以水路运输重要性的下降,其实并没有看

---

① 明治政府为接待国宾及外交官等而修建的迎宾馆,1883 年 7 月落成。以其为中心展开的外交政策被称为"鹿鸣馆外交",以推崇极端西化路线为特色。明治时代的精英们经常聚于此处举办西式宴会和舞会。
② 参见清亲派的井上安治所绘《吉原附近神社的鸟居》(吉原付近の神社の鳥居)。

上去那么厉害。即使如此，主要运输手段的改变已是不争的事实。隅田川河口的疏浚工作一直没有停下过，但东京还是没有深水港，只能容纳500吨以下的船只。人们对东京是否需要寻求成为一个国际性贸易港口的争论贯穿了整个明治时代。反对这一建议的一大理由源自长久以来对外国人的敌视，认为港口会带来形形色色的外国无赖和疾病。值得一提的是，在是否要与外国通商的问题已被解决半个世纪后，仍然有人严肃地提出这样的理由。

对旧江户城外濠的填埋工作贯穿了整个明治时代，而位于城堡西南方向的蓄水池溜池也是其中之一。溜池过去是江户名胜导览中推荐的游玩地之一：春天适合采摘花草；仲夏适合观赏盛开的荷花，聆听它们静静地绽放。由于溜池已经不具备军事防御的价值，它逐渐被砂土和弃置的垃圾填满，在明治晚期的时候成了一片沼泽地，在大正时代则完全消失。

不过运河网络到明治时代结束时仍然完好如初，水上有大量小船，水中有大群鱼儿。水上的生活即使是在相对保守的下町也可以说是特别保守的。明治时期木版画中一个有趣的一成不变的细节，无疑是依据事实绘制的。在画桥梁的时候，桥上的道路上时常和现在一样，满是新潮和传统、舶来和本土的各种组合，生机勃勃，而桥下的水上则几乎没有一丝新潮和现代的痕迹。

乘船游览差不多已经绝迹。思想前卫的年轻人会去隅田川上划船，大学的船库是东岸的一大风景。1920年面向外国人的旅游指南中，只收录了城里的一家船宿，船宿的字面意思是"小船旅馆"或者说"小船客栈"，它为水上娱乐活动和前往吉原的短途旅行提供优雅考究的泛舟服务。这些船有顶篷，船头高耸，船檐上的灯笼常常沿着船檐一字排开，这是在江户和明治时期的木版画上经常可以看到的画面。由于消费者期望在泛舟之余还能有一些娱乐活动，船宿也与吉原的茶屋一样，准备了诙谐幽默、技艺精湛的艺人。随着运河网络的消失，一些船宿也开始过渡到新时代，发展成为召集艺伎的饭店，而许多船宿则歇业了事。银座和京桥在过去是乘船前往吉原的客人在南部的终点站。由此，该地的船宿正是形成今日新桥艺伎区（现在仍然是东京最好的艺伎聚集地之一）及日式饭馆街（即料亭街）的一大基础组成部分。

永井荷风这样的鉴赏家说江户是毁于洪水和大火，不过我们也许可以说船只和水路的不复存在，给晚期江户的氛围造成了更具毁灭性的影响。在一段对晚期江户的哀伤叙述中，荷风自己也暗示了这一点，他描写一位著名的作家从船宿出发，一路审视世事变迁。荷风也是1840年代禁欲法令的受害者，在隅田川上的静谧时刻对他来说也是最适合审视过去和将来的时刻。明治的车轮打破了旧的模式和节奏，此时的人们已经不再有时间或者兴趣去组织一次完美的远足旅行，所以江户平民昔日的艺术也就不像以前那么受欢迎了。

这并不是说对江户来说非常重要的隅田川的风情彻底消失了。它们仍然存在，只是受到污染不再纯粹，变得粗俗而已。即使"一钱蒸气"船①到大地震发生的时候票价已经不止"一钱"，它们仍悠闲地沿河上上下下，并在海湾沿岸定点停靠。横渡两岸的渡船直到第二次世界大战之后才被桥梁完全取代。最保守的艺伎聚集区——柳桥就位于河边，那些卖唱艺人仍然乘船在柳桥前划来划去。人们依旧可以在夏天晚上带着艺伎一边划船，一边享受美酒和音乐。被称为"开河节"②的重大庆祝活动是下町夏季活动的高潮。

剧作家小山内薰③在1911至1912年④出版了一本名为《大川端》（Okawabata，其中的"大川"指的就是隅田川）的自传体小说。小

---

① 1885年开始在隅田川上运营的公共蒸汽船，因其最初票价"一钱"，被称为"一钱蒸汽"。
② 又译开川节，是庆祝纳凉开始的节庆，兼有举办供养溺死者和祈求止息溺水意外的水神祭。日本各地皆有此节，东京隅田川的称为"两国开川"（因为这一段隅田川在两国桥周边），是隅田川花火大会的前身。该花火大会起于1733年幕府将军在两国开川之日（阳历7月9日，阴历五月二十八日）举行水神祭当晚所放焰火，"花火"即焰火之意。1978年起成为每年惯例的"隅田川花火大会"，直至今日。
③ 明治末年至昭和初期在戏剧界致力于革新的剧作家、导演、批评家。——译者注
④ 日译本为"大正二年"（1913年）。

山内薰是日本提倡推广西方戏剧的先驱者，被称为"新剧运动之父"，他在关东大地震后几年成立了筑地小剧场①，这是当时蓬勃发展的兼具试验性和冒险性的新剧运动中最著名的机构。和永井荷风一样，比他小两岁的小山内薰也是一名欲成为江户之子而不得的人。他的祖辈都是官僚而非商人，他又身患残疾，早年在广岛度过了童年。而这样的人通常比真正的江户之子（谷崎润一郎就可以说自己是正宗的"江户之子"）更热爱江户和江户的遗迹，无论是抽象的还是具体的。《大川端》带有日本自传体文学常有的毛病：人物塑造薄弱，情节散漫，有自我满足的倾向，但在再现隅田川的风情景致方面还是很出色的。小说的时间设置在1905年左右，日俄战争已经结束或者可以说接近尾声；故事场景设在中洲②，是隅田川上的一个人工填河形成的岛，在日本桥外侧：

> 有时候会有一艘为溺死者超度亡灵的大传马船③往返于大桥和中洲之间，船上撑着遮阳篷阻挡日光，旗帜高高地在空中飘扬，以撞木敲响小钟，水上便响起哀伤的赞佛歌。
>
> 几乎每年夏天的晚上都有船来到石堤边给我们演皮影戏。这些船都没有像样的船篷，只用几块破布当作临时的遮篷，下面是纸做的拉门，使人不禁想起那种老式的遮篷船。纸门在船内灯光的照耀下显得有些泛黄，总有两个人影投射在上面。当太鼓、铜锣和三味线乐声齐作，船沿着河流溯流而上驶来之时，正雄便会开心地瞅着君太郎说道："真好呀。"有时还能听到模仿歌舞伎演员的声音从船里传出……
>
> 每天都有一艘卖糖船和着鼓声经过，并且恰好都在同一时

---

① 1924年由土方与志和小山内薰开设的日本最早的新剧剧场之一。原址位于东京都中央区筑地二丁目，现建有纪念碑。
② 中洲后因继续填河而跟陆地连起来，看不出是岛了，仅能从该地地名"日本桥中洲"中一窥端倪。
③ 运送货物等的小型日式舢板船。

间前来。虽然卖糖人的身影和饴糖看上去就像画中那样小小的，轮廓模糊，但水上传来的节奏简单的鼓声却是如此清晰，让他觉得他们距离如此之近，以至于可以够得着似的。听着这鼓声，他便莫名地激动起来，想起自己遗忘很久的、远在山之手的老家。不过想念终归只是想念，他并不急着离开君太郎。

远处的河岸边排满了仓房，红色的巨大满月会在其间升起，漆黑的河水会在月光的照耀下变成金色。然后，随着月亮越爬越高，变小变白，河流会变成银色。在不见电车通过的大桥黑影下，河水就像一群鲑鱼一样闪闪发亮。

架在河川之上有着优雅曲线的老木桥非常美丽，却并不适合通行重型的机动车。虽然也用木头修建了一些更宽更平坦的桥，但越来越多重要的新桥用的是铁和石头修建。截至日俄战争结束时，市内的481座桥梁里有26座是铁桥，166座是石造，剩下的还是用木头建造的。1911年，新的石砌日本桥竣工，它至今依然屹立不倒，最后一任将军德川庆喜还为它题了词。在落成典礼上，他走在游行队伍的前列，身边是一名100年前出生于日本桥的女士，在她一生中经历了四代幕府将军的更迭。浅草著名的吾妻桥（通常被称作"大川桥"）在1885年的时候被洪水冲走了。1882年，带有装饰性铁骨架的新铁桥竣工，落成典礼上举行了一场盛大的庆祝活动，现场张灯结彩，打着灯笼缓步前进的庆祝队伍、艺伎和政治家都到场庆贺。它很快成了城市的一大景点。但桥面仍然是木制的，在关东大地震发生时，它和河上其他所有的桥梁一样着了火，许多罹难者是溺水身亡。

永井荷风喜爱隅田川，但提起它每年两次的洪水也颇有微词：

正如夏秋交替的时候一样，春夏之交也很可能会降大雨。千束町到吉原的这块区域会变成一片汪洋泽国，对此没有人感到意外，因为每年都是如此。

以上就是他的一部中篇小说《隅田川》最后一章的开头。但说隅田川一年要发两次大水其实有点言过其实,在其他方面他的描述也不完全准确。夏末初秋的台风季节才是洪水泛滥的季节。六月的雨比起台风季节的暴风雨要温和得多。荷风之所以这么写,大概是因为他的故事里需要一场发生在初夏的洪水。江户至明治时期300多年的气象记录显示隅田川平均每三年才发一次洪水。但因为一些不为人知的原因,随着时代的推进,洪水变得越来越频繁。在明治时代的后半期,频率已经接近每两年一次。这当中有八次洪水导致的受灾情况严重,其中有两次发生于明治末年,分别是在1907年和1910年。

1910年的这次大水一般被称作明治大洪水,淹没了小石川以东的整个下町北部地区。上涨的河水使隅田川和一些小河的堤岸出现了溃口。浅草一带(包括吉原和荷风所述故事的发生地)损失尤为惨重,而全市15个城区中只有一个幸免于难。这场洪水是一场巨大的灾难,据测算,它造成的损失达到了当年国民生产总值的4%—5%。如果以荷风的话来说,江户最终消逝在了这次大洪水和翌年的吉原大火之中。这场洪水是修建荒川排水渠的诱因,后者为隅田川的洪水画上了句号。

在明治时代发生的所有大火中,1872年的银座大火对东京城的影响最为持久,新银座正是诞生于这场大火之后。银座在商业气息浓厚的江户原本并不是最繁华热闹的地区。与更北边的日本桥相比,它面积狭窄,夹在西边德川江户城堡的外濠和大部分被贵族占据的海湾沿岸之间。大商人的房舍在更靠北的地方。银座只是艺术家和小商人店铺的天地。

W. E. 格里菲斯曾对他在1870年看到的火灾前的银座有着生动的记录。里面虽然没有具体提及银座之名,但他是从筑地经新岛原(他错叫成吉原)一直走到了神田,因此他最先踏入的街道肯定是银座街区:

我穿过一条尽是售卖各种橱柜店铺的街道,又穿过另一条满是经营屏风商铺的大街,再通过一条开满了染坊的街道,里面放着木桶,散发着染料特有的臭气。在一家整洁的小店里坐着一位带着角质边框眼镜的老人,身旁放着一桶染料,他正在为一卷布料的下一次浸染做准备。另一条街只卖竹竿,多得已经可以造一片竹林了。有人正在锯一根竹子,我注意到他用双手朝自己的方向拉锯子。锯子的锯齿朝向和我们国家的相反。另一个人正在刨东西。他刨东西的时候也把刨子朝自己这边拉。我又注意到一个正在干活的铁匠:他两手开工锤打着铁器,与此同时,他的脚则踩着风箱。他将若干铁条放在火里烧,又用余火烹煮自己的晚饭。制桶工人用脚趾按住桶缘。他们所有人都是坐着干活,真是好奇怪啊!或许这就是欧洲人和亚洲人的一个重要区别吧。亚洲人是坐着工作,而欧洲人则是站着工作。

我从堆满竹子的街道出来,来到主街大道①上,这里是日本首都的百老汇大街,我认得它。这里的店铺更加亮丽,也更富丽堂皇;街道也更宽敞,挤满了人。

来到骏河町时,眼前是富士山的壮丽美景。我路过一家大的丝绸店和巨富三井的防火仓库。②

银座边上的木挽町曾经聚集了许多歌舞伎小剧场,直至1840年代天保改革将它们强迁至北郊外。明治维新后禁令一解除,获准回归的剧院很快又回到了银座。不过作为一个繁荣的商业和娱乐中心的银座,要到火灾之后才出现。

当时的统治者下定决心要让东京成为能够抵御火灾的城市,刚刚烧成一片焦土的银座刚好提供了开展这一建设工程的契机。英国

---

① 即东京中央大道(中央通り),日译本未收此段。
② 此处美景可参阅歌川广重所作浮世绘《名所江户百景·骏河町》。

工程师托马斯·沃特斯(Thomas Waters)受聘将银座打造成一整片红砖建筑区。市政府还资助成立了一家专门负责建筑工程施工和管理招租事项的公司。重建工作耗费了三年时间,而如果按旧的木结构方式重建的话,差不多只要一晚上就可以完工。除了将火灾自夸为"江户名物"之外,这座古老的城市对自己从火灾中恢复的速度也向来十分得意。

早在大火灾发生前,银座地区就已经有至少两座砖砌建筑,一座是仓库,另一座是商店。一位建筑界的杰出权威对其这样评价道:"连后来的公共厕所都不如。"当重建工作完成时,京桥区包括银座在内有差不多1000座砖砌建筑,其他城区则只有总共不到20座。一份1879年的名录显示,大多数其他城区都分布有西式或者说西洋化的建筑,只有山之手地区的四谷区一座都没有。

当时政府所希望的是东京全市能够以银座为榜样进行改造,成为防火的城市,但实际情况却事与愿违,只有主街两旁的建筑仍以红砖外观向世界展现"文明开化"的成果。而对改造计划的敷衍搪塞,使得建筑很快就出现了回归老样的倾向。从摄自明治晚期的照片中我们可以发现,"赤炼瓦街"(即两旁都是红砖砌的房子)绵延最长的地方是在今天银座的北部,但那里现在已经什么都不剩了。

新银座在外国人当中的名声大体上并不好。早在1870年代就有人抱怨过城市面貌的"美国化"现象。伊莎贝拉·伯德[①](Isabella Bird)在1878年和1880年就形容东京不像一个东方城市,反而更像芝加哥和墨尔本的郊区。虽然她没有说她指的是东京的哪一块,但差不多可以确定是银座。皮埃尔·洛蒂[②](Pierre Loti)曾作为海军士官在1885年和1900年两度来日,也将赤炼瓦街形容为"美国的丑态"。就像格里菲斯把日本桥比作百老汇大街,导游指南作家、英国

---

① 19世纪英国探险家、作家和自然史家,酷爱旅行。——译者注
② 法国著名小说家,曾在1891年当选法兰西院士,其作品中蕴含着浓厚的异域情调。——译者注

人菲利普·泰利(Philip Terry)也把银座比作百老汇,不过他的类比可不是出于赞美。"这类建筑大杂烩的明显特征是规模虽大,却无威严,虽然个体特征明显,却无端庄纯朴之感,与其说是追求整齐协调,不如说只注重方便"。泰利在1920年写下这些话的时候,赤炼瓦街当初的风貌已所剩无几了。只有其深受美国之害的印象还深深地留在人们的脑海中,而讽刺的是最初的建筑设计师并非美国人,而是英国人。

东京对新银座存在着两种矛盾的心态,所有人都想来瞅瞅,但想住在里面的人就不多了。永井荷风在20世纪初的一个短篇故事里,把它形容为即将到来的那种生活的可怕象征。

最初的改造计划是按照江户商家的传统,一楼开店,二楼住人,让大家逐步搬入这些新式建筑。但人们不久便发现这些新式建筑通风不佳、潮湿、闷热、容易发霉,总之完全不适应日本的气候,在坚硬墙壁的包围下过日子,也与日本人的居住习惯完全冲突。虽然面朝大道、条件不错的地方最终找到了租户,但后街却很萧条,成了表演熊摔跤、狗跳舞之类杂耍卖艺的临时场所。而在那些还未放弃权利的土地所有者当中,很少有人愿意或者有能力偿还政府为改造街区而给予的补助津贴贷款。那些幸运地把房子租出去的人也是一样,因为后街仍有三分之一都处于闲置状态。最后空余的房子只能贱卖处理掉,让买者象征性地支付了一点钱。和原来的改造计划有关的欺诈行为在短时间里持续发酵。大多数江户商贩就连传统的防火货仓也买不起,而即便是新的砖砌建筑里最朴素的房子也比防火货仓贵十倍。于是东京在明治时代余下的时间里采取的防火改造措施仅止于拓宽街道,并在一块区域被大火烧光后征用它设为空地以防火。

虽然伯德小姐和洛蒂先生认为新银座不怎么样,不过新银座一定非常漂亮。不论它作为一个防火城市的样板房有多么失败,它作为文明开化的范例还是取得了巨大的成功。每个人都想去看一看,于是在银座消磨时光的风尚——"银座漫步"①便应运而生,在两次世界大战之间的这段时间里风靡一时。

新银座也是版画家们最好的题材。他们在版画中像往常一样在灿烂的阳光下、盛开的樱花中展示银座。事实上,最初的时候,大道两旁是有樱花树的,那时在东京市内仅有银座拥有能通行铁道马车和电车的宽敞大道。除了樱花树外,路边还有枫树、松树、常绿橡树。松树位于十字路口,其他树则位于其间。

我们至今依然无法完全搞清楚,这些最初的树究竟是何时并且为何消失的,改种的柳树后来成为银座的一大象征。这一切发生的大致时间可能是在明治中期。最初的树木或许是城市化的牺牲品,也有可能是因为它们的枝叶四处蔓生、易折、易遭虫害,所以不适合作为行道树。总之,最后是柳树取而代之。柳树是结实强壮的耐寒植物,夏天在清风的吹拂下摇曳摆动显得十分凉爽,正是闹市区和名胜地所需要的。它长久以来一直是江户的象征,伫立在其江川运河两岸,这时又成了东京最新潮的象征。不过最后柳树也消失了。如今你若出城来到多摩川附近的郊区,还可以看到那些在关东大地震发生前从银座移至此处、最后一批柳树的幸存者,现在已是古木了。

由于新的火车站刚好建在与银座仅隔一条运河的南面的新桥,今天银座的南端(严格地说,这里当时还不是银座的一部分)最早繁荣起来。从明治时代中叶开始到晚期,这一带就像是现在所说的那种购物中心或是大商场。新桥旁边有两个集市,每个集市里都集中了许多小商铺。一位在银座土生土长的著名艺术家岸田刘生②回忆说,银座的年轻人喜欢去那里转悠,因为从这一带的店铺后窗望进去,可以看到新桥艺伎们在为夜间的表演做准备。其中一个集市还

---

① "银座漫步"(銀ぶら,Gimbura)一词是大正时代(1912—1926年)起出现的俗语,指在东京银座街头闲逛,1924年水岛尔保布《新东京繁昌记》中对该词的起源做了介绍。该词也可通俗地译为"银逛"。
② 岸田刘生(1891—1929),日本著名画家,出生于东京银座。

把一条蟒蛇放在橱窗里展示。那条蟒蛇据说已经在地震中死亡。从明治晚期到大正时代，东京中央车站修建起来，并在大正三年（1914年）建成，取代新桥作为从南面驶来的东海道线火车的终点站。它坐落在京桥区的北部边界上。所以银座的中心又再度向北回归到了今天银座四丁目交叉路口一带。

新银座时期的建筑，至少有一座被保留到了今天，那就是位于庆应大学三田校区内的"演说馆"。福泽谕吉创造了"演说"一词，他把辩才视为日本追赶世界列强时必备的素养。演说馆于1875年建成，现在作为重要文化遗产受政府保护，曾是有抱负的青年演说家们的论坛。它是在地震后，从原址搬到庆应大学正门附近的。这是一幢中规中矩的建筑，不那么吸引浮世绘画家。它的门窗和室内一样都是西洋风格的，但外部包括菱纹墙以及用瓦平铺而成的屋顶都是明显的传统日式风格。筑地的侯泰卢馆看起来想必也是这个样子的吧，只不过规模要宏大得多。

在明治时代最著名的火灾中，1911年的吉原大火堪比1872年的银座大火，但两者都不是最具破坏性的。银座大火虽然烧得很猛，但没有持续焚烧人口密集地区。1881年的神田大火才是最具破坏性的，它终结了小林作为浮世绘画家蒸蒸日上的岁月，所造成的房屋损毁远胜于明治时代的其他火灾。但即使如此，它仍比不上江户时代的大火以及1778年的京都大火。就像许多别的火灾一样，有人怀疑1881年的大火是有人故意纵火引起的。这是一场引人注目的大火，甚至连水都无法像扑灭银座大火那样扑灭这场火灾。它从神田开始烧起，在冬季强风的煽动下，一路横扫至日本桥，又经两国桥跃过隅田川，向东蔓延扩散，留下一片焦土，一直烧到开阔的乡村地带才逐渐平息。

从明治早期到中期的15年里，日本桥周边各处被火灾烧毁了三次。大火灾在一年的最初几个月里（1月至3月）最为易发，这时候的天气是一年当中最干燥的，而且时常刮强劲的西风和北风（1945年美军的东京大空袭①正是利用了这些条件)。1873年的火灾烧光了江户城堡的剩余部分,因而明治天皇在其统治期间超过三分之一的时间里都只好待在纪伊德川家的府邸,也就是如今赤坂离宫②的所在地。直到1889年,他才回到宫里。吉原则是在1871年、1873年、1891年和1911年都发生过火灾,当然也包括1923年③。

虽说如此,近现代时期东京最易着火的地方仍是神田。1880年中央消防厅成立后,明治时代的五次火灾有四次是从神田开始烧起来的,其中在1881年的短短几个星期里就发生了两次大火。顺带一提,第五次火灾就是吉原大火。而到了大正时期,大火的数量已有所减少,除了1923年关东大地震引发的那场火灾之外,可以在规模上与明治时期的大火相匹敌的只有一次,而它也是发端于神田。除此之外,大正时代的其他火灾根本无法与明治时期的火灾相提并论,火灾这朵"江户之花"也最终走向枯萎凋谢。

进入大正时代,消防部门才开始有足够的人手救火而不再需要普通百姓的帮助。即便如此,旧的志愿救火队要到关东大地震之后才解散。不过他们的仪仗队如今在"初出式"④活动中仍然还占有一席之地。消防部门首次投入卡车搬运水泵始于大地震前五六年,而地震使卡车损失半数。

下町学会了去适应火灾的威胁。当时只有富人才造得起防火的仓库。底层的老百姓都在显眼的地方准备好了应急篮子,又在地板下挖洞并设置了巧妙的机关:遇热就会浸水。万一遇到火灾他们就

---

① 1945年春季,美国陆军航空队曾对日本首都东京实施一系列大规模战略轰炸(主要有1945年3月10日、5月25日两次轰炸)。这一空袭史称"李梅火攻"。东京遭受巨大破坏,伤亡人数超过了后来遭到原子弹袭击的广岛。——译者注
② 1909年作为东宫御所建成,现为赤坂迎宾馆。其所在地原为纪州藩宅邸,该宅邸从1872年宫城火灾起至1888年明治宫殿建成的这段时间内作为天皇御所。
③ 即关东大地震引发的火灾。——译者注
④ 又称消防出初式,在每年1月上旬举行,是由消防相关人员主办的象征新一年开工的活动,也是新年庆祝活动的一部分。会上举行消防演习,展示装备和爬梯等技能,并对优秀人员进行表彰。关于1875年东京警视厅消防出初式,可参见歌川广重相关作品。

将贵重物品扔入篮中,再放进洞里,希望这样能保护好被及时藏起来的贵重物品。

年少的谷崎润一郎和他的小伙伴们发现了这种篮子的一个有趣玩法:

> 这种叫"用心笼"的箱篮,那时每家都备有一两个。这种长方形的篮子是用竹子编成的,大小和盛衣箱差不多。它们被放在显眼的地方,以备不时之需。在偕乐园①,篮子被保存在一间储物室里。我们做游戏时,就把它当成是花魁的房间,在里面摆两个枕头。我们中的三四个人轮流在篮子里扮作花魁和客人。小源和我好些时候都是扮演花魁和客人,我记得我们也没干什么,就是两个人面对面躺下几分钟,然后轮到另一对"男女"互相凝视偷笑。
>
> 我想这个游戏可能起源于小源从厨师那里听来的关于洲崎一带游廊的传闻。不管怎么说,那时我们觉得很好玩。我们会日复一日地玩这个我们管它叫"用心笼"的游戏。
>
> 有人会说:"喂,今天也玩'用心笼'吧!"②

明治时代在日本帝国大学任教的美国动物学家 E. S. 莫尔斯在火灾和消防知识方面是一个行家:

> 几乎每幢房子的屋脊上都有能登高远望的地方,可以通过几截台阶上去。人们可以在此尽可能地观察一下大火的走势情况……当受到不断逼近的大火威胁时,人们会关上沉重的窗户挡板和防火建筑的门,在门缝等地方抹上泥土。在全部封闭之前,还在地板上一个安全的地方点上许多蜡烛,这样逐渐消耗掉

---

① 与金泽的"兼六园"、冈山的"后乐园"齐名的日本三名园之一。——译者注
② 引自《幼少时代》。

所有氧气，减少着火的几率。

莫尔斯最初对东京的消防措施嗤之以鼻，但随着对后者了解的逐渐增多，他由鄙夷逐渐转向佩服。在记录他目睹的第一场火灾时，他最初这样轻蔑地写道：

> 消防泵喷出去的水柱大约只有一支铅笔那么粗，而且它们都是从一连串各管各的喷口喷出，因为他们的水泵不像我们美国的手压式水泵那样有气囊。而且东京的抽水泵成方形，而非圆柱形。在阳光下晒了几个星期后，抽水泵就被晒裂了，从裂缝中喷出的水比水管中射出的水还多……消防队由私人设立，每个组都有一位领队。领队要待在尽可能接近火场的地方，有时甚至爬到着火房子的顶上，如此证明领队在场的情况下，消防队才好从被救的房主那里领取报酬。

等到这份日记作为书出版时，了解情况的莫尔斯加了几个注释，大意是消防员的主要工作不是灭火，而是阻止火势蔓延。而水泵喷出的水流之所以很小是因为这些水不是用来灭火的，而是用来保护消防员的。

到了1879年，莫尔斯对东京消防工作的态度已经转向佩服，这一年4月的一天早晨5点钟，他还特意赶了两英里路去火灾现场观摩：

> 从过火面积就能看出这场大火的蔓延速度是多么快，而木制房屋只是部分烧毁这点，可见东京消防员的工作并没像外国人认为的那样无足轻重，在狂风中阻挡大火肯定需要付出巨大的努力并且要有高超的技巧。事实情况是日本的房屋非常脆弱，以至于火一烧起来就会以极快的速度蔓延开来。因而，消防员的主要工作就是在市民的协助下将一间屋子上所有能剥离的

东西都剥离掉……看他们掀掉厚厚的屋顶瓦片——一间房屋上唯一具有耐火能力、能够压住火势的东西,似乎很可笑,但这也使得他们能够扯掉屋顶下的木板,你会发现这样一来,火就无法经由屋椽从一间屋子蹿到另一间屋子。观察得越多,你就越能意识到我们对东京消防员的第一印象是错的,很快会对他们的技术肃然起敬。①

考虑到大部分消防员都是木匠,人们可能会怀疑存在某种利益冲突。但看起来他们还是在条件有限的情况下,勇敢出色地完成了工作。

随着日本由明治时代进入大正时代,火灾造成的损失开始逐年下降。而在江户之子看来,与之相伴的是传统建筑和谐感的丧失。永井荷风对此感到痛惜,他的弟子,小说家、剧作家、俳句家久保田万太郎也是如此。久保田是一名真正的江户之子,他于1889年生于浅草(谷崎润一郎则比他早三年,生于日本桥),家里是制作贩卖布袜的。他在浅草一直待到1923年大地震火灾之后被迫离开。虽然他此后再也没有回到原处,但在余生40年中的大部分时间里,他都辗转住在下町各处,用他擅长的各种写作形式进行写作,包括小说、戏曲、俳句,主要内容是抒发自己对下町因近代世界的侵蚀而走向消亡的感伤。从他的出身以及一生始终不渝的对下町的热爱来看,他或许可以算是那群能说会道的江户之子当中最有力的代言人了。谷崎是一位更优秀的小说家,但他谈到他土生土长的下町时基本是发牢骚。久保田则在1927年的作品中哀叹了"火之见"的消失,他所说的"火之见",是指负责火灾警戒的人,以及莫尔斯前面提到的住家屋脊上面可供登高远望火情的地方:

> 那些不知何时从东京街区彻底销声匿迹的事物中,"火之

---

① 以上两段引自莫尔斯所著《日本的日日夜夜》(*Japan Day by Day*)一书。

见"便是其中之一。我指的不是消防梯或者消防观察员塔,而是火之见本身。我对山之手地区了解不多,但在下町,尤其是在闹市区和繁华地段商店的屋顶上,一直都有"火之见",它不仅仅是容易起火的江户的纪念品。在土仓①样式被作为理想的日本建筑风格的时代,火之见与木板栅栏、阻挡强盗的尖刺、天水桶②一起,都是赋予日式房屋造型的不可或缺的元素。想起它就仿佛置身于柳影婆娑的古老东京的南柯一梦中。

为"火之见"这种有力地诉说着整个城市极易失火的建筑消失无踪而感到悲伤,似乎有些愚蠢。但久保田的评论和其他一些哀悼江户者(如永井荷风)的类似评论还是有他们的道理的。尽管东京没能成功地以银座为样板推广防火建筑,它在防火能力方面还是稳步提升,然而这也使它过去的美丽折损大半。"大君之都看上去就觉得美丽。"在幕府将军统治的最后时光里,英国驻日公使阿礼国勋爵曾这样评价江户。尽管如今东京各处仍有名胜美景,但没有人会把我们这个时代的东京称作美丽的城市。有时当你在街角撞见一片江户时代或者明治时代遗留下来的屋宇时,在屋瓦和老木头酝酿而成的昏暗但和谐的色调中,你会不由得感叹江户已经消逝的美丽。

在德川时代的日本,商人家的建筑式样在不同地区是不同的。除了仓库以外,房屋差不多总是木结构,有一到两层高。关西地区比关东地区及其最大的城市——江户更青睐刷上油漆和涂料。江户有若干种不同的屋顶。相对较富裕的商人家房顶上都盖有厚重的黑瓦片,而那些地位较低的平民百姓则用茅草和木板作屋顶,后者常常成为火灾的助燃物。江户未上漆、纯本色的房屋和商铺,通常在正面沿街的窗户上装有精致的小格子,它们随着岁月的推移渐渐变成美丽厚重的深褐色,与灰褐色的屋顶相得益彰。

---

① 土墙仓房,是为防火防盗而在外墙涂上很厚泥土的仓库。
② 江户时代用于贮存防火用雨水的桶,平时放在屋檐下等各处。

只有惯于捕捉细微差异的人,才会注意到这由褐色与灰色交织的古朴渐变,才能体会过去下町街巷的安然之美。这或许就是为什么想通过早期外国游客写的东西来探寻下町以前的模样是徒劳无功的,它的神韵无法言传。即便如 E. S. 莫尔斯这样对下町的变化最为敏感、最能产生共鸣的外国人,对他每天都经过的街角屋瓦木纹的熟悉程度,也远不如他对街头叫卖声、忙碌生活和风俗奇事的熟悉度。伊莎贝拉·伯德在寻找外国人未曾探访过的地域时曾穿过河东边的城区。尽管这一带属于明治时代早期的城区,古老和谐的氛围受到的干扰最少,但她对此却只字未提。要是她知道这些地方将来全都将消失不见,而且消失的速度比那些外人未至的地区还快的话,她可能会稍微试着去描述它们。

　　像英国公使馆和侯泰卢馆这样的首批西式建筑是不耐火的。它们由日本人所建,采用的是传统的日本建筑技术,再配合西方人的需求和感受设计而成。一般认为建筑方面最早的纯西式风格时期,始于银座的重建,这一时期通常被称作英式风格时期。托马斯·沃特斯①(Thomas Waters)为新银座的建设出谋划策,而活跃于明治时期的外籍建筑师中最有名的约西亚·肯德尔②(Josiah Conder)则在全城兴建楼房,他们都是英国人。日本建筑师的作品在英式风格时期并不起眼,但在明治中叶又再度受到关注。当时最杰出的日本建筑师是肯德尔门下的学生。最初的帝国饭店便是由一名日本建筑师设计,它于 1890 年开张营业,地点坐落于今天帝国饭店的地块内。此外,明治晚期和大正早期最宏伟的建筑——日本银行、赤坂离宫、帝国剧场和东京中央火车站,都是日本人的杰作。肯德尔生于 1852 年,1877 年初来到日本,受聘于明治政府的工部省。他先在"工部大

---

① 托马斯·沃特斯(Thomas James Waters, 1842—1898),活跃于明治时期的御雇外国人,1870 年受聘于日本大藏省,主持银座重建及银座炼瓦街的建设工作。
② 约西亚·肯德尔(Josiah Conder, 1852—1920),英国建筑师,以御雇外国专家的身份活跃于明治时期的日本,享有日本近代建筑之父的美誉。

学校"教授建筑学,后又在大学任教。肯德尔自己也是一个好学的人,他在日本学起了日本绘画,尤其擅长画鱼。

　　肯德尔是个非常重要的人物。其他在日工作的外国建筑师,包括设计了第二代帝国饭店的弗兰克·劳埃德·赖特在内,没有一个能有他那么大的影响力,恐怕将来也不会有。他是一位博采众长的建筑师,虽然并无独创性,但作为老师却极其成功。日本公共建筑的宏伟风格就可以追溯到他身上。他最著名的作品就是鹿鸣馆(该名字还被用来命名明治中期的一段时期①)。鹿鸣馆于1881年开始动工建造,1883年完工,是为使东京适应国际大都会地位而建的国营聚会、住宿场所。在日本迫切希望修改和废除不平等条约的时代,这也是为了向世界展示日本人同欧美人一样是文明开化的民族,所以不需要例如治外法权这样的侮辱性条款。②

　　鹿鸣馆的字面意思为"雄鹿鸣叫的屋子"。这是一个文学典故,引自中国最古老的诗歌总集——《诗经》"小雅"中的《鹿鸣》一篇,意指向贵宾发出盛情的邀请,召开热情欢乐的宴会。早在银座重建之前,东京虽然已有滨离宫内的延辽馆这样半西式的迎宾馆,为重要的外宾提供住宿,其中就包括格兰特将军这样的贵宾,不过随着它的老朽,人们认为它已不适合招待外宾。于是便在昔日萨摩藩宅邸的旧址(当时已经是属于明治政府的资产了,边上就是日后的日比谷公园)上建了鹿鸣馆。

　　鹿鸣馆是一栋意大利风格的两层砖结构房屋,占地面积1.5万平方英尺,约合1400平方米,是当时最富丽堂皇的建筑。内设一间舞厅、一间音乐室、一间台球室、一间阅览室,另有一些贵宾套房,还

---

① 即鹿鸣馆外交时期,指从鹿鸣馆落成的1883年起至1887年围绕鹿鸣馆展开的外交,以走极端西化路线为特色。
② 这里的"治外法权"通俗来讲就是甲国公民在乙国境内不受乙国法律管束的特权,它在近代成为列强不平等条约的一个重要内容。列强强行推行此类条款的说辞之一是宣称某国属未开化国家,司法野蛮不公,因此外国人不需遵守该国法律。由此,日本希望通过努力向列强证明自身已成为文明开化国家,从而废除此类不平等条款。

有日本人以前闻所未闻的西式浴缸,其长6英尺,宽3英尺,以条纹大理石制成。据说从水龙头中喷出的水流轰鸣形成了颇为壮观的景象。

皮埃尔·洛蒂在1885年日本天皇生日①的时候参加了一次鹿鸣馆的舞会。在他看来,鹿鸣馆的白色刷漆使整个建筑物看上去刺眼单调,像法国温泉疗养旅馆里的赌场。他或许累得头昏眼花了,说自己乘人力车从新桥火车站出发,穿过昏暗偏僻的街道,大约在一个小时后才到达鹿鸣馆。而事实上,这段距离步行也只要十分钟就能轻松走完。

鹿鸣馆的风光日子我们会留待以后讨论。它在风生水起的鹿鸣馆外交时期过去之后(虽然不平等条约仍然没有被废除)变成了华族俱乐部,然后又成了一家保险公司的办公点。在经历了其他一些变故之后,到珍珠港事件前夕,它被拆毁以腾出地方建造一片临时的政府办公大楼。鹿鸣馆在结构上相比同样建于萨摩藩宅邸旧址上的帝国饭店(由弗兰克·劳埃德·赖特设计,是帝国饭店的第二代建筑,现已于1968年拆除)要精巧得多,在关东大地震的时候也逃过一劫。

今天如果我们想更真切地了解当年鹿鸣馆是什么样子,可以去看看当年由肯德尔设计、保留到今天的三井俱乐部②,它位于三田,离庆应大学不远。虽然它的竣工时间相距鹿鸣馆较远且规模更大,不过两者都有宽阔的游廊和宽大的廊柱。从照片上,我们可以发现鹿鸣馆的正面装饰得比三井俱乐部更为华丽。三井俱乐部的游廊不像鹿鸣馆的游廊那样明显贯穿整栋建筑;廊柱更少,隔得也更开;屋檐和屋顶不像鹿鸣馆那样引人注目。但三井俱乐部可能是东京所有建筑中保留了最多鹿鸣馆倩影的。最初的第一代帝国饭店也是模仿鹿鸣馆建造的。作为当年东京此处全景画卷的一部分,三井俱乐部仍可谓一如往昔——它是肯德尔的作品,也是他忠实虔诚的门徒。

---

① 即天长节,是庆祝天皇诞辰的节日,1868年制定,第二次世界大战后改称天皇诞生日。
② 即纲町三井俱乐部,位于东京都港区三田二丁目,1913年竣工,原为三井家迎宾馆。

肯德尔设计了不少建筑，但只有一小部分残存下来。位于神田的尼古拉教堂，由一名俄国教授设计，肯德尔督造。该教堂于1891年完工，由于在地震中严重受损，它之后又经修缮，现在的构造比最初设计的更加坚固结实。

帝国饭店、鹿鸣馆以及浅草的"凌云阁"当年都在一周之内相继对外开业。

凌云阁一般被通俗地称作"浅草十二层塔"（即"十二层"），关东大地震时顶上几层被震塌，之后被军队的工程兵整体拆除。

如果说鹿鸣馆是明治时代的精英和其世界主义的一大象征，那么十二层塔则是明治时代晚期普罗大众及其娱乐盛况的一大象征。在那个时候，浅草是最繁华的大众娱乐中心。十二层塔就象征着浅草。对此，久保田万太郎这样写道：

> 过去浅草矗立着一座叫"十二层"的奇怪建筑。
>
> 不论你从哪里望去——从每户住家房顶上的火之见，从各家的晒物台，从最窄的二层楼窗户，都能看到一座巨大而笨重，由红砖堆成的塔，它就在那里等着你。从更广阔东京城的各个地方——从向岛的土堤上，从上野的瞭望台上，从爱宕山①长长的石阶上，不论何时，只要你愿意，它都在那里等着你。
>
> "啊！看，那是十二层塔！"
>
> 我们在向岛、上野和爱宕山上看到它都会这么说。那一刻，言语间流露出一份平静的喜悦——那正是遇见浅草的喜悦，是感应到拥有灵验观音像的浅草的喜悦。由此可见"十二层"之于浅草的意义。
>
> 然而，在古旧的名所绘②上，在东都浅草公园图上，它又显得

---

① 位于东京都港区爱宕，山上通往爱宕神社的陡坡十分著名。爱宕山自江户时代以来就是眺望东京城风景的绝佳盛地。

② 日本浮世绘风景画的一种，内容除了表现对美景山水的憧憬，也作为当时的旅游参考使用。

那么笨拙,矗立在那垂挂枝头的樱花盛放之下。

那些廉价的浮世绘勾起了我的思乡情绪和我记忆中的浅草。在我儿时的记忆里,它一直都是如此躺在春天的怀抱里。那里春光烂漫,微风拂面,杨柳吐绿。一直在诉说着春天,并且也只有春天。当我抬头用目光寻觅空中摇曳飞舞的蜻蜓或者飘散的气球时,"十二层"就在那朦胧的记忆当中。①

十二层塔是日本人在英国人威廉·巴顿(William Barton)的指导下建造的。一些资料称它有320英尺高,也有些资料说是220英尺。后者貌似可能性更高一点。不管怎样,它都是当时东京城内最高的建筑。就算它只有220英尺高,也比尼古拉教堂高两倍。塔中有许多有趣且吸引人的东西。它与爱宕山齐名,是俯瞰东京城风景的绝佳之地。

十二层塔外观呈八角形,以红砖砌成,是日本第一座配有电梯的建筑。电梯是从美国进口的,一次能载20个人上到第八层。但电梯在当时的人看来是危险的东西,因而在运行了两个月后被关闭。第二层到第八层出售来自世界各地的物产。在一家中国商店里,你能看到女销售员身着中式服装,贩卖据称是中国皇太后用过的瓷器。第九层则举办诸如艺术展这类高雅的消遣活动。第十层是观景休闲厅,里面零零散散地摆着一些椅子。十二层塔的每一层楼都很明亮,以至于被形容为"发光的塔",不过第十一层尤其亮堂——内外都有几排弧光灯。用来观景的顶层还配有望远镜。拥有这么多好玩的设施,十二层塔的门票却只收几分钱。

十二层塔或许可以夸口说拥有日本最早的电梯,但最早的持续运营的电梯位于日本桥地区,有些资料称其是在日本银行里,还有些资料说是在三井银行。总而言之,日本桥本身是既进步又保守,既开明又蒙昧。以穿过日本桥的那条南北走向的大道作为分隔线,形成

---

① 引自《绘空事》。

了两块不同的区域。在明治早期,文明开化之地的代表理所当然非银座的"炼瓦街"莫属,而在明治时代落下帷幕后,这一称号可以转而颁给日本桥的西部地区了。那里的建筑物当中,最宏伟壮观的要属耗时八年,于1896年才建成的日本银行了。它的东面是三井银行,南面则坐落着石砌的几层楼高的三越百货商店。

日本银行、三井银行和三越百货的东面就是日本桥的主街大道,沿大道向桥的方向走几步远的地方坐落着鱼市。在日本桥,传统和现代以一种引人注目的方式结合。东京没有其他地方会像这里那么明显地出现新旧建筑风格的急剧变化。三越东面是一望无际的低矮木制房屋和谷崎少年时代的昏暗后街。这里虽然已经发生了某种形式的变化,人力车就是一个例子,但其他方面变化不大。如果你不喜欢砖石以及明亮的灯光,那么你不妨向东沿着任何一条狭窄的街道,向隅田川走去,甚至渡河到对岸,就完全不会被现代的发明搞得心烦意乱了。

西面,当时新建成的日本银行堂而皇之地隔着几无住家的空旷"三菱草地"①,与宫城的石垣相望。其建成之初的一部分建筑在关东大地震当中幸免于难,保存至今,成了如今日本银行建筑群西南角的一部分②。它那有着圆顶的中央大厅是东西走向的,另有两个带有廊柱的侧厅向南延伸。银行的整栋建筑原本打算全部采用石头建造,但1891年的浓尾地震使建筑师辰野金吾③相信还是用砖头更安全。辰野金吾设计的另外两栋建筑——东京中央车站和大荣大楼④也在大地震中屹立不倒,直到今天依然健在。大荣大楼最初名叫帝国制

---

① 是过去存在于现在东京丸之内一带的一大片空地,最初是陆军的训练场,后由官方转让给三菱财阀的前身"三菱社"使用,明治时代称其为「三菱ヶ原」。
② 即如今日本银行位于日本桥本石町的总行,其西南角上是当年由辰野金吾设计的日本银行最初的建筑,以其从空中俯看呈现「円」字形而闻名。
③ 辰野金吾(1854—1919),日本建筑师,其设计以坚固闻名,而有"辰野坚固"之称。
④ 位于日本桥北侧,是"帝国制麻"(即现在的"帝国纤维株式会社")总部。该建筑被东京市民称为"赤炼瓦"(赤レンガ),1912年峻工,已在1980年代末时拆毁。因与日本桥搭配和谐,它在未拆毁前是东京名景之一,大正昭和时代的"东京名所写真"中多有描绘。

麻大楼,是一座细长的三角形建筑,让人多少有些联想到纽约的熨斗大厦。

日本银行的这组建筑被视为明治建筑史进入新时代的标志——日本建筑师能够在没有外国人的帮助下自行设计建造具有宫廷气派的欧洲古典主义风格建筑了。这种看法总体来说是对的,但其实并不准确,因为在日本银行竣工5年前,即1891年,在永田町的参谋总部的宅地内就建起了一座小小的建筑物,它被认为是最早由日本人设计的石砌建筑。尽管远不及具有纪念意义的建筑物那般巨大,但它所拥有的欧洲古典主义风格是不容置疑的。它只有不到4平方码大小,虽然其设计初衷是想模仿罗马神庙的样式,但实际看起来像座墓碑,里面立有测量高度时作为基准原点的标石。据说这个基准原点在1923年的关东大地震后比震前低了286毫米。

与此同时,三菱草地也在发生剧变。该草地(草地在日文中也可理解为荒地)也被称作「赌徒草地」①,位于江户城堡(或者说宫殿)外濠内侧。其上的那些在明治维新动乱中幸存下来的建筑,在明治时代早期成了政府的官署。随着政府机关逐渐外迁,到了1890年,整片草地都被卖给了三菱:当时拥有这片土地所有权的是陆军,由于需要钱在城市郊区兴建军事基地,它最初提出希望将土地卖给皇室;然而后者当时正处于经济拮据的境地,无法支付陆军开出的价码,于是草地最终被卖给了三菱。这就是今天的丸之内地区,各类企业巨头都在此设立总部。像格里菲斯这样最早造访东京的外国游客,在提及东京城的大片空地时,一定也把「丸之内」(意为"墙之内")的这片土地包含其中。在当时,三菱购买草地的举动被认为是一个愚蠢的错误。谁会去买一块连政府都不要的土地?明治时代晚期要选址建新的相扑擂台的时候,这块草地也被排除在外。因为举办擂台的江户之子不能指望人们会去一个如此荒凉可怕的地方看相扑。俳人

---

① 三菱草地的日文名为「三菱ヶ原」,别名「バクチガ原」,「バクチ」的日文汉字可写为「博打」、「博奕」,可译为"赌博"。

高滨虚子①曾这样写道:

> 当时人们谈到三菱草地上的四轩长屋,便会提到除此之外就是狐狸和獾出没的荒野。四处是过去大名贵族庭院中的假山土丘,在荒废之后就这样弃置在那里。当时人们津津乐道的美女被杀事件②就发生在这里……丸之内是一个阴暗寂静、偏僻危险的地方。如果晚上你必须从明治人寿保险公司大楼前经过,那么你将会看到远处有一片漆黑的荒地,只有星光才能略微把它的轮廓照亮。今天东京中央车站的所在地附近也是一片漆黑,只有到靠近京桥的地方,你才能看到一些零星的灯光。③

今天我们根据美女阿艳被谋杀的时间,可以确定上述这段描写所说的年代应该是1910年。阿艳的被害确实是明治时代最著名的案件之一,在当时一度成为话题。案件的大致情况是这样:这年11月的早晨,有人在市厅办公地附近发现一具年轻女子的尸体,经辨认,被害者为木下艳。十年后警方才碰巧抓到了杀害她的凶手。

明治时代著名的摄影家小川一真在明治时代后期从市政厅(即如今位于丸之内的都厅办公室所在地)顶上拍摄了全景照。我们可以看到,从市政厅向四处放眼望去都是空旷区域,而且就好像被推土机推过一样荒凉。在西南方向,从市政厅到位于皇宫前广场东南角落的日比谷交叉路口之间,几乎没有任何建筑物。北面甚至更加荒凉,虽然有几栋类似兵营的建筑,但从总体上来说,从市政厅到日本桥西边的日本银行之间是一大片空旷的荒野。而在西北面,虽然可以看到一系列新三菱大楼的第一幢楼已动工,不过在明治时代落下

---

① 高滨虚子(1874—1959),日本明治至昭和时代的俳人、小说家,代表作有《虚子句集》。
② 指1910年11月11日在三菱草地发现一具年轻美女尸体的事件,《时事新报》等对此进行了报道,一时成为话题。
③ 引自《大东京繁昌记》山手篇。

帷幕时,就整体而言,丸之内看起来依然是狐狸、獾以及赌徒的天堂。只有东边的高架桥(其为新修的铁路而建)那边,才能看到银座绵延的屋宇,那里大部分建筑的风格都非常传统。银座炼瓦街的影子虽然应该还在,但照片上没有显现出来。

不过当时三菱的建筑已经开始逐渐埋满丸之内的空地了。1894年,肯德尔在日后被人们称为"三菱伦敦镇"的一角建起了砖砌的一号馆。之后有不止一位建筑师参与设计工作,因此我们在伦敦镇还健在的时候,就可以觉察到里面的建筑有不止一种风格。最早的建筑沿着市厅前面东西走向的大道分布。等到这条大道两旁已经建满了成排砖砌建筑之后,红砖建筑群沿着道路先向南,之后向北延伸,其北端尽头在明治时代末期建起了东京中央车站。丸之内伦敦镇的这些建筑全部完工花了 25 年时间,但造好之后维持了不到 25 年就消失了。今天已经完全见不到当初用砖头砌成的排屋的任何蛛丝马迹。三菱在第二次世界大战后的几年里把它们全都拆毁了,或许这有点操之过急。如果肯德尔设计的建筑能留存至今,对企业公关及提升形象,想必会助力匪浅吧。

1914 年,新的东京中央火车站开始运营,从此丸之内开始取代银座成为"东京的门户",也保证了丸之内作为商业区的突出地位。时任铁道院总裁,后来出任市长的后藤新平拜托辰野金吾设计一幢震惊世界的建筑。拥有三座塔楼并以法式风格游廊连接的砖砌建筑在今天并没有什么了不起,但如果和当时周围的环境联系起来就又显得极为宏伟华丽了。今天拥有多角形屋顶的中央塔楼在刚开始时是穹顶。穹顶在 1945 年的灾难中严重受损,之后修复成了现在的样子。总之在建成之初,火车站隔着已经完工的伦敦镇与宫城相望,最让人感到惊讶的可能还是它作为新东京的门户,居然朝向丸之内而非古老的下町。下町不仅被它弃于身后,而且它们之间还被铁路和护城河隔开了,未来在哪一边已经昭然若揭。

有人将这种奇怪的朝向解释为,只是为了表达对天皇陛下的敬意,不过三菱以及丸之内确实从这种规划中受益匪浅。这里面虽然没有明显证据证明的腐败行为，但有一股强烈的串通勾结的味道。正是这种种安排使得三菱能够创造经济奇迹。对许多人来说，将这座新火车站命名为"东京站"本身就是一种傲慢的行为，暗示着包括身为东海道线终点的新桥站在内，东京其他火车站都是地方性的车站。车站东面的京桥和日本桥的居民感到与之格格不入，他们依旧在新桥站上火车，而不去东京中央车站，新桥站对他们来说更加亲近，而且差不多一样便利。1920年，东京市政府最终做出在东京中央车站（即"东京站"）设置一个后门入口（或者说东入口）的决定，但下町在这一点上表现出不合作的态度。京桥和日本桥之间就到底该在哪里架设横渡护城河必经的桥梁而争论不休，直到地震把两地都破坏后才告平息。

直到关东大地震之后，东京中央车站到上野之间才铺上了铁轨①，火车由上野站②出发继续向北行驶。到这个时候，东京中央车站已经无可动摇地成为所有来自南部地区的火车卸客的停靠站。甚至到了今天，如果你要从北面乘长途火车经过东京，之后继续向南或向西行进，想不换乘是不行的。这就像美国人过去靠火车出行时经过芝加哥一样。那时候，如果要去纽约，从旧金山出发就必须在芝加哥换乘。类似地，前往南部的旅客须在上野站下车，换乘山手环线至东京中央车站，才能坐上开往南部的火车。东京和上野之间铁路建设的迟缓可能是因为经济方面的原因。修筑直接连接两站的铁路必须穿过人口密集地带。在明治时代，这一带相比新桥站和东京中央车站之间，或者上野以北地区，人口密度要高得多，大地震和火灾的浩劫才使其有所改观。总之，东京站和上野站之间铁路的连通，使丸之内地区成了名副其实寸土寸金的宝地。最近，东京都知事公开宣

---

① 指1925年全面开通的日本国有铁道山手线，其为环线，途中以数个换乘站连通了东京中央车站和上野站。
② 上野站位于东京都台东区，东京中央车站以北，有东京的"北方玄关"之称，是北行各线的发车点。

布他反对建造一条从北方一直延伸至东京中央车站的新铁路线。因而世界上最好的铁路系统之一——东京铁路系统至今仍留有一段奇怪的空缺。①

明治维新的另一大革命是驱散了江户的幽暗。当然,中世纪的阴暗角落逐渐消失这一点在近代世界各地都是如此,但日本在这方面比欧洲和美国走得更快。有些日本人如谷崎在《阴翳礼赞》②中争辩的那样,认为幽暗之地对日本的审美哲学极为重要,把它们去除会破坏某些非常重要的东西。他在该著作中,还对现代世界史上发明创造的过程,进行过另一番猜想,认为假如由日本人来实施这一过程,阴影不会被驱逐得如此草率。

江户以前就有煤油灯。东京则在伦敦用上煤气灯 60 年以后才用上,因而它的煤气灯历史要短得多。一位明治时期的重要企业家涩泽荣一③建议第一批煤气灯应该装在吉原。他给出的理由似乎和审美有关,而与道德风化无关。当然吉原这个汇聚了古老而幽暗文化的中心,本来就适合带头引进新事物。但在此之前,银座发生了大火,于是重建后的新银座显而易见成了最适合首先引入新时代灯光的地方。其在 1874 年就亮起了 85 盏煤气灯,它们让市民啧啧称奇,赞叹不已。这些灯从芝④顺着银座大道向北一直延伸到京桥。到了 1876 年,煤气灯已从银座一直延伸到浅草,向西则从银座一直延伸到皇宫。

最初安装电灯的实验并不完全成功。1878 年中央电信局开业

---

① 随着东日本旅客铁道(JR 东日本)"上野东京线"(上野東京ライン)于 2015 年 3 月 14 日通车,这一无法直通的问题已经解决。
② 谷崎润一郎的随笔集,其中从"阴翳造就了东方建筑之美"这一观点出发,探讨了东方美学。
③ 涩泽荣一(1840—1931),日本现代企业之父,创立了日本现代企业制度。
④ 东京都港区南部地名与町名,江户时期是诸多贵族宅邸的聚集地,德川幕府家庙增上寺、赤穗浪人墓地所在地泉岳寺、东京铁塔皆在此处,并有芝公园。日本著名电器公司东芝本部也设于此处。

仪式上的主要看点是一盏电灯,结果它只亮了 15 分钟就熄灭了,让整个会场陷入一片黑暗。1882 年,大仓组商会①在银座分店前成功地安装了一盏弧光灯。明治时期的浮世绘上可以看到一群人盯着它看,这种景象表明他们一点都不像谷崎那样哀叹幽暗的逝去。(当然谷崎也是在电灯点亮很久以后才写了那篇散文,他小时候也是喜欢电灯的。)

电灯对艺术产生的影响是深远的,其中受影响最深的大概是剧院。至少在 1877 年,歌舞伎町已装上了煤气灯照明,十年后又首次安装电灯。今天,舞台已经明亮得耀眼夺目了,要想象以前歌舞伎町舞台的幽暗时光是什么样子,几乎是不可能的。

告别黑暗之后,东京似乎有意要成为世界上最明亮的城市,并且很可能也做到了这一点。每当各种工业博览会召开时,追求"更亮"的照明实验便不断上演。

小说家夏目漱石在 1907 年的《虞美人草》中写道:"把刺激文明开化的袋子翻个遍筛选一遍,你就有了一个博览会。将博览会用昏暗的夜之砂滤过,你就有了炫目的彩灯霓虹。假如你还活着,为了证明自己并非行尸走肉,就该去看看照明彩灯。你将惊愕不已,大叫出声。被文明麻痹的文明人在大叫出声之时,才会第一次意识到自己还活着。"虽然这番话是明治末期已对文明开化感到厌烦的人说的,不过把"照明灯"等同于明治时代精神并没什么错。寻求变得"更亮"——而且是以比西方快得多的速度,正像是那个年代日本挣扎着寻求生存下去一样。摆脱了黑暗的江户之夜,人们都向灯光最亮的地方聚集。因而当夜幕降临时,人群便开始从一片漆黑的日本桥向南涌到银座去。

谷崎直到步入中年时才成为阴翳的礼赞者。他在少年时代,对日本桥的黑暗其实挺怕的。"到了晚上即使是在下町,街灯也很少,真的十分可怕,我在天黑后一路小跑,独自从几个街区外的蛎壳町我

---

① 即由大仓喜八郎创立的大仓财阀之前身,大仓财阀是日本十五大财阀之一。

叔叔家回来的途中,要经过几个可怕的地方。在漆黑偏僻的暗处,会有书生打扮的男人守候在那里,想要伏击长得俊俏的少年"。谷崎自己就曾被一个有着"萨摩偏好"①(当时就是这么称呼男同性恋癖好的)的陆军军官绑架过,他被带到三菱草地,好不容易逃了出来。

和有轨电车系统一样,电力系统的不济也进一步暴露了城市由于过快的扩张和变迁而产生的混乱,以及私有企业的能力不足。东京在明治时代晚期的时候有三家电力公司,它们有时处于激烈到甚至引发暴力事件的竞争当中。电费不是按消耗的电力来收而是按照灯泡的数量来收,这样的收费制度自然使人们喜欢把灯一直开着。一户家庭可能有不止一家电力公司供电。当某户家庭把电力供应从一家公司换到另一家时,两家公司的架线员便会发生斗殴。有两任市长都因为无力改变这种情势而辞职,其中一位还是有名的国会议员,人称"宪政之神"的尾崎行雄。当时把电力公司收归国有的提议最后没有一个能得到落实。三家公司最终在1917年达成了划分辖区各自管理的协议。不过东京政府最终还是得以收购一部分电力线网,在关东大地震时向山之手的广大地区提供电力。

文明开化之光在驱逐黑暗上并非一蹴而就,而相比黑暗,臭气则更加顽固。在大地震发生时,中央鱼市还和300年前一样就位于日本桥的旁边,几乎在三越百货商店的对面,距离三井银行和日本银行只有几步之遥。

早在新桥站开通运营时,市政府便开始努力尝试对穿过日本桥通向北面的主街进行美化了。政府禁止鱼市使用主街,并千方百计地不让商人出现在行人的视野之内。然而卖鱼的店家还是散发出阵阵腥臭,气味弥漫在日本桥和京桥各处。鱼市只有两个公共厕所,分

---

① 直至幕末时期,萨摩藩在尚武的同时,以名为"乡中"的武士阶级子弟教育制度为中心,盛行推崇男色的风气。由于在明治维新的过程中,萨摩藩出力甚多,这股风气也随之传入东京,并有抬头之势。

别位于市场东西两端,对繁忙的卖鱼商人来说并不方便,因此他们即使想上厕所,也不愿特地跑一趟。鱼肠随便堆在地上,被过往的人群践踏。每次闹霍乱这样的传染病时,人们总是怪罪于鱼市,叫嚷着要求它搬走,去一个能有足够场地让它把环境搞干净,少些臭味的地方。1922年,调查显示鱼市确实是霍乱病菌的源头,为此,当局关停了鱼市几天。

1889年,有人建议鱼市应该东迁到隅田川边,并在19世纪结束前完成迁移。但这一建议遭到强烈反对,错综复杂的传统利益纠葛阻碍了鱼市的迅速迁移,事情就这样搁置下来,直到1923年,由关东大地震余震引发的几场火灾导致近400人在此处身亡,鱼市的迁移问题才最终解决。鱼市最初在港口旁边重新开张,几个月以后迁到了它现在所在的筑地,就在地震中消失的外国人居留地以南不远处。鱼市在日本桥时,最后几年卖的鱼大部分都是经由陆路运来,而通过水路运来的鱼货则必须先卸下船,装到驳船上,再经运河运入。搬迁后的鱼市就在港口边上,距离如今的汐留货运站①即旧新桥站只有一小段距离,交通比以前方便多了。虽说其与滨离宫正好隔运河相望,似乎不妥,但如今滨离宫已不接待外宾,所以影响不大。现任天皇②那时还是摄政,是个任劳任怨的人,对此也不会抱怨。

明治时代末期几乎见不到下水道的踪迹。神田有一条用瓦隔出的壕沟,用来弃置厨余垃圾。但大部分的排泄物都要靠"污秽屋"来处理。之所以称这些人为污秽屋,是因为他们在车上堆满桶和长柄勺,穿梭于街道当中,叫着:"收污!收污!"明治时代末期的收粪业仍然是一个卖方市场。收粪人出钱收购,不过价格下跌得很快,因为随着城市的扩张和农田的远离,农民越来越难以深入市区。到了大正

---

① 位于东京都港区东新桥一丁目的日本国有铁道(国铁)的货运站,原为1872年10月14日通车的日本最早的铁道线的起始站:新桥站。1914年12月,其客运功能转往东京站后,成为货运站,并改名为"汐留"。而原乌森站则改名为(第二代)新桥站,沿用至今。
② 指明仁天皇,那时还是皇太子。滨离宫曾作为皇家行宫,所以这么说。

时代,这个问题已经严重到引发危机的程度,因为卖方市场已经变为买方市场,由于找不到买主,东京的一些地方已经无法处理粪便。位于东京城西部边界的新宿等地甚至被称为东京的肛门。每天晚上①都会有一段交通拥堵时间,因为在此期间大量的运污车排成长龙,造成交通堵塞。

对供水问题的处理就好多了,且有历史积淀。虽然德川幕府的地方行政官实际上未对下水道做过任何修缮,明治时代的知事和市长对此也做得不多,但当时东京已有传统的贮水池和水渠系统了。不过下町在明治时代末期仍然严重依赖水井,使污水处理的问题不仅麻烦而且还存在卫生隐患。从水井打上来的水很脏,味道也差。于是卖水的小贩在下町巡回叫卖,肩上挑着扁担,扁担上挂着水桶,每只水桶里放着木制船形碟,这些船形碟是用来防止水溢出的,简单却又独具匠心。

短暂离开东京的人在回来时不禁要感叹城市令人目眩的快速变化,似乎已经成了这一百多年来的惯例。W. E. 格里菲斯在银座大火前几个星期回到东京,之后又去日本其他地方一年,回来后发现城市变得"如此现代化以至于我都快认不出了……昔日的江户已经一去不返了"。那时还是大地震发生之前。而在此之后,"江户一去不返"的说法仍不断被人们反复提及。

如果比较明治初期和明治末期的银座中心地区,以及皇宫东面的三菱草地或者说日本桥以西地区,会发现它们发生的变化可以说是毁灭性的。除了街道、运河、河川之类以外,明治初期连影子都没有的东西,到了明治末期突然冒了出来。不光是外来的游客,连本地的老居民都目睹了这种变化。对此,1886 年起就住在东京的小说家田山花袋②在 1917 年出版的《东京三十年》中这样写道:"桥梁得到重

---

① 日译本作"早晨"。
② 田山花袋(1872—1930),日本小说家,代表作有《蒲团》、《生》等。

建,过火后土地上原来的居民被驱离,狭窄的街道被拓宽。昔日的江户日益遭到破坏。"

一些街道确实被拓宽了,尤其是在明治时代快要结束的时候,为了给有轨电车和防火隔离带腾出地方,道路拓宽工程相继实施。与之相对,一些街道也消失了。江户的后街大杂院总体来说都太拥挤太昏暗。因此一旦有机会拓宽道路,哪怕只是一点,市民们都会乐意之至。我们可以从照片和其他图片资料中发现,早期江户极端密集的小巷和死胡同,已经早早地被东京人愉快地抛弃了。即使是最穷困潦倒的阶层,只要能凑出钱来,就宁愿住在即使有些狭窄的街边,也不愿待在封闭的后巷里。

然而即便到了今天,在经历了多次较小的灾难和两次浩劫之后,东京的街道网络依然和江户时期非常相像。在大地震发生前夕,去东京旅行的人仍然抱怨东京的道路一下雨就变成泥海,天放晴了路一干就又变得尘土飞扬。铺整过的街道在当时仍然是新奇的事物。事实上,在下町某些商业氛围浓厚的地方,街道占整个区域的比重在明治时代的最后 20 年下降了。因此街道拓宽并不足以补偿后巷消失造成的道路面积损失。

1915 年,市长为迟迟不动工修建公园找了一个奇怪的借口,我们从中可以一窥当时陋巷里的生活状态。他说东京城区 90% 的建筑仍然是用木头建造的,大部分只有一层高,都有一个小院子种了花花草草,足以充当公园的功能,因此东京不需要像西方的城市那样建造市立公园。这当然是一种官僚主义的托词,但也不无道理。大部分街道的宽度只够人力车通行。有时车夫之间因为道路无法通行而爆发的争吵颇为有趣。不管怎样,江户市民长期以来早已习惯了只把街道中央当作公家的地盘,而路边其他地方则是用来种牵牛花等花花草草的,它们散发着季节的芬芳,而且不需要占用很多空间。因此后巷可能确实像个小公园或者集市。原本江户便一直是大城市中绿化程度最高的。牵牛花作为下町的象征,大概就像算盘可以用来代表下町一样名副其实①。

到了明治末期,交通条件的改善使下町和山之手地区的联系更加紧密。过去江户武士贵族们的妻女几乎不会造访下町这种平民的住地,只有偶尔传出某位身份高贵的妇人因为沉迷下町的戏剧,迷恋演员而声名狼藉。不过现在她们也经常去银座和日本桥购物。歌舞伎成了富有的山之手居民的嗜好,它的受众基础变得更为广泛,不再只是下町人夸耀的骄傲和财富。

在另一种意义上,下町和山之手的区别变得更加明显了。由金钱而非家世划分的阶级差别也更加露骨了。大部分有钱人离开了下町。在谷崎的孩提时代,企业家涩泽荣一在日本桥河畔的宅邸是当时下町的一大景观。1910年的洪水摧毁了河边的许多豪宅,之后它们也没有得到重建,不过直到"二战"结束以后,这样的宅邸才完全消失。变化是一个循序渐进的过程,下町各处虽然还是有许多中产阶级留下的痕迹,但旧的武士阶层和新兴资本家的住所消失无踪。就这样,随着财富转移出下町,下町独立自给的文化也就跟着消失了。

这并不是说下町和山之手开始变得雷同了,"下町氛围"——下町的人情味依然存在于一排排木结构房舍中,以及左邻右舍间的亲密关系中。但创造新事物的活力已经逐渐萎缩。江户的传统艺术是典雅高贵的,但还留在下町的人们,已经失去了创造新艺术的能力。我的意思是说,这种新艺术不仅要像过去的传统艺术那样洗练,而且又要有过去大众文化的复杂活力。就像各个地方城市里的下町,在过去也是文化中心一样,如今在东京,孕育新的独创性文化的场所,已经移至别处。

在明治时代早期,随着工业化的进行,工厂在城市各处零星出现。而到了明治时代结束时,它们已经集中呈现出一种分布模式:3/4的工厂都建在沿海港口地区(例如京桥和芝)以及隅田川东岸的

---

① 下町居民中有许多人从事商业并有精打细算的传统,因此这么说。

两个城区。到了明治末期的时候,东京在制造业上的地位已经不及它在金融、管理和文化上的地位那么显赫了。但由于明治时代是一个推行中央集权的时代,因此东京无以伦比的重要性仍是不容置疑的。江户在一个世纪前就是一座重要的城市,至少在文化上它要领先于关西的那些竞争对手。而到了明治时代结束时,东京的重要性已经远超其他城市了。

在关东大地震发生前夜,东京已经拥有当时日本 1/16 的人口和 2/5 的资本。大阪的企业数量与东京相当,但资本只有东京的一半。当时 1/4 的银行存款都在东京。当时东京的财富主要集中在三个地方:麴町①一带(包含丸之内)、京桥和日本桥。资本达到 500 多万日元的日本公司中,有 4/5 都把它们的总部设在这三个城区当中的一个。

在文化上,东京在一个离奇的点上落后于全国。那就是它在小学教育上比全国其他地方更依赖于私立教育。1879 年时,全国半数以上的私立小学都集中于东京。而与此相对的是,虽然东京人口众多,但它的公立小学数量却少于其他行政区(冲绳除外)。截至明治中叶,东京的小学教育主要还是由江户时代延续下来的"寺子屋"即寺庙学校负责的。到了世纪之交的时候,公立小学的学生数量才赶上私立学校。这可能是因为明治政府无法立即解决所有领域的问题,而且江户时代的私立小学制度已经相当完善,可以运行一段时间,因此就暂时把小学教育这块交给私立学校应付。江户时代末期,东京的"寺子屋"相比全国来说走在前面,因此这一块也并不受政府重视。不过在名气方面,相比私立学校,公立学校的声名更加显赫。我们从樋口一叶②的中篇小说《青梅竹马》(讲的是一群生活在吉原边上的孩子)中就可以了解到,当时普通孩子对上公立学校的特权阶层

---

① 位于东京都千代田区,包含了皇宫及周边地区。
② 樋口一叶(1872—1896),日本明治时期重要的女性小说家,代表作有《十三夜》、《青梅竹马》等。

孩子所怀有的自卑感和厌恶感。

而在高等教育上，东京则更胜一筹。神田的西部地区到明治时代结束时已经全是学生和大学了，本乡区的大部分地区也是如此。就一般意义上的文化而言，明治维新以来的这一百年或许可以看作是地方文化逐渐凋零的一个世纪，到最后它们除了拥有电视（信号还是从东京传过来的）以外就没剩下多少东西了。这一进程因1923年的大地震而大大加快，东京达到了江户未曾达到的高度。诚然，关西地区的城市如京都、大阪或许保留了它们自己的庶民文化和高雅艺术，也因为某些无人能够解释的原因产生了日本绝大多数的诺贝尔奖获得者，但东京才是形成舆论和品位的地方。正因为东京是文化的中心，谷崎在大地震后做出移居关西地区的决定才令人吃惊。而其他所有因逃难而离开的重要文人很快都回到了东京，甚至连谷崎自己也在晚年回到了关东地区。

1878年东京建立15个城区时，这15个城区内不仅包含原来的城区，还包括大片农田。在世纪之交的时候，东京的水田中的2/3都分布在浅草区以及隅田川以东的两个城区。旱田中的一半在芝和小石川两区，分别位于山之手的南北边缘。不过到明治时代末期，15个城区内的农田已经接近消失，因其数量在明治晚期锐减。1912年，也就是明治时代的最后一年，15个城区内的水田只占十年前的1/250，旱田则是1/300。

渔业和水产业也出现了类似的情况。真正意义上的"浅草紫菜"①出产于江户时代早期。截至明治早期，日本全国的大部分紫菜仍然产自东京的边远地区。但到了明治末期，除了伊豆诸岛及边远地区以外，东京其他地方已经完全不出产任何紫菜了。最大的捕鱼社区位于羽田②，在东京南部边界之外。虽然寿司在餐馆里仍然被称

---

① 日译本作"浅草海苔"。
② 东京都大田区的町名，从12世纪中期起便盛行渔业，羽田国际机场亦建于该区。

作"江户前",意为其鱼肉食材来自江户的前面,也就是来自东京港,但事实上到明治时代结束时,真正意义上的"江户前"几乎没有了,而今天则完全消失了。

  可见,明治时代是一个剧烈变化的时代。而在明治时代结束的时候,幸存下来的一大批江户时代的遗迹也被地震破坏殆尽。明治末年,江户之子们在哀叹江户之死的同时,还能暗自庆幸下町各处仍然保留着古旧的成排老屋。要想衡量变化与延续传统孰轻孰重是很难的。总之,能为留存下来的传统而感到欣喜,还是一件幸事。当1923年9月大地震袭来一周之后,人们终于从惊恐中回过神时,才不尽感叹之前为何不对那时还在身边的江户遗迹更加爱惜重视,而如今他们大概只能望墟兴叹了。

第三章 双重生活

101　　文明开化虽然带来混乱和困惑,但同时也带来了刺激和惊叹。

在日本,你总是可以听到人们提到"双重生活"。这个词并不像刚开始听上去那么使人浮想联翩,它事实上有点乏味,指的是日本人东西合璧的生活方式,比如既穿鞋子又睡地板。双重生活即使从乐观的角度来看也是给人带来多余的花销和不便的,而在最坏的情况下,那就是一种折磨,带来身份认同的危机。

然而观察日本人平时的生活状态,会发现他们实际上是心平气和、理所当然地过着这种双重生活。看来身份危机之类的说法,只是知识分子在咕噪,并不是什么大问题。在世界各地,社会变化带来的烦恼都是很普遍的,例如18世纪的农耕社会变为20世纪高度发达的城市化社会,这是欧美都共同经历过的。不过日本确有其不同于西方经验的特殊性。不论是否明智,西方一步接一步,走的是它自己的道路。而像东京这样的城市,则是不得已地走着别人的路——至少日本人是这么觉得的。

剧作家长谷川时雨有一天回家,发现她有了一个新妈妈。倘若只是旧妈妈被逐出家门,一个新妈妈取而代之,这样的变化可能并不怎么让人吃惊。而时雨的感觉是旧妈妈被"重塑"了一遍,换了新颜。"她在履行母亲的职责上与平常并无二致,但她的脸与以往大不一样。过去她的眉毛是修掉的,画着淡青色的眉线。过去她的牙齿洁净但染成黑色。而现在我看到面前的妈妈有着短而硬的眉毛,她的牙齿又白又亮,但却让人感觉毛骨悚然,令我大吃一惊。现在她脸上满是以前不曾有的笑容,让我更觉不安"。①

以前的江户妇女在结婚之后都要修掉眉毛,染黑牙齿。谷崎后来在《阴翳礼赞》中提到,这种风俗使江户女性的容貌带上了亡灵般阴翳的色彩。不论染黑牙齿有什么审美上的价值,人们以前习惯上就是这么做的。明治政府认为这种做法与新时代格格不入,决定予以废止。皇后在1873年首先作出表率,停止染黑牙齿。宫里的妇女很快跟着效仿,这股新的风尚逐渐向下传播,将近半个世纪后,就连日本最偏远角落的农村妇女也不再例外。想想如果现在的英国女王和威尔士王储的妻子突然染黑了她们的牙齿,公众会多么震惊,就能明白当时日本人所受到的冲击了。

E. S. 莫尔斯没有提到的是,他书中所说的人力车夫并不是因为脾气好,所以非得在进城前先在市郊停车整理着装。在日本,传统与变革的关系都因为这样一个事实而变得复杂化:变革本身就是一种传统。即便在闭关锁国最严厉的德川幕府时代,在日本仍然能看到洋货刮起时髦旋风,例如最初用来做糖袋的白棉布,后来又成为制作和服的流行衣料。洋货在日本一直很受推崇,这不需要辩解。那个车夫之所以这么做,可能既不是迫于着装新规的压力,也不是因为他的客人要求他表现出乐意效劳的态度和通情达理的坦诚。与此同时,日本人非常看重周边环境的和谐与平衡,长谷川时雨的母亲也是一样。因为过于前卫的打扮遭到邻居们的非议而感到羞愧,她虽然没有把牙齿染回黑色,但还是把发髻变回了过去的椭圆形式样。之前梳的高髻,时称"庞发"②,也是使她看起来完全像是别人的一个原因,招来了邻居们的恶评,他们对此颇不适应。

然而如果要问他们什么是新时代的标准,他们自己可能也常感

---

① 引自《旧闻日本桥》。
② 日本发式的一种,是使前额和两鬓的头发突出形成屋檐状的发型,由明治女演员川上贞奴设计。

到迷茫。因为许多以前显得理所当然的行为,现在一下子成了不文明的陋习。一份保留至今的1876年东京城内轻微犯罪情况的统计显示,"随地小便而不是去公共厕所"差不多占据了一半的篇幅。剩下的五六千起犯罪中,大部分是寻衅打架和赤膊闲逛。其他禁止事项虽然不那么容易违犯,但人们仍然同意要小心对待。未经允许就剪掉头发的罪名似乎是专门针对女性的。"表演男女混合式相扑"也是一罪。还有八起犯罪是异性装扮癖,这就令人奇怪了,因为男扮女装一直是歌舞伎的一部分,而且在更私下的场合,似乎也并未引起人们严重的不适。长谷川时雨回忆称,在日本桥学习小曲的女性中有一位有些古怪,后来"她"被发现是男性。人们貌似并没有叫警察,也没有禁止那个人来上课。

男女混浴在1869年遭到禁止。但我们仍可以推断当时的人们对这项禁令置若罔闻,因为政府在1870年和1872年又两度出台相同的禁令,并勒令浴场在门上挂上帘子,以阻挡街头路人的视线。尽管阻力重重,浴场最终还是成功跟上了时代的步伐。当时下町平民的家中很少配有自己的浴室。几乎所有人都去公共浴场洗澡。公共浴场不仅可以用来洗澡,同时也是交朋友的地方。许多浴场的二楼都提供游戏和啜茶的场地,还有漂亮的姑娘从旁为客人倒茶,这些只收取低廉的费用。当时的学生似乎特别喜欢去。从明治中叶开始,浴场的性质变得越来越复杂而可疑。随着家中浴室越来越普及,公共浴场的洗浴功能也变味了,二楼有时候便被改造成"箭术靶场"(其中有漂亮姑娘可以提供特殊服务)和饮酒场所。公共浴场以前发挥着江户平民阶层的社区中心的功能,人们可以在这里远离喧嚣和人群,放松自己;它也是一个提供各种休闲元素的地方,比喧闹叽歪的家里更具有吸引力。而现在它成了有点污浊的新妓院。

在以江户晚期为背景的小说里,理发店也和浴场一样是观察世事变迁的地方。新时代也使这里发生了变革。西洋服饰起初价格昂贵,不是庶民能买得起的,但理个西式发型却不贵。许多男性很快就接受了,而另一些人正如长谷川时雨妈妈的例子所显示的那样,接受起来要更慢一些。明治时代把最前卫的发型叫做"开花头"①,其类似于"披散短发"。过去,贵族和平民的发型要求剃掉一部分头发,并蓄长剩下的头发,这样就能用顶髻扎起来。早在1873年(即明治六年),当时的报纸就报道称东京1/3的男人已经改剃了西式发型。

当时流行的一首歌谣是这样唱的:"如果你剃一个开花头,那就是顺应了'文明'和'开化'的潮流。"而更保守的人则以梳更传统发型的方式做出回应,其中甚至部分包含了暗示要废除明治维新,回归旧秩序的意思。

最早的新式理发店开设于1869年的银座。甚至在火灾发生前,人们在银座已经可以见到一些新事物了。该店的理发师是在横滨习得的手艺,他的第一位顾客据说是消防队的队长。这在日本人看来合情合理。消防员属于比较传统的人士,以勇敢和魄力而闻名,在江户时代的小说和戏剧中都是重要人物。这也证明了在明治时代,传统与变革通常并不冲突对立,而是彼此相互需要。

到了1880年,东京城里2/3的男人都改成了新式披散短发。在之后不到六年的时间里,这一数字上升到90%。而到了1888年乃至1889年的时候②,只有少数怪人才会保留旧式的发型。

西洋理发店的侵袭速度比西服店要快得多。不过直到大正时期的轻佻女郎时代,妇女才真正开始剪短她们的头发,垂髻垂发。思想解放的明治新女性则追求有"屋檐"之称的高卷式束发发型。一些艺伎和高级妓女从明治中叶就开始穿西式服装,也有一些留起了被称为"香波头"的发型。之所以冠以这样的名称,是因为这种发型近似于在洗头时让头发垂下时的样子而不把它再梳回去。最早的美容学校由一个名叫玛丽·路易莎(Marie-Louise)的法国人建于大正时期。

---

① 日语写作「散切り」,可译为"披散短发"或"开花头",读作 zangiri(本书的英文原文中,还附有 jangiri 这一读音,日译本未见),是明治颁布"断发令"后,男性剪去发髻后形成的发式。
② 日译本为"明治二十一年"。

之后其他的美容学校也接踵兴办起来。

大约在世纪之交的时候,来自英语的"高领"(ハイカラ,high-collar)一词开始流行起来。它起初是用来挖苦人的,意思是极端崇洋媚外:如果一个女人的发型被认为太张扬太像屋檐,它就会被贬称为"高领"。在语言表达中我们仍然可以看到对时髦的微辞。

若是以今天的眼光来看,当时被算作"高领"的许多东西都令人意外。实际上许多看似日本古来就有的风俗,却是在明治时代受文明开化的影响才产生的。"万岁"一词很早就有,但在兴致高昂的场合高喊万岁,似乎是始于1889年明治宪法颁布的时候。神道教式婚礼的流行也肇始于明治时代。1877年,最早的婚姻介绍所在浅草建立。自明治以来就在日本占据非常重要位置的街角警察岗亭可能起源于江户时期的哨所,不过也有可能是肇始于公使馆和外国人居留地入口处的门卫。现在一般认为,最早的私人侦探所建于1891年。而今天,民间的信用调查机构随处可见且多种多样,调查工作也做得如此老练细致,以至于当了解到它们的起源离现在如此之近,常让人大吃一惊。

车辆靠左行驶也是明治时期的一大革新。江户时代,道路上的来往车辆还不是很多,但桥梁上的指示牌显示,当时车辆似乎是靠右行驶。在明治时代早期,或许是受英国的影响(毕竟大英帝国在当时的许多领域都处在文明开化的前列),警察一般都命令马车靠左行驶。

从左往右读横版书也是明治时期的一大创举。这种读法并没有被官方强制推行,而是逐渐变得流行起来,中间也经历过反复。日本桥两家毗邻的金融公司的店招,有时一方采用旧式的从右向左写,另一方则是新式的从左向右写。在同一列火车里也可以见到从右往左写的列车路线描述,以及从左往右写的禁烟标牌。

已经取代清酒成为国民饮料的啤酒,以及取代相扑成为国民运动的棒球都出现于明治早期。最早的啤酒厂建于东京,正好位于日比谷阅兵场的南面,离鹿鸣馆和后来建造的帝国饭店不远。1899年

7月4日,第一家啤酒馆在京桥开张,庆祝不平等条约的废除。

日本的门牌号管理制度直到现在都很混乱,乍看之下可能会认为这是自古以来不成文的习惯导致的,但实际并非如此。明治时代之前,日本人其实根本没有门牌号的概念,一个地方的名称是以"街"或"町"为中心的,这两个词可以被翻译成"街区"。一些街道以前有俗名,一些在今天已经有官方名称,但街区依然是一个地址的核心要素。在明治维新以前,一个地址除了街区名称外就没有别的信息了。如果需要更详细的信息,那就只有再加以具体的描述了。比如,"在第二条小巷这里转进去,看到隐退的刻章老伯住的屋子之后,再往前走两间屋子"。早年去西方考察的人注意到了门牌号,觉得这东西可取,便在新房建起来时都配上门牌号,可是渐渐的老房子也想配门牌号了,结果导致一片混乱。

门牌号码缺乏系统性的问题在近年来已经得到一定程度的纠正。在一个街区里,虽然二号门牌不一定在一号和三号之间,但总算也是在这附近了;然而,日本人对门牌号的概念并不像欧美那样是沿着直线依次排列,而是和过去以"街"或"町"为中心的习惯一样,是以某个区域为中心排列的。尽管这样有它的乐趣,有时候寻找地址就像探险似的,但门牌号若是能按直线排列,毫无疑问会比散开分布更有效率。总之,明治维新采用门牌号所带来的混乱是文明开化的产物,而并非由愚昧的传统造成。

现在每个日本人都会使用的名片也是从西方引入的。一般认为最早的名片是幕府外交使团在1862年出使的时候从欧洲带回的。

在1903年版的《日本旅行指南》里,其编纂者巴兹尔·霍尔·张伯伦[①](Basil Hall Chamberlain)和 W. B. 梅森(W. B. Mason)是这样描述东京的:"有着宁静的田园氛围,这得益于树木的枝繁叶茂。"与大部分日本城市,尤其是与大阪相比,东京确实称得上是郁郁葱葱的城

---

① 巴兹尔·霍尔·张伯伦(Basil Hall Chamberlain,1850—1935),东京帝国大学教授,19世纪晚期的英国日本问题专家。

市。不过沿街种树是现代才出现的新生事物。虽然在江户时代,沿河种树已是一种习惯做法,如神田川沿岸的"柳原"甚至在德川时代之前就有了,但江户城中的树木和花草,当时实际上都还是栽在盆罐里或私人院落中。最早真正的行道树,是银座的松树、樱树、枫树和橡树。

西方舶来品最早出现的地方是以横滨为代表的通商口岸。但许多革新却发祥于东京。日本最早的柠檬水和冰淇淋出现于横滨,而东京则有全日本最早的黄油和西式例汤。

日本最早使用假肢的人是东京歌舞伎演员,第三代泽村田之助①。传教士医师中的先驱者,发明了沿用至今仅略有改动的赫式日语罗马字拼法的 J. C. 赫伯恩(J. C. Hepburn)医生,在横滨为其安装了假肢。他先截掉了泽村一条长有坏疽的腿,并在美国订制了一条木腿,其于 1867 年送达日本并给泽村安上。泽村于 1878 年过世,在此之前他又失去了一条腿和两只手臂,但即便如此,他还是靠着义肢和义足演到去世为止。

男性在许多方面比女性能更快地接受西洋事物。这一点不仅表现在剪掉顶髻上,也体现在改穿洋装上。我们在亚洲其他地方也会看到这种现象。这可能跟女性被赋予的装饰性功能有关,某种程度上也与西式服装和机械在日本人眼中象征了源自西方国家的强大魅力有关。不管谈生意时穿西装是不是更合适,总之人们就是这么认为的,因为穿西装的西方人在商业上确实更为成功。

当时有一些艺伎也已经穿上了裙撑和蓬蓬的裙子,以及带有很多花边和装饰性褶皱的洋装,梳着香波发型。这也是上流社会的贵妇人前往鹿鸣馆时的正装。然而在上流社会的女性当中,19 世纪末期的重点已经从西洋服饰转向了对日本和服的改良。尽管炎热季节的服装比冬天或春秋这种凉爽季节的服装西化得更快,大地震前夕银座的大部分女性在逛街时依然身穿和服。而在同时期,大约三分

---

① 第三代泽村田之助(1845—1878),幕末至明治时期歌舞伎演员,以饰演美貌女子而闻名。

之二的男士已身穿洋装。在明治时代初期，洋装的价格还是非常昂贵的，只有有钱人和被强制规定的官僚机构职员才穿得起。军队和警察是最早采用洋服的，从德川时代末期就已经开始了。到了1881年，东京已经有两百家洋服屋，超过一半集中在日本桥。

天皇所用的纽扣和皇后的手镯、西式发饰等都产自法国，于1872年送达。同年，元老院废除了传统的宫廷服饰，不过在新桥至横滨的铁路开通仪式上，大部分的宫廷官员仍然身着传统服饰参加仪式。当时，愿意穿西洋服饰的男人要比女人多，上层阶级人士比下层阶级多。

即便在鹿鸣馆独领风骚的时代——一个向世界展现日本人和西方人一样文明开化的时代，日本人在对待西方的事物时似乎也是决心多于热情，把要向世界证明日本已经西化的义务放在首位。我们可以从当时的报纸中了解到，在一些重大的宴会活动中，舞池里最多的仍然是外国人。根据皮埃尔·洛蒂的记载，日本女人被勉强请入舞池后，虽然舞姿步态十分正确，但动作僵硬如同木偶。

鹿鸣馆的晚会与东京市民的生活关系不大，它们属于政治圈和上流社会。惯于到浅草寻欢作乐的阶层即使有机会踏入鹿鸣馆这个地方，也一定是以仆人或服务员这样的身份。那里上演的事情离江户和其市民距离遥远。然而鹿鸣馆时代仍是一段如此引人注目的插曲，或者说是一系列插曲，以至于如果单纯把它归结于政治问题或是只属于上流社会的问题而草草打发，未免过于狭隘僵化而使我们无法全面把握明治时代，毕竟它浓缩了明治时代的精神，因此我们在这里需要费些笔墨讲讲它的故事。

鹿鸣馆建筑本身如今已经不复存在，而如果只是像历史教科书那样讲述那个年代又显得有点枯燥无味。我们可以从当时的浮世绘版画作品中体会到鹿鸣馆的氛围和生命力，虽然这些版画家自身并非上流社会中人，也基本没有机会亲临鹿鸣馆的晚会现场，但他们还是捕捉到了鹿鸣馆最辉煌时代贵妇们亮丽的服饰和美丽的身姿倩影。不过如果你亲临那个年代，并有幸居于少数受邀人之列，你会发现鹿鸣馆里的工作非常辛苦,不见得比今日妇女慈善团体的工作更吸引人。洋装和裙撑倘若是照片留影而非版画所绘,可能就没那么有韵味了。这些版画创作于浮世绘艺术最后的黄金时代,很好地搭配了深受明治艺术家青睐的明亮色彩。

兴建鹿鸣馆似乎是井上馨[①]的主意,在他1879年就任外相的时候,修改不平等条约正是眼前的一大问题。他是长州派系的人,长州和萨摩藩是明治维新的主要缔造者。1881年,他的好友兼同乡伊藤博文成了政界最具影响力的领导人。两人都是青年从政,此时伊藤年近不惑之年,而井上则是40多岁。他们在明治维新前曾一起去英国学习。1885年,当伊藤成为日本第一任内阁总理大臣(今天的公职仍然沿用了这一头衔)时,井上是他的外相。两人都认为欧化是废除不平等条约,尤其是治外法权的最佳方式。鹿鸣馆便是这场运动的一部分。

虽然井上开创的其他事业还有许多,但他最为后人所铭记的就是构思了鹿鸣馆这座建筑。这栋建筑的魅力除了出入其中的贵妇美丽的衣装之外,很大程度上在于它的梦幻元素。有人或许会问,除了明治时代的日本,还有哪个地方的政治家会有这样的想法,认为精明顽固如英国驻日公使这样的人,会被鹿鸣馆的几场西式舞会打动,从而向英国政府建议修约?但这正是修建鹿鸣馆在当时的意义。这段插曲淋漓尽致地体现了年轻的明治日本在当时的热切渴望和雄心壮志。

关于井上在开馆之夜邀请的宾客人数,现存的资料有各种说法。估计有不下一千人参加,其中几百位是外国人。鹿鸣馆的正面墙壁上装饰着一大片树枝和鲜花,点缀着旗帜和皇家纹章。花园里隐隐闪烁着无数小灯,每一盏灯都照在小雄鹿的塑像上。正面台阶边上装饰的繁茂树叶间,也有两只鹿的塑像探出头来。大扶手楼梯两边

[①] 明治维新元勋、九元老之一。政治家、实业家。明治、大正两朝元老重臣,幕末以及明治时代的活跃人物。——译者注

摆满了菊花。为了让鹿鸣馆在各方面都尽可能地像欧洲的建筑,井上特意让管弦乐队在演奏时间上迎合欧洲国家首都夜生活通常开始的时间,但这个时间点在日本传统上却已经过了江户之子回家就寝的时间。因此当时还准备了专车以接送来自横滨的客人。

实际上,围绕鹿鸣馆夜宴的一切都是过去从未有过的。向夫妇一起发出邀请在当时是一项惊天动地的创举——江户之子对此已经不知道该说什么了。鹿鸣馆除了举办夜宴和游园会之外,在1884年的时候还举办过一场慈善义卖。这也是以前不曾有过的。过去虽然也有慈善事业存在,但做法完全不同。过去人们一般认为如果施主与受施者熟识,觉得后者值得帮助的话,给予施舍并没有什么不妥。但针对素未谋面的陌生人开展慈善义卖,连捐助的是谁都不知道,似乎毫无意义。1884年的慈善义卖持续了三天,共卖出一万张入场券。在义卖结束的时候,三菱财阀买下了所有卖剩的东西。义卖会的主要组织者是一位出身皇室支系家族的太太,日本许多贵妇人都是该组委会的成员。

不论是否上手,跳舞是鹿鸣馆的主要活动。绅士淑女们都要穿洋服出席,洋服比和服宽松得多,而且更能向外国人展示日本的"文明开化"。从1884年年末起,女士和先生们开始定期集会,勤奋地练习华尔兹和四对舞①,等等。组织者是日本的两位贵族夫人——锅岛直大②夫人和井上馨夫人,而老师请的是外国人。

鹿鸣馆时代的最高潮是伊藤博文在首相官邸而不是鹿鸣馆内举办的化装舞会。1885年,时任首相伊藤博文在他自己的官邸里举办了一场大型化装舞会。宾客的具体人数依然有各种说法,从400到1000多,不一而足。因为化装舞会并不要求宾客必须穿洋装,因而到场的许多有名的日本客人都利用这一点没有穿。伊藤自己打扮成

---

① 18世纪末至19世纪兴起于法国并流行欧洲的交际舞,四人一组排成方形,相对起舞。
② 锅岛直大(1846—1921),幕末大名,肥前国佐贺藩第11代藩主。

一个威尼斯式的贵族,而井上则扮成帮间①,内务部长扮成日本武士,帝国大学校长则以一身西行法师②的装扮到场。

伊藤不久以后就卷入了一桩性丑闻,他与一个贵妇人有染,后者已是有夫之妇。伊藤内阁在当时也变得家喻户晓,人们给它起的外号——"跳舞内阁",不论是在日文里还是英文里都不是恭维人的话。伊藤博文在内阁总理大臣的位子上一直坐到了1888年,然而鹿鸣馆的春天已经过去,大学校长复古的例子似乎表明,并不是每一个去那里的人都对西化热情满满。

由于在建成之初就有强烈的精英主义倾向,鹿鸣馆成为越来越多人批判的对象,有一些批评是恶意而情绪化的,也有一些听起来比较符合实际。当时也确实出了不少事情,其中1886年的诺曼顿事件(Normanton incident)是最有名的。诺曼顿号是一艘沉没于日本纪州冲海域的英国货船。当时幸存下来的全是英国人,而23名日本乘客却都溺水身亡。船长在神户的领事裁判所接受审判,结果却被判无罪释放。后来横滨领事馆虽又判处他三个月监禁,但这无法平息众怒。对治外法权的愤怒不断升级。鹿鸣馆和其中召开的聚会没有达成任何当初预想的目的。

十年快过去了,支持鹿鸣馆的势力已消逝殆尽。伊藤的政治生涯虽然并没有随着他的丑闻和辞职而结束,但井上却再也未能踏入政权核心圈子。激进的极右保守派和左派民权运动的领导人都一致认为鹿鸣馆必须拆除。1889年,它被卖给了华族③俱乐部,自此走上了湮没无闻最终消亡的道路。但它的名字不会被遗忘,在它鹤立鸡群的短暂时光里,鹿鸣馆是东京真正的奇物之一,吸引了像芥川龙之介和三岛由纪夫这样迥然不同的作家,使他们为之着迷。

---

① 在宴会上陪酒说笑助兴的男艺人。
② 西行(1118—1190),平安时代末期至镰仓时代初期的武士、僧侣、歌人,其所作和歌对后世影响巨大。
③ 华族是1869年日本政府授予过去的公爵、诸侯的族称。1884年《华族令》规定公、侯、伯、子、男五爵及对国家有贡献者也列入,1947年废除。

虽然日本的大人物出去讨好欧洲和美国的热情已经消退,但举办大型聚会的风潮却并没有过去。1908年,一位船主在曾经属于水户德川家①的后乐园举办了一场聚会,共有3500名宾客到场。无独有偶,另一位船主也于1917年举行了一场引人注目的聚会,此时聚会的待客之道已经超越了对西方礼仪的单纯模仿。他之前一直在朝鲜猎虎,于是便请两百名宾客在帝国饭店齐聚一堂,品尝虎肉。

政府部门最早配备椅子是在1871年。也是在这年晚些时候,进入楼内不必再脱鞋了。很快,不论男女都喜欢上穿洋鞋了。身着全套日式和服,同时脚穿带有搭扣洋鞋的小学女生在明治时期的版画中是很常见的。自1875年起就生活在东京的美国姑娘克拉拉·惠特尼(Clara Whiteney)在1877年第十四代将军的遗孀和宫的葬礼上,很不舒服地看到一队专业送葬人员身着传统日本服饰,却脚穿洋鞋。明治时代早期流行穿吱嘎作响的鞋子。为了让声音听上去更悦耳,甚至有商家推出了所谓的"鸣革"皮条,可以插进鞋子里。

西式学生服被选定为男生制服是在明治中叶,除了白色的赛璐珞制领子和金色铜扣之外,全身上下都是黑色的,立领制服直到"二战"后都是标配。起初学校并不强制学生穿校服,但后来又以男生过于粗野为由,改为强制推行。奇怪的是,在明治早期的一段时间里,学生曾被禁止穿洋装,理由也是过于粗野,据说当时的外国人看到学生穿着西式内衣四处闲逛,感到很不舒服。

直到大正时代,从大学到小学,所有年龄段的学生才都换上了西式服装。在一张有名的私立小学的毕业照上,我们可以看到在明治末期,所有小学生都身穿日式服装。同样是这所学校在昭和之初拍的照片显示,大部分男生和一半的女生都身穿西式服装。今天依然作为平民阶层女学生标准校服的水手服,一直要到大地震后才流行起来。

在明治末期,尽管按照开化的观点来看,旧式的衣着路线令人拘

---

① 德川家在常陆国水户的一支,属德川御三家之一,家祖为德川赖房。

束,而且与现代个人主义格格不入,但在学生当中还是盛行这么穿的。大学和高中的男生刚开始改穿洋服的时候,喜欢采用标新立异的穿法。浮夸做作或者故意弄得乱糟糟脏兮兮似乎成了精英的标志,当时人们还专门为它创造了"蛮领"(蛮カラ)一词。其第一个音节取自"野蛮"的"蛮"这个日语中的汉字,后面一个音节即 collar,取自英文"高领"(high-collar)一词,意为追求时髦,世界主义。虽然如今大学生已经基本不用穿制服了,但该词却流传至今,意指粗野现代风。

食物的"高领"一面早在明治时代早期就已经出现,尤其体现在佛教正统所不允许的吃肉上。据记载,德川时代的相扑选手们吃各式各样奇怪的东西,比如猴子,但普通老百姓总体上还是恪守佛教的禁忌。牛肉锅是明治时代激进大变革的产物之一,也是那个时代的一大象征。在明治以前几乎闻所未闻的猪肉、马肉和乳制品作为"文明开化"的一部分,现在也进入了日本人的日常饮食。面包也是如此,不过直到大地震年代才成为一种主食,在明治时代它只是点心的一种。其中特别是日式小豆面包①,即一种内部填满豆馅的小圆面包,价格低廉,很受学生们欢迎。

东京从德川幕府末期起就有屠宰场了,屠宰场最初设于芝的高台地区,由于遭到当地人反对,后来迁往偏僻的大森海岸,位于划定了市政长官管辖区域的"朱引"(意为赤线)之外。庆应义塾大学的学生似乎已经吃牛肉上瘾,因为那里受西化影响极大。但他们也不是毫无顾忌。由于不愿被人看到自己在肉店里,买肉者都通过不显眼的小窗口取货。屠夫走进庆应大门送货的时候,迎接他的是打火石碰撞发出的咔哒声,这是古老的驱邪保平安的"切火"仪式。

虽然长崎过去就有中华料理,但它对东京来说是新鲜事物。今日它在日本已经随处可见,并且在许多方面都已经日本化,以至于有

---

① 即「餡パン」,一种 1872 年由东京银座木村安兵卫推出的食品,是将日本的一种外面裹一层豆沙的黏糕(餡ころ餅)中使用的豆沙放入面包中,形成的日式面包。

人认为它在日本历史悠久。1883年,第一家中式餐馆才在东京开张营业,它就是位于日本桥的偕乐园,谷崎和他的小伙伴们就是在那里用"用心笼"玩扮花魁的游戏。牛肉锅的流行本身并没有得到什么特别的赞助,而偕乐园却和鹿鸣馆一样得到了富裕权贵的支持提携,他们似乎认为东京作为一个国际大都会,就应该有一家中华料理店。

当时还出现了养宠物猪的爱好者。猪的价格也水涨船高。名为南京鼠的小动物在当时也曾风靡一时。不过兔子流行的时间更持久,受到的追捧也更为狂热。虽然养兔的热潮传遍了整个国家,但它最初的发源地是在东京,最早是住在筑地外国人居留地的两个外国人(一个是英国人,一个是美国人)开卖的。他们还向那些对宠物兔一无所知的人进行宣传,向他们介绍内行的兔子鉴赏家在鉴别兔子时都关注哪些要点。那时兔子和猫狗一样是当作宠物爱抚玩赏的,不是用来吃的。兔子爱好者们还成立了专门的社团。样子好的兔子可以卖得高价,就其与猪的重量对比来看,它的价格远高于那些猪。长着松软大耳朵的兔子和更纱即印花棉布一样市场价很高。下谷有一位居民就曾因为用柿漆①弄脏了一只白兔子的毛而被判罚金和坐牢。

来自遥远国度进口兔子数目的激增,也刺激了投机倒把活动。1873年,中心城区驯养的兔子数量已经达到近十万只,政府当局取缔了养兔爱好者社团的一次集会,之后又于同年禁止了兔子的繁育,并征税以抑制人们饲养兔子。于是追捧兔子的热潮逐渐平息,不过人们还是能看到外国人在浅草售卖法国兔子。报纸认为领事裁判的裁决太过温和,悬而未决的治外法权问题又被推到了风口浪尖。与此同时,明治早期的一大重要社会问题也就此产生,因为很难适应新时代的下层武士,是这次投机倒卖兔子的风潮中损失最为惨重的。

对舶来品的狂热追捧在明治中叶的时候渐渐消逝。此时无论是在服装还是发型上,比起弃日追洋,更为流行的是将日本传统稍加

---

① 从涩柿子中提取的液体,可涂在麻布等上作为防腐防水剂。

"改良"。这种民族主义反应自然暗含着反西方的意味,但在德川时代常见的那种排外暴力活动并未同时出现。虽说进入明治时代早期之后,针对外国人的暴力活动仍不能说是完全消失了,但通常都有特殊的事由。例如1870年,当两个在大学教书的英国人被武士砍伤的时候,碰巧在场的W. E. 格里菲斯协助对他们进行了治疗。起初,他和住在东京的外国人群体一样感到愤怒和恐慌,但当他最终了解到事情的细节,身为传教士的良心使他将责任归咎于英国人。原来这两个英国人之前一直四处转悠想找女人玩,他们之所以被砍和虔诚的东京市民没什么关系,就好比发生在时下纽约某个贫民窟的类似事件与一位正派的纽约市民无关一样。两位西南藩出身的武士被指控为犯人,遭到处决,但证据不充分的呼声也不绝于耳。此时正值手腕老辣的英国驻日公使哈利·帕克斯勋爵(Sir Harry Parkes)即将动身回国之际,也有人认为他想借此事件邀功。犯人中的一人曾经翻供,而他的证词也根本对不上伤者提交的证据。

在伊藤首相举办化装舞会数十年后,跳舞已经不时髦了,并且在第一次世界大战后的几年里成了警察们的眼中钉。鹿鸣馆时代出现的另一个新场所"喫茶店"即咖啡屋,也不再像早期那样拘谨。1888年,一个中国人在上野公园附近开了第一家"喫茶店"。从当时对它的描述来看,其更像是今天的某种疗养休闲健身中心,附带供应咖啡作为提神剂。有趣的是咖啡在当时被写作"可否",如今当然已改为更接近英文发音的日语片假名了,而咖啡的法语发音衍生出的日语片假名词①,则用来指富有时髦的男士们不带太太,只身前往的那种有漂亮女招待服侍的西式酒馆,其是大正时代摩登都市生活的象征之一。

虽然海水浴在明治时代并非全然不为人知,但女性泳装的生意到了大正时代才变得好起来。将身体浸泡在冷水中,在日本长久以来都是一种宗教仪式,直到此时日本人才逐渐将这视为一种消遣。

---

① 即「カフェー」,源自法语 café。

永井荷风描述的明治晚期的夏日海滩通常都是空无一人,甚至那些如今在炎热的星期天下午,人多到迈不动步的海滩都是如此。谷崎润一郎在他的回忆录中描述了一次去芝海滩的短途旅行,其大约位于今天高速公路①途经旧芝离宫恩赐庭园②的地方。这次出游的目的与其说是为了海水浴,不如说是挖蚬子。明治晚期曾经兴起一阵宣传攻势,推介这一带的海水浴场,虽然当时海滩南端正逐渐变成一个工厂和码头区,但海水还足够干净可以用来洗浴。当时支持海水浴的一大论点就是外国人对它极为推崇。

从明治早期开始,外国贵宾陆续造访东京。他们基本上都得到了热情的招待。唯一例外的是俄罗斯沙皇的长子,他在1891年访问日本的时候被警察砍伤,③不过该起事件不是发生在东京。明治时期最早访日的贵宾是爱丁堡公爵,他于1869年访问东京。之后又有奥匈帝国皇储斐迪南大公以及夏威夷国王。刚刚卸任美国国务卿的威廉·H.苏华德(William H. Seward)也于1870年到访。当时明治政府感受到的最直接威胁来自俄罗斯,其他任何国家都无法与它相提并论。苏华德针对俄罗斯问题给出的建议是日本可以像美国向俄购买阿拉斯加一样,采取购买方式解决领土争端问题。皮埃尔·洛蒂或许是明治时代访问东京的文学界人士中最有名的,但他得到的特别礼遇——比如受邀前往鹿鸣馆——与其说是因为他的作家身份,倒不如说是因为他是海军武官。

最受尊崇的外国人毫无疑问是格兰特将军(General Grant)及其夫人尤利西斯·S.格兰特夫人(Mrs. Ulysses S. Grant)。格兰特在

---

① 指东京的"首都高速都心环状线"。
② 位于东京都港区海岸的都立庭园,曾是大久保忠朝宅邸的庭园乐寿园,1924年转由东京市政府管理并对外开放。
③ 即"大津事件",1891年5月11日俄国皇太子,即后来的尼古拉二世在访日期间突遭担任警卫的警官津田三藏砍伤,对该案的审理被认为是确立了日本司法权独立的传统,是近代日本法学史上的重要事件。

美国南北战争中任北军总司令,之后又成为美国总统,他在卸任后于1879年6月在环球旅行途中与夫人来到长崎,并在东京待了两个月,即从7月初到9月初。他们原计划访问京都和大阪,但这部分行程却因为霍乱的流行而取消了。从横滨①开始一路上的护卫工作都由乃木希典②负责安排,他在日俄战争中成为日本近代军事史上不朽的军事领袖,后来不惜在明治天皇葬礼那天自杀以表忠诚。当将军夫妇到达新桥站时,日方组织了一场欢迎仪式,车站前陈列的绣球花摆成了将军姓名的首字母"U.S.G"的形状。从东站前往滨离宫的路上,家家户户张灯结彩,挂着日美国旗,到达目的地后,格兰特将军一行人又受到东京知事设迎宾会招待。接下来的几个星期里,在工部大学和上野都举行了几场欢迎会。据说工部大学举行的这场宴会是日本最早的西式社交晚会,采取了与过去不同的招待方式。另外还有观摩游行以及访问学校、工厂等这类与1980年代中国招待外宾来访时相类似的活动。格兰特将军在上野种了一棵杉树。这棵树历经1923年的关东大地震和1945年的东京大空袭仍然健在,树前有一尊日本红十字会总裁小松宫彰仁亲王③的骑马雕像。格兰特夫人种了一棵木兰树,今天也依然健在。歌舞伎和能④剧剧院的表演对外宾来说都是一大看点,7月还有最为热闹的夏季庆祝仪式"隅田川开河节"。那时隅田川边还留有一些贵族别墅,将军便在其中一栋里悠哉地观看了整个烟花表演。虽然天气不好,但到场的人群规模是历年的两倍。烟花和人群都淋着雨。各式壮丽华美的烟花以红、白、蓝三种颜色燃放。将军对此表现出极大的赞赏。

将军和天皇彼此都多次看望对方。先是在到达日本后的第二天

---

① 日译本作"长崎"。
② 乃木希典(1849—1912),日本武士、军人,因日俄战争中指挥攻克旅顺口而名声大噪,又因其对俄国战俘的宽大处理而得到当时西方世界的赞许。
③ 小松宫彰仁亲王(1846—1903),日本皇族、军人,曾任日本赤十字社(即红十字会)、大日本水产会等团体的总裁。
④ 能乐是日本的一种传统的舞台艺术,包含"能"、"狂言"等。

即7月4日,格兰特将军便对天皇进行了礼节性拜访。7月7日,将军和天皇一同检阅部队并共进了早餐,之后于8月在上野举行的大型欢迎招待会上再度会面。8月即同月,他们又在滨离宫进行了一次长时间相对非正式的会谈。将军列举强调了民主制的优越性,不过也提出警告反对仓促实行,表示应慎重行事。他希望日本能谨慎处理外交事务,尤其是在占据中日双方都提出领土主张的琉球群岛时,能顾及中国的感情。在离开前几天,他又拜会了天皇,向其辞别。

尽管格兰特将军的整个访问取得了巨大成功,中间还是发生了一些不愉快的事情。美国女子克拉拉·惠特尼无意间听到一个日本长舌妇议论说:"格兰特将军简直被捧得像个神仙一样,都该给他建一座庙了。"在格兰特将军的访问即将结束之际,甚至有谣传说有人密谋要暗杀他,但这些谣言随后被证明是一个嫉妒格兰特将军的英国人蓄意编造出来的。在将军到日本之前不久,霍乱开始流行。在明治时期,霍乱的流行基本是定期发生的,一波接着一波,而这只是其中一次。但这一回促成了东京最早的隔离医院的建立。于是谣言又四起,说这家医院实际是为挖人肝脏而建的,将军花了大价钱收购肝脏。

当然这些都是微不足道的小插曲。总的来说,东京全城上下看起来很喜欢将军,而将军也喜欢东京。

若是以历史学家的视角而非将军本人的眼光来看,访问过程中最为隆重的一幕发生在格兰特将军观赏歌舞伎的这个夜晚。他造访了东京最新式的剧院——位于银座附近的新富座①。那里的地毯和椅子都是从滨离宫特地搬来的。三位皇族人士及总理大臣一同列席观看了演出。演出的剧目以发生在平安时代后期日本东北地方的"后三年之役"的历史为原型,其主人公,也是战胜方的主帅八幡太郎义家即源义家②,和格兰特将军类似,都以非常谦恭有礼且宽宏大量

---

① 著名的歌舞伎剧场,1875年由守田座改名而来,由第十二代守田勘弥经营,后被松竹收购。
② 源义家(1039—1106),平安时代后期武将,1083年任陆奥守时介入清原氏的纠纷,引起"后三年之役",被历史学家视为当时新兴武士势力的象征。

的态度对待战败的对手。这种安排对到场观看演出的格兰特将军可谓恭维备至。

担任"座元"即剧院老板的守田勘弥,在当时日本最有名的演员团十郎的陪同下,于幕间穿着双排扣礼服大衣上前,为将军捐赠舞台帷幕一事向他表示感谢。当晚演出的高潮是演员们背靠由旗和灯笼装点的舞台背景表演的舞蹈。乐师们半数身着红白色的服装,另一半人则身穿蓝底上印有星星的服装。接着出现的柳桥艺伎们,每个人也都身穿红白色的和服,撩起一边的袖子时便露出底下饰有星星的蓝底衬衣,就连扇子上也绘了日美国旗。

当晚,克拉拉·惠特尼在她的日记中这样写道:"啊,老家的旗子,荣耀的星条旗!……它变成了我们能想到的最美丽的服装,看到日本人用如此美丽的方式向我们的国旗表达敬意,我们真的很感动。不仅是对格兰特将军,连对我们的祖国也如此友善,我们感激不尽。"

在格兰特将军夫妇之后,紧接着受到报界和版画家们最多关注的大概是一个名叫斯宾塞(Spencer)的英国人。他于1890年来到日本,带了一堆气球,用它们表演杂技。他在横滨表演了一次,在东京表演了两次。在东京首演的时候连天皇都到场了。斯宾塞从他的气球上跳伞时,差点儿撞上了皇室贵宾席的帐篷,为了躲避而受了轻伤。数日之后,他在上野进行了第二次表演,吸引了一大群人前来观看,这次他落在了稻田里。一个名叫鲍德温(Baldwin)的美国人在随后的一个月里为了超越他,甚至不惜冒着让气球冒烟的危险,尝试表演空中杂技。而世人记住的却是斯宾塞,就连画着疑似鲍德温的表演的浮世绘作品,下附的说明里也说这是斯宾塞。翌年,默阿弥[①]将这一杂技改编之后搬上了歌舞伎舞台,其中的斯宾塞一角由著名演员菊五郎扮演。在接受福泽谕吉侄子的培训后,他甚至在台上飘了

---

① 河竹默阿弥(1816—1893),活跃于幕末至明治时代的歌舞伎狂言作者,本名吉村芳三郎,生于江户日本桥。

一通英语。当时气球不仅成了浮世绘的热点题材,而且连气球糖之类的也卖了出来,之后气球热又持续了一段时间。由于日本人已经施放了十多年的军用气球,因此气球本身应该并不稀奇了,一定是跳伞和特技表演才使人们如此感兴趣,又或许是因为他们喜欢看到外国人身处险境的样子。

W. E. 格里菲斯认为那两个因勾搭女人而被严重砍伤的英国人是罪有应得,并声称这适用于所有他知道的针对外国人的袭击事件。这或许是有道理的。但发生在1891年的津田三藏袭击沙俄皇太子的"大津事件",乍看起来并不适用于他的这种一概而论,不过袭击者仍可以争辩称是俄罗斯自身的行为具有挑衅性。针对"救世军"[①]的活动,也引发了几起暴力事件,参加暴力活动的人也可以用同样的说辞为自己辩护,说是救世军不好。

救世军在日本的活动始于1895年。1900年夏天,一个美国陆军上校来到日本建立了救世军的办事处。他后来很快出版了名为《凯旋之声》(Triumphant Voice,「ときのこえ」)的小册子,向吉原的娼妓进行宣讲,劝诫鼓励她们逃离妓院,并向那些做出积极回应的妇女提供帮助。妓院老板企图买断所有的册子。一个为救世军组织服务的日本人在沿街兜售《凯旋之声》时遭到吉原混混的痛打。两个试图从洲崎游廓救出一位妇女的男子也遭到了袭击。这场娼妓救助运动吸引了报界的关注,也得到了他们的支持。一名记者成功地从吉原救出了一名妇女,于是逃离吉原一时间成了一种风潮。救世军宣布在1900年的最后几个月,光是东京就有超过1000名逃亡者。这一数字很难得到证实,但公共影响力是巨大的。这股逃亡的风潮不久就过去了,救世军此后再也没能取得初期那样的成功。

---

① 救世军(Salvation Army),1865年成立于伦敦,采用军队式架构的国际性宗教及慈善公益组织,以街头布道和开展慈善服务、社会服务著称。其在日本的活动由山室军平等人于1895年发起,最初致力于推动废娼运动。

融合了外来文化与本土风俗习惯的"双重生活"无疑从明治早期就开始了。而对那些乐在其中和受其折磨的人来说,"双重生活"实际上从德川时代晚期就已经存在了。杰出的外国人来到日本后便成为崇拜和效仿的对象,一俟文明开化被日本人接受,就很难再看到室内小便这样不文明的行为在日本出现。不过,在明治时代的大部分时间里,双重生活中的外来文化要素还只是借来使使的装饰品,如果觉得碍手碍脚便可随时抛弃。到了明治末期的日俄战争时期,这种情况发生了巨大变化,外来事物的本土化进程开始了,为这一转变提供契机的是广告商和零售小商贩。虽然即使没有他们的大力吆喝,这一进程迟早会开始,但我们从明治末年传统的吴服店如何逐渐变身为现代大百货商店的过程中,或许可以看到双重生活本身是如何演变的。文明开化在明治晚期已经不再成为人们议论的话题,但即便是住在河东最昏暗肮脏小巷里的人,也必然会知道三越和白木屋①在这个季节里卖些什么。

广告是近代的产物。江户的精明商人早就意识到了它的价值,有关歌舞伎演员帮助推销和服款式的故事可谓家喻户晓。但江户是一个封闭的社会,在这里由演艺界和妓院引领的流行风潮更多是靠人们的口耳相传,而不是像广告那样针对的是不特定的大众做宣传。人们熟知他们所去的商店,商店也了解他们的顾客。即便是规模最大、实力最雄厚的店也有它们专门针对的主顾。而如今随着交通的便捷,客户群的规模飞速扩大,逐渐覆盖了来自全国的客人。与此同时,为各种顾客提供各式各样商品的理念也应运而生。

在明治时代的大部分时间里,旧时的习惯做法依然十分盛行。大的商店都专营和服用的绸缎布匹,它们即所谓的"吴服店"。店内都铺有榻榻米,进去时要先脱鞋。商店都没有橱窗。如果消费者无法确切说出自己需要买什么,店员就得推测一番,再从仓库里拿来顾

---

① 江户时期三大吴服店之一,由初代大村彦太郎以木材商身份开创,是日本百货店的先驱者之一,后改名东急百货店,但由于经营不善于1999年1月31日关店,历史共336年。

客可能会中意的商品。山之手地区的贵族妇女不会亲自去下町购物，而由店家派出推销员上门服务，提供此种服务的都是大型吴服店，或者今日所说的那种"精品店"。

三越百货的前身：三井越后屋吴服店，从创立初期开始就有固定的价格明细表而不议价。但讨价还价在明治初年似乎一直都是稀松平常的事情，也反映出地区的文化差异。偏僻的西南诸藩如萨摩、长州的武士集团发动了明治维新，成了新的当权者。他们的行事方式经常和江户及东京的不一样。他们的手下把讨价还价视为理所当然，而江户的小商贩们则靠着做买卖时的直觉，要么抗拒要么让步。至少有一家历史悠久的吴服老店因为抵不住过度议价终至破产。而三井越后屋则坚持江户时代以来不议价的原则，挺了过来。

明治时代的最后几十年见证了百货公司的出现。它从各个方面体现了一种西式零售业的兴起，而传统的经营方式则退入较小的专营店领域。新的销售方式在刚开始时必然存在着模仿西方的成分。大正时代影响力巨大的三越百货商店，也就是大地震后被大火烧得耀眼异常的那家，就是出于对沃纳梅克[①]（Wanamaker）商店的效仿。不过，如果说百货商店是新东京的象征，那它也是一种日本式的象征。日本的百货商店不但贩卖商品，还靠提供文化娱乐活动来吸引客流。它们是神社寺庙庙会集市的继承者，这些集市在百货商店出现以前是当时的购物中心。

日本桥的两边面对面坐落着三越百货和白木屋，它们共同引领示范了商业大转型。江户传统经营方式占据主导地位的情况大约持续到世纪之交，甚至在那之后传统经营方式也未曾消失，而大商铺则很快转向了各种商品的大规模销售。

---

① 19世纪美国商人，被认为是百货商店之父。他的名言："我知道在广告上的投资有一半是无用的，但问题是我不知道是哪一半。"堪称广告营销界的"哥德巴赫猜想"。——译者注

三井或者说三越百货在17世纪的时候从地方藩国进入江户。①白木屋在日本桥的开张则要早几年。三越百货在进入20世纪之后比白木屋经营得好，也就是说地方藩国出身的商户战胜了江户之子，这种情况是很常见的，但是如果只看到这一点，未免过于流于表面。两家商店在早年就已经成了江户的一部分，但三越百货比白木屋更擅长广告宣传和"形象塑造"。三越在向几乎所有阶层的顾客售卖包罗万象商品的同时，也从不忘保证其品质和服务。在明治时代晚期，两家店隔着日本所有道路的终点——日本桥面对面竞争，双方都试图以大胆的创新超越对手。1904年至1905年的日俄战争结束以后不久，三越将第二层楼也辟为商场，并且还在其中设置了玻璃的陈列橱窗。这样的创新在当时令许多人大吃一惊，甚至还在一段时间里遭到了抵制。因为在江户时代，买卖都在商铺一楼进行，而且也没有直接陈列商品的习惯。

尽管三越百货率先推出了陈列橱窗和上层购物这样的创举，白木屋却在其他方面处于领先地位。1886年，它成了老吴服店中第一家出售洋服的店。电话出现后，白木屋又成为东京城内最早几个安装电话的地方之一，不过电话没有装在明处，而是被装在了一个楼梯井里，以免扰民。最早的女销售员也出现在白木屋，过去旧式吴服店里，所有的售货员都是男性。三井越后屋吴服店在1904年正式注册了三越百货这个商号名称，并从这时候开始销售帽子、皮货和各式杂货。由于穿过日本桥的南北大道要进行拓宽，三越百货一度退入后街，直到1908年才再次在原来的老地方重新开张，此时它已完全是一家大百货商店了。白木屋对此的回应是在1911年建了一幢带塔楼的三层②新店铺。里面有游戏室和最早的展示会场，这种安排让现代的日本百货商店看起来有种美术馆加展览馆兼游乐园的感觉，成为后来日本百货商厦的标配。1914年，三越百货完成了一次大扩

---

① 三越是在1673年从伊势松坂迁入江户的。
② 此处据日译本。英原文为四层，但依据当时的照片来看，按三层算更合理些。

建,就是日后在大地震中熊熊燃烧的这栋新的三越百货大楼,它是一幢五层的模拟文艺复兴时期风格的建筑,不是东京最高的建筑,却号称是苏伊士运河以东规模最大的建筑物,而且非常现代化,有电梯、中央暖气、屋顶花园,甚至还有自动扶梯。

1914年的这栋三越百货大楼并不是一栋能使人感兴趣的建筑,至少从外观上看它并没有什么引人注目的地方。而白木屋确是一栋有趣的建筑,它的建筑风格是大胆的和洋折衷与博采众长,预示着后来大正时代更加稀奇古怪、奔放而充满幻想的风格。明治晚期建成的白木屋没能保存到今天,但从照片上看它比三越百货大楼更前卫也更有意思。不过白木屋在与时俱进方面没有它的竞争对手做得那么成功。

三越百货超越白木屋的优势主要在于,它善于利用大胆的宣传方式推进大规模零售业务的发展。早在世纪之交的时候,它就在新桥火车站打出一幅与真人一样大小的美女广告,微笑着招徕每一个人前去三越百货购物。到了大正时代初期,三越联手帝国剧场搞了一次著名的广告宣传活动。广告的标语"今日帝剧,明日三越"一炮走红,成为日本广告史上早期一大成功案例,至今仍被人们铭记。它招徕民众在这两处之间轮流消遣,非常成功。在大正时代,三越百货有一支人所共知的男童乐队。据说这是日本最早的非官方乐队。男童们都身穿红绿相间的苏格兰短裙。

尽管推出所有这些创新举措,百货商店的规模在明治时代末期还远没有后来那么大。古老的市场依然健在。大部分平民百姓平时购物仍然喜欢选择邻里的小店,而日本桥的那些大商店仍然有点太高端了。虽说如此,百货商店确是巨大文化变革的先声,明治时代晚期的东京城看上去已比德川时代晚期的江户更像今日的东京。东京的百货商店也并不仅有三越和白木两家,神田和上野还各有一家,并在大地震后向银座推进。

与进店脱鞋有关的问题直到大地震之后才告解决,这在某种程度上也是大型百货商店无法立刻走近普罗大众的主要原因之一。过去进店时会把鞋子脱下寄存在门口,换上店家备好的拖鞋,寄存的鞋子有时一天会达到数万双之多。在日本桥新店揭幕时,三越还出了搞错 500 双鞋的事故。因为这个原因,百货商店成了和银座炼瓦街一样谁都想去看,但实际不一定会进去的地方。它成了乡巴佬来东京时必去的景点之一。三越百货和如今已经过时的几个爱国宣传景点是明治时代东京游览路线区别于今天的主要不同点。

当时还有另一种新型购物中心,也是明治时代的新事物。令人恼火的脱鞋问题可以用来解释它从明治时代晚期到大正时代为何如此受欢迎。"劝工场"是明治时期出现的新词,它的字面意思带有劝进的意味,意为"鼓励发展实业之地",而实际上这个词指的是"集市"或者"商场",若干小商店聚在一个屋檐或者拱廊下就可自称"劝工场"。在那个旧吴服店纷纷转型成百货商店的年代,集市更受欢迎的一个原因可能是因为顾客不必脱鞋。集市的风光时代是在明治晚期。而当百货商店最终成为社会各阶层人士全家的休闲场所时,集市便走向了衰落。

最初的集市是公营性质的。它于 1878 年开张,贩卖去年在上野举行的第一届"内国劝业博览会"剩下的商品,地点位于当时一个偏僻的地方,即后来三菱草地的北端,皇宫的正东面。另一方面,新桥站附近即银座南端又出现了两家集市,成为这一带的中心。但东京中央车站的建成改变了人流走向,让集市走向了没落。不过在明治末年的时候,又有 3 家集市出现在神田,7 家出现在银座。截至 1902 年,东京市内分布着 27 家集市,9 年后只剩 17 家,而在大正二年即 1913 年时,就只剩 6 家了。

自 1950 年代以来①,已经没有店家会再自称为"劝工场"了,但想来所谓的劝工场,和今天那些对日本桥商店造成威胁的购物中心没什么两样。虽然"劝工场"这个名词是新生事物,但它所代表的集市

---

① 日译本作"进入昭和时代以来"。

其实和江户时代的街坊市场有许多共同点。这些事物都存在着连续性，一眼看上去是新生的事物，其实许多是传统的再现。

不论是开百货商店还是"劝工场"，其目的是为了赚钱，但它们同时也提供了人们娱乐消遣的场所。从这点上说博览会也是同样，虽然其举办目的，是为了国家发展和推进文明开化、开启民智，不过它同时也像庙会一样，能给人带来快乐。

日本人很早就听说过博览会。幕府将军和萨摩藩派团出展了1867年的巴黎博览会，明治政府在1873年的维也纳博览会和1926年费城纪念美国建国150周年的博览会上也派团出展。

日本人于明治早期尝试过在日本国内举行博览会，其中一次就在吉原。第一届"内国劝业博览会"于1877年在上野举行，时间从夏末一直持续到初冬。此次展会由内务卿大久保利通①提议举办，他是萨摩人，当时西南战争②正如火如荼地进行，因而此时引进博览会这种展会形式，蕴含着强烈的政治意味，是为了向人们展示新时代已到来，也想向人们传达一个信息：即便存在反对意见，"殖产兴业"的政策也要继续搞下去。天皇和皇后在博览会开幕那天到场庆贺，并在闭幕前一个月即10月又再度光临。博览会场馆是临时搭建的西式风格建筑，但十分气派奢华，在中心位置设有艺术画廊，两翼则被用来展示农业、工业机械以及各种物产。某些展品似乎并非日本当时最需要的东西，比如高达30英尺，直接从美国引进的灌溉旱地用的风车。超过1.6万名参展者展出了大约10万件展品。参观者的总数不下东京的总人口数。

明治时期还举办过其他几届博览会。在1881年举行的第二次

---

① 大久保利通（1830—1878），日本武士、政治家，明治维新元勋之一，与西乡隆盛、木户孝允并称"维新三杰"。
② 1877年以鹿儿岛为中心爆发的士族叛乱，以西乡隆盛为盟主，是明治初期一系列士族叛乱中规模最大者。

博览会结束之后,东京有了第一个永久性博物馆,这是一栋由约西亚·肯德尔设计的砖瓦建筑,其于 1878 年开始建造,没能赶上博览会开幕时完工。19 世纪末的第四次和 20 世纪初的第五次博览会则分别在京都和大阪举行。1907 年再次回到上野举办的第六届博览会①至今仍是东京举办过的最大的展览会。当时正值日俄战争结束之时,因而它不但有着宣扬爱国主义的意味,而且有着消除战后不景气和振兴经济的价值。日俄战争结束后,日本经济陷入了萧条,需要刺激消费。博览会场馆的主建筑为哥特式风格,建于巨大的人造喷泉周边,喷泉高六层,顶部有酒神巴克斯的雕像,沐浴在红、蓝、紫三色灯光之下。尽管场馆的大部分建筑仍散发着异域风情,但当时日本画的声誉已得到恢复:美术馆的天顶上绘有出自桥本雅邦②之笔的龙。而桥本雅邦与协助其推进日本传统艺术复兴发展的芬诺洛萨③以及冈仓天心④两人有来往。

一条落水渠蜿蜒向下通向场馆低处,直至不忍池的岸边,这里有一个关于异域风情和日本海外扩张情况介绍的展览。其中有一个台湾展览馆和琉球展览馆,后者在当时引起了争议,因为来自妓院的妓女被安排在那里接待游客,想以此使人们有宾至如归之感。当时有舆论认为这样安排是对琉球尊严的冒犯,琉球的报纸为此还提出了抗议。

这次博览会激发了夏目漱石的灵感,使他写下关于文明与照明的评论文章《虞美人草》,这点我们在前面已经提过。事实上,博览会

---

① 此时已改名为"日本大博览会"。
② 明治时期的日本画家。其画作吸收狩野派(日本著名的宗族画派,其画风是在 15—19 世纪之间发展起来的,长达七代,历时两百余年。日本的主要画家都来自这个宗族。该画派主要为将领和武士们服务)的传统写实法和西洋画的焦点透视和明暗法,形成了折衷的新日本画风格。作品有《秋景山水》、《潇湘八景》。——译者注
③ 芬诺洛萨(Ernest Francisco Fenollosa, 1853—1908),美国东洋美术史学家,曾协助日本画家狩野芳崖、桥本雅邦推进新日本画运动,与冈仓天心共同创立东京美术学校。
④ 冈仓天心(1863—1913),日本思想家、文人,近代日本美术史学研究的开拓者,本名冈仓觉三,著有英文著作 The Book of Tea。

对一个时代的品味影响甚大。大正时期更加稀奇古怪的建筑风格就明显来源于两次在上野举行的博览会，一次在大正早期，一次在大正中期。

身为当时博览会会场的上野公园是东京五大市立公园之一，也是东京的第一座公立公园，建于1873年。公立公园是明治时期又一样受西方影响而催生出的新事物。在东京还是江户的时候就不缺赏花的地方，一年四季人们都可以在各种庭院和寺庙神社等诸多地方观赏花草树木，因此城市要单独为此辟出一块土地作为公园，在当时是很新奇的想法。我们前面已经提到过，有一位市长表态说东京绿化众多，没有必要再建公立公园。

公众不支持再大兴土木的原因之一，是幕府将军已将城南远郊的一块土地用于建造英国公使馆而始终未完工，把烂尾工程拆掉已令人满意。连绵的寺庙占据了今天的上野公园到隅田川边的大部分地区。

但随着时间的推移，东京市民可以利用的绿地变得越来越少。大家开始认为，原则上应由市政府来负责解决这一问题，这成为一个重要的变化。江户一度宏伟的寺庙如今规模已今非昔比。如果再不建市立公园，那么随着寺院神社的减少，东京可能要彻底丧失所有剩余绿地了。

上野的绿地作为公园得以保留，要归功于一个外国人。要不是他的努力，这块因彰义队发动的"上野战争"[①]而陷于荒废的土地将何去何从，真是难以预料。

在战争发生之前，上野的丘陵地带以至今天上野站所在地周边都属于德川家菩提寺——宽永寺的一部分，但战火将其建筑化为灰烬。宽永寺是德川家的两个菩提寺中靠北面的一个，规模巨大，涵盖

---

① 1868年7月4日明治新政府军与驻守在上野的旧幕府军彰义队发生的战斗。幕府末代将军德川庆喜投降后，上野的彰义队拒不投降，坚守宽永寺并挟持宽永寺贯首即后来的北白川宫能久亲王，此战为戊辰战争的一部分。

了不忍池北部和东部的整片上野丘陵台地,以及东部的低洼地区即如今上野站所在地。十五代幕府将军中有六位葬于宽永寺。最后一任将军德川庆喜就葬在附近的谷中灵园。①

当时进攻部队实际上摧毁了整个寺院。今天宽永寺的本堂是1879年自川越的喜多院②移建过来再改修而成的,寺院规模也大幅缩小。俗称黑门的旧本坊表门是原来主建筑群的唯一遗迹,不过直到今天,仍有若干17世纪的建筑作为东京最古老建筑之一,在上野公园里矗立着。普通民众在白天可获准进入宽永寺。这个地方和现在一样以盛开的樱花闻名于世。

1868年的战斗结束之后,上野虽然陷于荒废,但却仍是一块可用之地,其上的树木比今天要茂密得多。文部省想要在这里建一所医学院。而明治早期最擅长占用土地的陆军也认为这里是修建陆军医院的好地方。就在这时,一位外国人提出了他的意见。

鲍德温医生(Dr. E. A. F. Bauduin)1862年就来到了日本。他先是在长崎,后来在江户和东京的大学里担任医学顾问。文部省把他从长崎请来,就选址上野建造医学院一事向他征询意见。与文部省的期望相反,他并不赞成此事,反而坚持认为上野更适合作为公园,而医学院建到其他地方去也无妨,比如本乡区的旧前田家宅邸③,即今天东京大学的主校区所在地。

最终鲍德温的观点说服了文部省。1873年,上野成了东京最早的五个公园之一。另外四个分别是浅草观音寺、芝区的增上寺、深川区的富冈八幡宫④,以及长期以来以樱花闻名的位于北部郊区的飞鸟

---

① 位于东京都台东区谷中七丁目,面积十万平方米,德川家第十五代将军德川庆喜、政治家鸠山一郎、企业家涩泽荣一等皆葬于此。
② 位于东京以北埼玉县川越市的天台宗寺院,其住持天海颇受德川家的尊崇。
③ 旧加贺藩主前田家第十六代家主前田利为(1885—1942)原在此处建有宅邸,大地震后他与东京帝国大学交换土地,在驹场另建新宅。
④ 位于东京都江东区富冈的供奉八幡神的神社。

山①。在城区的四个公园当中,上野是唯一一个真正意义上的公园,它之后的历史也和其他公园不同。1890年,上野公园被移交给皇室宫内省管辖,又在1924年为庆祝皇太子即后来的昭和天皇成婚,交还给东京。因此如今它的官方正式名称叫做上野恩赐公园。其西面的不忍池是曾经遍布大半个下町的沼泽的遗迹,于1885年被并入上野公园。

上野没有完全逃脱被商业侵蚀的命运。虽然许多过去宽永寺境内的货摊要么关门要么移往别处,精养轩大饭店突兀的巨大建筑物远远望去还是十分碍眼,一张1881年的海报告诉我们,它就在上野公园里。最早的公园园区范围内,还包括如今的东京艺术大学上野校区。德川家的陵墓于1885年和公园分离。

不过比起浅草和芝,上野受到的侵蚀还没有那么严重,仍然非常像一个公园。在明治中叶的时候,不忍池周围建有一条体面的赛马跑道,还有一个皇家看台,这条跑道存在了十年直到1894年。天皇出席了跑道的落成典礼。虽说是赛马跑道,但它的建成颇具明治时代的特点,不是出于娱乐和赌马的目的,而是为了国防的需要,以鼓励马术训练。我们从在这方面不总是写实的浮世绘版画上可以看到,马是按顺时针方向跑的。

上野公园内有日本最早的艺术博物馆、最早的动物园和最早的无轨电车,后者是博览会上的一大亮点。1920年首次举办的五一国际劳动节庆典也在这里举行。该庆典到1982年为止已经举办了53届,有十年因为法西斯主义盛行而停止举办。在这个没有多少古建筑留存的城市,上野集中了最多相对古老的建筑。上野的风貌之所以能保存下来,一方面得益于皇室的庇护,另一方面是由于它早就被各种侵袭过了,不得不说很是讽刺。在这里,明治早期的城市规划挺过了1923年的大地震和1945年的战火,许多保存至今。

除了江户时代的遗迹外,如果算上如今东京艺术大学的校区,上

---

① 位于东京都北区,又称飞鸟山公园,实为小丘,是赏樱胜地。

野公园里还留有东京最古老的砖砌建筑,它刚刚度过了百年诞辰。①另外还有最古老的木结构音乐厅②,其面临逐渐朽坏的危险。国立博物馆大楼是带有穹顶的文艺复兴时期风格建筑,它是送给东京市民的礼物,为庆祝皇太子即后来的大正天皇的婚礼而建。但当它落成的时候,皇太子的儿子即后来的昭和天皇都已经是一个七岁的小男孩了。可见规划、募集资金并建造需要不少时间。今天已是举国皆知的作为上野公园伟大象征的雕像,也是明治时期遗留下来的。这座比火车站立得还高的西乡隆盛③青铜雕像在1898年揭幕。最初的计划是想把它立在皇宫前的广场上,但不久便因官方对西乡发起西南战争之事还心存芥蒂而没能实现。他的遗孀不喜欢这座塑像,说从未见过西乡穿得如此寒碜。

许多人去上野都是冲着劝业博览会去的。在成为公园之后不久,它又和江户时期一样成了赏樱的著名景点。虽说如此,上野毕竟从江户时代起就是德川家的墓地,在此大声喧哗、大醉酩酊、唱歌跳舞是不合适的。即使后来成了恩赐公园,气氛还是有些肃穆。相比隅田川边以及飞鸟山的赏樱地,这边要拘谨得多。实际上,上野从很早开始,比起作为游乐之地,更像是个陶冶情操的场所。

与之相比,浅草则大相径庭。小说家斋藤绿雨④对上野和浅草两者做了富有诗意的有趣对比。绿雨和永井荷风类似,他1867年或

---

① 指如今位于东京艺术大学内的赤炼瓦1号馆(赤レンガ1号館),由日本建筑师林忠恕设计,1880年竣工。
② 指旧东京音乐学校奏乐堂,建于1890年,1984年移至上野公园,内有日本最古老的管风琴。
③ 日本江户时代末期(幕末)的萨摩藩武士、军人、政治家,他和木户孝允(桂小五郎)、大久保利通并称"维新三杰"。前期一直从事倒幕运动,明治维新成功后鼓吹并支持对外侵略扩张,因坚持征韩论遭反对,辞职回到鹿儿岛,兴办名为私学校的军事政治学校,后发动反政府的武装叛乱,史称"西南战争",兵败而死。2003年上映的由汤姆·克鲁兹主演的好莱坞大片《最后的武士》中的森胜元(由日本影星渡边谦饰演)即以西乡隆盛为原型。——译者注
④ 明治时代小说家、评论家。——译者注

1868年出生在伊势,之后在大约九岁的时候被带到东京,有关他早年的生活情况,我们至今还不是很清楚。尽管他与荷风一样不是纯粹的江户之子,但他对江户传统的热爱却胜于江户之子。他的表现方式不同于永井荷风。相较于抒情,他更喜欢讽刺。在江户文学中有一种传统,喜欢不时对那些不解江户烟花柳巷、寻欢作乐场所中风情的乡巴佬加以讽刺,绿雨便深受此影响。他的作品在今天读者不多。他的语言晦涩难懂,风格也已经过时,或许他生错了性别。与他风格类似的古风女性作家,今天仍然有许多忠实的追随者。

他的看法今天仍然值得一提。关于上野和浅草,他说:"上野是用来饱眼福的,是一个可供眺望的公园。而浅草是用来满足口腹之欲的,是一个提供吃喝的公园。上野事事设限制,而在浅草你可以随意穿行。在上野即便是神乐舞①也是阴郁忧伤的,而浅草即使是念佛祈福也是乐观向上的。上野夕阳下的钟鸣催促你回家,而浅草早晨的钟声则催促你赶紧过来。你去浅草游玩的时候,会感到已经了结了今天的工作,而你去上野放松的时候,则会忧心起明天的工作。上野是宁静无声的,而浅草则喋喋不休。"②

上野是五个最早的公园里最大的一个。在其他四个当中,只有北部郊区的赏樱胜地飞鸟山,多年以来像上野一样成功地扮演着公园的角色。公园应该是什么样子,在当时人们的观念中是混乱不清的。过去江户的类似场所就是寺庙和神社的院落。1873年建立起的公立公园体系,倾向于将这种观念永久固定下来,只需辟出几块土地,起一个新颖文明的名字即可。上野在起步时是一片空白,不久成为皇家公园,最终变得和西方的城市公园差不多了。

另一方面,浅草公园则和西方的公园毫无相似之处。它是最早的五个公园中第三大的,面积比芝区的增上寺公园和上野公园的一

---

① 日本神道教中为供奉神明而献的歌舞,主要出现在神社的祭礼上。
② 引自《锦绘幕末明治历史》第十卷。

半要大一些,是其他两个较小的公园的几倍。属于江户寺庙院落的那部分,今天已经不对公众开放了,而开放的那部分和西方的市民公园或者市民花园没有多少共同点。明治时期所立的这个公园从法律上讲实际上已经不再是公园了。太平洋战争结束后,美国占领军下令将公园土地归还给寺庙以鼓励宗教机构的发展,当然前提是由于它们没有被军国主义污染。但即使不再叫作公园,对它实际造成的影响也很小,就像那些最早因为被命名为公园而成为公园的地方一样,实际并没有因为这个新名称而受到影响。

浅草公园最初于1876年得到扩建,以囊括西侧的花园和防火带。1882年,它又得到进一步的扩建,而原来被称作"田圃"的防火带则被改掘为两个观赏性的湖。公园被分为七个区,用挖掘池子时掘出的土填埋湿地,形成的新地块被命名为第六区。从明治末年到大正时代,直到珍珠港事件发生的时候,"第六区"都是剧场影院集中之地,吸引大批游人。第六区最早的音乐厅建于1886年,又在1903年有了名为电气馆的日本最早的常设电影院。除了剧场之外还有其他吸引眼球的东西,如高达20米的模拟富士山,游览要收点小费,里面为了营造身处深山的感觉还架了一座吊桥。这座富士山最终被台风摧毁,在"浅草十二层塔"在公园北郊建成的那年拆除了。以《亚洲之光》(The light of Asia)一书成名的英国记者埃德文·阿诺德勋爵①(Sir Edwin Arnold)曾经走过这座吊桥。他在文中提到若干淘气的孩子奔过来拼命摇晃桥,试图让他和女伴站不稳掉进湖里。吊桥的做工让他联想到印第安人的印加文明。

到了世纪之交,第六区里挤满了放映棚和射箭摊位,是这个爱好享乐的城市里最大的娱乐场所聚集地。这种变化不是一种颠覆,而是江户时代以来传统的延续甚至是复活,因为浅草观音寺的后山之

---

① 埃德文·阿诺德(Edwin Arnold, 1832 – 1904),英国诗人、记者。其所著《亚洲之光》以无韵诗的形式讲述了佛教创始人释迦牟尼的生平和思想,被译成多种语言,另著有《世界之光》(The light of world)。

前就是这个样子的。只是第六区更嘈杂,更明亮,也更浓妆艳抹,而且它的影响力更大,带动了整个公园的氛围。旧浅草的遗迹则完全成了陪衬,闷闷不乐,向极少数注意到它的游客诉说着什么。

作为浅草本地人,诗人、小说家、剧作家久保田万太郎针对电影的出现给浅草带来的变化这样写道:

> 突然,它变得到处都是。它席卷了一切,控制了公园。同时也给这个地方带来了浓墨重彩的勃勃生机。新的"潮流"激烈而又毫不留情。幸龙寺沟渠边的街区在它的影响下也突然将那昏昏欲睡、失去活力的本来面目抛之云外。旧货店、旧五金回收店、旧衣店、梳头女、打造饰品和手镯的工坊都如同沟渠里的水一样消失了。新开的商店堂堂地竖起了它们的招牌:西餐厅、马肉店、牛肉店、小料理屋和奶吧。不过即便如此,这时仍然有带格子窗的屋子、看上去差不多的小店、竖着竹栅栏的建仁寺苗圃、"三番组"兼任消防员的木匠们。那是从前在公园"常盘座"①的背面,要不就是在观音堂背面念佛堂的后面,在大朴树遮天蔽日的树荫下才会看到的小店。②

浅草曾经有愉快和热闹的时光,但它们都过去了。几个湖泊在"二战"日本投降后的几年变得淤塞,散发臭气,最终被填平了。此时也不再有大批人流来到此地了,这可能是由于娱乐模式和交通方式发生了变化,而非公园自身发生了变化。有人或许会争辩说要是当初浅草没有变成一个娱乐中心,那它现在也不至于变得那么落魄。如果浅草好好当个公园的话,那么现在它或许还会像上野那样依旧有它诱人的地方。但真正的答案谁也不知道,也许我们并不希望浅

---

① 日文名为「常盤座」,是位于日本浅草的剧场,"浅草歌剧"的发祥地之一,1887年10月开业,1984年停业,此后一度重开但最终停业。
② 引自《吉原附近》。

草为了延续繁荣而变得和上野一样。它或许浓缩了下町最后的美好时光。今天已经再也找不到像这样充满活力，能无忧无虑放飞心情的地方。知晓30年前浅草的人们为它的今非昔比而慨叹是很自然的，而知晓它60年前风光的人们，估计会更加仰天长叹吧。

姑且把这个话题放在一边。浅草的际遇大概是很好地诠释了一旦一个公园没了看点，会变成什么样子。当然更重要的一点可能是它从来就不是一个真正的公园。从思想史的角度来看，这也证明了引进一些外来的词汇也许不需要费太多力气，但之后实际内容的跟进却很缓慢。1873年，划定了五个市立公园的东京可以对世界其他国家的首都夸口说它也有公园了；但实际上，它真正有条件规划和建造都市公园并付诸实施，要等到20年①之后得到适于建造中央公园的土地之时。这也就是说，花了这么多时间，双重生活才终于渗透到了生活中最基本的层面。上野能够成为一个真正的公园，更多的是因为偶然因素而非事先计划好的，而浅草除了有着自己的一套娱乐游客的方式外，它发展到后来完全失去了公园的特征。

自丸之内崛起以后，日比谷公园和北面与之毗邻的皇宫前广场，已经成为东京实际上的中央公园，这也许是因为其距离银座更近，因而在重要性上超越了上野。在明治早期，日比谷一带并不是东京市民会来愉快散步的地方，它成为市民公园要等到最初的五个市立公园成立30年之后。日比谷地处江户城堡的外围堡垒之内，在德川时代末期这里遍布上层武士的宅邸。这些宅邸被拆除之后，这里一度为狐狸和獾提供栖身之所。当北邻的旧属江户城堡的部分地块上杂乱无章地建起新政府建筑物的时候，日比谷则成了阅兵场。经过1871年的平整修缮，天皇于次年在这里第一次检阅了部队。虽然之后在其东边建起了鹿鸣馆和帝国饭店，但它看起来仍是烟尘弥漫，因为军部认为现代化的作战训练必须在烟尘中进行才有实战感。1893

---

① 日译本作"30年"。

年，由于陆军已经在西部城郊青山地区获得了更合适的训练场所，于是宣布将日比谷分阶段移交给东京市政府。1903年，日比谷公园开放。

人们最初认为现在日比谷公园所在的地方将成为中央官僚机构集中的街区。① 1872年皇宫火灾后，政府实际上也是朝这个方向开始规划，对于在江户城堡旧址上重建皇宫没有异议。1886年，政府提出规划，拟将中央政府机关大楼集中建在日比谷阅兵场处，并邀请德国人担任顾问。于是两位有名的德国建筑设计师恩迪（Hermann Ende）和波克曼（Wilhelm Böckmann）前来日本，设计了装饰过多的建筑群方案。施工队以高昂的代价挖了一个大坑之后得出结论，认为土质不足以承受此种典型的西式砖石结构建筑的重量，再往西一点的霞关②附近的土地更适合。虽然德国人的威信一落千丈，但我们或许应该对这一结果感到欣慰。若不开挖检验土质的话，东京或许会像大阪那样少了一个位于市中心的中央公园。德国人的规划在修正简化之后很快就用于建造政府机关楼宇。德国人最初的设计方案是七分和式、三分西式的式样，其中和式的部分参考了德川家陵墓最华美的部分，简化之后才有了实用性。

有些人喜欢新公园，有些人不喜欢。1908年，永井荷风从法国刚一回到日本，就觉得它装模作样得让人恶心。然而，它却成了一个非常受情侣们欢迎的幽会场所，以至于惊动了麹町的警察。1908年夏天的一个晚上，十多名巡捕首次进入公园搜查，逮捕了十多对"扰乱世风"的情侣，对他们处以罚款。日比谷通常被认为是东京乃至日本的第一个西式公园。而那正是荷风不喜欢它的地方——他认为除了他自己以外，西化对于任何日本的人和事物都行不通。

事实上，日比谷公园是相当具有日式风格特点的，里面还留有各个时代的遗迹——据说其中有些树木和城市本身一样古老，还有江户城堡的城濠和石垣的一部分遗迹，野外音乐演奏台也保持着开园

---

① 即以下所说的最终流产的"官厅集中计划"。
② 位于东京都千代田区南部，如今日本政府的司法、行政机构集中地。

时的样子,青铜喷泉也是在开园之后不久建成直至今日。当然公园也在细节上发生了变化,音乐台今天已经没有了最初的穹顶,不过在所有主要的公园中,它是变化最小的。这种稳定或许应该归功于它当初就是按照西式公园设计的。

政府拨给公园的土地面积在明治和大正期间略有增加,但与当时西方国家的城市相比仍然较少。当然与大阪相比还是很多的。在大正时代的最后几年里,寺庙、神社和墓地加起来所能给东京城居民提供的全部公共空地面积,只有华盛顿居民相应面积的1/400。甚至像纽约这样相比伦敦和巴黎要拥挤得多的地方,居民的人均公园面积都是东京人的40倍。

不过大正时代那位市长为政府当局没有划定足够的土地建公园所找的借口,还是有一定的道理的。尽管修建市立公园并非毫无意义,但其必要性相比西方城市来说要小得多。在下町,除了家家户户屋前的那些小块绿地,东京还有许多闲置的绿地,尤其是在山之手地区,当然下町也有。

永井荷风热情洋溢地歌颂了这些空地:

> 我爱杂草,我对它们的爱就如同对春天的紫色堇草花和蒲公英,秋天风铃状的桔梗花和少女花一样。我爱这些在空地、在屋顶、在路边和沟渠边繁衍生息的杂草。空地是杂草的园地。蚊网草的穗像充满光泽的丝绢一样精致,狗尾草的穗像毛皮一样柔软。暖色如赤豆饭般的犬蓼花、青白色舒爽的车前草花都竞相开花。繁缕的花比沙子还要白还要细密。既然来到它们跟前,你难道能不驻足观赏,留连忘返么?儒雅的和歌不会歌颂它们,在宗达和光琳①的画当中也找不到它们。只有作为江户平民

---

① 尾形光琳(1658—1716),日本画家、工艺美术家。作品有《竹梅图》、《杜鹃花图》、《燕子花图屏风》,以及工艺美术品《千鹤图》、八桥嵌金漆盒等。他继承和发展俵屋宗达的画风,又被后继者吸收和发扬,最终形成了宗达光琳派。——译者注

文学的俳谐①和狂歌②中才初次出现它们的身影。我深爱喜多川歌麿的绘本《虫撰》，因为这位浮世绘画家将卑微的草花昆虫绘于笔下，而这两者都入不了南宗与四条派③画家的法眼。由此可见俳句、狂歌和浮世绘取得的成就是多么巨大。它们找到了一个素来被上层贵族艺术所摒弃的主题，使它自由地化身为艺术。

在空地里偶尔撞见的杂草之花，对我的吸引力远远超过护城河周围以及神田教堂④后面所设新公园内的树木。

有些神社和寺院其实同公园没什么大的不同，其中有一个重要的神社是明治时期才加入的。位于神田台地西面、城堡皇宫西北面的九段坂，在过去是比今天要高的山丘。从其上能俯瞰到一片湿地。幕府为了安置商人、乐师和画师，将此山的一半削平用来填平湿地。在德川幕府的最后几年里，平坦的山顶被兵营占据。1869年，此处兴建了"招魂社"。同类型的神社在全国各地都有兴建，其目的据说是为了供奉所有自嘉永年间以来为国殉职者的亡灵。不过这种说法多少容易使人产生误解，因为说到嘉永年间，自然会使人联想到黑船来航事件，就好像这些神社是为了供奉因抵抗佩里准将而死的日本人，但事实上当时并未出现死伤事件。修建这些神社的真正意图是纪念那些在明治维新的动乱中阵亡的将士。随着新的战争和伤亡的出现，神社供奉的范围也越来越广，甚至包括一些令人意外的对象，例如三名在日俄战争高潮的时候在对马岛海战中阵亡的英国人，以及现在很少还有人记得的在义和团运动里丧命的日本人。有意思的是，花名册上出身东京的人数低于全国平均值，可见江户之子并不像

---

① 日本平民诗的一种形式，广义可指俳句、连句等"俳文学"。
② 日本以滑稽、谐谑为宗旨的短歌。
③ 南宗为中国画派之一，对日本画有着很深远的影响。四条派是日本著名画派，以江户时代中期日本画家吴春为鼻祖，是京都画坛的一大画派。
④ 即位于神田的尼古拉教堂。

日本其他地方的人那样愿意为国捐躯。

1879年，九段坂上的东京招魂社改名为靖国神社。江户的传统是将供奉死者和娱乐款待生者联系起来，因此在不忍池的赛马跑道建成以前，神社境内已建有赛马场了。1896年秋大祭上举办过一次极隆重的赛马比赛，共有268匹马参加。之后规模逐渐缩小，最后一次赛马在1898年举行，1901年赛马场被移除。而神社内则继续举办各种艺术和娱乐表演，例如相扑比赛、能剧表演。建于1902年①的能剧舞台和一个从明治早期就有的灯塔（建于1871年）直到今天还屹立于神社境内。后者的功能是为渔船指明方向——因为当时从九段坂上能望见前往筑地海边的渔船。

1882年，靖国神社建了一个军事展览馆②，这是一栋阴森可怖的哥特式建筑。里面有一挺美国普惠公司（Pratt & Whitney）产的机枪，是曾经访日的格兰特将军敬献给天皇的。靖国神社在日俄战争期间以及刚结束时每年有一千万游客造访。尽管这个数字在之后开始下降，但每年依然有数百万之多。如果按西方对"公园"一词的定义，那么这里也许比浅草更像一个公园。对那些持有传统信仰的日本人来说，当时这里的格局安排显得很奇怪：大片防护绿林延伸至皇宫的东南、西南和西北地区，即日比谷公园、举办古老山王祭的日枝神社③和靖国神社，而东北方位，也就是"鬼门"④这个最重要方位的守门人，却是在三菱草地上大兴土木做生意的商人。

东京是当时日本的大城市中发展最快的。到了明治末期，丸之内地区原来的三菱草地已全是一排排砖砌的楼宇，没有狐狸和獾的

---

① 日译本作"明治三十四年"。
② 即1882年2月开馆的"游就馆"。
③ 位于东京都千代田区永田町二丁目的神社，如今每隔一年的6月会在此举办江户三大祭（神田祭、山王祭、深川祭）之一的山王祭。山王祭所祭祀的是大山咋神，其同时也是德川氏的氏神和江户城的守护神。
④ 在日本神道的阴阳道中，认为东北方位是鬼出入的方位，称为"鬼门"，在布置住宅时是个十分忌讳的方位。

藏身之所了,就连杂草也几乎丧失了生存余地。不过与日本其他大城市相比,东京依然是一个绿意盎然的地方,即便与京都这样天皇曾经居住的古都相比也是如此。谷崎的老婆是大阪人,有一次别人问她第一次到东京游玩时印象最深刻的是什么,她不假思索地回答是郁郁葱葱的树木。到了明治末期,稻田已经从吉原的入口处消失,之后更是越退越远。但那时东京仍然是一个以低层建筑为主的城市,大部分房子只有一两层,其人口密度最高的地区还比不上江户晚期那么拥挤。那时的东京或许可以说拥有世界上最宝贵的空闲土地——那是一株杂草甚至一只偶然经过的狐狸或獾能够拥有的最奢侈的空间。

从某种意义上说,东京在明治末期依然是贴近自然的,而且在今天也是如此,因为在这里人们能够感受到自然的律动和四季的韵律。日本所有的神道仪式也都是按照季节来举行的,而在美国要找个类似的节日,或许只有庆祝丰收的感恩节和自然有密切关系。由于本来也没有什么客观标准,因此说东京是日本大城市中最贴近自然的一个,并不是基于什么客观的评判标准,而是全凭主观印象,就像谷崎在《细雪》中描写的大阪名门望族莳冈家的姐妹,为了赏樱特地跑去京都一样。虽然在大阪也能看到樱花,但大阪的建筑和柏油路比东京更多。从高楼向下望去,大阪是一座灰色的城市。即使到了京都,莳冈家姐妹们中意的靠近市中心的赏樱点似乎也只有一个,位于一处神社内,而其他所有的赏樱点都在郊区,不在老城里。

直到今天,东京都会给人留下这样一种印象:它依然比关西的大城市更贴近自然的本源,贴近田地的韵律。这座飞速发展的城市在保存田野与四季的韵律方面做得尤其出色。明治末期的一位东京市民若想陶醉于四月樱花之下虽然可以选择去飞鸟山公园,但他也可以与其他众多市民一样在更近的上野和隅田川沿岸一饱眼福。而在大阪和京都,像这样的地方却没有那么唾手可得。

在明治早期以这样或那样的花草而闻名的赏花胜地,到了明治末期,日子就不那么好过了。工业煤烟蚕食了隅田川沿岸的樱花,蚬子也从芝区和深川的河岸上消失了,挖蚬子曾经是夏天的一大乐事,而江户时代及其之前都闻名遐迩的浅草紫菜则在很久以前就不复存在了。不过即便东京变得越来越大,越来越脏,还是出现了新的可以赏花弄草的地方。

所有江户及东京的"名所图绘"上都举出了不同季节适宜造访的名胜景点。与季节的自然规律略微相悖的是,在这些类似旅游指南的名所图绘中,景点以及各种看点的收录顺序是从雪开始,而不是从花草以及通常在晚春之前常能见到的东西开始。隆冬时的看点是山茶花和颜色亮丽的叶牡丹①,但两者似乎都用不着特地跑大老远的路去某个景点观赏。隅田川的堤岸边是传统的赏雪景点。除此之外还有其他一些地方也适合赏雪,比如在明治期间增加的靖国神社。雪被认为是值得观赏的景物,或许是因为它像樱花一样转瞬即逝,至少在本州岛的东京一侧就是如此。

在明治初期,人们能找到季节性花草最多的地方大概是隅田川以东了。你不用向东走很远,就能把旧城抛之脑后,进入田野地带。当你转身回望,能看到成排房屋的身后是山之手地区绵延的丘陵,而在那之后是富士山巍峨的身影。但这样的乐趣在明治时代即将结束时已经少有了,因为隅田川以东的区域成了工业化的牺牲品。永井荷风在明治末年所写的一部小说中对此很有先见之明。他在故事中描述了一位先生带着艺伎去看隅田川东面本所的牡丹,结果大失所望。他在这里指的不仅是牡丹,更暗示了隅田川以东地区将会面临怎样的未来。不过牡丹虽然在本所失之东隅,却在其他地方收之桑榆:市中心附近建起了著名的牡丹培植地。

另一处花草茂盛且适合观赏的区域是在山之手的高台地区与下

---

① 叶牡丹,又可译为羽衣甘蓝。该词的翻译我要特别感谢凌树的帮助,原文为 a bright-leafed variety of cabbage,可以说每个字都好懂,但就是不知道说的是什么,这可谓本书的一大特色了。日译本未收此句。

町低地交界的边缘一带。以樱花闻名的上野和飞鸟山都在这条边界上。从这里向东望去可以看到隅田川和田地。在高台地区的南端是从未建成的英国公使馆的所在地。

在明治时代,这条边界线上的景点比隅田川东岸的景点还要熙熙攘攘。上野已经不再像幕府将军统治时那样让人畏惧,它超越飞鸟山和隅田川堤岸,一跃成为最适于举办热闹春日祭的地方。而就在上野和飞鸟山之间,位于东京城区边缘的一带,还有江户时期的苗圃中心,其中种有盆栽的菊花和牵牛花之类的花卉。苗圃这种栽培模式直到20世纪都依然占据主流,只是栽培的地点逐渐向外迁移,以至于今天的东京都内已经没有多少这样的苗圃了,不过市区外的北郊依然还留有不少。

早春时节最先开的是梅花,明治早期赏梅的胜地是浅草和龟户,这两个地方离隅田川东面的本乡不远。龟户还因为五月的紫藤受到欢迎。如今紫藤尚在,但梅花已不知所踪了。梅花在历史上与一位人物关系密切,那就是菅原道真①。他是公元10世纪时的一位带有悲剧色彩的政治家,去世后很快就被人们奉为神明,作为龟户天神社②的守护神而受人敬仰。虽然如今龟户已经没有了象征他的梅花,人们又在他的另一处圣地——本乡的汤岛天满宫③建了一座新的梅园并保存至今。就像这样,花花草草继续存在于东京,真所谓失之东隅,收之桑榆。在《隅田川》这部小说的末尾,荷风写到悲伤的男主人公和叔叔一起走到龟户,这一辛酸场面的烘托在很大程度上源于一种今非昔比之感,在那个时代以及之后的明治末年,这片地区已经投身奔向经济奇迹的洪流之中。

---

① 菅原道真(845—903),日本平安初期学者、政治家。受宇多天皇重用,并在醍醐天皇时任右大臣,后因谗言遭贬斥,殁于九州。死后被尊为学问之神,受到崇敬。
② 位于东京都江东区龟户的神社,供奉学问之神菅原道真。此类供奉他的神社又称"天满宫"。
③ 位于东京都文京区,是东京天满宫中具有代表性的神社,每年有大量考生前来祈福,其境内的梅花十分有名,以其为题材有《汤岛的白梅》一歌。

四月开放的是樱花,它也是东京的市花。樱花自古以来受到日本人的推崇,是由于它的转瞬即逝迎合了日本人对世事无常的感触。不过赏樱成为欢歌畅饮的春日祭的一部分,似乎是从江户时代开始的。俯瞰着明治时代东京城南端港口的御殿山,已不再位居明治早期的赏樱胜地之列。被烧毁的英国公使馆正建于此处。明治时代最受欢迎的赏花地点是五大最早的公园当中最偏远的飞鸟山公园,以及上野和隅田川堤岸。其中两处已经因为城市的扩张而被吞噬,只有离市中心最远的上野还很兴旺。它仍然是东京乃至全日本最吸引赏花游人的地方。

樱花之后便是桃花和梨花,它们几乎在同一时间开放,都是在春天的晚些时候。明治时代的这类鉴赏书籍中基本千篇一律地收录了它们。但日本人其实并不像中国人那么看重这两种花。中国有句谚语:桃李无言,下自成蹊,可见中国人对其的推崇。我们可以推测说这是因为桃花和梨花对日本人的审美来说太过艳丽花哨了,但奇怪的是牡丹和菊花这两种艳丽的花却受到了日本人的极度推崇。或许真相只是因为随着季节的转换,赏花的种类也不可能面面俱到,而桃花和梨花正属于被遗忘在角落里的。想要观赏这两者中的任意一种,在东京市内已经没有专门的景点了。想看梨花的话,可以去横滨附近的生麦,也就是我们之前提到过1862年发生武士砍伤英国人的生麦事件之地。从春天到初夏,那里还有紫藤、杜鹃花、芍药和山吹花即棣棠花。

某些季节的乐趣并不局限于赏花或关注某种特定的花草。要采摘春季嫩芽和野草,特别推荐去隅田川的东面和西部城郊,要赏春天发芽的新绿可去上野和城西的武藏野,要挖夏天的蚬子就到洲崎[①]和芝浦[②]港口的岸边,永井荷风和他的家人就是在那里挖的。昆虫和鸟

[①] 今天东京都江东区东阳一丁目的旧名,是看海景的胜地,过去此处曾有著名的洲崎游廓。
[②] 位于东京都港区。

儿受到人们的喜爱。现在除了人工孵化后放生到公园里的那些之外，在市内已经消失不见的萤火虫在当时神田川沿岸、荷风出生的老家那附近就能看得到。它还出没于上野以北、吉原周围的稻田里和隅田川沿岸，而这里现在已经很久没有野生萤火虫的身影了。比起鸟儿的样貌，人们更喜欢倾听它们的鸣叫。城里有两处叫"莺谷"的地方，一处在下谷，另一处位于小石川。上面提到的"莺"就是日本短翅莺（Horeites Diphone），直到今天在这两个地方有时也能听到它的叫声。要听布谷鸟的鸣叫，可以到旧下町中心附近的神田去听，也可以到位于本乡的东京大学校区附近的旧前田邸。要听雁鸣，你可以渡过隅田川，到吉原的稻田或深川的洲崎去听。要听秋天的虫鸣，那推荐你去东京的西郊。

到了盛夏，就可以观赏牵牛花、莲花和菖蒲了。明治天皇自己最喜欢的菖蒲花园即如今的明治神宫菖蒲园，在他去世数年后向公众开放。牵牛花长期以来一直在下町的生活当中占据最特殊的位置。它是无处不在的夏季符号，在各个人家的小院子里，在平凡的小巷边，无论是作为主人公还是背景，牵牛花都是最受人喜爱的。在明治时代，赏牵牛花的胜地是入谷，今天也是如此。不过自从那里的牵牛花首次出名以后，它在百年间是饱经风霜。在明治早期，入谷还是一片稻田，其间分布着面积广阔的苗圃。从苗圃间你可以望见吉原，那里的大屋是这一带仅有的别墅。1912年，随着城市的扩张，入谷不再位于市郊，最后一块苗圃从此迁走，这样一来，赏购牵牛花也就要改去别处了。不过到了"二战"之后即20世纪的最后25年间，牵牛花又再次回归此处。七月初的牵牛花展览会吸引了大批人流，不过参展的牵牛花已经必须从今天东京的北郊运入了。

明治期间一个有名的赏莲点消失了。那就是位于赤坂的溜池。①由于听任淤泥淤积，池水最终干涸了，不久上面就盖了屋子。不忍池是明治时期另一个观赏和"聆听"莲花绽放之音的著名景点。有些人

---

① 原为江户城外濠的一部分，明治时代被填埋为溜池町，现为赤坂一丁目和二丁目。

认为荷花开放时发出的微弱声响是想象出来的,另一些人则坚称他们确实听得到。虽然历经展览会的举办和赛马场的修建,它还是挺过了明治时代;而且尽管它在"二战"期间和战败时期曾被改造成大麦田,但最终还是延续到了今天。自明治时代以降直至最近,隅田川东岸曾有大片食用莲藕的种植地。那里的莲花在明治时代也是一景,但在今天已经销声匿迹。

东郊又是看"秋季七草"①的好地方。虽然名为"七草",但它们中的一些其实是灌木,只有一种是真正意义上的草本植物。不属于"七草"之列的菊花要到位于本乡的东京大学正北的"团子坂"去看,在明治时代,那里一直是赏菊胜地。1878年那里第一次展出了"菊人形"——被整成人形的菊花。它们在某些明治时代著名的小说中均有提及,而到明治时代结束时已经可以在除了团子坂的其他地方见到,先是在河东岸的相扑国技馆,之后是在南郊和西郊,偶尔也能在百货商店里看到。浅草观音寺在明治早期的时候就以菊花闻名于世,但如今那里的菊花已不再有了。

在春天以樱花闻名的飞鸟山,到了秋天便是东京附近欣赏秋日红叶的最佳地点。在一年的收尾还有一景,那就是荒芜的冬日原野,要赏此景你可以去西郊的早稻田。以落雪为初始开启一年,以落雪之前的荒野作为收尾。要是严格遵循自然的轮转,那顺序本来应该是以落雪作为终结才对,但日本古老的传统认为花草循环的末尾是枯萎和荒芜,因此这样安排。

明治早期的许多以季节性景致而著称的景点到了明治晚期都消失了。这虽然让人感到难过,但并不令人意外。例如,吉原的夜樱在明治初年还没有电灯的时候很受追捧,但到了明治末年的名所导览中已不再提到了。应该说真正让人感到意外的是许多景点在更大且更煤烟弥漫的东京城中依旧存在。东京市政府在1907年出版的指南《东京案内》中,就报告称隅田川樱花的情况不容乐观,它们正在遭

---

① 秋季七草分别为女郎花、尾花(芒草)、桔梗、抚子、藤袴(佩兰)、葛、荻(胡枝子)。

受工业烟尘的侵蚀,还被那些广告牌挡住了。不过这本书中仍以十页的篇幅,罗列了东京城内及其附近可供短途旅行游览的地点。它们按照季节排列,以幸福满满的新年出游导览——"走遍东京城"作为开头,又以新年赶集——"日本桥、银座,等等"作结。赏雪推动新一年的轮回。隅田川堤岸依旧是可以纵情游乐的著名景点之一。大部分花花草草的有名观赏点都有涉及,从赏梅的29处胜地——它们都位于城内和郊区,以新增的一处景点:靖国神社作为开篇,到位于15个城区之外的西郊和北郊的冬日荒原。和江户末期时一样,23个赏樱胜地以上野和隅田川堤岸为首排列。长达68页与"游乐"相关的部分包含了墓地。这些当然是为那些喜欢怀古稽古的人准备的,不过日本的墓地用来观赏季节转换的风景还是不错的。

有闲暇和精力的人不妨关注各神社、寺庙年度的祭典和月度的缘日节日仪式来打发时间。这本旅游指南中就用五页列出了神社、寺庙每月的节日祭典,只有碰巧遇到每个月的第三十一天时才会没有热闹可看。而传统也正是在这种地方得到显现。因为农历没有一个月是有三十一天的,所以日本人在阳历任何一个月的三十一日都不设节日。除了月度的节日,大部分神社还有年度的节日,这些节日喧闹的盛况以"神舆"为中心,有时甚至熙攘到了暴力的程度。"神舆"是一种可以抬出去的神龛,在祭典时节人们抬着它巡游大街小巷,祈求神明保佑。江户之子对其的热衷远近闻名,甚至有人会为了筹措举办此类活动的经费而典当自己的老婆。有些神舆很大,需数百人来抬,在狭窄的街道里迂回穿行,有时甚至会狂热到失去控制,闯入商店的店面。不过有时是故意这么做的,尤其是在浅草,这样搞很受欢迎:人们认为如果掌控当地的神明乘着神舆闯入了一家店的门面,那么厄病之神就会远离这家店。

有些神社和寺庙每年都有集市,或许这当中最有名的要属十一月酉日举办的"酉市"。酉市在全城的若干"鹫神社"内举行,其中最有名且最受欢迎的要属在吉原边上的一处鹫神社内举办的酉市。酉市一个月要举行两到三次,而十一月酉日举行的是其中人气最旺的。

樋口一叶在她最出色的短篇小说中也对其盛况有所描述。一般认为一旦十一月有三个酉日，那么这年也会是"江户之花"——江户大火频发的一年。

尽管促成集市人流涌动、如此喧闹的原因显然很复杂，但它本质上是店主们的庙会，是江户市民文化的一部分。"酉"是十二地支的第十位，也代表十二生肖中的鸡，在日语中它的发音与另一个意为"吸收"或者"收获"的词①一致，可以讨个好口彩，人们还会购买名为"熊手"的装饰性耙子以保佑来年能生意兴隆。卖这种所谓招财耙子的商人也很会做生意，宣传说只要每年买一个更大的，生意自然蒸蒸日上。酉市近几年来有些衰落，很大程度上是因为吉原传统的买卖已经遭到禁止，不过它们还未完全消失。

但许多有趣好玩的节庆活动现在已经不复存在。例如，你现在再也听不到"守廿六夜"②这样的说法了。过去在农历七月廿六日（大约相当于阳历的八月左右）的夜晚，人们会聚在芝浦、洲崎一带的海岸边或九段坂、爱宕山这类高地上等待月亮的升起。据说此时月亮会以三重相出现，③不久又变回一个，会给人带来不同寻常的好运。守夜一直持续到大约黎明的时候，因为廿六已非常接近下个月月初的新月时节，因此月亮出现时已近黎明了。

一年一度的节庆虽然有时与那些花鸟草虫并没有具体的联系，但必然与农业周期有着紧密的联系。尽管城市的扩张使明治末期时东京的15个城区内已不再有野地，并且将大部分稻田和麦地也吞噬殆尽，但对土地及农时的眷恋依然存在着。春天有两种开始的方式，

---

① 即「取り」，其发音与「酉」一样都是 Tori。
② 即「二十六夜待ち」，据说农历七月二十六日夜半过后月亮出现之时，会先现出三束光，之后合为一束，日本人认为这是弥陀三尊（阿弥陀佛、观世音菩萨、大势至菩萨）现身，此时膜拜能交好运。
③ 简单说就是因为此时的月亮是"u形"很弯的下弦月所以月出时会先见到两个尖端，加上中间的阴影部分会反射地球微弱的光，因此月出的一刻会先有三道光，待月上升后融合为一。

分别是按照农历(阴历)和阳历。前者如今几乎见不到了,而后者沿用至今。①春天开始的日期被定在冬至日和春分日之间,相应的仪式庆典也同时改为按照阳历举行。这也就是为什么在大地震袭来之时,东京市民们正等待着"第两百十日"降临的原因。

一连串"重大祭典",即以神舆巡游为中心的喧闹的神社祭典活动,每年在时间上总是接踵而来。在江户和明治时代的"三大祭"中,大多能找到神田祭和在皇宫西南面的赤坂举办的山王祭的身影。

山王祭虽说是江户三大祭之一,但进入20世纪后它已失去了昔日的盛况。举办山王祭的日枝神社是德川家的孩子们也会被领着去参拜的地方,举办大祭时就连将军本人也会对祭典予以关照,因此规格极高。但随着神社脚下的溜池淤积并被填平,上面又盖起高级住宅,山王祭也走向衰落。此处成了一个富庶的居民区和时髦的娱乐场所,官僚们经常来这里光顾。而富裕的中产阶级和官僚们与神社节日、下町的事务没什么联系是理所当然的,祭典本来就是下町庶民们的节日。

神田祭也是江户三大祭之一,但因为一些离奇的原因(其中比较明显的是保守主义和传统主义作祟),神田祭在明治时期遇到麻烦。神田神社过去供奉的两位明神②中,一位是来源于神道教的神明,它的名字几乎没有人听说过。而另一位是历史上确有其人:平将门③是10世纪时的一位将军,在关东地区领导过一场叛乱。和大多数日本叛乱者不同的是,他对天皇并非只夺其权不篡其位,而是试图自己坐上天皇的位子。1874年,神田神社的神官为了逢迎新时代尊崇天

---

① 明治维新之后,日本改用阳历,并将原来按农历(阴历)举行的节日也全部改为按照阳历。例如原来春节是农历的年初一,现在便改为阳历的一月一日。
② 即"名神",指在《延喜式》中记载的由神祇官供奉祭品币帛的神社(称"官币大社")和由国司供奉祭品币帛的神社(称"国币大社")中有来历且香火悠久的神。
③ 平将门(?—940),平安时代中期关东豪族,其与京都的朱雀王朝对抗,自称"新皇",后被藤原秀乡、平贞盛讨伐。

皇的风气，向知事请愿要求把平将门移出神社，而从茨城县的鹿岛神宫①另请一位神过来。神田祭的衰落被认为是把平将门的灵赶出神社而遭到了报应。虽说人们又为他建了一座神社，并且新神请入神田时场面也很热烈，但不满还是十分强烈。因为在这之前，神田神社一直被认为是供奉平将门的场所，关东一带的将门信仰也根深蒂固。对于关东人来说，由于一直受到京都人的歧视，对此毅然举起叛旗的平将门成了他们心目中的英雄。十年后的1884年，认为人们的愤怒已经差不多平息，神社方面想要重启过去的祭典，结果在祭典举办的第二天就遭到台风的打击，新闻评论说这是将门的愤怒，虽然其中有调侃，但不难读出背后的意思。自此之后神田祭再无昔日的辉煌。

虽说在明治时代，一些祭祀仪式不复存在，但也有其他新的冒了出来。它们有些是全新的，有些是已经衰亡的仪式的复活，有些是对旧仪式的改头换面。新年庆祝活动在军队接受检阅时达到高潮。阅兵式便是全新事物中的一例。而消防队的出初式则是古老仪式改头换面的产物。后者在一段时间里曾因为危险性过高而遭到禁止。这里说的危险性是指消防员会在仪式上穿着传统制服，在竖得高高的梯子上做危险的表演。尽管真正退出历史舞台要到关东大地震之后，但旧式消防队正在丧失他们的实用性。不过虽说新年举行的出初式上的表演仅仅是一场作秀，但这场作秀仍然不仅激动人心，从审美的角度来看也赏心悦目。如今它仍是正月例行活动的一部分并且得到保护，似乎已经没有了消亡的危险。

有些仪式如今已融入民俗之中，以至于看起来与民俗本身一样古老，但其实有许多是始于明治时代。当孩子长到一定年龄就带他们去神社参拜的习惯就是这样一个例子，它的起源确实非常古老，源于祈求神明保佑孩子顺利成长的习俗，但固定为男孩于三岁、五岁，女孩于三岁、七岁的11月15日前去参拜，即所谓的"七五三"，则始于江户时代，而且主要是上流社会的人家的习惯，这一习俗直到明治

---

① 位于茨城县鹿岛市宫中。

中叶才在下町流行起来。五月五日男孩子家挂鲤鱼旗则不幸地与军国主义有关。鲤鱼旗大约是在甲午战争时开始变得非常流行的。五月五日现在成了男孩节也是儿童节，而过去按农历计算的五月五日是夏天开始的节日即端午节。三月三日的女孩节则不是假日。

虽然围绕神舆举行的庆典非常有名，吸引了一大群人参加。但它们本质上还是地方性的祭典，是属于当地街坊、属于氏神和氏子①们的聚会。相比之下，还有其他一些更多元化的，崇尚泛灵论自然神的神道节日是属于全体东京市民的。其中最重大的两个节日都在夏天，即农历六月，启用阳历之后则移到了七月夏季农忙季节开始的时候。这两个节日所祭拜的都是自然神，一个是富士山，另一个则是隅田川。在农忙季节百姓非常需要它们的保佑。

隅田川和富士山并非唯一有夏季"开河节"以及"开山节"的川和山，但它们却是知名度最高，也最为人们所喜爱的。节日庆典除了向自然界的诸神表示敬意外，还有实用的目的。隅田川的开河节意味着炎热天气的到来，也意味着人们在水上举办消夏活动的开始。富士山及其他各山的开山节是开放夏季人群登山的信号，因为人们认为在这之前由于山崩和暴风雨，登山并不安全。而随着时间的推移，开山节的宗教色彩也日益淡化，娱乐消遣的意味日益增强。直至今日，开山节和开河节依然每年举行，富士山的开山节在六月的末尾，而隅田川的开河节则在七月，具体时间不定。当然如今泛舟隅田川已经不像过去那么好玩了，而去登富士山的人则更多了。

从江户时代到明治早期，登富士山有着很强的宗教意味。从江户晚期开始，山神祭礼就占有重要地位。东京城内分布的若干浅间神社②直至今日仍在举行开山式。你或许还能看到神社建造的一些称作"筑山"的人造小山丘，意在模仿富士山。如果无法去登真山的话，善男信女们也可以爬一座这样的山。

---

① 可译为族人、宗人，指在土地神和出生地守护神镇守之地出生的人以及该地区的居民。
② 供奉基于富士信仰将富士山神格化而产生的浅间大神的神社。

最受欢迎的浅间神社位于吉原东面、浅草的正北方。在初夏,浅草北面会举行若干天的园艺展览,商人会把巨树和石玩运去售卖。届时那里会有大批人流涌入。

隅田川对东京来说一直有着特殊的意义。下町的所有城区要么与它邻接,要么距离它只有几步之遥。没有它,江户的高雅娱乐活动几乎都进行不了。在两国桥的夏季开川仪式,即开河节举行的时候,你可以看到各种船只,穿着华美服饰的人群以及绚丽多彩的烟花。烟花有两种,一种是固定在靠近水面燃放的,另一种是火箭,它们分别由两个历史悠久的著名烟花制造商①提供,且都有人捧场。我们之前提到过格兰特将军于1879年观赏了烟花大会。E. S. 莫尔斯则更早一睹为快,并欣然描绘了他所见到的景象:

河边是一派令人着迷的景象。在宽阔的河道上,目光所及之处皆是密密麻麻的各式小船和游乐驳船。我们获准进入一位大名的宅邸,他的仆人拿了几张椅子放到河边让我们坐。我们坐了几分钟后,决定去看看附近的风景。就在那时,一艘小船沿着河岸缓缓驶来,船夫招呼我们上船游玩。我们于是上船,船夫划着船把我们带入人群当中。很难想象还有什么能比呈现在我们面前的景象更加神奇的了:几百艘各种大小的船只——大船、平底船、精美的屋形船,许多都带着天篷和华盖,挂着各色灯笼……我们走近观看燃放烟花,只见十多个光着膀子的汉子正从大船上竖起焰火筒,点燃花样繁多的焰火,这是一幅令人惊奇而难以忘怀的景象:那些汉子的身体在烟花映衬下闪烁着阵阵亮光,火花则像雨点一样落到他们身上。回头望去,群舟随着水波上下荡漾,被烟火表演的亮光照亮。新月逐渐消失在地平线下,星星闪耀着平常难得一见的光芒。昏暗黑色的河面上倒映着万只大小不一、颜色各异的灯笼,随着船只的摇晃而破碎成无

---

① 即"键屋"和"玉屋"。

数光点。①

克拉拉·惠特尼那天也去了,她百感交集:

> 隅田川在我们面前延伸开去。千千万万只船只密密麻麻地挤在差不多一英里的河道里,从笨重的驳船到颜色艳丽、被波浪拍打时像乌蛤壳一样摇摆舞动的平底小游船……数百万只灯笼挤满河上我们目光所及之处,使得原本昏暗的隅田川看起来像一片熠熠生辉的光的海洋。这真是一幅无比美丽的景象,闪闪发光的屋宇、被照得光辉灿烂的隅田川、绚丽多彩的烟花,以及被高高挂起以防熄灭的大量灯笼……人流仿佛川流涌动一般从我们所处的看台前经过又远去,宛如我与母亲感慨万千的那些未得拯救而逝去的灵魂。②

当然,在整个明治时代,节日庆典的模式还是有所变化的,并且在进入大正时代时也是如此。例如明治末期的新年庆典就不如初期那么复杂,许多方面都简化了,某些习俗已经完全消失,例如放"宝船"。宝船是载着七福神③和其他吉利象征物的船。人们相信在新年开始的时候,把绘有宝船的画放在枕头下可以保证能梦到好事,而若新年的第一个梦是好的,那这一年都会有福气。保守的商人格外注重办妥这些事情,因而新年活动的简化可以被视作商业方面也向近代化迈进的标志。在明治时代,新年庆祝活动一直要持续到一月二十日的"骨正月",之所以叫这个名字是因为此时去年准备的年货和

---

① 引自其所著《日本的日日夜夜》(*Japan Day by Day*),日译本书名为「日本その日その日」。
② 引自《克拉拉日记》。
③ 指惠比寿(商业之神)、大黑天(开运招福)、毘沙门天(武神)、弁才天(福德之神、唯一的女神)、福禄寿、寿老人(长寿之神)、布袋(吉祥之神)。

佳肴已吃得只剩骨头了,差不多是把骨头放入粕汁①里打发掉的时候了。后来新年活动逐渐缩短,如今到了一月四五日后已基本没有什么活动了。在明治晚期的时候,围绕一月十五日有三天的"小正月"。过去人们计算年龄不是生日之后就是一岁,而是统一在新年加上一岁。如今一月十五日是成人节②,大概就与此相关。

  虽然发生了这样那样的变化,但东京的花花草草以及神舆、神社的庙会祭典仍然保留了下来。新年庆典与以前相比变得简短了。在东郊,由于工业煤烟的雾霾取代了自然的薄雾,春天到来得不那么明显了。而苗圃则向北被驱赶得越来越远,如今已经被赶过河,赶到崎玉县去了。然而,东京与自然的亲近程度在今天依然不是世界上任何一个大城市可以比拟的。在仲夏时节,大批人为了度过纪念亡者的盂兰盆节③,回去故乡的村庄,那些没机会回去的人,就在城里齐聚,跳乡村的盂兰盆会舞蹈。这是双重生活中最好的一个侧面。文明开化或许势必要到来,但为此并不需要抛弃自古以来与土地的联系和观念。在日本近代化的过程中,比起日式经营管理理念和品质管理方法,也许这一点更值得他国学习。没有人能亲历从江户时代延续至明治时代的所有节日庆典,但可惜的是,连谁参加得最多也没有留下记录。

  不论是有意还是无意地坚持传统和保守主义,一个地方的风俗还是会发生变化。一些最初看起来是来自异国的奇异大胆的东西,也会变得司空见惯,而另一些则慢慢转化。人们对它们渐渐变得容忍,新奇感也随之下降,即使没有改革者摇旗呐喊,革命性的变化也悄然发生了。旧的生活方式没有完全消失,而是越来越多地让位于新的生活方式。在日本经历了两次海外战争之后,这种转变在明治

---

① 粕汁是加入酒糟调味的汤菜,也指放入酒糟的酱汤。
② 日本国民节日之一,祝贺男女青年年满20岁的节日。
③ 日本迎接和供奉祖先之灵的民俗性佛教活动,7月至8月15日举办。

最后几年里变得越发明显。

如果一个江户之子在长到能记事的年纪之后，于1870年即明治初期离开东京，四十年后当他第一次回来时将对许多东西大吃一惊。而他同时也会惊讶于东京的许多地方变化如此之小。日本桥的西半部分和神田已经有了雄伟壮丽的新银行、百货大楼和新建的大学，而在东面，杂乱低矮的木制建筑依旧频繁失火。更时髦、更西化的京桥也是如此：虽然新的银座街区延伸到了京桥桥边，但以北一带依然被江户旧时的幽暗笼罩。

当然他肯定也能发现许多变化：面目一新的银座、皇宫南面霞关一带的政府机构楼群、东面丸之内大公司的事务所建筑群。过去在城堡内外濠之间有许多武士贵族的大宅，如今已消失得无影无踪。他在以前老吴服店所在的地方可以找到百货大楼（不过他依旧能见到大量的吴服店在这周边）。高架铁路桥穿过曾经由大名、獾和狐狸居住的地带，通向城市的中心。

他或许也意识到城市生活氛围的变化，但要说到底变在哪里，又感觉摸不着头脑。

明治时代刚开始的时候，人们有一种强烈的不安全感。永井荷风在其名为《狐》的自传性中篇小说中对此进行了极好地刻画。他所设定的时间是在西南战争结束后，地点是位于山之手高台地区西北角的小石川，在水户德川家的后乐园北面。

> 恰逢西南战争刚刚结束，世间谈论的都是谋反者啦，刺客啦，强盗啦，杀戮之类的话题。这年头空气中弥漫着一股浓重的不安情绪，世间传说在有些头脸的人家的宅院，或是仓房大些的商家门边，总有歹徒躲在暗处，待主人就寝之后伺机持刀下手。我的父母，虽然不知是谁先提出的，常派在我家做工的木匠外出巡夜，当我窝在奶妈怀里，度过寒冷的冬日夜晚时，巡夜的梆子发出刺耳冰冷的声响，在整个庭院回响。

扰乱治安的人中虽然有些只是单纯的土匪强盗,但大部分违法行为都有明显的反动倾向,针对的是新时代的商人和政客,反映的是一种希望回归过去闭关锁国状态的愿望。某种程度上说,这和1930年代昭和初期的极右运动一样,反映的是濒死旧体制的垂死挣扎。鹿鸣馆时代以及文明开化的高潮已经快要到来。虽然荷风家的女佣们还在读过去江户时代的那种名为"绘草子"的带插画的爱情故事,但我们知道他们的孩子不会读这样的书。在鹿鸣馆时代初期,维新的变革并不彻底全面。这个时代的暴力事件在某种意义上具有民族主义的性质,起于对过去闭塞但安稳生活的怀念,但只是一种落霞余晖而非星星之火。

明治时代是个时常暴发暴力骚乱的时代。自由民权运动①以及伴随着日本在国际上的第一场冒险行动:1894年至1895年的中日甲午战争而起的爱国主义和国粹主义,同时也伴随着暴力的暴发。19世纪八九十年代的那些"志士"是狭隘的国粹主义与海外扩张主义的奇异混合物,有着明显的日本特征。他们支持争取"自由民权",但《炸药歌》(The Dynamite Song②)、《支那佬》(The Chinks)和《让我们拿下它们》(Let's Get 'Em')都是他们最喜欢的军歌。③ 那个时代的排外主义几乎针对的都是亚洲同胞,并且反对者寥寥,就连多少持有反对意见的基督教徒们也趋于缄默。从人们在日常生活中都感受到威胁这点来说,明治初期即荷风的童年时代,社会确实动荡,但那时的暴力程度相比甲午战争前后是小巫见大巫了,因为由怀旧而引发的暴乱再怎样也只是余烬。总之无论是好是坏,东京的氛围在19世纪末变得更加近代化了。

---

① 明治时代日本民众发起的社会政治运动,以争取人民获得言论和集会自由、参政权等为目的,要求开设国会、制定宪法、减轻地租、修改对外不平等条约等。一般认为兴起于1874年,持续至1890年。
② 又名 When Vandy Starts to Fight,似乎是美国范德堡大学的校园歌曲,由 Francis Craig 所作。
③ 此处三首歌日译本皆未收,并且除了第一首之外,都未查到日文原名,因此按推测译出。

尽管当时经济不景气，东京在甲午战争期间依然洋溢着过节似的气氛。在东京南郊六本木喝酒狂欢第一次成为话题，就是在这个时期，如今六本木已成为东京最摩登的娱乐中心。六本木能够兴盛起来，最初是由于那里驻扎了军队的兵营。如此说来，供人们享受和平下的熙熙攘攘的游乐场所，最初起源于军国主义多少有点讽刺。当时多少带点军国主义和民族主义内容的浮世绘，也迎来了它最后的兴盛时光，任何与战争有关的题材都很有销路。最大的问题出在审查者那里，他们批准作品印刷的速度很慢。大批人聚集在售卖浮世绘的版画屋门前，于是扒手也变得很猖獗。主管银座区的警察为此不得不专门组建了反扒巡逻队。日本的任何节庆场合都会有稀奇古怪的地方。京桥的一家男性用品店还办了一场下体遮羞布的甩卖会，极力向即将远赴"环境严酷"中国的士兵们推荐此物。

当时那种蔑视中国人的风潮如今看来令人不齿，那时的日本人在自信心暴膨的同时也变得傲慢自大。六本木这类新的娱乐场所正从更有人情味的传统娱乐场所那里抢走人气和生意，或许也令人惋惜。尽管战争带来了人员伤亡和经济衰退，它对东京来说却像是一场狂欢。

但到了十年之后，即1904年至1905年日俄战争时，气氛则要死气沉沉得多。甲午战争中沸反盈天的军歌不见了。浮世绘及其他大众艺术也不再活跃。甲午战争孕育了大量的版画，而日俄战争却很少。也许作为一种大众流行艺术的浮世绘正是在这两次战争之间消亡的。神田的东正教教堂，因其大主教尼古拉斯而被尊称为尼古拉斯堂。但就连这样德高望重的大主教，在日俄战争期间由于俄国人是间谍的谣传，也不得不向警察寻求保护，这还是其自幕末来到日本之后的第一次。

1905年《朴茨茅斯和约》（*Portsmouth Treaty*）签订后发生的骚乱是一种新生事物。它的民族主义性质是显而易见的，而它的诉求与发生于荷风童年时期的那些暴力活动的诉求几乎是完全相反的。暴力活动的参加者认为既然日本通过明治时代的不懈努力取得了成功,现在就该好好利用自身的优势,结果政治家却轻易地接受了《朴茨茅斯和约》,导致日本让步太多。日俄战争本身无疑是日本首次与西方列强动真格的一场较量。这场战争的胜利会引发盲目狂热的爱国主义并不让人感到惊讶。若从这点上说,甲午战争结束后夺走了日本嘴边肉的三国干涉还辽事件本来更易引发暴乱,不过实际却是不满虽然更大,但并未引发暴乱。1905年东京的氛围甚至比那时更加近代化了。

1905年9月5日——《朴茨茅斯和约》签订的这一天,一场抗议集会在日比谷公园内举行。在接下来的两天里,暴乱呈燎原之势。在5日晚上到6日晚上的这段时间里,局面几近失控。据说暴民可以为所欲为,而警察却无力阻止他们。东京一度成了一座无政府的城市。警察岗亭、政府机关、著名人士的宅邸、报社和美国公使馆都遭到袭击。虽然如今在世界各地一有事件发生,美国大使馆都必然成为袭击的目标,但1905年的袭击却是历史上的第一次,这与西奥多·罗斯福担任和约调停人一职有关。10座基督教教堂被毁,它们全都位于下町。伤亡人数超过1000人,其中近半数是警察和消防员。伤亡最惨重的是麹町区,此处是一切暴乱活动的发端之地,也是政府大楼最集中的地方。位居其后的是下町的两个城区——浅草和本所,它们隔隅田川相望。这三个区的伤亡人数加起来占到了总伤亡人数的约1/3。很难说每个参加暴乱的人都是出于政治目的。本所区由于是新生无产阶级的地盘,要说它的贫民阶层猛然醒悟到他们的政治使命还说得过去,但浅草就很难解释了。虽然它并不富裕,但其居民中占绝大多数的是传统保守的工匠和店主。

让人感到惊讶的是,暴乱在某些方面还算有规有矩。鹿鸣馆和帝国饭店并未遭到袭击,而这两者皆是西化的象征,并且都在日比谷公园的对面。美国公使馆遭受的袭击令人瞩目,但实际造成的损失并不大。尽管这是史无前例的,但手段仍然比较温和,无非就是大吼大叫和投掷石块。所以或许可以这么说,暴乱虽然波及范围较广、来势汹涌,但并没有什么暴乱活动本应具有的强烈政治性和威胁性,总体来看多少有点过节闹着玩的成分。这是东京发生的暴乱活动通常都具有的属性。

不过,日俄战争看起来确实是一个转折点。江户并未完全消失在远方,但消失的速度开始加快。倘若我们的老江户之子在日俄战争时离开东京并在十年后回来,那么他的吃惊程度相比明治初年离开并在四十年后回来肯定要大得多。一段统治期的结束通常也会被作为一个文化阶段的结束,因此文化史的阶段划分通常也会参照政治史的划分方式,以一位天皇辞世作为一个时代的终结。但明治与大正时代的分隔点,与其说是明治天皇的驾崩,不如定在日俄战争结束后的明治四十年比较恰当、明晰。

日俄战争后发生了经济衰退,东京则经历了维新动乱到大地震之间唯一的一次人口减少。环绕皇宫的麹町区在1908年人口有所损失,次年,北面和东面的地区也受到严重的影响。下一场战争的爆发并未掀起爱国主义的热潮,因为主要的战斗都远离日本本土,与日本关系不大。然而若是这一切发生在早些时候,战争的胜利势必会引起人们的狂热自豪。每时每刻,东京和整个国家都在朝着现代化迈进。

第四章　颓废文化的衰亡

¹⁵⁰　　无论哪国的国民都喜欢把自己想得跟其他国家的国民不同，而且自然是认为自己比别国人优秀。不过在德川幕府闭关锁国的几个世纪里，日本人基本没有机会去强调自己与他国人的不同，即使想比也举不出例子，于是就变成日本人之间比来比去，以强调自己的不同了。江户之子总是喜欢强调他与关西大阪人的不同之处，比大阪人强调自己与江户人的不同之处要积极得多。这也许是一种自卑感的表现。大阪在天皇陛下脚下，而江户只是在德川将军脚下。而今天当首都移往东京之后，则是大阪更加在意这种不同。

　　德川时代有许多关于三都即京都、大阪、江户的民谣谚语，其中许多非常犀利，一针见血。也许其中最道破天机的一句是："京都之子穿穷自己，大阪之子吃倒自己，江户之子观物丧志。"

　　这或许与我们听到的对江户之子的描述不符，例如有传闻称，其会为了筹集庙会祭典的资金而当掉自己的老婆。然而，这事实上并不矛盾。"观物丧志"也包括指江户人很喜欢看节庆祭典和庙会等的各种表演。表演在江户文化中占据核心地位。这当中处于最高档次，居于江户品位核心地位的便是歌舞伎。而与其地位不分伯仲的便是江户的花街游廓。歌舞伎剧场和游廓之间的关系紧密到了很难说两者地位孰高孰低。歌舞伎的大牌演员左右着时尚潮流，是大众的英雄。歌舞伎表演为任何有足够金钱的人而设，只有那些死守武士道的人不屑光顾。而游廓，特别是那些装潢最富丽精致的游廓，虽¹⁵¹说只向有品位的有钱人开放，但游廓中最极至的享受与歌舞伎带给人们的享受非常相似。两者之间的差别可能类似于交响乐及歌剧相较于室内乐的差异。

文化历史学家普遍把江户晚期的文化说成是颓废堕落的文化。这对于幕府的上层官僚来说当然是这样,对于文明开化的鼓吹者来说也确实如此。它淫荡而恬不知耻,又缺乏思想内涵,让人不禁摇头叹息。虽然这些批判者们可能并非都是过分正经的道学家,但在他们看来,无论是艺术还是表演,都应该具有教化民众、鼓舞士气的作用,或者为某一个明确的目标例如富国强兵服务。如果江户文化的部分遗产能够为这些目的服务,那就很好。而除此之外的一切,应予以摒弃。

把所有以肉体为中心的东西都斥为颓废堕落虽然有点狭隘,但无论剧院及作为其孪生兄弟的花街游廊伪装得多么高雅,它们的背后都是性,而且更恶劣的是其提供性服务。不过如此说来,西方的所谓宫廷爱情也有相似的地方。无论如何,江户文化的精髓只有放到剧院和游廊的情境中才能被理解。因而,发生在这里的故事对于我们理解明治时代的东京就极为重要了。

我们前面已经提到格兰特将军夫妇在1879年夏观看了歌舞伎。不过将军本人或许并不知晓他自己也因此参与到了改良歌舞伎的运动当中。歌舞伎的地位那时已经得到了很大提升。倘若他是在幕末以幕府客人的身份前来,没有人会想带他去一个东京的偏僻之地,让那些名声不佳的演员为他和妻子表演的,不管江户的市民们对这些演员抱有多大的敬意。负责接待格兰特将军的贵族武士们自己就绝不承认曾经看过什么歌舞伎表演,虽然其中有些人私下可能会偷偷跑去市郊看看歌舞伎的表演到底是个什么样子。这类表演属于江户市民即町人的世界,其与贵族的世界迥然不同。让它成为上流社会高雅文化的一部分便是"改良"的目的,但结果只是把它从市民那里夺走了而已。

格兰特访问的新富座剧场当时由第十二代守田勘弥掌管,后者是明治早期剧团经理中最具有革新意识的。歌舞伎剧院在幕府的天

152　保改革中被从市中心强迁到了浅草。明治维新的时候,其中三家主要的剧场还是老样子,在这偏僻的角落,它们很快便纷纷消失。离原址最近的中村座①首当其冲。它位于浅草区,靠近柳桥的艺伎区,1893年毁于大火。市村座②坚持得最久,直到1932年才在屡次失火后被彻底烧毁。

三家剧院之一的守田座由守田勘弥担任座元,其率先搬离浅草,迁至新岛原游廓原先的所在地,名字也按照迁入地的町名:新富町③而改名为新富座,成为新时代的先驱者。

守田勘弥一直怀有让剧院重回市中心的抱负。不过此事他想悄悄进行,因为他不想让在浅草的同行跟风过来。他想尽可能远离以前的那群老主顾,尤其是像鱼商这样老掉牙的歌舞伎赞助者,他们很可能会对他的改革持反对态度。选择新富町,一是因为它靠近新兴的银座,另一方面又因为自从新岛园的游廓废止之后,那里一直找不到新的增长点,有大片土地空着。官府在这时候给他制造了麻烦,通知他说只有三家剧院联名申请才能获准。不过勘弥还是没有放弃,利用手腕最终获得了另两家的联署。他搬迁之时正值银座大火之后,新的银座经过改建成为文明开化的排头兵。

最初兴建的新富座从照片上看起来是一幢传统的建筑物。但在某些建筑细节上也推陈出新,例如以铜板铺顶的望楼,让歌舞伎的爱好者颇为赞叹。为了让那些喜欢穿西式服装观看演出的观众能看得舒服,观众席这边也放了数十把椅子,虽然它们在木版画上不是那么明显。这第一座新富座在1876年失火被毁。格兰特将军访问的已是在1878年开张的第二座了。

守田勘弥是一位充满激情的改革者,在表演内容、舞台布景和经营管理方法上都有所改良。他引进了新的照明设备和夜场模式。歌

---

① 江户的三大歌舞伎剧场之一,座元(即老板)为中村勘三郎。
② 江户的三大歌舞伎剧场之一,座元为市村羽左卫门。
③ 位于东京都中央区,属旧京桥区内,西邻银座。

舞伎过去只在白天进行表演,这虽然有道德上的考虑,但更主要的是怕天黑之后更易失火。随着他的第二家新富座的开张,勘弥大幅削减了剧院茶屋的数量,并致力于把它们完全消除。茶屋不仅包办伙食还卖票,垄断了较好的座位。虽然花了不少时间,但他还是成功地把它们全部清退。只有完全控制售票权才能让优化管理方式成为可能。或许可以并不夸张地说,他甚至预见到了将来那种冷冰冰缺乏人情味的效率至上。旧的积习消失得很慢,即使人们发现它们既费钱又耗时,但因为习惯了所以并不觉得不便。不过相比下町歌舞伎迷们无所谓的态度,对于勘弥这样的经营者来说,快快送走这些老套路才是上策。直至今日,过去的套路在相扑比赛的售票安排中仍可以见到。童年时代,谷崎曾去过一家较为现代,管理井井有条的剧院——歌舞伎座,那里仍有茶屋。谷崎出生于1886年,差不多已是第二家新富座开张十年之后。

  我至今仍然记得,当我和母亲从南茅场町的我家,乘人力车出发向南前往筑地方向时,我的心跳得有多么快。我母亲仍然管新富町叫新岛原,那是明治早年那里花街的名字。我们穿过樱桥,经过那时屹立着新富座剧场的新岛原,从筑地桥这里转向沿筑地川岸边前行。从龟井桥可以看到歌舞伎座的穹顶。歌舞伎座建成于1889年,比预定时间早了四到五年。十一家茶屋依附于它周边,它们常常在剧场开演时垂下幔幕。我们在名为"菊冈"的茶屋停车,仅仅休息了一会儿,就在茶屋女佣的催促下,换上福草履,匆匆经过步道进入戏棚再脱鞋进入剧院。凉风不时穿过剧院的木门吹进来,抚弄盛装和服的裙袖,也像薄荷一样沁人心脾,这风透着丝丝寒意,宛如来自梅花盛开的季节。我哆嗦了一下,但仍觉得十分惬意。[①]

[①] 引自《幼少时代》。

守田勘弥又在政府要员和外国贵宾身上花了一大笔钱。1878年第二座新富座的开幕仪式上，形形色色的名人都身着燕尾服在靠近舞台的椅子上就坐，位列其中的除了总理大臣和知事外，还包括几乎所有将来戏剧界的大牌演员。

作为改革的先锋，勘弥大胆尝试往歌舞伎当中引入现代元素。在他的扶植下，第九代团十郎以其开创的"活历史剧"①而闻名。所谓"活历史剧"是指演出道具、服装严格按照历史考证设计，以期完全还原历史。第五代菊五郎则因他的"开花头剧"②而出名。菊五郎演过的角色包括著名的杀人恶妇高桥阿传和花井阿梅，以及我们之前提过的气球表演者斯宾塞。勘弥甚至尝试起用外国演员表演外国戏。1879年克拉拉·惠特尼目睹了他在宣扬世界主义方面最具野心的一次尝试——《漂流者怪谈》(*A Strange Tale of Castaways*)的演出。剧中一位来自横滨的外国女演员用高亢的声音唱起咏叹调，虽然惠特尼觉得很悦耳，但"在场的日本观众觉得怪死了，大笑不止，真让人受不了"。这次试验在经济效益上也是一场灾难，勘弥对西方事物的热情自那以后便消退了。

菊五郎的气球升空表演虽然日后未能成为歌舞伎的保留剧目，但勘弥在舞台技术方面的大胆尝试对舞台布置产生了深远的影响。在此之前，江户的夜晚几乎是漆黑一片，而如今东京的夜晚已被各种灯光渲染得亮如白昼，而勘弥正是第一个在舞台上实现这一变化的人。第二家新富座引入了煤气灯照明，但或许勘弥从严格意义上说并非第一个在剧院使用这类灯的人。E. S. 莫尔斯曾这样描述他在1877年去一家剧院观戏时的印象，这家剧院很可能是还留在浅草的两家中的一家：

---

① 日语汉字写为「活歷物」。
② 日语汉字为「散切物」，其名源自剧中主人公所梳的"开花头"，即剪成披散的短发。其属明治初期的现代剧的一种，代表作品有河竹默阿弥的《岛鸻月白浪》等。

演员们从比观众席高一些的通道登上舞台后,大摇大摆地向前走着,其中地位最高的演员身边总跟着一个少年跟班为他举着蜡烛照亮脸,不论演员如何转身,跟班总是身手敏捷始终保持蜡烛照耀在演员的面前……舞台上有五盏脚灯,但这些脚灯不过是把瓦斯灯像桩子一样立起来弄成的,它们有三英尺高,没有灯罩导光,毕竟这是晚近才有的发明。看来在他们拥有这些瓦斯灯之前,每个演员习惯上是让一个跟班举着蜡烛照亮自己的脸。

保守的演员们依然尝试按照陈旧的形式表演,就如同江户时期的版画和手抄本上描绘的那样。但明亮的灯光已经彻底改变了歌舞伎。勘弥还引入了夜场表演机制,这种表演之所以获得官府允许是因为新的照明灯不再像旧时的蜡烛那样是火灾隐患。从江户到明治初期,为了吸引尽可能多的观众,剧院有时候会在早晨七点的时候就开张,演出排得满满直到太阳落山。我们因此可以想象旧歌舞伎舞台上笼罩的黑暗有多么沉重,自然光和蜡烛在照明方面效果不佳。歌舞伎在诸如守田勘弥这样革新派人士的努力下,是否得到了真正的改良姑且不论,但得到了改变是毋庸置疑的。

守田勘弥在另一方面也是一位狂热的改革者。在他积极投身"演剧改良运动"的那些年中,这一运动有两个目标:一是废除那些被认为是江户晚期粗鄙不雅的东西,二是让歌舞伎被全社会所接受,成为一种适合上流阶层观看的艺术形式,至于下层阶级的观众,等他们能够并且也愿意的时候让他们跟上就行了。

早在1872年,官府就发出文告要求歌舞伎中不得再进行轻佻猥亵的表演,而要让表演寓教于乐。

团十郎是改良运动的头号支持者,虽然很多人认为,此举使他名誉扫地。他曾穿着条纹裤和西式晨间燕尾服在第二座新富座的开幕仪式上代表他的同行演员们宣读了一份声明:"回顾近些年来剧坛所吸纳,皆污秽肮脏之物,散发粗俗下流之气息。其失惩恶扬善之妙理,徒陷狂奇,日趋低级。此势今已大显,吾等对此事实甚感悲哀,经与同僚共议,决意奋然清此流弊……"

进入鹿鸣馆时代之后,改良运动由"演剧改良会"这一正式的组织统筹,成为朝野上下全面参与的运动。当时正值《日本天皇》一剧于伦敦首演后不久,两者似乎存在着一定的联系。当时该剧成为鹿鸣馆中人们热议的话题,大家普遍认为这部剧对日本的描写是对日本民族的一种侮辱。对此进行报复反击的最好方式就是创造一种让西方人哑口无言、不得不敬佩的日本新戏剧,于是"演剧改良会"的发起者中不乏外务大臣和文部大臣这样的上层人士。旧歌舞伎的淫乱放荡必须被根除,成为适合国内外绅士淑女们欣赏的具有教化意义的戏剧。

不过这场改良运动对歌舞伎的常演剧目的影响并不深远,团十郎不久便不再出演"活历史剧",其实此类剧一开始就没什么人气,许多观众觉得它难以理解。小说家森鸥外就建议观众一进入剧院就用棉花塞住耳朵。他说团十郎的表演看着不错,但听起来就糟透了。

但不管怎样,旨在让歌舞伎被社会接受的努力,确实取得了成功。不仅是歌舞伎,任何表演只要能得到天皇的御览便是对其社会地位的最好承认。而天皇也一直尽责勤勉地出席各种展会和表演活动。例如1884年,他在滨离宫观看了相扑比赛。在最后的大取组[①]中,相扑力士们以任何人都不丢面子的方式以平局收场。此外天皇还观看了寄席的演出,并于1887年亲临观看了在外务大臣井上馨府邸举办的歌舞伎表演。勘弥负责演出剧目的安排,团十郎则领衔主演。天皇出席的首场演出持续了一下午,直到快午夜的时候天皇才离开。虽然团十郎向勘弥抱怨说演出场地上没有花道[②],影响演员发挥,但他当然不能在这种情况下中止表演。类似的抱怨在歌舞伎

---

① 「取組」是日本相扑中表示"对战的分组"的汉字写法。
② 歌舞伎剧场一种独特的舞台设置,是经过观众席的左侧通向舞台的通道,主要用于演员进出舞台。

1960年赴纽约演出时也出现过,但还是继续进行演出。皇后第二天也前来观看了演出,在接下来的两天里包括皇太后在内的其他皇室成员都观看了表演。天皇本人对演出没有太多评论,只表示他觉得歌舞伎的表演非同一般,而皇后则因为戏中私塾里的孩子被杀而流泪甚多,以至于勘弥敦促演员不要演得太投入了。

在江户和明治时期的东京,最受人尊敬的歌舞伎演员拥有很高的人气和巨大的影响力。他们决定了时尚,比如对某种伞的嗜好就曾风靡东京。著名演员的葬礼会有大批人参加,谷崎有时候也在其中。

在世纪之交的明治晚期,歌舞伎与游廓一起,仍是下町上流社会的中心。就像小山内薰的小说《大川端》里描写的那样,此时隅田川东面贮木场的木材商也可以赞助歌舞伎的演出。但今天这类人士要成为赞助者就不可能了。现代歌舞伎演员的赞助者都是来自山之手地区的上层实业家。这一改变体现了歌舞伎改良派的愿景在一定程度上得到了实现,歌舞伎演员如今成功成为被上流精英人士接受的艺术家。在这一过程中,其与下町的联系被切断了。如今歌舞伎和花柳界的联系依然紧密,但后者也已经斩断了与下町之间的联系。在一掷千金的人当中,已经不可能找到来自河东岸的人了。

团十郎因巴结奉承新时代的精英人士,却对孕育了歌舞伎的庶民文化漠不关心而受到指责。姑且不论他该不该为歌舞伎的变化承担责任,我们确实可以从戏剧界相关人士社会关系的变化中,看到古老町人文化的四散。

当斯宾塞前来日本表演及菊五郎扮作他的时候,守田勘弥风生水起的日子早已过去。菊五郎的气球男表演是在歌舞伎座上演的。歌舞伎座开张于1889年,位于银座东面,今天依然健在。它的建筑从外观上看大体是西式文艺复兴风格的,不过一些细节表明设计师希望把日本传统的元素也融入进去。中央山墙的扇形构造从照片里看起来就像神社或传统日式仓库的屋脊。就室内情况而言,歌舞伎座与新富座的主要区别在于大小:前者比后者规模要大得多。新富座的辉煌时代意外的短暂。歌舞伎座开张不久就成了东京歌舞伎的中心,直至今日这一地位仍未曾动摇。而且其管理方式也更加现代,虽然老式的茶屋仍然获准继续存在,但数量有限。一些简陋的商铺也被保留下来,银座在日本投降后的年代里仍以其街头售货摊而闻名。

然而改良分子仍不满足,因为即便是在歌舞伎座开张以后,仍然缺少一个仅限上层阶级人士聚在一起欣赏传统戏剧的地方。因而在明治时代的最后一年,位于皇宫护城河旁边即三菱草地边缘的帝国剧场开幕了。该剧场的兴建计划始于1906年,中心推手是企业家涩泽荣一。作为明治时代企业家中精力最为旺盛、四处参加活动的活跃分子,他1840年出生于今天东京附近的崎玉县,在真正的日本桥之子眼中,他或许算是一个乡巴佬,但他的成功充分证明了作为外来者,在新兴的东京取得成功的并非只有大阪人。他四处奔走,在各方面都很活跃,是日本最早的银行也是日本第一家股份制银行:第一国立银行(即后来的第一银行)的创建者之一,还参与组建了王子造纸公司、日本邮船公司(N.Y.K)和开通了日本东北地区第一条铁路干线的私营铁路公司。他家宅邸的风格样式在年少的谷崎和其他日本桥之子眼中显得十分古怪。除了他之外,参与组建帝国剧场的发起人还有西园寺公①和伊藤博文。

最早的帝国剧场在1945年的大空袭中幸存了下来,它是大理石结构的,带有浓重的法式风格,墙上装饰着挂毯,内设1700个西式观众席座位。这座剧场起初附带了一个驻场的歌舞伎剧团,但它从未真正成为歌舞伎迷常去的地方。比起下町民众,它更受山之手地区人士的喜爱,前者对此有这样的调侃:人坐在帝国剧场中,就感觉像一块碑立在家庙里一样,浑身不自在。帝国剧场在大地震之前多用于举办专场演出,例如著名的俄罗斯芭蕾舞演员帕夫洛娃(Pavlova)

---

① 指西园寺公望(1849—1940),日本明治至大正时代政治家,曾任内阁总理大臣,对当时的政界影响巨大。

的访日演出。

与此同时,演出行业正成为一个巨大的商业产业,其中掌握主导权的是大阪商人。实际上,剧院产业和新闻业成了大阪资本征服东京的最佳体现,不过要举例说明还是有些困难的。总之,大阪商人最成功的似乎是那些风险大、资本投入率低的领域。大阪的松竹公司在明治晚期买下了新富座和另一家剧院,1912年又收购了歌舞伎座。松竹自那以后便控制了整个歌舞伎演艺界——当然此时歌舞伎已经只占东京娱乐业的一小部分了。

不过剧院并非只有这几家规模大的,浅草的歌舞伎也并没有因为三大剧院的离去而消失。宫户座这个名字大概能激起熟悉旧时代戏剧之人的强烈乡愁,这家小剧院被戏迷们一致公认是江户歌舞伎传统真正的继承者。四十年间,它坐落在浅草观音寺和公园的北面,离三大剧院很近。最初是在1896年,此处一家已经破产的剧院更名为"宫户座"后重新开张,并由富有事业心的勘弥负责管理。"宫户"是隅田川的旧称。虽然这样的小剧场请不来很大牌的演员,但许多有实力且更传统的演员都是在此处磨练之后在大正时代崭露头角的。宫户座毁于1923年的地震火灾中,据说当时大火扑向浅草观音寺而被团十郎的雕像所阻。它后来得到重建,直到1937年才最终关闭。荷风的中篇小说《隅田川》里失恋的男主角正是到此来寻求抚慰的。浅草乃至整个东京自那以后便再也没有这样的小剧场了。

1873年,东京发布了法规,规定将"合格的剧院"限于十家。这些剧院都具有上演大型而华丽的歌舞伎的配置:花道、旋转舞台、升降幕布以及茶屋。小型的"歌舞伎戏棚"也获准搭建。到明治末期,伴随着新旧不断交替,合格剧院的数目已超过最初限定数目的两倍。剧院行业是一个充满风险的不稳定行业,但即使如此,仍有一些剧院一直存续下来。除了火灾后重建的那段时间关门之外,市村座和中村座在整个明治时代都一直开张。明治时代建立的剧院中,有两家歌舞伎剧院至今依然健在,它们分别是日本桥的滨町的明治座和歌舞伎座。不过两者的建筑都不是最初的那栋了,明治座的建立可以追溯到第一家新富座开张的时代,因此它已经有一百多年的历史了。

通过改良,歌舞伎不仅变得合乎礼教,甚至成了高雅艺术。从某种意义上说,其中也伴随着民主化的发展。来自山之手地区的中产阶级妇女如今已不介意在歌舞伎开演时被人看到和几个座位外的下町艺伎同处一堂。前者不再觉得有辱身份,而后者的地位也得到了提高。戏剧来源于生活这点自不用说,而我们若将歌舞伎视为各种社会现象的集合,就会看到它已发生了巨大的变化。鉴于歌舞伎本身在江户及东京文化中举足轻重的地位,我们可以说东京的城市文化也发生了巨大的变化。当然这种变化并非一蹴而就的,但当明治天皇亲临观看了歌舞伎,某些重要的变化发生了,它获得了最终的认可。当帝国剧场开张的时候,某些重要的变化又再度发生了,上流社会人士终于有了一个他们可以和自己人舒舒服服地观看传统戏剧的地方。而下町则丧失了二三十年前在它文化中还占据着如此重要地位的元素。虽然这种转变给另一些人和场所带来益处,提升了人们的品位并且也没什么害处,但对下町来说终究是遗憾的。在之后的日子里,江户之子依然"观物丧志",但这次的对象是棒球,相比歌舞伎来说还是掉了一个档次。

歌舞伎是江户市民孕育出来的最具活力的艺术。然而它的票价昂贵,不能像寄席那样吸引大批观众。寄席表演的核心是独白,内容有时候严肃而富于教益,有时候诙谐滑稽。它是真正的大众戏剧。

要看歌舞伎,入场费比寄席平均要高出七八倍,这还不包括茶屋的收费。在歌舞伎最便宜的日子里,平均也要比寄席贵两倍。寄席的上座率要比歌舞伎表演高四五倍,但总体收入却比歌舞伎少。不怎么有钱的江户之子想要远离喧闹狭窄的家,出来透口气时,就会到浴室或者寄席剧场去。

"当时没有有轨电车,也没有公共汽车和出租车,"小山内薰在他晚年回忆时这样写道,"只在下町主街上有些铁道马车来往。入夜后很少会有人出发去银座或者浅草。就是出门也只是走到附近夜市摊或者逛逛寺庙神社的缘日庙会,就不会再往前了。寄席才是唯一真正能让人放松的消遣场所。每晚都待在家里是很无聊的,又不能每晚都去邻居家串门,特别是在雨夜时夜市也不开,就只剩寄席了。"①

小山内薰《大川端》里一位艺伎久坐不动的父亲,每天下午也都要动身去看寄席上严肃而具有启迪意义的讲谈表演②。在日本桥长大的剧作家长谷川时雨也描述过,她的邻居中有一个人每天在浴室里待一个早上,下午就去寄席看表演,天天如此,雷打不动。

寄席的数量在整个明治时期上下波动,但在15个城区里加起来从未低于过100,有时候多达200个。分布最集中的地方是在下町不那么富裕的区域。根据1882年的记录,在芝有17家,在神田总共有22家,到了1907年则分别为16家和17家。

寄席独角戏(即"落语")中最出色的作品,或许可以算得上是文学了。明治时代最著名的落语家三游亭圆朝③被文学史家认为是创造近代口语散文体风格的先驱。他1839年出生于本乡汤岛,是橘家圆太郎的儿子。橘家圆太郎即我们前面提到过的马拉公交车和出租车昵称的来源者。圆朝一直活跃到19世纪末。像歌舞伎中伟大的团十郎一样,他在寄席表演的发展史上也功不可没。他也有着"改良"的雄心,想使他的表演被上流社会接受。他创作了以惩恶扬善为主旨的历史剧(其中一部是关于女王伊丽莎白的),并对西方文学进行改编,明显是想把他的表演提升到高雅文化的层次,适合绅士和淑女观赏,也适合在国际场合表演——简而言之就是要为寄席取得像团十郎这样的改革家为歌舞伎取得的地位。也许他另一个与团十郎比较相像的地方在于他的人气并不与他的名声相配。他非常善于宣传自己。近来有学者怀疑他是否真如自己宣称的那样被召到皇宫为

---

① 引自《明治时代的寄席》,收录于《绮堂剧谈》。
② 日本大众说唱艺术的一种,以说唱的形式讲述历史故事或虚构故事。
③ 三游亭圆朝(1839—1900),又作初代三游亭元朝,是活跃于幕末至明治时代的落语家,其不仅在舞台上表演,还写有多部作品。

皇室表演过。因为他所说的事在年代上似乎与现在已知的天皇参加各种应酬活动的行程不符。可能圆朝是在晚年编造了他为皇室表演的故事，并且没有人觉得有必要去质疑他。

虽然圆朝做了不少努力，但寄席没能像歌舞伎那样成为高大上的艺术。它并未像歌舞伎一样成为上流社会的奢侈品，成为让那些下层社会的人——比如工匠和店老板——感到浑身不自在的表演。今天它虽然会在国立剧场的演出淡季时上演，但也在下町继续存在。永井荷风年轻时曾对山之手的气氛产生逆反心理，沉溺于下町的传统娱乐场所，想要成为寄席艺人，却因有人向家里告密而被拖回家，不久便被送到大洋彼岸留学去了。家里对他想为歌舞伎写剧本的想法无疑也是十分反对的，但他若是真的坚持到底，不去留学，那么他在业已改良的歌舞伎剧坛上，一定会比在未经开化的寄席上更能施展拳脚。

不可否认，圆朝的成就是相当大的。但他也只是众多创造了寄席最后的黄金时代的伟人中的一位。大约在世纪之交的时候，寄席开始衰落，不过其实即使是在明治时期最后的黄金时代里，它也无论如何比不上江户晚期时兴盛了。天保改革的推动者就像清教徒似的把享乐等同于堕落，把过去遍布城内的寄席数量削减至 1/30。明治时期的寄席总数也从未达到江户时期最高峰时的 500 多家。据说那时江户每个街区都有一家寄席，这未必是夸张。

虽然寄席自明治晚期以来急剧衰落下去，但仍然留下了足够多的印迹，让我们得以想象它在江户和明治时代的黄金时期是个什么样子。无论从哪个角度来看，它都好于我们这个时代的大众娱乐活动。不论是富于教化意义的"讲谈"戏，还是逗人发笑的"落语"故事，都是仅靠一位寄席艺人分饰各种各样的角色，其高超演技之魅力，自不待言。之后出现的无声电影的"活弁"①虽然也是日本独一无二的

---

① 这个词由"弁士"与"活动写真"（意为电影）二词缩合而成。弁士意为演讲者，是在银幕左侧面对观众，或坐或站，为默片做解说的人。——译者注

非凡表演者,但他们或许可以算是寄席黄金时代的继承者,其也是一人分饰所有角色,就像今日遗留下来的寄席上会出现的那样,以卓越的演技鹤立鸡群。如今的大众娱乐已经逐渐被流行歌手和脱口秀主持人主宰,他们都只是自说自话,不会同时扮演他人,相较之下常常索然无味。或许无论是何种文化,伴随其大众化,都会失去与源头的紧密联系,寄席与下町的关系也不例外,但这终究是令人伤感的。

保存到今天的少数几家寄席(在东京已经不超过六家了)按明治时代的标准来看规模都是挺大的,可以容纳数百人。明治时期,普通的寄席一般都是规模很小,邻近街坊的,比方说在小巷深处,在过去某户人家失火或朽坏的一两间房屋遗迹上建起来的。即使是明治时期的大牌演员,在表演时也像促膝谈心一般与观众亲密互动,而且每场观众人数也不会太多。一百人是理想的规模。少于一百人的话,看起来就显得人气不高,而超过一百人的话,观众又会感觉与艺者疏远,缺少了其乐融融的气氛。实际上,当观众来得太多时,有名的落语艺人会把场子交给徒弟,等待气氛降温之后再出场。

除了歌舞伎和寄席之外,江户和东京的平民们还有许多地方可供一饱眼福。较大型的神社和寺庙境内都有可供找乐子的地方。其中最热闹的要属浅草观音寺内聚集的各种五花八门的表演。正如巴兹尔·霍尔·张伯伦和W. B. 梅森在其所编纂的1891年版《日本旅行指南》中所写的那样:

> 一定记得去逛逛人气颇望的寺庙及其周围,因为它们是中下阶层在休息日最为青睐的度假胜地,在这里我们可以看到虔诚和享乐同在,华丽的祭坛和古怪的奉献物并列,漂亮的服饰和有点脏脏的神像并排,还能听到木屐的咔嗒声。鸡和鸽子在参拜的人群当中趾高气扬地走着,儿童在玩耍,军人在吸烟,参拜的客人与卖护身符的人高声讨价还价,古老的艺能表演和现代的广告宣传交相辉映。没有比这些更吸引人的了。能在宗教礼

拜场所看到如此多样的光景,是别处绝无的。

……

像浅草境内这样有各种稀奇古怪的东西又充满活力的地方,在东京是绝无仅有的。这里有西洋镜、要价便宜的戏院、表演的猴子、廉价的照相馆、街头艺术家、变戏法的、摔跤手、等身大的泥塑人、卖各种玩具和糖果的小贩,而穿梭在所有这些廉价的看头当中的是吵嚷的游客。

日本这类变戏法的人、杂耍人、卖艺者,以及剪纸和摺纸表演者,技艺都非常卓越,以至于他们早在明治维新前就已赴国外表演,受到好评。在有关城市早年的记录里,还有胖女人和孔雀的表演逗乐孩子们的故事。在幕府统治的最后数十年里,浅草是最繁荣的娱乐中心,另外还有吉原以及剧院。除此之外的热闹场所,有上野的宽永寺和位于芝的增上寺,以及两国的回向院①。回向院最初是为1657年大火灾的逝者而建,但不久也和日本传统中的其他寺庙一样,在缅怀死者的同时也成为举办娱乐活动安抚其灵魂的地方。浅草、上野以及两国都辟有"广小路"②,它们最初是为了在火灾中防止火势扩散而清理出的隔火带,在幕末时期已是人流如织。而随着明治时期浅草变得越来越繁荣,上野和两国的广小路逐渐变得冷清了。就是在浅草境内,货摊和表演也逐渐从浅草寺周围搬到了已经成为浅草公园所在地的西端。

有些表演看起来并不优雅,甚至给人怪异的感觉。在两国有个人非常精于表演放屁。一个蜘蛛人在一段日子里出现在浅草的各种节日祭典上。他长着老人的脸,身高却只有两英尺,手臂和腿都跟婴

---

① 位于东京都墨田区二丁目的净土宗寺院,供养抚慰在明历大火以及地震水灾中死去的人们。
② 意为"宽广的道路",其最初是德川幕府在明历大火之后在江户推行设立的隔火带,之后日本各地出于同样目的而设的道路都如此称呼。

儿似的。他当时非常受欢迎。浅草还有个用肚脐抽烟的女人。1891年出生的画家岸田刘生,在作品中描绘了他童年时候在银座观看的一出傀儡表演,里面有鬼婆剖开了孕妇的肚子,吃掉婴儿这一幕。由于是用人偶来表演的,所以当然不能当场吃了,于是便说是鬼婆会带回家当晚饭。

许多表演都是免费的,有些是为了借此兜售药材之类的东西,还有一些表演者无论观众给多少钱都愿意接受。大的神社都为"神乐"表演提供舞台,观看这些"神乐"也是免费的,而且我们从谷崎的回忆里可以得知,它们有时候也并不神圣。

> 如今东京市内的神社基本都不再设神乐堂了,在祭礼和缘日时也见不到神乐表演了。不过如果给今天的孩子们看那时的神乐,他们可能会认为它无聊极了,但每当此时,我仍会忍不住想再次重温一下,看看那些春日里在日本桥的人形町与茅场町,和着鼓声与笛子,戴着丑角及愚人面具,跳着朴素神乐舞的舞者。我经常去看的是在每个月的八号晚上,离我们家很近的明德稻荷神社的神乐堂上演的滑稽短剧。明德稻荷神社在缘日这一天,有时会上演奉纳给神的神乐,但更常见的则是滑稽短剧。表演者都是从事其他职业的业余爱好者。他们中的一人担任剧团的头领,艺名叫"寿寿女",其他所有人都叫他"师傅"。
> 大约在那个时候,也就是 1897 年的秋天,在御茶水发生了河野凶杀案,这件非常著名的案子无疑在与我同龄的、上了年纪的人中记忆犹新。一个来自福岛县,住在牛込若宫町的名叫松平纪义的四十一岁男人谋杀了他的姘头——在风月场做陪酒女,攒些小钱的御世梅。他在四月二十六号的毘沙门天的缘日那天晚上将她杀害,并毁容以阻止别人辨认。他把赤裸的尸体包裹在草席里,并用绳子绑好,从御茶水的斜坡上推下,想让其滚进神田川。但尸体只滚了五尺后就停了下来,没能掉进河里,不久就被人发现,引起了轩然大波。松平很快就被逮捕。报纸

自然对此事做了大量报道,成了热点新闻。那时我常常能在各个商店和货摊上,看到一堆常见的演员和艺伎的照片中,夹杂着御世梅被毁容后的照片放在那里出售。御世梅四十岁,比松平小一岁。据说她生前眉目美艳,就像"还长在嫩叶上的樱桃",新派剧团自然不会放过这个题材。早在六月份的时候,伊井蓉峰和山口定雄便联袂将这一故事改编为《地狱滑稽旅行》一剧,在市村座上演,对外宣传也十分火爆……大约在一个月之后,我看到寿寿女他们在明德稻荷的神乐舞台上演了一出仿戏。剧中逼真地还原了松平当时在御世梅脸上划了几道刀痕,还抓着她的头发拎起她的头,展示给我们观众看。如今想来奇怪的是,这样的表演居然在神社的大神乐舞台上进行,不过那个时代连毁容尸体的照片都放在店头卖,想来演这样的戏也没什么奇怪的吧。①

明治时代所有引起轰动的案件对剧院来说都是素材,而且它们都牵涉到女人,或许戏剧性本身就很强。像上述这样一桩女子被杀的事件都会被改编成戏剧和小说,如果凶手是女子那就更有吸引眼球的效应了。例如,原田绢杀人案中的犯人阿绢就以"夜岚之绢"的诨名而闻名,这说的是她生前的最后一首俳句,是她赴小冢原刑场行刑的时候所作:

> 夜晚的风暴,
> 黎明到来,一无所剩,
> 花的梦境。

她在1872年初春时被斩首,头颅仍然依照旧习被示众。据说W.E.格里菲斯第一次从横滨到东京的旅行途中,就曾在城市的南郊

---

① 引自《幼少时代》。

铃森看到过一些示众中的首级。报纸报道称阿绢的头颅有着令人毛骨悚然的美丽。她是一位小藩大名的侧室,在明治维新后不得不自谋生路,成了一个当铺老板的妾,后来爱上了一个歌舞伎演员,她按当时可以接受的方式买下了这名演员,但两人的这段风流韵事后来证实并不只是玩玩而已了。

1871年的一个冬天,为了与那个歌舞伎演员在一起,她给当铺老板偷偷下老鼠药直到东窗事发。有人或许会同情阿绢,因为她所属的那个阶层在维新的革命当中受苦最多。

明治时期最著名的毒妇是高桥阿传,她的故事无论是在舞台上还是在小说中都人尽皆知。她于1879年在市谷监狱被处决。她也是下层武士家庭出身。有关她的罪行可能已经被通俗小说夸大了。在她因杀人而锒铛入狱前,就被控告曾不止一次下毒。但这些指控的证据并不充分,直到她在浅草的旅馆里用刀割断一名旧衣商人的喉咙犯下杀人罪而被捕。她作案的动机里没有什么感情纠葛:明治维新后,她靠卖淫为生,抢劫商人是为了替那位最疼她的主顾偿还债务。负责行刑的是因处死阿绢而出名的刽子手山田浅右卫门,这也是他的最后一桩活计。他这次任务完成得不好,未能一刀毙命,犯人在重伤之后才终于死去。根据当时报纸的报道,现场爆发出可怕的尖叫声。

阿传也作了一首绝命诗:

> 我不想再活在这不幸的世界上
> 三途河的船夫速速载我过去。

谷中灵园里有她的坟墓,她的绝命诗就刻在墓石上。这是一个令人伤感的小墓,它位于公共厕所旁,摇摇晃晃地立在墓地的边缘位置,在墓地指南上相比大人物如永井荷风祖父的墓地,只有寥寥数语的简介。不过它的墓石倒是相当气派,这多少有些讽刺。这块墓石是1881年由当时最有名的戏剧界、新闻界人士捐建,发起人化名为

"垣鲁文"。高桥阿传被处决后不到一个月,他就出版了一本轰动一时的关于她的传记。在格兰特将军离开东京前,他也匆匆如法炮制了一部将军的传记。

在这些女人中最引人遐想的要属花井阿梅,她是三人当中唯一一个出名后仍健在的。人们普遍认为她与其说是加害者,不如说是受害者。她也是下级武士家庭出身。在柳桥和新桥做过艺伎后,在日本桥的滨町开了一家自己的店。但她所雇的跟班,一个叫峰吉的男人却想霸占她和她的生意,让她吃尽苦头。在1887年初夏的一个晚上,她被峰吉叫去在大川端见面,她抢下他手持的菜刀,在小雨中的柳树下刺了他三刀。使这件案子的戏剧性多少掺了点水分的是,最初怀揣菜刀的可能是她而非峰吉。她被判终身监禁,1903年获释。在人生最后的几年里,她加入了一个旅行剧团,最受欢迎的角色是在剧中扮演曾经的自己。1916年她在四谷的贫民街去世。

在谷崎儿时所看的戏剧中,扮演凶手和受害人的演员都是男人。由此我们可以看到,即使是在那些"前卫"的戏剧中,歌舞伎的许多传统还是保留了下来,虽然"演剧改良运动"的目的是使戏剧变得更西化、更贴近现实,但女性角色仍旧由男人扮演。

1890年,官方发布公告宣布允许男女同台演出。当时的两大歌舞伎演员之一的团十郎支持这项政策,而另一位即菊五郎表示反对。歌舞伎的舞台上依然是清一色的男性演员。但在如此多男女混合的事情,比方说男女混浴、男女相扑表演被认为是与文明开化相悖的时代,允许男女共演的这项新方针可以说是革命性的。

不过事实上,妇女过去也从未在表演艺术中缺席过。花街的各种表演完全是以女性为中心的。明治后期则出现了著名的女演员,到了大正时期,成为时代象征的女演员也不在少数。仅由漂亮姑娘表演的一种大阪戏剧音乐"义太夫调"①,称为"娘义太夫"。其在明治时期大受欢迎,尤其是在学生当中有许多狂热的支持者,他们似乎觉

---

① 日本传统音乐之一,与偶人戏相结合而发展起来的净琉璃,由竹本义太夫首创。

得这种表演非常性感。1900年,当这股风潮达到顶点时,光是在东京就有一千多名娘义太夫演奏者。

音乐不像其他艺术那么积极投身西化。娘义太夫的风潮过去,与其说是因为它被西式音乐取代,不如说是其他传统音乐开始风行。不过在明治时代已经可以找到现代流行音乐的萌芽,那就是演歌。它的流行趋势变幻莫测,不同于日本民间音乐,也不同于其他各种形式的舞台音乐。

被称作"演歌师"的街头乐人最初出现于明治中叶的东京,在大地震之后的昭和初年仍然可以见到。它已经成为明治晚期和大正时代的一部分,以至于我们在尝试表达当时气氛的绘画和戏剧艺术中很难忽略它的存在。"演歌师"一词可以有两种写法,一种是"演歌师",只是表达"歌手"这层意思,另外一种是"艳歌师",差不多是"色情歌歌手"的意思。演歌师只有头上和脚上是西式打扮:头戴圆顶硬礼帽,脚穿洋鞋,另外总是随身携带一把小提琴。除此之外的穿着都是日式的。他会站在街角唱些与时事相关的歌谣赚一些小钱。演出的曲目中有关于谈情说爱的,"艳歌师"所指的就是这个,但最初多为带有强烈政治性和讽刺性的歌。其中既有战歌,也有抨击当时风俗礼仪的歌曲。后者中的代表是被称作"松之声"的讽刺歌谣,它批判了某些女学生的堕落之风,或许算得上是与"艳歌"正相反的歌曲。日后成为日本著名男高音歌手的藤原义江,当初也是从"演歌师"起步拜师学艺,跟着一位唱"松之声"的人一起演出。

三样被调侃说会导致"观物丧志"的东西:戏剧、樱花和相扑,是明治时代东京人的三大享受。相扑是一项非常古老的运动,根据最早的编年史记载,它的起源可以追溯到史前时代。规则看似很简单:当一位相扑手除了他脚底以外的身体任何一个部位触碰到地面时,就算输了。但它实际上比乍看之下要复杂深奥得多。从表面上看,块头大小可能是唯一重要的,几个世纪以来相扑力士们也一直都是大块头,然而记载中块头最大的选手并非是最成功的相扑手,还需要掌握与平衡和把握时机相关的精妙技巧。

在明治时代早期,变革也波及到了相扑界。和江户时期的许多东西一样,相扑最初是仅限男性的娱乐活动。到了江户末期,女性只准在比赛的最后一天观看比赛。此类规定似乎是出于宗教上的理由,与保持仪式的纯洁性有关。从1872年开始,女性获准在除了比赛首日之外的任何时候进场观看比赛,而从1877年开始,首日禁令也被废除了。不过被称为"土俵场"的相扑比赛场地仍另当别论,女性不得踏入其内。最近一位拥有女经理的选手在参赛时,女经理还被要求站在比赛场地一定距离之外。

正如我们所看到的那样,皇室的御览确保了相扑的地位。1884年皇室在滨离宫观看了相扑比赛。相扑在明治早期的时候似乎正在衰落,但到了明治晚期却变得空前繁荣。比起皇室的关注,这可能更应该归功于两位技术极其精湛的相扑力士:常陆山①、梅谷,其中一人在皇室观看的一场比赛中打出了有名的平局。

1909年,相扑界建成了当时东京乃至整个东方最大的体育场馆,相比过去用来举行比赛的简陋场所,这是一个巨大的改善。过去因为场馆的原因,天气不好的时候比赛通常不得不取消。新场馆被命名为"国技馆",虽然棒球在近年来更值得拥有"国技"这个称号,但相扑自那时起就被认为是国技了。场馆建设工程开始于1907年,在此之前,选址选了很久。丸之内、三菱草地都在考虑之内,但最后都因为离传统上的相扑运动的大本营太远而作罢。新场馆的筹建人最终选定了一处旧的比赛场地,位于隅田川以东两国的回向院地块上。1917年,明治时代所建的场馆内部被大火烧得焦黑,之后又在大地震中严重受损,在原址上重建。

在其他方面,相扑的现代化也在向前推进。相扑力士们的人权成了火烧眉毛的问题。有人认为过去那种强调绝对服从的训练管理

---

① 常陆山谷右卫门(1874—1922),日本十九代(相扑)横纲,生于茨城县。明治三十六年(1903)与第二代梅谷一起成为横纲,开创"梅·常陆时代"。

方法已经不适合新的文明时代。1873年,总部设在回向院的东京相扑界因为这个问题产生了分裂。鼓吹人权的进步派一度将其大本营移至名古屋,不过之后很快又回到了东京,在上野的秋叶原。1878年,由于担心同一个城市里两支互相竞争的队伍有可能引发混乱,警察开始干预,两派在政府的认可之下签订了协议,但许多进步派的相扑力士拒绝参加。

  反抗旧习的进步派后来取得了优势成为当权派,但不久,他们自己就成了一场罢工运动的受害者。这场罢工运动发生在1895年,其直接的导火索是对比赛胜负判罚的不满,但真正的根源是出于对那些手握实权者独裁式做法的不满。罢工在以下这个方面取得了成功:早年身为反抗者之一的家族头领被剥夺了权力。不过总体上,相扑界现在依然非常保守。长期以来,它的管理方式与剧院类似,仍然和初起的时候差不多。

  明治初期(准确的日期学术界还有争议)发生了一件如今看来具有历史转折意义的大事。很少有什么会像这件事这样,对日本人的生活产生了巨大的影响。一根球杆和若干个球随同货物一起登陆横滨,为日本带来了棒球这项新事物。最早的比赛带有相当的贵族色彩,在东京南郊的一处贵族宅邸中举办。该宅邸属于德川家族中的名门:田安家。早年的日本棒球运动由新桥俱乐部主宰,其名取自新桥火车站。许多受雇于日本政府的美国人都参加了这一俱乐部。此时担任接球手的危险性很高,因为不论是棒球手套还是护具都没有随球杆和球一起引入。

  到了明治中叶,东京城各处已经有数家俱乐部和几支校队了。19世纪最后几年的棒球界都被实力最顶尖的第一高等学校称霸。棒球在这个时候仍然是有点贵族范的运动,但也处在商业化的途中。早稻田大学和庆应大学的"早庆战"早在1903年就开始了,如今两支队伍已经相当专业了。1906年早庆战时,看台上的观众已经过于激动,杀气腾腾,以致赛事一度中止,直至大正末年再开。

  1896年举行了一场国际比赛,对战双方分别是一支由日本男学生组成的队伍和一支来自横滨的美国人球队,这场比赛被认为是日本最早的国际性比赛。比赛结果是日本队获胜。1905年,一支日本的大学生棒球队前往美国参赛。两年后,第一支外国球队——来自夏威夷的半职业选手组成的球队来到日本比赛,这也是球赛第一次收取入场费。

1890年发生了一起国际性事件。它甚至比早庆战时观众们的狂热还要早地昭示了棒球对日本人来说已经有多么重要了。在一次对阵双方为明治学院和第一高等学校的比赛当中,一个激动的美国人突然猛冲上球场。他是执教于明治学院的传教士。在被第一高等学校的学生痛打一顿后,他被警方以扰乱秩序的罪名逮捕。接下来便是领事裁判权管辖下的案件审理,治外法权对外国人的庇护看来仍会占上风。但仲裁人认为双方都有错,而双方也都接受了这一判决,于是事情就此了结。两所学校过了很久之后才重归于好。

棒球作为一种团队体育运动,对日本人来说是全新的。日本传统的体育竞技都是个人对战个人的。在所有外来的体育项目中,为何棒球会成为几乎取代相扑的日本国民竞技,我们只能略加推测。在明治早期,板球似乎有着更好的前景,因为日本当时英伦热盛行。而今天板球几乎是日本人在各种外来运动中唯一没有任何兴趣的。

起源于东京的日本棒球现在随处可见。和许多东西一样,棒球界现在依然被东京主宰。东京巨人队在全国范围内拥有一批大阪球队无法匹敌的追随者,而早庆战时球迷们的狂热程度,仍然是其他业余甚至专业球队比赛时望尘莫及的。

相扑在明治时代晚期成了"国技"。但它之所以这么受欢迎,与其说跟民族主义有关,不如说跟某些相扑力士的品格和卓越成就有关。另一方面,柔道不同于早期的柔术,明确属于武术一类,有很强的民族主义色彩。它起源于明治中叶下町的一所寺庙。柔道和柔术在字面上几乎是同义词,但前者是后者在"道"(即中国道家的"道")方面的发展,强调精神修为,强调全神贯注和全身心投入。或许比柔道更值得注意的是柔道创始人嘉纳治五郎卓越的才能。在他的指导下,柔道后来得到大批人士拥趸加入门下,这也反映了当时人们向传统回归的潮流。在日本,传统通常意味着民族主义。但同样是在明治下半叶,棒球越来越高的人气也告诉我们,当时的民族主义并不是那种希望回归到过去闭关锁国、拒绝外来事物的复古主义。

出于开诚布公和照顾现实的需要,东京市1907年出版的《东京案内》在"娱乐"一项下,连同剧院和其他观光景点甚至坟墓一起,还收录了花街游廓。

游廓在明治时期每况愈下。它们曾是重要的文化中心,如今虽然色情业依旧繁荣,但它们作为文化场所的地位却严重衰落。在颓废文化的衰落上,没有地方比这里表现得更明显了。剧作家小山内薰很好地阐述了这一点:

> 你很容易就能理解为什么江户时期的剧作家通常将剧中的舞台设在吉原。因为当时的吉原是色彩与音乐的中心。从花魁的服饰和客人的小袖上,你可以看到所有最新流行的奔放色彩和花纹样式。游女们弹奏三弦时的热闹、河东调①和薗八调②恬静的惆怅——如今在吉原已难觅踪影。今天的吉原游女已经蜕变为仅是脸涂得煞白拙劣地模仿花魁;时髦潇洒的顾客也已被穿着短罩衫,脚踩橡胶靴的平头男取代,所谓的表演也只是在小提琴上奏"喀秋莎"之类③。过去的吉原是江户社会名副其实的中心。百万石俸禄的大名、名震江户的侠客、瞄准武士家大院的大盗,所有这些人都聚在吉原。因此要为剧中人物安排一场邂逅,最合适的便是在吉原。而今没有一个剧作家会把舞台选在今天的吉原。在大门侧边的啤酒馆灯光下能发生的偶遇,大概也就是操着北方奥州口音的帽贩遇到他那个为了向农商省请愿而上京的叔叔。

---

① 日本净琉璃流派名,1717年由十寸见河东创于江户。
② 日本净琉璃流派名,由宫古路薗八首次演唱。以哀艳的曲调为特色。
③ 本书作者在此处加了括号称是指演歌师。

在类似火车候客室一样的西式会客室里,喝着加了方糖的咖啡,穿着几天不洗的镶拼缝制的平纹棉布衣的顾客,要么就是戴着鸭舌帽的无名氏,要么就是在城郊唱浪花调①的说唱手②。

这段文字后来被久保田万太郎引用。他评论说吉原的衰落在关东大地震之后变得愈加明显。"喀秋莎之歌"③通常被认为是日本流行音乐的最早范例之一,这首歌最早是由大正年间最著名的女演员松井须磨子在改编自托尔斯泰《复活》的舞台剧中演唱的。大地震之后,据久保田所说,它被"阿拉伯情歌"取代。

风月场所并未消失,甚至都没有衰落,但它发生了变化。的确,过去在花街,尤其是其中最大且历史最悠久的吉原,有着最高水准的音乐和舞蹈。其水平绝不输给歌舞伎,而且与后者有着极大的共通点。这正是那些挥金如土之人所追求和享受的。虽然那里既有男艺者,也有女艺伎,但花街的表演在很大程度上是属于女人的地盘,正如歌舞伎是男人的专属领域。

长久以来,对风月场所的文雅称呼是"花柳界",这个词在主要的日英词典的早期版本中被诠释为"轻佻社团",而最近的版本用词不那么惹眼了,把它解释为"快活区"。"花柳界"这个词的字面意思是"花和柳树之境",它出自唐代大诗人李白的诗句④,李白将花柳比作风月场的女人。不过两者之间原本存在一个被大部分人遗忘的区别:花指游女,柳指艺伎。这种区分从未得到广泛的遵循,即便它在理论上被接受,在实践中两者的区别仍然暧昧不清。表示艺伎的"艺者"(芸者)一词是日语当中最难掌握和定义的词汇之一。它从字面

---

① 日本的一种大众曲艺,三味线伴奏。
② 出自《世话狂言之研究》,转引自永保田万太郎《续吉原附近》。
③ 1914 年发表的日本歌曲,由岛村抱月、相马御风作词,中山晋平作曲,为舞台剧《复活》的剧中歌。
④ 应该是指李白所作《流夜郎赠辛判官》一诗,其中有一句是:"昔在长安醉花柳,五侯七贵同杯酒。"——译者注

上看是"多才多艺之人"的意思。永井荷风哀叹这个词和其所指概念的堕落,尤其是在明治时代的山之手地区的花街,这种趋势更为严重。一些艺伎为提高她们的艺术修养,确实如修女般尽心尽力,但许多艺伎却空有"艺伎"之名,连自己掌握了何种技艺都说不出。只要出价合适,她们便会卖身。另一方面,江户的花魁中有些人确实拥有令人惊叹的教养和高超的技艺,正如传世的那些出自她们之手的绘画和情书所展现的那样。

虽然存在着界线上的模糊,但艺伎和花魁在江户时期的吉原仍有截然不同的分工。挥金如土的一晚的前半部分,由艺伎献上歌谣和舞蹈,后半段夜深之时,则由花魁侍寝。

随着时代从明治向大正推移,艺伎在游廊中逐渐走向式微,但其在别处日趋兴盛。游廊成了单纯卖淫和做其他一些低贱之事的场所。为了更高雅地过上一夜,有钱的寻欢作乐者宁愿去艺伎所在的"料亭街"即日式饭馆区。这种变化最清楚地体现在"引手茶屋"的衰落上。"引手茶屋"的字面意思是"挽着客人的手将他带去某处的茶馆"。茶屋在旧时的风月场中处于重要的中心位置,它是妓院与客人之间的向导和中介人。高级的妓楼并不直接接待客人,而即使是非常有钱的人想要过一个销魂之夜,也不会一上来就去妓院,准备工作由茶屋来做,客人先去茶屋,然后被引介到妓院。因而茶屋和艺伎艺者之间的关系是紧密的。茶屋在很大程度上是旧传统的守护者,随着它们的衰落,卖淫也就差不多成了花街唯一的生意了。

游廊的数量在明治期间有所减少,而未经许可的私设妓院则欣欣向荣。就像永井荷风不厌其烦地告诉我们的那样,某些山之手地区的游廊即使有证照也并不比卖淫中心好多少。更能确切反映这点的是茶屋数量的急剧减少。与此同时,"待合室"取而代之,走向兴盛。待合室最初是指举办茶会之前,与会者暂时休息等人来齐的候客室,后来变成了客人在此期间叫来艺伎表演打发时间的"待合茶室",最后变成了召集艺伎表演的料亭饭店的称呼。随着昔日的引手茶屋和将客人们高雅舒适地送往吉原的船宿的转型或被新的待合室取代,"花柳界"这个词已更多地指料亭街和艺伎,而非游廓了。当然此时艺伎并未完全从吉原消失,因为大正时代那里确实还有一些才华横溢、技艺最精湛的艺伎和艺者。全东京都有艺伎来到吉原向他们学习。

文明开化对以吉原为首的有照游廓的最初影响,就是娼妓的"解放"。1872年新政府下发了解放令。这似乎是由玛丽娅·鲁兹号(Maria Luz)事件直接导致的——该事件使游廓引起了国际社会的关注。秘鲁船只玛丽娅·鲁兹号的船长在1872年被横滨裁判所以使用奴隶,尤其是中国苦力而判定有罪。秘鲁方面在反诉的过程中,指控日本人自己就是奴隶贩子,他们的主要商品就是吉原和其他游廓的小姐。此事引起了国际关注,日本政府自然不能对此置之不理,于是娼妓在法律上得到了"解放",同时当局采取严厉措施取缔"私娼",即未获得经营许可的卖淫。但法律却没有考虑到这些妇女在"解放"后如何谋生的问题。荷风在小说《隅田川》里描写了一个上了年纪的妇人在被解放后去找主人公的叔叔求助。她是幸运的,因为他娶了她做老婆。

文明开化的影响还以其他各种方式在游廓显现。一份1874年的报纸报道称,传统上敲着木响板在此巡夜,敦促人们小心火烛的年轻人已经改用喇叭了。但由于这一做法恶评如潮,不久便被抛弃了。鹿鸣馆时代连这里也流行起穿洋装了。一位雄心勃勃的妓院老板甚至在房间里放上西式的卧床。同样也是在这家妓院里,就连妓女也多少增添了一些国际化色彩,其中就包括东京最早的冲绳妓女的登场。

因为解放政策的缘故,旧的妓院都改名为"贷座敷",字面意思是"出租屋",顺利度过了危机。旧时的性交易在新的行话包装下又被允许继续进行,小姐们现在理论上是自由职业者了。只要她们得到许可证,便可以在这种出租屋里营业。拥有"贷座敷"的花街在东京城区及其周边共有六处,其中四处位于过去入城处的驿站投宿点(宿场),即品川、新宿、板桥、千住;另两处是吉原、根津(位于上野的正北)。随着新的经营方式逐渐被人们接受,花街又重归繁荣。明治中叶流传着这样一句话:"一千间房屋、四千个女人、七处区域"①,显示了娼妓业的规模。之所以说是七处而非六处,是因为千住的宿场实际分为两处,因为来自北面的道路在进入城市时会在此交汇,②客流量巨大,于是便有了"七处区域"之说。

吉原作为其中最大的一处,在明治早期已经萎缩到了惊人的地步,过了大约十年才开始重新恢复。妓楼的数量在甲午战争前夕仍然没有回到江户末年的水平,不过其中个别妓楼比江户时代的要大得多也奢华得多,有四五层高,十分宏伟,甚至配有大吊灯和彩绘玻璃等装饰。

各区域花街的格调高低,可以从茶屋在其中的地位高低中看出来。吉原的茶屋数量就比第二大花街根津要多得多。我们从中也可以看出,旧业态在吉原比其他任何地方都要持久。因为有茶屋的存在,在吉原过一夜就不至于只有滚床。在过去的四个驿站投宿点中,品川保持着最高的茶屋—妓院比例,不过它也比不上吉原,而与根津不相上下。品川是江户驿站中最特别的,因为它是东海道的第一站,控制了从南面和西面进入江户的最重要关口,从京都来的客人会走这条路并在此留宿,他们的品位很高是自然的。

到了明治时代末期,在中山道位于江户境内的板桥已经没有一家茶屋留存了。在前述的六处中它是规模最小的,在顺应新时代方面尤其失败。而与之相对,在迎合新时代方面最成功的新宿,拥有五十八家贷座敷,但也只有九家茶屋。而在吉原,这个数字要翻十番,毕竟吉原是传统的守护者。

吉原在全年各个时段都会举办与季节密切相连的独特祭典。进入明治时代后,相比江户末期,各类仪式已经没有那么精细和复

---

① 此据英文原文译出,未查到对应的日文原文。日译本未收。
② 指日本江户时代以江户为起点的五条大道(五街道)中的日光大道和奥州大道都经过千住驿站(千住宿),因此千住算两处。

杂,并且随着时间推移日趋简略。在江户晚期还有盛大的花魁列队游行,称为"花魁道中",她们身穿长袍,戴满装饰品,举手投足高贵优雅至极。

祭典与各季节的代表性花卉相关联,尤其是农历三月三日的樱花祭、五月五日的菖蒲祭、九月九日的菊花祭。明治时期还仍然能见到一种被称为"积夜具"的奇妙风俗,只不过没有江户时期那么频繁和复杂。这是指花魁将客人赠予她们的寝具高高堆起在店门口公开展示,以显摆她们的人气和主顾的一掷千金。这不仅是一种令人好奇的习俗,也充满了情色意味。寝具,尤其是那些为展览而特别定制的,采用了金银织锦和极其华丽的彩色绸缎。

吉原的节日祭典活动中有三样不仅吸引男主顾,也能吸引包括妇女儿童在内的一家老小。游廓的主要生意自然兴旺,但并不占据大头。吸引更多人流的是这三样活动,包括"春赏夜樱":不仅是在游廓的客人,就连普通东京市民,尤其是住在下町的居民都会浩浩荡荡地出发前去赏樱;在夏末初秋,还会举办灯会以纪念一位在18世纪广受欢迎的名妓玉菊,与此同时,在穿行于中心主街的花车即"山车"舞台上,则会上演被称为"仁轮加"①的舞蹈。其内容或是诙谐幽默的段子或是严肃的正剧,演员则是来自游廓的艺伎和艺者,男女都有。令人遗憾的是,不知为何,这类庆祝活动在明治晚期的时候衰落了。第三样活动则是在十一月的两到三个"酉日",整个东京会举办"酉市",其中格外热闹的一处在位于游廓外的"鹫神社"②举办。虽然吉原平时只开放北大门,但酉市时会放下铁浆沟边的吊桥,供走马观花的游客自由出入。此时人流涌动的盛况令人印象深刻。樋口一叶在她的中篇小说《青梅竹马》中这样描写道:

---

① 仁轮加狂言,又写作"俄狂言",是流行于日本江户末年至明治初期的诙谐滑稽的狂言短剧。
② 鹫神社因其供奉的主祭神为天日鹫命而得名,其在天岩户神话中有出场,被视为祥瑞。

为了抓紧机会,年轻男子们纷纷从后门涌入游廊,嘻笑吵嚷震天动地。而平时唯一的入口北门那边则相对平静,一时之间仿佛形势倒转一般。人群推推搡搡地穿过吊桥,进入街道,人们像小船在河中破浪前进一样费力地拨开人潮。从护城河沿岸的小店里传来音乐舞蹈的喧哗,从优雅的高阁上传来三弦的弹奏声,伴着人群的熙攘,令人难以忘怀。

1881年春,当樱花最盛的时候,用熟铁铸成的新主门落成了。门柱上所刻的题词是由东京府议会议长、《东京日日新闻》主编福地源一郎①所作的一首汉诗《樱痴》。他为此获得了相当于五万美元的报酬,一些人认为这笔钱的数目过高。游廊的全体人士不论男女都参加了落成典礼。福地源一郎的汉诗每行有八个汉字如下:

　　春梦正浓满街樱云,
　　秋信先通两行灯影。

吉原三大年度庆典中,春季和秋季的代表活动在此跃然纸上,自不用待言。

以出自名家之手的汉诗装点大门,可见旧游廊在明治中叶时依然称得上是一个有文化氛围的地方,但游廊的衰落也是不争的事实。明治的最后一年即1911年发生的吉原大火给了它猛烈一击。在离铁门落成三十周年还差一天的四月九日这一天,吉原遭受了毁灭性的打击,在方圆几十公里范围之内的数百家妓院和茶屋中,有两百多家被烧毁。虽然之后得以重建,但其新面貌却凸显了西化带来的最恶劣的影响,一切都是怎么方便且便宜就怎么弄。旧的建筑样式和装饰方法被抛弃,因为它们都费钱又费力。重建后的建筑带着大正

---

① 福地源一郎(1841—1906),幕末至明治时代的武士、记者、作家、政治家、众议院议员,号樱痴。

风格的古怪装饰，虽然可以说别有一番韵味，但却一点也不实用，显得呆板而累赘。它们与吉原还剩下的旧物形成了三大风格的混搭。茶屋的消失留下了一道永恒的伤疤。过去的高雅文化已荡然无存。自此之后直至1958年4月1日《卖春防止法》实施前，吉原成了一个除了卖淫便无他物的地方。荷风说江户的下町因1910年的洪水和1911年的吉原大火而死亡，虽然可能有些夸大其词，但旧吉原确实再未恢复它昔日的荣光——即便是颓废主义的荣光。

我们前面提到的四处驿站的投宿点，即"宿场"（也可以算是五处而称为"五宿场"）中，没有一个位于明治时代东京的十五个城区之内。新宿的一部分要到大地震之前才刚并入四谷区，而品川则位于东京最南端的城区——芝区的南端之外。另外两个就更远了。它们尽管不像吉原那样在江户文化中处于中心地位，但其花街在明治时代也经历了各自不同的命运，从这点上来说，它们将明治的变革以不同形式呈现了出来，值得玩味。

品川是四个宿场中最繁忙的，其游廊在规模上仅次于吉原。由于当地的风气非常保守，品川的车站和游廊都力图与新时代保持距离。我们只能说它在这方面可能做得太过成功了，以至于逐渐被时代遗忘，淡出了人们的视野。

新桥—横滨铁路线在当初修筑时想要途经品川，结果遭到了强烈反对。这条铁路线从新桥出发沿海岸线而建，部分建于填海地之上，一直延伸到现在的品川车站附近。要是它继续沿海岸修筑的话，本应该从非常靠近游廊的地方通过。但它反而稍微转向了内陆。虽然对于做出这种安排，军队的决定权要比游廊大得多，但总之这导致的一个结果便是新火车站周围的区域兴旺起来，而过去的驿站及宿场则陷于孤立。游廊虽然幸存下来，但是否要继续维持营业是个艰难的抉择。这点对于吉原来说同样适用，而且与其作为文化中心的急剧衰落密切相关。品川急于同新的交通线划清界线的做法显然过于轻率，因为它不同于吉原，吉原的兴旺源于自身的特色和看点，而品川能兴旺起来只是因为它在东海道边。品川区在明治末期人口锐减。虽然它在大正时期又再度发展起来,但到了那个时候,新的风月场所正在别处形成。到了明治三十年代,品川边上总算开通了一条私营铁路线,但因为无法换乘主要的国营铁路线,所以对改善隔绝的状况并没有什么帮助。这种情况一直要到大地震之后才发生改变。汽车时代的到来使得前往品川的交通再次变得便捷,因为通向横滨的公路是沿着旧的东海道走的,但那时对品川来说已经太迟了,玩的地方已经有很多了。在明治晚期和大正早期,老品川车站成为色情场所中奇怪的一员,它靠一些艺伎维持着,周围环绕的寺院将它与世隔绝。

而新宿区的情况则完全相反。它在德川时期是一个相对来说并不重要的小驿站,即便到了明治中叶,当品川正被时代逐渐抛弃之时,它的规模也比不上前者。现在经由内陆前往关西,多会走甲州大道①经过新宿,但过去人们一般会走经过板桥的中山道。新宿即使会有从甲州方向来的旅客,在进入江户前在此住上一晚,人数也不会多。新宿正如其名所示,是"新兴的宿场",而过去从江户出发沿甲州大道前行,最先遇到的宿场是高井户,但因它路途有些遥远,新宿便取而代之。

新宿在德川治下时是一个荒凉的地方。它并未随着新时代的开始而马上兴盛起来。和品川一样,它也未得到新的交通线的垂青。就像东海道铁路线从品川西面通过一样,东京西郊的南北走向铁路从新宿的偏西处通过。但新宿相比品川有两个重要的不同点:新宿的宿场正好位于新火车站(即新宿站)和东京市区之间,而且处在双方都可轻松步行的距离之内,因此想来就能来,不像品川要特地跑一趟;而新火车站日后又将成为一个极其重要的转运站——实际上可以说是整个日本最重要的转运站,人流密集自不用说。1889年从新

---

① 即甲州街道,以江户日本桥为起点,经过内藤新宿、八王子、甲府,通往信州下诹访,是日本江户时代五条大道之一。

车站到立川的私营铁路线开通，后来又被国铁收购。

新宿作为住宅区的发展是如此兴旺，我们从以下这点就能看出来：新宿的一部分并入四谷区，是东京在整个明治和大正时代唯一的一次重大的并区调整。它的繁荣导致更靠近东京城区的一些艺伎区，如四谷和神乐坂的艺伎区走向衰落。不仅如此，连新宿宿场自身的风月场所也衰落了。过去宿场的妓院，分布在从市区向西延伸的街道两边，非常显眼，让光明向上的新新宿倍觉难堪。于是便有了将它们从视野中消除，移至后街的计划，并酝酿了很长时间。靠着不时发生的火灾，这一计划稳步推进，在接近完成的时候，恰逢大地震来袭，一下解决了所有问题。旧游廓就这样逐渐萎缩，不过依然苟延残喘了足够长的时间，直到1958年4月1日被重重击倒。

在四个宿场中，板桥是最早陷入衰落的。到了明治中叶，它在娼妓的数量和妓楼的数量方面都比新宿要少，并且连一家茶屋也没有。不过板桥所在的中山道是一条交通要道，特别是在黑船来航之后，从京都前往江户的那些达官贵人们声势浩大的队伍，都会避免走沿海的东海道，而走中山道。第十四代将军的夫人和宫，当初下嫁时走的也是这条路。然而板桥在进入铁路时代后衰落了。如今此地虽然还留有旧驿站的痕迹，但不仔细找是很难发现的。旧游廓大部分都被1884年的火灾烧毁。尽管之后部分得到重建，但也无法挽回颓势。大地震之后，经由板桥上下班的上班族增多了，其作为住宅区也吸引了不少开发者，但这些人已非旧时的客人。板桥并不像品川那样故意不去顺应时代，但就结果而言还是被时代抛弃了。

千住的宿场其实分为两处，隔着荒川分为北千住和南千住。千住作为一个驿站发挥了不止双倍的作用。有三条道路汇聚于此：一条来自德川"御三家"之一的水户德川家的封地水户；一条来自北面的奥州；还有一条来自德川第一代和第三代将军的灵庙所在地的日光。在所有过去的宿场中，千住是保留了最多昔日气氛的一个。它从未像板桥那样衰落，也从未像新宿那样繁荣，而且也没像品川那样故意排斥时代的脚步。它介于三者之间，保留了更多往昔的痕迹。

从江户出发的旅行者徒步或像诗人芭蕉①那样坐船抵达千住后，接着一般会选择徒步前进。现在通向北面的干线道路并未沿老的道路修建，因而后者至今还是老样子，未被拓宽。在更西面，有另外一条官道通向日光，因而千住也不像板桥和品川那样会接待极其重要的大人物。在芭蕉沿着狭窄小道出发前往北方时，沿途所见的风景如今已不存，但路上住家的古老格窗和瓦屋顶仍随处可见，让人联想到昔日的风光。过去从浅草和下谷人口密集的区域到这边，隔着连片的农田，千住因此可以相当安全地免遭频繁折磨东京的火灾的侵袭。

位于本乡边缘，我们所要介绍的江户花街中的最后一处即根津，在明治早期是一个交通不便的地方。它刚好坐落在过去前田家旧宅所在地，后来的东京帝国大学再往下坡处走一点的地方。根津游廊的存在被认为极不合适，因为大学的年轻人肩负着国家的未来，他们必须远离诱惑，妓院之类至少不能在步行距离之内。简单地将游廊关闭轻而易举，但那会导致另外一个问题：对于一个有大批来自乡村的未婚年轻男性涌入的城市来说，这类设施是必要的。江户的男性人数一直比女性多，东京继承了这一传统。所以，千住游廊在1888年被整个儿迁到了洲崎，其是在隅田川河口附近的深川填河而成的一块地。搬迁时的大规模庆祝活动使所有人都知道了游廊的去处。从此之后，在明治时代剩下的日子里，乃至一直到卖淫被宣布为非法之前，洲崎游廊作为"不夜城"，成了吉原最大的竞争对手。在吉原经历明治时代早期一连串的火灾之后，洲崎甚至比吉原看起来更像江户时代的吉原。照片和版画显示那里有成排的传统日式木结构低层建筑，不仅媲美吉原，风格也更趋艳丽。在洲崎，旧的习俗似乎比在其他宿场的游廊得到了更好地保存。

---

① 松尾芭蕉(1644—1694)，日本江户前期俳人，对俳谐进行革新，集其大成并开创了"蕉风"。

随着明治时代的结束和大正时代的开始,旧体制下"花柳界"的"花"和"柳"也正在各奔东西。"花"在两者当中更偏色情肉欲,"柳"或者说"艺伎"则更风雅更注重精神层面。游廓逐渐转向以"花"即娼妓色情业为中心,而"柳"即艺伎艺者则逐渐转向集中于"待合茶屋"。这类"待合茶屋"也逐渐发展成了一种召唤艺伎的高雅饭店即料亭街。在游廓陷入衰微的传统歌舞,在料亭街得以保住命脉。

江户有它自己的市井艺伎艺者即"町艺者",区别于游廓的艺伎。这类艺者聚集的街区,有些在整个明治期间依然存在,其中一些非常古老,可以一直追溯到17世纪江户时代初期。不过它们中最繁华的一些,只起源于明治时代。对艺伎艺者的普查显示,无论是那些依附于游廓的艺伎艺者,还是市井类型的,都集中在下町,这并不让人感到意外。其中3/4集中在15个城区当中的4个区,即日本桥、京桥、芝和浅草。艺者集中的街区广泛分布于下町,不过山之手地区也有。后者中的神乐坂大约是从黑船来航时开始经营的,其他则是在明治时期出现的。它们总体上不像下町的一流场所那样高雅,价钱也便宜。

明治时期艺者聚集的街区即"艺者町"中,最有代表性的是柳桥和新桥。位于浅草以南隅田川西岸的柳桥是其中最受老式鉴赏家敬重的,但也遭人批判说其坐吃老本。成岛柳北的《柳桥新志》在新时代的讽刺文学作品中堪称经典,而他自己就是一个经典的江户之子,以写作为生。他本名惟弘,从他使用的雅号"柳北"中,我们就可以看出他与柳桥的密切联系。他的这个雅号来源于"柳原"这个地名,其位于神田川与隅田川合流处。成岛1837年出生于一个浅草的小官僚家庭,在柳原以北生活过一段时间。柳原在柳桥西面不远处,而柳桥这个地名也可能来源于柳原。

柳北侍奉过两任将军:德川家茂和庆喜。尽管他因为讽刺过身居高位的人而遭到禁足,还是被幕府委以诸如牵制西洋人的重任,担任"外国奉行",大致相当于是外交部的官员。随着幕府的垮台,他自然也跟着失业了,像其他许多失势的人一样,他随后投身新闻界。

柳桥自1860年就已存在。但它的黄金时代是在江户时期的最后数十年。《柳桥新志》的第一部分写于1859年，后在1860年得到扩充，以当时很流行的叙述方式详细记录了这一时期柳桥的风俗。类似的文学作品在江户时代后期广泛流传且很受欢迎，原因在于里面仔细介绍了许多内行人的门道，对于想要游山玩水的江户年轻人来说很派得上用场。但在局外人看来多少有点自鸣得意、矫揉造作的味道。

要不是明治时代到来导致的剧变，使江户优雅的游乐传统濒临消亡，《柳桥新志》这部作品大概就只有历史学者和目录学家才会记得了。成岛于1871年写了该书的第二部分并在1874年将两部分一并出版，但他于1876年所写的第三部分后来被禁止出版，成岛本人也因此坐了一段时间牢。他讽刺的尖刻程度明显逾越了底线，第三部分中只有序文得以幸存。成岛出狱后继续他的记者生涯，后在1884年过世，此时他作为典型的江户之子已名声在外，确立了地位。

《柳桥新志》最有趣的地方在于，它极其详细地叙述了明治给柳桥带来了怎样的变化。第一部分介绍了在昔日那个颇有品位、举止高雅的江户时代，柳桥是个什么样子。第二部分描绘了新时代的体制造成的破坏。新时代的暴发户们旁若无人且缺乏教养的行为方式、粗野暴力的举止，他们在宴会上只顾谈论政治，不尊重艺者也不尊重艺术，还有那些说英语的人、改良论者、解放论者也是半斤八两。旧派的艺者艺伎在这新世界里无立足之地，而新兴的艺者比起艺术更关心钱，变得和妓女无异，她们看官报来估算客户能挣多少钱，最后搞大肚子连孩子的父亲是谁都搞不清。于是甚至在明治时代还处在早期的时候，腐败便多了起来，颓废主义的衰亡已经开始。江户之子对此只能哀叹，缅怀旧日。

《柳桥新志》尽管是用与如今的审美品位相去甚远的凝练汉文风格写就的，但还是极其受欢迎。它是少数几部销量极好以至于抬高纸价的作品。不论成岛的苛评多么站得住脚，柳桥在整个明治期间及明治以后的年代中都有多才多艺的著名艺伎却是事实。在繁荣兴盛的明治风月场中,它依然与旧的商业精英保持最密切的联系。新桥以及后来的赤坂是新官僚和实业家常去的地方,而下町的店主和批发商老爷们则去柳桥。当然如果他们的事业非常成功,就可能不会继续住在下町了,但那又是另一回事了。柳桥仍然是距离江户市民最近的消遣地。它的位置得天独厚,面朝隅田川,正好在两国桥上游一点点的地方,夏天在此欣赏开川节的烟花表演也很棒。江户晚期的故事中常提到的深川游廓则坐落在河的对岸下游。有说唱新内调①之流的艺人在船上待客的也只有柳桥一处。乘着屋形船,点着灯笼与艺者艺伎一起泛舟河上,听三味弦弹唱的乐趣,也只有在柳桥才能享受得到。

柳桥是江户末期到明治早期主要的艺伎聚集区。但伴随着银座的重建,作为柳桥竞争对手的新桥逐渐兴起。由于新桥西面不远处便是政府工作大楼集中的区域,而北面又邻近大企业的办公地街区,新的官僚和企业界人士形成了新桥的主要客户,尽管毁誉参半,它还是为新时代的社会体制服务。

大约在佩里乘黑船造访日本的时候,新桥和银座就已经有"町艺者"存在了,其沿海附近也是船宿集中的区域。新桥虽说也有它自己的传统历史,但它最为兴盛的时代始于明治二十年代。在明治晚期,它是最受有权有钱人青睐的游玩场所。典型的新桥艺伎据说是出身农村,精力充沛、野心勃勃,多少带点冷酷无情的乡村姑娘,与之形成对比的是,柳桥艺伎据说继承了献身于艺术、无怨无悔的气概和深川艺伎的神韵。

除此之外,东京还有其他几处艺者町,它们也经历了兴衰变迁。旧的去,新的来。从明治时代到大正年间,不同于急速衰落的游廓,其数量达到了近三十处。小山内薰在《大川端》中就敏锐地捕捉到了来自下町挥金如土的老爷们最后的快活日子。进入大正时代之后,虽然大把撒钱的赞助人依然存在,但他们几乎都不是来自下町了。

---

① 日本传统净琉璃流派名,为街头曲艺。

在花街和游乐场所发生的这种变化,正反映了下町古老町人文化的变迁。江户下町的文化正在四散消失。

明治末期的两场灾难——1910年的洪水和1911年的大火确实对下町造成了巨大的打击。如果有人打算找出江户死亡的确切时间,那么他不如追随永井荷风,把这个时间定在明治即将结束的年代。

然而我们似乎总是倾向于把享有盛誉的国家领导人的去世视作一个时代的终结。于是在其统治结束时或者继任者上任伊始发生的事件,都被视作分水岭而在文化史上被赋予过于突出的位置。而如果此类事件并非恰好发生在此时,那么它们也许就不会被看得如此重要了。永井荷风本人也是如此,虽然他认为江户已在那场洪水和火灾中死去,但他终其一生仍旧在隅田川畔不断找到昔日江户的残影。他对山之手地区的同胞兴趣不多。下町和山之手这两个区域在文化上的差别依然存在。也许比起断言江户已死的那个时候,不断找寻它活着的证据时的荷风,要明智得多。

旧游乐场所的衰落在江户成为东京半个世纪之后比前五十年要明显,特别是在大地震之后就更加明显了。明治时代的东京之子像江户之子那样继续把钱花在看戏和与之紧密相关的传统娱乐消遣上。我们都知道到了明治晚期,帝国剧场开张了,然后又有了电影和芭蕾舞表演,但东京之子的大部分钱仍然花在传统娱乐上。所以说,诚然吉原在大火灾发生前夕能提供的传统娱乐活动已经比维新前夜要少,并且在大火灾后继续走下坡路,但人们依然可以去像柳桥那样的地方。甚至到了今天,在漫长的春日夜晚漫步于下町,除非迟钝不堪,你都能感受到江户的倩影。

也许有人会反驳说江户时代和明治时代的生活并不全都是寻欢作乐。如果一个江户之子在剧院和游廊里把自己玩得倾家荡产,他的家人不会真的觉得他给这座城市和家族争了光。正经的商人家庭都有严格的家法,一个人在倾家荡产前就会被取消家产的继承资格。因此,坚持认为寻欢作乐在江户的文化中居于中心地位,以及娱乐方式的堕落是文化全面衰亡的征兆,或许过于夸张,歪曲了事实。

不过,恰如一种无常之感笼罩着一千年前平安时代的京都,江户在它的黄金时代也被同样的感觉所笼罩。最美好的事物总是无法长久。它们在一夜之间萌芽绽放,又在早晨的阳光下突然消失。平安时代的贵族可以随心所欲,无论其对香炉的薰香以及衣装的色彩多么挑三拣四,也不会有人抱怨。而江户的商人却要冒着遭到地位尊贵者呵斥指责,乃至身陷牢狱之灾的危险。他们要寻欢作乐必须更隐蔽才行,只有在赞助演员,出入游廊的时候才能随性一把。但这并不意味着他们的品位不如平安时代的贵族。

明治时代有它的两面性。你无法把长谷川时雨描述的当宪法颁布时,她父亲因洗雪了旧幕府时代的耻辱身份而欣喜若狂,当成仅是一种杜撰。在这个时代,无限的新能量得到解放。把注意力集中在强调明治时代的不平等和压迫上,就会错过这一重要的事实。或许,面对更华丽、更广阔的世界,江户之子会对自己过去如此拘泥于小处、鼠肚鸡肠感到惭愧。然而,大而新的事物往往也会比较粗糙粗俗。艺伎不久就从花街消失,而她们自身的技艺也濒临失传。

艺伎的世界是残酷的,歌舞伎演员修炼钻研的道路也一样充满艰辛。虽然如果不是出于自愿,就不该逼迫任何一个人硬去干这一行,但最让人遗憾的还是那些明白献身于艺术的价值并且甘愿选择这条路的人不见了。江户之子拥有能够辨识好艺者的慧眼,可如今无论是一位银座酒吧女郎,还是一介棒球垒手,要想出人头地、被人发掘,已经用不着那样地修炼和慧眼如斯的伯乐了。

第五章 下町，山之手

从京都和大阪出发的旧东海道在到达它的终点日本桥之前，要穿过银座并途经一路上的最后一座桥——京桥（意为"首都桥"）。明治时期，日本桥和京桥分属两个城区：日本桥区和京桥区，两区的分界线正好位于两者连线的正中，将街道横切为两块。虽说它们后来最终合并为了中央区，但此处确实是下町的中心，严格说来完全位于下町的也只有这两个区。

把两区合在一起看的话，从西南面的滨离宫到东北面的两国桥，这一带显得十分完整。但若将两区分开来看的话，两者的差别就变得明显起来。因为南面那一半，即明治的京桥区所在的地域（自然包括银座），现在已不断延伸到了海边填埋出的土地上，今天看上去比北面那一半更为广阔。而从江户时代到明治早期，它其实比北面那一半要小。

在这两个区的东侧到隅田川及江户湾之间，过去曾遍布武士贵族的宅邸，然而在明治时代刚开始的时候，从江户城堡的外濠出发向东北走，经过日本桥直至隅田川岸边这两千米路上，是看不到武家宅邸的任何墙垣的。只有往东走两到三百码的距离，穿过京桥区南部的银座之后，你才能遇到第一座贵族宅院。不知是否是有意为之，位于日本桥中心，小传马町的监狱在任何一个方向上都比江户城中的任意地点要远离贵族大名的宅邸。从江户晚期的地图上看，日本桥似乎是唯一能让市民喘口气，有些生存空间的地方。然而到了明治时代结束时，上流社会——无论是新兴财阀还是旧的贵族——几乎都离开了下町,因此日本桥一带从外濠到河边都已是清一色的平民住宅了,相比江户时候看上去要更开阔一些。京桥也是如此,不仅拥有填埋地,而且旧时的武家宅邸基本都消失了,更显宽广。

江户时代,虽然将军在理论上不会授予商人权力,但日本桥地区作为商业的中心,实际上有钱有势。那里不仅生活着富商,绵延的大店也都是三井和大丸这种类型的。京桥相对较穷,也更依赖于贵族的资助,是小店主和工匠生活的地方。

但进入明治时代之后,这种历史上的差异被新的反差取而代之,这种反差体现的是新旧之间,传统和现代之间的对立和差别。位于京桥南面的银座在历经东京—横滨铁路开通,以及大火和重建之后,成为东京对外来影响最敏感也最善于接受新事物的街区。相比之下,日本桥作为古老的商业中心则习气太重。而到了明治末期,丸之内作为新时代实业家齐聚的中心也开始崛起。

当然从细节上看,这种论断有点把京桥区简单化了。一样是在京桥区,京桥以北的地区并没有像南面的银座那样急切地投入到新世界的怀抱中。另一方面,日本桥正像浮世绘所热衷描绘的那样,建成了许多近代建筑。不同于银座是整体改建为砖砌的"炼瓦街",日本桥则拥有独栋建筑中最能反映文明开化且建筑规模最大的典范。

(第189页是图片页,略)

因此,单单将京桥和日本桥的差异归结为新旧的对立,确实有点过于简单化了。但如果你想探究一个多世纪前明治时代所抛弃的到底是一个怎样的旧世界,你果然还是应该去日本桥漫步。而要想知道之后这个城市的将来会是怎样,京桥是最好的选择。至于晚些时候,你原本还可以去鹿鸣馆①,不过那是少数特权阶级的地盘,在那个年代不是什么人都能去的,你必须能弄到一张请帖。

关于明治时代的银座和鹿鸣馆,现在回想起来还是很迷人的。你会喜欢待在那里,并且一定会悲叹现在除了多摩川边的柳树外,没有任何东西遗留下来。不过也许它们之所以如此令人神往是因为现

---

① 因老的鹿鸣馆已于1940年拆毁,所以这么说。

在已经不存在了。而且要说为何银座对于嗜古风的人来说比新宿或六本木更讨人喜欢，那是因为它已经没有这些新兴场所时髦现代了。而就在一个世纪前，它还是东京最为时髦的街区。而与之相反，日本桥一带则有着最为浓厚的昔日温馨氛围。而且除了最靠近皇宫的一角，即最靠近后来兴建的东京中央火车站的那片区域之外，日本桥是最不愿与过去分道扬镳之地。今天要想感受过去的东京甚至江户时代的氛围，你必须走到更北面和更东面，而在明治时代，你只要走几分钟，远离外国人居留地即可。

日本桥区的靠近皇宫且最富裕的一角，骄傲地居于文明开化的前列，后来又在 1896 年建起了新的日本银行总行，在不依靠外国人的助力，完全由日本人建造的纯西洋建筑中，规模如此之大的据说还是头一座。日本桥区因此成为日本的金融中心，从某种意义上说，它是比重建后的银座更近代化的场所，因为日本近代化的蓝图正是在这里以及政府机构密集的官厅街酝酿出炉的。

虽说这些近代机构以及大百货商店距离日本桥这座桥也都只有几步之遥，并且就在桥的东北方还有鱼市，但令人吃惊的是，桥的东北面不到隅田川的一带在明治晚期时西洋近代建筑是如此之少。当大地震之后谷崎决定搬离东京，移居关西时，他做得大张旗鼓、人尽皆知，因为此时他特别排斥老家日本桥这个旧江户城的中心。

日本桥这片地域最初是通过填埋海岸线一带的湿地而形成的，既是最早的填海地，也是下町最早的一块土地。它在明治时代的地图上十分显眼，正好位于江户城堡和皇宫的正门——大手门①那里。它的北面和东面被沟渠和河流包围，正中间则被东京最繁忙的运河——"日本桥川"贯穿。所有这些河川在过去都提供了通商方面的便利。虽然此处的水网不及河东的城区发达，但从明治时代的地图上看，后者似乎仍有待开发，而前者的水网建设则已完工许久，并且

---

① 大手门是旧江户城的正门，大名由此登城。其最早为 1607 年由藤堂高虎耗时一年又三个月建成，1620 年江户城修复时形成现在的样式。位于今东京都千代田区。

对运河的布置也颇有深意。日本桥地区如今几乎没有留下明治时期的遗物，就更别说是江户时代的东西了。其实早在明治时期，从旧幕府时代的阶级桎梏下解放出来的有钱商人便开始逐渐搬离日本桥，搬去中意的地方居住，而银座和丸之内也渐渐取代日本桥成为商业中心。日本桥的氛围应该说比较保守，虽然也欢迎大百货商店和银行这类近代的商业及金融机构大楼入住，但总体上不喜欢张扬的事物，因此它从未像银座那样五光十色、熠熠生辉，也从未像浅草那样成为熙熙攘攘、游人如织的游乐场。

大地震前，从三越百货屋顶上向东面拍摄的照片中可以看到，越过南北走向的大道，举目望去基本是江户时代的街道，不过大道东侧也并非没有近代建筑。在日本桥川的北岸有金融大楼群，安田银行即现在的富士银行就在此处；而在日本桥川和隅田川的合流处，是肯德尔设计的第一代日本银行的楼宇。但大多数房屋还是早年的低矮木质结构建筑，仍像江户时代那样以围棋棋盘的样式相互间隔分布，一直延伸到隅田川。统计数据显示在下町的这一带，街道—建筑物所占面积的比例在明治时代逐渐下降，从照片上看也是如此。虽然江户时代遗留下来的紧凑街坊看似没有变化，但考察历史走向就知道并非如此。大量的农村人口涌入，而像三井家族这样的大富人家则搬离此处，江户之子的四散离开已势不可当。不过即使如此，传统依然留存的感受并非错觉。

日本桥的西半部直到明治时代很晚期才真正开始近代化。总的来说，日本桥的变化仍然慢于银座和丸之内。日本桥川沿岸在明治时代结束时仍然排列着许多老式的土墙仓库，它们中的一些变成了民居，不过仍是这个区域的标志以及此处商业繁荣的见证者。谷崎家族也曾在这种土仓里住过一段时间。E. S. 莫尔斯满怀热情地记述了这些转换成民居的土仓，它们无疑设计得十分精巧，不过其他记述告诉我们，它们像银座的炼瓦街建筑一样潮湿、通风不良。

191 在江户时代的日本桥地区，上层武士贵族宅邸的占地面积并不大，寺院建筑也是同样。这里也有神社，但其中最有名最受欢迎的水天宫①是在明治早期才从东京的另一个地方迁过来的。佛寺也有几座,但大部分是在明治时期建立的,其中半数是在 1875 年小传马町监狱拆除后,为了慰灵而在监狱遗址上建起来的。

  日本桥并非没有娱乐设施,但甚为节制,在这方面可能比浅草和银座更接近于德川幕府所倡导的理想状态。自从 1657 年明历大火后吉原迁至城市北郊以来,日本桥便不再有昂贵且布置考究的娱乐场所了。虽说如此,日本桥川边的滨町虽然相比柳桥和新桥质朴得多,但仍有风月场所。正是在这里,阿梅杀死了峰吉。日本桥也有剧场。在今天东京的主要剧场中,日本桥的明治座是其中历史最为悠久的剧场之一,但它算不上是东京最好的剧场。如今它仍在营业。格调很高却算不上是最一流的——这与气氛保守又脚踏实地的日本桥倒是很配。

  明治初年所建的三井银行和第一国立银行在新的日本银行建造时都被拆毁了。对于这两座建筑,版画家们总喜欢只画其中的一座而不把它们放在一起,不过摄影师就不行了。不用说,在江户找不到任何与它们外观相似的建筑,硬要说的话可能天守阁同它们稍微有点像,但奇怪的是它们在日本桥并不显得格格不入。人们一眼就可以看出,它们是没见过真正西洋建筑的人设计的,虽然建筑师去横滨学习过,但所谓西式,只是把传统的样式造得更大更华丽罢了。

  新的日本银行没有一点日式风格。它是一座足够讨喜的建筑,但显然是一位对西方建筑做过充分研究却没有自己想法的人设计出来的。三井银行拆毁后,在早先的明治银行原址附近建起的新三井银行大楼也同样有这个毛病。明治时代留存下来的建筑物,如今只剩日本银行和日本桥这座桥,以及东京最古老的石桥常盘桥了。砖砌的新三井银行大楼和石砌的新第一国立银行则重蹈原先那两座风格更奇异建筑的覆辙,不久就又被拆除了。

---

① 位于东京都中央区日本桥蛎壳町的神社,是福冈县久留米市水天宫的分社,因保佑安产而著名。

随着时间的推移，这些早期的建筑已经明显跟不上越来越加速腾飞的经济奇迹了。不过正因为三井银行和如今的日本第一劝业银行都不缺钱，它们本可以把起初对西洋建筑风格大胆尝试的产物当作纪念品保留下来，改建成博物馆，好让我们亲眼见识一下现在只留存在照片和版画里的东西，一定会有不一样的感受。虽说和洋混搭的设计风格多少有点乱来，但仍不失可爱，就像一个孩子穿着从阁楼里掏出来的衣服，想要打扮成帝王。当然，由于日本桥的大部分地区都在1923年的关东大地震中被毁了，因而即便拆楼者手下留情，这两栋银行建筑可能还是会消失。

由此可见，日本桥地区也并没有超然于所有明治时期的变化之外。不仅如此，有一些变化在这一时期表面上看还不明显，但确实发生了。日本桥至今仍然可以算是东京乃至全日本的金融中心，是因为日本银行和股票交易所如今仍在这里，但大企业基本已经移往别处。连版画家津津乐道的三井银行和第一国立银行，后来也没有再把总部设在日本桥。这种转变的开端可以追溯到明治晚期。可以与日本桥匹敌的金融中心正在其南面和西面发展起来。近代东京一直在向南、向西推进，这一动向在此时已经显现。

小说家田山花袋于1881年来到东京，那时他还是一个十岁的孩子，在日本桥的一家出版社当学徒。半个多世纪后，他在晚年仔细回顾了日本桥和银座的反差，以及日本桥地区内商业繁华的地带和陷入萧条的地带有何不同：

> 因为工作的关系，我每天都会经过日本桥和京桥。现在回想起来，那时道路的状况真是今非昔比。那时东京是个一下雨就四处泥泞的城市，住家大多是土仓，比起朝向京桥的银座的新炼瓦街，日本桥的大道要潮湿阴暗多了。"圆太郎"马拉公交车鸣着喇叭疾驰而过，溅起阵阵泥浆。从日本桥向北走一点的右边，可以看到两三轩大屋并排，那是两家大型书店：须原屋和山城屋。它们长方形的大店招牌神圣庄严，令人肃然起敬，是一种

能在江户时代的插画中看到的招牌。但店里是多么阴暗冷清啊！两三个穿和服的店员总会百无聊赖、可怜巴巴地坐在那里，而我从未见到有顾客进来买书。这与拐角处的大店：三越的前身越后屋形成了天壤之别。我相信你在老照片或绘画里仍然能找到后者，它是一座有着一条长长走廊的单层建筑，从里面传出阵阵不间断的"喂，喂"招呼声，给日本桥带来了生气。顾客们一排排地坐着，店员指示学徒们从仓库里提货的喊声此起彼伏。不仅是越后屋，沿着大道向浅草桥的方向走，拐角处是一家更大的名叫大丸的店铺，从那里也传来了同样热闹的招呼声……

当时银座的建筑风格是新颖的，它的街道即是所谓的炼瓦街区。但从京桥到日本桥，一直到眼镜桥即万世桥就几乎看不到一栋西式风格的建筑了。

我几年前在北京待过，看到过朝阳门外的拥挤和混乱：各式小摊小店排列在那里，人们在路边毫不介意地嚼着各种各样的东西，这种场景使我想起了明治早期。那里的喧闹和骚动确实和通往日本桥桥畔一路上的景象没什么两样。

日本桥大道各处尽是陈列着多彩版画锦绘①的商店。

在面朝浅草不远处的锦绘店里甚至挂着类似春画的东西。我起初吃了一惊，接着便注视着它，一直站着，像着了魔一样。在当时那个还没有名副其实杂志的年代，我便这样从锦绘中凝视着人生，以及深藏在其中的秘密。但我怀疑江户时代日本桥的桥畔绝不会如此混乱，若是这样，那我眼前的这种混乱当中也许依然残存着明治时代初年的某种气氛。这种堕落的空气，让我如今十分怀念。②

---

① 套色浮世绘版画，得益于1765年铃木春信等创造的套色印刷术，因色彩丰富、鲜艳似锦而得名。
② 引自《大东京繁昌记》下町篇。

日本桥一带是富庶的，但它也是贫穷和拥挤的。它有阴暗的后街，沿街是一排排无窗户的仓房。它有它的娱乐区，就在离河不远的地方，那里曾经被上流贵族的宅邸占据。日本桥在大众的想象当中是寸土寸金，然而当初用于修造那些贵族庭院的园土，还得从外面山丘上运来。挤在仓房间的小院子都经过精心打理，耗资不菲。为了营造出绿意盎然的庭院，除了园丁之外，还得有售卖园艺土的商人出力。到了明治晚期，虽然非常富有的人已经离开了日本桥，但商人中的中间阶层在日本桥拥有屋子和花园并不罕见，即使他们在山之手地区已有房产。

谷崎提到过离娱乐区只有几步之遥的日本桥东部的昏暗后街。如果说他评论的是日本桥地区与南面银座的反差，那么长谷川时雨则把它与北面的神田进行了对比。她的伯母住在神田，也正是在那里，她首次接触到了在日本桥感受不到的"西洋"氛围：

> 她带我去看当时还在建造中的尼古拉教堂。正是住在她家的这段日子里，我第一次听到了小提琴、钢琴和管风琴的声音。在我们所在的下町，这样的旋律和乐器鲜为人知。因而这是我第一次接触到外国的氛围。神田是学生们的巢穴，也是我们今天所说的知识分子集会的地方。[①]

来自乡村的田山花袋认为他所见日本桥的混乱拥挤不同于江户时代的状况。而1879年出生于日本桥的长谷川时雨的回忆，又使我们觉得这里的生活就像小说和绘画中描绘的江户生活那样并无不同：

> 夏天下町的风情是随同晚风和潮水的上涨从河里拂面而来的。洗完后正在变干的头发、赤脚、盂兰盆会的提灯，还有晚上

[①] 引自《旧闻日本桥》。

洗好澡后纳凉的平台、咸咸的樱汤①——这些都属于有钱人和贵族们无法享受到的街坊活动,是星空下的联谊会。比起聚在浴室里,这样更自由更轻松。一排排各家的房舍是背景,街道则是人们聚集的会场。即使某位警官恰好住在其中一栋长屋里,他也会变得与普通人无异,加入聚会,裸露着毛茸茸的胸部,卷起和服下摆,手里摇着晒成褐色的团扇。他不会因为妻子裸露太多而大加斥责,对隔壁男人只穿着兜裆布出门也熟视无睹……

新内调会唱响,义太夫调也响起,琴声和三味线交织着接踵而至。大家弹得都不差,因为听众很内行。从茶屋的花园里会传来奇妙悠远的乐声……琴与三味线的合奏多是由老妇人弹奏,她们大多与旧德川幕臣有关。②

就像深川的贮木场里直到大地震之前都看不到当地人戴帽子一样,我所在的日本桥也看不到。帽子直到世纪之交都很罕见。唯一戴帽子的是穿着聚会礼服的富人。③

照片上明治晚期的日本桥东侧给人一种一成不变、低矮的瓦屋顶不断延伸的印象,但就像我们之前说的那样,这是错觉。你一定觉得这里自江户时代起便是如此,但实际上在江户末期,低矮的屋顶还未像明治末年那样一直延伸到隅田川岸边。那时河边都是武家贵族的宅邸。日本桥的娱乐场所,例如峰吉遇刺的地方和节日热闹的神社,基本也都是建在过去武士贵族的宅地上。而贵族武士的搬离并不像富有商人的离去那样对日本桥打击巨大。尽管游廊严重依赖贵族遮遮掩掩的资助,但它们并没有公开寻求资助,而且它们本质上依然游离于周围的社区,并没有融入日本桥。整个明治期间日本桥东部发生的变化或许是逆时代潮流的。这一带在明治末期反而比明治

---

① 即樱花茶,是将盐腌樱花放入开水冲成的饮料。
② 引自《旧闻日本桥》。
③ 日译本未收此段。

初期更像下町。

日本桥静静地为自己感到骄傲。谷崎在年轻时特别迷恋西方，想要舍弃日本的传统，但他还是无法掩饰他的日本桥出身。日本桥虽是日本所有道路的起点，但对这一点的强调与其说是从江户时代起，不如说是从明治时代开始的。因为在江户时代，京都的朝廷虽然并未掌握实权，但地位更加尊贵。

自傲通常都会带来保守主义，我们也可以反过来说保守的情绪催生了自傲。在某些方面，日本桥，尤其是它的西半部分，像银座那样洋气又热衷于文明开化。但它在求新和引进西方舶来文化的同时也远未丢弃过去的一切。如果说日本桥和银座分别代表着明治的两面——保守和疯狂革新，那么日本桥自身便蕴含了某种矛盾。不过这其实也算不上是什么矛盾，因为这正如日本从七八世纪大量吸收中国文化的那个时代到今天依然不变的那样：进取与革新便是传统的一部分。

这种情况一直延续到今天。银座的最后一栋明治时代的建筑刚刚被拆毁，但位于日本桥的日本银行建筑却依然屹立不倒。日本桥自身或者准确点说是它的居民，在保留日本银行这座建筑上或许直接出力不多，但日本银行最终得以保留下来，与当地的文化氛围是密不可分的。日本桥并不像品川花街那样明确地排斥变革，但从根子上说它或许是更为保守的。

在大地震前夜，日本桥或许比这座城市的任何其他地方都保留了更多江户的影子。甚至在今天，要想寻找旧式的低矮建筑虽然需要跑多个地方，但日本桥看起来仍比银座和新宿有着更浓的日本味道，不会被错认为是纽约的街道。特别是当夏日黄昏的暮色逐渐笼罩在日本桥东部一带时，你仍然能体会到永井荷风钟爱回味的甜蜜惆怅，欣赏到长谷川时雨笔下那种让人百看不厌的熙熙攘攘。

京桥区是一个很容易让人头脑发热的地方。它在北面与日本桥地区接壤。它的南部即京桥这座桥的南侧一带，大体上是街巷更窄、住户更穷的工匠生活区域,基本上属于下层居民区。桥南面近一半的广阔土地和桥下的运河都是市民町人的地盘。

进入明治时代,京桥南部的银座急剧变化。可以说东京任何地方都不像这里那样走极端。最初的银座正如其名,是幕府的货币铸造所的所在地,该铸币厂在德川时代早期从静冈市迁到了今天银座的北部,后来又在1800年迁去了日本桥。虽然铸币厂已迁走,但其名称作为地名仍留存下来,所指的区域大致仅包含现在银座的北半部分。而如今北至京桥,南至新桥的一带,即两座桥之间的区域,也被称为银座了,最激进吸收西方文化的正是这一区域。

以银座为首的京桥区一带,是明治15个城区中水路网最丰富的区域之一,水路比它还要发达的只有深川区。为了运输、贮藏和加工运往东京的木材,细密的水网对深川来说是必不可少的。由于银座一带完全被水路包围并拥有太多通向东京湾的运河,所以外国人居留地会选址在京桥区靠海的一侧即筑地,也是理所当然的:水路可以隔开外国人和市民,使这些异邦人远离大众。不过如今,所有的河流都已不见了。

明治时银座南北走向的主街大道在过去是东海道的一部分,新建的成排砖砌建筑即炼瓦街,也在此处。除了这里仍是银座的主街之外,银座在其他方面已经发生了变化。

当火车站在银座南面的新桥建成,铁路开始引入大量的人流时,商业和娱乐的重心也向南移动。与南北延伸的大道相交差,有一条东西走向的大路,过去幕府将军曾经经此从江户城堡前往海边的别墅即日后的滨离宫。它现在被称作"御幸通",意即"皇室出巡的街道",因为天皇曾经经此巡游海军学院和滨离宫苑。不过后来在其北面又新修了一条从内宫濠的樱门直接向东延伸的道路,即现在的"晴海道"。铁路最终向北延伸,东京中央火车站开通之后,银座的中心又向北回归。御幸通与晴海通的交叉点成为银座乃至整个东京的中心。当然这是一个渐进的过程,在明治晚期的时候已初现端倪,完全定型则要到大正时代。直至今日,西面副都心的巨大发展虽然使其地位变得不再那么突出,但一般人们还是把银座四丁目的这处交叉口视为东京的中心。

银座大火和铁路的开通都发生在1872年。它们两者都为大变革提供了机会,虽然这种变革并未像人们预期的那样来得那么快。炼瓦街在1874年已经部分具备了入住条件,但因为过于新颖,导致虽有大批人士前来看房但少有入住。而且还有谣传说一旦住进去就会变成像土左卫门①一样水肿得一塌糊涂。当然还有传言强调其潮湿又通风不良,关于这点倒不是空穴来风。于是直到1880年代早期,即明治时代的中叶,新银座才真正复活。1882年铁道马车在主街开通运营,其线路向北开通至日本桥,随后又延伸到浅草。同年又有了弧光灯,银座的夜晚开始变得熙熙攘攘。"银座漫步"便起于此时,原来是指流氓混混在银座整天漫无目的地瞎荡,而成为一种年轻人的时髦活动大约是在第一次世界大战前后。

银座在白天也开始变得热闹起来。此处所谓的"京桥氛围"就和日本桥的氛围截然不同。要说银座和日本桥之间有何差异,也许可以这么总结:日本桥是江户之子的街区,银座则属于东京之子。不过随着时代推移,日本桥倒是仍然留有一些明治时代的遗迹,而银座则变成了属于大正之子或昭和之子的街区了。当年银座的炼瓦街现在连块砖头都没有留下。银座主街虽然修筑于明治末大正初,但是这里最后一点明治色彩的遗迹也已经在最近被拆毁了。

明治时代的银座通常被称作是成金之地。"成金"是指将棋规则中一枚小棋子突然转变成大棋子②,在这里指的是暴发户们一夜暴富。这种说法带有轻蔑的意味,因为比起日本桥的三井等家族,银座的实业家们真可谓是一夜暴富。

---

① 据说江户时代有一位名叫成濑川土左卫门的力士胖得像淹死者那样,故有此说。如今该词便用于指溺死者。
② 在将棋中,银、桂、香、步等棋子进入对方阵地后可升级变为"金将",成为擒获对方王的重要战力,此种升级称为"成金"。

虽说银座的新富们实际上并没有像后来在丸之内建立大本营的三井和岩崎那样成功,但他们的事迹也许更有意思。他们的故事显示他身上具有更多与明治时代相映的冒险精神和坚定果断,有助于我们澄清谷崎润一郎喜欢四处宣扬的一种看法:江户之子无法适应新时代的竞争,被时代所抛弃。

银座到处可以看到像霍雷肖·阿尔杰①(Horati Alger)小说中那样白手起家的人,而他们当中最有趣的可能要属一位十足的江户之子,服部钟表店及日本精工株式会社的创始人:服部金太郎。他并非出生于银座主街区,而是在稍微偏东的地方,是一个古董商的儿子,13岁时曾在现今银座南部的一家五金店当学徒。当时的沿街店铺中有从明治维新前就开始经营钟表的,这在他看来比五金有意思。于是在辞去五金店学徒的工作后,他转而成为日本桥一个表商的学徒。他也经常造访横滨的外国人经营的钟表店,不久便开始了自己的经营。他做的是小买卖,实际上就是在街上摆货摊。(银座直到"二战"之后都还有货摊。)钟表是文明开化的标志之一。挂着一块傻大怀表招摇过市,在明治时代的讽刺版画中是西化的花花公子的标志。服部运气不错,但也只有外加非凡的精明和勤勉,才使他得以在这个已经发展成熟、竞争激烈的行业里站稳脚跟并成为龙头。在几年之内,他就积累了足够的资金,在银座老家的东面开了一家经营钟表零售和维修业务的店。1885年,在还只有20多岁的时候,他在后来成为银座中心的四丁目十字路口买了一栋楼开设商店,这里曾是一家倒闭了的报社即《朝野新闻》社的办公地。从那以后,这里建起的服部钟楼便成为银座的象征,即使它的外观几经变迁。同年,他在隅田川东岸盖了工厂,这里后来成了世界上最大的钟表制造厂。

确切地说,这并不是一个白手起家的故事,因为服部金太郎来自

---

① 霍雷肖·阿尔杰(Horati Alger Jr., 1832—1899),美国作家,写有大量青少年励志小说,描写出身贫寒者通过个人不懈努力,白手起家走向成功,被认为是"美国梦"的最好诠释者之一。

下町一个体面的商人家庭，一开始并非一无所有。但这个故事却仍然蕴含着银座精神的精髓。银座是因面朝新铁路线的终点站而得以蒸蒸日上的，这个火车站本身正是明治时代连接各个新世界的进出口。从此处流入的商品，无论是怀表还是手表，若是没有明治时期那些追求时髦洋气人士的追捧，是无法存在的。如果说位于银座以西两三百米的鹿鸣馆是上层精英通过西化谋求政治利益的地方，那么位于两条电车线交叉点的服部钟楼则是商业界腾飞的中心。

其他有关创业与进取的例子也多得不胜枚举。如今作为最大的西式化妆品生产商仍然赫赫有名的资生堂，是从大火灾之后在银座开业的一家药房起家的。创立者曾是一名海军药剂师，他在对诸如肥皂、牙粉、冰淇淋等新商品进行过实验之后，开始着手制造化妆品，借用他自己在广告中的说法，致力于去除国民皮肤上的污渍。他为新企业选择的名字也蕴含着明治精神。"资生"两字出自最古老的中文典籍，意思是万物中与生俱来的精华。换作今日的话，大概会更多地选用一个英语词或法语词吧。

通过与官僚体制结盟而获益的不仅仅只有日本桥的豪商。在明治早期，京桥区有两家名叫风月堂的点心糖果店，一家位于现在的银座，另一家在京桥这座桥的北面。两家之间的竞争是典型的新旧经营模式之争。北面那家销售传统的和果子①，南面那家销售西式糖果糕点。在中日甲午战争期间，后者接到了高达 60 吨的压缩饼干大订单。经营方式传统的那家风月堂后来不得不承认失败，而创新的风月堂则成了东京著名的点心糖果商。早期面包店中最成功的也是一家银座企业，它的老主顾中就有乃木希典将军，他帮助这家厂商在他参加的日俄战争中获得了巨额利润。

1899 年 7 月 4 日是一个值得铭记的日子，理由有若干个，其中之一就是日本"不平等条约"的废除，另一个是在银座靠近新桥的地方，

---

① 日本传统点心，主要特征是加馅，体现季节感，做工精细。分为带馅的"生果子"、干点心"干果子"和甜点心等种类。

日本第一家啤酒馆开张。在明治时代接近尾声的时候，银座在另一种新型事物上也走在了日本前列，它将成为大正时代的一个象征，这便是"咖啡馆"的闪亮登场，它是今日昂贵的银座高级酒吧的前身。这里提供优雅迷人的女性陪伴，其收费也包含在咖啡价目表上。最早的咖啡馆是大蕉咖啡馆（Plantain），1911年成立于银座南端的惠比寿（Ebisu）啤酒馆的不远处。这一带从明治早期开始就有各种日式料亭，与艺伎住地混杂在一起，有许多暗娼窟、小吃店、饭馆。大蕉咖啡馆在1945年的时候仍然健在，它在这一年姗姗来迟的防火带建设中被拆除。当年它在开张后不久就遇到了竞争。其中最有力的竞争对手狮馆（Lion）占据了银座四丁目十字路口的拐角处，其常客中就包括永井荷风，他细致记录了咖啡女郎那沉浮飘摇的生活。其中一个咖啡女郎还试图敲诈他。

银座还有日本最早的英式社交俱乐部：交询社，成立于1880年。

"交询"是一个新词，由该社的创立者福泽谕吉创造。作为一位伟大的新词创造者和文明开化的最重要宣传家，福泽谕吉是庆应义塾大学的创始人。为了强调掌握演说术的重要性，他还在三田建立了演说馆。福泽认为日本人不仅必须学会如何在公共场合演说，而且作为绅士要能够进行温文尔雅的轻松社交谈话，为此也需要学习相应的礼仪和做法。建立交询社是福泽谕吉的主意，而由他的朋友们出资捐建。它于1880年在新桥附近开张，直到现在还在那里，已有一百多年历史。现在它所在的大楼已是大地震之后建造的了，不过在日新月异的银座，这幢楼已算得上是老物了。

天皇自己就曾被一个银座商人的创意给难住了。1889年，他在去上野参加博览会开幕式的路上，在银座的北部看到一块即使是博学的他也读不懂的商店招牌。招牌上店主的名字写得很清楚，但商品的名称却让人摸不着头脑。于是天皇便派一个侍臣向店家询问。侍臣回来向天皇报告说，那不知所云的商品是公文包。店主把"革"和"包"两个汉字拼在一起造了一个字，并且赋予它一个据说表示"包袋"的中文词的发音。出于对天皇询问的敬畏，店主为这个字标注了日语假名发音。这家店的店招这下出名了，连招牌上的"鞄"这个字都正式进入了日语。不过遗憾的是这块招牌最后在1923年大地震时被大火焚毁。

东京最著名的现代教育机构中有许多起源于京桥南部。最早的海军学院就在筑地的外国人居留地附近。今日的一桥大学，前身是森有礼创立于1875年的商法讲习所。森有礼是明治时代最有名的文部大臣，他在1889年明治宪法生效的当日因为推行西化而遇刺。福泽谕吉为商法讲习所起草了具有先见意义的建校主旨声明，表示未来各国实力的较量就是经济实力的比拼，要想在其中克敌制胜，首先必须了解商业规则。他的弟子们深得其真传。商法讲习所作为森有礼私人开办的学校，最早位于非常简朴的街区，在一家海产品店的二楼，1876年迁往银座主街区东面的木挽町。后来其被东京市政府接管，1885年又转由文部省管辖并迁往神田。

立教大学或者说圣保罗大学的前身是在筑地的外国人居留地的中学和女子学校，其到明治时代结束时仍离银座不远。另一所教会学校青山学院也发源于明治早期的外国人居留地，但到明治时代结束时已经迁往东京西南郊的青山。

就教育事业而言，银座在文明开化的最前沿位置上并没有待太久。外国人居留地作为一个实体到明治时代结束时已经从法律上消失，虽然外国人直到大地震发生时依然继续在那里生活、教书、传教。教会学校也正在向别处迁移，最终会全部迁走，只留下海军学院作为唯一的一处高等教育场所。

在现代文化事业的另一个领域里，银座很快取得了卓越的地位，并在某种程度上一直保持到现在。尽管银座的炼瓦街在总体上不受欢迎，但它还是早早赢得了记者们的喜爱。报纸是近代才出现的一种新事物，虽然江户时代的瓦版①与今天的新闻报纸多少有点类似，

---

① 即木版小报，是江户时代以报道事件为目的，不定期出版的印刷品，一般一页或数页。

但后者果然还是新时代的产物。日本最早的日报于1870年创刊于横滨，1879年迁往银座。它最初叫作《横滨每日新闻》，后来几经易名，于1906年定名为《东京每日新闻》。不过我们不要把它与今天影响力巨大的《每日新闻》混淆，因为后者在明治时期不叫这个名字。在这点上，《朝日新闻》也是同样，它最初诞生于大阪，日后才迁至东京。

银座最早的报纸大约是一位名叫J. R. 布莱克(J. R. Black)的英国人在筑地的外国人居留地创立的，其办公地点约在后来的服部钟楼这里。他多多少少受到了明治政府的暗算，因为政府希望清除外国人办的日语报纸。政府向他提供了一份在政府机关任职的工作，他接受了。一旦确认他与新闻界断了联系，政府就解骋了他。在明治晚期，有一个英国演员在东京的寄席上掀起了一股风潮，人气暴棚，他正是J. R. 布莱克的儿子。不过这股风潮没能持续下去，他在大地震后不久便悄无声息地去世了。

明治时代中期，银座有30多家报社。而大阪的企业也正是在这个时候迁入银座，通过大胆强硬的经营方式排挤小社，减少竞争对手的。现今三大报社中有两家来自大阪。明治末年时，虽然银座的报社数量已有所减少，但三大报社的总部仍然都在银座。之后它们陆续搬离，其中唯一的一家东京本地报社——《读卖新闻》社在银座待的时间最长，现在也搬走了。如今大量地方性的报纸仍然在银座设有办事处，但明治中后期才是银座新闻业的黄金时代。

明治时代的杀人案中最富戏剧性的案件发生在日本桥，但银座也有与之不相上下、耐人寻味的案件。这就是1880年发生在昔日新桥站北面的复仇凶杀案，它被认为是日本历史上最后一起旧式血亲复仇。复仇者出身旧武士阶层，他的家族一直忠心耿耿地侍奉福冈藩黑田家族的支系。他的父母似乎是藩阀政治的受害者，在明治维新的骚乱中被杀。凶手非但没有受到惩罚，反而受到了其藩主的重用和明治政府的优待，成为一名事业有成的法官。在地方上工作了一段时间后，他被调到东京高等法院。失去双亲之子为了给父母报仇，从九州来到东京，花了数天对受害人进行跟踪。在选定的日子里，由于在法院外扑了个空，复仇心切的他于是拜访了位于今天银座的黑田家宅邸，在登门询问时正好撞见了法官，当即将他捅死。刺客被判处终身监禁，但在1892年被释放，之后回到家乡九州，在那里度过了余生。复仇这种做法在旧幕府时代已不提倡，在明治时代更是与文明开化的精神相悖，但从政府对犯人的宽大处理上，我们可以看到，其对执着固守旧俗的人们还是怀有钦佩赞赏之情的。黑田家族两年后从京桥搬走，在离庆应大学不远的山之手地区定居下来。即使没有发生这起刺杀事件，他们多半也会很快搬离，就像其他旧家族一样。今天，这一带已经是商业繁荣之地。

广义的银座在剧场街方面也十分有名，其中一个原因是开业于明治时期的新富座和歌舞伎座就坐落在银座主街区东面几步之遥的地方。银座有相对较早的戏剧传统，从江户时代早期以降一直到1840年代的天保改革之前，这里是歌舞伎的中心。顺便提一句，世人所说的"绘岛生岛事件"就发生在那时木挽町的山村座剧场。1714年，即第七代将军德川家继时期，将军内宅的侍女长绘岛爱上了山村座的一位演员，她对外谎称去祭拜德川家墓地而与演员私会，结果被人发现。绘岛被流放信州的高远町，而演员和剧院经理则被流放至远岛。① 山村座也被废。这个事件在明治时被改编为戏剧，如今你仍然可以在歌舞伎的舞台上看到这部戏。

明治时代的银座是值得玩味的，其对西方的狂热追求是具有传染性的，日后扩散到了日本全国。以银座为中心的商业冒险给日本带来了军事冒险远远无法带来的巨大财富和声望。无论是在商业还是在军事方面，对于近代的日本来说，以行动说话的领域要比思想领域更有看点。而在军事和商业两种冒险中，后者的故事不仅更加有趣，而且取得的成就也更大。与此相比，思想界则弥漫着怀疑

---

① 流放远岛是江户时代的一种刑罚，指流放到伊豆七岛、佐渡岛、五岛列岛等边远岛屿，是仅次于死刑的重刑。

踌躇的气氛,强迫症一般地反复讨论疏离感、同一性这类问题。当然这不是日本独有的现象,在近代世界各地思想界都是一样。日本舆论则在反复担忧身为蕞尔小国的日本仅靠自身资源和意志是否能生存下去,无力感和焦躁感充斥其间。但日本企业和实业界则一点也没有什么无力感,实际上它们取得了惊人的成就,引领日本取得今日半导体和机器人制造等领域成就的源头,便是明治时代银座的商业奇迹。

如今特别是在春夏晚上漫步于银座霓虹灯下,仍然是令人愉快的事情,让你不由得想起银座还是东京乃至全日本中心的那段时光。然而银座和"银座漫步"都已泛起了古铜的锈色。现在它的南面和西面已经有了更喧闹、更大众化的娱乐购物中心,年轻人更喜欢成群结队去那里。"银座漫步"现在看起来已经带有过去的那个时代的印迹了。现在去银座怀古的人们,要是换作银座还处于流行的最前沿的时代,估计会被更保守的日本桥吸引,因为那时在那里,人们依旧可以在江户黄昏的倩影中漫步。

要是你在明治时代伊始请江户之子们划出下町的北部边界,那么你可能无法获得一致的意见。有人会说应该划在神田川或者稍微再远一点的地方,这样的话下町就只包括日本桥与神田的平原地区。如果范围更广一些,会把界线扩展到浅草观音寺周围的商业区,直到上野的宽永寺脚下,即包含浅草和莺谷。然而,浅草和莺谷本质上都是飞地,它们与下町主体之间隔着武士贵族的宅邸。

到明治时代结束的时候,所有人都会把浅草和包括上野在内的下谷区一带划入下町的范围。此时这些区域已经挤满住家,上层阶级的大宅也都随着寺庙和神社一同消失了。除了几处还留有稻田,下町扩展到了东京市的边界,在有些地方还超出了边界。

"浅草的观音寺在东京的地位就相当于圣保罗大教堂之于伦敦,巴黎圣母院之于巴黎",W. E. 格里菲斯如此写道。造访东京的外国人几乎都被它吸引,甚至连伊莎贝拉·伯德也不例外。伯德一般只对人迹罕至之地感兴趣,但唯独对浅草是个例外。格里菲斯说得很对,但浅草不仅仅是信仰的场所,应该说它就像日本的寺庙神社那样,也是现世行乐的中心。

关于这一点,格里菲斯的描述或许比他自己意识到的还要生动:

> 浅草寺境内的北端排列着弓道场,也由浓妆艳抹、头饰华丽的漂亮女子负责管理。她们会微笑着给你倒茶,天南海北乱扯一通,又咯咯地傻笑。她们吸长烟管,其中塞有细切的烟草。她们会从低低的鼻子下悠悠地喷出长长的白色烟雾,接着擦净黄铜制的接口,把它递给你,劝你也吸上一口,然后不知羞愧地问你一些私人问题……成熟强壮的男人是这些场所的主要顾客,许多人会待在这里好几个小时,流连忘返。

以上描述在某种意义上反映了这一"寻欢作乐之地"的本质,而且它确实就是你所猜想的那种地方。里屋是卖淫用的,就位于后院里。虽说是后院,但这里仍然属于大寺院的庭院范围内。不止一位早期的外国访客怀着困惑,并无不快地提到大厅里悬挂着的一幅巨大的花魁画像,但似乎没有人注意到弓箭摊位的本质。

格里菲斯对浅草的描述在他的回忆录中占据了不止一章的篇幅。他写得很生动,但如今读来也令人伤感。因为今天除了一些零落的小舍、石桥还在那里之外,江户时代的遗物已经一件都不剩了。要说还有什么饱经岁月的东西,大概也只有几棵老树了。不仅过去的建筑不见了,而且浅草过去的生活也随之不复存在。幸免于大地震的观音堂也在战火中化为灰烬。但即便如此,浅草作为寻欢作乐中心还算挺了过来,可是人们逐渐不来了。成群结队从乡村来的朝圣者仍然到寺庙里去参拜观音,但大群的城里人,尤其是年轻一代,都选择去其他地方。浅草太自信了,以为它有观音和吉原就不需要铁路了,但它错了。

在德川时代的江户,寺庙和墓地以远远地围住市区的形式呈环形分布,而浅草和下谷,即从现在的上野公园到隅田川这块区域,便是这个环形的一部分。从现在上野站的最北端走到隅田川,一路上只有寺庙。平民百姓的房屋排列在河岸边,它们每两三年就要被洪水淹没一次,如今岸边的公园要到大地震之后才修建起来。江户是一个按功能分区的城市,其中有一个区域是专为死者而设的。将军不希望墓地离自己太近,于是把墓地安排在城市最外围。许多寺庙在明治时代结束时依然保持着江户时代的样子,有些一直留存到今天,使浅草和下谷成了碑文爱好者最值得前去造访的地方。一本明治晚期的导游指南就列举了浅草区的132所寺庙和下谷的86处类似场所。然而寺庙的规模随着这片区域成为下町的中心而急剧萎缩,市中心土地需求的压力导致许多墓地消失或向郊外迁移。

明治中叶的时候,东京政府开始建造新的商店街①或者说购物中心。在主要被浅草寺分院占据的土地上,从铁道马车运营的大道到观音堂的仁王门②之间,在道路两旁用砖建了两排商铺房舍。由政府保留所有权并出租商铺。工程于1885年完工,这便是今天仍然健在的浅草寺商店街的前身。最初的建筑已于大地震时被毁,不过今日的街景仍然留有当时的影子,使人不由得缅怀起明治时代的浅草。而当年银座的炼瓦街则完全不会让人产生同样的感触。从明治晚期到大正时代,出现了江户之子所称的"新浅草",其主要位于观音堂的西侧和南侧。接着大地震将除了浅草寺之外的一切破坏殆尽。之后,伴随着浅草的重建,新旧之间的交替完全完成了。至少江户之子是这么告诉我们的。

芥川龙之介在隅田川对岸的本所长大,说起浅草这个词所唤起的印象时,他留下如下一段文字,这正是大地震前浅草的姿态:

---

① 神社或寺院内的商店街主要以参拜客人为对象销售纪念品,最具代表性的即东京都台东区浅草寺前的商店街。
② 即今浅草寺宝藏门。穿过浅草寺最外面的雷门以及商店街,就能看到该门,因门的左右有金刚力士(仁王)像而得名。

浅草这个词让我想到的首先是寺庙朱红色的寺院。或者说是以寺院为中心的五重塔以及仁王门。令人欣慰的是它们挺过了最近的地震和火灾。如今这个季节，在那朱红色的堂前，明亮金色的银杏叶映衬之间，仍然像过去那样，有数十只鸽子盘旋飞翔。然后就使我想起池边的娱乐小摊位，它们都在地震后化为灰烬。第三个让我联想到的便是浅草是朴素的下町的一部分。花川户、山谷、驹形和藏前①——以及若干其他的区域也是。雨后的瓦屋顶、未被点亮的御神灯、枯萎的牵牛花盆栽，这一切在大地震后只剩下焦土。②

大地震确使浅草的面貌为之一变。久保田万太郎就曾感叹道：

> 池边的游乐摊位成了现在"新浅草"的中心，也将是从今往后的浅草的中心……
>
> 但之前——与之相对的"旧浅草"呢……
>
> 请读者随我一起来到待乳山顶的寺院③，这花不了多少时间。在这里，我们首先会痛感过去的额堂已消失无踪，接着我们会注意到本堂后新种的银杏、榉树、杉树纤弱的身影间，混杂着昔日历经劫火的巨木满目疮痍的身姿……从林间我们可以向山谷渠的方向眺望。现在死水的颜色虽和过去一样，像染黑的牙齿一般，但我们将如何描述这样一种空虚的空旷：越过庆养寺的墓地望向远方，可以一直望见阴云密布的天空下，千住的煤气储罐朦胧的影子。如果只看近处，引人注目的就只有庆养寺内不可思议地躲过火灾的小钟楼、银杏树色彩夺目的树梢、匆忙建造中的山谷渠小学。

---

① 此处罗列的都是浅草地区的町名。
② 出自《大东京繁昌记》下町篇，转引自久保田万太郎《雷门以北》。
③ 位于东京都台东区浅草的本龙院，为浅草寺的分寺。

让我们下山越过今户桥……即使进入八幡神社境内，也见不到往昔熟悉的土仓、顶上插有尖利竹片的黑色垣墙、鳗屋角落里的柳树——这一切都不见踪影，连过去的氛围也消失不见。只有零乱的几家面馆等小店门前，长着一些向日葵、大波斯菊、孔雀草花，一如地震之后那样形单影只地绽放。①

万太郎的这段文字写于大地震刚结束时，这个时候几乎所有人都认为旧浅草已经一去不返了，而以花里胡哨的浅草公园和游乐街为代表的"新浅草"已经占据了主导地位，今后也会是如此。但近些年来情况又出现了反转。公园的喧嚣热闹已经被其他地方新兴的娱乐中心，如新宿和涩谷的兴盛冲掉。而在观音堂的北侧和东侧，如今仍然可以找到与芥川龙之介描述的浅草相符的街巷，宛如一幅孤立的画作。有些后街由于没有繁荣过，因而也不见得有多么落魄。

小说家川端康成曾反复提到，尽管东洋文化中充满着悲伤的色彩，但他从未在其中感受到西方文化中那种荒芜无望。他所言甚是。谷崎说下町之子多已搬至郊区或四散至别处，同样属实。如今居住在浅草的居民中出生在本地的人不多，祖父母一辈就出生在此地的纯粹的江户之子就更少了。或许有人会因浅草失去了往昔的活力而感到悲伤，但浅草并未因此成为一个无聊乏味的地方。它仍然是一个令人舒畅，能够放松身心的地方，有着及时行乐的味道，颇接地气，这在山之手地区人声鼎沸的游乐场所或是郊外的高级住宅区都是找不到的。

浅草西面的下谷区和神田区是半平原半高地的地形，也就是说一半属于下町，一半是山之手地区。明治时期的下谷区既包含过去的"下谷"，即如字面意义上所指的是高台下方的谷地和平原，又包含上野，即谷地上方绵延的高地。下谷低地大致位于台地即上野公园

---

① 出自《大东京繁昌记》下町篇。

的南面和东面,其上的建筑在1923年关东大地震引发的大火中被完全烧毁。上野公园及其所在的高台地区则幸免于难。在江户时代末期,商人和工匠阶层居住的地域中,属于下谷平原地区的仅有一小块:从宽永寺(现在已是公园)南面到日本桥,沿一条向南延伸的大道两边呈带状分布。除此之外基本全是武士贵族的住宅。像浅草最繁忙的区域一样,下谷最繁忙的地区——位于高台地区和寺庙南面的"广小路",像是一个与下町主城区相孤立的平民岛。

不过到了明治时代结束的时候,上流阶层的人多半已向更西面迁移,而他们昔日宅邸中的花园早已被小商店和住家接收,建起了民宅,其从本乡和神田的高地一直延伸到隅田川。我们可以在东京市于1907年出版的导游指南《东京案内》的简短介绍里看到这种变化是如何发生的。

> 下谷公园:位于东京城区东部的竹町,东与三味线堀和浅草区小岛町接壤,北与西町接壤。其于1890年4月被编为公园,占地面积16432坪①。过去曾是佐竹侯的一处宅邸庄园,后来随着建筑的拆迁成为一块野地,逐渐被人们称为佐竹原。之后又变成了剧院、寄席以及杂耍表演场等的聚集地,在它们被逐渐迁往别处后,现在这里已遍布住家,到现在都还没有配备公园的设施。

今天这片区域已经没有公园的痕迹了。其上遍布的住家更确切地说是"町屋",意思是工匠和生意人的住宅。佐竹侯宅邸的变迁反映了这一地区融入下町的过程,而下谷的大部分原本属于贵族的宅地则未经过渡,便成了满是町屋的街区。

---

① 坪,源于日本传统计量系统尺贯法的面积单位,主要用于计算房屋、建筑用地之面积。1坪等于1日亩的1/30,约合3.306平方米。1坪是6日尺×6日尺,也就是两块榻榻米的面积,1日尺约为30.3厘米。——译者注

靠近城郊的下谷北部是一块聚集了寺庙和墓地的区域，是远远围绕着江户分布的墓地带的北部环状带的一部分。位于上野北面的谷中灵园是最后一代将军的下葬地，也是高桥阿传刻有绝命诗墓碑的所在地，它在明治时代成了东京最大的公共墓地。东京已经大规模向南向西扩张。今天在任何一个居住于南部或西部的人眼中，谷中已是非常偏北偏东之地了，所以这一带当然属于下町。但事实上，谷中是明治时代新兴的山之手。随着寺庙规模的萎缩，它成了一个知识分子集中居住的地方，非常受大学教授、作家和艺术家的喜爱。有人认为它之所以逐渐变为下町的一部分，除了和它在地图上的位置即位于市区东北部有关外，还不乏其他原因。虽然哀叹江户之死的人竭力宣称，那些逃过大地震之劫的遗物最终也在"二战"的战火中消逝殆尽，但事实上，谷中区安然度过了这两场灾难。它最显眼的纪念碑——天王寺五重塔也是战后才被毁的。1957年，一名纵火犯在夏天的一个晚上将它付之一炬。下町的中心地区自大地震起便已几无寺庙留存了，而谷中至今还留有许多。格子窗、瓦片屋顶和四处点缀的小片绿色，使得如今的谷中区成为东京最能让人体会到过去下町气氛的街区。

位于谷中东面的根岸，从过去起就是富有的隐居者闲居的地方，明治时这里住了许多文人和画家，其中以正冈子规为中心的"根岸派"在文学史上十分有名。子规组织的"根岸短歌会"，参与者中还包括了一些著名的画家和19世纪早期的作家。与边上的谷中一样，根岸也仍然保留着能让人忆起旧下町的道路和小巷。不过如今的根岸并不是一个好住处，除非是教授传统日本音乐的教师，不然没有一个艺术家或者知识分子会考虑住在那里。从谷中和根岸越过农田向东，可以望见吉原。在江户晚期和明治时代，吉原大妓楼的老板多在根岸一带建有宿舍，花魁中最受优待者可以在此养病休息。永井荷风爱着根岸，尤其是那些游女们在其中安度余生、颜老珠黄的屋舍。

仓山南巢总是会来到这里，透过栅栏和灌木痴痴地注视着邻家的屋子。眼前这番景致是如此别致如画，就像是从古老的人情本①插画中跃出来一样，以至于只有蚊虫的叮咬才能让他回过神来。柴折门、伸展到池边的松枝都使他流连忘返。邻家的这栋屋子长久以来一直没人居住，它曾经是吉原妓楼的宿舍……他记得当他还是妈妈怀中的孩子时，听说一个在此长期静养的花魁在一个雪夜去世时，是怎样感到悲伤的。早在明治维新前，吉原的女人们就在这里吃住。每当看到老松树的树枝几乎从池边伸展到走廊的景象，他便觉得那些关于吉原美女浦里、三千岁的悲伤净琉璃②故事，绝非只是无聊的幻想，是作家们杜撰出来的奇谈，这点多少年过去都没有改变。世间的风俗人情或许已经西化了，但只要短暂夏天里的寺庙钟声依然存在，秋天晴朗天空中的银河以及日本特有的树木花草依然存在，那么他认为在世间男女们义理人情深处的某个地方，即便在今天也一定蕴藏着那种净琉璃所传唱的古老的忧伤。③

如今已经并入东面浅草的下谷区呈现箭头的形状，或者说像是反映了日本人对自然意像的偏好，形状像一片镞形的叶子。它指向南面有点鞭长莫及的下町中心。当你由北往南走的时候，会发现下谷区的特征也会随之发生改变，变得与神田和浅草的平原地区略有不同，其箭尖刚好挤入两者之间。正如1907年版的《东京案内》告诉我们的那样，之前的贵族居住区已经被下町"同化"了。

神田几乎是完全世俗化的，缺乏宗教气息。虽说那里有几座神社和东京唯一的孔庙，但没有佛寺。幕府将军不喜欢佛教的氛围，也不愿意亲近寺院主持的丧葬佛事。现在东京最大的电子设备供应地

---

① 日本近世后期在江户流行的一种小说。
② 日本传统音乐中的一种说唱故事，在三味线的伴奏下说唱，包括义太夫调、常磐津调、清元调、新内调等。名称来自室町中期的《净琉璃姬十二段草子》。江户时代同耍木偶相结合，作为偶人净琉璃得到发展。
③ 引自《比试》(「腕くらべ」)。

秋叶原的名字取自一座神社：秋叶神社。在一系列神田大火中的一次之后，这座神社宽广的土地被清理为防火隔离地，这就是"秋叶之原"（秋葉ヶ原）的由来，意思是"秋叶的旷野"。后来国铁的货运火车站在此建立，地名也省略成了今天的"秋叶原"（秋葉原）。江户之子对此愤愤不平，老的名字确实给人以土地的亲切感，而新的名字正如永井荷风不厌其烦地强调的那样，带有一种铁路调度员公事化的刻板口气，很煞风景。在东京，就连地名也会因人们的用法变化而随意更动。

一般认为典型的下町之子并非出生于日本桥，而更多地是生在下町的周边地区。例如出生在南部的芝，在神田长大，平时动不动就会吵起来（不过主要还是嘴上强硬，实际很少会打起来），生性开朗，慷慨大方，舍得花钱的那一类人。所谓在神田长大，自然是指神田的平原地区，头上有神田明神的笼罩。和下谷区一样，神田区也是平原山地混杂的地域。

神田曾经是一个嘈杂的地方，以它横冲直撞的"仗义小哥"和浴室里的"温泉女郎"著称于世，但到了明治时代，它相比下谷和浅草有着更节制和勤勉的氛围。

神田最热闹且最有活力的地方可能是它的水果蔬菜市场。作为东京最大的水果蔬菜市场，其在江户时代是官方指定为德川将军本人供应食材的市场。尽管没有像鱼市那样受到文明开化力量的直接威胁，不得不迁至别处，但神田的农产品市场在整个明治时代却也免不了怀有一种不安全感。最终，市场经过评估，认为只要清理改造一下足矣，免于被迁往别处。大型市场是不怎么富裕的下町商人最忙碌活跃的地方。农产品市场虽不像鱼市那样气味刺鼻、引人注目，但也同后者一样人声鼎沸，可谓神田平原地区以及在此长大的江户之子们忙碌状态的缩影。

不过同样是在神田区，其西部或者说高台地区是崇尚西方的典型。那里是出身日本桥的长谷川时雨第一次接触到西方文化的地方。多坡的神田到明治时代结束时已经有了东京最宏伟的外国建筑之一——俄罗斯东正教大教堂。此外这里还有大学町、书店街,以及知识分子聚居区。神田的旧书店街①的规模在世界上独一无二,其创始于明治后半叶,位于东西向的神田主街上。当时这条街还非常狭窄,人力车只能勉强通过。1923年的大地震中,这里的旧书损毁高达几十万册之多。

神田集中了东京乃至全日本最多的私立高等教育机构。三所重点私立大学——明治、中央和日本大学都把其校区建在神田区的西部。它们最早都是法律学校,始建于明治时代的早期和中期,并在明治时代结束的时候开始增设其他学科部门。法律是明治时代知识界关心的主要问题之一。如果西方的法律体系能尽快扎根日本,并且让外国列强看到已经没必要保留治外法权了,那么针对日本的不平等条约就可能会被废除。人文学科至少在明治时代结束时还没有在私立教育中占据重要位置。明治大学有一个文学院,属四个学院之一,日本大学有若干外语系,而中央大学只有法律和经济系。人文学科和自然科学大多数情况下都交给公立大学去开设了。在神田,占主导地位的学科基本是法学和经济学。这种做法倒是与其俯瞰着喧嚣的蔬果市场的地理位置相符。私立学校的这种办学倾向或许比公立学校如东京帝国大学更好地反映了新时代的精神。它也定下了今后日本真正擅长的领域。

隅田川东面的一带是文明开化最可悲的受害者。这并不是说其在明治时代变化最大——要说变化大,皇宫东面的丸之内可能变化更大——而是说这种变化给它带来了萧条和污染。要想不择手段地提高国民生产总值就必须有人做出牺牲,而政府当局在经过一段形势不明朗的时期(在此期间小工厂在东京的大部分地区拔地而起)之

---

① 即日本富有代表性且规模号称世界第一的神田古书店街。其位于东京都千代田区神田神保町,共有约200家书店,其中约140家出售二手旧书。东京的古书店街除此之外,还有以学术书为特色的本乡古书店街和早稻田古书店街等。

后，选择了本所和深川，以及南部的海岸地带。

人们很容易说穷人总是受害者，但事实上隅田川东面的地域，尤其是北面的本所，在江户晚期的地图上看起来并不特别穷困。如果要把负担都压到穷人身上，那么日本桥和京桥应该是明摆着的目标。选择河东地区并非因为这一带之前便荒凉而贫困，而是因为这里水网颇多，能够很好地支持廉价运输。而且这里相对较为开阔。如果日本桥要搞工业化，许多人和屋子都要搬迁。

江户晚期的本所某种程度上和山之手地区的西部类似，尽管街区被有规律地划分为一块一块，其整齐程度甚至超过山之手地区，但平民的小块街区像飞地一样被武士贵族土地包围这点倒是一样。水网最多的深川则与此大相径庭，尤其是它临海的南端。东京的贮木场就在这个地方。贮木场的木材商人即便不像日本桥的大商人那样富有，但也十分有钱。到了明治末期的时候，隅田川以东的地区成了工业区和并不富裕的手工业工人的居所。永井荷风很形象生动地写到了这种变化。《隅田川》里的主人公在和他的叔叔进行了一次令人失望的会面后回到了浅草，漫步经过杂草丛生的本所院落和腐朽的房屋时，注意到其中类似江户晚期小说中描写的景致，不禁被深深吸引。在一些散文里，永井荷风还哀叹了他不在日本期间"水网密布的深川"发生的变化。

尽管东京的人口密集得从市区外溢到东部郊区，本所和深川的北部区域也最终成了人口稠密区，但在明治初期，这里却是人烟稀少。芥川龙之介出生于1892年，他的童年是在本所度过的。在一篇写于大地震后、自杀前不久的散文里，他回忆了少时本所的冷清。

> 明治二三十年代的本所并非今天这样的工厂区。那里满是被江户两百年的沧桑弄得疲惫不堪的流浪者。那里没有任何你在日本桥和京桥会看到的大排大商店。要找一个相对热闹的区域，你得去本所遥远的南部——那里有从两国通向龟泽町的元町道……

在我小学时代……一次参加葬礼回来后,父亲给我讲了维新前本所的故事……然而其中我印象最深的是关于尸体的事。死者有倒在路边的,有上吊自杀的,还有其他原因死掉的。尸体被发现后会被装进一个木桶里,木桶再用草席包裹,随后运往沼泽,边上点一盏白纸糊成的灯笼。我想象着白灯笼在草地里闪现的样子,感到有种说不出的阴森之美。据说木桶在半夜里会自动翻滚。明治时期的本所即使沼泽地已很稀少了,但它周围仍然有某种"御朱引外"①的感觉。而如今其上只有大量的电线杆和棚屋挤在一块儿。

我父亲仍然认为他在深川的那个晚上遇到了幽灵。它看起来像一个年轻的武士,但我父亲坚持认为它实际上是狐狸精变的。它没过多久就跑掉了,因为被父亲的刀光给吓到了。我不关心它到底是狐狸还是武士。但每次我听到父亲讲这个故事的时候,都会觉得过去的深川真是一个荒凉冷清的地方啊。②

本所相对热闹的区域是靠近回向院的地方,回向院位于两国桥的东面,两国桥则是德川幕府时期隅田川上建造的五座桥之一。回向院的建立是为了抚慰 1657 年明历大火即"振袖大火"中的受害者。之所以叫"振袖大火"是因为人们认为这场火灾的起因是寺院住持用火净化一件被诅咒了的长袖和服(即"振袖")时,和服飞到空中散布火焰。虽然巴兹尔·霍尔·张伯伦和 W. B. 梅森③认为回向院缺乏庄严肃穆的氛围,但它仍是江户最重要的寺庙之一。他们在自己编纂的 1903 年版《日本旅行指南》上提到了它,称:"它是那些谴责异教

---

① "朱引"最早起于江户幕府时代。为标示江户城区的范围而在地图上以红线圈出,称为"朱引"。一般认为其线内即"大江户"的范围。由于江户城自筑城以来,市区不断扩张,1818 年幕府为确定市域而首次确定朱引位置,明治维新后的 1869 年又划定了新的朱引。
② 引自《大东京繁昌记》下町篇,其中"遇狐"的故事在本书即英文版中有删节,日语原文中的故事更精彩,有兴趣的读者可参看日语原文,此仍据英文版译出。
③ 此处原文为 W. B. Morse,疑为 W. B. Mason 之误。

徒寺庙的人最好的口实。不洁而恶俗…缺乏神圣性。"

回向院吸引了饮食店和杂耍戏棚聚集于此处,既告慰亡灵也抚慰生者,不过总体上它们花样不多,比浅草的那些要寒酸得多。在江户时代后期,下町有名的"广小路"共有三处,两国的广小路便是其中之一。两国直到第二次世界大战时依然是日本相扑的中心。从江户晚期以降到第二次世界大战时的大型比赛正是在那里举行的。不过战后两国的相扑国技馆被美国占领军征用,后来又被大学买走。东京乃至日本全国的相扑中心以及大型赛事的举办已迁至隅田川西岸。

两国没剩下多少昔日的东西。1903年火车站在此竣工时,它便成了一个交通枢纽,但规模并不大,服务的对象都来自东京最贫穷的那部分地区,此外还有来自千叶县房总半岛方面的旅客。随着时间推移或许可以这样说,曾经荒凉冷清的本所现在也同样人满为患了。东京任何一个城区都找得到寻欢作乐的地方,本所则没有什么特别吸引人的看点,不能让大家特意来一趟。

不过一年一度的一个夜晚,昔日的活力与喧嚣会再次回归此地。那就是两国的"开河节"之夜。就像我们之前提到过的,它受到格兰特夫妇以及E. S. 莫尔斯和克拉拉·惠特尼等人的推崇。1897年开河节的人流过于密集,以致桥南面的栏杆被压塌,有人淹死。

虽然总体上乏善可陈,不过在明治晚期的时候,从本所北部到东部的郊区一带还颇受短途出行人士的青睐。虽说这附近已渐受工业化之害,但仍是东京最丰富多彩的散步地。东京政府1907年出版的《东京案内》对此是这样描述的:"在幕府时代,这块区域由市民和下层贵族占据。它也是官方指定的竹木材贮藏地。今天这里大部分已经成为工业区。不过其北面仍是市内的风景胜地——向岛,东郊则有卧龙梅以及萩寺这样尤其适合游览的景点……"寺庙虽然还在,但秋天木萩①的身姿却已不复存在了,春日的梅花也是一样。永井荷风

---

① 即胡枝子,日本秋天七草之一,秋季开蝶形小花,色红紫或白。

在《隅田川》中描述的春潮是如此盛大，还远未到谢幕之时，但凋谢的时刻已经临近。

"那些罗列东京名胜的人，"《东京案内》在之后几页中写道，"一定会首先举出上野和向岛，并列榜首。"

隅田川的东岸自江户时代初期以来，从浅草对岸偏北的向岛起直至北郊，一直有大片的樱花。尽管从明治晚期开始受到工业煤烟的侵蚀，这一带仍是仅次于上野的赏樱胜地，樱花时节总会吸引大批赏花者。隅田川的水当时还足够干净，可以游泳。虽然没有做过确切的水质调查，但至少还没有人说不能下水了。

在本所的这一侧，从河堤到水边绿草茂盛。而对岸的浅草一侧则立着一排一发大水便首当其冲遭殃的小房舍。河面很开阔，从浅草向北望去都不见有桥，水上风光尽收眼底，可以看到河的两岸至少有四个渡口。随着东京变得车水马龙，对桥的需求也与日俱增，不过乘船过河仍是更舒服悠闲的渡河方式，尤其是在樱花烂漫的时节更是如此。隅田川上的最后一个渡口在更远的下游，直到第二次世界大战时才消失。

在东京，你要学会只关注眼前的景物而忽略背景和周边有些什么，不然就无法好好赏景了。这种情况估计从明治中期就开始了。比方说从浅草穿过吾妻桥时，你必须学会只看近处而忽略远处的烟囱、滚滚烟云和林立的电线杆。不过若只看近处，河川的景色确实令人赏心悦目。

从本所望向隅田川对岸的浅草，屋宇绵延，景色非常协调，而从浅草望向本所的景色，似乎是一派田园式的平静，只有在樱花绽放时举行的那些喧闹的春季庆典才会打破这份宁静。前者正是久保田万太郎笔下的"旧浅草"，水岸边挤着低矮的木结构房屋，远处可以望见浅草观音寺的五重塔，以及下町唯一比较高的小丘：略靠近河流上游的待乳山。从浅草望向对岸则是郁郁葱葱的隅田川堤岸，花开时节人流如织的樱林，现在正静悄悄地矗立。拜其所赐，背后的工厂地带除了最高耸的建筑之外，都隐身于樱林之后。

216

（第217页是图片页，略）

在隅田川东岸远离城区,以后成为向岛区的地方有一个怡人的小湾,人们经常可以在江户晚期和明治的爱情小说里面见到这个地方。它有守护隅田川的河神加护①,同时也是个适合带艺伎去的好地方,偏僻而宁静,但如今已了无痕迹。隅田川沿岸已经经过治理填平,以备防洪之需。

本所既是工业污染的受害者,也经常遭遇自然灾害。特别是在1910年的明治大洪水中,它受创之重位列东京各区之首。而且受损的不仅是财产方面,这次浩劫更决定了这一带未来的走向。在此之前,隅田川边有许多富人的别墅,但洪水之后基本都迁走了,使这片已经开始走下坡路的雅致休闲区彻底失去了昔日风光。为了防洪,岸边修筑了高高的水泥堤防和水闸,特别是大正之后的防洪工程更是用心,但也破坏了景致。现在已很少有人会想去欣赏隅田川如今的景色和河水散发出的气味了,大概只有特技表演者会冒险下水一游。

在江户时代的地图上,深川北部,即隅田川东面两个城区的南部地区,看上去与本所差不多,而水网密布的深川南部则与此大不相同,平民住家密集。深川区原本便隔河与日本桥地区相望,更靠近下町的中心。虽然算不上是东京最繁荣的花街,但进入明治时代之后,深川建成的洲崎游廓区还是相当繁荣热闹的。就如我们之前提到过的,深川很好地继承了江户人喜爱玩乐的传统。

洲崎游廓不像吉原那样有一连串的季节性庆典,但它有时候是一个适合举家出游的地方。在江户晚期的地图上,洲崎是一片海涂,洲崎弁天神社②所在的海岸贝类很丰富。拾蚬子是夏季的乐事之一。弁天神社这个非常古老的神社早在深川被填埋成陆地之前就已经坐落在一个岛上了。在整个江户期间,它只供奉七福神中唯一的女神

---

① 应该是指此处有隅田川神社,其古称水神社、水神宫等,1872年改名隅田川神社,供奉隅田川一带的守护神,受到航运业者和河上工作人士的信奉。
② 即今日的洲崎神社,位于东京都江东区,供奉着保佑人们免遭海难的守护神弁才天。

弁才天。因此洲崎游廓便有了一位既成的女守护神。从某种程度上说，洲崎比吉原更讨江户之子的欢喜。由于它四面环水，不像吉原那样非常频繁地遭到火灾的袭击，所以也不像吉原那样每次重建都立起浮夸的塔楼，弄得花里胡哨，乱七八糟。事实上从照片来看，洲崎的街区整洁别致，令人赏心悦目，不仔细看很容易误认为是外国人居留地。

在明治晚期，深川是东京桥景多的区，包括通向本所和日本桥地区的桥在内，共有 140 座。其中只有两座是铁桥，其他都是石桥或木桥，后者有 128 座，可见深川的水路在那时仍然保有一种古朴的风貌。但是工业化的浪潮也迫近此处了。位于隅田川的深川一侧，石川岛造船所的建立可以追溯到黑船来航事件之后不久，由德川家族的支系水户德川家设立。明治时期先由官方发起，后交由民间运营的机构很多，造船厂就是其中一例。其在 1876 年移交给民间。

虽说如此，深川的大部分仍保留着永井荷风怀恋的古风，运河上漂着新伐木材的香气，沿岸都建有白色的仓库。永井荷风是个有点自相矛盾的人，或者说作为他描写对象的深川本身就缺乏一致性，是一个存在各种反差的地方。他一方面哀叹在他赴美国和法国期间变化了的深川，另一方面，他又在这里找到了可以远离喧闹市中心的歇息之所。几年以后，他的一位最好的朋友逃离了家庭和事业，和一位女子在深川的廉价租屋里住了下来，在此创作俳句。永井荷风赞许地评论说，在深川，人们仍然对那些被新时代视为迷信的东西怀有敬意，并且不看报纸。

富冈八幡宫的境内在名义上是一个公园，即最初的五座公园之一。它的规模特别小，经历类似于浅草公园，面积不断被削减，不久就变得和现在一般人所认为的公园完全不同了。深川的岩崎家宅邸现在成了清澄庭园，在今天已比八幡宫这里更有公园的样子。可以说这两者的历史就类似于浅草和上野。也许在早些年代，让公众与公园保持一定距离，更有利于它之后的发展。清澄庭园在大地震后捐赠给了东京政府,大正天皇大丧之礼时使用的殡仪馆①现在也在此处。从富冈八幡宫一带向海边望去,深川湾岸的美丽在 1907 年的官方导游指南《东京案内》中有这样的描述:

> 你从神社旁向大海望去,可以看到白帆与苍波相映,远近此起彼伏。东南边是总房②的诸山,一片黛翠。西面是白雪皑皑的富士山。四季之美皆收眼底。晚春退潮之时,赶海拾潮便是一大盛事。男女老少都出来一试身手,拾蛤蜊,捞海藻。

你可能感到这有点言过其实,因为这本指南多少带有夸耀东京之美的意图。不过渡过隅田川向东走一些,你确实能找到一片能欣赏各季花草,赶潮拾贝之地。在大正时期荒川排水渠开挖的时候,这里沿途也基本都是农田。

而今在当年那些适合郊游的景点中,只有龟户天神社和它的紫藤还在。东京湾的青波和房总的群山几乎是见不到了,隅田川已经被高高筑起的水泥墙围住。不过比起这些,可能更令人意外的是过去的东西还多少留存下了一些,比方说这片土地特有的氛围仍残存至今。意识到所有这些变化,更会勾起人们浓浓的乡愁。一些独立的个体如墓石、石碑还在。一些寺院境内石碑林立。永井荷风的外祖父以及成岛柳北的事迹不会完全被世人遗忘,因为它们都被铭刻在本所和向岛的石碑上。伟大的松尾芭蕉所建的庵中,有一座也在深川,尽管找到它需要一点毅力。

另一条工业带位于芝浦,即当时东京最南面的芝区的海湾沿岸。芝区是铁路密集区,也是最早通铁路的地方。从横滨北上的铁路线

---

① 即大正纪念馆,其最早是将新宿御苑内大正天皇葬礼仪式时使用的殡仪馆移建此处而成。
② 原文如此,疑应为"房总"。

经由芝区南端进入东京市内,接着紧挨着海岸线在路堤上行进,然后稍微转向内陆,并抵达距京桥区仅一步之遥的该线路的终点站新桥站。由于路线基本是沿着旧东海道前进的,导致海岸的风光都被挡住了。不过由于明治时期的人们非常喜欢火车机车,也许这派新景象要比海景更吸引他们。不知是否有意为之,铁路线稍微转向内陆的这种安排,使得滨离宫这样宽广的贵族宅邸仍能望见湾岸一面的海景。

在大众眼中,最有江户腔调的江户之子是生于下町北部的神田和南部的芝区之人,这些边缘地区不像下町中心的日本桥那么富裕,因而在这里长大的江户之子也较少受到约束,更有朝气。不过芝区的大半其实是高地,在江户时代末期,此地的平民居住区只占一小块。江户的地图上显示,町家即"市民的房屋"就像一根细绳般绵延分布,并有几处如绳结般的町家群。第一个结在北面的新桥,第一个火车总站就建在这里;第二个结在增上寺与海岸之间;第三个结位于南端明治时代的市区之外,即旧品川驿站的住宿区"品川宿"附近。

无论是外国人还是舶来品,要进入东京首先必须经由芝区。要不是因为银座大火,芝区的北端或许已经成为进口货物的供应地。新桥一带确实繁荣兴盛,但更南边的增上寺一带就没那么好了。它逐步被人们称为贫民窟,但东京人是否知道什么是真正的贫民窟是令人怀疑的。总之,从神田没有出现日本人所说的"贫民窟"这点来看,神田和芝区虽然皆出江户之子,但明治时代的芝区没有神田繁荣。

芝区也是最早的使馆区。当第一位英国公使阿礼国(Rutherford Alcock)前去江户城堡竭见日本将军的时候,他经过的路线几乎贯穿了日后明治时代的芝区。他不仅途经增上寺以及德川家的墓地,还在其西面的小丘转了一下,那里也有一处町家聚集之地。在他的描述中,那里像一处小浅草一般热闹。

沿东海道走了一英里后,我们拐进了一条窄而拥挤的岔道。

一侧是大名宅邸的垣墙连绵不绝，半途闪现出一扇高大雄伟的大门，接着便是格子窗一扇接着一扇……一条既狭窄又非常泥泞的壕沟，基本比排水沟大不了多少，隔开道路和围墙使闯入者无法靠近屋子。但沿街的建筑其实只是大批家臣住的地方。这些外屋一起延伸到正门两侧四分之一英里处的情况也不少见，实际上起着护卫主君所住内院的作用。

我们很快来到历代大君墓地前的空地上，一条小河穿过这里，两岸是绿草青翠和一排树木……这块空地成了某种林荫大道，祭典及公共集市通常都在这里举办，在休市的时候会有艺人在此开讲故事，一小群人围着聆听……几个大声乞讨的乞丐通常会在路边占好位置……这里也能看到一群杂耍人，还有过路人驻足观看。

走钢丝横渡尼亚加拉瀑布的布隆丹①(Blondin)和被誉为北方的魔术师的沃尔特·司各特(Walter Scott)②或许都会在这里遇到劲敌，因为日本的表演者已经超乎了他们的想象，不仅能吞长剑、踩在瓶子上保持平衡……他们还能从嘴里吐出不可思议的东西……蝙蝠、大群苍蝇、一英里那么长的丝带，以及许许多多纸片。

一过桥，我们就进入了一个人流极密的大商业区，到处是行人和挑着货物的搬运工来来往往，我们只能排成一纵列，慢慢地骑着马穿过。牛车、轿子这里全有，在人流中摩肩接踵。翻过平缓的坡道，然后又突然向右转，穿过没有栅栏的门之后就是江户城堡了，被三重巨大壕沟围绕的城堡中心便是大君的居所。不过我们所在的位置距离那里还有一大段路。我们沿着非常陡峭

---

① 查理·布隆丹(Charles Blondin, 1824-1897)，法国著名的杂技演员，以走钢丝而闻名。——译者注
② 沃尔特·司各特(Walter Scott, 1771-1832)，苏格兰历史小说家、剧作家、诗人，英语历史文学的巨匠，代表作有《威弗利》、《艾凡赫》等。

的台阶向下走，一旁是大名的宅邸，另一旁是大君墓地的墙垣和树木，我们沿着墓地边缘前进。穿过隘路之后，是一长排货摊，那里正在举办每日的集市，向底层阶级兜售庸俗华丽的版画、地图（很多都是欧洲航海图的翻版）、故事书、剑和烟草小袋、烟斗之类。这当中总能看到占卜师的身影。在这里还能看到某种非常类似我们英伦集市里的赌桌那样的东西。但从摊主存货的情况以及顾客多是稚气未脱来看，我怀疑他们赌的只是一些糖果。真正的赌博都在茶屋和更私密的场所进行，那里可以较肆意地违反法律。在节日的时候，通常能见到一排被帘布分成小隔间的肮脏棚子，这是为下层阶级服务的。社会恶习在这里堂而皇之地上演，令人作呕。①

进入明治时代之后，根据克拉拉·惠特尼的描述，墓地另一侧即东侧的热闹集市，似乎被人称作"扒手市场"。这里也有一个小的艺者町。于是，我们再一次见到了旧时的模式——商业和娱乐场所在身为宗教场所的寺庙周围聚集。在这里，增上寺就等同于上野的宽永寺。

始于隅田川，位于江户时代市区边缘的寺庙和墓地环状带穿过芝区，止于海湾。增上寺是芝区最大的寺庙，但今天更著名的可能是葬有"四十七赤穗浪士"骨灰的泉岳寺。增上寺境内与上野和浅草一样属于东京最早的五个公园之一。正是在那里，忧郁的永井荷风（他从法国归来、讨厌日本的一切）在一个月华如水的晚上有了他对日本传统美的第一次神秘体验。

过去增上寺的宏伟身姿以及公园，现在都已不比当初了。将军和他夫人们的墓，以及降嫁后命运坎坷的和宫之墓，如今已经被挤压到一处狭窄的围墙里，为商业的繁荣腾出了地方。向北稍微过去一

---

① 引自阿礼国所著 The Capital of the Tycoon: a Narrative of a Three Years' Residence in Japan，日译本名为《大君之都》。

点,更新近建造的日比谷公园则更为宽畅。

芝区的高台地区过去被非常茂密的树林覆盖,甚至在中午都是漆黑一片。今天东京塔睥睨着这片区域,而将军的墓地则暴晒在正午的烈日下。墓地过去分布在增上寺本堂周围。本堂在1873年被人纵火烧毁。犯人是一群自以为是的士族青年,反感佛寺没有与神道教分离,认为神道教必须保持纯洁,不受外来教义的污染,这也就是所谓的废佛毁释骚动之一。本堂在重建后又于1909年再度被毁,这一次是因为事故。一个乞丐在寺庙屋檐下面生火取暖,引发了火灾。

明治晚期为了开通有轨电车,这一带新修了一条道路从城堡笔直向南,在品川稍北的地方与旧的东海道相连。这条路将增上寺境内一分为二。道路东侧是最早被开发的区域,今天已经完全融入周边地区,几乎没有留下任何原来公园的痕迹。再往东是昔日下町的南端,更东边沿海则坐落着早期的重工业区,其中心便是今日著名的东芝公司。

东芝自1875年由一位来自九州的人士创立以来,就是一家首屈一指的机械制造商。其主力工厂位于江户时期填埋而成的芝浦填海地,从很早就开始制造通信设备。尽管成了工业化的中心,芝浦仍然是明治时代最受欢迎的海滨疗养胜地之一。年少的谷崎就曾到那里挖蚬子。

芝浦在春天有蚬子,在夏天有凉爽的清风,还可以远远望见隅田川上游两国桥附近的"开河节"庆典。明治的摄影艺术除了聚焦某些特定的色情题材外,都喜欢拍赶潮拾贝。不过要到明治末年,喜欢在陆上玩的年轻人,才开始把注意力转向海水浴。明治中期到末期这段时间的广告都喜欢推荐日本人去尝试这里的海水浴,因为外国人觉得它舒服健康。不过当年拍摄拾贝女孩们卷起裙子露出大腿照片的地方,现在已位于一条高速公路的桥墩下面了。明治时代结束的时候,填海地越来越大,正在向东扩张。

明治末年时,东芝工厂北面就是东京煤气公司的第一号煤气储罐,而在其北面则是身为皇室疗养地的芝离宫,可见并不是只有下层阶层才与工厂为邻。

小说家兼剧作家小山内薰在大地震后不久回忆起明治末年的芝浦时如此写道：

> 那已是二十多年之前的事了。那时芝浦还只是一个逍遥的场所,是本地艺伎和客人们幽会的场所。
>
> 这次我时隔多年再次造访芝浦,真是大吃一惊。埋海地已经变得那么辽阔了。过去是浅滩的地方,如今已建起了大型的新码头,那里的建筑全是仓库,过去的料理店和旅馆已不见踪影。①

芝公园的西侧,绿树成荫的红叶山上,过去有一家可算得上是明治时代最有名的饭店,名叫红叶馆。它建于1881年,采取的是会员制,在鹿鸣馆时代是一家格调极高,而且与花柳界没有关系的日式饭店,可谓应新时代的改革之势而生。因为在旧幕府时代,除非是顽固禁欲的武士,没人会觉得有必要与花柳界断绝来往。一些日本最杰出的人物都名列会员之中。尽管红叶馆在某种意义上是完全革新的,但它在另一种意义上追求的却是传统。菜式全是京都料理,女服务员被要求讲京都话,不论她们是否是京都出身。时常出入红叶馆的都是官僚、政治家和知识分子,例如以尾崎红叶②为首的砚友社同人,因而它在明治文学中比鹿鸣馆更引人注目。

芝公园相比早期的另两大公园,即上野和飞鸟山,可以说是运气不佳。我们前面在"双重生活"一章中已引用过斋藤绿雨对上野和浅草的比较,说后者喧闹世俗,前者严肃且富有教益。而芝公园则两边

---

① 引自《大东京繁昌记》山手篇。
② 尾崎红叶(1868—1903),日本小说家,曾与山田美妙等人创办砚友社,代表作有《金色夜叉》。

都不是,特别是在增上寺于1945年被烧毁后,它的境内几乎杳无人烟了。事实上,它早在明治时期就已经被时代抛在后面。东海道线在增上寺南面分道,大路通向日本桥,支道向北通向山之手地区,阿礼国走的大概是后者。德川家的墓地位于两条道路之间,支道两旁便是阿礼国描述的那种景象。这些区域因为远离铁路线,逐渐走向衰败。与此相对的,芝区北端新桥站一带则兴盛起来。

从银座方向进入芝区,入口处便是新桥,因此新桥总被永井荷风这样熟门熟路的行家称作"芝口"。小商人和工匠的街区从日本桥、京桥延伸至此后逐渐变窄,朝向城南及品川方向变成了一条狭窄似走廊一般的长条。在明治时期新桥和银座的区界被划定之前,两者并无明确的界线,只是前者远离作为下町中心的日本桥且江户之子辈出,这两点与北面的银座有所区别。

要是新桥也成了银座那样的新炼瓦街的一部分,那么它可能也会像银座那样成为引进西方新奇文化的闸门。毕竟新桥正对着新的火车站。但银座大火之后,新桥并未变得现代化,而银座则在经历了重建的阵痛后最终恢复了它作为最新潮游乐场所的地位。不过在明治时代的大部分时间里,吃吃喝喝、纵欲享乐的最佳场所仍是新桥。也就是说,人们会先去银座转转开开眼界,然后还是会折回到新桥放松一下,那里的感觉才像家一样无拘无束。这恰如明治富豪们的大宅,由一幢用来举办花园聚会的宏伟西式建筑(可能是由肯德尔设计的)和供日常起居的日式侧房组成。银座有自己宽敞的街道和行道树,而新桥则是狭窄拥挤的街区,让人感到更温暖亲切,有安全感。新桥的一部分街区被称作日荫町,可谓名副其实。

新桥区也有料亭街,其与柳桥并称为明治时代最大的花柳界风月场所。虽然名为新桥料亭街,因其最初离新桥这座桥很近,但它后来几经迁移,先向北迁移,后又向东。今天,尽管仍然被称作新桥,但它的大部分已位于外国人居留地和鱼市所在的筑地。自明治以来的数十年间,它比柳桥都要繁荣,但或许是因为艺伎这个行当本身正在走向衰亡,昔日高标准的歌舞已然走向下坡路,只留其优雅的风格和礼仪做法尚在。

老新桥车站是从横滨（后来是从神户）出发的铁路线的北端终点站，它的建筑结构对研究明治时代建筑的专家们来说是一个谜。虽然关于它的照片和版画有许多，但由美国人设计的原版建筑图现在已经遗失，也没有留下任何关于其细节的描述。因此虽然已经被数百万双眼睛注视过（单是1907年就有300万旅客过站），画过拍过的次数更是不计其数，但我们仍无法确切地知道它当年长啥样。在西方的火车站中，也许法国的巴黎东站与之最为相似。

有些地区能从沉重的打击中恢复过来，而另一些地区则不然。被丑陋的混凝土堤防隔绝，失去了与河的联系，柳桥逐渐衰败。而失去了火车站的新桥却仍若无其事。1914年东京中央火车站竣工后，新桥不再是终点站，老火车站也由客运站变为了货运站，而在西面稍远的地方建了一个相对不怎么重要的新车站，正好位于日荫町的北端。新桥本应该就此衰落，但由于新的东京中央火车站将正面朝向丸之内，而用屁股对着下町，使得下町居民感到自己被故意无视了，于是京桥人和新桥人宁愿特意跑去新的新桥车站上车，也不去东京中央火车站。这导致芝口反而变得前所未有的热闹。银座的中心因为东京中央车站的建成而向北迁移，而新桥却更热情地继续发挥着过去的功能。

明治时代结束时，日本桥已经不再是能够凝聚下町的中心了。真正的江户之子或许是出生于芝，成长于神田，但无论来自哪个地方，当江户还是过去的那个江户时，他对日本桥仍是心生向往的。明治时代的日本取得了国力的飞跃和发展速度上的奇迹，但这并不是没有代价的。下町与过去百年来江户身为文化中心的时期相比，已发生了巨大变化。而身为下町地理位置上的中心，日本桥的凝聚力也分崩离析。

明治时代所设区划的分界线没理由非要与高台地区和平原地区的地理分界线相一致，实际上两者确不吻合。位于平原西部边缘地带的每一个区都包含了一部分高台地区，而大部分位于高台地区的本乡区，其东端延伸至山坡下的平原地区。虽然由于地形不同，东半部分与西半部分街区的氛围有所不同，如今依然如此；但不能说这就是山之手地区与下町的不同。以山坡作为两者的分隔线，只是为了方便。

从北部的上野到南部的品川，如果沿着高台地区与平原的分界线前进，会发现其中"山之手"与下町界线分明的地方只有一段，即江户城外濠中南北走向的那段，但它实际也比严格的地理分界线要偏东。

在明治时代，这处外濠成了将麹町区（尤其是位于其内的丸之内商业区）和其他若干城区（尤其是京桥和日本桥区）分开的界线。在幕府倒台以前，最上层的官僚和大名贵族都生活在濠沟西面，即濠沟内侧的丸之内地区。而濠沟东面即外侧则坐落着下町的心脏——日本桥和京桥。外濠历经整个明治时代，直到最近还在，但人们早就认定天皇陛下的住所不需要德川将军所需要的那种防御设施，因而外门很快就被拆除，而外濠和内濠之间的区域则被用于其他一些用途。

濠沟东面的日本桥和银座以及西面的丸之内都发生了巨大的变化，但仍然可以看到旧时的差异，尤其是在节假日。濠沟外侧的地区如日本桥地区有很多购物者和寻欢作乐之人，而濠沟内侧地区如丸之内则死气沉沉。前者依然是商人和顾客的地盘，而后者则是上班族的地盘，他们会在节假日退到郊区，或者跨过分界线来到银座放松身心。

我们之前已经提到过小川一真在明治末年从市政厅楼顶拍下的照片。这些照片中让人印象最为深刻的是丸之内的大片施工中的空地，而在已初具规模的建筑物中，最显眼的可能是东面绵延的"长城"，好似为阻止蛮族部落的袭击或者想把躁动不安的大众关起来而修的防御工事。这其实是通往东京中央车站的高架铁路，但即使不存在重兵把守，它也确实起到了强化丸之内与下町分界线的作用。与江户时代同样，商业街区从日本桥延伸至京桥和新桥，即在这条分界线的东侧呈南北走向，而东京中央车站的乘客则主要是行政人员和上班族。现在这样的划分依然存在。

分界线西侧即宫城一带的武士贵族宅邸,并非一下子全部消失的,其中遗留下来的一些暂时充作了新政府的官僚机构。但到明治时代结束时,它们也全都消失了。紧靠皇宫东面的区域成了公园(但并不属于城市公园系统),不久这一带又被三菱买下,开发建起了丸之内的"伦敦镇"。如果你在明治末年想要凭吊旧江户城的遗迹,那就只剩一些石垣、树木,以及零散分布的几处门和桥梁,除此之外就没有别的了。屡次被火灾焚毁的神田和日本桥的一些区域也比丸之内更有昔日江户的余韵。

明治政府的建筑群即官厅街在现在日比谷公园西面的霞关拔地而起。这一带仍属麹町的平原地区。霞关的建筑都是砖砌的,由各个外国建筑师设计完成,有着各种各样的建筑风格。从外国人的眼光来看,它们总体上比日本建筑师多用的古典复兴主义(Classical Revival)风格更与时俱进。明治晚期的建筑中留存至今的只有法务省所在的那栋。其设计虽由德国建筑师团队负责,但后来又向着更精简的方向进行了修正。德国建筑师偏好设计一些传统的细部装饰,而修正工作则基本是将它们去除。

最早的国会议事堂耸立在日比谷公园的南面,离鹿鸣馆不远。它很快因为漏电失火被毁,1891年重建。新建筑是砖木结构,文艺复兴式风格,远不如有着较多意大利风格的参谋本部宏伟壮观,后者在议事堂更西面的地方,位于山坡上可谓东京地势最高的宅地上。它前面便是皇宫的濠沟,在那长满绿草的堤防和老松的对面是新建的宫殿。虽然也许并非有意为之,但议事堂与参谋本部的对比,正是明治时期民主主义所处地位的写照。

麹町也是一个外交区。明治时代末年,外国公使馆和大使馆基本都在此处,只有美国大使馆是个明显的例外,它从当时到现在都坐落在赤坂的东北端,另有两个公使馆仍然位于过去的筑地外国人居留地内,附近还有一个较小的官僚机构聚集地。德国和英国大使馆最令人印象深刻,虽然两者都在内濠边的高台上,显得十分宏伟威严,但前者规模更大,在所有使馆中也是照片最多的。就令人印象深刻这点来说,它们与陆军省和参谋本部不相上下。不过不久之后,随着东京市区的中心整体向南向西移动,这些大使馆也纷纷迁出麹町,向现在的港区方向迁移。现在它们中只有英国大使馆仍在原地。在明治晚期,当美国公使馆即后来的美国大使馆选址于它现在所在的赤坂时,总感觉只有它一个孤零零地悬在南边,但随着城市变迁,现在它已比任何其他大使馆都靠近政治的中心地域了。

尽管在明治时代结束时外国人居留地里仍然留有几家宾馆,但要说那时最大的西洋风格宾馆还是要属帝国饭店。当时在麹町的同一片区域,虽然几年前已兴建了一家东京饭店,但随着日本对外关系发展顺利,废除不平等条约的交涉也出现了转机,人们觉得需要建造一座更高级的宾馆以备外事需要。在政府亲自提供土地等措施的鼓励下,帝国饭店于 1890 年开张营业。顺带一提的是,在最早的国会议事堂失火烧毁之后,众议院曾临时迁至此处办公。

帝国饭店是一幢三层的木结构建筑,走廊和拱门的样式和它边上的鹿鸣馆倒是很协调。关于客房的数量,各种资料说法不一,但不会超过一百间。因此若是有两到三百名外国宾客来访,就会把东京所有的旅店都住满了。尽管此时日本已经在世界上崭露头角,后来还在军事上也取得了辉煌成就,你却能感觉到此时的东京依然是一个偏僻的世外桃源。

"跳舞内阁"的首相——伊藤博文在鹿鸣馆时代巅峰期常常主持化妆舞会,并定期在帝国饭店用膳。帝国饭店逐渐取代鹿鸣馆,成了国际人士的聚集地。由于地皮很宽广,开业以来,帝国饭店一直在其上"游走",比如说在旧馆边上造新馆,等新馆也成了旧馆,又在边上造新馆。最早的帝国饭店毁于火灾,而由弗兰克·劳埃德·赖特设计的新馆当时仍在建造当中。

麹町的南部和东部有更多西式风格的宏伟建筑群。帝国剧场竣工于明治时代末期,地处皇宫前广场的对面,与前者隔濠沟相望。沿着外濠的走向登上山坡,耸立在高台地区上的便是 1908 年建成的赤坂离宫。此处原来建有纪伊德川家的宅邸,1873年皇宫火灾后无家可归的明治天皇正是在这里度过了他统治期的最初15年①。后来这里又通过寄赠和购买土地的方式扩大了宅地面积。新皇宫建成后,这里成为皇太子的居所。赤坂离宫当初是为皇太子而建的,模仿了凡尔赛宫的风格,以砖和花岗岩建造,共三层。它现在已改为迎宾馆。

帝国剧场和赤坂离宫都是日本建筑师设计的。它们可以说是日本的西式建筑从幕末以来发展至今,终于成就了的里程碑式建筑。从最早由日本木匠创造的东西合璧的奇异建筑,到后来进入以肯德尔为首的外国建筑家活跃的时代。而从日本银行开始,日本建筑师终于开始独立建造西洋风格的大型建筑。虽然赖特被召来设计第二幢帝国饭店,但以外国建筑师为中心的时代已一去不返。没有人会再像明治早期时那样,说日本的所谓西洋建筑与任何已知的西洋风格都毫无关系了。但另一方面,明治晚期日本的法式风格建筑可以说没有一点原创的东西,虽然帝国剧场的圆顶上直到地震之前还立着一尊歌舞伎演员的塑像。业余建筑师的奔放风格让位于职业建筑师的严谨风格,但这次似乎又严谨过头了。

位于外濠内则,宫城东、南面的麹町区的平原部分,在地形上与外濠另一边的平原没什么不同。但江户之子谁也不会把此地看作他们的街区即下町的一部分。今天这一带是东京最具全国影响力的地方,是日本的政治和经济中枢所在。当你跨过地理分界线,从高台地区沿着内濠前进,或者沿着曾是外濠所在地的赤坡大道前进来到平原地带,此处无疑仍属于山之手地区。英国大使馆占据的或许是全城最好的地理位置,但也因此使它比美国大使馆更为孤立,因为快速交通运输系统直到最近依然不愿侵入富裕的街区。

---

① 1873年皇宫失火烧毁后,由于当时日本政府财政拮据,明治天皇决定先不建新皇宫,而以旧纪州藩江户藩邸作为临时皇宫,即青山御所,并在此一直居住到1888年新皇宫即明治皇宫建成后才搬离。而此地则改建为皇太子(日后的大正天皇)的东宫御所,建设工程自1899年开始,1909年竣工,但皇太子基本没在此住过。大正天皇即位后,此处正式更名为"赤坂离宫"。

山之手地区在江户时期便人口稀少，并且因为明治维新的动荡导致大片空置。上层武士纷纷出逃，不久又带着新的头衔回到山之手地区建起新的宅邸。此处的下级武士当中则既出了明治时代最成功的官僚、政治家和企业家，也有种种饱含悲剧色彩的逸话，其中就包括我们之前提到过的女犯阿传、阿绢、阿梅等人的故事。

之后他们又全都离开了。山之手成了一片茶园和桑园。明治政府经过最初的踌躇后开始施行政策，没收未被使用的土地，鼓励将其恢复为农田。仅在后来成为赤坂区的一地，就曾有超过100英亩的茶园和桑园。从赤坂艺者町向西南方向延伸的大道沿途似乎除了桑园外就没有其他景观了。明治时代还属于东京郊区，后来成为大正时期蓬勃发展的娱乐购物中心的涩谷，在当时却是以出产上品茶而著称。当然茶桑政策只是一时变通的权宜之计。茶树和桑树很快就消失了，开发接踵而至。伴随20世纪东京的急速扩张，山之手地区也占到了东京面积的一半以上。

从明治中叶开始，大量人口重新涌入了山之手，这里贡献了整个明治时代东京总人口增长率的一半以上。当人口达到100万，相当于江户巅峰时期的人口时，位于山之手的四谷区的人口仍然是15个区当中最少的，而在其南面的赤坂区则是人口密度最低的地方。与之形成鲜明对比的自然是下町，其有人口最多的神田和人口密度最高的日本桥。东京的人口在明治时代结束时已经达到了200万，但中心城区——下町地区和麴町的人口增长却是缓慢的，其中某些地方的人口数量实际上还有所减少。

如果用一条线把明治时的东京分成差不多同等大小的两部分，那么这条南北走向的线会恰好经过皇宫中央，且其一路上将会穿过几乎整个台地山区。但今天若以明治时的这条线划分现在的23个城区，会发现其西侧的面积大于东侧，人口也更多。而如果想用一条线把现在东京的23个城区划分成人口大致相等的两部分，那么我们会发现这条线位于明治时的市区的西端。这确实是一个巨大的变化，若是考虑到下町的人口在江户时期占到了江户全城总人口的一半以上，我们便会更加惊讶于这变化之剧烈。东京城已经向西移动，现在也还在继续。老下町的重要性跟以前相比已经大大下降。

山之手地区虽然发展迅速，但它真正开始膨胀要到大地震后。当明治作家中在当时最受欢迎的小说家德富芦花①受到托尔斯泰的影响，希望过一种托尔斯泰式的田园生活的时候，他只需从新宿向西走上五六英里便能到达城郊，进入农村地带。此时正是日俄战争结束后不久，而新宿则是快速发展的新交通运输中心。1920年，新宿的一部分并入了明治时代的15个城区，这成为最早规模较大的一次合并。

虽然经历了如此巨变，但山之手地区在某些方面仍比下町变化要小。过去即便是在下町，由于贫富差距的存在，导致人们在阶层上也存在明确的差别，而进入明治时代后，这种差别在下町逐渐消失，而在山之手地区却依然存在着。另一个则是土地使用方式上的差别，在山之手地区，富裕和贫困阶层的居住区仍是截然分开的。不过也有一点是相同的，那就是在山之手和下町，街道样式即便受到革命和灾害的影响也依然和江户时代差不多。有一种常见的说法是，日本人只有在模仿中国城市的样式建立自己的首都时，才有成功的城市规划。这似乎是指日本模仿了中国城市围棋棋盘式的街道布局，而其典型便是京都，但实际上江户城的布局也很像京都，下町商业区的街区也呈非常整齐的栅格状。虽然格子之间常常连接得不是很好，但那又另当别论了。从总体上来看，呈直角和直线分布的地块范围很广。

而另一方面，山之手的地图则会使人联想到一个巨型的古老乡间村落，街道的布局走向就像是沿着野兽出没的山野小道和田埂伸展。其实山之手与下町的这种反差在京都也同样存在，旧城区的街道是整齐的栅格状，但一出旧城区便全然不同了。看上去就像是日本人以城区的布局向中式模式致敬，但到了郊外仍会回归过去习惯

---

① 德富芦花（1868—1927），日本小说家，代表作有《不如归》、《自然与人生》等。

了的逍遥做法。

在山之手地区找一处地址就像在海上航行,只知道方向大致正确,一路上不得不四处打听,安慰自己快到目的地了。这在江户时期一定更难,因为当时没有门牌号,而下町居民也很少会冒险进入寒冷陌生的山之手地区。永井荷风写过一篇文风优美的故事,讲的是一个新桥艺者町的年轻女孩子被派去山之手地区收账,一路上胆战心惊地寻找债户所在地,等她安全回到新桥后,决意再也不会接受如此危险的任务。

山之手并非只有山丘。它是一片山脊线和山谷交织的地区。从市区中心向城外延伸的大道沿着山脊线或山谷而建,而小路则从山脊通向山谷,或从山谷通向山脊,上上下下,与大道相连。因此江户时这里的街道便呈现蜘蛛网般的形状,到了近代东京时也基本遵循这一模式。上层阶级的住所位于高处,而在山谷里和大路旁则分布着农田和平民聚居区。一张明治晚期山之手地区的地图展现出这样一种街区的格局:一大片未经分割的土地,其要么属于巨大的私人宅院,要么是寺院、学校或练兵场,在边上则是分割整齐的小块街区,这便是山之手地区的典型布局。主街是从心脏地区辐散开来的动脉,它们之间有无数的毛细血管。从这种混乱与井然并存的状态中,近代山之手地区的基本模式应运而生。除了农田很快消失之外,山之手地区基本继承了江户时代街区的格局和土地利用状况。

明治时期的道路相比江户时并未发生重大变化的例子还有许多。例如只有极少数主干道被拓宽,以便通行有轨电车,而大部分街道仍是狭窄而又坑坑洼洼的,排水也不好。永井荷风故事里的那位收债的年轻女孩向西朝城郊前进要穿过一大片泥地。小说家德田秋声①也回忆说明治中叶时本乡大学校园边上的主道像乡村小路一样狭窄而又坑洼泥泞。而这条道路并非无足轻重,它可是中山道的起点,后者从板桥继续延伸穿过群山通向京都。

---

① 德田秋声(1872—1943),日本小说家,代表作有《新家庭》、《足迹》等。

明治时的麹町区一直扩展到日比谷方向，但江户时期的麹町仅包含城堡西面的高台地区一带，那里的英国公使馆已经有一百多年的历史了。一些人认为麹町是生产发酵用曲的作坊的所在地，因此它名字的意思就是"制曲的街区"。另一些人认为它的名字是"大名小路"的双关语，因为在日语中"小路"与"麹"发音相同。这种解释很妙，因为这一带集中了许多旗本①的宅院②。横贯其正中的是东西走向的甲州大道，通往新宿。明治维新后，旗本都搬离此处，但他们的屋子依然留在原地，被新时代的上层阶级如资产阶级、官僚、商人和记者接收。荷风一家在其孩提时代曾在这里生活过一段时间。

即使过去的居民都已不在，麹町仍是紧靠皇宫周围的区域中变化最少的。在明治时代结束的时候，旗本屋还大量存在着。出过小说家有岛武郎、画家有岛生马，以及另一位笔名为里见弴的小说家的有岛家族，就拥有其中一座。其中，生马在大地震之后仍然生活在那里，他写道：

> 我不知道这座房子有一百岁还是两百岁。我从旧地图上获知它曾属于一个担任什么守的小旗本武士，但我不知道是谁建了这座房子，也不知道之前有谁多年来都生活在里面，曾有多少悲欢离合在此上演，我也没有意欲去深究。这点我想在我之后过来居住的人们也是同样。我喜欢这座房子，唯一的理由就是它很古老，但我想在将来的文化人中，大概不会有人出于和我同样的理由而喜欢它。用不了几年，它或许会遭受同样被拆除的命运。但俗话

---

① 旗本是指江户时代俸禄在1万石以下，直属将军的武士，他们有资格列席将军出席的仪式。虽然旗本是江户时代著名的制度，但是在日本战国时代，部分大名也有与之相似的制度。

② 此段日译本未收，校译上有一定困难，个人的理解是这样的，由于此处聚集了许多旗本宅院，而旗本虽地位不及领有藩国的大名，但由于其同属武士贵族阶级，因此可能被江户市民混为一谈，于是将旗本集中的该地称为"大名小路"，即"大名的小道"，而"小路"与"麹"在日语中发音相同，因此传为"麹"町。

说心诚则灵,所以就是这样的寒舍,我也无法舍弃。不仅是这座房子,番町鳞次栉比的旗本屋如今已经不剩多少了。大地震之后三日不熄的火灾把番町的一半都烧成了灰烬。①

番町的字面意思是"编号的街区",包含一番町到六番町,是对严格意义上的麹町区,即麹町紧靠皇宫西面的那部分的另一种称呼。通过重新排列番号,英国大使馆不久就获得了一个口彩好的地址:一番町一号。从有岛生马的回忆中我们得知,番町在明治时代还保留着不少过去的影子,但在1923年大地震时遭到了极大破坏。尽管在明治时期到大正早期,这里的居民基本换了一拨,却仍然在一个方面与下町大不相同,那就是整体气氛更严肃庄重。由于厚重的大门和花园高大垣墙的阻挡,这里不像下町那样熙攘喧闹,街道与居民的生活融为一体。在下町街道的两边虽也有小庭院,但有围墙的花园在明治时代结束时已经见不到了。

番町里没有大名规模宏大的宅邸,虽说同样是武士贵族的宅院,这里也只有大小适中的旗本屋。前者遗留下的宅地后来一般会成为离宫、练兵场、大学校园一类的地方,而后者则成为新时代中上层人士大小适中的居所。明治末年的人们若要探寻江户时期山之手的面貌,体会其庄严肃穆甚至有些令人生畏的气氛,最好到番町一带散步。

同样是在山之手地区,位于其北半部的本乡区、小石川区与南部的麻布区、赤坂区走上了不同的发展道路。这种不同早在明治时代便已初现端倪。南部的两个城区赤坂和麻布成了大富豪和大使馆的集中地。虽说北半部也并非没有此类人士,例如三菱财阀的岩崎家族在各处都建有宅邸,其中最为豪奢的位于本乡。不过一般来说,若想与富人和居于时代中心的人士为邻,那么去皇宫北侧的本乡和小石川便是找错了方向,并且这种倾向随着时代推进越发显著。下町

---

① 引自《大东京繁昌记》山手篇。

自然被上流社会人士远远避开,麹町区西面的四谷区和牛込区比起南面的城区如赤坂、麻布,更类似于北面的城区如小石川区。

由于全部位于城区界线之内,从某种意义上说,南面的这两个区可谓风水宝地。但据说它们是明治时代东京 15 个城区中最乏善可陈的。这自然不是说其上的居民,但确实除了个别街区如赤坂艺者町之外,与其为邻,鲜有吸引人之处。事实上用"与其为邻"这种说法都不太恰当,因为这里在德川时代只欢迎武士贵族。

小石川区和本乡区,以及四谷、牛込的某些区域虽无大富豪,但聚集了许多艺术家和知识分子。一些地方不仅算不上富裕,而且甚至到了穷困潦倒的地步。例如麹町西面的四谷区就有一处非常有名的贫民窟。1916 年女杀人犯花井阿梅便是在此瞑目的。这处贫民窟其实就在赤坂离宫边上,山之手地区自古便既有大富大贵者,也有极度贫贱之人,他们比邻而居。四谷贫民窟里似乎并没有产业工人,而是挤满了背井离乡的农民。

说宫城南面和北面的分化始于大名宅邸的拆迁,可能过于简单化了,但基本方向是正确的。在江户城堡周围的大宅地当中,有四处从明治时代地图上看,规模可以与城堡本身匹敌。它们都位于山之手地区,在明治时代各属四个不同的城区。前三者分别是赤坂的纪州藩邸、牛込的尾张藩邸、小石川的水户藩邸,它们都属德川御三家,后来分别变为了赤坂离宫、陆军士官学校、炮兵工厂(后来又成了公园①)。最后一处是加贺前田家的宅邸,位于本乡,后来成为东京帝国大学的校区,于是本乡区便与私立大学云集的神田高台地区并列成为东京的学生聚居区,也成了知识分子聚集的文学中心。

东京帝国大学即今日东京大学的起源是复杂的。它最初并不在前田家的宅地上,直到明治中叶才在此处安顿下来直至今日。它的起源可以追溯至幕府为师法西夷而设的蕃书调所②以及研究中国古

---

① 即位于今东京都文京区后乐一丁目的小石川后乐园。
② 幕末由幕府设立的洋学校,也从事外交文书和外文书籍的翻译工作。1857 年设立,后改名为洋书调所、开成所。

籍经典的学问所。最初分为南校和东校,都位于加贺前田邸的南面。虽然其中西化派和传统汉学派长期不和、斗争激烈,但到了1880年代迁往本乡的时候,前者已明显占据了上风。

即使在东大迁至此处之后,前田家一直到大地震时仍然居住在他们老宅邸广阔的西南角上,当然与以前相比是小了很多。在成为大学校园之前,旧前田邸就在为执教于大学和受雇于政府的西方人提供住宿了。E. S. 莫尔斯就住在此处。我们从他的描述中可以得知昔日的贵族大宅进入明治时代后的命运变迁:

> 加贺宅地现在是长满树木和灌木丛的荒野之地。数百只乌鸦呱呱直叫;到处是废弃的古井,有些上面都没有井盖,成了危险的坑洞。乌鸦像我们美国的鸽子一样老实巴交,充当了扫除废品残渣的任务。它们会在早晨的窗口外把你叫醒。①

紧靠大学北面的地方坐落着最心高气傲的第一高等学校②。它成立于1874年的下半年,当时名叫东京英语学校,直到1889年才搬到本乡。这里现在已被东京大学的农学院占据,该农学院在明治时期位于西南郊区。第一高等学校或许比东京大学还要高冷。所有天资聪颖、雄心勃勃的年轻人都想连着上这两所学校,而其中第一高等学校的招生及在校人数更少。它的大部分毕业生只要活得够长,都能在某个领域成为卓越的人才。两所学校一半以上的毕业生通常都会进入官僚机构或成为学者。

大学另一边的稍远处坐落着日本最顶尖的名门女校——女子高等师范学校,即现在的御茶水女子大学 。而宫城北侧除了大学之外,不久就聚集了一批高等教育机构。于是本乡和神田出现了许多供学生寄宿的著名宿舍,比东京其他任何地方都要多。其中最有名

---

① 引自《日本的日日夜夜》。
② "高等学校"在中国指大学,而在日本指高中,请读者注意。

的一家,据说在成立后 25 年里平均每年出一个博士。

从明治晚期留存到今天的这种宿舍楼至少还有一座,其属于如今消防条例所禁止建造的三层木结构建筑。兴建宿舍对于大学校区来说是一件激动人心的大事,以至于在它正式开张时,人们连着三个晚上举行提灯游行加以庆祝。我们之前已提到过,为了防止对学生们产生不良影响,原来位于本乡山坡下的根津游廓被迁走。本乡高台区总体上看起来已经是一个气氛严肃的地方了,学生们已经意识到了他们身为精英的立场和责任。虽然第一高等学校相对来说不太安分,但大学已经为这片区域的整体氛围定下了基调。这里丝毫没有巴黎学生区——拉丁区的那种放荡不羁的调调。尽管这里的大部分地方实际没有遭到"二战"战火的荼毒,但今天人们一般认为这种宁静祥和是始于第二次世界大战之后。不过乍看之下,这一带似乎一直都是非常宁静的。

描写明治晚期学生生活的小说中,最著名的莫过于夏目漱石的《三四郎》了,其书名便是主人公的名字。就连东京大学校区内一个原属于前田家旧宅的池塘,现在也被称作"三四郎池"了。小说中的三四郎住在本乡,生活过得平平淡淡。他虽然看过《哈姆雷特》的表演,但这部戏给他的感觉是不知所云,也不享受。算得上是娱乐活动的内容中,描写最为详细的也只有他在大学北面的团子坂观赏的"菊人形"①。小说家德田秋声曾对本乡的学生几乎凡事——从买学习用品到看歌舞伎——都必须跑去神田才能解决这一点做过评论。他说本乡作为山之手地区的一部分,货真价实。这大概是说相比定下神田基调的私立大学学生的不务正业,占据本乡的则是更严格自律的教授、知识分子和肩负国家未来的有志青年。

本乡区东端与下谷接壤的一带多少进入了下町的范围。那里坐落着很快就迁走了的根津游廓。在往南不远处的山丘顶上则有一个

---

① 指用菊花、菊叶做成的人偶,多会做成一个戏剧或故事的场景供人观赏。其始于日本江户时代中期江户花店制作的富士山、帆船等菊花工艺品。

更古老的无照游廊——汤岛游廊。在明治时期,光顾那里的主要是日本桥的商人,但客人中也包括比较有钱的学生。汤岛的命运也不同于根津,没人提出要其搬走。

汤岛游廊的形成是因为照看德川家墓地的上野寺庙群就在附近。神职人员时常光顾茶屋是不合礼数的,所以他们就到被称作"荫间茶屋"的一种特殊茶屋去寻欢作乐,这正是汤岛专门经营的范围。荫间茶屋内有男艺者和男妓。这样的场所即使在掌权者由德川幕府过渡到明治政府,寺庙群逐渐消失时也并未马上停止营业。到19世纪快结束的时候,汤岛才摆脱了过去,变为一个比过去更传统保守的艺者町。

许多教授都住在大学附近,许多文人也是,这里面就包括夏目漱石和森鸥外,这两人是明治时代的小说家中最受人尊敬的。永井荷风对他拜访森鸥外所住"观潮楼"时的情况进行过描述,令人印象深刻。"观潮楼"这个名字在本乡区看似太夸张了,不过在当时,这种叫法并非主人的一时兴起,因为从本乡和上野的高台地区越过屋宇低矮的下町,此时还能望见隅田川和东京湾。

此处曾经有一个"学者町"①,意即"学者住的街区",之后便消失无踪了。阿部家是备后福山藩主(福山藩位于今广岛县),在大学主门附近有一块宅地。明治时代晚期,他们着手以低价将土地小块出售给教授们,并为其建设房屋提供一半贷款,想以此建立一个学者町。但由于阿部家族此举等于放弃了土地所有权,买入者可以任意处置这些土地,最终导致理想未能实现。在大地震后的几年里,搬到旧城区西面成了知识分子圈子里的一种时尚,教授们搬到那里,之后就把从阿部那里买来的土地转手给别人。这可以算是这座城市西进运动中的又一段插曲。在引入西学的过程中,知识分子也许在某些方面会有反对西方资本主义的倾向,但遇到有利可图时,他们的精明

---

① 其正式名称为"西片町",这一带过去全都是备后福山藩主阿部家的宅地,备后位于今天日本广岛县东部。

也不亚于商人。

在西面的小石川区,岩崎家族在大地震后也尝试过类似的做法。其家族地产横跨本乡和下谷两区的分界线,因而山之手地区和下町都受其惠泽。高台地区即山之手一侧有肯德尔设计建造的岩崎家的洋馆,其正门朝向山坡下的下谷一侧。这座房子直到今天依然健在。要想了解明治时代富豪们的生活情况,这里可以说是日本国内遗留至今的最佳范本。花园的西侧,洋馆的后面,过去曾连通着和室,虽然大半已拆除,但如今仍留有一部分。西式洋馆是用来对外展示,供客人们来访的,周围的草坪与其说是传统的日式庭园不如说更像英式公园里的,是举办游园会的绝好场所,而和室才是岩崎家族日常居住的地方。

岩崎家宅邸能够幸存至今的缘由十分有趣。原本岩崎家在深川也有一座肯德尔设计的洋馆,但在1923年大地震中被毁。而本乡的洋馆则幸免于难,之后又逃过了1945年空袭的浩劫。由于美国占领当局实行拆分旧财阀资产的政策,岩崎家的地产也被移交给了政府。之后大部分又被交给最高法院托管,后者决定将宅邸拆除以修建司法研修所和法官公邸。拆除工作很快就开始了,当文化财产保护委员会介入,宣布剩下的和室及洋馆是受国家保护的重要文化财产时,和室已经拆得差不多了。最高法院同意了文化财产保护委员会的声明,因为倘若要废除这项声明,最高法院自己也必须像普通人一样走司法途径。

在近代日本,如果太有钱,常常会遭遇危险。例如创立安田财阀的安田善次郎便在1921年被国粹主义者刺杀身亡。岩崎宅邸也设有为应付万一而建的地下逃生通道,据说美国人利用这座房子从事反间谍活动时,这里还上演过许多不可告人之事。从这些细节中,你可以感受到那些在鹿鸣馆聚会的贵族们的生活是怎样的。

早在大地震前,大学教授和知识分子就开始向西郊迁移了。《东京繁昌记》之类的书籍有许多,其中1918年出版的《东都新繁昌记》中记载了15个城区各自的简要特点。其中下町各区的介绍十分平淡,并不深入。这或许是因为与山之手地区相比,下町变化很少,容易归类,都是过气的老城区了。例如京桥是"洋气"的,而日本桥则是"日式的"。与此相对,山之手地区的特征则十分多样,每个区都朝各自不同的方向发展,例如南部与北部的不同发展方向就是其中一例。赤坂是贵族"华族"的地盘;麻布的"虫鸣"十分有名,因为其有广阔的庭园和空地,那时还处在市区的南端。本乡是学生聚集之地,是"角帽"①之町;神田虽然也是学生聚集之地,但那里的"书生"需要靠打工挣住宿费;位于明治时东京城区西北角的小石川则是教授学者的聚集之地。

小石川区虽诞生了永井荷风这样最为敏锐、勤奋的城市变迁的记录者,但总体上它在山之手北部的两个城区中,相比本乡区而言,并不是很突出。在棒球运动场和游乐园于水户宅邸的旧址上建成以前,它没有什么能吸引人特地前来之处。围绕江户郊区的一圈寺庙带从小石川贯穿牛込向西延伸。小石川有两座非常庄严的大寺庙:护国寺和传通院,都与德川家渊源颇深,不像浅草观音寺那样是吸引大众的场所。值得一看的庭园倒有几处,包括东大的植物园,始建于17世纪江户初期,是将军自己的草药园。东京最古老的教学楼曾经作过大学的医学院,就在这座植物园里。

小石川有几个工业区,其中一个很受无产阶级编年史家的推崇。那就是位于传通院后面谷地中的一个印刷中心。由于受教育程度比大部分无产阶级工人稍高,印刷工人很早就有阶级意识,其中涌现出一些日本的乔·希尔②(Joe Hill)式人物。但总体来说,小石川区即便算不上是上层资产阶级的地盘,也是一个财力雄厚的区域。因为某些原因,这个位于城区西北角的区不是人们可以随便晃荡的,它也不是一个在城市西进的大潮中被埋没的无名角落。小石川区的西北

---

① 即四方形帽顶的帽子,代指大学生的制帽。
② 瑞典籍美国工人运动家、作曲家,20多岁时来到美国闯天下,后创建工会,团结工人进行抗争,并创作民歌鼓舞士气,最终被美国政府处死。——译者注

界此时离东京实质上的边界线还不远。

麹町西面的牛込和四谷,与麹町一样是中上层人士的居住区。不同的是它们时常会吸引世人的关注。例如牛込区的神乐坂在大地震之后的一段岁月中,作为山之手地区的花街柳巷曾盛极一时,甚至可与赤坂相媲美。永井荷风认为它有着山之手地区罕见的庸俗,不过他个人的眼光从来都过于挑剔。牛込是东京15个城区中唯一没有遭受火灾侵袭的。因此神乐坂也吸引了那些过去更喜欢下町相对古老保守花街的人们。他们在前者衰落后,迫不得已地转向了后者。不过在城市向西移动的大潮中,神乐坂自身也很快就被甩在了后面。

四谷在明治中期仍然是15个城区中人口最少的,但在城市西移的过程中,越来越多的人移居此处。就在大地震之前,新宿的一部分编入了四谷区。当时的新宿是西部郊区当中发展最快的,不久就在商业和游乐方面超越了银座。

我们前面提到,有岛家族在麹町购置了一座旗本屋,有岛生马在大地震后仍然住在里面。而永井荷风的父亲则在小石川买了两座旗本屋,将其拆毁后,在上面建了一座更贴合新时代的新房。到了荷风的少年时代,小石川有关旧幕府时代的遗迹就只有古老庭院的遗迹以及野狐出没的阴森之地了。这两位文学家各自家族的不同做法,也许可算是代表了两地差异的典型例子了。麹町遗留下的几排旗本屋互相扶持,营造了独特的氛围。而在更北面和更西面的小石川和牛込,较大的贵族宅地要么被分解成小块,要么成了公用地,零散分布于其中的旗本屋则住进了并不念旧的人们。于是到了明治时代结束时,山之手周边的几个区与番町相比,已远没有了江户时代的气氛。

南部的各个城区缺少可以冲乡巴佬炫耀的地方。麻布的虫鸣虽然有名,不过乡巴佬自然是听够了昆虫的鸣叫声。赤坂则有离宫,到明治时代结束时,透过铁门也许还可以依稀看到住着皇太子的法风建筑群。

麻布和赤坂区还有大规模的兵营和练兵场。麻布的六本木后来之所以能发展成为娱乐中心，最初便是起于为军队提供娱乐服务。它现在是重要的娱乐中心里面唯一一个不在交通枢纽上的。如今普通人已经不记得六本木发迹的源头在于军队，这里反而成了寻欢作乐的和平主义者们聚集的地方。

在明治晚期，另一个军队人士喜欢前去游玩的地方是涩谷，当时它还位于郊外，但地处城市猛烈西扩的路上。涩谷在明治早期以产茶著称，到明治晚期成了富裕的郊区。它把人流和金钱从老城区的中心地带吸引过来的能力十分强劲，在这点上，它成为新宿最大的竞争对手。

就明治时期的地图来看，上流阶层生活的赤坂实际上可能比麻布有着更嘈杂的虫鸣声。虽说是上流人士的住地，但上流中的上流——皇族人士的主要住所并不在这里。明治晚期皇族的主要住所有 14 处，其中半数即 7 处在麹町，位于旧城堡的内外濠之间，4 处分布于麻布，只有一处在赤坂。此外旧都即京都留有一处，还有一处在东京的下町，位于浅草再往隅田川上游走一些的沿岸地区。它们没有一处在位于山之手地区的北部城区，那里的居民明显没有这些地方的人位高而多金。

虽说如此，赤坂有皇族中最高贵的皇太子所住的赤坂离宫，此处还有广大的公共用地。如果你善于翻越墙壁，躲开守卫，你就能在不踏入私家土地，只经过皇族或公共用地的情况下，从城郊走到外濠，穿越整个区。不过在这些广阔的公共土地中，有不少连昆虫都很难生存。例如新建成的青山练兵场，后来成为举行明治天皇葬礼仪式的地方，然后又变成了纪念他的公园，但当时它却和日比谷练兵场一样满是烟尘。尘土飞扬被认为有助磨炼士兵。

尽管麻布不是人口最少的区，但在明治晚期的时候它似乎是 15 个城区中最具乡土气息的。人力车车夫们都说他们不想去这个地方，而不去其实也没什么问题，因为这里很少需要他们的服务。麻布的街道和小巷都喜欢随意蜿蜒开来，而且相互之间常常完全不通，据说连对道路最为熟悉的老车夫都常迷路，颜面扫地。

明治后期东京的扩张，最为猛烈的是从四谷向正西的新宿方向，其次便是从赤坂向西南涩谷方向。这也就是说，明治结束时的城市布局和明治初年一模一样，大道从城市中心如蛛网般呈放射状延伸开去，其沿线是朝气蓬勃的商业带，而它们之间则分布着人口密度和富裕程度不一的居民区。

从明治起直到今日，东京的大规模移动并不仅仅是人口上的。山之手地区在财富、权力乃至文化上不断积聚实力。文化常常跟着金钱资助走，因此下町在这方面也逐渐失去了创造力。下町在权力方面正逐渐失势这种提法，虽然听上去有点奇怪，因为在旧政权体制下，独掌了绝对权力的是住在江户城堡中的幕府将军而非下町民众，然而正如我们所看到的那样，过去贵族武士的宅邸曾经遍及整个下町，尤其是那些临河并且有宜人景色的地方，而且像三井家族这样富裕的商人阶层也比幕府体制下理论上所允许的要更有权力。

今天人们在界定下町的范围时一般存在误解，而这种误解正是今日东京状况的体现。住在南部和西部富裕城区的居民常常认为相对贫困的北部和东部各区都属下町。而事实上，后者中包括了过去气派的山之手地区的一部分，例如本乡和谷中区在明治时代皆是艺术和学术中心，明显属于山之手地区的一部分。这种误解反映了如今在富裕阶层人士的眼中，东京的地域差别已非过去意义上的山之手与下町的区别，而是有钱的半边与没钱的半边之间的区别。而江户时代至明治初期时并不是这样的。如果要进行概括的话，那时两者的区别是山之手是相对贵族化的城区，是武家社会，而下町则较为平民化，是町人的世界。

今天如果你调查一下作家学者的住所，看看它们的分布情况，会发现虽然在文京区①及北区还能勉强找到几处，但从上野以东起的平

---

① 现在东京的 23 个特别区之一，由旧本乡区和小石川区的一部分组成，拥有众多明治著名作家的故居，出版印刷业十分兴盛，并有以东京大学为首的诸多教育机构。

原地区即传统的下町地区,已是一处也没有了。和旧的武士阶层及商界精英一样,作家和艺术家在整个明治时期也逐渐迁出下町。洪水过后留下来的人很少,到大地震发生的时候,搬离工作已经基本结束。永井荷风很喜欢下町,但像他这样的作家终究是个例外。不过即使是荷风自己,在大正中叶时也只是在筑地住了一阵,在外国人居留地附近,甚至更靠近新桥艺者町。在大地震发生前几年,他也忍不住在山之手地区更富裕的麻布为自己盖了一座房子。他住在筑地时期的日记里全是牢骚,说下町嘈杂而且满是灰尘。

下町曾经是江户晚期文学、戏剧的发源地。但戏剧在这之后经历了巨大的变化,首先是改良运动,与此同时还有来自国外的影响。并且更重要的是,支持戏剧发展的下町本身的基础已分崩离析。在文学方面,虽然江户文学直到明治中叶的时候依然很受欢迎,但此时近代文学已经开始取代传统文学了。

关于传统文学和近代文学的差异,有很多值得探讨的地方。江户时代的大众通俗文学并不理性。而始于鹿鸣馆时代即1880年代的近代文学又走向了过分理性乃至偏执的极端。如果说近代文学有一个一以贯之的主题的话,那就是对身份主体性或者说同一性的探索①;是关于"人之所以为人,我之所以为我"的原因的追问。在明治时期的思想和文学中,基督教有着重要的影响(虽然之后其影响力有所减弱);反抗家庭、批判专制父权的主题反复出现;近代小说中对自传性因素的强调——所有这一切的共通点都源于近代意识与个人意识的结合。

不过这些都只是山之手地区关心的问题。下町在一段时间里仍继续生产和消费受江户市民喜爱的绘草子等通俗读物。近代主义的旗手们完全鄙视这些。而随着江户晚霞余晖的渐渐消散,下町已经无法生出与近代主义对抗的力量了,而此时它又无法再坚守对旧文学形式的热爱了。大正时代能看懂江户绘草子的古风文辞,识得其

---

① 原文为 quest for identity。

独特字体的人已不多了。如今,至少一般读者基本都看不懂了。

江户文学有着强烈的现场感,即与江户这个特定的场所关联紧密。你可以毫不夸张地说江户有它的文学,而东京没有。近代文学比江户文学更具有全国性,也更具世界性。如果撇开下町具体的地点,江户文学会变得无法理解也无法欣赏。虽然明治以降仍有像永井荷风和久保田万太郎这样将变化中的东京作为创作主题的作家,但他们都是例外。近代文学不会使人联想起芝和神田这样具体的地点,而是"郊区"这种笼统的概念。

说江户时代后期至明治时代初期的下町是日本文化的中心,是指它创造了日本最富有趣味的文化,而不是说它是全日本文化上的首都。因为后者必须要有全国范围的影响力,其文化产品为全国人民所消费。下町的边界线,正如我们从江户后期的地图上能清晰找到的那样,同时也圈定了其地域文化的影响范围,而今天山之手地区的边界线却不是如此,其文化影响力远超地域局限。近代日本文学的历史,就像近代政治家和哲学家的活动那样,是属于日本全国的,即使恰巧发生在东京,也并非东京的产物。

这种种故事自然是十分有趣的。我们仅为它们勾勒寥寥数笔,就转向下一个故事,这种叙事方式看似忽略了一个更大更波澜壮阔的主题——那就是一个地处地球偏僻角落,与世隔绝的小国,如何转变成一个现代技术的巨擘,实现大国崛起的梦想,以及伴随这种转变而发生,并使变革成为可能的心路历程。然而实际上,这一切与其说是一个关于变革的故事,不如说是一个关于求生存的故事。近代的小说家和思想家都是个人主义的积极宣扬者,不过推动近代日本前进的巨大力量,或许还是源自大多数日本人心甘情愿地压抑他们的个性,即使他们已不再受专制独裁的压迫。

随着山之手地区的影响力不断扩大,东京也成了越发抽象的存在,逐渐失去了其作为社群共同体的个性。始于明治并且在后来贯穿一个世纪的变化是意义深远的。今天下町的文化大概也只有棒球和电视,相比百年前真是寒酸至极。即使文人们一般自命清高,但文学、艺术和哲学等领域的繁荣已经跟着金钱离开了下町。而今天山之手地区的文化内涵则要丰富得多,地位也更举足轻重,虽然仍然有相当多的穷人住在这里,但极其富有之人也在这里。

　　山之手地区获得了金钱、权力和文化优势,变得越来越高端。下町则依然是两者中较有人情味和更容易亲近的,但它在文化上的卓越地位已一去不返了。对此,我们只能徒唱挽歌。

第六章　大正风貌

明治四十五年即1912年的7月20日,是例行的开河节开幕的日子,这一天本是下町最欢快、最拥挤的节日,却由于明治天皇病重的通告而被取消了。从一周前开始卧病不起的天皇因为尿毒症而陷入昏迷。

在这之后的整个夏天,东京城都是寂静的。街头例行的纳凉活动本可以让人们在酷暑难当的8月变得心情愉快,现在也被压制,花柳界也是同样。觉得有必要出去招揽生意的艺伎都穿着普通的服饰,以免惹人注意。甚至连股票市场都做出了悲观的反应,人们都本能地感到一个时代的终点已经到来,而下一个时代会是怎样的,没有人知道。

关于天皇健康状况的通告由快马从皇宫发出去,并在各警察岗亭前张贴。皇宫前的广场上聚集着沉默不语的人群。热心肠的人(似乎并不是官方人士)为他们送水。皇宫旁的神社——北面的神田、南面的山王以及帝国饭店附近的日比谷神社里也聚集着祈祷的人群。寺庙日以继夜地升起护摩的香烟①,这是一种古老的驱邪方式。在日本,人们自古以来就相信邪灵到处存在。

车辆在经过皇宫时都尽可能压低噪音。途经皇宫附近的电车车轨沿线也垫上毯子以消声。这条电车线从日比谷开往四谷,其沿城濠前进,在西南转角上离皇室御所很近。而自1871年以来宫城内每

---

① 佛教密宗修法之一,以不动明王和爱染明王为本尊,设护摩坛,焚烧护摩木等祈愿消灾。英文原文此处作"焚烧芝麻",疑有误,因为在日语中,"护摩"与"芝麻"同音。

日正午必会鸣响的午炮①,也移到了更远处。

天皇于7月29日深夜过世②。讣告在30日早晨出来,于是明治四十五年变为了大正元年。午夜过后仅过了几分钟,天就下起了雨,到讣告发布的时候还在下,但跪在宫城前广场上的人群仍彻夜祈祷,无人离开。

从天皇驾崩到大葬前的数周,举国上下一片哀悼。讣告一经发布,剧院就取消了所有的演出,而有些剧院一直到举行葬礼的时候还在歇业。杂耍戏棚似乎是最快恢复营业的。许多商店都关门停业了,尤其是皇宫附近商业区的店家都大门紧闭。在服丧的初期,全市的销售额下降了1/5甚至可能有1/3。人们的悲伤中也夹杂着一丝愤怒,他们向天皇主治医师的家投掷了石块。

虽然也有将天皇葬于东京的动议,但京都南郊的伏见早已被选中。大葬在9月13日举行。报纸重点关注了平时喧嚣的场所如今万籁俱寂,只有火车站人头攒动,特别是上野站为接待从贫困保守的东北地区涌入的旅客而忙得不可开交。平常只在新年才停业的鱼市在葬礼那天也是一片寂静。全城的商店都关门停业。据说浅草比两年前洪水过后还要静悄悄。就连"浅草十二层塔"下的游廊小姐们在这天也端庄规矩。

葬礼这天天气不错。仪式采用了新旧合璧的形式,恰似象征了这个已经结束的时代。神道教自古把最庄严肃穆的仪式放在晚上举行,因此大葬也是在晚上举行。晚上八时近卫连队鸣响礼炮。停泊在品川旁的海军军舰进行了回应,全城的寺庙一齐敲响了钟声。葬礼队伍在军乐队的送葬进行曲伴奏下从皇宫东南面的正门出发,跨过二重桥③,之后从皇宫的前广场直到"马场先门"都有装在铁笼中的

---

① 从明治至昭和初期鸣放的用于报知正午的炮声,日本各地都曾有过,东京则是以江户城旧城堡为中心发射空炮,从1871年起持续至1929年改为汽笛。
② 日译本作7月30日午前零时四十三分。
③ 是对东京都千代田皇居内的桥的通称。最初只是对从皇居正门至长和殿途中的"正门铁桥"的习称,后来也将正门外的"正门石桥"与"正门铁桥"并称为二重桥。

煤气灯照亮道路，而在队伍里的葬礼侍者则举着松明火把照明。设在青山练兵场的殡仪馆也被近代的煤气灯照亮。五头牛成一列纵队拖拉灵车。一些出席者穿着古老的宫廷服饰，其他人则身着现代制服。

葬礼队伍从马场先门向南穿过日比谷公园，又转向西，沿着外濠前进，然后再向南前进到达青山练兵场，此时已是十一时了。在马场先门附近挤满了群众，由于过于拥挤以致有人受伤。一路上的窗户和电线杆都罩上了黑白布，灯火全都熄灭，所有商店标牌不是被遮盖就是被移走。天皇的遗体在14日用火车运到了京都，并于当晚在伏见下葬。在涩泽荣一的主持下，为纪念明治天皇而修建神宫的计划立即就提上了日程。神宫选址在了位于赤坂区西面的郊外皇室土地上，即代代木上，青山练兵场则作为外苑用地。神宫最有名的御苑菖蒲花园，据说是当年明治天皇为了取悦皇后而亲自设计的，不久就连同御苑一起献给了皇后。明治神宫于1915年动工，1920年举行了落成典礼即镇座祭，不过直到下一年的年末才完全竣工。明治神宫外苑则直到1926年即昭和元年才完工。明治神宫镇座祭举行的当天，一座桥塌了，引出了一段我们之前已经提到过的建筑工程丑闻，它与公用事业腐败案同时发生。东京市长因为这两桩丑闻而辞职。

伴随大葬发生的最引人注目的事件是乃木希典将军和他妻子的自杀殉葬，时间似乎是在宣告葬礼开始的寺庙钟声鸣响之时。乃木将军的居所十分朴素，距离练兵场很近，至今仍然矗立在那里。在当时，城南地区还没怎么开发，从殡仪馆或许还能望见它。

明治天皇的继任者大正天皇驾崩时没有修建相应的神宫，他的辞世看起来也并不明显地意味着一个时代的结束。明治天皇作为个人来说离民众是遥远的，但作为一个时代的象征，他至今依然有着举足轻重的影响。而大正天皇就不能这么说了。他生命最后几年的深居简出，即便对一位天皇来说也是少有的。1921年即大正十年，当时还只有20岁的皇太子——也就是后来的昭和天皇被宣布为摄政。细心的话，我们可以在传记的注释中得知天皇病了。他的病是精神上的，这是大家都心照不宣的一个事实。

大正的统治非常短暂,只有明治时代的三分之一。大正天皇早已不在公共场合露面了,大地震后不久他便去世了,这对于东京的一般市民来说想必也不是什么大事,相比之下,在他父亲去世时,民众的悲痛要强烈得多。有人认为如果他在父亲前面去世,使当时还只有10岁或11岁的昭和天皇继承大统,那么1912年到1926年这段时间还会不会被历史学家当作一个历史阶段,是值得怀疑的。

不管怎样,与之前的明治时代和后来的昭和时代相比,大正时代可以说是一个波澜不惊的时代。明治时代给日本带来了举世瞩目的成就,而昭和时代既带来了咎由自取的灾难,又使日本在另一种截然不同的崭新秩序下,取得了其他方面的成功。大正时期也有战争,不过对日本人来说是一场轻松的战争,其中主要的军事行动都发生在遥远的欧洲,而胜利的果实都唾手可得。在历史上,说起"大正"会让人马上想到的是"大正大地震"以及"大正民主"。后者是第一次世界大战后的昙花一现,除了名字以外没有留下任何东西。大正时代没有什么特别值得骄傲或者引以为耻的历史事件。

虽说如此,我们讲述近代日本史时都习惯按照朝代来划分历史阶段,于是就有了大正文学、大正戏剧之类的名称。而且事实上,大正时期的事物确实有它自己的风貌。

如果你在下町拥挤的地方漫步,便可偶遇在1945年的空袭大火中躲过一劫的区域。而此处保留的正是大正的风貌。明治时期的影子现在已经很少能见到了,而真正的江户时代的遗物可以说一点也找不到了。你能从小商店正面用白铁皮做成的装饰中,从突兀出现的小塔楼中,从模仿西洋风格的凸窗中,从并非日式拉门而是上卷的百叶窗中,辨认出大正时代的风貌。永井荷风曾为隅田川以东地区对文明开化的置若罔闻而感到欣喜,但到了大正时代,即使是这片地区,在装饰艺术上也多少受到了西洋风格的影响。

1914年,东京赞助举办了大正博览会。其目的既是向新天皇致敬,也是秉承明治时代的精神,继续促进殖产兴业。但它却从一开始便状况频出。承办商似乎并不热心于推动殖产兴业。建筑工程直到开幕式当天也未完成,天皇不得不穿过一大片泥泞才到达博览会场馆。有人写信给报社,反对将木乃伊包含在庆祝新时代到来的展品中。但展览会总的来说还是取得了圆满成功。有700多万人购票参观。不论这场博览会振兴工业的效果如何,它确实在大正时代的开局之年,成功赋予了这个时代某种不同于明治时代的独立地位,将这个时代的特质和风貌昭告天下。

当时还有其他博览会,其中一场庆祝的是东京建都五十周年,另一场[①]则纪念日俄战争中奉天战役的结束,在大地震发生前一年半落下帷幕。但没有一个比得上大正博览会。正是这场大正初期的博览会向世人引介并确立了大正的风貌。

东京和过去一样走在时代的前列。到明治时代结束的时候,日本的西式建筑(至少是那些大规模的公共建筑)虽然庄严肃穆,但多少有些过于恪守西式规范,显得迂腐阴沉。而回顾早期日本的西式建筑如侯泰卢馆,则简直像是另一个世界的东西,因为它们实际上不符合任何西洋建筑的风格样式。大正博览会对商店及住宅建筑产生的巨大影响也完全可与之类比。在这一点上,没有比游廊更明显的了。极端稀奇古怪的风格使它们看上去像我们这个时代才有的迪士尼乐园。那本虽然不完全可靠,但异常精彩的日本导游指南的作者菲利普·泰利(E. Philip Terry)就把吉原比作庞贝城,后者是一座因火山爆发而被瞬间埋葬的罗马古城。看着被1923年大地震摧毁之前吉原的照片,它富丽堂皇的装饰很容易使人联想到威尼斯。其中有圣马可教堂那样的建筑。

大正的风貌也体现在服装和风俗上,这在女性身上尤其明显。在大地震前,男人多半已身穿西式服装,而女性中则仍流行日式和服。但不知为何,大正时期的日本妇女看上去要比明治时穿洋装的妇女更显洋气。从明治时的锦绘版画上看,那时妇女们的洋装色彩

[①] 指1922年3月10日至7月于上野举办的和平纪念东京博览会。

都极度鲜艳,甚至有些扎眼,无论是蓬蓬裙还是系带女帽,在百年后的今天仍能看出是货真价实的洋服(即使它们可能是仿制了巴黎时装的款式又咨询了皮埃尔·洛蒂的意见①),但她们的脸和神态还是江户时代的日本女性。与此相对,大正时期神情倦怠的美女们脸上忧郁的做派已是有模有样了,而这种倦怠的气质绝非日本本土的产物。

要说最能代表大正时代的画家,非竹久梦二②莫属。他比谷崎润一郎大两岁,在大正伊始时还不到30岁。其创作时期基本与整个大正时代相一致。尽管他的插画或许不是什么伟大的艺术品,但在刻画大正风貌方面比其他艺术家的作品更具有表现力。梦二画的姑娘面色苍白,溜着肩膀,像是患有肺病一样看上去弱不经风,这样的少女即使出现在一个世纪前的法国也不足为怪③。

江户时期的浮世绘中确有苗条修长的美女,但这是一种无血无肉的抽象美女,与竹久梦二的这种活生生的憔悴美女相去甚远。梦二画的姑娘看起来虽有肺病,但她们有时是笑着的。尽管笑得很苍白,但确实是笑着的。而江户时代美人画中的美女却不会笑,明治时代的也很少会笑。姑娘们的各种笑容在大正时代的绘画和海报中不时闪现,给人的感觉是来自西方的东西已经被吸收,成了人们身上的一部分。也许我们可以打趣说资生堂去除日本人肌肤上暗沉的努力,在这个时代终于获得了成功。

1891年出生于银座的画家岸田刘生觉得他在男人身上也找到了大正风貌,尤其是在男演员身上:"这些帅气的演员身上有一种勃勃的生机。使人联想到瓦伦蒂诺(Valentino)。"刘生写的虽然是大地震后的事,但在此之前这种特征已显露无疑。华伦天奴的风格气质

---

① 原文为 Look to Pierre Loti,日译本未收此句。
② 本名竹久茂次郎,日本明治及大正时期的著名画家,以美人画闻名,被誉为"大正浪漫的代名词"。——译者注
③ 可参见竹久梦二的《抱猫之女》(「猫を抱く女」)。

或许与大正风貌有共通点——但"生气勃勃"一词肯定是不会用到梦二画的女孩子身上的。很遗憾,竹久梦二没有给我们画个竹久风格的男孩子。

东京15个城区的人口在大正期间都有所增长,而东京府管辖范围内的人口增长得更快。到大地震发生的时候,前者已经突破200万,而后者则已经达到近400万。

山之手地区突破了城市的边界线,向各个方向扩张,尤其是在南部和西部。在明治早期,东京的市区规模实际并未涵盖全部15个城区,而到大正时代结束时,15个区已经被淹没在市区中央了。严格意义上的东京市区面积比横滨、神户或者京都的市区都大,但不到大阪市区的一半,比名古屋的只大一点。直到大地震发生约十年以后,东京市区的边界才扩展到把涩谷和池袋这类急速膨胀的郊外地区以及大部分人口包括进去的程度。市政府似乎不太愿意扩大行政区域。一方面是害怕自治受到干涉,另一方面是担心一旦扩张到将近县的规模,又会回到过去那种特殊体制:只设知事①,不设市长。

不过人们知道城市的扩张是不可避免的。除了东京市本身以外,大正末期东京府辖区内采取市制的仍只有八王子一处。但就在东京市15个城区的外侧,比八王子人口稠密得多的地区比比皆是,这些地区想必不久以后都将变成新的城区。1932年,周边町村终于进行了大合并,成立了新的城区。

知事依旧是内务省派来的不知名的小官员,而市长则常由声名显赫的人士担任。有些市长是大臣级别的,例如后藤新平。要是他在1923年春天没有辞职离任,那么有着"大包袱皮"之称的他,想必会在大地震后的复兴重建计划中大显身手。

大正时代的八位市长中没有一个是出生在东京的。后藤新平或许是他们当中最有名的,但最受欢迎的可能还是他的前任——田尻

---

① 统辖日本都、道、府、县的长官。

稻次郎。毕业于耶鲁大学的他是财政管理学方面的权威,曾在帝国大学担任教授。由于明治神宫桥的坍塌及牵扯出的腐败案,他后来不得不引咎辞职。他在某些方面是一个怪人,但这反而让他受到市民们的喜爱。他总是穿着过去传下来的旧衣服,从小石川的自己家走到办公室,午餐便当盒也像普通上班族一样用包袱皮裹起来拎着。虽然他本人在工作紧张的时候多少有点脾气暴躁,但也被人们看作是勤勉敬业而被接受。

日本享受到了战时的经济繁荣,东京当然也有份。1919年的工业产值是1910年的近四倍。至于金融和管理方面,令人瞩目的是大企业的中枢机构纷纷涌入丸之内即过去的三菱草地。1922年,资本逾500万日元的公司中有超过1/3把总部设在麹町区,主要就是在丸之内。数量等同于旧的商业中心日本桥加上京桥相关机构的总和。到大正中叶时,东京已颇具今天的雏形。

在东京中央火车站对面,日本境内规模最大的大楼——丸之内大楼于大地震前夕竣工。日本最早的"大楼"建筑(日语写作「ビル」,是办公楼的统称,也可译为"大厦")是1917年完工的海上保险大楼。这两座建筑代表了大正风貌的另一个侧面——虽然小店主更喜欢凸窗和塔楼,但大企业建造的巨型"大楼"是排斥无益装饰的,它们贯彻了简约朴素的箱形风格。日本的西式建筑再一次吸取了过去的教训,加以改进。

第一次世界大战导致了通货膨胀,在战争结束时又发生了因米价暴涨而引发的骚动,即"米骚动"。这导致了第一届以政党为基础的内阁的形成,人们普遍视其为"大正民主"的开端。米骚动于1918年7月起于日本海沿岸的富山,8月中旬时蔓延到东京。

8月13日夜,人群在日比谷公园举行抗议集会,被警察下令解散后,人流开始从京桥向日本桥移动,一路打砸。第二天,骚乱进一步扩大。暴徒中的一支队伍从日比谷接连行至新桥、银座、京桥、日本桥。而更值得注意的是另一支的走向,其从浅草出发,向上野进发

（据估计,当时有两万人聚集于上野）,之后又向吉原前进,毁坏了那里的69座房屋①。其间还发生了纵火和劫掠事件。

8月15日,在下町的同一地区骚乱又起,并首度向山之手地区蔓延。在16日这一天,银座再一次发生暴力事件。在上野,骑警驱散了一群劫掠心切的暴徒。政府自14日开始就禁止报纸发布有关骚动的报道,直到17日才解禁。解禁虽是新闻界抗议的结果,但此时骚乱的顶峰也已经过去。

米骚动直接导致了时任首相寺内正毅的引咎辞职,以及寺内军阀内阁的倒台。寺内当年参与战斗镇压幕府残余势力时,还只是一个不满20岁的小伙子。在他辞职之后,代表大正民主的新首相就任。他就是日本第一位平民出身的首相原敬。因这场骚乱而声名鹊起的还有一人。正力松太郎时任骑警队指挥,最初在日比谷的抗议集会便是他率部驱散的。他在战斗中负伤,前额留下一道深长的伤口,之后转行进入新闻界。他是一个有魄力而且精力充沛的人,迟早要登上20世纪的历史舞台。这次骚乱是他首次崭露头角。正力松太郎后来成了《读卖新闻》社的社长。他接管的时候,《读卖新闻》在东京的十多家报社中只排在第五六位左右。而他却让《读卖新闻》一跃成为至少在东京市内发行量最大的报纸。《读卖新闻》是东京本地的报纸,不像《日日新闻》或者《每日新闻》那样来自大阪。正力也可称得上是日本职业棒球和商业电视之父,由此我们可以说,今天日本人的生活几乎无不受其影响。

米骚动在地方上的发生,显然是出于对通货膨胀的不满。但这场在首都发生的骚动,其背后是否另有隐情就众说纷纭了,因为要是暴力活动没有蔓延到首都而只是局限在渔村里的话,那么内阁就不会被迫全体辞职。但另一种观点认为,东京发生的这类骚动,其参与者大多只是为了好玩和寻求刺激。在这一连串事件中,有1000人被捕,大约1/4被判刑,量刑最高的达到15年。遭到指控的人当中,贫

---

① 日译本作"六十二轩店铺遭到纵火和劫掠"。

困者似乎并不多。

永井荷风似乎也赞同后一种观点,他这样写道:

> 我拐进一条小巷,注意到艺伎的排屋静悄悄的,遮板紧闭,灯都熄了。回到主街后,当我在一家啤酒馆消磨时光时,一个书生打扮的男子告诉我说,银座的商店和新桥周边的艺伎屋都遭到了袭击。
>
> 于是我第一次听说了米骚动的事。从第二天开始,报纸上就没了关于这件事的报道。我后来听说暴乱总是在傍晚凉快的时候开始,而且每次的月色都很好。看来暴徒们总是挑傍晚凉爽时分,月色怡人的时候去富人家打劫,我感觉他们真是悠闲淡定。骚动持续了五到六天,之后一切都回归常态。骚乱平定的那天晚上下起了雨。①

东京这座城市正变得越来越能抵御火灾了,所谓的"江户之花"总算被逐渐踩灭。撇开大地震的非常时期,大正时代最大的一次火灾发生在大正元年,是无数场神田火灾中的一次。它起于神田,向东蔓延到日本桥和京桥,焚毁了2500多间房屋。在大正时代的火灾中,另一场令人印象深刻的火灾是在帝国饭店新馆开张前夕将旧馆烧毁的火灾。火灾损失的减少或许与消防技术的提升有关,不过建筑使用的耐火材料确实也发挥了较大的作用。1916年,新建房屋都禁止再用茅草铺顶。江户的消防组织直到大地震时依然在工作,他们精神抖擞、乐观向上,但1923年这场大地震引发的火灾本身便将中央消防厅连同它的大部分装备一起化为了灰烬。像这样大规模的灾难需要统一集中指挥的消防系统才能应对。当然新的消防系统还是无法阻止1945年空袭导致的灾难,也不可能百分之百地抵御将来可能发生的类似灾难。

---

① 引自《花火》。

明治晚期的大洪水是最后一场给市中心带来大规模损失的水灾。虽然在1917年，银座东面歌舞伎座的积水曾经漫过膝盖，但那是因为台风导致的海水倒灌。东京不再受洪水侵袭，要归功于荒川排水渠，其于明治大洪水后开始动工，在大地震前夜竣工。即便是在全面竣工前，它也发挥了重要的作用，很好地疏导了1918年夏季的强降水。虽然利根川①水系河水的泛滥仍然不时淹没最东面的城区，但荒川排水渠已经抑制住了危害更大的隅田川泛滥。

该水渠是自幕府填平隅田川河口湿地以建造下町以来，东京最雄心勃勃的土木工程。资金由日本中央政府拨付，并由内务省直接监督工程的实施，从埼玉县到海湾开挖了50多英里的水渠。该水渠上游大致沿旧荒川而建，大约在旧荒川易名为隅田川之处②向东行进，最后注入东京湾，其入海口大致位于深川区东界和今天东京东部边界之间的中点③。并有水闸控制流进隅田川的水流。

新水渠并未穿过明治和大正时代东京15个城区中的任何一个。仅是取得土地的这一项费用，在当时就已数目巨大。不过由于此时这一带基本是农田和渔村，这一数目还能接受，如果是在几年之后，土地收购价估计要上涨五六倍了。该工程的设计非常有远见卓识，效果也相当棒。虽然集中降雨时有些住家的地板仍会淹水，但隅田川自1910年之后就未再发过大水。

不过防火防洪是以牺牲美景为代价的，这或许是无可避免的（虽然免不了让人腹诽）。防火的混凝土建筑就像盒子一样呆板，没有陈年古木的色调，铺着沥青纸的平屋顶也没有厚重茅草屋檐的韵味。昔日郁郁葱葱的河堤已被污渍斑斑的混凝土墙取代。

菲利普·泰利在1920年出版的日本导游指南中告诫读者们最

---

① 发源于日本群马县的大水上山，从北至东流经关东地区，注入太平洋，是日本最大规模的河川，也是为东京提供水源的重要河流之一。
② 即岩渊水门。荒川自古便经常泛滥改道，在荒川排水渠建成后终于归于安定，1965年荒川排水渠本身被正式确定为荒川的干流，而把自岩渊水门以下的旧荒川易名为隅田川。
③ 即今天江东区与江户川区的分界线处。

好不要期待东京的夜生活:

> 对于外国游客来说,天黑后的东京是一个巨大昏暗的村庄,不少人会觉得它平淡无趣得让人无法忍受。除非你作为外交界的要人来访,会受到连夜不休的宴会款待,否则对普通人来说,除了待在舒适的宾馆里之外没什么事情可干……另一方面,日本人不太喜欢快节奏的生活,他们容易知足,东京高雅恬淡的娱乐对他们有着巨大的诱惑力,把他们从全国的各个地方吸引过来,就像被磁铁吸住一样。饮着茶碗中清淡无糖的茶,把烟草塞进烟管上比弹丸大不了多少的烟袋锅儿里点燃,聆听太鼓的击打声和艺伎忧伤的小调,就能让他们心满意足了。一旦在首都安顿下来,他们会对所有不幸住在首都外的人都抱以怜悯轻视的态度。

这是一段精彩生动的描述,实际造访东京的游客也一定感同身受。不过要是泰利像那些更权威的日本旅行指南的作者如张伯伦和梅森那样熟悉日本,那么他应该意识到大正时期的夜生活已经比以往任何时代都要丰富了。昔时的江户在入夜后便漆黑一片、万籁俱寂,它的夜间娱乐活动都是为男人们保留的,而且仅限于他们中少数享有特权的人。银座变身为炼瓦街,灯光明亮吸引人流浩浩荡荡,完全是新出现的现象。这种夜生活也许过于寡淡,但它毕竟提供了适合举家出游的选项,尤其对那些年轻人来说,他们多多少少被花柳界拒之门外,因此夜晚能出去在街道上散步,想必是很新鲜刺激的体验。"银座漫步"——"在银座消磨时光"的盛行,始于大正时代,一直持续到第二次世界大战前。在那之后,像新宿之类更潮更西化的地方追了上来,把年轻人吸引走了。

银座和"银座漫步"是大正时代的东京的象征。作为企业活动中心的日本桥正遭到丸之内的挑战,不过它依旧是大型零售业的中心。三越和白木屋这两家百货商店作为明治晚期商业革命的先锋,依旧相互较劲。如前所述,三越在广告宣传上更胜一筹。

也许你会觉得被银座吸走人气的日本桥在商业上的卓越地位终将不保——因为广告宣传的目的就是为了吸引人气。不过保守规矩的日本桥本来就不是能吸引大批不特定人群光顾的地方,而热衷于"银座漫步"的人群也并非是能够购买昂贵商品的那一类人。能威胁到日本桥的竞争对手:大型购物中心要到几十年后才会出现。"银座漫步"对20岁左右的年轻人来说,只是一种愉快的消磨时间的方式,他们喜欢像这样与自己同龄同阶层的人挤在一起漫步,打发时光。这可能还是东京第一次出现一处年轻人喜欢去的场所,而且基本清一色是年轻人聚集。"银座漫步"这个词语现在已经退出了历史舞台,喜欢逛大街的人也都转向了西部,但这个群体依旧是以20岁左右的小年轻居多。

在"银座漫步"开始流行时还是银座象征的成排柳树行道树,到大地震前夕已不复存在。它们在1917年的台风中损失惨重,这场台风引发的海水倒灌使歌舞伎座也被淹了。1921年,银座主街被重新规划,以便把更多人行道的空间让给机动车,当局把行道树全换成了银杏,这样更紧凑,也更便于机动车通行。

当然此时机动车的时代已经来临,保证车辆通行便利成了头等大事,直到今天依然如此。日本最早的机动车据说是明治晚期的时候从国外引进的(当时所有的内燃机都是舶来品),它主人的姓名颇为古怪,叫艾萨克·佐藤(Issac Sato)。大正初期,出租车开始出现。而东京市内的摩托车,到大地震发生的时候已经有数百辆。英国历史学家 G. B. 桑塞姆(G. B. Sansom)喜欢说他是第一个将摩托车带进日本的人。他在第一次世界大战爆发前不久将其带进日本,用于乡间考察。

新银座主街的改造并没有完全取得成功。在这之前,除了有轨电车行驶的地方铺有路石,另当别论之外,供机动车行驶的车道并没完全铺好,因而时常泥泞不堪、灰尘滚滚。于是在这次改造中,它们被铺上木块,缝隙处填上沥青。人们起初认为这样既能保证耐久性,又能承受预期的载重量。但在开通那天,大雨导致大量的木块因积水而漂浮，车子开过时水溅得很厉害。接下来的一年里也有类似的麻烦，而且在炎热的8月还会有沥青融化的麻烦。最终在1923年大地震的火灾中，整个路面都烧了起来。因而从某种程度上说，东京最初50年的历史可谓由银座火灾揭幕，并由银座火灾为其画上句号。

对大众来说，不论当政者如何更迭，大正都是银座和浅草的时代。直到大地震前夕，"银座"这个名称才被官方用来称呼今天的这整片区域。它在严格意义上仅指北部街区，也就是过去幕府铸币厂的所在地。大部分人会认为银座是东京的中心，但银座并非真正意义上的"闹市区"。或许除了新闻业发达和剧院云集，它其实并没有什么了不得的地方。它的魅力在于一种气氛，不容易定义或描述。梦二笔下的姑娘虽然带着世纪末的忧郁，但大正时代仍有着比明治时代更具青春活力的文化。"摩女"、"摩男"，即"摩登女郎"和"摩登少年"们也正是出现在这个时代，而银座正是他们的舞台。

大正时代的浅草与江户时同样，是民众们"观物丧志"的地方。它是各种表演的中心，不仅有着供人们酒后小打小闹的最佳场所，也有无证经营的纵欲场所。东京人气最旺的寺庙浅草观音寺在传统上一直都是这类场所的聚集地。在江户时代结束的时候，浅草几乎垄断了戏剧演出，并且作为人们前往最大游廊路上的最后一站而繁荣兴盛。在两次世界大战之间，浅草迎来了它的黄金时代，不仅继承了江户以来的传统，同时也变得十分摩登。

浅草对于新的大众文化有着敏锐的嗅觉。它与时俱进，可能还有点超前于时代，成为大众的引领者。在日俄战争结束后的那些年里，浅草建起了东京最大规模的影院街，其盛况从大正时代一直持续到昭和上半叶。永井荷风也常去那里看"活动写真"[①]的海报，说这样便能掌握大正时代的流行动向。另一方面，浅草仍然有歌舞伎。观音寺后面的宫户座被艺术鉴赏家们视作江户歌舞伎最后的圣地。然

---

① 电影的旧称。字面意思是"会动的照片"。

而，歌舞伎即使在下町也已不再像过去那样广受大众欢迎了。另一方面，电影虽然飞速发展并且青睐谷崎这样的天才剧本作家，但在大众眼里仍是种新奇玩意儿。介于这两者之间的歌剧在这个时期迎来了全盛期。浅草正是其中心。明治时代的浅草或许是东京最喧闹的娱乐中心，但放眼日本全国也有能与之匹敌的热闹场所。而在歌剧方面，从大正中期到晚期处于歌剧全盛期的浅草是无可匹敌的，这不仅是放眼东京，放眼全国也是同样。

"浅草歌剧"是一个很宽泛的概念，指大正中后期在浅草上演的各种音乐剧，从西方的那种真正的歌剧，到国内外各种轻歌剧，甚至还包括单纯的时事讽刺剧。

狭义的歌剧最早是被当作文明开化的必要组成部分引入日本的。在1911年帝国剧场开张后不久，它的赞助者们就开始着手引进歌剧。他们在英格兰找到了一位有意参与指导此事的意大利人G. V. 罗西(G. V. Rossi)，他在当地担任编舞和轻歌剧导演。于是罗西便应帝国剧场之邀赴日，担任剧场附属歌剧团的指导。当他在1912年到达日本，得知帝国剧场并非如其字面意思所示那样是日本的国立剧院时感到有点失望。但由于已经收取了一大笔保证金，他还是留在了日本。

他指导日本演员上演的第一部歌剧作品是莫扎特的《魔笛》。这看起来显得不切实际，而实际上也确实如此。即便放在今天的日本，在西方音乐训练和素养方面都大幅提高的情况下，这也是一部很难把握的作品。帝国剧场对这部戏剧的制作看起来是很敷衍凑合的。同一个女高音带着一个只管站台的演员，在剧中两个角色相遇之地，既扮演帕米娜，又扮演夜女王。之后罗西感觉轻歌剧更适合现有的演员，于是他在上演意大利歌剧的同时，也在轻歌剧上下了赌注。

但他的赌博并没有取得成功。剧场附属歌剧团只维持了三年时间。罗西自己也在1916年被解雇。他的冒险并未获得经济上的成功。他又在山之手地区的赤坂收购了一家影院，再一次进行尝试。它就是后来在日本的西方音乐史上声名卓著的"皇家剧院"(该剧院的名字为英文 Royal①），但这次也同样归于失败。皇家剧院于 1918 年关门停业，罗西也失望地离开了日本，前往美国。

不过罗西作为指导者起到了重要的作用。许多后来在浅草成名的人都曾在他的帝国剧场和皇家剧院接受过指导。浅草歌剧中那些货真价实的西洋歌剧，没有罗西是无法存在的。不过他旗下的歌手在皇家剧院还在苟延残喘的时候便开始疏远他，一俟其关门歇业，所有人都动身前往浅草。也许倒霉的罗西在帝国剧场解雇他的时候就该去浅草而非赤坂。赤坂虽有料亭街和一大群富人聚集，但不是一个吸引大众的地方。它处在城市的西南边缘地带，只有一条电车线通到那里，车也不多。而浅草则是熙攘之地。

浅草歌剧中还有一种更为重要的类别及要素。一部名为《女军出征》的滑稽短剧在 1917 年取得了巨大成功，以至于它的首演日被看作浅草歌剧的诞生日。它本身是一部没什么实质性内容的关于第一次世界大战的歌舞剧。由于西线出现男人荒，娘子军也被派上战场。《女军出征》的大部分内容都是歌舞，包含角笛舞②和苏格兰高地舞（说是这样说，但实际从描述上看更像哥萨克舞蹈）。因为这部歌剧，《蒂珀雷里》③这首第一次世界大战时爱尔兰出征士兵爱唱且在英国的音乐厅中也十分流行的歌曲，在日本变得非常受欢迎，以至于在日本的小海湾沿岸也被传唱。演出的时候每天都是人满为患，散场时不得不出动工作人员护送观众走舞台后门，才挤得出去。

浅草歌剧中占主流的是这种通俗作品，当然上演的剧目中偶尔也会出现真正的歌剧，例如《弄臣》④或者《露琪亚》⑤。《弄臣》中的男

---

① 日译本作「ローヤル館」。
② 爱尔兰踢踏舞的一种。
③ Tipperary，全名为 It's a Long way to Tipperary。
④ 《弄臣》是 G. 威尔第创作的歌剧，共三幕。剧本改编自维克多·雨果的讽刺戏剧《国王寻欢作乐》。——译者注
⑤ 《拉美摩尔的露琪亚》（Lucia di Lammermoor），三幕歌剧，是唐尼采蒂最有名的作品。——译者注

高音咏叹调"女人善变"是大地震前的热门曲目之一,当时还曾发生过一件趣事:由于缺少合格的男高音,公爵的独唱一度不得不由女高音来唱。不过当时最流行的还是轻歌剧和时事讽刺剧。在西方剧作家当中,苏佩①的作品(如《轻骑兵》)好像是最受欢迎的。隔着浅草小巷,一家专门演出西方作品的剧院和一家演出日本本土作品的剧院彼此相望。本土作品有很强的色情倾向,在数量上也超过西方歌剧。

现在看来引人注目的还是当时已有真正的歌剧上演,而且还很受欢迎。当然以今天的眼光来看制作略为粗糙,并且在歌唱技巧方面用的还是日本传统的发声方法。当时浅草最有名的两位男高音几乎没有受过任何正规的音乐训练。他们的歌声在"二战"后还能听到,其中一位名叫田谷力三的男高音活到了1982年,他在80岁高龄的时候依然上电视献唱,其声音甚为宏亮。他最早开始歌唱生涯是在三越的少年乐队里。他曾自豪地回忆说那时乐队在日比谷公园演出的时候,公园最远的角落都能听到他的歌声。鉴于最远的角落离他们表演的舞台有400码远,一路上还要穿过许多树,因而或许这确实是一项了不起的成就,但我们从中可以看出关键点在于他们唱歌时把嗓门大放在第一位。今天听来他与其说是唱得好,不如说是声音响,但浅草的群众就喜欢这样的大嗓门。

浅草歌剧出人意料地受欢迎,尤其是在年轻人当中。毫无疑问最吸引他们的是色情内容。在十年或二十年前,明治时代的年轻人便成群结队去看去听漂亮姑娘表演的传统音乐"娘义太夫"。他们的动机也几乎不用怀疑。大正风貌不同于明治时代,除了继续西风强劲外,还更加开放,《蒂珀雷里》的走红除了自身的条件之外,还因经过了许多本土化改编。浅草歌剧是更加开放的歌剧。这种开放性最明显的一个体现便是在大庭广众下突然露出年轻的肉体:舞者举起美腿朝所有方向踢腿。娘义太夫的表演者也许根本用不着有一双女人

---

① 弗朗兹·冯·苏佩(Franz von Suppe,1819—1895),奥地利作曲家、指挥家。——译者注

的美腿,而由女高音扮演的伯爵和摆动的腿则是浅草歌剧的一部分。

浅草歌剧的追捧者中,既有知识分子,也有资产阶级人士。自从它早年的历史中扯进了一个意大利人和帝国剧场后,这就是必然的事情。狂热粉丝中有许多是身无分文的年轻人,他们被称作"戏棍"(ペラゴロ,peragoro)。关于这个词的起源有两种说法。所有人都同意该词的前半部分来源于"歌剧"(ペラ,opera)一词。至于后半部分,有人认为其源于"吃白食的小白脸"(ジゴロ,gigolo)一词。其他人则认为其来自"流氓"一词(ごろつき,gorotsuki)。不管其最初来源如何,后一种意思逐渐占据了主导地位。"戏棍"们游荡在公园周围,他们夜复一夜地去剧院,不收报酬地为最喜欢的歌手捧场喝采,并组成帮派。其活动不限于加油助威。不同派别之间有时甚至诉诸暴力。当时就发生过一些暴力事件。一个人如果不从属于某个戏棍帮派,那他在剧院抗议过激的行为时就必然自身难保。戏棍帮派会在公园聚集,每人都向一个当红歌手宣誓忠诚。他们的聚会地点都是固定的,一个帮派在团十郎的雕像下面,另一个在湖边的紫藤棚下。这些人每晚都会分成两队向剧院前进,一队是有些钱的,在开场时进去,另一队没钱的则在开演之后等半价票开售时进去。

就像普通的年轻人那样,他们去那里自然是为了寻求刺激,但对浅草歌剧的痴迷是他们的源动力。可见浅草歌剧有多么受欢迎。他们的女伴们通常来自"浅草十二层塔"脚下的那些从事可疑生意的小屋里,她们有时候会被称作"戏贱"(peragorina),但这种叫法绝对没有"戏棍"那么通用。

在浅草已陷于衰落的当下,上了年纪的人追忆起浅草当年的繁华时,脑海中浮现的不是莫尔斯和格里菲斯描绘的那个浅草,而是歌剧时代的浅草。新兴的娱乐区,无论是新宿还是涩谷、六本木,都未能孕育出能够取代当年浅草歌剧地位的东西。下町本质上是保守的,但它也变了,许多应当留存下来的事物都消逝了。当人群逐渐离开浅草时,它也失去了一些最应当保留下去的东西。永井荷风写过一个意犹未尽的短篇故事,故事的结尾令人惆怅,男主人公厌倦了浅草,向西迁移。曾经热衷于涌向浅草的大众也是如此。

按天皇的统治年代来划分文学史,还是多少有点勉强。因为日俄战争时才开始出现的新现象,到了大正时代依然持续着。如果文学也有大正风貌的话,那么它也要等到大正时代的晚期才占据主导地位,归入下一个时代即昭和时代的风貌中也许会比较恰当。

但以"明治"和"大正"来划分在城市文化中占据核心地位的戏剧,尤其是歌舞伎却很合适。演员世代的更迭也基本与天皇的继位相契合。明治时代最著名的演员全都在明治的最后十年里过世了。虽然哀叹歌舞伎已死的声音此起彼伏,但活跃于大正时代的新一代演员最终还是确立了自己的地位。歌舞伎座自 1889 年开业起便是歌舞伎剧场的代表。它是最大,也是位置最好的剧场,紧靠银座东面。特别是在大正元年即 1912 年,随着大阪资本雄厚的戏剧演出业巨头松竹①的入驻,歌舞伎座对其他剧场形成了压倒之势。守田勘弥②在歌舞伎座开张几年后过世,他是这一世袭家名的第十二代继承人,活跃于明治年间,这个家族直到现在依然在延续。他去世时,歌舞伎座已使新富座黯然失色。

虽然歌舞伎座壮丽宏伟(有人说是傲慢嚣张),但它在大正时期也遭遇到了竞争对手,在演出剧目的趣味性方面后者甚至更胜一筹。首先是以前述的浅草宫户座为首,分布在市区各处的小剧场。江户晚期的三大剧场中,除了一家在明治时代结束时消失,其他两家:由守田勘弥经营的新富座,以及下谷南面,距离柳桥艺者町几分钟路程的市村座都迎来了兴旺繁荣。两位优秀的演员:第六代菊五郎和第

---

① 1895 年由大谷竹次郎于京都创立,并于 1920 年 11 月 8 日正式成立帝国活动写真株式会社。其日后成为日本著名的电影及戏剧制作公司:松竹株式会社,至今仍几乎垄断歌舞伎表演行业。

② 守田/森田勘弥是歌舞伎演员世袭的家名,其第一至第十一代实为森田勘弥,自第十二代起改名为守田勘弥。此处所说的是第十二代守田勘弥(1846—1897),其原名中村次三郎、守田勘次郎,1864 年继承守田勘弥之名,成为守田座的座元。

一代吉右卫门在大正时代都以市村座为中心持续活跃,他们后来也都挺过了第二次世界大战,把伟大的传统传承至我们这个时代。

然后是位于日本桥滨町的明治座,它是今天东京最古老的歌舞伎剧场。在歌舞伎表演方面它虽然不是特别出彩,但它的主要演员第二代左团次在戏剧革新方面是勘弥的一位值得尊敬的继承者。他是歌舞伎演员中第一位赴海外留学者,也是首位出演西洋译制剧的人。

1909年,左团次与小山内薰共同创办了名为"自由剧场"的剧团,并在接下来的几年里,试演了诸如易卜生和梅特林克①(Maeterlinck)所作戏剧的译制版。

这是连第五代菊五郎都没尝试过的。菊五郎只是把斯宾塞的气球表演搬上舞台而已。写实主义和普世主义风格在明治时代被引入日本,但似乎是只得其形,不得其神。那时一同被引进的还有西式的小道具,演员开始身着西式服装出现在舞台上。现在回顾起来,所有这些早期的做法都显得好笑而并不严肃。

但左团次对工作的态度确实是一丝不苟的。正如梦二笔下的姑娘那样,到了大正时代,"西风"对于日本人来说已不仅仅是异国情调了,它渗透到了更深的层面。从这个角度来说,左团次属于大正时代,并且由于他率先开路,在这之后对歌舞伎演员来说,出演西洋译制剧或以西洋手法写成的剧作已经是家常便饭。西方的影响力以多种潜移默化的方式进入歌舞伎。连华伦天奴的风格也在日本扎根下来。所有这些都始于左团次。

左团次的自由剧场并非唯一从事西式剧作、西洋译制剧和本土剧作表演的剧团。新式戏剧最初从明治时代的政治宣传剧摇摇晃晃地起步之后,便不断涌现出新派剧及新剧②等各种新形式,并且逐渐

---

① 比利时剧作家、诗人,曾获1911年诺贝尔文学奖。——译者注
② 新剧是日本现代剧之一,是日本受欧洲现代剧运动影响而诞生的新剧种,与日本传统艺能的"能"和歌舞伎完全不同,与新派剧也有差别。

发展，走向繁荣。从日俄战争起到第一次世界大战之间，剧团间的聚合离散瞬息万变，令人眼花缭乱，其中产生了最具活力的新剧运动。

大正早期最著名的舞台艺人是一位女演员。这种情况又实在体现了一种大正风貌。明治时代最引人注目的女性是一个女杀手，而在这方面，大正时代的妇女则不比前人。大正时代杀人犯的故事不论男女都不如高桥阿传的事迹有吸引力，不过其中也有一些耐人寻味者，其在手段上有所"长进"。1913年，一个小偷用高压电线电死了一个警察。大正时代对警察来说可不是什么美好的时光，在战时和战后的通货膨胀中，警察的薪水相比当时的平均工资只上涨了三分之一。

大正时代的女性靠着自身的才能和成就名扬天下，成了时代的象征，这是明治时代妇女所不曾达到的高度。松井须磨子[1]正是这个时代的象征。她的一生以悲剧告终，而悲剧是日本人最喜欢的结局方式，她也因此永远铭刻在后人心中。她于1886年出生于长野县的乡村，在世纪之交来到东京，做过裁缝，结婚后又离婚，之后加入了"文艺协会"，这是坪内逍遥在1905年成立的剧团。逍遥是一个多面手，是新小说和新剧运动的先驱。或许让夏目漱石看后感到非常迷惑不解的《哈姆雷特》正是文艺协会排演的。须磨子首次获得巨大成功是在1911年于易卜生的戏剧作品《玩偶之家》中扮演娜拉。文艺协会在1913年解散，很大程度上是因为逍遥不认可须磨子和他最中意的弟子，同时也是新剧运动中最杰出的理论家岛村抱月的恋爱。于是岛村抱月和松井须磨子便在同年成立了他们自己的剧团——"艺术座"。她的巅峰是饰演托尔斯泰《复活》中的喀秋莎一角。可以这么说，她在该剧中唱的"喀秋莎之歌"被文艺史家们视作日本现代流行音乐的滥觞。它在整个日本帝国都广受欢迎，我们还得知它在

---

[1] 日本新剧女演员，本名小林正子。1911年因成功饰演易卜生《玩偶之家》中的娜拉而出名。后与丈夫岛村抱月共同创立新剧团体艺术座。曾主演《复活》等剧。其夫病亡后自杀。——译者注

华北地区也受到追捧。

岛村抱月在1918年的一场突如其来的流行性感冒中孤独地死去。两个月之后的1919年1月5日,在日比谷公园完成表演后,须磨子回到他们两个共同努力建造的牛込剧场,在岛村抱月去世的那座后屋里自缢而死。

她是一个任性执拗的女人,在前后两个剧团都惹出了无尽的麻烦,与此同时她热情勇敢,是新一代无拘无束女性的代表。大正时代还有其他新女性的代表。例如女高音三浦环就是G. V. 罗西在帝国剧场指导的歌剧团的成员,并是首位在海外饰演蝴蝶夫人的日本人。她因为骑着自行车去上野上音乐课这一在当时破天荒的举动而成为话题人物。但在新女性当中开天辟地的人物还是须磨子,她不可能出现在明治时代,因为那时传统观念还非常强势,容不下妇女。

在大正时代,大众娱乐活动明显地走向了国际化。要是放在明治时代,追求实现类似效果或许会落空,因为只有在电影时代到来之后,公众才能近距离接触到国际大牌明星。大地震前卓别林奶糖非常受欢迎,明治制果公司因此大赚了一笔,而这种东西是明治时代绝不会有的。一首正好在大地震发生前不久①流行的歌里就出现了"帅锅"(洒落男,shareotoko)一词,指的是穿着蓝衬衫,打着绿领带②,穿着喇叭裤,戴着圆顶硬礼帽,戴着"劳埃德"眼镜的衣冠楚楚的年轻人。"劳埃德"(ロイド)一词是对"Lloyd"这个名字的音译,来自戴着角质框架眼镜的哈罗德·劳埃德③,他是无声电影时代美国的一位喜剧演员。还有一种不怎么有趣的说法称其来源于"赛璐珞"④(celluloid)这

---

① 日译本作"大地震发生后不久"。
② 日译本作"红领带"。
③ 哈罗德·劳埃德(Harold Lloyd, 1893—1971),美国男演员、导演和电影制片人,其于1917年塑造了一个激起强烈反响的人物形象:头戴平顶草帽,鼻上架着一副玳瑁眼镜,身穿体面西服。——译者注
④ 赛璐珞,即硝化纤维塑料,是塑料的一种,被用来制作电影胶片。——译者注

个词的最后一个音节。不过最有可能的情况是两种说法都有道理，因为日本人一直都喜欢一语双关。大正时代的东京民众和地球上其他地方的人一样，对劳埃德和卓别林耳熟能详。而明治时代民众最熟悉的外国人恐怕只有气球人斯宾塞和访日的格兰特将军了。

由于卓别林和劳埃德的电影在大众电影院里都能看到，大正时代的民众对外国人逐渐见怪不怪了。外国名人的到访大概也不会再像明治时候格兰特将军夫妇的来访那么令他们激动不已，如同过节一般。当然这也有可能是因为东京及日本已经更加近代化了，因此变得更为理性或者至少表面平静无波。

另一方面，相比明治时代的格兰特将军夫妇，大正时代访日的外国名人以艺术家和文化名人居多，其中名气最响的有芭蕾舞演员巴甫洛娃（Pavlova）、女低音歌唱家舒曼·海因克（Schumann-Heink）、作曲家兼钢琴家普罗高菲夫（Prokofiev），他们在东京都受到热烈的欢迎和追捧，出场费也不菲。当时来访的还有玛格丽特·桑格①和爱因斯坦。他们的到访虽不是什么国家大事，但同样引起了轰动。例如在前者于1920年到访之后，一位"日本（版）的玛格丽特·桑格"出现了，向妇女分发避孕器具。爱因斯坦本人谦逊的品格和不时闪现的风趣机智也赢得了日本人的好感，而他也一样喜欢日本民众，说他们比美国人更和蔼可亲。他在大地震发生前一年来到日本，进行为期两个月的巡回讲学。之后，"日本（版）的爱因斯坦"这一敬称似乎一直无人摘得。这或许也从一个侧面说明日本人给予了他最崇高的敬意。

弗兰克·劳埃德·赖特可能是严格意义上因公赴日的外国人中最有名的。他设计建造的第二代帝国饭店于1922年正式开张。其建造工程从1915年开始，全面竣工时刚好赶上1923年大地震，却能屹立不倒，传为佳话。

---

① 玛格丽特·桑格（Margaret Sanger，1879—1966），美国妇女节育运动的先驱。——译者注

赖特在饭店施工过程中遇到了各种各样的麻烦，在饭店开张后，他没等其全面竣工便离开了日本。大正时代的日本人似乎对外国建筑设计师存在抵触情绪，这与肯德尔备受推崇的明治时代形成了鲜明的反差。当时还有劳工问题[①]，这又是大正时代新出现的社会现象。与黑社会势力的关系也很难处理，过去在建筑业当中存在着根深蒂固的黑社会问题。第一代帝国饭店的建筑在新楼开张前夕被大火焚毁。最初支持赖特的人也以火灾为借口纷纷退出。不过他们真正的原因和财政危机有关：工程费用超过了当初预算的数倍。

但所有这些折腾以结果来看都是值得的。"旧帝国饭店"（这是它在1968年被拆前最后几年里的称呼，因为到那个时候，第三代帝国饭店已经建好了，当然到了1980年它又被拆了，现在的帝国饭店是1983年建成的）是一幢不错的建筑。它给了嘈杂的市中心一个祥和宁静之地。但它在大地震中的良好表现并不能证明赖特的设计是正确的。赖特没有把地基的桩一直打入基岩层，而是让其悬浮在泥浆层中，这导致建筑物出现了歪倾。一些走廊看上去呈现出弹性的波浪状。而下町以传统建筑方法修建的大楼如日本银行就没有这种问题。或许这使它最终逃不掉拆除的命运，但1968年它之所以被拆，不是由于不平整的地板和走廊引起的，而是为了更有效地利用昂贵的土地，这可说是战后东京不得不承受的最重大的损失。如今它只剩下正面玄关部分还保留在名古屋附近的明治村（虽然它其实不是明治时代的建筑，而是大正时代的）。对于那些见过它当年内部真正样子的人们来说，其中的悲哀要多于欣慰。

桑格和爱因斯坦的到访是全国性的重大事件，即便它们可能没有引起当年格兰特到访时的那种狂热。美国历史学家查尔斯·比尔德的几次访问更确切地说则是事关东京命运的重大活动，在大地震前后各一次。比尔德受到了全日本最显赫的政治家和金融家的接见，但东京本身的诉求才是安排这些访问的重点。东京市长后藤新平

[①] 指大正时代工潮频起。

由于为东京设计了一系列通盘一把抓的计划而被称作"大包袱皮"。这位著名的市长刚一上任就给他住在纽约的女婿下了"把比尔德招来日本"的任务。如果能请到这位在哥伦比亚大学讲授政治学的有名历史学家为东京的行政管理出谋划策,必将大大充实他大包袱皮里塞的东西。于是比尔德就在大地震前夕对东京做了半年的研究,之后写了一份至今仍为人们所熟知的关于市政管理的报告。他的许多建议本来能在大地震之后付诸实施,但实际上只有少数得到采纳。

他给出的建议,有些比较实际,有些则不那么实际。他极力主张安装电表,因为明治以来根据灯泡数量收电费的做法导致了巨大的电力浪费。他支持简化市政管理体系,强化地方自治。他因此主张市、府两级的行政不应分开管理,而应加以合并,这种体制直到1943年才被采用。这里他或许免不了被人指责为前后矛盾,因为采取市、府两级的双重行政架构才利于保留一定程度上的地方自治。

他十分赞赏东京大都会的官僚制度(metropolitan bureaucracy),但也哀叹其群众基础的缺失和对自身财政缺乏掌控。虽然"东京与其说是一座都市,不如说是一群村落的集合体"这一概念常被认为是由他提出的,但在当时这似乎是个常识。我们之前已提到过,随格兰特将军访日的杨约翰在半个世纪前就是这么认为的了。比尔德认为东京市中心作为管理整个国家的中枢所在地,确实地位卓越,但围绕其周边的街区及城镇,分布范围太广,比他所熟知的其他任何大都会综合体都要广大得多。他断定要改善这种不利的状况,就应该把更多资本集中投入到市中心区域。而今天城市规划者的流行做法则是"去中心化":避免集中在市中心一处,而是将城市机能分散开来。

这份报告在今天依旧受到推崇,大概是因为它出自比尔德之手,但就内容来看这是一份冷酷的报告,与东京作为人们生活居住的城市所拥有的人情味和多样性并不相称。

大正时代的新词汇听上去有股山之手地区资本家的腔调,我们从中也可以看到在明治末期沦为二流的下町,进入大正时代后地位正进一步滑落。有些新词新语会让人大吃一惊。例如那些用来描述人与人之间最亲密最复杂关系的词语,都被英语词汇取代,这看起来确实不可思议。正是在大正时代,"妈妈"(ママ,mama)、"爸爸"(パパ,papa)这样的词开始在山之手地区的中产阶级和知识分子当中流行起来。而现在每个家庭基本上都这么用了。原因或许是它们比本土词汇更为简便,后者经常引起微妙的敬语问题,导致用法一直都是不稳定的。比方说在日语中,一样是称呼父亲,就有多种说法:父亲(お父さん)、父亲大人(お父様)、父上(父上)、爹爹(父ちゃん)等。不过无论山之手地区在这种问题上如何决择,下町都会效仿、追随,至今如此。文化上的优势地位以及支配权已经从下町转移到了山之手地区。

在大地震前夕,男女之间的差别可能已经比明治维新前夕更清楚了。银座人流中的大部分男人穿西式服装,而大部分女人则穿日式传统和服。甚至连职业女性都倾向于穿和服,虽说以护士为首的一部分女性已开始穿起西式制服。那时电话局转接台的照片看起来非常离奇古怪——话务员们身穿和服,发型也是传统式样,排成一排坐在工作台前。(为何话务员穿和服看起来就比穿西式服装古怪,不太好解释,一种说法是日本人普遍认为日式服装不易保存、容易破损,因此不适合上班时穿。)后来成为女学生普遍衣装的水手服最早就出现在大正时代。缝纫学校也同样是从大正时代开始出现的。在那之前,女孩子是在家跟随母亲学习简单而传统的缝纫织补方法的。售卖浴衣成为大生意也是在大正时代。

如果说性别已能清楚地靠服装来区分,那么与之相反,男女的发型却在趋于融合。相较于西式服装,日本妇女似乎更容易接受西式的发型。长发成了"摩登少年"①的标志,而短发则成了"摩登女郎"的标志。于是梳头师②这一传统行当就成了夕阳产业。不过他们如果

---

① 日本大正昭和时期出现的西洋式的时髦男子,日语写作「モダンボーイ」。
② 梳头这一职业在日本起源很早,为男性梳头始于安土桃山时代(1573—1603),为女性梳头始于宽政年间(1789—1801)。

愿意,还是有地方可以去的,因为假发行业这时候繁荣起来:当时有一些仪式性的场合依旧要梳传统发型才得体,而在那个流行短发的年代里,头发足够长能盘髻的妇女很少。

男士把刘海全往后梳且不分头路的发型在年轻人当中非常流行,因为来日本进行特技飞行表演的美国飞行员梳的就是这种头,真可谓明治时代气球人斯宾塞的大正版本。而在妇女中,这一时期非常流行的是一种"藏耳"式发型。过去在日本传统发式中,把耳朵和后脖梗都暴露在外面被认为是美丽色气的。而现在这个妇女解放的新时代却流行反其道行之。虽然明治时代艺伎的"香波头"有时候仍会若隐若现地露出这几个部位,但更趋西式的"屋檐式"发型则是遮得严严实实。眼影和发网也在此时开始流行起来。

孕育了各种时尚的大正时代也和其他时代一样,创造其潮流走向的是广告商们。单就"流行"这点来说,江户时代也有时尚潮流,通常是由歌舞伎演员引领的,但服饰风格的改变直到广告商接手前都很缓慢。在广告商的推动下,大地震前几年里的服饰变得越来越花哨多彩。

西式糖果也更加风行,尤其以卓别林奶糖为代表。不过巧克力在这个年代还是奢侈品。据说大正天皇在大正博览会上买了软心豆粒糖①。在大地震前夕银座还出现了一个卖苏打水的柜台,不过东京在这方面似乎落后于横滨。对当时还没有牧场的日本来说,乳制品的普及情况可以视为衡量近代化的尺度。明治时代有了冰淇淋,而大正时代则出现了"奶吧"。黄油和奶酪扎根得要慢一点。大正时代的知识分子们(正是他们缔造了大正民主)聚集在奶吧里高谈阔论,一边吃着吐司面包和华夫饼,一边阅读官报。

从明治晚期到大正时代,大学生人数激增,各种思潮和"主义"群起。"马克思男青年"②、"马克思女青年"在大正早期出现,比"摩登少

---

① jelly bean,又译雷根糖。
② Marx boy,又译马克思迷,指以马克思主义者自居的青年。

年"和"摩登女郎"这些名词的出现还要早一点,即使他们对马克思主义可能还只是一知半解。学生们在讲话时像今天一样喜欢用洋文夹杂其中。一些大正时代的新词新语直到现在也还在被我们使用,例如"ルンペン"(发音:rumpen)就来自德语的"lumpen-proletariat",意为流氓无产者;"サボる"(发音:saboru)则是从法语"sabotage"造出的日语动词,它似乎是在川崎造船厂罢工事件期间诞生的,原来指"进行破坏活动",而近年来更多地用于表示翘课或者无故旷工。

明治时代是全力支持发展教育事业的时代,而大正时期则是注重"教养"的时代。教养一词从宽泛的角度上说可以归入教育的范畴,但也带有充实自身、自我实现和采取更优雅生活方式的意思。现代的知识分子阶层诞生了。

除了大学之外,各种各样的新学校孕育而生:驾校、美容学校、英语学校、教打字的学校,等等。职业女性(即现在所说的 OL:office lady)的时代随着明治时期话务员、护士和女店员等的出现而迎来了黎明,而现在则已如日中天。当时有一首流行歌曲就以这样的歌词开头"我是公司的打字员哦,打字员",里面反复唱到的也是"打字员、打字员"(Typist, Typist)这样的英文词。公交车上最早出现女售票员是在大地震前夕,之后女性几乎垄断了这一职位,直到无人售票车出现,她们的人数才急剧下降。

无产阶级教育和"素质教育"事业的开办,或许可以追溯到一所最早的"劳动学校",它由基督徒在大正早期建立。从明治晚期开始,东京就出现了若干"贫民学校"。这些学校最初由市政府负责管理,后来转交给各区。其主要办学目的是给贫困人家的孩子们和临时劳工们提供受教育的机会。这些学校在大正末年的分布情况为我们揭示了贫民聚集区的大致位置:这些学校中有5个在隅田川东面的两个城区,剩下的6个平均分布在山之手地区和下町。其中有一个在麻布区,这可是东京15个城区中最富裕的区之一,可见山之手地区一直都包含了贫富两极。

观光巴士是大正时代出现的新事物。大正时期具有代表性的观光路线既包括昔日传统的名胜景点,也包含大正时代出现的新景点——东京车站、明治神宫以及乃木希典的故居和墓地。这最后一处大概很快就会重回景点名单内,因为自1945年起弥漫的对军人偶像的重重怀疑,如今已逐渐消弭。但今天东京的观光路线中,大正时代的历史遗迹大多被省略了。入选的景点基本上要么就是大正之前的,要么就是大正之后的。连在这种地方,大正时代都像是夹在明治和昭和之间的低谷。

如同明治时代结束时一样,在大正时代结束的时候,你也能感受到传统的非凡韧性。大正时代每年例行的各种节目安排,仍然遵循传统,虽说从明治时代起新增了一些爱国节日,以及一些诸如愚人节这样的西方节日和活动,但不同季节里各种赏花草虫鸟的活动仍一如往昔。

某些能让人们体会四季大自然之美的场所,到大正晚期业已消失,但另一方面也有新的场所出现。例如夏目漱石笔下的三四郎观赏过的团子坂的菊花人偶消失了,吉原的夜樱也消失了,但你若还想看前者,可以去其他几处地方,要赏樱也可以去上野或隅田川堤等地,可以有很多选择。尽管随着交通的便捷和城市向郊外扩展,大正时代可供赏花赏草的场所,有时候比明治时代的要更远离市中心,但它们并非消失不见,其中大多数留存至今。即使是在谷中灵园炎炎夏日的夜晚,也有萤火虫翻飞起舞,而隅田川堤岸边则有昆虫齐声歌唱。就是到了大正末期,在市中心附近仍可以找到如此多的亲近大自然的地方,确实令人啧啧称奇。隅田川堤边尤其景点众多,虽然江户时代最受青睐的地方已经一片萧条,那是因为虫声、旷野等都去了更远的上游。

大正时代的节日和集市有许多都沿袭了传统,因此也与大自然有着紧密的联系。比如在五月份这个准备入夏的时节,你可以在缘日的集市上买到小虫、风铃以及金鱼。此外还增加了一些新的节日,比如九月的大学棒球赛季开幕式。棒球比以往任何时候都更加流行。

与此同时,相扑运动也迎来了一轮复兴。大正早期相扑界的情况与同时期的歌舞伎同样。明治时代伟大的相扑力士们已经陆续退役,相扑界一度沉寂,到了大正中期又开始兴盛起来。但就在其即将迎来全盛之时,大正六年,国技馆焚毁了。此后直到 1920 年新场馆竣工前,一年两度的赛事都在靖国神社举行。1923 年又爆发了一次相扑力士罢工,我们之前已经提过,在此不再赘述。1926 年,力士们组织了相扑协会。这件"大正民主"中的大事,在当时被认为标志着相扑界最终摆脱了封建制度,但就漫长的相扑发展史来看,它更像是换汤不换药。

　　从明治后期到大正年间,东京的膨胀速度过快,似乎要被它自己的体重压垮。垃圾该如何处理成了其中最严峻紧迫的问题之一,也是人们追溯这座城市的生活史时颇感兴趣的问题之一。东京各街区设立了垃圾的公共收集点。一些垃圾被焚烧处理,另一些则被用于填埋海湾或者给海湾以东的稻田施肥。垃圾的焚烧都在露天进行,而焚烧时不停散发出的恼人臭味,则是回忆江东的文章中一个常见的细节。

　　对于排泄物的处理更加令人头大。收粪商即"污秽屋"运送粪便的马车依旧是处理粪便的主要工具,但由于市区的急速扩张,马车已经不能解决问题了,事情陷入了危机。大约从第一次世界大战结束后开始,市中心附近的人家就已找不到收粪的人了,只能花钱雇人将其运走。随着危机的升级,有人故意破坏储便桶,想让污物悄悄漏出,自然流走,或者趁天黑偷偷倒在外面。江户虽然很有可能臭气扑鼻,但在江户变为东京半个世纪之后,情况想必更糟。

　　1921 年,东京市政府终于开始部分接手排泄物处理工作。但到大地震发生三年后的大正时代末期,市政府的处理量仍然只占到总量的 1/5。那个时候东京的城市规模已比江户大得多了,但在某些方面它基本上还是延续了江户的模式。下町在这种公共服务上的情况比山之手地区更为严峻,因为后者的大部分区域都比下町的中心地区更靠近农田。危机在那里就没那么严重。

关于污物的处理有许多有趣的逸话。据说当粪便还是抢手物的时候,农民对于社会地位高的人家,愿意出更高的价格买粪。因为上层阶级吃得更好,粪便作为肥料也更有营养,这是显而易见的。另外男性的排泄物在养份价值上似乎更高些,在贵族武士的大宅这种男女厕所分开的地方,男性的屎尿比女性的卖价更高,这似乎是因为女性对食品的营养吸收率更高。

江户已建有一套将水从西面多摩川引入的引水体系。它在明治和大正时代得到了扩建。但城里依赖井水的人数①,据估计仍然高达总人数的1/3。井水通常都散发着臭气,味道咸而难以下咽。因此仍有水贩在下町巡回叫卖。

不过在小说和回忆录中抱怨最多的并非垃圾和排泻物的处理,而是交通问题。我们前面已提到过在明治晚期,永井荷风在他最优美的短篇《深川之歌》中就提到过电车的不给力。就在大地震前的几年里,问题甚至变得更严重了。永井荷风在日记中甚至为道路泥泞而叫苦不迭。已经定居于关西的谷崎润一郎怀着厌恶的心情回顾了"那些年"的东京:

> 我怀疑在世界大战期间和刚刚结束的那段繁荣时光里,即便是东京最狂热的拥护者也不会认为它是一座杰出气派的大都市。那时新闻报纸都众口一词地抨击"我们东京"交通的混乱和道路的不备。宣传页上的社论猛烈抨击东京市的丑陋粗俗,指出我们的政治家总是喜欢高谈例如社会政策、劳工问题之类的阔论,但政治不该是这种玩意儿,至少应该先解决道路泥泞的问题,使得即使是下雨天也能有汽车安全通行的道路,我对此深表赞同。外国人和日本人都抨击我们的首都"不是首都,而是一个大村庄,或者说村落的集合"……我在从浅草桥到雷门的路上两

---

① 日译本皆作"户数"。

次因为车子的剧烈颠簸而被弹了起来,鼻梁狠狠地撞在了出租马车车厢的天花板上……至于电车又如何?一样是不堪回首……随着金融界的活跃,各种企业都涌现出来,人们从各个地方涌向大城市。东京被人数的疯狂增长和郊区的膨胀搞得措手不及……对广大普通民众来说,除了有轨电车外就没有别的交通工具了。电车一辆接着一辆都是满载而过,留下一群人只能长久地在车站等着。在高峰时期简直挤杀人也。疲惫而又饥肠辘辘的办公室职员和体力劳动者为了尽快回家,都会强行挤上已经满得挤不上的电车或不顾车已离站还想要上车,每个人都只顾着自己,全然不顾列车售票员维持秩序的努力……他们眼中流露出来的凶残令人恐惧……

电车升降口外的人群如同一座黑压压的大山,相互之间推挤吼叫,我们只能静静地哀叹这种混乱,悲叹它如何激发出人性中最丑恶的一面。

也许就因为他们是日本人,所以还能忍得下去。我听说如果一个欧洲或者美国城市的市民经受这样的苦难哪怕一天,都会引发暴乱……旧的日本已经被舍弃,新的日本还未到来。①

我们经常听说大正民主即将到来的那个时代是骄奢淫逸、追求享乐、不负责任和理想幻灭的年代。这种描述本身就带着一种理想破灭的眼光,好像近代化的重压已经让人不堪忍受。而与此同时,那些进入昭和之后冲着近代化举起反旗之人,大概也正怀着满腔愤懑蓄势待发吧。

大正是这样一个时代:比方说可以作为时代象征的梦二笔下的姑娘,不仅头上戴的帽子是外国货,她们自己也像是舶来品。然而大正民主那么容易就败下阵来,使我们看到传统的力量是强大的,它就藏在西洋式的外表之下。为大正时代点缀上鲜活色彩的世纪末的幻

---

① 引自「東京をおもふ」。

灭之感,实际上与江户之子过去就有的喜欢冷嘲热讽的犬儒主义和装腔作势并无二致。明治时代的日本人将富国强兵视作事关国家存亡的头等大事,而到了大正时代,由于在这一方面已经追上了西方,于是浮华和故作颓态又冒了出来。不过从后来日本史的发展来看,大正的"摩登少年"和"摩登女郎"们丝毫没有退出西方列强争霸赛的打算。大正风貌同样也是日本学习西方并将西方的东西化为己有之物过程中的一段。

1923年大地震之前,有一首日本全国人都爱唱的歌。这是一首新歌,也是一首老歌,这就是由中山晋平作曲的《船头小曲》[①]。晋平也是松井须磨子那首风靡一时的"喀秋莎"之歌的作曲者,他被认为是日本现代流行音乐的奠基人。这首歌里反复出现这两句话:

> 我是河岸边的枯草。
> 你也是河岸边的枯草。

这真是一首非常颓废的歌,但是颓废主义这种公式化的顾影自怜,实际就是江户之子自古耳濡目染、万分熟悉且倍感亲切的那种情感。而在自以为是、对世相感到忧虑的人眼里,这种颓废终会招来毁灭,于是在大正十二年9月1日正午,这场突然袭击东京的大地震,正是它招来的名副其实的毁灭。

---

① 日文名为「船頭小唄」。

东京百年史

从江户到昭和 1867—1989

[美]爱德华·赛登施蒂克/著
谢思远 刘娜/译
曹艾达/校

(下)

上海社会科学院出版社
SHANGHAI ACADEMY OF SOCIAL SCIENCES PRESS

(下部)

东京崛起

大地震之后的东京

翻译：刘娜　校译：曹艾达

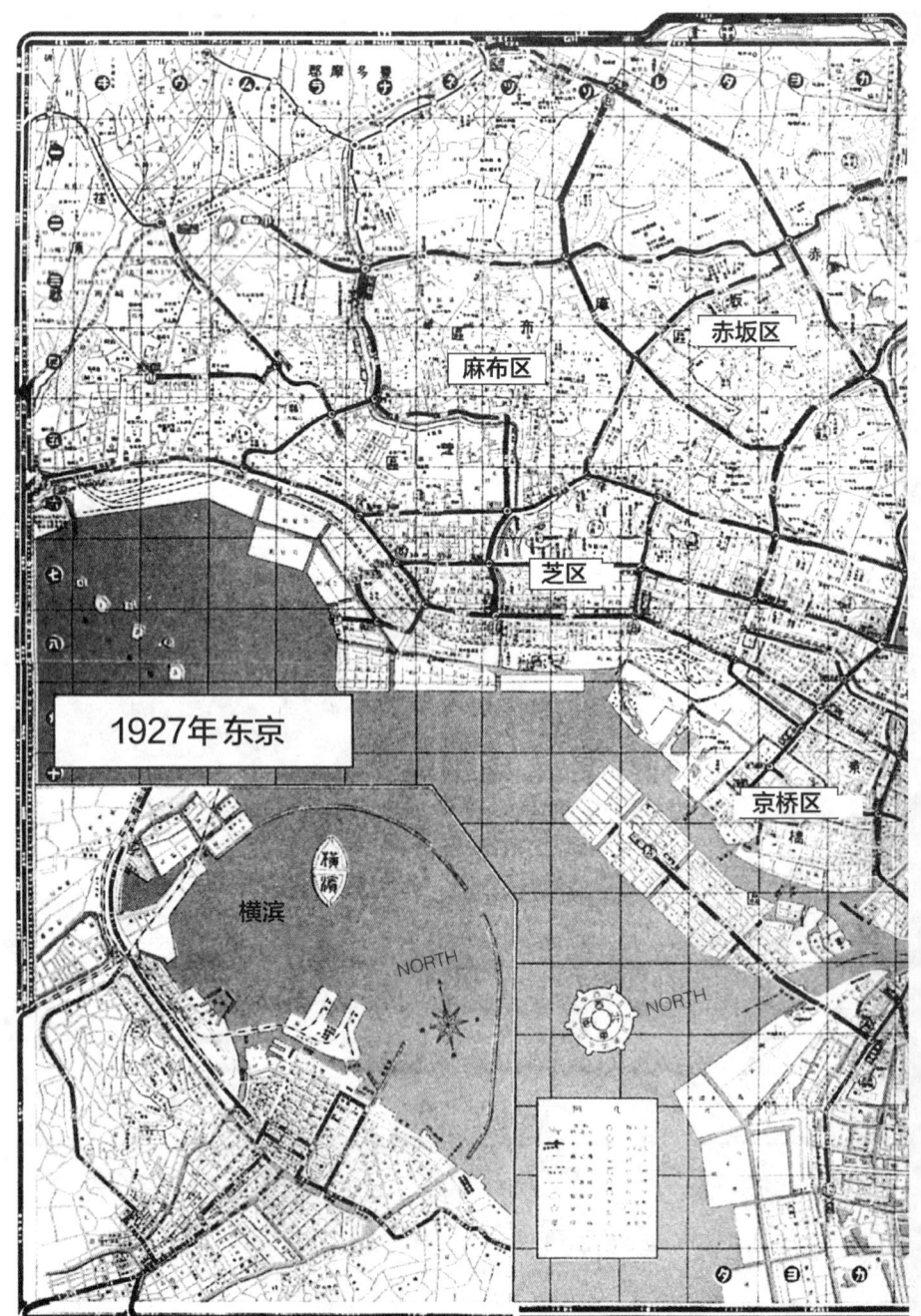

1. 麹町区（Kōjimachi 麹町区）
2. 京桥区（Kyōbashi 京橋区）
3. 日本桥区（Nihonbashi 日本橋区）
4. 神田区（Kanda 神田区）
5. 芝区（Shiba 芝区）
6. 麻布区（Azabu 麻布区）
7. 赤坂区（Akasaka 赤坂区）
8. 四谷区（Yotsuya 四谷区）
9. 牛込区（Ushigome 牛込区）
10. 小石川区（Koishikawa 小石川区）
11. 本乡区（Hongō 本郷区）
12. 下谷区（Shitaya 下谷区）
13. 浅草区（Asakusa 浅草区）
14. 本所区（Honjo 本所区）
15. 深川区（Fukugawa 深川区）
16. 品川区（Shinagawa 品川区）
17. 荏原区（Ebara 荏原区）
18. 大森区（Ōmori 大森区）
19. 蒲田区（Kamata 蒲田区）
20. 目黒区（Meguro 目黒区）
21. 世田谷区（Setagaya 世田谷区）
22. 涩谷区（Shibuya 渋谷区）
23. 淀桥区（Yodobashi 淀橋区）
24. 中野区（Nakano 中野区）
25. 杉井区（Suginami 杉並区）
26. 丰岛区（Toshima 豊島区）
27. 板桥区（Itabashi 板橋区）
28. 王子区（Ōji 王子区）
29. 泷野川区（Takinokawa 滝野川区）
30. 荒川区（Arakawa 荒川区）
31. 足立区（Adachi 足立区）
32. 向岛区（Mukōjima 向島区）
33. 城东区（Jōtō 城東区）
34. 葛饰区（Katsushika 葛飾区）
35. 江户川区（Edogawa 江戸川区）

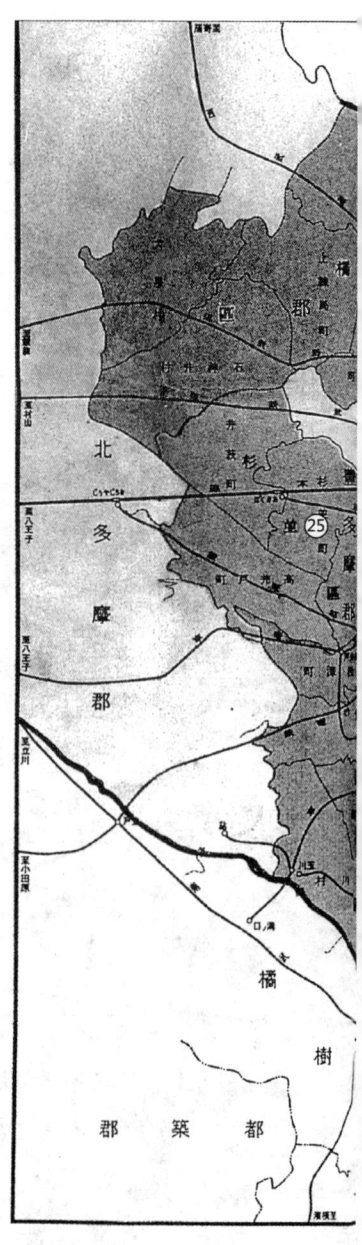

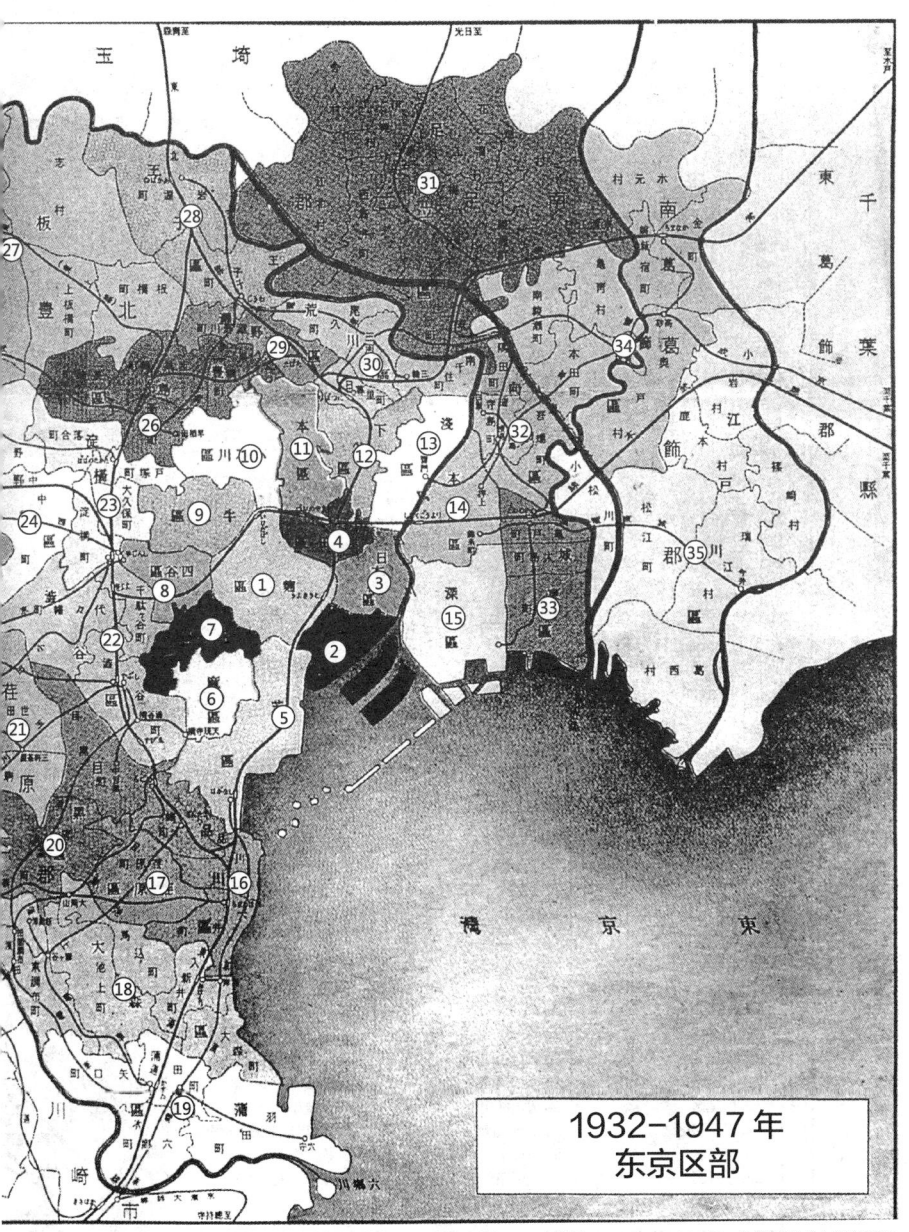

审图号：GS(2017)3244 号，此插图系书中原文插图

关于"1947 年以来的东京都"地图说明：

东京都行政区划自 1947 年以来便无甚变化。地图中未见的几个离岛也隶属东京都管辖。周边与四个县相邻，由西开始顺时针方向分别为山梨县、埼玉县、千叶县、神奈川县。图中编号 3－25 为 23 个特别区。

剩下的部分是 1932 年后东京都的"市部"。最西边没有编号的是西多摩郡。除了编号 41 是两个单独的町之外，其他的现在都是建制市。编号 44 是八王子市，它是市部成立最早的建制市。大正天皇和昭和天皇均葬于八王子市西部的长房町。编号 26 的三鹰市则是著名火车事故惨剧[①]的发生地。编号 35 的两个市中，靠南的是东村山市，其净水场接替新宿站西门的淀桥水库成为东京都重要水源地。立川市则以美国空军基地[②]而闻名（用报纸上的说法是"臭名昭著"），是编号 39 的两个市里靠东部那个。

3. 千代田区（Chiyoda 千代田区）
4. 中央区（Chūō 中央区）
5. 港区（Minato 港区）
6. 新宿区（Shinjuku 新宿区）
7. 文京区（Bunkyō 文京区）
8. 台东区（Taitō 台東区）
9. 墨田区（Sumida 墨田区）
10. 江东区（Kōto 江東区）
11. 品川区（Shinagawa 品川区）
12. 大田区（Ōta 大田区）
13. 目黑区（Meguro 目黒区）
14. 世田谷区（Setagaya 世田谷区）
15. 涩谷区（Shibuya 渋谷区）
16. 杉并区（Suginami 杉並区）

[①] 即"三鹰事件"：1949 年 7 月 15 日晚上，在日本东京都北多摩郡三鹰町（1950 年成为三鹰市），中央本线三鹰站一辆无人驾驶的空列车（63 系）从车站停车库突然窜出，以时速 60 公里冲向车站，连带冲击到线路旁的商店街，造成 6 人死亡，20 人受伤。——译者注

[②] 即美空军立川基地。1945 年，日本战败后美军接收立川飞行场，设立立川基地。1977 年转移至横田基地，立川基地返还给日本，改为陆上自卫队立川驻屯地、国营昭和纪念公园、立川广域防灾基地等。——译者注

17. 中野区(Nakano 中野区)
18. 丰岛区(Toshima 豊島区)
19. 练马区(Nerima 練馬区)
20. 板桥区(Itabashi 板橋区)
21. 北区(Kita 北区)

22. 荒川区(Arakawa 荒川区)
23. 足立区(Adachi 足立区)
24. 葛饰区(Katsushika 葛飾区)
25. 江户川区(Edogawa 江戸川区)

作者自序

本书是《下町，山之手》(*Low City, High City*)的续篇。①《下町，山之手》讲述了1867年明治维新到1923年关东大地震期间东京的变迁。记不清前书书名的朋友大多以为书名是《山之手，下町》，这大约是因为人们在习惯上总喜欢把"高台地区"放在"低地平原"前面吧。但其实这有违常规的逆序是我有意为之。那本书是一曲挽歌，书中浓墨重彩的部分：曾经是江户文化中心区的下町，也就是东京的前身，已渐渐失去其中心地位。《下町，山之手》本身无意成为政论史或思想史，亦非文学史或经济史。它更像是一部社会文化史，是社会缩影或文化历程的记录。本书亦是如此。只是，随着富裕的山之手地区逐渐占据上风，我们必然会更多地触及政治和思想领域的相关话题。而今，山之手地区已完全确立了其霸权地位。而不甚富裕的下町平原，则唯有两次世界大战期间的故事还值得评说。下町的浅草曾经是市民通俗文化的中心，但自第二次世界大战以来它已贡献无多，下町基本上已经被山之手地区完全掩盖，黯然失色。

将"下町"放在前面加以突出，还有另外一个原因，那就是我对那个地方的喜爱。但这一次在本书中，由于我最喜欢的下町乏善可陈，也就意味着我不得不在自己不那么喜欢的山之手地区上多费笔墨。虽然后者也不乏趣闻，并且东京在世界各个大都市中确是最不会令

---

① 《下町，山之手》和《东京崛起》实际上是两本书，分别出版于1983年和1990年。本书（《东京百年史》）实为两书的合集，保留了原来两本书的序言。

人感到无聊的城市,这在文化上就是指如今的山之手地区,但我在讲述时仍需拼命努力不要出言不逊,例如在谈及这座城市投资建设的方式时。如果我的努力仍不尽如人意,愤愤不平依然出现在字里行间,比如在讲述国际著名建筑师们的故事时。那我只能寄希望于自己对榎本健一①等人的喜爱之情能够稍微平复一下情绪,消弭掉这些愤懑了。

《下町,山之手》本可以把结尾设在大正时代落幕之时,也就是关东大地震发生的三年又几个月后,而不是以大地震结尾。然而,那场大地震所代表的不仅是一个时代的落幕,也为其他许许多多方面画上了句号,因此这样安排似乎更加合理。想来如果那本书真以大正时代的结束作为结尾,那么本书大概就可以更加干脆利落地只讲述昭和时代的东京,而不用掺杂大地震后到昭和开端的那一段了,时间划分上也会更加清晰。但无论如何,昭和时代的东京是本书主要关注的内容,这点并未改变。书中并未提及昭和时代的落幕,是因为本书手稿完稿的时候,这一刻尚未到来。不过即使本书完稿时昭和时代已经落幕,本书要做的变动也仅是把时态从现在时改为过去时罢了。

怎么称呼东京是个令人困扰的问题,因为 1943 年以后作为政治和行政实体的东京市就不复存在了。在那一年,东京市的行政机构和东京府的行政机构合二为一,形成东京都②行政系统。东京都大致上可被划分为"区部"(ward part)和"市部"(country part)。"区部"为自 1947 年起确立的 23 个特别区③,而东京都内位于区部以西的其

---

① 榎本健一(1904—1970,Enomoto Kenyichi,爱称 Enoken),有"日本喜剧王"之称,是日本昭和时期的喜剧演员、歌手、电影演员。明治三十七年(1904 年)出生于东京,深爱浅草,一度备受大众推崇。——译者注
② 日本的地方行政区划制度一般分为"都、道、府、县"和"市、町、村"两级。现今日本全国分为 47 个一级行政区:一都(东京都)、一道(北海道)、二府(大阪府、京都府)、四十三县,其下再设立市、町、村。——译者注
③ 1947 年 5 月,日本的新宪法和地方自治法生效,8 月开始实施 23 区制,规定东京都为整合特别区与其余市、町、村而成的地方自治体。——译者注

他地方则可视为"市部"①。在书中涉及战后的章节中，我在提及政府机构及需要加以明确区分的时候，会使用"都"这个词以求准确。当然，有时候"市"这个字眼用起来更为便利。于是当我以"市"来称呼东京的时候，各位读者可以理解为我指的是东京都的区部②。

　　书中的注释与《下町，山之手》一样维持在最低限度③。对于直接引用的地方我会给出来源，而不多加评述。虽说本书对名家著作引用甚多，但你会发现随着时代推移，这类引用越来越少出现了。随着时间的流逝，这座城市值得记忆、可供述说的事情也越来越少了。众多描写过东京的文学大家已如流星般逝去，其中最重要的作家永井荷风④也在其列，《下町，山之手》正是献给他的著作。而在他之后，日本著名的文学家中已无人继续描写东京了。本书中也会提到这一点：东京已不再像昔日那样是杰出的文学作品叙述的对象了。需要说明的是，我在书中对于日本人的姓名仍然贯彻将姓氏放在前面的原则。现代生活尽管越发纷繁复杂，倒也不时产生一些简化。其中之一，便是作家们倾向于不再使用"雅号"了。这意味着本书与《下町，山之手》中的做法不同，当我使用单独的一个名字称呼某人时，就像在西方一样，我用的是姓氏。只有"永井荷风"是个例外。"荷风"是个雅号。按日本人的习惯，不用全名的时候就会用雅号。此外，在本书图片⑤的搜集过程中，东京都公文书馆即东京档案馆给了我很大

283

---

① 即为现今东京都辖下的多摩地区，位于23个区以西，由26个市、3个町、1个村组成。——译者注
② 俗称"东京23(个)区"，相当于过去东京市(存续于1889年—1943年间)辖下的35个区，也是一般"东京"所指之范围。其又俗称为都内。——译者注
③ 原书作者注释确实较少，但为便于读者理解，在校译时增补了大量注释。脚注中除标明"译者注"之处外，皆为校译者注，在此说明。原书作者的少量注释则仍置于全书末。
④ 永井荷风(1879—1959)，日本小说家、散文家，日本新浪漫派代表作家，唯美主义鼻祖，致力于研究江户文学，移植外国文学。曾游学美国、法国，写有《美国故事》《法国故事》。1952年获日本政府颁发的日本文化勋章。1954年与川端康成同时被推选为艺术院会员。——译者注
⑤ 由于图片清晰度问题，本书未收，仅保留地图，在此说明。

帮助。《朝日新闻》也襄助良多，尤其是周刊《朝日百科·日本的历史》编辑部的能登屋良子女士帮了我很多，在此致以谢意。而未注明出处的配图则出自我收集的明信片或者福田裕先生拍摄的照片。

第七章　震后的日子

东京都知事①、议会和官僚机构的办公地点在几年内都将迁出江户时代旧东京城区范围,移向更西面。

尽管东部各区表示反对,但这一搬迁决议还是于 1985 年通过了。除非那宏伟到有些浮华的新东京都厅②未能按期完工,不然都政府迁至新宿的计划将于 1991 年实施。到那时,新东京都厅将会比过去更靠近民众聚居区的中心地带。虽然挥别江户时期的旧城区令人伤感,但迁址也是为了使城市向更好的方向发展。

自从江户改名为东京,这座城市在这 120 多年间已向西拓展了不少。东京都知事也意识到了这一点,决意追随其选民,向西迁移。而在美国,市政厅大多倾向于仍屹立原址。纽约市政厅就没有随人口流动而向北或向东迁移,费城市政厅也依然驻守在威廉·佩恩③当初指定的地方。也许日本人在这方面比较现实和灵活吧。

不过遗憾是免不了的,而且使迁移计划不得不提上日程的背后

---

① 东京都的行政长官。日本的都、道、府、县是平行的一级行政区,直属中央政府,但各自都拥有自治权。其办事机构称为"厅",即"都厅"、"道厅"、"府厅"、"县厅",行政长官称为"知事"。——译者注

② 日本东京都政府的总部所在地,现位于新宿区西新宿,由日本著名建筑师丹下健三设计,借鉴了哥特式教堂样式作为设计蓝本,采用了和巴黎圣母院相似的横三段和竖三段式立面。1990 年 12 月落成,1991 年正式启用。由于在日本泡沫经济最高峰时策划兴建,又是当时日本最高的大厦,后被讽刺为"泡沫之塔"。——译者注

③ 威廉·佩恩(William Penn),贵格会(Quaker)教徒,英国探险家,1682 年建立了费城,还主导了其最初的规划建设。——译者注

原因，亦即人口的流动本身也让人唏嘘。江户作为德川幕府的所在地，自1868年幕府倒台之后成为东京。在江户时代，下町基本是填海造地而成的平原，是城中商人和手工业匠人聚集的人口密集区，充满活力而又杂乱无序。多山的山之手地区则位于江户城郭以西，人烟稀少。如果以南北两处町奉行所①之间的连线作为基准，可以看到那时大部分人口集中于该线以东，那里同时也是商业和文化的中心。居住在山之手地区的贵族阶层，虽然富裕而有品位，但却缺乏想象力与创意。是下町孕育了至今仍深深吸引着我们的江户文化。

这里的"贵族"指的是武士阶层、世居京都的朝廷显贵及其家臣。武士阶层整体而言非常保守。其风格品位，或者说与其身份相配的志趣品位，都很因循守旧，学究做派。在江户这个德川时代下半叶时全日本的文化中心，真正有新意而有趣的事物，都是由下町居民，即"町人"创造的。大名②资助能剧③表演和茶道。富商则追捧并资助歌舞伎④和花柳界的各种艺伎⑤表演，后者无论是在有执照的花街妓楼，还是在不那么规范的私娼窟中上演，常常格调颇高。能剧和茶道虽然是优雅而高端的消遣，但在德川时代变得非常仪式化和形式化，几乎无甚改变。而歌舞伎则连同娱乐场所的音乐和舞蹈一起，不断发展变化。今天我们已经习惯于将歌舞伎视作与能剧类似的超凡美学结晶，但它其实也有低俗、色情和粗鄙的一面。不过更关键的是，

---

① 1818年江户的范围在地图上以红线即"朱引"正式划定时，负责管理江户行政、司法的江户町奉行的管辖范围也以黑线即"墨引"划定，其基本上与日后东京的15个城区范围相一致。江户设有南北两处町奉行所，分别位于现在东京的有乐町中心大厦附近和东京站（东京中央车站）八重洲北口附近。
② 统领某一个领地的地主，相当于中国古代的诸侯。——译者注
③ 日本最主要的传统戏剧。以日本传统文学作品为脚本，在表演形式上辅以面具、服装、道具和舞蹈，表现的是一种超现实世界。——译者注
④ 起源于17世纪江户初期，是日本独有的一种戏剧，演员清一色为男性。——译者注
⑤ 产生于17世纪的东京和大阪，初为男性担任，在妓馆表演歌舞为生。18世纪中叶，艺伎作为一种职业被合法化，渐渐由女性担任，表演项目也逐渐增多。德川幕府中期，艺伎主要服务于武士阶层，后来又以新兴的商人阶层作为主顾。——译者注

与能剧和茶道不同,歌舞伎和艺伎表演艺术中,不断有新元素和优秀的成分加入,这使它们鲜活而富有生命力,成为下町固有的宝藏。

明治时期,东京政府的办公地,即东京府的中枢所在地,从下町略微往西迁移了一些,搬到了丸之内①。东京府厅以及 1943 年前尚未与其合并的东京市厅,自此长驻丸之内。而现在,它将迁往更远的西边,迁到 1932 年前还未纳入东京市部的新宿。

即使东京都知事和政府无意搬迁,即使一些人会对此惘然若失,我们也不得不承认这一事实:下町已远远落后于时代。它曾是江户的文化中心,而现在新的都政府将要落户的西新宿,比山之手还要偏西,甚至越过了江户时代甲州大道②上的第一个宿场。虽然日渐衰退,下町在明治时期依然占有足够重要的地位,以至于我们在讲述明治时期东京的文化史时,不能将其排除在外。

对于下町衰退的原因,最简洁有力的解释是经济上的:财源离开了。德川幕府分崩离析之际,歌舞伎留在了下町,最好的艺伎也留在了下町,但富商们,如三井财阀,则在身份等级制度的禁锢消失之后,接连搬去了山之手地区。于是这类艺术表演活动的主顾和资助人就变成了山之手地区的企业家和官僚阶级。虽说在 1923 年关东大地震时,隅田川沿岸还有富人和贵族的豪宅别墅,组成旧下町的艺术和娱乐核心。但在大地震之后,这些也烟消云散了。豪宅中最宏伟的水户德川家宅邸位于隅田川东岸,现在它的遗址也被新建的隅田公园和酿酒厂占据。

除了紧邻江户城外濠(其东半部分现已填平)东侧的几块区域是个例外,如果我们在书写第二次世界大战后的东京史时完全忽略下町,估计也没有多少人会注意到。只不过我们若是漏掉旧城郭东墙根下的银座,是肯定会引起非议的。银座因为西邻从皇居土地上延

---

① 东京都千代田区皇居外苑与东京站之间的一带。——译者注
② 即甲州街道,是江户时代的五条大道之一,其以江户日本桥为起点,经内藤新宿、八王子等至信州下诹访,沿途共有 38 个宿场。

伸出来的丘陵,所以在地理位置上属于下町,但它又属于整个东京。如果说像东京这样无序扩张的城市也有一个中心的话,那很可能就是银座及其周边区域。

两次世界大战之间,下町仍不乏趣事上演,但已落入大众通俗文化的领域,当作一晚的谈资尚有滋味,却不耐咀嚼,无法名留青史。两百年后恐怕除了非常专业的考古学家之外,没人会有兴趣。因此,即使我们不去刻意强调,若要讲述1923年大地震之后东京的故事,自然而然便是下町的没落与山之手地区的崛起。

1926年12月25日,大正时代落幕了,而在其末期,下町确实有一段时间几乎完全消失。大火席卷此地,自1923年9月1日正午起,熊熊大火整整肆虐了两天,除了位于西部边缘的几栋近代楼宇,下町焚毁殆尽。这场大火源于当天正午前一分多钟暴发的关东大地震。不过即使没有这场灾难,人口向山之手地区的迁移也已经开始,只是地震和大火加速了这一进程。小说家谷崎润一郎①出生于江户的商业中心,夹在旧城堡与隅田川之间的日本桥区。他在写于1934年的文章中声称,日本桥或者说东京,对他而言已经没有了故乡的感觉。他在多愁善感的少年时期生活过的地方,在震后已经位于一条大道中央,如今已铺上了沥青柏油。这只是一个极端的例子,但却象征着整个下町遭受的一切。下町依然在那里,但已被剥去了历史和文化,赤裸裸地晾在那里。

旧时事物大多终将湮灭,这是无法避免的。除了庙宇一类的大型公共建筑是例外,普通人家的宅院在建造时本来就无意长久存续下去,而实际上也确实不会百年不倒。不过若无这次地震大灾的侵袭,它们倒也不会消失得如此迅速。下町的建筑拥挤密集,又是木结构的,十分脆弱,根本扛不住震后迅速燃起的火焰。山之手地区则相

---

① 谷崎润一郎(1886—1965),日本唯美派文学大师,代表作品《细雪》、《春琴抄》、《刺青》、《麒麟》。——译者注

对好一些。虽然建筑大多也是木结构,但由于不像下町那样都是结构类似的建筑紧挨在一起,因此未受到太大的打击。

同样是在下町,日本桥、银座和丸之内这几处城市的金融、企业和商业中心,受灾程度要轻一些。丸之内的政府办公楼异常坚固,里面的人甚至没在第一时间意识到发生了什么。虽然电灯在摇晃,但建筑物没有损毁,直到得知汽车无法驶入政府大楼东边的城区时才意识到灾难的严重性。很快,在皇宫前广场暂避从而逃过一劫的人们蜂拥而至,其中有人陆续死于烧伤,还有孕妇不得不在市长窗下无奈产子。

丸之内不如日本桥地区受损严重,而在大地震后,企业家和经理们也开始随城市的扩张方向朝西迁移。丸之内得名于其地理位置:它地处江户城堡外濠内侧。明治时期,三菱财阀从政府手中买下这块地并加以开发。如今,丸之内已明显凌驾于江户商人财富与权力的中心:日本桥区。虽然东京证券交易所和日本银行①留在了日本桥区,但丸之内越来越成为大商家设立总部时的首选。

1925年,日本国有铁道山手环线终于全线竣工,其以数个换乘站连接了东京市中心与西郊地区,并打破了东京中央车站②与上野站之间不通铁路的状况,将两者连接起来。东京站的正门面向丸之内,且自1926年起便建成了一条宽阔大道直通皇宫前广场。丸之内也因此成为全国的玄关。而位于东京站东侧的日本桥区则完全不受重视,东京站甚至懒得建个面向它的后门。从1922年起至1924年仅两年之间,在丸之内设立办公点的大公司数量就翻了一倍,而之前发展到1922年那么多可是耗费了近30年,因为丸之内的第一栋建筑三菱大楼建设完工是在1894年。

日本桥在零售业方面也渐渐让位于银座。三越百货和白木屋百

---

① 即日本的中央银行,在日本常被简称为"日银"。——译者注
② 即"东京站"、"东京车站"、"东京中央火车站",在本书中都是指位于东京都千代田区丸之内一丁目的「東京駅」。

货是明治时期勇于尝试西方新式零售方式的先锋,其总店都位于日本桥。但随着新成立的百货公司接二连三地在银座开设分店或设立总店,三越也加入其中。除银座另当别论之外,下町在各方面均渐渐被山之手地区远远抛在身后,高傲的(也许有人会说是"傲慢的")日本桥也不例外。

也有人在讨论东京是否会发生相比地震大火导致的物质财产损失更颠覆性的改变,这次是精神和地位上的、人为引发的变化。1867年幕府倒台之时,京都仍然是日本官方名义上的首都。当时曾有议论说要在江户这个幕府将军驻地及实际的权力中心之外另寻国都。这些议论在天皇迁都江户即后来的东京之后平息了下来,但又在60多年后以大地震为契机死灰复燃,甚嚣尘上。

这种观点认为,既然东京已在大地震中遭到重创,趁此机会将中央政府机构迁至别处,远离大城市的喧嚣和混乱会不会更好?找一个不容易遭受自然灾害的地方建立新国都应该不是很难。东京位于地震多发地带,下一场毁灭性的地震迟早会到来。尽管现在距离大正时代的这场大地震已有60年以上,但人们仍然普遍认为有朝一日东京还是会被地震夷为平地。

在与地震无关的迁都论中,有一种观点认为首都果然还是应该设在京都,或者至少在关西的某个地方,因为这样能离包含台湾(《马关条约》将中国台湾割让给日本)、朝鲜地区在内的"大日本帝国"的中心更近些。而当时野心已显的军方内部甚至有迁都到大陆的想法。还有人提出分都两地的提案(在人口过度集中于东京,城市发展呈现不健康状态的现在,这再次成为一个很有市场的议题)。京都在这些争论中一直以西京自居。从现实的标准考量,分都两地也未尝不可。政府确实可以在关东和关西两地均设。

大正十二年即1923年的9月12日,日本皇室发布诏书,宣告东京将继续作为日本首都。诏书摘录如下:"东京乃帝国之首都,政治经济之枢轴,国民文化之源泉,为民众普遍瞻仰之所在。虽一朝不虑,灾难来袭,旧日城郭尽毁,然其国都地位仍存。是以,善后处理应不拘于恢复旧日之形态,而应图谋将来之发展,街巷整肃,面貌换新。"身为当时的摄政,也是下任天皇的皇太子裕仁巡视了化为一片焦土的下町。1945 年,时任天皇的他又再次巡视了东京在战争后的满目疮痍。

  市区的大火燃烧了大约 40 个小时,余烬未灭时重建工作就已展开。这座城市已经习惯了频繁发生的火灾,甚至颇以此为荣,冠之雅号"江户之花"。可以想见,灾后重建的速度也是东京人颇引以为傲的。在这类事情上,真正的商人讲求速度。如果一家商店没能在 3 天内恢复营业,从生意人的眼光来看,这家店就是没有未来的。东京的商人们为了应对迟早会到来的火灾,在隅田川东岸开辟了贮木场。它临河而建,这里储存的木材,就好像被存放在具备几分防火功能的仓库里似的,有机会逃过最猛烈的大火。百货商店很快开设了应急的卖场。银座和浅草的道路两旁,几乎是在火灾刚被扑灭时,就出现了街头摊贩,好像他们原本就在那里,从未消失过。当时还在日本桥的鱼市场在 9 月 3 日,即震后第三天,已然竖起了号召劫后余生的鱼贩们共商鱼市重开大计的告示牌。震后几个月里广为流传的《重建之歌》①如此唱道:

    家园尽毁　但是看啊
    江户之子精神依旧
    排排棚屋平地起
    卧赏明月清辉
    帝都复兴②

  9 月底,新闻报道根据警方调查结果称已有 3 万户棚屋建立起

---

① 日译本述其歌名为「復興音頭」,就「音頭」两字来看,这可能是一首集体舞蹈时的歌曲。
② 日译本有此句,英文原版中未收。

来。这篇报道以及《重建之歌》中都使用了"棚屋"（バラツク）这个词，表明这不过是灾后废墟中匆忙搭建的遮蔽之所。棚屋建立最多的地方是在旧下町的北部一带：浅草、下谷和本所区。尽管可供出售的商品非常有限，许多人因火灾的烟尘而手脸皆黑，但人们仍然忙于重建工作，新木料的木香弥漫周围。

需要清理的不仅仅是大火后的灰烬和瓦砾。当时东京最高的建筑"浅草十二层塔"①也在地震中被毁，其在第8层处折断。小说家川端康成②在震后两小时不到便出发前往浅草去看看情况。令他印象深刻的不是建筑物的损毁，而是难民，尤其是从北边大批涌过来的游女和艺者艺伎，借用《浅草红团》③一文的说法，"就好像杂乱无序花田的色彩"。著名的花街，位于浅草北面的吉原④被完全焚毁，数百游女葬身火海。所幸大火在距离浅草一步之遥的地方止住了，浅草正是川端徜徉的属于他的"花田"。

次年，川端描述了浅草十二层塔最后的消逝。那场景看起来更像是一场熙攘的庙会庆典。"十二层"——或许称之为"凌云阁"更为恰当，是个配有娱乐设施的购物中心，建成于1890年，是一座不怎么好看的砖塔。陆军的工兵队将其爆破拆毁，导演了它的谢幕演出。

川端于1929年至1935年间不定期连载的作品《浅草红团》中，有个登场人物回忆起那时的光景，如此说道：

---

① 日文汉字写作「浅草十二階」，亦称"浅草凌云阁"，是明治时期到大正末期在东京浅草建的12层塔。——译者注
② 川端康成(1899—1972)，日本新感觉派作家、著名小说家，代表作有《伊豆的舞女》、《雪国》、《千只鹤》、《古都》以及《睡美人》等。1968年获诺贝尔文学奖，亦是首位获得该奖项的日本作家。——译者注
③ 川端康成所作的新感觉派小说。
④ 古称吉原游廓，起源于1617年，是江户幕府许可建造的第一个有照的花街游廊区，设立于现在的日本桥人形町。1657年明历大火之后日本桥的吉原被烧毁，迁至当时还是农田的浅草附近，现在所说的吉原一般指浅草的新吉原。因为吉原地处江户城北面，所以也有"北国"的异名。——译者注

我们周围目力所及，全是烧毁的废墟。小窝棚三三两两分布各处，但是从学校屋顶就可以一眼望到（浅草）公园，中间没有任何阻隔。屋顶的塔上挤满了围观的人。我们肯定等待了有一个多小时。然后，一声火药爆破的巨响，我们看到砖块如瀑布般倾泻而下。有一面墙还没被炸倒，像一把细剑插在废墟中。又是一声巨响，细剑也倒下了。学校屋顶上的人群齐呼"万岁"，欢呼雀跃。随着细剑坍塌，黑压压的人群跑上了那座碎石大山。

私营企业的反应灵活迅速，他们势头汹汹地投身于复兴建设，有些甚至因而阻碍了放眼全市的复兴计划的实施。美国历史学家查尔斯·比尔德同样迅速而强有力地献计献策，乐于贡献自己的智慧。时任内务大臣兼帝都复兴院①总裁的后藤新平向他发去电报寻求建言的几乎同时，他的电报就发来了。后藤新平这位地震前没多久才当过东京市长的政治家，以前就曾经咨询过比尔德。他以"大包袱皮市长"著称，这一绰号也可以理解为"满脑子计划市长"。应他的邀请，比尔德在1922年至1923年间曾花了6个月的时间研究东京的市政管理情况，并于1923年年初提交了一份研究报告。如今，后藤再次将他征召。比尔德在到来之前发了一份措辞强硬的电报，表示对旧事物的感伤情怀绝不能以任何形式干扰到新城的兴建计划：在新的街道规划未出台之前，任何新的建筑都不允许兴建。然而，如果前述警局报告准确的话，棚屋已经在以每周接近一万户的速度在废墟中迅速建起。

这场地震来临之时，正逢日本政局紊乱、权力更迭之期。1922年6月就任日本内阁总理大臣②的原海军大将加藤友三郎在1923年

---

① 1923年9月27日由当时的山本权兵卫内阁设置的政府救灾机构，首任总裁为后藤新平。后因预算问题于1924年2月25日废止，由复兴局接手复兴任务，1930年4月1日又改组为复兴事务局，1932年4月1日废止。——译者注

② 简称总理大臣、总理，通称首相，是日本内阁的最高长官，也是日本实际的政府首脑，领导各行政机关运作。——译者注

8月底与世长辞。这一时期也是历史学家所称的"大正民主"时期，是一段夹在明治独裁和1930年代到1940年代初期军国主义独裁之间的自由时期。各政治党派第一次尝到手握权力的乐趣，沉湎于你来我往的吵闹纷争。继任的内阁一直难以组建，直到9月2日，城市尚在燃烧之时，才由另一位海军将领山本权兵卫统帅的新内阁走马上任。这一届内阁只维持了3个月，但在山本的领导之下，尤其是在后藤的倡导下，政府主导了东京的重建工作。其实就算没有后藤的强力推动，东京重建仍然要靠国家扶持，因为东京本身并没有足够的资金。

后藤原本的计划涵盖了整个城市，包括受损不怎么严重的山之手地区，而且囊括了所有能想到的各类设施，如街道、公园、河川、沟渠、交通运输系统。在设想中，一条200码，约合100米宽的主干道将纵贯市区南北，穿过银座东边以及日本桥的主体区域。作为一名政治家，后藤相当不切实际。重建预算从最初的几十亿日元缩减为5亿日元留给东京，另有一笔额外款项拨给受损更严重的横滨。在这一更为精简的计划里，着重点在于给人们提供栖身之所和拓宽街道。后藤设想的宽阔大道被打了个对折，长度也大大缩短。该条大道现在被称为昭和大道，名称源自我们刚刚终结的昭和时代。它穿过银座和日本桥，直通下谷区的上野。

最终通过的预算还不到5亿日元。即使在帝都复兴院内部，意见也不统一。有人认为计划中包含了太多无关紧要的事项，而且为拓宽街道而征地将会是个大麻烦。两大主要政党之一也同意这种看法，大声质问凭什么这么小的一块地方要倾举国之力重建。于是后藤的梦想中实际付诸实施的，只有街道有所拓宽，又新建了几个公园而已。重建后的街道模式与江户时期基本无异。

东京的重建工作看起来像是一个典型的错失良机的案例。然而这并不代表重建工作一事无成。城市确实以一种不伦不类的风格重建了，并且做了一定程度上的重新规划。东京市在重建工作中也不是一点力都没出。中央政府负责主干道的新建和拓宽,东京政府则负责小街小巷的修复。最终,近25万①居民被迁出。街道所占面积的比例比震前超出许多。在中央政府资助下,下町新建了三个大公园,均在隅田川沿岸或其附近。另有东京市政府建立的50多个小公园散布城中,其中大部分沿如今已消失的水路而立,并靠近学校。这些小公园中以原貌保留至今的大概只有一个,那就是位于当时的本乡区,在御茶水车站附近的元町公园②。它于1930年开园,充满迷人的装饰派艺术③气息,与世界现代建筑四大师之一的弗兰克·劳埃德·赖特设计的帝国饭店有异曲同工之妙。位于隅田川东岸,归属两国地区的被服厂旧址,是死难者人数最多的地方,这里按照后藤市长的提议建立了一座地震纪念堂。建设过程花费了7年,但在大地震周年纪念的时候便已迎来无数祭拜者。

  在川端的超短篇小说,也就是他所谓的"掌小说"中,有一篇故事的背景便设定在大地震周年纪念日。在地震中亲人尽失的女子与精明的浅草乞丐搭档乞讨。他俩前往纪念活动的举办地:被服厂旧址。乞丐脱下一只鞋,告诉不解的女子说,过一会儿你就明白我为什么这么做了。原来他是为了用光着的脚将人们投向功德箱但未能投进的硬币拣进鞋里。这一天,皇室派出的宣敕使前来参加悼念活动,首相、内务大臣和市长也来了。他们凭吊后,在祭坛前宣读了悼词,周围摆满了各国大使送上的花圈,"中午十一时五十八分,关东大地震发生的时刻,全市所有车辆停车熄火1分钟。全体市民静静默哀"。④

  小说家永井荷风在他的日记里记叙了周年祭那天的情形,很是迷信的人们似乎非常不安。荷风写道:"全体市民惴惴不安。银行、公司都关门落锁,果蔬店、鱼贩摊也停业放假。天气晴好,秋风送爽。"

---

① 日译本作"近25万户"。
② 位于今东京都文京区本乡一丁目,现仍健在,是个颇有历史感的区立公园。
③ 装饰派艺术(art deco)是流行于20世纪二三十年代的一种装饰风格,结合了机械美学和几何线条。
④ 引自川端康成《金钱之道》。

在荷风1927年写成的作品《出租屋里的女人》中,高潮部分也发生在1924年9月1日,即大地震周年纪念日这天,"天已经黑了,由于今晚是地震周年纪念日,四谷的花柳巷看样子也歇业休息了,后巷诡异地一片沉寂。电车道边甚至都没了平时夜店和商场的喧嚣吵闹。号声从军校广场传来,穿过津守坂,似远还近"。小说标题中的女人,也就是我们透过其视角感受到这肃穆周年祭的当事人,是一个被包养的情妇。她以为恩客在那一夜不会来找她,由此引发了一系列荒唐的小事故,导致她最后被抛弃了。

就在荷风写成这部作品的1927年,发生了昭和金融恐慌。其源头可以直接追溯到那场大地震。本来两者之间并非有着必然的因果关系,只是由于政府的蹩脚措施才使得这一切的发生看起来无可避免。大地震次日即9月2日成立的第二届山本内阁,出台了一项有限的延期偿还债务的政策。这是指在一定条件下,某些地区的债务可以暂缓偿还。其结果导致日本银行需要为商业银行所受的损失做担保,而它自己所受的损失则由政府承担到一定上限。就这样,延迟偿债的期限被一次又一次延长。由于尚未结算和根本无法结算的债务票据数额远远超出官方担保的数额,日本银行受到了影响,并由此扩散到商业银行。

1927年3月,日本财务大臣[①]片冈直温[②]做了件蠢事。他在国会上失言说日本一家重要的商业银行渡边银行几个小时内就将破产。这自然不是真的。渡边银行确实遭遇了一些麻烦,但还不至于到了生死存亡的时刻。他这么说似乎是想转移公众对银行呆账问题的注意力。但覆水难收,他的"失言"引发挤兑风潮,渡边银行被迫暂停支付。接着又有第二家银行:台湾银行受累于财务大臣的不实言论,这家半数资本源自国库出资的银行也宣布停止支付。而欲对该银行

[①] 当时该官职的实际名称为大藏大臣,相当于后来的财务大臣。
[②] 片冈直温(1859—1934),明治至昭和初期的企业家、政治家,曾任日本生命保险会社第二代社长。

施以援手的努力却被日本枢密院宣布为违反宪法。其他银行也陆续陷入无法支付的窘境,其中甚至包括日本五大银行之一。这就是日本近代历史上最严重的一次金融恐慌,而现在读者应该明白我们为何说它的源头可以追溯到那场大地震了吧。4月,若槻内阁集体辞职,继任的组阁者是陆军大将、侵华政策的鼓吹者田中义一。至此,那场大地震引发的政治和经济效应愈加深远。曾声称大地震对首都的损害不值得政界和全国国民过于关注的政客们,错了。

通过延期偿付政策,以及日本银行的一系列动作还有一些小花招,这场危机眼下看起来是被控制住了。重新恢复营业的银行在出纳窗口堆放起夸张的现金小山。但实际上这些钱很多都只印刷了单面,因为根本没有时间把两面都印上。

也许震后几年内日本最轰动的犯罪也是由大地震引起的——尽管若要下此断言,我们得完全相信罪犯自己宣称的犯罪动机。1923年12月27日,当时的皇太子即后来的昭和天皇,正在去往议会开幕式的路上。当他经过虎之门的时候,一名年轻人从人群中挤出,近距离向他射击。皇太子幸运地躲过了攻击,全身而退。这次刺杀被称为虎之门事件,得名于事件发生地点:外濠上的城门虎之门(该城门和外濠如今早已消逝于岁月变迁中)。

刺杀皇太子的年轻人难波大助出身山口县的名门家族,父亲是议会议员。他在之后供述说自己不得不这么做,因为他对震后劳工和朝鲜人所受的不公正待遇十分愤慨。

不管劳工遭遇如何,朝鲜人确实遭到了相当残酷的对待:他们惨遭屠杀,人数超过两千。

刺杀未遂的嫌犯遭到人群围攻并被当场逮捕归案。此后不到一年,即1924年11月,他就在市谷监狱中被处以绞刑,并在当天晚上草草埋葬于隅田川东面,东京东北郊外的无名墓地。据说,在警员们提灯的映照下,隅田川堤岸美得令人惊叹。

年轻的刺客只在判决下达的时候打破了沉默,大声疾呼"革命万岁"。虽然有人认为他如果不那么激进,还不至于被判死刑,但我看未必。法庭可不会对犯下这种罪行的人网开一面。

善讽的作家永井荷风对此有自己的见解,并将其写进了日记:

> 11月16日,星期天,晴。都下的报纸不约而同地大肆渲染难波大助的处刑。大助是去年在虎之门意图射杀皇太子的青年学生。有人谴责这一行为是极端邪恶的,但我并不觉得这有多令人惊讶或者应受谴责。刺杀皇室在西方并不罕见。现代日本人的生活不过是对西方的粗鄙模仿。大助的行为也就是模仿中的一个实例而已。他的行为和穿着洋装的女人出去跳舞有何区别?

如果将虎之门事件中嫌犯的待遇,与之前或之后刺杀皇室成员未遂案件中犯人的待遇相对比,其结果是耐人寻味的。1891年,在大津这座位于京都东面的小城,一名警察砍伤了俄国沙皇的长子。大津事件的审理比虎之门事件要快,但行凶者只被判了无期徒刑而非死刑。虽然控方要求判处死刑,但法官只通过了单纯的杀人未遂指控。法官坚持认为攻击皇室成员与攻击普通人没有任何不同。当然,当时治外法权依然有效的事实可能影响了法官的决定。他希望借此表现法庭无惧政治压力的独立性,以及基于治外法权而设立的领事裁判法庭的多余。然而,审判虎之门一案的法庭却并没有遵循大津的判例。

1932年1月8日,天皇(即1923年时的皇太子)又成为了另一起袭击事件的受害者。在他从陆军阅兵式返回皇居的途中,朝鲜人李奉昌向他的车队投掷了手榴弹,不过并没有人受伤,只有一辆不是天皇座驾的车受损。这次事件以旧皇宫的另一道门——樱田门命名,称为"樱田门事件"。虎之门判例而非大津判例被沿用了:袭击者被判处了死刑。我们似乎难免要得出这样的结论:不是所有的皇室成员都能享受到同等的皇族待遇。虎之门事件之后内阁成员集体引咎辞职,于是在樱田门事件之后内阁也提交了辞呈,但由于时值九一八事变，辞呈被驳回，内阁继续留任。

虎之门事件在文化方面给日本全体国民带来了始料未及的影响。东京警视厅警视总监①被解职，在警备方面负有直接责任的警务部长也被罢免。后者名为正力松太郎，他在解职之后转战媒体和娱乐界，获得了不菲声望和权力。1924年2月，他成为《读卖新闻》的总裁。那是出身大阪的报社在东京新闻界呼风唤雨的时代。两份大阪报纸《朝日新闻》和《每日新闻》的全国发行量在震后均超过了100万份。当时东京发行量最大的报纸也只有它们的三分之一左右。在两家大阪报纸的联合狙击下，这家报纸终于撑不下去，后来被《读卖新闻》兼并。大阪人还将目标转向另一份东京独有的报纸《东京日日新闻》，也就是后来的《每日新闻》东京版，将其拆吃入腹。

正力很快走马上任。他试图给《读卖新闻》赋予一种亲民感，拒绝大阪报纸的清高倾向。在他的带领下，《读卖新闻》开辟了首个女性版和人生答疑解惑专栏。他还缔造了体育界的奇迹，打造出广受日本国民喜爱的"读卖巨人"职业棒球队。他带领《读卖新闻》成为东京最大的报纸。第二次世界大战之后，《读卖新闻》终成全日本最大的报纸。正力还成为开拓日本商业电视界的先锋人物。

如果我们把虎之门事件也归因于关东大地震，那么之后形形色色引人注目的一系列事件都可追根溯源到那场地震。不过现在还是让我们把视线转回到虎之门事件引发的涟漪上。刺客出生的山口县的知事自扣了两个月薪水。刺客去东京途中停留过的京都，其知事受到了遣责处分。刺客的父亲辞去议会议员职务，返回家乡闭门思过。刺客出生的村子停办了一切新年活动以示赎罪。甚至连刺客十年前就读过的小学的校长也引咎辞职。

大津事件的余波则远没有那么夸张，相关人士的惩处和悔罪都比较理性。内务大臣辞职，滋贺县（大津为其首府）知事和警察署长被解职，仅此而已。好歹这些人都或多或少对事件的发生负有责任，

---

① 也就是东京警视厅的最高长官。——译者注

然而很难想象京都知事和小学校长对虎之门事件负有什么责任。

　　大正时期,也就是大正天皇统治的时代,处在江户成为东京的第一个百年,即1868年到1968年的中间。整个明治时代和落入这一百年中的部分昭和时代,几乎平分了这一百年的剩余部分。大正还是另一种意义上的"中间"。虽说东京在大正时代之后也并未停止变革,而昭和早期它还经历了一场破坏程度不下于大地震,几乎再次将它毁灭的灾难,但大正仍可以说是这一百年中变革最为迅速的一个时代。虽然文化和风俗的变化是无法用什么仪器准确测量出来的,但人们依然能够凭感觉说个大概。对于当时的人们来说,大正时代十五年间的变化,相比明治时代的最后十五年及昭和时代的最初十五年,想必都更加巨大。大正末期至昭和早期日本的制度和人们的行为模式,看上去比日俄战争①前后更接近今天。甚至连"大正民主",这个后来如此温顺地屈服于1930年代暴政的民主时期,在今人看起来也是如此似曾相识,它现在似已归来,并且我们又可以看到与那个时代相似的言行出格以及混乱。大概也只有先知能预言,在不久的将来,那些以正义廉直自居的人们,会不会再度像当年那样端起枪来重蹈覆辙。

　　大正天皇的精神状况非常糟糕——我们不知道这种情况在他不长的一生中(大正天皇出生于1879年)是从何时开始的。他在出生时就遭遇难产,甚至一度被认为是死胎而遭放弃。因此有可能他从婴儿时期便患有脑病。在裕仁皇太子即未来的昭和天皇成为摄政之前,也就是1920年末,裕仁皇太子刚满20岁的几个月后,大正天皇便已淡出公众视线。他的死并没有引起多大震荡,尤其是与他父亲因尿毒症去世相比,震撼度几乎可忽略不计。大正天皇罹患肺炎的消息于1926年12月初便早已公布。他被送往位于东京南部相模湾

---

① 发生于1904年至1905年,此战的结果是沙俄战败,日本在东北亚取得军事优势,并取得在朝鲜半岛和中国东北驻军的权利。——译者注

的叶山御用邸。该御用邸现已消失,毁于1971年的一场纵火案。

永井荷风在日记中表达了他对天皇病情报道的不满：

> 12月14日,阴冷。傍晚时分开始转晴。我趁着夜色前往银座,那里充斥着手拿新闻号外叫卖的小贩。我想这昭示着天皇陛下的逝去将近了。无论是晨报晚报都事无巨细地报道着天皇的病况,在第一时间披露天皇陛下的食量和排便情况。这种类型的报道始于明治天皇驾崩时的做法。当时得到当局的许可,记得那时新闻报纸向我们透露明治天皇正遭受尿毒症的折磨,他令人敬畏的威严面容逐渐灰败黯淡,变成了紫黑色。……如果问及我对这类报道的感受,我会这么回答……一代国家传奇就这么被毁了。在他活着的时候,我们的君主是被当作神一样的存在,而告诉我们他死于尿毒症无异于打破了神话,撕毁了赞诗,把我们对他诗意的幻想给破坏了。……为什么在天皇临死之时必须要向公众公布他食量和排便的细节是如何如何呢?

大正天皇于圣诞节凌晨去世,因此接下来的昭和元年就只有一个星期那么长。在一众罕见而有趣的事物中,有一种现在有时还能在跳蚤市场上找到,那就是为没来得及诞生的大正十六年而印刷的日程本和备忘录。当时已来不及为昭和二年印刷新的了,因此人们便凑合着在天皇辞世前印好的本子上改个年号继续用。

自1868年起,一个朝代只使用一个年号的惯例才固定下来。在早前的年代里,年号变迁更为频繁。"昭和"这个年号,字面意思是"澄明和谐",寄托了对国家清平、睦邻友好的美好愿景,与大多数日本年号一样,出自中国典籍[①]。它虽是日本历史上存在时间最长的年号,但却是在一次意外疏忽下诞生的。日本皇室在这起事件中被人抢先一步,十分尴尬。而日本人惯常应对失误的办法便是装作根本

---

① "昭和"的出处为《尚书》中的"百姓昭明,协和万邦"一句。——译者注

没这回事。事情大致是这样的：一家报纸在日本官方还未正式宣布之前，便将事先选定的年号"光文"给刊登了出去。于是，不知所措的宫内厅只好把备选年号"昭和"临时顶替上去，这个年号便在往后的六十多年中陪伴我们左右。"光文"，寓意激扬文字的时代，也许比"昭和"更能表现这个王朝的时代气息。

1927年2月，大正天皇下葬，虽然他的大葬仪式也伴着适度的尊崇与隆重，还有民众聚集引发的踩踏事件，但却没有他父亲葬礼上的那种民众真诚的情感流露。明治天皇的陵园选址还曾引发过争议，但到了大正天皇这里，一切顺理成章，他的墓地位于东京西郊①。为纪念明治天皇而举行的奢华葬礼催生了明治神宫和外苑花园的建造，却没人想为大正天皇费这精神。日本一代军神，陆军大将乃木希典在明治天皇下葬的当天携妻子双双自杀殉葬。为大正天皇写了官方悼词的诗人兼学者芳贺矢一②也在大正天皇下葬的前一天去世，但却和自杀殉葬扯不上边。

总而言之，围绕大正天皇的氛围是沉静黯淡的。虽说要准确评判明治天皇在政治上的重要性并不容易，但他在19世纪后半叶为日本做出的卓越贡献，令他的威名一直回荡在日本国民心中，这点是毋庸置疑的。相比之下，大正天皇的形象显得如此渺小又令人感伤。

然而，无论如何，大正天皇却是第一位东京土生土长的天皇。他的父亲在京都长大，并葬于那座城市的郊区伏见。大正天皇则整个一生都生活在东京，从未踏出过东京都范围。他的墓地也在东京都，位于八王子市长房町。除了他长期处于公众视线之外这一事实，世人对他其实并没有留下多少印象。但至少在身为东京人这一点上，他是独特的，是开天辟地头一位东京天皇。

---

① 即后来的武藏陵墓地，当时称为多摩御陵，是位于东京都八王子市长房町的皇室墓地。此地除了大正天皇的"多摩陵"之外，还有包括昭和天皇的"武藏野陵"在内的另外三座陵墓。

② 芳贺矢一（1887—1927），日本国文学家，东京大学教授，曾引进德国文献学，奠定了日本近代国文学研究的基础，并为日本国语教育做出过贡献，1927年因心脏病去世。

第八章　快乐重建

根据官方的说法，东京震后重建工作完成于1930年。该年3月举行了名为"帝都复兴完成式典"的典礼。大地震发生时还是皇太子身份的昭和天皇，也参加了在皇宫前广场举行的这次宣告重建完成的典礼并表示了祝贺。东京市长则在皇宫以南几百码的日比谷会堂召开集会并发表了祝词。虽说这类典礼和集会未必以民众为主体，但庆祝活动往往会持续很多天，包含了能让民众们都开心的娱乐项目——游行、花车表演，还有其他类似的东西。精心装饰的有轨电车在整个东京市内来回穿梭。

天皇对市内进行了一次视察，对他所看到的重建进展表示满意，并希望人们今后也能继续团结进取，开创未来。在演讲中他使用了"帝都"一词以特别强调迁都一事毋需再言。这次视察的组织者秉承日本人一贯的作风，将天皇彻底保护起来，保卫工作做得滴水不漏。大约1.5万人因为有可能接触到天皇而接种了天花疫苗。而视察之行的准备和执行阶段牵涉到的各类人员，据估算多达25万。天皇的视察路线经过受灾程度最为严重的平坦的下町一带，他还顺路拜访了隅田公园、震灾纪念堂，以及其他几处地方。

隅田公园是大地震的产物，也是毗邻隅田川新建的两座大公园之一。它横跨隅田川两岸，在隅田川西岸，也就是浅草这一侧，绵延将近一英里，而在东岸即向岛的这一侧，则深入不到半英里。但后者作为一个公园却更为成功，因为此处有几座古老的神社寺院和著名的成排樱花林①。不过,由于樱花林在大地震的灾难中几乎全毁,所以不得不补种新树。西岸即浅草这一侧,则是建在填埋河岸形成的土地上。大正中期荒川排水渠的建成使隅田川免去了洪涝灾害的威胁,也使填河造地成为可能。不过,最近几年,河岸两旁却建起了一道丑陋的水泥围墙,这与其说是为了防范顺河而下的洪水,不如说是为了防止暴风雨来临时海湾的巨浪倒灌而入。滨町公园作为两大公园中的另一个,位于隅田川下游的西岸。在取得这片土地的所有权以兴建公园时并没有耗费周章,因为该土地的主人只有三名。倒是迁走其上零散的租户更为麻烦。滨町艺伎区正好坐落在这片区域,艺伎及其恩客们都是态度强硬又富有社会影响力的人。最终,艺伎区被迁至西边不远的地方加以重建。

如果将官方的说法照单全收,认为重建工作完成于 1930 年,那么重建之后的东京,没能久享天年。重建工作持续了 7 年。而仅过了十年出头,第二次世界大战便再一次将一切撕裂。幸福的日子很短。事实上,艰苦重建的那几年可能反而比随后的岁月更快乐一些。因为重建结束后,便是经济大萧条,刺杀事件频发,然后就是战争的全面爆发。

在日语里,表示重建的"復興"一词,还有另一层意思——"修复"。但完美复原一座城市几乎是不可能的。也许,无论出于什么原因需要修复一座城市时,总会有人想要尝试把城市恢复到与它曾经的样貌一模一样的程度吧。1945 年后,在欧洲确实有过这样的尝试。还原的一切似乎都与曾经失去的分毫不差,但却是刻板而毫无生气的。因为创造了早先那座城市样貌的生活气息已经烟消云散了。

东京并没有做任何形式的复原尝试。大概,除了有限的几个街区之外,这种尝试是不可能进行的。我们也许要感谢这座城市被给予了保持活力、不断成长的空间,而未被强制还原到那已不合时宜、

---

① 即隅田川堤岸上排列着的樱花树,江户时期此处即有"墨堤之樱",享有"长堤十里花如云"的美誉。——译者注

徒具形式的旧模式中。但我们需要指出的是，尽管现在还活着的人中，已经没有几个年长到能够记起 1923 年 9 月 1 日大地震之前的东京是什么样子了，但要说重建后的东京比旧时更赏心悦目是缺乏说服力的。重建后的城镇一般都比不上之前那么美了，东京也不例外。其原因并非难以理解。自幕末开国以来，东京及日本向异国文化敞开大门，迎来了一大拨新鲜工具和技术的涌入。它们对日本人启发良多，是抵御政治入侵、保卫国家存续不可或缺的要素，同时也比旧工具和技术更加便宜和便利。但这也导致随着东京的每次重建，草草建成的混搭风格建筑开始变得随处可见。

不过东京普通市民看起来真的很喜欢重建改造这种事，他们普遍对大地震后的重建结果很是满意，对于 1945 年战败之后的重建也持同样态度。白色混凝土取代了深色幽暗的灰浆，更暗色调的瓦片消失不见，一切都变得如此明亮，令人兴奋。银座西面的数寄屋桥①边上，建起了《朝日新闻》社的新大楼，倒映在桥下昏暗的水面上，好似一艘远航邮轮。还有形似斗牛场的日本剧场，简称"日剧"。这些都成了当时所有时尚青年男女，即所谓的"摩登少年"、"摩登女郎"们热衷拍照留念的地方。

虽说没法亲临现场，也没有任何能够客观衡量这场变化的标尺存在于世上，但我们仍会忍不住想知道重建后的东京到底改变了多少。对此，最了解其中经过的人士和最有眼光的人士未必意见一致。江户留存下来的东西大多在下町，因为那里本是江户的主体。所以大地震使江户遗迹大多消失这点是无可否认的。只是重建到底使这座城市在街道以及风俗人情方面发生了何种变化，人们众说纷纭，看法各异。

从大正末年至昭和早期，永井荷风在银座度过无数夜晚，流连于

---

① 1629 年于江户城外濠上建成的桥，1929 年改建为石桥，后因建设高速公路而拆除，但其名称仍作为银座一个重要的地名而为人们所熟知。

"咖啡馆",也许在今天更应该被称为酒吧或者夜总会一类的地方。1931年,他将这段经历和观察所得写进了他的小说《梅雨前后》中。在小说后半部分登场的一位名叫松崎的老绅士,从多方面折射了永井荷风自己(尽管永井荷风本人更加年轻,也没有因为涉嫌贪污渎职而坐过牢)。他静静地,冷眼旁观着银座的变迁。每一天都有新的改变,地震之后一点一点的变化累积起来就好似一场梦。今日银座已非昨日银座。书中那位老绅士的兴趣面真的非常狭窄。他基本上只对震后如雨后春笋般出现的咖啡馆有兴趣。这些小咖啡馆大多林立在大火过后的遗迹上,同时也是暗娼的前哨站,对新时尚和潮流风向非常敏感。老绅士这个角色就是荷风的代言人。经其之口,荷风对这种变化表达了悲观的感慨。旧时代的花柳界已经不复存在,洗练优雅的品味也随之逝去。

谷崎润一郎这位土生土长、但震后大多时间都在外地的东京人,对此则有不同的感受。震后东京的变化似乎并未如他所预期的那么大。1923年9月1日大地震发生之时,他正在东京以西50英里左右的箱根山。对于大地震后的变化,他曾在一篇写于地震之后不久的著名文章中表达了憧憬,希望全毁的东京可借此重生为崭新而绚烂的现代都市。但他在1934年根据亲身见闻所写的文章中却表达了巨大的失望,或者更准确地说,如果他此时仍然怀揣着1923年地震刚结束时的心境,那他在文中流露的感想只能说是沮丧的。实际上,谷崎自身也有所改变,所以应该说他此时的心境是乐于看到这座城市并没有如他曾经期望和预测的那样改变得那么极端。

于是在那之后11年过去了。曾经认为会是漫长的震后十年也在去年9月1日画下了终点。我也已经49岁了。如今的我是什么样子?如今的东京又是什么样子呢?人们会说前景黯淡,万事不如预期。但是,回首前尘往事,回想起我迷失在箱根小涌谷山路上,沉浸于各种妄想时的经历,我不知道该对如今这样充满讽刺的结果是哭还是笑比较好。这首先是因为我当时想象的震灾的范围、城市的破坏度,以及重建的速度和形式,对错参半。

……

因为东京遭受的破坏没有我想象中大,十年来的复苏,虽然也很显著,却不是我期望的那种涅槃重生。当初听说内务大臣后藤新平的伟大计划时,我也曾欢呼雀跃。据说他打算让政府砸下30亿日元买下所有焦土,建起规整有序的新街道,这绝对是大手笔,但并没有实现。东京的街道依然有着旧时的影子,混乱纠缠。确实,大量的新桥,大的小的,如今都横跨在隅田川和其他河流、沟渠上,展示着自己优雅的弧度。从丸之内到银座,京桥到日本桥,全已旧貌换新颜。当火车从城南穿越新桥站驶向中央车站时,从车窗望出去,我不禁惊讶于这竟然就是我童年时代可以耍上半天的荒野。海外归来的人们说现在的东京已经可以与欧洲和美国的一流城市比肩。

……

1923年9月1日我在山路上徘徊时做的那场白日梦,那场令我甚至忘记担心妻儿安危的白日梦,并不及我今日眼前那样美轮美奂。但是所有这些表面上的改变又对市民们的嗜好、风俗、习惯、语言,以及行为产生了什么影响呢?事实是,我的想象太过超前了。他们并未像我预想的那样西化。诚然,最近出现了类似银座的手杖女郎①那样的人,酒吧和咖啡馆的繁荣兴盛也使得花柳界黯然失色,电影院不断拉走歌舞伎的客源。但是这些地方,还有赌场和歌舞厅,没有任何一个,别说是跟欧洲和美国比了,连上海的卡尔顿餐厅都及不上。

……

有多少女人穿着样式正宗的西式裙子?在夏天兴许还多一些,但在冬天,百货店顾客和街头行人中穿西式服装的人连十分之一都不到。即使是在办公室女郎中,能有个二分之一都已经

---

① stick girl,又可译为"伴行女郎",指陪伴男人散步或游玩的女子。

是很乐观的估算了。①

（谷崎生于 1886 年，因此他在文中说自己 49 岁应该算的是虚岁。"手杖女郎"就是女版牛郎，她们像手杖一样依附在男人身旁，引得常有年轻男人喜欢去银座漫步。）

谷崎的感觉是矛盾的。他既为自己的期待未能完全实现而伤心，也为自己的预言至少在日本桥等地毫不夸张地成真了而忧伤。不过，他并没有像荷风那样对民俗和礼仪方面的变化万分悲观。

虽然同样是描写 1930 年代即昭和初年的印象，相比荷风或谷崎，川端康成则更关注更具体的、物质方面有形的变化，他同时也是更细致入微的记录者。（川端比荷风年轻 20 岁，比谷崎也要年轻 13 岁。）在滨町公园，他遇到了一栋奇怪的建筑物，它确是某种形式的复古主义风格，但不是江户和日本传统式样的复兴，而是试图再现明治初期洋风建筑的产物。换言之，他撞见的是西洋风格被完全日本化后的产物。

作为隅田川两岸两座新公园之一，滨町公园里所有的东西自然都是新造的。除了海鸥和潮水的气味外，什么都改变了。但此情此景仍不禁使人产生怀旧之情。新的威尼斯式亭子是模仿地震中失去的一座明治建筑——约西亚·肯德尔设计的北海道开拓局办公楼的风格建造的。英国人肯德尔是日本明治时代最著名的外国建筑家。换作江户时期的话，河边游船上的三味线琴声以及舞乐喧器也是一大亮点吧，但现在它们已太过久远，勾不起思乡怀念之情了。

川端康成没有告诉我们他对另一座隅田川河畔公园——隅田公园的看法，但他引用了一位朋友毫不吝啬的赞美。这位友人说，隅田公园河水清澈，景致优美，还能够远望筑波山，可以与波托马克河②、

---

① 引自「東京をおもふ」。
② 美国中东部最重要的河流，像一条蓝色的缎带，横亘在亚历山德拉和华盛顿特区之间，沿岸有许多著名公园，如宪法公园、波托马克公园、罗斯福纪念公园等。——译者注

泰晤士河①、多瑙河②、伊萨尔河③等著名河流沿岸的伟大公园相媲美;等河川两岸的樱花树再长高一些,隅田公园一定会成为世界最好的公园之一。也许对此不置一词的川端才是那位更准的预言者。筑波山如今已无法从隅田公园远眺到,一道水泥墙阻隔了肮脏的河水。只有在樱花盛开的时节,人们才会将注意力转向这个公园,但即使是那个时节,对隅田公园的关注度仍然不及对那更古老的上野公园。

川端康成曾经走遍了整条昭和大道,即从上野到新桥。有人将这条大道比作香榭丽舍大道④和菩提树大道⑤,川端并不这么认为。"我看到了东京的满身疮痍。虽说这座城市已昂首阔步踏上了复兴的新征程,但我真正看到的却大多是未愈合的伤口、难掩的疲惫,以及硬装出来的神气"。⑥

几个世纪以来在隅田川东岸售卖著名旧式点心的老铺,如今也变身成了造得像银行似的混凝土建筑。(顺带一提的是,虽然川端没有提到,但浅草观音寺前的商店街其实也是混凝土建造的,不过是另一种怀旧风格,是模仿江户时代的样式;1937年落成的上野国立博物馆主体建筑,也是这种风格的著名代表之一。)隅田川东岸两国地区的地震纪念堂,位于1923年大火中成千上万人丧生的地方,同样由混凝土浇筑而成,可能是最不成功的混搭风建筑。川端问他同去的朋友说,难道修建一座纯粹日式风格的建筑已经不可能了吗?那位乐观的朋友是这么回应的:"但这一切不正是现在东京最好的写照吗,混合了美国风。它们现在可能看起来有点怪异,但过个十年或者

---

① 英国著名的"母亲"河,沿岸商业繁荣,历史建筑林立。——译者注
② 欧洲第二长河,世界上干流流经国家最多的河流,沿岸山河壮丽,景色秀美,古堡等历史遗迹很多。——译者注
③ 奥地利蒂罗尔州和德国巴伐利亚州境内的一条河流,全长295千米,两岸最重要的城市有慕尼黑、弗赖辛和兰茨胡特。——译者注
④ 号称巴黎最美丽的街道。——译者注
⑤ 位于柏林,整条大道如诗如画,为欧洲著名的林荫大道。——译者注
⑥ 引自《新东京名所》。

更久一点,我们就会适应了,也许还会觉得它们很美也说不定呢。"①

川端倒是很公允地认为这座城市有理由为它新建的近400座桥感到自豪。事实上,这些桥似乎也是东京市民最引以为傲的东西了。川端提到,在一次以新东京为主题的摄影展中,一半以上的照片都是关于桥的。

1923年大地震时的东京与江户时期一样,还是一座水城。地震再一次无情地暴露了这座城市桥梁太少的事实。主要的大河隅田川上只有区区5座桥,还是木质的。大火中它们无一幸免,全都焚毁坍塌。也许这就是为什么地震发生时更多的人是死于溺水,而不是直接死于地震。第二次世界大战爆发前一年即1940年,随着胜哄桥②的完工,隅田川上横跨的桥梁数达到了11座。"胜哄"意为"胜利的欢呼",这个名字多少有点军国主义的调调,而且当时起名的人也许想的是希望日本在大陆的战事能以胜利告终,不过这个名字的直接来源还是为纪念1905年日俄战争的胜利。其实,在1940年早些时候,筑地与对岸的月岛③之间就开通了渡船,其渡口被称作"胜哄之渡"。所以后来这座桥的名字实际是继承自渡口。这座新桥是吊桥,每当有大船要从下面通过时,便会将中间部分升起,好让船通过。胜哄桥最后一次升起还是在20年前④。1950年代后期,由于往来银座的交通量太大,吊桥每次升降都会造成两小时的交通拥堵。

以神田川为首的下町运河上也没有架设足够的桥梁。这些河流虽然不像隅田川那样在地震及之后的大火中成为无数人的葬身之地,但它们也给涌向皇宫前广场的避难群众造成了障碍。当时所有从银座向西延伸,通往皇宫前广场和日比谷公园的街道中,只有三条沿途设有桥梁跨过外濠。震后,所有东西走向的街道都在外濠处增设了桥梁,流经银

---

① 引自《新东京名所》。
② 日文汉字写作:「勝鬨橋」,它是1940年为庆祝日俄战争时日军在旅顺口的胜利而修建的,是隅田川上唯一的吊桥。
③ 月岛为1892年填海造地形成的地域,位于今东京都中央区。
④ 即1970年11月29日。

座东面的运河上也建起桥梁,供人车通过。

如今,护城河和运河都已不复存在。填河造地的运动从明治下半叶便已开始。不管是出门做买卖还是游玩出行,东京人都逐渐从坐船改为了乘车,从摇橹摆渡转向了滚滚车轮。在关东大地震到第二次世界大战之间,日本桥区和京桥区的多条运河消失了。不过与此同时,一条重要的运河开凿完工,连接起两条更古老的运河,用作商业运输。其他运河中也有拓宽加深的。在1923年和1945年这两个分别是灾后重建及战后重建之年,运河也成为运送砖石瓦砾的水路,使重建工作得以持续开展。东京作为水城的痕迹彻底消失,大约就始于1945年。在旧下町,虽说隅田川仍缓缓流过,神田川和日本桥川一类的大河川或运河也依然存在,但公交车站站名中的"××桥"却早已不见踪影,这种情况在下町平原上随处可见。如果河道被填,威尼斯就不再是威尼斯了。于是在东京,随着无数的水道沟渠变成大道坦途,它也不再是江户了。

零售业可以说是反映世相变化的指针。就在震后,零售业大步前进,直接迈入了过去日本人在纽约和伦敦观察到的状态。事实上,日本人走得还更远一些,不只是卖商品,还组织娱乐和文化活动。三越百货作为勇敢尝试吃螃蟹的几大零售业先锋之一,不仅从吴服店一路转型为几乎囊括各种商品的近代百货公司,而且还在震后重建时在店内开设了一家剧场。不仅是三越,那时候大多数百货公司都在屋顶的天台上设立了游乐场,有些到现在都还保留着。几家大型的百货公司还设有屋顶庭园、画廊和展厅。

这场零售业大变革始于世纪之交,即三越和另一家同样位于日本桥的零售业先锋白木屋开始向多元化经营发展之时。与之相比,大地震之后的变化反而相对没有那么剧烈了。不过现在看来,震后这种并不剧烈的变革,却是迈出了一大步,它给百货公司带来了开门迎天下客的效果,人们蜂拥而至。

这种变革与鞋袜有关。在日本传统的房屋设计中,进了玄关就是内室,室外鞋不得踩入。于是在进出门这件事上,鞋袜问题永远是需要慎重考虑的。直到大地震之前,日本人都严格遵守这一戒律:鞋子在店门口寄存,换穿商店提供的拖鞋在店内挑选商品。对小商店而言,顾客人数较少,尚能照顾过来每个顾客换鞋的需求,但当商业形式发展到大型百货公司,入门换鞋的规矩就不合时宜了。在震后,简便易行的解决方案被提了出来:顾客可以穿着自己的鞋进入百货店内。

今天看来这么做是理所当然的,但当时还是经过了一段适应期。因为在之前的数百年里,还从来没有穿着室外鞋越过玄关登堂入室的做法,最多也只是踏入门口处没铺地板的厨房,即"大间",那还是可以的。

为了生存,小商店也不得不顺应这种潮流。早前的时代,顾客需要脱下自己的鞋,登上店内铺着榻榻米、略高于入口处地面的点单区域,坐在此处敲定要买的商品。顾客自身和店员都应该清楚要买的是什么,并由店员从仓库里取出来。如今,将大量货物陈列出来供顾客挑选,成为时尚。楼层设计和区间划分也做了相应调整。店内与室外地面平齐的泥地范围得到扩大,而铺榻榻米的部分缩小,顾客像在西方一样穿着自己的鞋进入商店,站着购物。

百货公司的兴盛,也与私营铁路公司的投入有关。私营铁路公司在明治时代还主要只有货运和污物处理业务,而现在它们开始从运送上下班乘客所得的丰厚利润中拿出一部分,投入到百货公司的开设上来。这一商业战略的改变起于大阪。1929 年阪急电铁公司[①]在关西最大的终点站梅田站开设了第一家终点站百货商店。这是一个甚为明智的决策——作为阪急电铁运营线路的终点站之一,以及日本国有铁道[②]在大阪的主要车站,梅田站是关西最重要的交通运输

[①] 即今天的阪急电铁株式会社,是一家总部位于大阪的私营铁路公司,历史可追溯至 1906 年设立的"箕面有马电气轨道"。它不仅经营铁路,还运营着著名的全由女子组成的宝冢歌剧团。

[②] 日本国有铁道简称"国铁",是由日本政府出资建立的国有铁路公司,成立于 1949 年,后因政府推行铁路民营化改革而于 1987 年进入清算程序,并于 1998 年解散。

枢纽。嗅到其中的巨大商机,东京各私营铁路公司也很快开始了自家终点站百货商店的建设。如此,他们也加速推进了东京市西部交通换乘站,如涩谷、新宿和池袋站的建设,并加强了对这些最赚钱地方的控制。

百货公司没有延续旧有的销售模式,会像旧时那样派出店员去山之手的有钱人家登门推销的商店越来越少了。住在山之手地区的中产阶级主妇不得不亲自来到商店采购。不过随着私营铁路公司开设自己的百货商店,竞争也越来越激烈,新的服务不断推出。免费送货,甚至提供免费接送顾客的巴士,都作为新服务项目加了进来。如果遇到主妇不得不给下人捎带东西,弄得订单十分烦琐,百货公司也会尽可能地为她理顺,减少购物过程中的操劳。

店铺建筑的外部设计也随着室内楼层规划的改变而改变。过去木结构、瓦屋顶的小店,现在也会在正面做些假装饰,弄得像是水泥建成的建筑一样。旧式店铺招牌和商标通常是抽象而有美感的,现在也让位于写着直白露骨宣传词的新式招牌,广告铺天盖地。大商家和小商人都乐此不疲,过去由灰色和褐色营造的淡雅和谐气氛,被刺耳杂乱的广告词和令人目眩的色彩取代。隅田川西岸相比东岸更能体会到这种变化。在保守的东岸一带,仍可在街上看到旧时黑色的瓦屋顶。而大地震后新建的西岸一带,就好像是日本在旧满洲地区所建的新城一样。

1926年早些时候,第一批自动贩卖机在东京和上野站设立。就像广告这种东西在德川时代和明治时期的原型还简陋到毫不起眼,而如今则已色彩斑斓、眩目非常一样,自动贩卖机也在后来成为日本一道引人注目的风景线。如今,从避孕用品到新鲜空气,自动贩卖机出售的商品种类繁多到令人咋舌。

购物习惯的改变也带来了外出就餐习俗的变化。尽管时至今日,在饭店里脱鞋踏上和室的榻榻米,跪坐进餐也并不稀奇。但在当时,新的就餐风尚确实开始从东京的中心——银座,流行开来。曾经,礼仪规矩要求人们不仅是在进入饭店时,进入任意室内时都要脱下外套、披肩等物,鞋就更不用说了。而现在则可以看到人们穿着外套、鞋子就餐,有些人甚至连帽子都没脱。在大地震前,女性原本不喜欢去外面用餐,因为这样会被看作不检点。而百货商店餐厅的出现打破了这一保守传统,外出工作的新职业女性的崛起,也使得女性不再认为与同性一起在人前用餐是有失体统的事。震前,有两层楼的饭店经营者通常会在二楼开店而自己住在一楼,现在则更倾向于将当街的一楼用作经营。而且越来越多的店主会将房子的所有楼层都用作商业经营,而自己搬去别处住(大阪也有类似的趋势,谷崎润一郎的小说《细雪》①中也描述了这一趋势),通常是住在山之手地区。在财富流出下町的过程中,这也占到了一块。

僧侣的生活习惯与规矩也发生了改变。有些教派的僧侣自古就允许结婚。而如今就连坚守独身制的天台宗,在其根据地之一的宽永寺,也发生了针对这一规定的反叛。

宽永寺曾经占据了下谷区现由上野公园占据的大片土地。这里供奉着德川幕府的六位将军,他们的坟墓也在寺院境内。1868年"上野之战",明治政府军炮轰盘踞在城中支持德川幕府的顽固分子时,宽永寺几近全毁。战后重建时,寺院的占地面积虽然大幅缩水,但总算扛过了1923年的大地震,并未遭受太严重的损毁。江户时代,这里曾有过15位住持②,正好与江户时代的将军人数相同。所有住持都出身皇族,且至少在表面上是独身,尽管附近街区可疑的茶屋看起来就像是为迎合宽永寺僧侣的某些需要而设。到了明治时代,身居高位的僧侣们开始享有事实婚姻。1932年,一位住持迈出了大胆的一步,引入了正式公开的、合法的婚姻关系。在指定他的继任者

---

① 又译《蒔冈四姐妹》、《乱世四姐妹》。描写1936—1941年日本上层社会蒔冈家四朵花恋爱、相亲、招婿、结婚的过程,展现了封建主义思想和新思想之间的矛盾和冲突。——译者注
② 日译本作"法亲王",即出家后被授予亲王称号的日本皇族。

的问题上,宽永寺和天台宗的总本山①产生了分歧。天台宗的总本山要求宽永寺继任住持候选人在婚姻和事业之间做出选择,不可两者兼得,但没有成功。这位继任住持既要了婚姻,又坐稳了住持之位。而比叡山的住持则一直保持独身。

外出工作的职业女性队伍快速膨胀。在大正民主将亡未亡之时,一部分人的男女平等意识开始觉醒。到了明治时期,女性已经接管了护士和电话转接员这些职业。在明治过渡到大正时代的前后几年里,"红领女郎"②出现了。这是对巴士售票员的昵称,这一职业直到它在第二次世界大战后消亡之时,都一直由女性独占。在昭和大道这条震后从新桥直通上野的宽阔大道沿途加油站中,还出现了年轻女性加油员的身影。此时驾车兜风已经是很普通的事了。于是驾车人士的美好时光到来了,漂亮的加油站小姐会娇声敦促司机们多加点油。商店使用女店员的时代也来临了。曾经,旧式吴服店还是男店员们的天下。

关于女店员,以及她们是否真的在西风东渐之下得到了理想的自由这一问题,我们可以从昭和初年发生的一起著名火灾中得到一些耐人寻味的提示。"江户之花",即令这座城市闻名遐迩的大火灾,到了昭和初年并没有灭绝的迹象,但它们的破坏性正在减小。消防技术在进步,不断加宽的街道也提供了构筑防火带的空间;最重要的是,防火的建筑材料在逐渐替代旧式木板墙壁和木瓦屋顶。除了1923年和1945年这两次大灾难,明治之后便再也没有发生过在几个小时内夺去数万条生命的旧式火灾。火灾发生的数量并没有明显减少,但除了那两次巨大灾难外,损失每年都控制在数千户以内。

昭和早期的这场著名火灾发生在百货商场里。这次火灾只影响到了一栋建筑,造成的死亡人数自然也完全不能与那两次大灾难相

---

① "总本山"意即总寺院。天台山的总本山即延历寺,位于京都附近的比叡山,是统辖该宗派的总寺院。
② 原文为 redcollar,日译本未收。

提并论。尽管如此,这却是这座城市发生的第一起高层建筑火灾,也是世界上自 19 世纪末期布达佩斯火灾之后最严重的百货公司大火。

白木屋在震后建起了八层的百货大楼,成为百货公司大肆扩张、迈向多元化经营的年代里三越百货最主要的竞争对手。1932 年 12 月 16 日的清晨,位于其四楼的玩具卖场率先起火。那时正值年末传统的采购时节,而且又是圣诞大甩卖开始成为每年惯例的年代。大正天皇于圣诞节去世也为这一天赋予了重要的意义。而在西方,圣诞夜几乎就是新年夜的代名词。于是这一天的白木屋自然也在各种装饰映衬下灯火辉煌。据说当时一名技工正在修理圣诞彩灯,飞溅的火花引燃了圣诞树,火焰蔓延到堆积如山的玩具上,很快,整个四楼就被火焰吞噬。值得庆幸的是,这一切发生在 9 点刚过、商场还未迎来大批客流之前。附近消防署瞭望台上的观察员在接到火灾报警之前就发现了火情。当时正值消防员换班,于是两班消防队员都冲向了火场。很快城中所有消防水车都赶来灭火。但在控制火情方面收效甚微。白木屋的楼板采用了极其易燃的材料,上面几层瞬间就被火焰吞噬。大火持续燃烧,直到正午前几分钟才被扑灭。

由于大道上架有电线杆和电线,侧面的小巷又十分狭窄,云梯难以升起,可采取的有效救援手段相当有限。人们只好临时将店里的和服布料撕成布条拧成绳索从楼上降下逃生,并再次抛上去帮助更多的人逃下来。军用飞机也带着绳索赶来了,但据消防部门所言,他们到得太晚,并没有帮上多少忙。按理说,如果能够顺利逃生,这起火灾应该就只有一人因窒息而亡。因为其他 13 人都是死于跳楼和坠楼。楼顶上饲养的小熊和猴子都安然无恙,说明楼顶各处足够安全。跳楼行为明显出于惊慌失措,而坠楼则有更微妙的原因,可以说与风俗习惯问题脱不了干系,具体来说,是因为女性迟迟没有转变着装习惯。

那个时代,女店员们全都穿着日式和服,包裹得层层叠叠。但日本女性传统和服正装中并不包括紧致有型地包裹住隐私部位的内衣内裤。白木屋女店员中年纪较长的那些人较少顾忌裙摆走光问题,顺着绳子安全地落到地面。而较年轻的几位一手抓着绳子，一手还捂着裙子下摆以防被风吹散飘起，导致不慎坠落。次年，白木屋开始给女店员发放西服补助津贴，并要求她们穿上内裤。

大约在大地震前后，推销员们便开始向女性大力推荐西式内衣裤，他们把这宣扬成了两性平等的象征。但只有当一场像白木屋大火这样的灾难发生，才促使着装有了决定性的转变。它显示出当时的女性是多么可悲地落后于时代。新闻媒体很喜欢拿这个话题说事，内裤成为他们最钟爱的选题，也确实成功使其得到快速普及，尽管这场变革实际上在更早的时候就已经开始了。川端曾记叙道，在滨町公园玩滑滑梯的小女孩们无一例外，都穿上了内裤。

早在这一切发生的前几年，另一栋新建成的百货大楼：松屋百货位于银座的总店（其在"二战"后一度被美军接管，成为专供美国驻军消费的服务社，即所谓的"PX"），成为另一种新事件的舞台。白木屋是高层建筑火灾首发地，而松屋则成为高层建筑跳楼自杀案首发地。该自杀案发生于1926年5月9日。自有记录以来，日本年轻人的自杀率便居高不下，自杀成了一种时尚和流行倾向。明治时代，自杀形式多为投湖跳海；大正时代的最后几个月，出现了从高楼上一跃而下的新风潮。

1932年5月，庆应大学一名学生和他的女朋友，因婚恋受阻，双双在东京西南面神奈川县大矶町的山中自杀。① 这一事件被拍成了电影《在天国结为连理》②，一首流行歌曲的灵感也来源于此：

> 若你嫁作　他人之妻
> 我如何能　活得下去
> 我亦追随而去　去向母亲所在之地

---

① 即「坂田山心中事件」。日文"心中"可译为殉情。
② 日文原名为「天国に結ぶ恋」。

在她的身旁　轻轻牵起你的手

只有神知道
我们的爱是多么纯净
合上双目　在天堂里
我将成为　你的新娘①

同一年里,至少 20 对情侣在相同的地点结束了自己的生命。

1933 年年初,一名来自东京的女学生来到伊豆诸岛②中最大的岛屿:伊豆大岛,跳进了其上的三原山的火山口里。伊豆诸岛坐落于东京南面,相模湾内,属于东京都的一部分。那名女孩还带了一名朋友见证她的自杀,以便向世间宣告此事的经过。此后,在同一个火山口,纵身一跃开始风行。到那年年末,将近 1000 人,其中 4/5 是年轻男性,跳进了那个火山口。在 5 月,一天之内就有 6 人跳下;7 月的一天,4 名青年一个接一个地跃下。

4 月 30 日,两位东京记者穿上防火服,戴上氧气面罩,顺着加了金属进行强化加固的绳梯降入火山口。其中一位记者成功降到了 100 多英尺,约合 30 米的深度,直到落石迫使他不得不爬上来。他们没有找到任何尸体。一个月后,经过更加充分的准备,《读卖新闻》派出了一名记者和一名摄影师再探火山口。他们坐入吊篮,用升降机将吊篮放下,一直下降到了 1000 多英尺,约合 300 米深的火山口谷底。在那里,他们发现了一具十多岁少年的遗体。

总的来说,那年的自杀事件都可归因为整个社会弥漫的焦虑和紧张不安。在那一年,日本拒绝接受"李顿报告"③,退出了国际联盟。

---

① 引自柳水巴作词、林纯平作曲的与电影同名歌曲。
② 由伊豆七岛(大岛、利岛、新岛、神津岛、三宅岛、御藏岛、八丈岛)和八丈小岛、青岛、鸟岛等岛屿组成,绵长约 540 千米,是富士火山带的新旧火山岛群。——译者注
③ 由国际联盟派出的李顿调查团在 1932 年发表的报告,用以协助调查及解决 1931 年日本和中国之间发生的九一八事变。——译者注

报告要求日本从中国东北地区撤出。孤立感和危机感席卷了整个日本。悠悠球随处可见，风靡街头巷尾，弹动摇摆。据说最多的时候一个月能卖出 500 万个。春天，日本从国际联盟退出，到了夏天，家家户户涌向街道和公园，伴着《东京音头》的旋律又唱又跳。这首歌的作曲者是中山晋平，日本现代流行乐的开创者；作词者是西条八十①，日本诗坛的象征主义诗人，其在诗坛的地位高到百科丛书中的日本现代文学卷拿出整整 3 页对他进行介绍。

《东京音头》的歌词比较空泛，一半以上都没有多大意义，只是为合上节拍而吟唱的咿咿呀呀。其间夹杂着对各种景物的东拉西扯，比如隅田川上的明月、银座的柳树、筑波山，还有富士山这座本应该装点起东京的天际线，却甚少起到这一作用的山脉。

由于害怕日比谷公园的舞蹈活动影响到天皇陛下的休息，丸之内警局下令舞蹈活动要在晚上 9 点终止。而在浅草，警局的做法正相反，他们保护了那些跳舞者。因为浅草警局接到报告说，由于会上电影院的人们现在涌向街头跳舞去了，影院剧场一条街的客流量急剧减少，万分不满的影院老板们雇用了地下黑帮打手，想要破坏跳舞活动。而在城中的另外一些地方，跳舞的群众阻塞了交通，警方既无力驱散人群，也无法保护他们。

昭和时代的最初十年，东京自杀人数翻了一番。这十年中的最后三年，自杀未遂的数量翻了一倍。消沉失意、疾病和家庭问题是最主要的自杀动机。在这最后一项中，我们可以看到经济大萧条带来的影响。然而随着战争的临近，自杀率开始下降，并且在战争中也持续下降。

昭和早期最著名的自杀事件发生在东京北郊。1927 年 7 月 24 日，作家芥川龙之介②结束了自己的生命，媒体对他的死因一致报道

---

① 西条八十(1892—1970)，日本诗人、作词家，著有诗集《砂金》。
② 芥川龙之介(1892—1927)，大正时代小说家，全力创作短篇小说，其文笔冷峻，情节诡异。代表作品《竹林中》被改编为电影《罗生门》。——译者注

为服用过量的佛罗拉类药物。① 虽说他并没有像乃木希典将军一样选择在天皇下葬的那天自杀,但他的过世却被广泛认为是大正时代终结的象征。

川端于1929年发表了一篇著名的散文《芥川龙之介氏与吉原》,文中将芥川的自杀与大地震发生之后的恐怖景象联系在一起,更加增添了这一事件的象征意义:

> 小说家广津和郎在他最近的一篇小说中,描述了他和芥川龙之介把宇野浩二②送去医院之后,就去玉乃井的私娼街转悠的事。
>
> ······
>
> 我是直接从广津先生口中听到事情的经过,感受比看小说里写的要深刻多了。据他说,玉乃井的娼妇在见到芥川经过之后脸都白了,互相交头接耳,窃窃私语道:"鬼,鬼啊!"让人不禁有些毛骨悚然。
>
> 因为那时大概正值芥川完成了自杀的准备工作,所以我在听说这件事之后也忍不住更加想东想西,为其赋予各种各样的意义,我很自然便想起了五六年之前,我是怎样陪他去吉原的。
>
> ······
>
> 从9月1日这天开始,我每天都在市内各处走上很久很久。像我这样阅尽地震疮痍的人大概也不多吧。记得我是坐在芥川家的檐廊下说起这些的。没记错的话,是芥川自己提议由他、金君和我一起去看看吉原池塘里的尸骸。芥川穿了一身带细条纹的浴衣和服,戴了一顶遮阳帽,与他瘦长的身形很不协调,像一朵巨大的毒蘑菇扣在他单薄的面容上。他大步前行,走路带风,

---

① Veronal,通俗可以理解为安眠药。
② 宇野浩二(1891—1961),日本小说家,1919年发表描写平民生活的短篇小说《仓库里》和长篇小说《苦恼的世界》,奠定了在文坛上的地位。——译者注

身体左摇右晃似要腾空而起,就好像一个正要去做什么坏事的恶棍。他就像一匹在废墟间飞驰的战马,跨过街上纠结成团的焦糊电线,穿梭在又脏又疲惫好似战争难民的幸存者中间。我对他的这种架势有些不满,他的轻松明快与周围的人、事、物是那么反差鲜明。我跟在他身后走着,想着:要是警察或者自警团的人拦下他进行盘问会有多好玩。

吉原游廓附近的池塘,只有亲身见识过的人才会知道,那是多么恐怖的地狱景象。读者可以想象一下成百上千的男男女女被抛到泥浆大锅里煮死会是什么场景。沾满泥浆的红布充塞池塘岸边上下,因为游女们的尸体实在太多了。焚香升起的烟雾萦绕周围。芥川站在那里,用手帕捂着鼻子。他说了什么,我不记得了。但是那种嘲讽的口吻,却让我印象深刻。

在吉原,他碰上了一个警察。回来的路上,他俩肩并肩走过了大约十町还多,关于地震的各种信息都被他套了出来。那位警察真是随和,回答了他的所有问题。

……

我在芥川生前与他交情不多,对我而言,他死后,浮现于我脑海关于他形象的第一幅画面,就是那时他戴着遮阳帽,丝毫不顾及周围环境,神采奕奕大步前行的样子。这幅画面满是轻松欢快,没有流露出哪怕一丝丝与死亡相联的迹象。

但是在那次吉原之行的两三年后,他以死亡寻求解脱之时,我确定,那幅景象肯定在他脑海中重现过,那幅吉原池塘里尸体堆积的恐怖景象。他似乎考虑过所有的死亡方式,想留下一具看起来英俊帅气的遗体。对他来说,优雅死亡的对立面,便是那池塘中破败的尸体堆。

那一天,是他一生中见到最多尸骸的日子。

而我,作为陪伴他见识过最丑陋死法的人,也许相比那些没有目睹过这一切的人,更能从他的死法中感受到一种美。

文章中提及的所有人物都是著名作家。玉乃井是隅田川东面的一个街区，那时尚属郊区。直到1945年，那里都还是暗娼云集的风化区。永井荷风的小说《墨东绮谭》就是以那里作为故事背景的。

如果大正时代需要一位文学象征，芥川就是那恰如其分的人选。他的作品体现了细致到病态的感受性和敏锐的知性，那是明治时代拼命拥抱并终于赶上西方的努力所留下的文化遗产。因此人们普遍认为，他的死比天皇驾崩更能代表一个时代的终结。想要断言说芥川的精神疾患是那个时代特有的产物并不容易。但他与同样患有这方面疾病的大正天皇不同，在人们心中，他确实是一个时代的符号。大正天皇的病应该说更多的是认知功能迟缓方面的，无论是放在明治还是大正时代，都构不上时代象征。芥川的自杀使人们有理由相信，大正作为一个不同寻常的时代，至少在文化上是一个独立的、多少有些自给自足的时代。

震后数年中，新兴词汇和流行语几乎全是外来语。这在相对国际化的大正民主时期是理所当然的，人们不用为引进太多新词汇而感到不好意思。虽说到了1930年代后期，情况就大不一样了，但日语原本就有善于接纳新鲜词汇的一面。特别是在东京这个媒体和广告业大亨云集的地方，人们不仅创造出了很多新词，而且还将别地产生的新词经由东京向全国扩散，广而告之。大阪话之所以在标准日本语中也占有了一席之地，正是因为它首先被东京接受，之后才能在其他地方流行起来。

举几个大正末期至昭和早期流行的新词汇和短语为例："它"（イット）、"漂亮"（シャン）、"摩男"（モボ）、"摩女"（モガ）、"查尔斯顿摇摆舞"（チャールストン）、"模特女郎"（マネキン・ガール）、"摩登生活"（モダン・ライフ）、"手杖女郎"（ステツキ・ガール）、"娱乐城"（カジノ）。有些词的意思显而易见，有些就需要解释一下了。（现代日语的乐趣之一就是它经常把外来词汇按其发音直接搬过来用，因此不得不进行解释才能让外人理解。）"它"指的是像好莱坞女星克拉

拉·鲍①那样的性感。"漂亮"一词则源于德语 schön，是赞赏女性美的阳性词。"模特女郎"不用说就是指一种特定的美人——时装模特。尽管大地震之前广告中就已经启用了模特，但模特行业的真正开端却是在1929年。从那年春天起，所有的大型商场都开始启用模特。奇怪的是，一张早期的模特俱乐部（就像其他行业一样，模特们很快便成立了一个专属于自己的俱乐部）照片显示，几乎所有模特女郎平时都穿着日本传统和服。"手杖女郎"在我们前面引用的谷崎文章中已有提到。"摩男"和"摩女"则是英文"modern boy"和"modern girl"日语发音的缩写，也就是"摩登少年"和"摩登女郎"，指那时"很潮"的年轻人，他们是对流行时尚最为敏感的人群，喜欢漫步于银座，在数寄屋桥拍照留影。

新词中有许多只是一时流行，接着就湮没在历史尘埃中，但上述我们列举的几个都保留并固定了下来，如今在任何日语词典里都能找到它们的身影。"娱乐城"一词源于法语 Casino，而不是意大利语也不是英语，可以理解为"歌舞厅"。还有个新词，一开始并没有快速流行起来，但日后却成为一个非常日本化的词，它首次登场是在1929年春天的一本女性杂志上。这个词就是"妈妈桑"（ママさん）。在地震之前，"妈妈"（ママ）一词就已经开始逐渐取代传统日语中指"母亲"的那个词汇。而现在出现的"妈妈桑"一词则根本与妈妈无关，是用于指代酒吧或歌舞厅中统领小姐们的领班或老板娘，也经常可称为"夫人"（マダム）。

大正是个风云剧变的时代。虽然咖啡馆一类娱乐场所的存在，使当时的银座看起来同今日若即若离，似曾相识，但考虑到那个时代有战争，尤其是打输的那几场战争，还有经济飞速发展的奇迹，后者通常是驱动变革的强劲动力，那么可以说在这段岁月中，娱乐业方面

---

① 克拉拉·鲍：1920年代最当红的好莱坞女星、性感偶像，她因电影《它》(It)的卖座而被称为"它女郎"(It girl)。——译者注

的改变其实一点也不小。1929年对东京各处"盛场"①即热闹场所的调查显示，当时的东京在几个重要方面与今日的东京大不相同，仿佛另一座城市，耐人寻味。

调查中列出的热闹场所，有银座、新宿、上野、浅草、涩谷、人形町和神乐坂。今天各位如果提起东京的热闹场所，估计绝不会将后两者算在内，浅草则是可算可不算，而没有人会漏算池袋和六本木。这一减一加揭示了东京向西发展的趋势。如今，以前的西部郊区已经成为交通换乘的中心地带，热闹非凡，其中的池袋相比涩谷和新宿，起步较慢一些。它主要是从第二次世界大战后，得益于大型民营铁路公司西武铁道巨额利润的投入，在20世纪后半叶飞速发展起来。另一方面，1929年时，东京南部各区还没有什么热闹场所。涩谷根本算不进城区范围。六本木则位于以前的麻布区，它本来是为满足兵营的需要而兴起的商业街。这里的兵营最初出现于19世纪末期中日甲午战争（在这个例子里是日本打了胜仗）结束后，那时大片营盘迁到了这一区域。至于六本木迅速崛起，成为最繁荣兴盛的场所和年轻人最喜欢去的地方之一，则要等到第二次世界大战之后，即昭和三十年代了。

人形町在明治时期很有活力，大地震之后却逐渐衰落了。日本桥区作为过去公认的江户商业中心和江户町人文化的中心，也是如此。人形町虽是追寻昔日下町情调和风雅余韵的好去处，但在吸引人流方面完全不能与新宿之类的地方相提并论。曾是牛込区中心地区的神乐坂，位于皇宫西北面距离旧城区西部边界不远的地方，在大地震后的一段时间里曾是东京最热闹的几个地方之一，也是山之手地区的花街柳巷之一。永井荷风那样的内行人士对其不屑一顾。荷风认为那里的艺伎除了床上功夫，别无所长。神乐坂之所以在大地震后一度繁荣，是因为地震毁了下町的娱乐场所。虽然神乐坂的地

---

① 日文为「盛り場」，发音 sakariba，意为繁华街、闹市、热闹场所。——译者注

理位置靠近日本国有铁道西郊线上的一个车站①,但由于其并不是换乘站,所以神乐坂后来便被身为铁路枢纽的新宿超越了。

1929年的调查中,只有人形町的调查是在傍晚进行的,其余所有地点的调查都是下午做的②。被调查对象的性别比例无一例外都是男性高于女性。其中,下午3点左右新宿的调查中女性占比最高,但也只有43%,而这其中只有1/3是家庭主妇。下午4点银座的调查中,年轻男性占了几乎一半,年轻女性只有1/10多一点;这也就是说,漫步银座的年轻男性大多是一个人,或与同性友人相伴。"摩男"身边通常没有"摩女"亦步亦趋。浅草则如我们前面所说的,既可以算是热闹场所,也可以不算,位于临界点上。当时它仍能吸引大量人群,现在则不再喧嚣。但即使是在浅草歌剧即将迎来黄金时代的1929年,这次调查结果却已显示出了某种不祥的迹象:浅草年轻男性的比例远低于银座,中年男性的比例反而高之。也许日后的不景气在此时早已种下。中年人群虽然出手可能比较大方,但年轻人群才是为街巷的整体氛围定下基调,并保证今后一段时期内此处仍能熙熙攘攘的决定性因素。当年轻人开始抛弃一个地方的时候,它在未来走向萧条便成为定局。

要是今天做这个调查,性别比例就会不同了。我们所处的是一个女性掌握了很大主导权的时代。下午4点,可能除了上野是例外,在其他依然能吸引大量人群的热闹地段,女性都要比男性人数多。当然,浅草、人形町和神乐坂这类已经萧条了的地方,现在甚至算不上是繁华地区了。

这项调查还对被调查对象的身份进行了分类,如果同今天对照来看,日本人群的构成在过去的半个世纪里好像趋于均质化了。分类情况如下:乡下人、士兵(上野最多)、男店员、工人、男孩、男学生、

---

① 即饭田桥站,国有铁道私营化后该站改为JR东日本下属车站,现又开通了东京地下铁株式会社等公司运营的地铁。
② 日译本作"下午4点"。

青年(推测是指除了学生之外的)、中年男子、老年男性、老年妇女、家庭主妇、年轻女性、女孩、女学生、女佣、艺伎和职业女性。这些分类很明显不够细致严密,没有做到互不重叠。不过,我们可以认为当时的调查人员有足够的信心,能够区分出这些类别的不同,尽管稍有含糊。而在今天,这里采用的大多数类别是无法相互区分的——比如学生和其他年轻男性;女性群体中的家庭主妇和女佣;男店员及工人和其他同年龄段的男性。现在很多外地人也能很容易地融入进来,像东京人一样生活。这是一个趋于均质化的过程,有些人视其为民主化的体现,加以欢迎,另一些人则认为这是随波逐流、丧失个性。

1929 年另一项在百货公司进行的调查,同样揭示了一些有趣的地方。百货公司里男性顾客和女性顾客的数量均等。而今天[1],只有在周日午后,才可能会有大批主妇能够拉上丈夫同行购物之旅。其他时间绝无可能会男女顾客数量均等。这次调查中的人群分类方式再次引起我们的注意:绅士、商人、乡下人、家庭主妇、职业女性、女佣。这个分类一如既往的粗糙,而且看上去漏掉了许多其他的人。为什么分类中没有儿童和学生?当时又不像现在,学生可是很容易就能从制服上分辨出来的。

不过,这些分类相比今天还是明确得多的。一个引人注目的地方在于衣着问题:几乎 2/3 的男人都穿西服,但女性中这个比例只有 1/6,在"成年女性"中则只占 2%—3%,虽然何为"成年女性"并没有加以明确定义。看起来对于传统服饰,女性普遍比男性更加长情,这一点从明治早期起就很明显。另一点便是妆容,这似乎是区分城里小姐和乡下土妞的一个办法。浓厚的妆容是乡下姑娘的标志。

自从 1898 年在东京府知事之外又设立了独立的东京市长一职后,后者便负责管辖明治时期形成的东京 15 个区,即"区部"。区部的范围直到 1932 年都几乎没有变过。而东京府知事则对整个东京

---

[1] 指本书成书的 1980 年代末。

府即所谓的"府下"都有管辖权,包括"市部",也就是东京"区部"外的各个郡和乡村区域。1923年大地震时,东京的人口就已经溢出了东京"区部"的范围,此后人口膨胀的速度更快。东京市区整体也开始不断向西扩张移动,这个势头越来越势不可挡。

东京府的成长速度早在1923年就已经超越了东京市。在震后,这一势头愈发加快了。因为郊区遭受的损失相对较轻,难民们有很多都没有返回城区,而且人口增长往往倾向于选择地价较便宜的地方。如果以1918年作为基准,将此时"区部"的人口数量看作是100,那么1932年区部就只有90。1923年震后,区部人口数量立即直线下滑了大约1/6(尽管这一数字完全不能与1867—1868年的动荡和1945年的灾难所造成的人口减少相提并论)。虽然人口很快又开始复苏,但直到1932年前也未能恢复到1918年的水平。同样以1918年作为基准,基数视为100,东京府的人口总数在1932年达到了156。而1932年东京市重新规划,区部得到了大幅度扩张,旧有的15个区加上20个新区,总共35个区组成的新市域的人口总数达到了322。不过即使是在扩充后的新市域西边,依然保留郡之编制的地方(即"郡部"),若以1918的人口为基数(即100),那么此处的人口也已经上升到了129。

在1920年,东京旧区部即城区的人口还占到东京府总人口的一半以上。但到了1930年,这一比例已缩减到1/3到2/5之间。15个区周边的4个町在1930年已经拥有了10万以上的人口。而拥有5到10万人的町也已达15个之多。1932年的区部大扩张早已远远滞后于现实的发展。东京市事实上已经比市长曾经的管辖区域要大上很多了。

随着旧城区渐被挤满,墓地也随之告急。明治时代新修的大型公共墓园如青山、杂司谷灵园[①],分布于城市西部边界,到大正末期已逐渐变得墓满为患。大地震发生的前一年,位于东京"市部",离多摩

---

① 位于东京都丰岛区南池袋四丁目,日文全名为「雑司ヶ谷霊園」。

川不远的"多磨灵园"建成。这个新墓园在进入昭和时代后还不到十年就又满了。这次,东京市将目光转向了东部,在千叶县的八柱村买下大片土地。"八柱"作为墓地的名字听起来是再适合不过了,因为在日语中,最常用来表示"休息"的词与之读音相同①。

同样是郊区,西部和南部郊区比北部和东部郊区发展得快。这也可以说是下町走向衰退的又一证据。北部和东部郊区是下町的延伸,南部和西部郊区则是山之手地区的延伸。南部郊区,是去横滨的必经之地,位于东京和横滨之间的京滨工业带上,是发展速度最快的。在紧邻东京市域南部边界的荏原町,其人口在1932年相比1918年已增加超过15倍。同一时期,靠北部和东部的町中,只有一个町的人口有超过7倍的增长。

郊区,尤其是西部和南部郊区,是遍布"文化住宅"的区域。"文化住宅"是"工薪族"或者说白领们对于"虽然狭小但温馨的陋舍"的委婉说法。("工薪族"②是日本人从英语里自创的新词,在第一次世界大战时开始流传开来。)典型的一栋"文化住宅"是木结构的两层建筑,通常有三或四间小房间,其中一间布置成西式风格,拥有一间铺了地板的厨房,还有一间浴室。在传统的日本住宅中,至少在中下层民众居住的那种房屋里,厨房的地面不过是夯实的泥地而已。自带浴室是"文化住宅"区别于传统住宅的一个很大的不同点。近几年来,在家中沐浴比去公共浴场要划算得多,也因此导致公共浴场严重衰退,今非昔比。要知道,在江户和明治时代,公共浴场可是社交中心甚至是文化中心。很多"文化住宅"都有着粉色③和蓝色的屋顶。就是从这时起,轻快明艳的塑料式外观开始取代旧式住家的灰褐陶土色风格。

---

① 此处疑是作者误将"八柱"当成"八住"。"八住"的读音为 Yasumi,与表示休息的日文词「休み」读音相同,而与"八柱"读音并不相同,日译本也未收此句。东京政府在八柱村所建墓园即东京都立八柱灵园,位于今天的千叶县松户市。
② 即日文词「サラリーマン」,来自英文 salary man。
③ 日译本作"红色"。

新式文化住宅群之间不规则地分布着购物街区,即商店街,这种商业区很喜欢自称为"某某银座"。在郊区,茅草屋顶的农家房依然三三两两星罗棋布,甚至尚有农田供人耕种。大正后期,东京 15 个区中还有 11 个区有农事活动。而今天,虽然 20 个新区里还留有面向市场供货的菜园和零星稻田,但旧时的 15 个区中已是耕地全无了。

震后,各所大学纷纷开始抛弃旧城区。东京商科大学①因其在神田区一桥的旧址被焚毁,分批陆续迁至远在东京西郊的国立市②。东京工业大学也因浅草的原址被焚毁,迁至当时还是一片农田的现目黑区大冈山。庆应大学作为久负盛名的顶尖私立大学,在多摩川对岸的神奈川县的日吉新建了第二校区。鉴于私营铁路公司中有很多又是活跃的房地产开发商,庆应大学新校区的建立也得益于一家私铁公司的全力支持,新校区的用地正是从东横电铁(全名为东京横滨电铁)手中无偿取得的。东横电铁如今已合并至东急电铁(全名为东京急行电铁),成为东急系统的一部分了。庆应大学在新建校区的同时也保留了其位于山之手地区三田的老校区,那里自明治时代初期开始便是宣扬文明开化和西化思想的中心。

向郊区推进的,不仅仅是买房置地的人流和迁址新建的大学,工业园区也向外挪了。1930 年③,也就是官方公布的"帝都复兴"完成之年,东京的大型工厂,即拥有超过 100 名工人的厂子,已更多位于市区之外而不是城中。在之后的十年间,即 1930 年代,东京南部到横滨所在的东京湾沿岸一带迅速崛起成为日本最大工业带之一,同时也是关东最大的工业区。虽说真正的重工业位于越过多摩川的神奈川县川崎、鹤见一带,不过很多下级承包工厂位于 1932 年后划归为东京新市域南部的几个区内。也就是在那一年,东京府的工业产

---

① 即一桥大学,其是日本最顶尖的商科学府。
② 位于东京都多摩地域的一个市,名称就叫国立市,一桥大学的"国立校区"就在此地。
③ 此据日译本,英文原版作 1932 年,疑有误。

值超越了大阪府。

东京也是全日本出版印刷业的老大,是日本制造铅笔最多的城市。可以说,它在文化产业上遥遥领先于其他地区。1930年代早期,化工曾是东京的龙头工业。而到了1930年代末,战争阴云迫近的时候,机械工业蓬勃发展,已跃升为第一大产业。东京工业产值排名前五的区中,只有一个位于旧城区,即紧邻隅田川东面的本所区。工业产值最大的区是蒲田区,它属于东京—神奈川工业带的一部分。隅田川东岸继续承袭轻工业发展,而隅田川以南则已开启重工业征程。绝大多数印刷工作都是在旧城区进行的,因为那里是报社聚集的地方。

郊区的迅速发展,并不像很多美国城市一样,意味着市中心的凋敝。面对郊区发展带来的冲击,以及涩谷、新宿和池袋这类白领们往返郊区"文化住宅"上下班必经枢纽站的扩张,至少银座,某种程度上还有上野,仍保有自身特有的吸引力。由于比银座更东边的几个江户和明治时期曾繁荣一时的热闹场所,随着下町的衰落而日渐式微,银座也许已不再是城市地理位置上的中心了,但城市的整体西迁并没有使它人去楼空。明治时代,它是最靠西边的闹市区;现在连同上野,它成为闹市区的东极。银座依然是铁路线纵横交错会聚之地,人流熙熙攘攘,热闹非凡。我们常会听人谈起东京的"甜甜圈化现象"[①]。毫无疑问,这种现象是存在的,但甜甜圈的形状略为古怪,并不是端正的环形。如果我们摆正地图细看的话,会发现它的左部远比右部来得蓬松鼓胀。而且更重要的是,甜甜圈的中心并非只剩一个空洞。

如果我们适当放宽眼界,将更大的区域:北至日本桥,西至丸之内也算作城市中心范围之内,而不是仅把中心定在银座,情况就又不同了。我们在前文中也提到过,日本桥作为零售业中心的地位已经

---

① 指市中心人口逐渐减少,人口迁移至郊外的现象,即城市中心部的空洞化。

让渡给了银座,作为企业活动中心的地位也被丸之内超越。但在两次世界大战之间,还很少会有人会把涩谷、新宿或池袋视作东京的中心。今天也许有人会觉得新宿是中心,但银座最差也会被排在第二顺位。

那些年是"银座漫步"即"银逛"最为流行的时期。日本人特别喜欢缩略语,在创造缩略语上也很有天赋。"银逛"(銀ブラ)便是这些巧妙的缩略语之一。首音节来自银座的"银"字,末音节源于"逛荡"的"逛"字,这是一个形象描述无目的闲逛或打发休闲时光的词。"银逛"也许可以通俗翻译为"在银座大街上闲逛"。"银逛"族多为年轻人。他们也许没有多少钱能在新崛起的银座百货商场里消费,但他们是那么朝气蓬勃,给街区带来了活力。尽管东京不止一个中心,但银座依然是其中人气最旺的。东京自古便有多个中心区,这也是为什么它常被人评论为"与其说是一座城市,不如说是一大堆村落的集合体"。也许,说它是"若干个城市的集合体"更加贴近事实。

1927年底,也就是大正时代完结后将近一年,马上就要迎来昭和二年的1927年12月30日这天,东京首条地铁开始运营了。那不仅是日本,也是全亚洲第一条地铁。它的路线很短,运行于上野和浅草之间,只有不到1.5英里,约合2.2千米。当初共有4家公司获得了开挖权,但最终开工建设的只有一家。也正是这家公司,在1934年将这条地铁延伸到了新桥。坐拥涩谷周边所有土地,并将运送上下班客流的私营铁路线引入此地的企业家五岛庆太[①]从中看到了商机。地铁终点站必然不会止于新桥。于是他从涩谷开挖新地铁线,并于1939年将其开通至新桥。其时便出现了两个新桥站,且两者之间不能自由换乘。到了1941年,在日本国有铁道和东京府政府出资下,两家公司才被整合,连同当时东京的其他私铁业者,共同组成特殊的交通法人"营团":帝都高速度交通营团。两座车站也终于合

---

① 五岛庆太(1882—1959),日本实业家,东京急行电铁实行上的创建者,因其强硬的手腕而有"强盗庆太"之称。

并。如今我们还能在运营中的新桥站附近不远，靠近虎之门处，看到另一个新桥地铁站的遗迹。

这条地铁如今被称为银座线，可以分为"新桥—浅草"和"新桥—涩谷"这两段风格截然不同的线路。北半部，即从新桥到浅草，由一家专营运输并善于使乘客赏心悦目的公司修建。有些站点建造得非常迷人，满是装饰派艺术风格或传统日式风格。浅草站往西南方向的下一站田原町站里，还装饰有著名演员的家纹，与这片地域的特质十分相配，因为浅草给人的感觉就是传统的延续。而与之相反，从新桥到涩谷这一段，各个车站的样式统一而单调，简直像一个个大箱子。这些车站出自只看重实利的企业家之手，其满脑子想的都是快点把人流塞进位于涩谷终点站的东横百货商场①。甚至连涩谷地铁站自身都被塞进了这家百货商场里，位于其三楼。由此，我们也可以说银座线象征了时代的变迁。北半部属于过去，南半部属于新兴的未来。

最早的一段，"上野—浅草"段，在开通当时受到了热烈追捧、人气爆棚。由于它在出入口处引入了纽约地铁也使用的旋转木门，感到稀奇不已的人们于是不停地转进转出，转出转进。不过，周日和节假日他们不能这么干，因为人实在太多了，不得不实行限流。这种时候为了坐个仅仅5分钟车程的地铁，往往要等个把小时才能够入闸上车。若想乘地铁出行享受野餐之旅，由于车程更短，算上等候时间就更不合算了。这听上去有些不可思议，但事实就是如此。

地铁公司在浅草和上野这两个最早的终点站处建起了高楼大厦。上野站这里是一座百货商场，其正面的大钟据说是世界上最大的，夜晚也被灯饰照得熠熠生辉。这只钟的直径足有20米。可惜第二次世界大战后，位于浅草和上野站的这两处高楼大厦都被拆毁了。地铁公司似乎不像经营地面铁路的私营铁路公司那样善于打理零售业。

---

① 即今天的东急百货店东横店。

不到9英里长的银座线,是战争年代仅有的地铁线。直到1951年,东京迎来一波战后重建热潮之时,才又兴建了第二条地铁线。因此,我们今天看到的东京壮观的地铁网中,90%以上都是战后的产物。总体来说,其在各方面都设计得不错,尽管规划之初有多少计划性以及是否受制于商业利益仍然是值得怀疑的。总之,银座线在缓解国有铁道交通系统的拥挤状况方面并不理想。由于新宿比涩谷发展更快,以前者作为终点站会是一个更好的选择。

除了涩谷站是个例外,国有铁道而不是地铁,继续为大量上下班旅客由换乘站前往城市中心,提供更快捷的运输服务。银座能够巩固其身为东京中心的地位,也许正是拜这种交通上的便利所赐。明治初期,通往横滨的铁路开通之时,其终点站设在了紧挨着银座南端的新桥;到了大正早期,国有铁道将线路延伸至丸之内时,也正好经过银座西面。如今,在银座主要街道下面,又有地铁贯通南北。交通系统的另一个巨大变化则造福了郊区。随着公交线路日益增多,重要性与日俱增,自然而然地,路面运行的有轨电车便逐渐式微,近些年来基本绝迹。由于大地震严重破坏了有轨电车系统和铁路,大量小的公交公司如雨后春笋般出现,担负起运载人们往返郊区与市中心的任务。这些小公司有近200个,大部分都非常短命,只存在了两个月。一时间,以机动车为主的公共交通变得非常混乱。到了1930年代中期,这些小公司中尚有数十家存活下来,仍在运营公交线路,它们不仅相互竞争,还与市政府运营的公交竞争。

私营铁路公司是极富进取精神和野心的企业,也将触角伸向公交行业。直到今天它们在公交领域依然获利颇丰。我们在前面已提到过,它们也进军了百货业和房地产业。在这两个行业中均抢占先机的是开设了第一家终点站百货商场的大阪阪急电铁。当然,在东京发展的过程中,也有房地产业先行一步,铁路建设随后跟上的例子。比方说,一家在东京西南部郊区至神奈川县的广大地域上拥有大片土地的地产公司为了促进开发,修建了一条铁路——东横铁路,其结果是促使涩谷发展成了今天这一派繁荣景象。东横电铁公司还开发了"田园都市"项目,这就是现在已经成为高级住宅区代名词的田园调布市①。而它为庆应大学提供新校区土地的事,我们前面已经提过了。

1925年,随着山手线的竣工,东京中央车站可谓日本名副其实的正大门了,但它自身却没有设后门,因此所有乘客都必须从丸之内一侧出入,在那里,有三菱集团之前修建的"伦敦镇"炼瓦街,是明治时期的名胜之一。但到了1930年代初,三菱便开始着手将其拆除,今时今日已经没有留下任何遗迹。三菱集团也开始渐渐失去对丸之内地区的垄断地位。两次世界大战之间,该地段非三菱所属办公楼的比率从1/10升到了2/5。不过,我们不用为三菱感到惋惜。丸之内到那时已经成为日本毫无争议的经营管理中心和企业活动中心。

1929年,东京中央车站终于修建了它的后门,也就是面朝京桥和日本桥的东出入口。但新出入口不是所有乘客都能进出的,只向短途旅客开放。持长途车票的乘客依然要绕到丸之内一侧的前门,或者干脆跑去更远的新桥站。直到第二次世界大战结束后,后门才全面开放。日本桥之前一直没能从大地震中完全恢复,但东出入口这个新出入口的开放给它带来了转机。现在这个东出入口,也就是八重洲口的周边,已经比历史更悠久的丸之内出入口发展得更为兴隆,成为繁荣的购物、餐饮、娱乐场所。

"八重洲口"这个名字的由来很有趣,而且这个名字所指的地点本身也发生过变动。过去曾有一位名叫杨·约斯坦②的荷兰人在靠近今天日比谷公园附近,当时是东京湾的入口处定居下来。在日本人一贯喜好的缩词造词法的影响下,他的名字再加上表示沙滩的"砂

---

① 调布市位于东京都中部,旧宿场町,是有名的住宅城市,拥有深大寺、神代植物公园。
② 杨·约斯坦(Jan Joosten Van Loodensteijn, 1556—1623),荷兰海员、商人,因船队遭遇恶劣天气,所乘荷兰商船De Liefde号漂流至日本丰后国。之后他与该船船长英国人威廉·亚当斯(William Adams, 1564—1620,日文名三浦按针)一同受到德川家康的重用,并与日本人结婚。他的日文名为Jan Joosten的音译"耶杨子",读作Yayousu(やようす),后演变为"八重洲"(やえす,读作Yaesu)这一地名。

洲"一词的"洲"字,就变出了"八重洲"这个地名,指他所住的这块地方。后来这个海湾入口在17世纪消失了,但地名却留存了下来,并且所指的区域逐渐向东北方向移动,直到它现在所指的地方。约斯坦与另一位更加著名的英国人威廉·亚当斯一起侍奉过第一代江户幕府将军德川家康。

与山之手的大部分地方以及郊区不同,新宿在1923年①地震大火中损失惨重。虽然新宿的一部分在1920年已并入"区部"即城区范围之中,但新宿站周边依然处于城市边界之外。在这次大火中,无论是车站的建筑物、车库,还是山之手地区最大最热闹的电影院武藏野馆,都被烧毁了。不过对新宿而言,涅槃重生也许更好。以前,它可是以遍地马粪和在大风天里可与沙尘暴媲美的扬尘闻名的。随着战时的经济繁荣和郊区的兴盛,新宿也做好了腾飞的准备。公共汽车线路开始从新宿拓展至郊区,从皇宫向西延伸的有轨电车线也通到了新宿站。新的车站建筑在1925年完工。它与东京中央火车站建设时同样,改变了过去的朝向,旧新宿站原本是朝南而立的,正面朝向甲州大道。而新车站则坐南朝北,也就是面向大地震后以及第二次世界大战后经济飞速发展的区域。

三越百货在地震发生之后迅速在东京各处开设了应急市场。次年即1924年,它设于新宿的市场升级成了新宿分店,成为新宿首座百货商场。之后历经两次迁址,搬到了现在的位置,距离新宿站东口仅几步之遥。伊势丹百货的前身也选在新宿落脚,就在现在伊势丹所在的位置,开业于1926年。私营铁路公司方面,除了1915年已来到此地的京王电气轨道②,1930年,另一家小田原急行电气轨道③也来到新宿并进军零售业,开设了"京王天堂","天堂"两字直接使用了

---

① 此据日译本,英文原版作1925年,疑有误。
② 即现在的京王电铁株式会社,其于1915年5月在新宿设立新宿追分站。
③ 即现在的小田急电铁株式会社。

源自英语 Paradise 的片假名,其商场大楼就建在京王线①的终点站,即新宿站这里。

老字号店铺也在翻新或改组调整,以迎接每个工作日都必然会途经新宿站上下班的工薪一族,迎合他们作为都市群体充满知性而有品位的需求。例如纪伊国屋,其前身为老牌木材木炭批发中介商,就从四谷向西迁至新宿,并成功转型为书店,现在是新宿最大的书店,也是东京最大的几家书店之一。车站附近的一家蔬果店则最终变身成为众所周知的"高野水果吧"②。店名的后两个词"水果吧",用的是源自英语"Fruits Parlor"的片假名。坚持将英文"水果"(fruit)一词的复数形式当作形容词使用,是日式英语的一个小癖好。"什果宾治"(Fruits Punch),也就是多种水果的混合饮料,一直是此类店铺菜单上的标准配置。

作为传统与现代的交汇地,新宿在 1920 年代已然成为交通噩梦。机动车和基建工程的施工堵塞了主要干道,摊位和人群则拥塞了后街小巷,每到傍晚下水道的污水必会反溢得一塌糊涂。即使在混乱的大萧条时期,新宿也没停止发展的脚步。它抢走了如神乐坂之类山之手地区昔日热闹地方的生意,到了 1930 年前后更是紧随银座之后,成为第二大零售业中心。

新宿原本是作为甲州大道沿途的第一个宿场③而兴起的,它是人们经由甲州大道进入江户前的最后一站,也是走出江户的第一站。如同品川、板桥这些位于东京门户上的宿场一样,④这里也有"饭盛

---

① 因连接东京和八王子而得名。
② 这家店现在还在,只是店名中连"高野"两字都改用片假名而不再使用汉字了,其新宿本店位于东京都新宿区新宿 3-26-11 5F,从 JR 新宿站东口出来徒步约 1 分钟不到,其菜品主要为以当季水果做成的各式甜品西点。要说现在其菜单上的标配,应该是帕菲(Parfait,又译芭菲),是以水果、冰淇淋、奶油蛋糕小块等放入高脊杯中做成的甜点。
③ 若沿江户时代五条大道之一的甲州大道从江户出发,途中遇到的第一个宿场就是位于今东京都新宿区的内藤新宿。
④ 品川是东海道出江户的第一个宿场,板桥则是中山道出江户的第一个宿场,它们与内藤新宿,以及日光大道、奥州大道出江户的第一个宿场千住,并称"江户四宿"。如果千住算两处的话(详见本书上部),那么就是五大宿场。

女"①拉客。她们所属的这类旅店在甲州大道沿途零散分布。就在大地震发生前不久,它们刚被整合到一个更为集中、更易与普通街区相识别和管理的区域,就位于1920年当新宿的一部分被划归城区之后,新市域的边缘附近。与神乐坂类似,新宿游廊也因1923年大地震对下町传统花街的破坏而繁荣一时。它曾是新宿最为喧嚣熙攘的地带,直到新车站入口处周边地区开始繁荣,才渐失其中心地位。

两次世界大战之间的时光里,新宿就像浅草一样,常被视作热闹场所中的二流之辈,此种比较的基准自然还是银座。按照小说家大冈升平②这样的银座党的说法就是,新宿太过轻佻地急于追求摩登和"高领"趣味(这两种表达在当时其实是一个意思,指西化)。在讲究品味的银座看来,聚集在新宿的"摩男"、"摩女"们简直是走向了不体面和低品位的极端。当然,新宿也是"马克思男青年"们聚集的地方,他们在国有铁道中央线沿线的几个车站也都有聚集,只是没有新宿那么集中,可以说1952年《旧金山和约》生效后掌控了日本媒体的新兴知识分子群体,也正是诞生在这些地方。在新宿的欢场里,留声机远比日本三味弦来得显眼,这里出名的还有像外国女人那般腿长个高的风骚女人。街边摊贩使得本就不宽的街道愈显狭窄。昭和早期的新宿可说是东京最人流拥挤混杂的地方,至少在晚高峰时段是如此。它拥有比银座更多的街头卖唱者。卖花女和卖花儿童也遍布街头,他们既卖鲜花,也卖假花。算命先生和行乞者也是晚间时段路上的常客。

整个1920年代新宿的熙熙攘攘大概就是这样,除了街头摊贩消逝在时光的洪流中,它到今天也并无太大变化。进入1930年代后,虽然相比"银座—日本桥—丸之内"一带还略显逊色,但新宿在某种程度上已逐渐成为东京西部的首都。它还有一个著名的贫民窟。浅

---

① 指江户时代在沿街旅店中为旅客盛饭或干杂务的女人,也从事卖淫。
② 大冈升平(1909—1988),日本小说家、评论家、翻译家,代表作《俘虏记》、《武藏野夫人》等。

草也有一个类似的贫民窟，就在浅草寺北边。新宿的贫民窟紧邻百货商场楼群南边，这里遍布满是臭虫的便宜小旅馆，住着短工、小商贩、街头艺人和沿街叫卖的货郎这类居无定所的人士。

新宿游廊是明治时代六个官方许可的游廊区之一，即所谓的"六廊"之一。"六廊"中的两个，包括曾经风光无限而现在黯然没落的吉原，处于旧城区。另外三个在旧城区之外，位于原先的三个宿场即品川、板桥、千住。新宿游廊则横跨市域内外，位于旧城区的边缘地带。不过在 1932 年城市重新规划之后，市域范围扩大，所有游廊区都划归到了城区内。也就是在那时，出现了未经官方许可的红灯区——"私娼窟"，其中最有名的一个位于市域之外。在日本与中国开战（日本人倾向于称其为"事变"①）前夕，永井荷风以玉乃井的私娼窟为舞台创作了他最出色的作品《墨东绮谭》。在那时，玉乃井已经归属市域内，不过它在 1932 年之前还属于市域外的东北郊。住在这里的一位私娼阿雪使荷风忆起了明治时代和他的年少时光，也使他认识到明治时代已经消逝殆尽的看法并不正确。因为荷风的这部名作，玉乃井成为私娼窟中最负盛名的一个，但在规模上它仍略逊于南部的龟户。龟户的私娼街，位于龟户天神社②及其壮丽的紫藤花海背后，有大约 700 位私娼。玉乃井则有大约 600 名不到。卖淫嫖娼在这两个地方都颇为公开，以至于私娼窟看上去与官方认可的有照游廊之间区别不大，只是后者的从业手续更复杂些，卫生条件更好些，游女小姐们不用工作得那么辛苦。龟户私娼窟自明治末期便已存在。与玉乃井一样，龟户的黄金时代也是在大地震后的几年。

在晚间某些时段，新宿甚至比银座更加人山人海。当然，这种人挤人的热闹场面是东京人最喜闻乐见的。不过即使如此，作为闹市，新宿仍然无法超越银座，只能位居二流。因为在大地震后，灯红酒绿

---

① 即日方所称的"华日事变"，现在日方多称其为"日中战争"，中方称其为中国抗日战争。
② 位于东京都江东区龟户，供奉学问之神菅原道真，常有考生前来参拜。每年 4 月 25 日至 5 月 5 日，境内的紫藤花一齐开放十分美丽，在江户时代便是观赏紫藤花的胜地。

的"高领"生活是以咖啡馆为中心展开的。而在这方面，银座是无可争议的中心，其他街区望尘莫及。两次世界大战之间，即昭和时代的头几年，是咖啡馆最鼎盛的时期，而提到"咖啡馆"一词，几乎就是在说"银座"的雅趣。

相比新宿，涩谷看起来更像是一座由单个企业统治的市镇。它基本上处在东急电铁的支配之下。作为寻欢作乐的场所，它一直比新宿稍显逊色，不过最近有调查显示青少年们更喜欢涩谷。从某些方面来看，涩谷可谓处于时代发展的最前沿。与浅草一样，涩谷站的做法也是将车站、各级交通设施和娱乐场所、综合零售商场集成在一幢大楼中，分布在不同的楼层。1930年代涩谷的景象，似乎就代表了未来：火箭炮似的建筑如雨后春笋般四处林立，看起来就像是畅想未来之都。

提到涩谷中心地带，很多人会觉得它是东京城的缩小版。如果这是指涩谷拥挤又混乱，人们身处其中很难找到自己的方向，那么这种比拟倒是十分贴切。涩谷拥有银座地铁线唯一位于地面上的地铁站：涩谷站。事实上，连该地铁站的轨道都高于地面，是经过此处的所有铁路线中，车站位置最高的。① 东横百货商场则修得跟迷宫似的错综复杂，一旦进去就很难找到出去的路，但这或许就是修建它的商业大亨所追求的效果，绝不让好不容易抓住的顾客逃脱。不过从另一个角度上说，该车站的规划方式倒是不无道理。利用车站背后的小山丘建成的供列车调头以投入反向运营的折返点和车库，使得地铁列车可以在短时间内再次发车。而且乘客们无论是谁，只要抓住了诀窍（虽然可能得花点时间），就能很方便地利用车站，就这点而言，涩谷枢纽站确实东京味十足。

---

① 涩谷地铁站位于东急百货东横店西馆3楼，是银座地铁线唯一的高架站，也是众多涩谷站（因JR东日本、京王电铁、东京急行电铁、东京地下铁均设有涩谷站）中位置最高的车站。

337　　明治早期，说起夜生活的好去处，无非是指与"花柳界"相关的场所。其中，"花"指的是娼妓，"柳"则代表艺者艺伎。要说清楚"艺者"这个词究竟是指何种类型的人并不容易。这个词含义模糊，指代宽泛，从普通的卖身妓女到表演高超技艺的艺人都可被称为艺者。从原本的字面意义上说，"艺者"这个词是对技艺高超、表演娴熟之人的统称。这些人满足了江户和明治时期富裕商人们寻求优雅奢靡娱乐的需要。他们的主要成就在于传统音乐和舞蹈方面，无论是服务于官方还是被私人豢养，无论是在游廓花街还是在剧场中，他们的表演都是最好的。

　　但是西风东渐也影响到了这一领域。今天的夜总会表演者和酒吧坐台女的表演水平，是否比得上旧时代的艺者呢？在这个问题上，人们各有各的看法。但艺者确实逐渐丧失领地，渐渐被前者取代。过去一个世纪的灯红酒绿可被描述为一方的撤退和另一方的进军。如果永井荷风早生一百年，并且像谷崎润一郎一样属于真正的江户商人阶级出身，那他在年轻时很可能会倾其所有，夜夜周旋在"繁花纤柳"之间。作为一个品味保守的男人，他绝不会抛弃这些人。但在大地震后的几年，就连他这样的人，也是在银座咖啡馆的庸脂俗粉中度过大多数夜晚的。

338　　银座，而非新宿，才是几乎得到所有人认同的寻欢作乐胜地。荷风自然更是如此认为——他都没怎么去过新宿。京桥区，也就是银座所在的区，到1930年时提供酒水的店家数量比1920年翻了一番。也就是说，在这十年间，此类店铺的新增总数，相当于之前几十年的总和。银座的大型楼宇挺过了大地震和大火，但后街上的小房屋却没有。因此在震后五年间，这里基本是在新建和重建的混乱中度过的。正如《梅雨前后》[①]里的老绅士所见，每一天，都有新的咖啡馆出现或消逝；每一天，咖啡馆之都银座，都不再是昨天的银座。

　　那些年也正是酒吧、舞厅、夜总会登场的时代，日语中的所有这

---

① 永井荷风的小说，以银座咖啡馆为舞台，描绘了咖啡馆女招待与男人们的故事。

些词汇不是来自法语就是源于英语。这些场所之间的区别,虽然在文化历史学家们看来十分明显,却并非总是那么清晰。通常而言,咖啡馆是这么一种地方:虽说它们中有些小而精致、环境私密,有些则宽敞而喧器,店铺规模和氛围各不相同,但总是——如果经营得好的话,满座。在那里,人们或喝点小酒,或吃点简餐,与漂亮女孩们共度悠闲时光。就像荷风,还有其他人记叙的那样,这些女孩大多与另一种"江户之花"①——高级妓女无异。只要条件合适,她们的陪伴可以持续整夜。荷风小说中的咖啡馆女郎们,就因为应承了太多下班后的约会,而使自己的生活变得复杂又混乱。

银座咖啡馆中那些大店的花哨,可以理解为受了大阪的影响。顺便提一句,银座的范围像现在这样指从京桥到新桥一带,是在大地震前不久才确定下来的,详细点是指靠近旧时的东海道附近,北至京桥,南至新桥的这一带。在那之前,若从严格意义上讲,只有靠近京桥的北半边才算是银座。

规模较大的大阪风咖啡吧,主要集中在北银座。这些咖啡吧非常花哨宽敞,里面色彩缤纷的霓虹灯、闪烁不停的灯泡,还有舞蹈射灯,将吧台照得光影纷呈。规模小而朴素的东京风咖啡馆则主要位于南部。可以想见,1923年离开东京并在此后毫不掩饰对东京之反感的谷崎润一郎,更喜欢大阪风的咖啡吧。

> 话说银座后街小巷里俱是门面狭小而暧昧的咖啡馆。
> ……
> 诚然,大阪式咖啡馆因其中乐队的吵闹而略显庸俗,但这些拥挤狭小,只有四张半榻榻米大小的咖啡馆也不见得优雅到哪儿去。而且它们并非只有一两家,而是数不胜数,每一个都有稳定的少少熟客。大阪风也许粗俗,但由于规模大,至少也是需要一定投入的。东京风的咖啡馆则不需要。顶多是摆五到六张桌

---

① "江户之花"一般多指江户频发的火灾,具体可见上部。

子挤在一个小房间里,不伦不类的陈设充斥其间,用昏暗的间接照明掩饰着各种寒碜,再加一个会讨文艺青年高兴的法文名字来招徕顾客就成,这种地方简直如雨后春笋般涌现不断。①

像谷崎这样的唯美主义者竟然会用投资的多寡来区分好坏,让人颇为不解。而且这段文字也与他一直以来的主张相悖:他一直孜孜不倦地强调说关西(大阪就在关西)有着宁静和谐的古典美。也许即使大阪风和东京风的实际情况相互对调,他还是会选择前者,因为在那些年里,任何与"东京"扯上关系的东西他都不喜欢或者说至少不会承认喜欢。但似乎可以肯定的是,在投资娱乐产业这点上,大阪的资本确实比东京更积极果断,小咖啡馆也确实涌现得像是或者可以说是野草蔓生。

永井荷风1931年写成的小说《梅雨前后》的主人公名叫君江,是一个对男人来者不拒的咖啡馆女郎。她工作的店名叫唐璜,附近同类型的咖啡馆林立,不仔细找还容易进错门。这间咖啡馆位于银座北部,即银座弥漫"大阪风"的那一半,占地很大,一楼大厅足有七八百平方英尺。位于前门上方的店名以罗马字母拼出,另有两尊裸体女人像支在这块店招两边,它们到底是雕塑还是画上去的,让人搞不明白。穿过前门进去之后,这里给人的第一印象就是杂乱无章。屏风、隔间和桌椅到处都是,灯泡和假花从天花板上垂挂而下,真正的绿植盆栽倒好像是歌舞伎舞台上的道具布景。最好不要误从小巷的后门穿过厨房进来,因为那里有绿头苍蝇在一堆垃圾筒上嗡嗡飞舞,陈腐廉价的菜油气味从皱巴巴的厨房棚屋中四散而出,这些铁皮棚屋简直和大地震后临时建起的棚屋没什么两样。

荷风虽然喜欢那些剧场的后台,或是上述此类店家的化妆间。但对于唐璜的更衣室他却是这样描写的:

---

① 引自「東京をおもふ」。

穿着鞋,从厨房的泥地爬上陡陡的楼梯,你会看到楼梯顶端是一间十多张榻榻米大的房间,沿墙摆满了梳妆台,大约有十四五个。距离3点还有五六分钟,正是换班时间,是早班和晚班交替。此时这里是如此拥挤,甚至找不到一块可以坐下的地方。每一个梳妆台前都有女孩们推推搡搡,争相将脸凑到镜前。

唐璜的营业时间貌似很长。晌午的时候它更像是一家欧式咖啡馆而非喧嚣的东京咖啡馆,早班的小姐们想必也比我们的女主角君江小姐拥有更多的睡眠时间。

翻阅当时关于银座咖啡馆的记录,我们会强烈感受到它们看起来与今天银座和新宿的酒吧是如此似曾相识。如今,有品位的绅士出入的是银座和新宿的酒吧,而在那时,他们聚集在银座咖啡馆里。今日的酒吧和昔日的咖啡馆是如此相似,仿佛后者仍在我们身边。今天人们也许很难想象明治时期的"奶吧"①是什么模样,但要想象昭和早期的银座咖啡馆则并不难。顺便提一句,"奶吧"是明治至大正时代,知识分子和文学青年们阅读艰涩出版物和讨论宪政制度之类问题的场所。

小说家武田麟太郎②在1934年写成的小说《银座八丁》中描述了一家当时的咖啡馆。小说名字紧跟时代发展,意指新扩张后的银座,它的八个街区从京桥延伸至新桥。③ 在小说中,咖啡馆的登场是在一个沉闷乏味的周日晚上:

不时地,门会打开。每个人都会抬头看,期望顾客光临。但

---

① 又可译为牛奶店,是出售牛奶、面包等的小吃店,曾盛行于大正时代。
② 武田麟太郎(1904—1946),生于大阪的日本小说家,专门描写下层社会的风俗和人民群众的悲欢,揭露丑恶现实,《银座八丁》是他的代表作。日本发动侵略战争期间他被征入伍,后病死。——译者注
③ 1930年3月"区画整理"之后,从北部的京桥到南部的新桥,分别为银座一丁目至八丁目,共八个街区。

多数时候，进来的不过是卖花儿童、声色屋①、端着箱子四处化缘的虚无僧②、肖像画家、小提琴手、弹琵琶的、穿学生制服煞有介事地兜售药丸和药水的年轻人，以及背着孩子卖占卜吉凶的卦签的妇女。他们都会朝里瞄一眼，看到里面没有任何客人，便继续上路。

四处游历的虚无僧在今天的银座和新宿酒吧是很难见到了，吉他和手风琴也取代了小提琴和琵琶。然而除此之外，1930年前后的银座咖啡馆，总体上确实与今天的银座酒吧相差不大。

说起最能抓住昭和初期风俗之精髓的词，大概是"色情怪诞"③一词吧，有时也写成"色情荒诞"④。"色情荒诞"这个词中读作nansensu的那一半来自英语"nonsense"（无意义、废话、胡扯）的日式发音。而"色情怪诞"一词本身则又是一个实例，体现了日本人利用首音节的缩略语创造新词的天赋，它取自英语"erotic"（色情的、性欲的）的头两个音节和"grotesque"（怪诞的、荒唐的、荒谬的、丑陋奇异的）的第一个音节。1930年代，激进的右翼保守派对"色情荒诞"万分反感，大加抨击，其势头毫不输给他们对当时资本家无休止敛财的反对。在大地震之前，就已经出现了号召回归传统和朴素的呼声。大地震之后，关于东京是索多玛⑤，地震是天罚的言论甚嚣尘上。据说坪内逍遥这位日本杰出的文学家、戏剧改良运动的先驱，在听到一位日本国会议员也在伦敦宣称"一切轻佻浮夸、行为不端、道德沦丧都要遭到天谴"时反问道："若真是如此，那么为什么天谴要降临到河东数万穷人身上呢？他们可是根本没有闲钱好去轻佻浮夸的！"那位议员对

---

① 指模仿某一当红演员说台词的声音和腔调进行表演的艺人。
② 又译普化僧，日本普化宗的带发僧，常常一边化缘一边云游修行。
③ 即日语「エログロ」一词，读作：eroguro。
④ 即「エログロ・ナンセンス」，其后面一半读作：nansensu。
⑤ 据《旧约圣经》记载，索多玛是一个耽溺男色的淫乱城市，因过于堕落而被上帝毁灭。

此作何回应,史料上倒是没有留下记载。

对于"色情",我们想想当时的咖啡馆便很容易理解了,但对于"怪诞"所指含义,人们的理解就多种多样,相互矛盾了。在《银座八丁》中,武田麟太郎笔下一个所谓"怪诞"的银座酒吧,就是透着腐败气息、阴森可怖,仿佛会有鬼怪出没,多少有些类似晦暗的哥特风,但来自大阪的"色情怪诞",却似乎是以喧嚣和光影绚烂为特征。或许所谓的"怪诞",只是泛指使新式夜总会显得标新立异的所有特质。

浅草的杂耍表演,自古以来一直有着谁都会认为是怪诞的倾向。如此说来,"怪诞"并不是从这个时代才出现的新鲜玩意儿。明治时期,浅草公园内的各种杂耍中还出现过蜘蛛人和用肚脐抽烟的女人。这些我们都完全可以归入"怪诞"一类。川端康成的小说《浅草红团》里就描述了大地震后浅草公园里一位不用劳烦呼吸道就能抽烟的人,算是明治时期那些先辈艺人们在大地震后当之无愧的继任者吧。故事发生在浅草公园的一间小棚屋里:

"这对医学发展是有用的,"台上的男人喊道,"我们马上就向您展示他是怎么用肚子上的嘴吃饭的。"

"这个肚子上有洞的男人生于北海道旭川。他喝纯酒精来抵御那里的严寒,结果得了食道癌。所以,北海道医科大学的医生给他在肚子上开了个洞。"

"但不幸的是,医生做的这张嘴里没有牙齿。也就是说它像鸟嘴一样。"

于是如其所言,穿白衣服的男人解开了绑在"鸟嘴"上的布条,可以看到一个像烟斗一样的东西插在他肚子里。

他给那个烟斗装上一个玻璃漏斗,往里倒入牛奶和面包屑。

"即使处于这样凄惨的境地,他也忘不了酒的味道。时不时地会来上一杯。上面的嘴用来品尝味道,肚子上的嘴则用来喝。"

······

"医学的进步难道不令人叹为观止吗?"

在川端浅草时期的另一篇短篇小说中,有一个场景是一个长期旅居大阪的年轻人在回到浅草后茫然四顾,令人对浅草的改变有个直观的印象。这个年轻人如此评论道:"这里简直变得跟大阪一样了。"①想来浅草也变得与银座一样,充满了大阪风的彩灯与喧嚣。

怪诞比色情更难捉摸。也许将色情与怪诞放到一起组成"色情怪诞"这个词,只是因为这样听起来比较顺,而且前者即"色情"才是这个词的重点。"色情"这个词同样不是什么新玩意儿,尽管随着时间的流逝,它的底线越来越低了。想让人们兴奋起来,需要更强的刺激了。在明治二十年代,着装规矩地表演传统歌舞"娘义太夫"的年轻女人,在时人眼中已经是性感诱人的了,这一点从大批年轻男人涌来,只为看她们一眼甚至只为听听她们的声音,就能看出。而到了昭和初期,就非得露点肉了。

在一个男性占主导的社会里,主要由女人提供感官上的娱乐是很自然的事。在宽敞浮华的大阪咖啡馆里,咖啡馆女郎们以"它"这个流行词所指的那种范儿,也就是我们前面提到过的,主演过电影《它》的好莱坞女星克拉拉·鲍的那种性感美艳作为卖点。随着时间推移,她们变得不再拘谨,更加大胆。早些年代,在永井荷风还流连于以英文名"Lion"(狮馆)、"Tiger"(老虎)命名的银座咖啡馆的时代,女性们好似壁花,安详静立,阅之怡然。男人们去咖啡馆所追求的是男子气概的呼朋引伴,论经问道,好似他们去的是伦敦18世纪时文坛领军人物塞缪尔·约翰逊②组织的文学俱乐部咖啡屋集会一样。

而如今女性逐渐掌握了话语主导权。女服务员的时代让位于女

---

① 引自《浅草的九官鸟》。
② 塞缪尔·约翰逊(Samuel Johnson, 1709—1784),英国作家、文学评论家、诗人。其主编的《英语大辞典》对英文的发展作出重大贡献,他本人作为文学评论家在文坛上有着极其重要的影响力,组织了文学俱乐部。

招待的时代。而我们今天依然处于女招待的时代中。

当时有一首《女招待之歌》[①]，作词者依然是西条八十。下面是这首歌的前两段。后两段也是相似的沉郁悲切。

> 我是一朵酒吧之花
> 在深夜绽放
> 点绛唇
> 薄纱袖
> 霓虹灯下舞力竭
> 泪花潸然好孤寂
>
> 我是一朵酒吧之花
> 悲伤的花
> 夜里女神
> 白天母亲
> 泪水濡湿衣袖
> 掩盖昨日
> 沉重因夜装未脱
> 而非露水浸淫

日本流行歌曲里到处都是泪水，简直要发大水了，所以我们没必要把这歌词太当真。尽管这样一个世界必然有其不幸和不安定性，但武田麟太郎在他的《银座八丁》里再一次告诉我们，银座咖啡馆的世界还是井井有条，意外令人舒心的：

> 大体上，在银座后街小巷里数不胜数的咖啡馆里工作的都是同一群女性。很少有人长久待在一家店工作，常常会从甲店

[①] 日文名为「女給の歌」。

转到乙店,所以很自然地,她们相互认识,知道彼此间的所有事情:弱点、日常,甚至还有非常私密之事。客人的情形也是如此。虽说熟客都有各自的大本营,可是罕有人只去一家店的,大家都会去各家喝酒。因此,客人、女招待和经理彼此都熟识,银座后街的酒吧咖啡馆就是同一个世界。对客人们而言,就像是一个俱乐部,对经营者而言,就像是连锁店。①

女招待们即使不是全部,大多数也像《梅雨前后》里的君江一样,很善于陪客。不过随着小姐们开始掌控局面,价钱和小费也水涨船高。普通"工薪族"顶多只能在发薪日去那些时尚的店里消费一把。据武田麟太郎在《银座八丁》中所说,咖啡馆似乎不欢迎学生,因为他们没有足够的财力。尽管并没有将他们一律拒之门外,咖啡馆的人还是希望他们在感受到店家的冷淡态度之后,能够识相地自行离去。

于是在这种情况下,另一种场所——"喫茶店"应运而生,它的字面意思是茶馆。囊中羞涩的学生可以只花一杯咖啡的钱在那里打发掉整个下午的时间,打量漂亮的女店员。而女店员在端来咖啡之后不会陪客闲聊。这实际上是消遣娱乐业在比较质朴的层面上,从女招待时代向女服务员时代的回归。在日本,这一产业的出现其实是令人瞩目的,它填补了消费需求的空白,为各阶层消费者提供了各种商品和服务,满足了不同人士的需求。1930年代即昭和初期狂热的禁欲主义国粹派反对的正是这一点,但讽刺的是,他们付诸行动之后造就的今日日本社会,可能会令他们更加恼火,大加抨击。

也许谷崎有一点说对了:这些东京风小店都取法文名字是为了招徕那些有文学抱负或者自诩有文艺抱负的顾客。《银座八丁》中的主要舞台就是一家叫作"秋"(L'Automne)的酒吧。一些著名的"喫茶店"也取了法文名字,如"鸽"(Colombin)、"我的朋友"(Mon Ami)。

---

① 引自《银座八丁》。

但更多的是英国或美国名字，如"哥伦比亚"(Columbia)、"奥林匹克"(Olympic)、"爱斯基摩"(Eskimo)和"欧洲"(Europe)，其中最后一个的发音是按英语的，不是法语或德语的。荷风喜欢的一家店叫作"富士冰"(富士 Ice)，名字的前一半是日语的"富士"，后一半则是英语。

1923年大地震后的一段时间里，日本最大的城市或许应该说是大阪。艺术家和知识分子大量迁至关西，也就是以大阪为中心的地带避难。其中大多数人在东京恢复城市机能后又回归关东，不过谷崎是个例外。尽管他从未在大阪城中生活过，但他在之后余生中的大部分时光都是在离大阪不远的地方度过的。我们已经见识过大阪对银座咖啡馆和媒体（如新闻界）的影响力了。我们在前面也提到过，全国性报纸的出现，与大阪报业的影响密不可分。东京本土的报纸中，只有《读卖新闻》能够与来势汹汹的大阪报纸相抗衡。

也许"落语"这种曲艺的没落也要部分归罪于大阪。虽说它并非东京独有的表演艺术，大阪也有，不过在大地震之前，大阪已经出现了一种名为"漫才"的演艺形式，渐渐取代了落语。大正末年，随着漫才席卷大阪舞台，它开始向东京进军。虽然不是所有来自大阪的影响都是坏的，但在漫才这件事上绝对是。漫才的表演形式多为双人插科打诨，通常以搞笑和扯生活中的段子为主。而落语则是仅靠一人表演，创造出独特的艺术世界。老练的漫才艺人与落语表演大师之间的区别可以说是搞笑艺人和表演艺术家的区别。后者技艺娴熟，能仅凭一己之力借助各种小道具演绎多种角色，而前者则是靠饶舌打诨，就博看客一笑。落语和漫才之间的区别，有点像是艺术世界与现实生活的差别。前者创造出属于自己的世界，孕育出牢牢抓住观众的艺术魅力，但却与现实生活保持着距离；而后者就只是现实琐碎生活的延伸而已。漫才并没有提升大众文化的品质。

大概是通过漫才，大阪腔开始渗进东京话，也就是标准日本语中。现在连很多东京本地人也不知道，当他们把节日祭典时穿的传统日式半截式外褂称为"法被"时，他们其实用的是一个大阪词。而现在日本全国随处可见的"酱油"一词,也是从大阪话中借来的。

江户菜系自震前便已衰落,现在在高档料理方面,关西菜已经完全占据了江户菜的领地。江户最负盛名的餐馆位于隅田川沿岸,毁于大地震,或者更确切地说是毁于震后重建。因为它正好坐落在用于建造新的隅田公园的地块上。虽然公园选址在其他地方其实也是可行的,但餐馆的主人将那块地卖了个好价钱,关店不干了。过去该餐馆的客人基本都是乘船而来,但随着汽车取代了河船,建在河边的餐馆失去地利也是促其关店的一个方面。虽然在今天,江户料理的传统仍然在几家老牌餐馆中得以延续,但这些店已被周围林立的大阪餐馆包围。只是在这点上,我们倒不能说来自大阪的影响是有害的。大阪菜系确实比江户的更为精致、更富创意。在这点上,长崎菜①也是一样,后者也同样传播广泛。

大阪固然要为如落语一类的民间艺术形式的衰落负一定责任,但相比它为大众娱乐的崛起所做的贡献,这点责难就算不了什么了。江户时期文化娱乐业的受众规模颇小,即便是其中规模最大的歌舞伎剧场演出和相扑比赛,也只能吸引百来名观众。而现在,观众人数膨胀到了几百万,大众娱乐的时代到来了。

在这一时期造访日本的外国名人中,广受欢迎的是应新时代而生的人物。他们是20世纪大众文化造就的明星,而日本自身为了在19世纪的世界中占据一席之地也拼命努力,终于在20世纪成为世界舞台上的一员。明治时代便有海外艺人远涉重洋来到日本,不过他们在母国本来就不是什么大人物,到了日本也没有什么大的反响。毫无疑问,明治时代最引人瞩目的外国访客是美国前总统格兰特将军夫妇。位居第二的大概是英国人斯宾塞,他带来了空中气球特技表演。到了昭和早期,在影响力上与当年格兰特将军夫妇最接近的,大概是先进技术和先进文化的代表者了。前者是1929年飞过东京

---

① 长崎菜中最有名的是"卓袱料理",是将中国和西欧料理日本化后形成的一种宴会料理,是以大盘盛装菜品的一种圆桌料理。

城上空的齐柏林伯爵号飞艇(Graf Zeppelin)①,它还曾降落在东京东边几英里外的水上。后者是于1933年莅临东京的大文豪萧伯纳。但很难说这两者像格兰特将军当年访日时那样受到了日本国民的狂热欢迎。他们本身也并不觉得受邀访日是什么天大的荣幸。而对于日本国民来说,要是美国总统卡尔文·柯立芝来东京一趟,或许还能让他们更加群情激动一些。大家所做的不过是在飞艇飞过时抬头仰望,甚至在艇员们现身东京时都没涌上街去看看。但同年造访的默片女星玛丽·碧克馥和硬汉男星道格拉斯·费尔班克斯则得到了万人空巷、争睹风采的待遇。1932年查理·卓别林到访东京的当日,犬养毅首相恰巧在官邸遇刺,这就是著名的五一五事件②。这已经是那个世纪里第三位遭到刺杀的首相了,而且离第二位遇刺的首相滨口雄幸被杀,还不满两年。据说首相的儿子之前还受命要在当天(一个晴朗初夏的周日)带卓别林到河对岸欣赏相扑比赛。不管怎样,卓别林还是去看了比赛。

近代大众娱乐的出现当然不是日本独有的现象,而且也不是全靠日本自己能产生的。尽管不能说它们是外国强加给日本的,但东京的这类娱乐也确实不像伦敦和纽约那样是自发产生并发展壮大的。比方说在东京,作为传统大众娱乐的相扑,让位给了身为外来运动的棒球,而在纽约则没有出现这种变化。

说相扑衰落只是相对而言的。棒球没有立即取代它,也从来没有完全取代它而导致相扑绝迹。作为江户唯一吸引大众观众的体育项目,相扑一直经历着自身的起起落落,在江户成为东京之后,其兴衰起伏更为频繁。大地震前后的几年是相扑运动的好年景。明星力士层出不穷。虽然位于隅田川东岸地震纪念堂旁的国技馆,在地震

---

① 该船是当时世界上最大的飞艇,在环游世界途中曾于东京东北边的茨城县霞浦做短暂停留。
② 1932年5月15日以海军青年军官为主发动的法西斯政变,刺死日本时任首相犬养毅。

中遭到了严重的损毁,但修复资金很快就到位了。

相扑作为日本国粹,从明治时代起就不断经历周期性的改革和现代化的阵痛。大地震后相扑界最主要的动作就是成立了作为法人代表的大日本相扑协会。之后东京和大阪的相扑力士们,基于比赛在两座城市轮流进行的共识,联合起来实现了相扑界的合并。这被誉为体现了大正民主精神的改革,却不足以抵御新的危机,一场大分裂在1932年袭来。以关胁天龙①为代表的一部分关东力士脱离相扑协会,与顽固保守的关西力士共同成立了新的组织。分裂后的相扑赛事流失了大量观众。两边都没有足够多的著名相扑手能胜任如横纲、大关之类的高段位。其结果便是1933年两者再次合并重组,尽管关西的顽固分子一直坚持到1937年才放弃。

被相扑吸引而来的观众,即使是在国技馆,其规模与棒球运动凝聚起来的庞大观众群相比,也是微乎其微的。尽管棒球并没有"国技"的名头,但在年轻人中,它实际上已牢牢占据了这一地位,是日本事实上的国民运动。大地震刚过的几年里,相扑可能依然比棒球流行,特别是在孩子们中间。它有无线电广播实况转播,后来又可以通过电视吸引大批观众。报纸的相扑号外也能大卖。在明星力士发挥良好的时候,收听相扑转播的听众也许与收听棒球转播的听众人数不相上下。不过这一结论也只是推测,因为当时没有民营的商业电台,也没有收视率排名。NHK,也就是日本放送协会,是日本的公共广播公司,属于半官方性质,当时处于垄断地位。但如果说相扑是不时地受到欢迎,那么棒球就是一直很受欢迎,并且越来越受欢迎。当民营的商业电视台出现之后,相扑便根本无法与棒球相抗衡了。

日本棒球始于东京,东京也一直是日本的棒球之都。早期的日

---

① 天龙三郎(1903—1989),原相扑力士,本名和久田三郎,1932年初与部分力士向日本相扑协会提出改革要求,遭拒后宣布脱离协会,另组"大日本新兴力士团",此即著名的"春秋园事件"。

本棒球自然是以业余棒球为中心,不过实际上已经具备了半职业化的素质。强队基本是各所大学的棒球队。1933年国有铁道印发的旅游指南手册中还提到,当时最受人关注的比赛就是主流的六所大学在春秋两季举办的棒球联盟赛。棒球强校早稻田大学和庆应大学在培养和招募有潜力的球员上毫不吝啬。1905年秋的早庆战激化了两校间的敌对情绪,杀气腾腾,以致大家都觉得这两所学校还是别再碰面比较安全。于是直到1925年,也就是大正十四年,他们之间的比赛才又重启。位于明治神宫外苑的棒球场是大学棒球队员们人人向往的比赛地。明治神宫和外苑都是为纪念明治天皇而建的,不过当明治神宫外苑的棒球场在1926年10月终于建成完工之时,距离明治天皇的继任者大正天皇离世仅剩两个月了。大正早期,由东京的三所大学作为主力组成的三校联盟赛便已开始举办。到了大正末期,也就是早庆战重开的1925年,随着万年垫底的东京大学的加入,今日的东京六大学棒球联盟赛制度宣告成立。

除了大学棒球队的有名棒球手能够获得半职业球员的地位之外,大正末期已开始出现职业棒球的萌芽。一个在东京湾填海造地形成的芝浦地区拥有运动场,名为芝浦协会①的组织,把那些非学生身份的棒球运动员集中在一起组成队伍。对他们来说,棒球不仅仅是运动,还是生计。早期的比赛都是对战早稻田大学,但赢的总是后者。虽然观众众多,但大多是冲着早稻田去的。也许芝浦协会还是太超前于时代了,它后来迁去了大阪。职业棒球的开启,要等到1930年代中期才真正时机成熟。这次不是靠芝浦协会,而是一支东京的球队:正力松太郎的读卖巨人队。这支由美国职业棒球大联盟著名左投手奥杜尔(Francis Joseph O'Doul)为之取名为"巨人队"的球队,日后成为日本棒球的象征。今天无论走到哪里,巨人队都有大批支持者簇拥,而大阪的球队只在大阪才有此待遇。而且即使是大阪球

---

① 即1920年成立的"日本运动协会",其以过去位于东京府东京市芝区(今东京都港区)的芝浦球场为大本营,1924年解散。

队在本地的主场比赛,也只有对手是巨人队时观众最多。

芝浦位于下町南端,而明治神宫外苑则在旧山之手地区的西南边界上。第二次世界大战后,虽然下町也曾尝试建起一个属于自己的棒球场,但效果不佳。只有非巨人队所属的太平洋联盟①球队在此比赛,无法吸引观众。巨人队自己的主场位于山之手的东端。这也就是说,棒球和电视这两样下町民众津津乐道的消遣之物,都不是生于下町,长于下町的。

3月22日是电台广播开播的日子。1925年的这一天,从东京爱宕山②上开始了广播试播,这一天后来被定为"放送纪念日"。爱宕山位于芝公园的增上寺北面,一直以来都是俯瞰江户和明治时代东京的胜地。开播时的第一档节目高端大气又兼收并蓄,包含了贝多芬的音乐,邦乐即传统日本音乐,还有坪内逍遥编撰的尝试融合歌舞伎和莎士比亚戏剧的历史剧。除了东京之外,大阪和名古屋也开通了广播。

次年,三家地方性广播公司合并为日本放送协会(NHK)。战争期间,NHK垄断了日本广播业。民营商业广播直到1951年,即日本首家电视台开播前的几个月才出现。战时著名的面向美国播报的"东京玫瑰"③广播就是通过NHK播放的。

近代大众娱乐的先锋是电影。它一直独占鳌头,直到电视产业兴起。从浅草歌剧的年代幸运地活到现在的老年人,已经为数不多了,每当他们追忆起往昔浅草的美好时光,首先多半会谈到那些音乐厅,以及其中上演的大地震前所称的"浅草歌剧",震后则叫"轻歌舞剧"。他们不会认为浅草还是电影业的中心。这有可能是

---

① 日本职业棒球两大联盟之一,成立于1950年,拥有6支球队。另一大联盟则是读卖巨人队所属的中央联盟。
② 位于东京都港区爱宕的丘陵,其上有爱宕神社和NHK放送博物馆等,四周现已被超高层大厦群围绕,是象征东京的一处著名景点。
③ "二战"期间美军对东京广播电台向美播报宣传节目的女播音员的昵称。

因为现场生动而鲜活的舞台表演形式才是浅草的精髓,而电影则到处都有。

虽说如此,浅草依然是电影业名副其实的中心。1930年时,浅草已有14座电影院。而影院数量第二多的地区,一个是当时还在市域边缘的新宿,另一个是市域之外的涩谷,而这两地各自也只有4座电影院而已。25年之后,当电视产业的繁荣令电影业日渐萧条,浅草的电影院开始纷纷转型为游戏机房之时,浅草的电影院在数量上虽稍微落后于银座—丸之内地区,但仍比新宿多一点点。而在放映日本电影的数量上则仍位居第一。

川端在1930年对浅草做了个调查,结果显示有现场演出的剧场总数比电影院要多。但实际上,按照演出内容不同,这些剧场可以分为多种类型,而没有单独的哪一类剧场在数量上能超过电影院的总数。浅草依然留有6座寄席剧场,也就是表演落语一类的曲艺场,相比明治末期的12座[①]少了一半,但并没有像人们预想中那样急剧衰落。另外还有一座小型的歌舞伎剧场,在明治时代早期曾一度成为这里唯一持续上演歌舞伎的剧场。此外还有我们在后面会详细讨论的轻歌舞剧场,其中表演的传统音乐不止一种,并以剑舞招徕顾客。剑舞有两种,分别是男人跳的和女人舞的,后者更受欢迎,因为带有些许挑逗意味。

总之细分来看,浅草最多的还是电影院,它们吸引着来自东京各处的人们前来浅草。而另一方面,涩谷和新宿等这类位于山之手地区和郊外的娱乐中心,却几乎无法从下町吸引到客流。浅草甚至还有一个沿着剧场街的主干道而建的"剧场百货店"——一位经营三家剧场的老板将这三家剧场用通道相连,只需买一张票就可以在里面耗上一整天,来回穿梭,尽享所有服务。剧场街的主干道在鼎盛时期的风光,现在已经不剩多少,但所幸由于经营方未换,三家剧场都熬了过来。它们的正面均为泛黄的砖砌墙面,一家建有西洋城堡式的

---

① 日译本作"十轩"。

城垛；一家外墙显得平板，只有窗户稍微凹陷，风格单调；第三家成排的窗户则采用了装饰派艺术风格。连接它们的通道也保留了下来，不过将近半个世纪以来，这些通道都被蜘蛛和老鼠占领了。位于中间的那家外墙朴素平板的剧场，名叫"常盘座"①，它之所以能够留存下来，可以说是保护运动的小小胜利。直到1965年，这座小剧场还在坚持上演舞台剧。之后又转向放映电影。到了1984年，它终于完全停业，准备爆破拆毁。但浅草当地人的游说运动以及心系浅草的人们积极捐款，使得经营者"松竹艺能"取消了拆除计划，剧场得以用举办音乐会和短期公演的方式继续营业。

　　浅草有一座电影院以天花板上嗡嗡作响的吊扇闻名。这些吊扇真是很受欢迎，光是听到它们的嗡嗡声就让人觉得很凉快了。不过它也分散了电影观众的注意力，没少给"弁士"，即无声电影的解说员添麻烦。这些弁士是杰出的日本表演艺术家，好似落语独白者。他们又被俗称为"活弁"，即"活动写真弁士"的简称。他们不用话筒扩音器，凭一己之力为屏幕上无论男性还是女性角色配音，并且还解说剧情，让观众们更好理解。他们中许多人甚至字斟句酌，将语句音节调整为七言或五言，就像旧时的诗歌。无声电影时代，弁士很受欢迎，这与日本自古以来拥有的说唱故事传统有关。那时甚至还举办过弁士大赛，每位弁士为一卷电影胶片配音。但是有声电影的出现使弁士行当走向没落。最后一位弁士据说已在1987年夏天逝世，享年六十多岁，七十不到，也就是说有声电影刚出现的时候，他还只是个孩子。由此看来，如今②可能尚有其他掌握类似技能的人在世。

　　即便进入了有声电影时代，最早一批从海外引进的有声电影仍需要弁士辅助讲解。从1929年第一部外国有声电影登陆日本，到1931年字幕的加载（在美国爱情电影《摩洛哥》上），以及同年第一部日语有声电影的出现，弁士们一直做着跟以前一样的工作，虽然他们

---

① 日文写作「常盤座」。
② 指本书成书的1980年代末期。

配音和解说时的声音也许比以前大些。日本观众观看外国电影时，会有一名弁士在幕前随着葛丽泰·嘉宝和加里·库珀在电影中的英语对白而同步进行日语讲解。想想电影放映时的情况，电影中嘉宝的声音、嘈杂的吊扇嗡嗡叫，没有话筒扩音器，还要不停解说——这必须得有一副耐折腾的好嗓子，不然真是没法持续吸引观众的注意力。

弁士们为反对技术进步而发起的大罢工最终也只是徒劳。似乎每当新技术出现的时候，总会有此类罢工发生。不可思议的是，据那些还记得活弁时代的老人们说，当年涌向影院的人既是去看电影，也是去听弁士的演绎，甚至冲着后者去的成分会多一些。如果这是真的，那么默片为什么不再拥有市场，人们为什么没有呼吁保留无声电影？对技术进步的推崇似乎消除了大多数人的抵触心理，当然那些生计受到影响的人除外。技术的进步看起来是不可阻挡的，而且人们总是倾向于认为科技的发展是好事。那些更喜欢默片的人，就像喜欢"无声广播"①和"无声电视"的怪人，都羞于承认自己的偏好。

无声电影实际上也是有伴奏音乐和主题曲的。昭和初期最流行的歌曲就来自一部电影《东京进行曲》，它是该片的主题歌，歌名与电影名称相同。它与《东京音头》同样，由中山晋平和西条八十合作写成。歌词有四段，分别描述的是银座、丸之内、浅草和新宿。描述银座的一段是这么写的：

> 银座拂柳带来记忆的思绪
> 谁还识得那沧桑的红颜
> 爵士乐响　轻摇慢摆　利口酒饮夜将尽
> 黎明晨曦挥洒　舞者泪如雨

---

① Silent radio，可能是指早期在稳定的广播节目出现之前，那种断断续续、信号不清、多为调试音的广播。

这首歌的每段歌词中都至少包含一个外来词。在这段中是"爵士"(ジャズ,即 jazz)、"利口酒"(リキュル,即 liqueur)和"舞者"(ダンサー,即 dancer),都是源自英语的外来语,以日语片假名的形式书写。从其发音可以明显看出,"利口酒"这个词不是源自法语。第四段歌词,即描述新宿的那段歌词中,还把当时刚开通的"小田急"写了进去,唱道"一起乘小田急私奔吧"。小田急,也就是小田原急行铁道,是穿行在新宿和小田原站之间的私营铁路线①,开通于 1927 年,小田原站就在神奈川县箱根山脚下。据说铁路公司曾向歌曲录制公司抗议,称如果要使用自家铁路的名字,就要用全称——小田原急行电气轨道株式会社。显然,这么长的名字不符合歌曲的旋律,结果还是用了"小田急"一词。但这首歌可以说是对小田急的超级免费广告了,以至于时至今日,世人都叫它小田急而不用别的称呼。乘坐小田急私奔在当时听上去非常时髦新颖,因为这条铁道穿过那时新开发的富裕郊区,通向洋人眼中算得上是山中避暑胜地的箱根。

浅草的部分剧院在放映电影时不仅有弁士解说和背景音乐,有一家影院在葬礼场景时还会在低处焚香。葬礼和死亡,以及与离别相关的场景在电影中很常见。电影的人气如何,依据被泪水浸湿的手帕数量就能知道了。据说还有一家小影院尝试过当屏幕上出现观光车时,就嘎嘎摇晃观众的座椅,再加入点模拟机动车的声音。

在川端康成的"浅草时代",他居住在上野公园后面,距离浅草步行可达。他在 1934 年提到,在这三年间,他几乎每天都会去浅草,有时候甚至会在那里闲逛一整夜。浅草是座不夜城,也是东京唯一拥有通宵不打烊饭馆的地方。川端是那个时代浅草最好的记录者,他最感兴趣的是那里行色匆匆的路人们——而且是在清晨时分这种看

---

① 即今日由小田急电铁株式会社运营的小田原线,从东京都新宿区行驶至神奈川县小田原市的小田原站,1927 年 4 月 1 日全线开通。从小田原站可换乘箱根登山铁道的铁道线(通称箱根登山电车)。

似最没看点的时段,男人们已在浅草北部的吉原度过一夜良宵,现在正走在回家的路上,艺伎们则前往浅草雷门观音寺去做早课。

不过川端也承认,如今的浅草已经产不出真正品质一流的东西了。在江户末期,浅草汇聚了最好的剧院,其北部的吉原还有最好的室内宴席表演,但在这之后,浅草明显日趋衰落。川端描写浅草的作品中,最著名的《浅草红团》大约也有些像浅草自身。它矫揉造作、絮絮叨叨、晦涩难懂、意义不明,即便是在川端总体上排斥条框和统一性的小说中,这部作品的这种倾向也特别明显。虽说《浅草红团》在川端的小说中绝对算不上一流,但它仍然是一部有趣的作品。而浅草也是同样,它与银座相比绝非一流,但也十分有趣。

在《浅草红团》中,川端还颇为赞同地引用了一位著名演歌师添田哑蝉坊①的话,他如此写道:

"浅草是东京的心脏。"
"浅草是人性的市场。"
这是添田哑蝉坊的说法。

"浅草是万人的浅草。在浅草,各种东西都被活生生地打回原形。各种欲望赤裸裸群魔乱舞。所有阶层、所有种族混杂成滚滚洪流,不舍昼夜、一望无际、深不可测。浅草是活生生的,充满生机和活力——大众时时刻刻都勇往直前。这是属于大众的浅草,它像是熔炉铸场,总是不断消融昨日旧貌,塑造今日新颜。"

昭和早期的浅草就像我们之前多次提到的那样,仍旧同明治时期一样,是城中最热闹的地方。它是廉价娱乐最主要的提供者。从江户时代起,几个世纪以来,这里的观音寺境内一直是人们寻欢作

---

① 添田哑蝉坊(1872—1944),日本演歌师,本名平吉。生于神奈川县,其演歌《喇叭调》等十分有名。

乐、人流密集的场所。而且其中的许多娱乐往往相当粗鄙庸俗,寺庙的戒律也不严。从明治到大正,浅草都有新的娱乐出现,最著名的就是电影和浅草"十二层"——那座在大地震中毁于一旦的砖塔。

昭和之初,浅草十二层塔有了继任者。但正如浅草的很多事物都在走向衰落一样,缩水无可避免。浅草十二层塔在建成时是东京最高的建筑,而在新地铁站旁建成的继任者却绝对算不上是东京最高了。这座塔仅有 6 层,大约 130 或 140 英尺高,合 40 米上下。不过,站在顶层观景台上,在晴朗的冬日,还是能东望筑波山,西眺富士山的。在此也能看到近处从工厂、火车顶上喷出的浓烟,以及远处隅田川东面新建的酿酒厂。另外,能看到隅田川东岸还留有一座旧时的河畔别墅,卧在那里静看沧海桑田。新塔在川端看来是大阪风格的。除了顶层观光台,所有楼层都被食肆占据。

虽说人气最旺的是电影院,但迷住川端的却是正规的剧场,这些剧场对半个多世纪之后眼光再次转向歌舞伎和艺伎的我们来说,也许也很有吸引力。在震前,剧场中上演的是"浅草歌剧",而震后则是"浅草轻歌舞剧"的全盛时代。我们在介绍或追溯浅草历史的书中,可以看到浅草的戏剧发展史被分为歌剧时期和轻歌舞剧时期,仿佛这两者区别明显。大地震夹在两者中间,给人留下一种文化产生了断层的印象:一种文化完结了,另一种文化兴起。但实际上两者并非如此泾渭分明,各种艺术形式之间也并非是完全孤立的,而是相互交汇融合。顺带一提的是,1940 年代的第二次世界大战也被视为具有类似效果,在它之前是轻歌舞剧的时代,之后则是脱衣舞秀的时代。但实际上这种断崖式划分也有些极端。浅草轻歌舞剧式微的过程,实际比浅草歌剧要长一些。1930 年代的反动分子不欣赏这类艺术形式,而连年的战乱也几乎给所有剧场表演画上了句号,因此它并不是在"二战"爆发时才戛然而止的。

轻歌舞剧源自歌剧。而浅草歌剧则源自意大利歌剧。浅草歌剧的先祖可追溯到一位名叫 G. V 罗西的意大利剧团导演身上。尽管在日语中,"轻歌舞剧"(レヴュー,即 review)这个词看起来像是从英语里来的,但轻歌舞剧这种艺术表演形式,从表面上看却有着明显的法国血统。而日语中"歌剧"(オペラ,即 opera)一词倒是来自意大利语。

实际上罗西从未在浅草歌剧中担任过导演。他先是在丸之内的帝国剧场,然后是在城市西南边缘地带自己买下一家小剧场来经营。他努力尝试启用日本演员来演绎意大利歌剧,上演的剧目包括莫扎特的《魔笛》。他的弟子中有些人将舞台移至了浅草。这些在浅草上演的歌剧虽然依据的是意大利歌剧的剧本,但听起来却有些像轻歌剧或者音乐喜剧。对自己的声线颇为自豪的演员们总是自说自话地随性放声歌唱,就连饰演主要角色的人也几乎没有受过音乐训练。即使是被后世视为标志着浅草歌剧诞生的那场公演,充其量也只是场轻喜剧表演,只是把几个场景串在一起罢了。这种由日本人所写的日语剧本,也许称作轻歌舞剧才真正恰当。

小说家滨本浩①于1959年去世,一生作品大多围绕浅草展开,著有《浅草之灯》等。据他晚年所说,浅草歌剧就是被它最狂热的支持者们毁掉的。这些狂热支持者基本上是男性,因为女人们更青睐电影,她们可以尽情泪湿手帕,而男人们则寻求色情刺激。于是很自然的,这些男性观众们想从歌者那里得到一种"堕落颓废"(滨本浩的用词)的感觉;对舞者的要求就更不用说了,口味越来越重。在这种情况下,唱歌跳舞的表演形式虽然在震后依然延续,却已开始渐露疲态。因为仅凭这些已经无法满足观众的胃口。

于是一种新元素加入进来,那就是热闹又快节奏的喜剧风格,当时被视为法国风。浅草轻歌舞剧应运而生。"色情、无聊加上急匆匆,"川端在《浅草红团》中如此写道,"满是时事漫画式的幽默,还有爵士歌和女人的大腿。"这句话中除了"女人的大腿"之外,用的都是以片假名书写的、源自英语的外来语。也许我们可以从中看出,最重要的一点是性感魅力必须与异国风情结合,必须仰仗外来语来表现,

---

① 滨本浩(1891—1959),日本小说家,曾担任谷崎润一郎的责任编辑,并由此进入文学界。

才能成立。

355 无论轻歌舞剧是否远不如歌剧，两者之间是否区别明显，轻歌舞剧时期都是浅草仍可跻身热闹场所前列的最后时光。而且这也许也是下町——曾经的江户商业中心，还能在某方面居于中心地位的最后时光，还能孕育出某些文化的最后时光（银座是例外，它虽位于下町，却不属于下町）。如今的浅草，就连能让滨本浩那样的人产生不舍之情的东西都孕育不出来了。

浅草轻歌舞剧诞生于 1929 年 7 月 10 日一个名为"赌场游乐厅"（カジノ·フォーリー，即 Casino Folies）的小剧场里。剧场的创建者是去过巴黎的两兄弟，在那里他们被轻歌舞剧迷倒，于是回日本后就综合了"巴黎赌场"①（Casino de Paris）和"女神游乐厅"②（Folies-Bergère）的名字给自己的剧场命名。赌场游乐厅占据了后巷里一家水族馆的二楼，紧邻一家昆虫博物馆。川端在他的《浅草红团》里写道："赌场游乐厅的女孩们穿过盛满各色鱼儿的水族箱，转过海王宫殿的模型，去往自己的化妆间。"她们还要经过"装满苍蝇、甲壳虫、蝴蝶和蜜蜂的肮脏箱子"。水族馆和昆虫馆就像是"浅草怀古的纪念物，被遗忘在公园第四区"。

356 浅草公园最为人所知的，不是它不太像一座公园，而是它被分成了七个区。其中人气最高的是位于第六区的剧场街，距离赌场游乐厅稍微有些远。身为剧场创始人的两兄弟虽然有些积蓄，但还不够租下一家第六区的剧场。他们衡量自己的资金实力后，选择了较为偏僻的第四区。随着川端的《浅草红团》在《朝日新闻》上于同年即 1929 年 12 月开始连载，赌场游乐厅也一跃受到世人的瞩目，闻名遐迩。川端口中的"银座人"也开始蜂拥而至。

---

① 巴黎最有名的音乐厅之一，其历史可追溯到 18 世纪。与其名称不同的是，它实际上是一家表演场，而非赌场，因此也有人译为"巴黎剧场"。
② 巴黎著名的夜总会音乐厅，建于 1869 年，如今仍在营业。

日后浅草轻歌舞剧收获了连当初浅草歌剧都未曾有过的万人追捧,但身为其发祥地的赌场游乐厅却没能存在多久。当第六区中心地带附近的剧场也开始上演轻歌舞剧后,这里就逐渐失去了竞争力,加上有名的表演者纷纷被挖走,情势艰难,最终在1932年易主了。建筑物的所有权仍属于水族馆,由于小学生们常被集体带来参观金鱼和海龟,水族馆倒是活了下来。有些来参观的学生们会偷偷溜去二楼,买打折票观看轻歌舞剧,据说老师们因此把他们叫回来集体带走的事也不少。很奇怪的是,孩子们前去观看轻歌舞剧,却不像他们出入电影院那样会惹怒警察。在日本,有些电影是禁止未成年的学生观看的,而轻歌舞剧则没有这种限制。

赌场游乐厅出了一些后来非常著名的男女演员。例如女演员望月优子的演艺生涯便始于赌场游乐厅的歌舞队,她在之后的电影演员生涯中,成功扮演了多位历尽艰辛的母亲,而被称为日本的国民母亲。她是饭馆老板的女儿,曾来剧场送外卖午餐,一位男演员在看到她的美腿之后,游说她加入剧团。这位男演员就是榎本健一,他也许是所有日本喜剧演员中最受欢迎的。榎健,他姓和名的首字缩写,是大家对他的昵称。他还被称为日本的乔·E.布朗(Joe E Brown),后者是1920年代因轻歌舞表演而声名大噪的美国喜剧演员,但榎本健一其实比他更多才多艺、戏路宽广。除了拥有一种开口之前就能让人忍俊不禁的魅力和天真烂漫的气质,榎健还有一副好嗓子和轻盈的舞者身段。如果美国喜剧大师丹尼·凯(Danny Kaye)与其身处同一个时期,会是比布朗更适合与榎健相提并论的人物。榎建虽然身为青山一家煎饼屋店主的长子,却违背山之手地区的传统观念,跑去观看浅草歌剧。尽管他15岁就在第六区的一家歌剧剧场初次登台,但直到轻歌舞剧出现后才引起众人的关注,而轻歌舞剧也要仰仗他非凡的才能,才得以发扬光大。实际上,与其把轻歌舞剧的诞生日定为赌场游乐厅开张的1929年7月10日,不如定为榎健在赌场游乐厅首次登台演出的11月更好。

1930年,也就是首次登台后的次年,榎健离开赌场游乐厅转去了第六区更大的剧场,并陆续成立了几个有着法式名字的剧团,如"跳舞娃娃"(Poupees Dansantes)、"璀璨宝石"(Pierre Brilliant),还担任团长。以这些剧团为跳板,他继续发展,被大型电影公司东宝[①]的前身相中,并在银座附近的那些大剧场演出。轻歌舞剧表演由此盛行,成为规模庞大而资金雄厚的产业。当初赌场游乐厅的歌舞队只有大约10个女孩,而如今在那些大剧场里,有时候会有多达百人同时登台表演。虽然浅草可能没有产出过什么真正意义上一流的东西,但后来成就斐然的演员们却有许多人是在浅草开启演艺生涯的。尽管从1937年的七七事变起,局势已变得不适合人们在公开场合搞笑,尽管榎健在最后的岁月里健康状况极其不佳,饱受病痛折磨,但直到1970年初他在65岁时逝世之前,他都没有放弃演艺事业,甚至因脚部坏疽而做了截肢手术都不能阻止他。事实上,他甚至发挥了极大的聪明才智,将自己肢体上的残缺转变为笑料。截肢对他而言比对一般演员来得更加痛苦,因为在鼎盛时期,他的多才多艺中就包括了跳舞和杂技。

虽然榎健成就颇大,但如果以为单靠他一人就能撑起赌场游乐厅和浅草轻歌舞剧的成功,那你就错了。这其中至少也有川端的巨大功劳。此外榎健自己也在晚年回忆时坦承,真正吸引大量观众闻风前来的,是一个有关歌舞队女孩会在每周五晚上的表演中脱去衬裤的传言。这个传言据他所说,当然是不实的。回忆起半个多世纪以前,望月优子说,有个女孩确实在某次演出中不小心让裹胸的棉布掉了下来。虽然这只是一次意外事故,但也许就是这次事故引发了流言。据望月优子所说,假使在表演时衬裤真的不小心滑落,其实也不是什么大事,因为女孩们都在统一的舞台表演服装下穿了自己的内衣裤(此时甚至还在白木屋大火发生之前)。为了进一步营造巴黎的氛围,她们有时还戴金色假发套。

望月优子描述了想进歌舞队的女孩们必须要通过的一项简单测

[①] 东宝即今东宝株式会社,是著名的影视公司,同时还经营剧场和房地产。

试。她们要提起自己的裙子，让榎健看看她们的腿。大腿就是轻歌舞剧观众们想看的。她们都是非常年轻的女孩子，各方面都比荷风所描述的咖啡馆女郎来得纯真，平均年龄大概在十六七岁。川端提到其中有个18岁的女孩，甚至以前从来没有化过妆。女孩们很多都只往来于轻歌舞剧场和家之间，两点一线，不会去其他地方。在川端的一篇以浅草为舞台的短篇作品中，有几位女孩在舞台报幕员的公寓里过夜的描写，非常纯洁，没有一丝荷风小说中那种狂欢聚会的风骚挑逗。即使是在舞台上，与色情相关的元素几乎也只有大腿。女孩们的肩膀和一小片背部可能露出来，但胸部却是被棉布裹严实的，绝对算不上是极端裸露。不过警察们仍然神经紧张。

比方说，警方禁止即兴表演，因为他们讨厌发生预料之外的状况。作为预防手段，他们要求剧本要提前10天提交上来。但是即兴表演一直以来都是喜剧演员大显身手的主场，禁令也无法使它消亡。首先，喜剧演员们实际上没有多少时间可以用来背熟台词，而且最能让观众们开怀大笑的往往正是即兴表演。

警察还对女孩们的着装和行为举止紧张兮兮，针对这些颁布了一系列规矩。衬裤的长度必须至少覆盖到大腿之上10厘米。肉色的衬裤是不允许的。虽然一部分背部可以裸露在外，但身体正面必须保证遮盖到胸部上方足够安全的位置。不能有暗示性的打光照到臀部和腰部，踢腿方向不能直面观众，臀部的扭动也是不可以的。如果为了拍照而要穿着紧身衣，一定要同时穿上衬衣，等等，规定多达九条。赌场游乐厅歌舞队的女孩们某天还被拉到浅草警察局测量她们的衬裤长度。榎健也跟她们一起去了，并在测量结束后被留下来写一份检讨书。

有两个电影或表演中会出现的桥段尤其让警察们坐立难安。其中之一是吻戏，另一个则是与唐人阿吉相关的表演。在众目睽睽之下接吻是完全不可接受的，因此必须在真的亲上去之前停下来。直到战后，荧幕上才敢出现未删节的吻戏。而唐人阿吉则是广为人知的美国首位驻日总领事汤森·哈里斯（Townsend Harris）的侍妾①。"唐人"一词指外国人或过于外国化的日本人，泛指日本人眼中的外国人。阿吉后来被捧到了殉道者的高度，因为她为了国家而自贱身份陪在哈里斯身边。她的事迹综合了爱国主义和情色元素，对浅草而言是个不错的题材，但在警察看来，剧本作者们对爱国主义着墨太少而情色描写太多。

喜剧演员、歌舞队女孩和后台人员的工作都十分辛苦。为了能够与电影院竞争，轻歌舞剧场每十天就换一套节目，每天有三场表演。在1934年的短篇小说《虹》中，川端写道，每一套节目开演首日的演出结束后，舞者们都得留下来拍照，开演第四天的表演一结束，下一套节目便开始彩排了。这也就是说每轮演出中只有两天，或者说每个月只有六天，演职人员们可以回家睡个好觉。一套节目中可能不得不同时排进六个舞蹈和几乎同样数量的滑稽短剧。化妆间里挤满了打盹的舞者，因过度劳累而倒下的情形也不少见。在《虹》里登场的一个人物就因为过于忙碌，连台词都顾不上好好记了。演员们根本无法靠努力排练提高演出质量，只好交给即兴表演。

在《虹》里，有一段描写编舞师中根针对轻歌舞剧和舞者生活状况进行的反思：

> 但是，舞者们根本没时间进行真正意义上的基础训练。还是外行的姑娘们就被迫登场表演，她们这样与其说是学习，不如说只是瞎模仿别人的动作。那些有点表演才能的，很快就会瞎摸出坏门道，形成些不好的习惯。按编舞师的安排，必须在3到4晚的彩排中匆忙赶出5到6个舞蹈节目，而且这一过程每个月

---

① 据说汤森·哈里斯赴日之后于1857年5月因为水土不服而病倒，美方请求日方派一名日本护士照料，但由于日本人没有"护士"的概念，以为美方索要一名小妾，于是派当时16岁左右的艺伎阿吉前去服侍。由于当时日本人对外国人有偏见，3个月后哈里斯病愈，阿吉在做回艺伎后一直遭遇世人的冷眼，最终于1890年自杀身亡。

要重复3次,实在是太劳累了。因而只要能混过去,就安了。虽说不能去指责舞者,但是中根,这个还只有27岁的编舞师,常常忍不住自怨自艾而不是生舞者们的气。刚开始的时候,他还热心地向担任干部的男台柱们反映歌舞队中各演员的优劣,但他最终发现根本没人认真听他的。

这与同一本小说中前面的描写稍微有点出入,排练的天数不太一致。不过,排练太少这点是肯定的,粗制滥造本来就是这种表演的本质。

喜剧表演者和舞者之间很明显存在阶级差别。其中最清楚不过的就是舞者们生活艰辛。川端问道:除了踢高大腿,她们能指望什么?

《浅草红团》中,川端记录了赌场游乐厅节目单的一部分,即11个节目中的6个。这其中前5个包括一支爵士舞、西班牙民歌《鸽子》(La Paloma)的歌伴舞、杂耍探戈舞、名为"那个女孩"的小品闹剧,还有一支滑稽歌曲。

>姑娘们的换装实在太匆忙了,换的时候胸部都露出来了。

现在我们来看看第6个节目,爵士舞《银座》:

>(歌词)
>腰带那么宽的道上
>水手裤　假眉毛
>伊顿式发型① 　我们兴高采烈
>蛇纹木在手中挥舞

丝绒帽子歪戴,黑色天鹅绒马甲裹身,红色细条领带松系,白色衣领敞开,细细手杖夹在胳膊下——不用说,这是一位女演员在女扮男装。她的腿部光裸,与两位裙子短到臀部还不穿丝袜的姑

---

① 一种女子梳的男式短发。

娘手挽手，一路高唱上面这首《当世银座》，跳着模仿"银逛"的景象。

台面下的裸露似乎比台面上更为明显。在这首《当世银座》里，大部分重要名词——"水手"（セエラ，即 sailor）裤①、"伊顿式发型"（イイトン・クロップ，即 Eton crop）、"蛇纹木"（スネエク・ウッド，即 snakewood）用的都是来自英语的外来语片假名。蛇纹木应该是南美洲出产的一种表面有蛇皮状花纹的木头，多用于制作手杖。

《浅草红团》里还附了一张 1930 年夏天的完整节目单。不过并不是赌场游乐厅剧场的。

1. 大合奏：名曲精选
2. 童话剧：画笔之魂
3. 音乐喜剧
4. 大魔术，首次公演
5. 海洋舞
6. 戏剧小品
   A. 旅途需要旅伴
   B. 卧铺车厢
7. 牛仔舞
8. 戏剧小品
   C. 谎言
   D. 安格勒夫人②
9. 加农③：英国玫瑰战争的悲伤故事

---

① 本书英文原版中此处举例为"裤子"（trousers），但实际歌词中的"裤子"这个词为「ズボン」，应是源于法语而非英语，故作者所述有误。但鉴于歌词中的"水手"一词倒确实源于英语，因此校译时作此修改，以保证正确性。歌词中的片假名，皆以日译本为准，读者可能会发现，其与现在通行的拼法不同，如"水手"现在一般写作「セーラー」。
② 日译本作「釣竿ガアル」。
③ 原文为 Cannon，日译本作「魔術化・大砲」。

10. 新舞蹈：五个节日
    A. 元旦
    B. 女儿节①
    C. 男孩节②
    D. 星星节③
    E. 菊花节④
11. 惊险空中杂技
12. 诙谐魔术：埃及天堂

这是松旭斋天胜一座⑤的节目单，天胜一座虽说不是专门表演轻歌舞剧的剧团，而是以魔术为主打，但也将轻歌舞剧作为卖点。就连这份节目单里也同样塞进了许多来自英语的外来语，如"牛仔舞"（カアボオイ・ダンス，即 Cowboy Dance）、"海洋舞"（オオシャン・グンス，即 Ocean Dance），往西洋风上靠。还有那稀奇古怪的"音乐喜剧"（ミュジカル，即 Musical Comic）。甚至连"新舞蹈"⑥这种就题材来看，自然是穿着日式传统服装表演的舞蹈，比方说元旦、女儿节这几个节目里，也拼命要加进点西洋元素。川端在其他地方还提到过，一位著名的浅草舞者也是如此。这名舞者并没有模仿城里最好的音乐厅日比谷公会堂里上演的日本舞蹈，而是喜欢表演那些港口城市

---

① 又译人偶节、桃花节，是日本传统节日，在每年的3月3日。有女孩子的家庭在这一天会摆上人偶和白酒、菱饼、桃花等表示庆祝。——译者注
② 即日本端午节，又称鲤鱼日，日本儿童节之一，明治后改为公历5月5日，是庆祝男孩成长、祈求幸福之日。屋外挂"鲤鱼旗"，屋内放武士的人偶、盔甲、小军旗、弓箭等，洗菖蒲浴，吃柏叶年糕。——译者注
③ 即七夕，明治后改为公历7月7日。可以许愿，把心愿写在纸条上，然后挂在树上。——译者注
④ 即重阳节，明治后改为公历9月9日。在一些寺院及神社有赏菊及祈福活动，有些地方会吃栗饭或栗饼。传说此日饮泡有菊花的酒可以延年益寿。——译者注
⑤ 由著名女魔术师松旭斋天胜于1911年创办的魔术剧团。
⑥ 指与歌舞伎等古典舞蹈相对的，明治以后新兴起的日本舞蹈，坪内逍遥将其理论化后形成新舞蹈运动，发展起来。

中面向外国人编的新潮舞蹈。

川端接着继续写道：

> 新筑地剧团在5月末到来，打出的总主题是"是什么吸引我们来到浅草？"，表演的剧目则是"女孩们缘何如此？"、"筑波秘谭"一类。
>
> 7月，观音剧场前迎风飘扬的横幅上，"它"这个字以三种方式写就：片假名、平假名和英文，在7月的夏风中翻滚。
>
> 日本馆想出了一个朗朗上口的名字："情色舞蹈队"（エロエロ舞踏团），甚至连松竹座①也不得不做出回应，用大黑字写上"舞蹈情色"（ダンス・エロ，即 Dance エロ）。于是"情色"（エロ）两字遍布了所有广告牌。然而像这样噱头大于实质的蹩脚崇洋还算好的，你要是留意一下最近浅草那些偷工减料的所谓轻歌舞剧的广告标语，就会看到如"色情狂的日记"这种——总之，只要你在黄昏时分，亲自到池边小屋的后巷走一遭，就会明白了。听说这些小巷中即使大白天也有敲诈勒索者出没，而且这里也是"情色女王"们出入剧场后台的后门。她们会出来乘个夜凉。于是各位看到之后就会知道，当我说达尼勒芙斯基丝姐妹们很漂亮时，夜灯造成的错觉要负很大责任。她们的腿比日本女人的要黑些。
>
> 不过与那些偷工减料的轻歌舞剧相比，天胜一座的节目还是很像样的。魔术道具光彩夺目。年轻舞者们向观众展露的笑容讨巧而美丽。但天胜给人的感觉是，都到了可以当奶奶的年纪了，还尝试扮演女学生。她出现在几乎每个节目中，有些太过拼命了。松冈亨利的空中杂技表演也很精彩。
>
> ……

---

① 1923年诞生的大阪松竹座是大阪第一座西洋式剧场，当时邀请到许多欧美最顶尖的艺术家来此演出，是文化戏剧的象征。——译者注

但是，最让"左撇子的彦"惊讶的是从台上向观众席扔各种东西的做法。泽森野——童话剧"画笔之魂"中画家的扮演者，用好像棒球投手一样的身手，把装小豆面包的三四十个纸袋①向观众席各处抛去。

川端仅在这个时期尝试了一把这种闲聊式的写作风格，并且采用了一种容许被经常打断的亲密口吻来叙事。虽然他自己对此并不满意，但作为当时风俗的记录，《浅草红团》不失为一部佳作。它生动多彩地展现了当时浅草轻歌舞剧的样貌，以及浅草自身的氛围，值得赞赏。如果要对上面引用的这段文字加一些说明，那么我们可以说新筑地剧场上演的"筑波秘谭"与总主题"是什么吸引我们来到浅草？"很是契合，因为浅草就是以向东能远望到筑波山而自傲的。至于"左撇子的彦"，则是"浅草红团"这一不良少年团伙中的一员。

浅草还有很多外国表演者，其中多数，正如上面引用的这段文章所言，是流亡至日本的俄罗斯难民。1930 年夏天（大约是在 6 月），一对芬兰母女组合，其中女儿还只有 10 岁，在浅草引起了巨大轰动。她们一起或独自登台，模仿卓别林表演，用日语唱歌，还能跳日本舞。四朵俄罗斯姐妹花则能跳吉普赛、哥萨克、西班牙和爵士舞，还能用甜美的俄罗斯口音唱日语歌。（根据川端的回忆，在他的学生时代，也就是俄国革命后，街上便有还是十二三岁的俄罗斯小姑娘四处徘徊，廉价卖身。）赌场游乐厅里也有一位广受欢迎的草裙舞者，不过她实际上是个日本人。据说还有一位著名的美国潜水员在浅草串场表演。此外，按照松竹座广告板上的宣传就是"欧罗巴七叶树熏风拂面，巴黎香榭丽舍大街歌剧情调弥漫——女高音歌手奥迪·德露蒂女士独唱"，然后松竹座下周的表演则是"珍珠般的裸体美中，散发出满满的情欲色彩——俄罗斯舞蹈家瓦伦娜·达德森科女士一行献

---

① 此处据日译本译出，英文原版作"糖果"。

演"。① 用川端的话来说就是:"总体上,浅草的大众对外国艺人非常慷慨热情,尤其是对外国小孩。"②

出现在所有这些舞台或银幕上的"色情"之流,显然属于我们之前提到过的"色情怪诞"的范畴。松竹座是六区的几大剧场之一,它是主宰了东京剧场和演艺界,并占据了电影市场大半江山的大阪系公司旗下的产业。用川端的话说,这些按理说对低端观众市场不屑一顾的大公司,却也像是要与那些不入流的小剧场竞争一般,把色情元素当作卖点。如此看来,业界已是没有这个便不能下饭了。之前引文中最后提到的那些奋力向观众席抛去的小豆面包纸袋,基本是瞄准儿童观众去的。实际上,观众中有儿童这件事本身就值得玩味,看起来像是有违对色情和怪诞的一般理解。也许,当时浅草表演里包含的情色,也就是光裸大腿的程度,根本没给懵懂的孩子们留下什么深刻的印象。不过日本警察确实有时候会对来自外国的"色情"视而不见,比方说原版的《查泰莱夫人的情人》一书,甚至在引进它的出版社和译者尚在接受猥亵罪审判期间,就已开始公然售卖了。之前松竹广告板上说的那位女高音歌手,其衣着过于裸露这点也无人提及,不当回事。

根据浅草鉴赏家们(我们的权威代表依然是川端先生)的说法,日俄战争时期浅草的色情表演实际上还要糟糕。那时候串场姑娘们的跳水表演,远比昭和早期舞蹈队女孩们的表演尺度更大。而后者的表演服已经与当时的泳装差别不大了。不过说起来,紧邻浅草寺周边的地区至少从德川时代中期,也就是从18世纪江户成为文化中心起,就是个混杂之地。路边的茶馆、射箭馆、射击摊等,都有漂亮可爱的姑娘提供服务,而她们卖的,可不只是表面上声称的那些。

虽说如此,昭和早期的警察仍不断受到挑战。他们针对裸露问题采取了严正取缔的立场,但剧场经理人还是尽其所能地挑战着底

---

① 此处参考日译本。
② 引自《浅草红团》。

线。在这个过程中,警察自身的责任感也不断提升。一场禁欲主义的旋风席卷东京,刮向全国,正如这个国家从德川幕府时代起就周期性遭遇的那样。

川端对浅草古老的保守主义做出了自己的评论。在下面这段文字中,《浅草红团》中的叙述者虽是向浅草的一位年轻女士发表看法,但表达的正是川端本人的意见:

> 不管你怎么说,总之浅草人民是守旧的。他们讲究上下名分,以及同伴之间的相互照应、义理人情,"老大"会罩着"小弟","小弟"也孝敬"老大"。所有人,上至交易商和小贩,下到流浪汉和乞讨者,都是这样,就像是游走于江户的仗义赌棍。据说要是换作涩谷的道玄坂或是新宿,即便是不良少年也比浅草的作风新派,他们没有传统,但浅草有。确实,浅草外表的光鲜亮丽、生机勃勃是日本其他地方没有的,但在它的内里深处,它也像昆虫馆里的标本,或者远方的一座小岛,或者非洲草原上由首长用今天社会中不会有的古老规矩统治的村落。

这里涉及了两方面的重要内容:一方面是浅草大众对道德准则的认同,另一方面又是他们对肉欲享乐的放纵态度。两者并非势不两立,同时持有这两种态度是可能的。就算是 1930 年代高唱禁欲主义的右翼狂热分子,也不会拒绝茶馆和纳妾。但反过来说,尽管乐于向任何人出售几乎任何东西,浅草确实有它自己的道德底线。刚才引文中提到的昆虫馆就是在水族馆和赌场游乐厅隔壁,摆放着脏兮兮的陈列箱的地方。

如同轻歌舞剧有其自身的一套规范,射击摊这种长期以来作为卖淫掩护站的地方也有一套准则。神社外面在 1930 年代,即昭和早期依然留有大约 40 个摊位。它们从日出就开始营业,摆上 12 个小时也是可以的,但规矩是不提供酒类饮料。以低俗下流的方式恣意招徕生意和欺诈行为也是禁止的。只有雇员可以进入柜台后面。这些规则可能是强制的,也可能不是,但它们的存在以及很多顾客沉迷于这些摊位的事实,都表明这些摊位经营着射击之外的项目。

川端也没有避讳浅草的一些骗人的花招,并向读者们介绍了其中门道。他也善于应付无赖和乞丐这些社会金字塔的底层人士。浅草骗人的花招包括承诺买票入场的观众将能看到裸体的海滩照片,但其实只是田径队在海滩训练的照片。小摊上卖的杂志带有一些封入袋中的神秘副刊,只有买下杂志才能拆开,好奇的路人买下之后会发现它们只是一些介绍烹饪和缝纫的小册子。另一位不是川端的风俗史家还举过一个例子,一间小屋号称提供水下脱衣舞秀,进去后会发现只是在水箱的另一边贴了一幅裸体女人的画。虽说看重义理人情,但如此蒙骗客人似乎并不在禁止之列,而被骗者只能自认倒霉倒是常理,因此并没有人会向警察或其他什么人投诉抗议。

川端熟知地痞无赖和乞丐这些最底层人士的情况,不过他的《浅草红团》却成为推动另一种变革的机缘之一。在它的影响下,"银座人"开始前往赌场游乐厅,而乞讨者和流浪汉则开始从剧场消失。早些时候他们还会混入剧场去看那里的姑娘们,据说当观众少的时候,观众席中还能闻到他们身上的气味。

说到地痞无赖,就不得不提到《浅草红团》里登场的小混混中,有个绰号叫螳螂的不良少年。他熟知如何钻法律的空子。尽管被抓无数次,但因为他还不到15岁,不会被起诉。不过最终他还是被发配硫磺岛,那是东京都辖区内最偏远的地方。红团的另一个成员同样是未成年人,受雇于一个在观音寺境内兜售廉价首饰的印度人,为其当托儿,引顾客上钩。不过一个上了年纪的男人很照顾他,教给他另一项营生——捕猫。这项活计需要技巧和耐心,也许有点像用飞蝇钩①钓鱼。先用一只绑在绳上的麻雀将猫引到手能伸到的距离内。然后一旦逮住了猫,就把它打死,带到河岸边或观音寺周边僻静处剥

---

① 一种常见的仿生物的鱼钩,上面用羽毛或其他材质做成拟饵,看上去像是昆虫等,引鱼上钩。

皮。猫皮可是日本的一种三弦乐器"三味线"的琴鼓上常用的材料，因此能在制琴的店家那里卖个好价钱。

在川端的作品《浅草的九官鸟》末尾，书名中所指的那只养在百货商场里的九官鸟被盗了。于是发生了如下对话：

"估计是有人偷了它吧，不过偷鸟这种事还是百货店开张以来头一回呢。"

"真是想不到啊。"

"真不愧是浅草。"

最后一句话很好地捕捉到了浅草某方面的特征。浅草似乎还对自己的地痞流氓辈出，颇为自豪。我们在1933年出版的一部区史中就可以找到这种论调，浅草把它的黑道人士辈出，看作是优良传统的延续和此处生机勃勃的证据。

川端的《虹》①中还描述过一场游行示威活动。可见浅草也确实多多少少受到了当时流行的左翼激进主义的影响。在某座剧场的白铁皮屋顶上，一位演员煽动来来往往的人群。他叫喊道，除非当今的社会体制加以改革，否则所有人都将饿死。一番激烈的演说结束后，与他一伙的演员加入进来，就在屋顶上，表演了一段剑术。这位演说者并非轻歌舞剧团底层的演员，如果是的话，他倒确实完全有权作为严苛阶级制度的受害者大加抗议，但他其实是剑剧剧团的团长。

"剑剧"的字面意思即是"舞剑表演"。剑剧也是浅草的一大看点，这类剧团在浅草就有好几个。就像"唐人阿吉"的表演那样，剑剧也崇尚宣扬传统美德，因而警察、右翼分子，以及浅草大众的需求都得到了满足。女性剑舞者在表演时比男演员更像唐人阿吉，之所以这么说，是指她们把情色元素引入剑剧当中，而男人们可不容易做到这点。就像李小龙电影里勇敢的小个子东方人挑翻丑恶的大块头西

---

① 此据日译本。

方人一样,她们在剧中总是战胜比自身强壮的对手,表达了社会中弱势一方的心声。而弱者这一定位,正是江户之子们对自身定位的部分写照,在内心深处,他们总觉得自己被时代抛弃了。不过对于女剑舞演员来说最妙的还是,她们可以一边挥舞长剑,一边像轻歌舞剧女郎们一样尽情展现自身的美腿。

大阪叙事歌谣浪花节①歌手的表演,同样符合右翼品位。虽说由于源自大阪,它在东京各处并非都受欢迎,但其在浅草人气颇旺。1930年代末,在日比谷公会堂这种承办高端演出的地方混不下去的浪花节男歌手,转到浅草最大的剧场国际剧场表演时则大受欢迎。浪花节故事中的主人公都是传统美德的标杆——充满忠诚、奉献精神和责任感。

除了以上所说的这些,还有其他各种各样的表演在浅草上演。其中吸引最多观众的还是电影,不过这就像它们在其他地方取得的轰动效应一样,并不是浅草独有的。只是它再一次提醒我们注意到,在浅草最后的辉煌时期,这里竞相上演的各种表演是如此多姿多彩。

榎健离开之后,赌场游乐厅变得日趋追求艺术性。它的编舞师曾师从巴甫洛娃②。关注社会民生的小说被搬上舞台;面向五一劳动节时聚集的劳动阶层观众,还上演了带有强烈意识形态的作品,昭和时代早期依然是无产阶级人士可以在劳动节时上街游行的时代。

但遗憾的是,对于轻歌舞剧来说,就算是要追求艺术性,也常常并不严谨认真。在赌场游乐厅之外,川端就曾看到过这样一台轻歌舞剧,剧中有两位平安时代的朝臣登场,一位是长篇浪漫小说《源氏物语》中的源氏,另一位则扮作美男子在原业平③。他们穿着平安时代的装束,却在胳膊下藏了一根手杖。他们边唱边大幅摆动(不是轻

---

① 浪花节是大阪地区的传统戏曲,由"浪花伊助"所创,"节"指戏曲。——译者注
② 俄国著名芭蕾舞演员,20世纪初芭蕾舞坛巨星,素有"芭蕾女皇"之称。——译者注
③ 在原业平(825—880),平安时代早期的贵族、歌人,平城天皇之孙,是日本的和歌"六歌仙"及"三十六歌仙"之一。

轻扭动)臀部。不,这根本不是朝臣,而是蓝领工友。这身装备根本不是用来优雅地舞动,而是用于大力挥动。舞蹈队刚开始还做着平安时期稳重缓慢的舞蹈动作,但突然间,其中一员迅速转换成了查尔斯顿摇摆舞,她跳得如此起劲,很快便精疲力竭。接着上演的是关于社会和政治的激烈大辩论,然后是一段狐步舞,还有压轴的"爵士合唱"和舞蹈。

然而,追求艺术性也许是赌场游乐厅过早消亡的原因之一。浅草不是适合那种东西生存的地方,新宿才是。不过新宿已有一个轻歌舞剧秀场了,那就是 1931 年除夕夜开张的红磨坊①。选在这个时间点开业,也表明了它追求大胆新潮的意图。在日本,除夕夜②传统上有些类似西方的圣诞夜,是合家团聚的时刻。人们彻底大扫除并结清债务,然后全家人聚在一起,要么留在家里,要么一同去神社参拜。而现在,他们可以去新宿的红磨坊,欣赏那些女孩子们的舞蹈。

红磨坊起初是赌场游乐厅的衍生物。第一位经理是赌场游乐厅出身,首秀剧目也与浅草的原版区别不大。不过,新宿是中产阶级聚集的地方,也是学生和知识分子汇聚的中心。早稻田大学就在离新宿不远的地方。虽说新宿火车站其实更靠近早稻田校园而非新宿,但因为人们总爱扎堆凑热闹,所以新宿的人流量还是越来越大,有了好几处极其热闹的场所。于是相比浅草的同行,新宿轻歌舞剧也逐渐受到更多关注,变得更具活力,随着思想性内容的加入和涤荡,其色情元素也逐渐衰减。新宿轻歌舞剧也因此成为能将左翼和右翼激进分子联合在一起、产生共鸣的存在,因为无论左翼还是右翼人士,都讨厌贪赃枉法的政客和唯利是图的资本家。对赌场游乐厅里女孩子们的衬裤是否合规紧张兮兮的警察,对于新宿红磨坊的表演也似乎不怎么担心。

---

① 本书原文作 Moulin Rouge,日语名为「ムーラン・ルージュ新宿座」,1931 年 12 月 31 日开业,1951 年歇业。
② 日语称「大晦日」,即日本的除夕,由于日本已改用阳历,因此为 12 月的最后一天。

第九章　黑暗降临

截至1926年即大正十五年，东京市长都是由皇室从市议会推荐的候选人名单中选择一人，以敕命的形式任命的。事实上选中的都是名单上位列第一的人，即得到市议会最多支持的人。不过在1926年之后，市长便由市议会通过直接选举产生了。从1898年东京市长一职设立，也就是东京市长成为独立职位而不再由都知事兼任起，直到1943年"二战"期间市长并入东京都知事一职前，45年间共有过17位市长。如果把其中一位两次担任市长且非连任的①算作两人，就像美国总统克利夫兰②一样，那么也许可以说有18位。我们不难算出，东京市长的平均任期只有两年多点，且从昭和早期到1943年东京重组的这段期间甚至更短。

第二次世界大战结束后的1947年，日本新宪法和地方自治法生效，东京都知事首次由公众投票选举产生。自那以后到现在，只诞生了4位③知事。战后都知事的平均任期都超过了10年。昭和早期的市长中，只有一位做满四年一届的任期。而战后，除了一位知事之外，所有东京都知事都做满了三届即12年。唯一例外的是那位人称"奥运知事"的东龙太郎，他选在1964年东京奥运会圆满落幕之后，

---

① 永田秀次郎分别于1923年5月29日至1924年9月8日，以及1930年5月30日至1933年1月25日担任过两届东京市长。——译者注
② 美国政治家，第22任和第24任美国总统，是唯一一分开任两届的总统。——译者注
③ 作者成书时间在1989年左右，当时的东京都知事铃木俊一要到1995年才卸任。——译者注

即他的第二届任期期满的1967年离职。

战前东京都知事的频繁更迭主要是由于市议会的权力过大,特别是参事会的权力过大,以及臃肿的体制导致。参事会是由市议会中的领导人物组成的小团体,并由市长担任议长。它老是凌驾于市议会之上越俎代庖,不仅党争不断,容易陷入腐败,而且还把持官员任免,反复干预人事,只要觉得不爽就会惹出麻烦。1919年上任的市长后藤新平是个富有洞察力的人物,他发挥强有力的领导才能试图压制市参事会,但他的继任者,也就是曾当过他副手的永田秀次郎(也是我们前面提到唯一两次担任市长的那位)却没能将他的做法坚持下去。此外永田秀次郎在他的两个任期内,还不得不处理两次世界大战之间的二十年间发生的两件大事:关东大地震和1932年东京市域的扩张。经由这次扩张,东京一举成为世界上人口第二多的城市。

丑闻简直成了东京都政府的地方特色。震后数年中形形色色的丑闻层出不穷:私营公交线路的收购问题,水产市场的迁址问题,市议会议长的选举问题,市立公墓土地收购过程中的贿赂问题,煤气费相关的猫腻,等等。其中即使不能说是直接相关,也多少与地震和其后的重建有联系的两起事件,尤其耐人寻味。京成(东京—成田)电铁是一条运行于东部各区和郊区之间的私营铁路线,由同名公司运营,很早就想越过隅田川,深入东京市中心地区,尤其想进入浅草,好与新建成的第一条地铁线,也就是那条最初只开通浅草到上野而现在直通到新桥和涩谷的地铁线搭上边。为此,京成电铁反复向政府申请,却一直未获批准。到了1928年,市长又决定驳回其第六次申请,理由是另一家私营铁道公司东武铁道(1929年其运营的日光线开通,通往东京以北80英里外的日光,从此迎来了庞大的观光客流,利润颇丰)已经获准对接该地铁终点站,而且京成线若要横穿隅田公园,会有损周边地区的景观。后一个理由看起来有点奇怪,因为东武铁道在三年后建成的这条线路就是高架铁道线,它对接的是与涩谷站相仿的多层交通枢纽站及购物综合体,从隅田公园一眼就能看到,同周围的环境更不协调。因为隅田公园毕竟是震后重建计划的产物,如果没有它,也就没有这番议论了,所以这件事也可以说与大地震间接相关。市议会驳回了市长的决定,但随即,京成电铁向市议会巨额行贿的事曝光了。

市长建议内务大臣解散市议会,而市议会也针锋相对地提出了针对市长的不信任案。开会讨论最终演变为互殴,内务大臣最终驳回了市长的提议。

市长于是愤而辞职,连同他的三位副手一起走人。一些有名望的人也牵涉其中,包括后来成为日本首相的鸠山一郎,还有我们似乎无孔不入的《读卖新闻》总裁正力松太郎。

就这样,进军浅草受阻的京成电铁在1933年转而攻入上野。最近几年,它终于获准进驻浅草,在那里与地铁线相接(不过不是它当初瞄准的银座线,而是都营的浅草线①)并由此连通了市中心。但如今的浅草已今非昔比,不再像丑闻四起的那个年代那么金光闪闪了,而且都营浅草站本身也不在浅草的好地段。我们也许可以说,京成电铁在东京众多私营铁路公司里老是抽到下下签。

另一起事件是1928年的鱼市迁址丑闻。自江户时代开始,鱼市便一直在江户的商业中心日本桥边上。但这里想来也不会令人赏心悦目,还散发臭味。从明治中期开始,政府便一直想把它迁出这片正发展为现代金融和商业中心的地区,但传统权益该如何补偿,却很难处理。最终鱼市还是一直顽强地固守原地,直到大地震及火灾将它完全摧毁。

大地震发生后仅过了两天,即1923年9月3日晚上,交易商同业公会便在办公地遗址上竖起告示,召集幸存者们共商今后的发展方针。公会主席在地震中失去了全部家人,只有他自己侥幸乘小船逃出。大家商讨后做出决议,不赞成在日本桥的原址上重建鱼市。但并不是所有人都同意这项决议。9月17日临时市场在东京湾畔的

---

① 指1960年12月京成铁道开通了与都营1号线即现在的浅草线的直通运行。

芝浦开张。9月底已有500名交易商恢复营业。临时市场也已开始盈利。坚守传统、反对迁址的人试图在日本桥继续做生意,但他们被政府遣散,其中一些人去了芝浦,另一些则退守别地或罢业回乡。

当位于筑地的前海军军事学校宿舍地块,被提议作为鱼市的永久所在地时,两派的对立随之激化。渔货交易商们在聒噪的江户之子中,都可以算是特别喜欢争吵的了。11月中旬,他们终于在一次吵吵闹闹的会议上敲定了新鱼市就选址在筑地。开业仪式在12月1日正式举行,新鱼市(准确地讲,是中央批发市场,因为这里不仅有鱼,还有蔬果、肉、蛋和加工食品等)在第二天正式营业。但直到1935年,市场的建设才全部完工。

久拖不决的拆迁赔偿问题,最终是在战争年代用战时管制的办法解决了。这是个强加的解决方案,赔偿的金额还不及当初要求的十分之一,而且直到珍珠港事件发生后才支付到位。从首次尝试将鱼市迁出日本桥到最终成功,半个多世纪过去了。

现在,鱼市已经迁至筑地六十多年了,而它目前所在的建筑物也已有五十多年历史了。按东京的标准来看,算得上是老古董了。有传言说又要迁址。这次的问题不是因为鱼市又臭又脏,而是由于东京鱼类消费量剧增,如今的鱼市已经日显狭小又容易造成周围交通拥堵,建筑物也老化了。

让我们把话题转回到鱼市迁址丑闻上,丑闻发端于拆迁补偿问题。大地震后一年,市长便提出了补偿日程表,但被市议会否决了。议会的观点是,既然鱼市三十多年来都在阻碍迁址计划,政府又有什么义务要给那些讨厌的交易商任何补偿呢?进入昭和时代后,补偿问题再次提上议程。这次,补偿提案终于以微弱的优势在议会通过。支持新补偿案的一位议员其实是鱼市的理事。他买下议员席位就是为了维护自身及交易商伙伴的利益。行贿受贿看起来就像是公开的秘密。15个人因为行贿受贿被捕,其中包括42名议员中的10位。在多位议员相继被捕之后,内务大臣宣布市议会通过的补偿提案无效,并于1928年底解散了市议会。次年即1929年,市长辞职,"净化"运动开始,新选举进行。与市议会不同,府议会相当于内务省的下属机构,因此丑闻相对较少。

东京府厅和东京市役所均位于丸之内的同一栋赤炼瓦即红砖建筑内。这一地区曾是著名的三菱伦敦镇所在地。从正面看,这栋建筑的左半边是东京市役所即东京市政府的办公区,由东京市长坐镇;右半边则是府厅办公区,由东京府知事坐镇。市役所入口前矗立着室町时代后期的武将太田道灌的塑像,而府厅入口前矗立的是江户幕府首位将军德川家康的塑像。太田道灌①是赋予江户城超越边远小渔村意义的第一人。作为 15 世纪的一名武将,他看到了江户在战略上的重要性,并在现在皇居所在的地方修建了一座要塞。德川家康则缔造了江户幕府,并将道灌的要塞转变为全日本的政治中心。现在,道灌的雕像挪到了知事办公室后面的庭院中,尽管它已不是原来那个了。

共享办公楼的做法是很合适的,因为这两个政府机构本来关系也近。内务省掌控着府知事职位的任命权,通常会安排他们自己的人出任。而另一方面,特别是进入昭和时代直到 1943 年,市长也大多是内务省出身。其中很多人先是任知事,然后升任市长,由此可见市长的头衔更为吃香。这也许是因为市长这个职务相比之下更引人注目。内阁大臣级的人物成为东京市长的也绝非只有后藤新平一人。第 17 位,或者说是第 18 任即最后一任市长,就是一位陆军大将。

1878 年,也就是东京 15 个区定型之时,东京府的人口还不到 100 万。1880 年代中期,这一数字达到了 100 万,1900 年则已达 200 万。② 1893 年的人口激增是由于多摩地区从神奈川县并入到东京府

---

① 太田道灌(1432—1486),室町时代后期武将,同时也是著名学者,因在江户氏的领地武藏国丰岛郡修筑江户城而享有盛名。
② 日译本作"明治二十年(1887 年)前后人口超过了 100 万,明治三十二年(1899 年)超过了 200 万"。

范围内。虽说如此，在1920年首次细致的人口普查开展之前，人口数据从某种程度上而言都是估测的。比方说对于流动人口算不算在内，户籍簿在统计过程中的重要性等问题，定义和调查统计方法的口径都各不相同。

即便如此，我们仍能看出人口发展的大致情况。江户变为东京初期时，人口的快速增长在很大程度上只是回归到江户末年的水平。之后，增长速度便降了下来，在经济萧条和灾难频发的年份甚至还会出现人口减少。然而，由于统计增长率时依据的地域范围不断扩大，人口增长的绝对值看上去还是十分惊人。1920年的人口普查显示东京拥有367万人口①，1925年达到几近450万，1930年是近550万。1932年，人口据估测已将近600万。而在这三分之二个世纪中，即从1868年到1932年，政府划定的东京市的范围（即区部范围）基本没有扩大。也就是说原先划定的市区范围正变得越来越名不符实。

这么庞大的人口，在行政组织即区划管理上却是非常随意的，任其自然发展。日本所有的大城市中，东京是行政区划和实际人口最不相符的一个。1878年东京府分为15个区6郡时，其"郡部"的人口还少到几乎可以忽略，到了1920年，增加到占东京府总人口的三分之一。在随后的两次人口普查中，"郡部"的人口继续迅速增长，而同时15个区即"区部"的人口却在下降。1920年时，"区部"的人口是周边5个郡的两倍，而到了1932年，这一比例几乎颠倒了过来，区部加上周边5个郡的总人口中，接近三分之二分布在郡部。

从城市边缘，即市域分界线的外围，直到东京府的边界线内，分布着人口集中的区域，它们星罗棋布，覆盖了町和村等行政单位。东京府内除了东京市自身以外，唯一采取市制的是丝织业中心八王子市，它位于西边。村、町中，已经成为地区中心的不在少数，有几个像新宿一样（虽然严格说来，新宿是横跨在市域分界线上的，并不完全

---

① 日译本作此时"东京府总人口约370万"。

位于市外),已经崛起为重要的卫星城。而其他也有跟行政区划毫不相关,只是单纯集中了很多人口的地方。这种混乱的背后是一种期待,希望有人能尽快想出什么解决办法。实际上,这一迫在眉睫的问题确实需要解决。

但与此同时,各方都不愿妥协或犹豫不决。这种改革主要涉及到的实体——东京市、郡、东京府和国家政府——全都想从重新洗牌中捞到好处,但又害怕利益受损。重定区划有多种做法,其中最保守的选项甚至可以是干脆什么都不做,因为虽然表面看上去混乱不堪,但其实并没有严重到碍事的地步,而如果采取大刀阔斧的改革,一举合并市、府两级,并废除市役所,可能会导致东京市自治权的丧失,使东京退回到甚至不如明治中期与大阪和京都并立为"特别市"时的状态,即倒退至明治二十二年(1889年)"市制特例"实行之前。"市制特例"是指虽然根据明治二十一年颁布的市制和町村制,人口超过2.5万的市都有自治权并设市长,但东京、大阪、京都除外,这三地作为"特例"由府知事直辖,不设市长。郡部的居民非常欢迎这种合并市、府的极端重组方案。因为这样不仅可以将富庶之地与贫困地区的财政统筹在一个预算之下,在经济上有利于郡部,而且西部边远多摩山区的居民也因此能够自豪地宣称他们是"江户之子"了,脸上有光。这个问题的最终解决一直拖到"二战"期间的1943年。最终的方案折中了两个极端。那时为了让不肯让步的居民们认识到作出退让和牺牲的必要性,当局使用了"危机"一词以引起公众的关注,但实际局势确实比招致这一事态的人们所想的要严重得多,堪称名副其实的"危机"了。

面对市政府组织的轰轰烈烈的宣传活动,老城即旧市域中的反对声沉寂了。这种反对部分是出于政治原因。人们害怕市域的扩大会使东京变得与大阪和京都不同。过去,特别市的设立是为了强化中央对这三个城市的控制。现在一旦东京的市域扩大,很难说东京会不会再次失去独立性,明明大阪和京都都已享有了自治权,难道只有东京又要独自受制于中央内务省吗?但另一方面又有一种观点

(从政治角度出发的主张从来都不会是清晰明确的)认为,既然市役所如此容易身陷丑闻,有诸多不法行为,又如此臃肿不堪,裁掉它也许是件好事。自1898年第一任市长就职以来,到1932年的34年间,东京市役所的职员人数增长了100多倍。实际上1932年市域大扩张以后,市役所的开销看起来就更加没必要了。扩张后的市域已覆盖了东京府总人口的90%以上,从纳税人口来看,几乎占了100%,看起来已经没必要在府厅之外再设市役所了。

从经济角度出发的主张则更加明确,而且似乎也更有说服力。旧市域比"郡部"经济更加发达,条件也好,没有特别的意愿想提携一下自己落后的邻居。比方说,旧市域中有自来水的家庭占五分之四,而算上新扩张的市域的话,这一比例会下降到二分之一。旧市域中即使是比较穷的东部几个区在这方面也很完备,除了深川区是个例外。那个地方受地面沉降所困,比起引水问题,更紧要的是防范洪水涌入。而与此相对的是,即使是旧市域西面富裕的郊区(1932年市域大扩张后被划入市域范围内),在下水道普及率方面也大幅落后于旧15个区的平均水平,而且由于地域广阔,要兴修此类设施耗资巨大。数据显示,第二次世界大战爆发前夕,旧市域范围内的五分之四已经用上了下水道或者正在建设下水道,而新区则只有不到三分之二的地方是这样。在1932年市域大扩张之前的老城区,也就是旧市域15个区,90%的街道都是铺设好路面的,而扩张后这一数字被拉低到了不到三分之一。

1932年的区划调整在政治上可以说是模棱两可、谨小慎微的。市役所和府厅都被保留下来,紧挨在一起,仍旧各有各的入口和各自的铜像,只是旧15个区周边的5个郡变成了区:将这5个郡编入区部的提案在1932年5月经市议会和市长顾问委员会审议通过,不久之后也得到了内务省的批准。1932年10月1日,82个町、村并入东京市,使东京市的边界线除去西边之外,与府的边境线重合了,东京市也由此开始与埼玉县、千叶县和神奈川县接壤。新扩张后,东京市的范围基本与明治五年(1872年)时的府域一致,而郡部则只剩1893

年从神奈川县划过来的三个多摩郡①。新增加的区有20个,即区的总数从15个一跃提升至35个。但这并不意味着这20个新区已经是城市化的城区,大片广阔的农田依然留存,有几个区甚至至今还有农田。

如果说1932年的区划重组在政治上是谨小慎微的,那么它对东京人口和地域上的实际影响却是十分惊人的。东京人口突然间翻了一倍,超过了500多万,地域面积更是之前的7倍。于是东京在面积上一跃成为世界第五大城市(其他四大城市都不在日本,尽管1932年以前东京甚至不是日本第一大城市);在人口上,它则紧随纽约之后,成为世界第二大都市。许多像我一样在美国西部长大,对关东平原上的人口动态不甚了解的年轻人对此愤愤不平,认为狡猾的日本人就爱耍这样的花招,想赶超勤劳苦干的纽约。顺带一提的是,1936年,也就是四年之后,位于东京西部边缘的新区世田谷区收编了北多摩郡的两个村:千岁、砧,东京又长大了一点。

82个町、村被统合减少为20个区后,针对新区如何命名,会发生争执和不快也是很自然的事。对于这一点,1932年的决策者相比1947年时要贤明得多,1947年时为了尽快推动东京的战后复兴,上头将东京从35个区又减少整合为22个。但这22个区中,有一些区的名字起得非常生硬,就像是广告公司硬造出来的一样。而1932年的35个区名中,只有一个会给人这种感觉,那就是"城东区",而就算是这个名字,也是有含义的。至少,它在字面上表明了自己是"都城东边的部分"。其他区名中,有些名字来自地理上的标志物,如河流名称等,也有的是沿用了废止的郡名。并入区部的5个郡中,有4个将郡名保留了下来,成为新的区名,只有"丰多摩"除外。在命名新区时,最常见的做法是将最具代表性的町的名字拿来用。不过这也引发了广泛的不满。比如说"涩谷区"这个名字,只有涩谷町喜欢,而该区的其他町更倾向于采用"神宫"作为区名,因为明治神宫就坐落在

---

① 即西多摩、南多摩和北多摩三个郡。

该区。从以前的五大宿场——也就是出入江户的主要通路(即五大道)上的驿站——发展而来的区中,最大最靠西北,位于通往京都的古道(即中山道)上的区,便以中山道入口处的板桥宿为名,命名为板桥区。位于东海道上的品川宿也成了品川区的区名。新宿地区作为1920年最早划入东京市域范围的地区之一,在1947年区划再次整合时独立成区,其名"新宿区"来源于甲州大道上第一个宿场内藤新宿。由此可见,宿场中只有千住宿未能成为区名。千住宿作为宿场中同时接待奥州大道和日光大道旅客的宿场,原本是最有希望获得冠名权的,但源远流长的郡名"南足立"胜出了,区名定为"足立区"。沿袭传统名称是谁都不会反对的。

新区中有三个区人口超过了20万,其中两个比旧15个区中人口最多的本所区还多。这三个人口大区中,有两个以西部快速发展的核心地区——涩谷和池袋为中心。新宿则像我们之前提到的那样,虽然也是一个快速发展的中心,但在行政区划上仍横卧于旧东京市域的边界线上,一半属于旧有老区四谷区,另一半属于新成立的淀桥区。35个区中人口最多的是荒川区。与其他两个人口众多的新区不同,它就在浅草北面,是由于赤贫人口的涌入而开始城市化的。这些赤贫人口中很多都是难民,尤其是1923年关东大地震中被迫流离失所的难民。新区居民的人均收入,普遍比旧的15个区要少,不过也有例外,比方说西部的几个新区都是中产阶层聚集的山之手地区的延伸,而荒川区则是相对贫穷的下町的延伸。即使是在旧15个区中,人均收入也是有高有低。隅田川东岸的两个区:深川区和本所区,是旧15个区中平均收入最低的。当然,其东边紧挨着的新区城东区,以及新区荒川区,甚至更穷。

浅草区是东京市内当铺最多的地方,本所区则有着全东京最多的夜校,为白天工作的年轻人提供教育服务[①]。与浅草区和本所区隔着旧市中心相望,位于旧市域另一端的赤坂区,则完全不同,其当铺

---

① 此句英文原文有歧意,日译本作"因为那里有众多白天上班、晚上去夜校进修的年轻人"。

数量只有浅草的七分之一,而且根本没有夜校。

一位举足轻重的小说家①(不是谷崎,他早就逃离了东京)曾这样评价这座自命不凡、夸耀自己为"大东京"的新东京城说:"它一天比一天差劲,只会让我想逃。"但不可否认的是,东京确实整过容了,新的区划设定合乎情理,市域的边界线不再像以前那样与实际人口状况不符。旧区划中令人抓狂的零散町村模式消失了,大部分人口归属到市长管辖之下,新东京终于有了完整性。它也有了统一性,成为一个整体。乘坐府内公共交通的乘客中,几乎一半是在新区和旧区之间往来。剩下的客流则平分为仅在旧区之间或仅在新区之间活动。而在三个多摩郡与区部之间,或是在三个多摩郡范围内往返的交通流量,几乎可以忽略不计。

但就像1932年前的旧市域边界线一样,新的边界线也渐渐不符合实际需要了。现在区部边界上已没有町和村,只有建制市。三个多摩郡中的两个已经消失不见,它们被分割给了多个市。三个郡中,只有最远的西多摩郡的山区还留有五个山区町和一个村。有人可能会问:那为啥不干脆做彻底一点,把郡部全清理了,再新设几个区,把1932年和1943年没做完的事做完呢?

但是这种可能性不大,至少在未来很长时间内是这样。因为目前东京并不像1932年那样迫切需要扩大市域范围。现在的区部边界外并没有像大正末期至昭和早期的涩谷、池袋和新宿那样飞速发展的中心地区。在关于东京的书籍和读物中,常常可以看到这样的观点:东京的商业和企业经营中心,以及人口中心地带,还会继续向西移动,最终甚至吞没葬有大正天皇的多摩陵。但实际上,这是不太可能的。首先是因为西部郊外的那些建制市,完全不像过去的町村模式那样混乱。而且与其说东京市(即区部)会一路向西蚕食东京都剩下的地域,不如说它会向邻接的县扩张比较合理。现实就是东京

---

① 日译本注明其为近松秋江(1876—1944),日本小说家。其代表作有《给分手妻子的信》、《黑发》等。

现在是这样一番景象：从东京湾东岸的千叶到东京湾西岸入口附近的横须贺，形成了一条巨大的都市带。就像纽约市长可以管辖紧邻纽约西面的纽瓦克市和泽西城一样，东京都知事对附近几个县也有管辖权。同时，北接东京都的埼玉县，看来也不得不着手处理自己这边因经济发展而显得杂乱的行政区划了。

1932年10月1日，东京忽然间拥有了这天之前7倍大的地盘，但它也不像有些人想象中那么大。《东京日日新闻》，也就是现在的《每日新闻》，举办了一个市歌征集比赛。获胜歌词①由市政府的一位年轻人写就，里面大力吹嘘了新城市的广阔——55万平方千米。这可是比边长700千米的超大正方形还大的地盘。让我们从东京挑个地方向西北方向望去，就从东京中央车站吧，700千米之外能看到什么呢？如果天气晴朗的话，西伯利亚的群山将映入你的眼帘。这首歌经由一位音乐教授谱曲，广为传唱。

1932年5月，犬养毅首相遇刺身亡，这便是著名的五一五事件，这已是两次世界大战之间第三位遇刺的首相了。东京市域大扩张的方案，也是在这个月终于获得所有掌权人同意。到了9月中旬，在东京扩张正式实施之前两周，日本宣布承认所谓的"满洲国"②是一个主权国家。我们可以从中看出那个时代的氛围。大正民主终结了，反动和主张侵略的军国主义甚嚣尘上。东京以及日本，就像那个时代世界上大多数地方一样，陷入了经济萧条的困境。经济上的不景气

---

① 日译本未收此段，东京市的正式市歌歌词是在1923年4月由市长永田秀次郎领导的审查委员会从300多篇应募歌词中选出的，由东京府职员山田耕甫所作。该市歌的使用时间为1926年至1943年，歌词中并未提到新城面积。本小节中所说的这首，应该是指为庆祝东京市城由15个区扩张为35个区，由《东京日日新闻》在东京市政府的支持下征集选出的纪念歌曲《大东京市歌》，由梯道雄作词，船桥荣吉作曲，歌词中有"面积五百五十千"（面積五百五十キロ）一句。其中"千"（キロ）应该是"平方千米"（キログラム）的缩写，故这段歌词说的是550平方千米，而非55万平方千米。梯道雄是否为东京市政府公务员待考。

② 即伪满洲国。

成为滋生头脑发热激进主义的原因之一,后者摧毁民主,终结了政党政治以及和平。

军方作为反动势力的主要代表,用后来时髦的话讲,自命是对社会现状处于"忧国忧民"的关切中。他们看到了不公和矛盾,认为回归早前单纯年代的传统美德——主要便是提倡忠诚和赤子之心,是简单易行的解决方法。在他们看来,某些人,如资本家和搞党派政治的政客,明显利用经济萧条中饱私囊,而广大国民则陷入了窘迫困苦的地狱。如果说大地震的来袭在有些人眼中象征了诸神的愤怒,那么如今的经济大萧条则让其他人确信了这是来自上天的惩罚。

1927年的昭和金融恐慌,就像我们在前面提到的,虽可追根溯源到关东大地震这个远因,但总算是控制住了,在性质上未必会恶化为全国性的经济大萧条。然而,对于外国市场,尤其是美国市场的依赖,使日本经济在两年后终究未能逃脱卷入世界性经济大萧条的命运。1930年,也就是赌场游乐厅于浅草开业的次年,1929年10月在纽约肇始的金融恐慌波及日本,经济大萧条拉开了帷幕。1920年代末30年代初,即大正末年至昭和十年左右,是一段劳工冲突频发的时期。在这之后,除了"二战"结束后的短暂时期外,还没有哪个时期的社会冲突如此激烈。昭和早年是左翼活动的辉煌年代,表现在论战和文学上。几乎所有事情都可以归罪于经济萧条。当然,假如经济萧条没有发生,1930年代的这些活动还会不会出现,我们也不得而知。这也许只是江户时代以来反复出现的整风狂热的又一次发作,又或许是看起来可能发生在任何地方、任何事物身上的神秘轮回或者说周期性运动。

评论家大宅壮一(今天他也许会被称为"舆论大咖")评论道,在今天的日本,让印刷厂因为不够用而焦头烂额的汉字活字有两个,那就是"阶级"的"阶"字和表示女人的"女"字。左翼运动和宣传布道,若离了前者(阶级)便毫无意义,因为像"阶级斗争"和"阶级意识"这样的表述,非得用这个字不可。"女"字的频繁使用则与色情荒诞相关。川端曾写道,那些日子里的新闻媒体充斥着两个主题——萧条和色情。

早在1929年,极左运动便开始受到严厉压制。而色情盛行,则可归因于它适应了当时的社会情况和氛围,不论经济繁荣还是萧条都能成为它的动力。比方说,"一战"后的经济繁荣带来了道德上的松懈,助推了它的兴盛,而经济大萧条又让人们转向色情荒诞寻求安慰和转移注意力。不过随着九一八事变的爆发,国家进入"非常时期"后,这些娱乐都消失了,直到"二战"后(或者用日本人的话说是直到太平洋战争后)才以一种更加开放也更为大胆的形式重出江湖。1930年代中期,从贫穷的东北部农村地区涌入了大批女孩。农村的贫困和经济萧条是导致大量女孩涌入城市的普遍原因,而其直接的导火索便是稻米的歉收。虽说稻米歉收本身并非由于社会原因或经济原因导致的,但结果并没有什么不同。贫穷女孩的到来使得色情荒诞行业的生意更好做了,这更激起了提倡整肃世风之人的不满。这是一段比昭和初年黑暗得多的日子。

在《浅草红团》里,川端描述了行乞者。1930年夏天,挤在浅草公园里的乞丐比常年要多得多。人数可能多达800人,川端并不想亲自确认人数,但也不相信区役所调查下来的数字。据说连观音寺后面那座著名歌舞伎演员团十郎铜像上的剑柄也被人偷走了。浅草甚至有了专门面向乞丐开设的酒馆。光着腿的女服务生会过来坐在桌上。川端还观察到了乞丐间特有的相处模式。公园里的长椅在夏夜里常常满员,但每个老面孔都有他自己固定的位置,对此大家也都墨守成规。那些年里,浅草还出现过一个绰号"金牙"的乞丐头目,因为他的财产大部分在嘴里。他是个很聪明的人,传说还是个大学毕业生。他对浅草其他的乞丐为所欲为,还从他们的乞讨收入中抽成,不过终因被人刺伤而瘫痪。

仅仅比乞丐和流浪汉高那么一个层次的拾荒者,在大正末年一度变少了,但进入昭和时代后,人数又急速增加了。从1925年到1932年,也就是从大正十四年到昭和七年,拾荒者的数量几乎翻了两番。其中近半数人住在一个新区:足立区。城市化和大地震迫使赤贫人口搬离老城即旧市域,涌向日后成为荒川区的一带,然后继续越过荒川这条下游名为隅田川的河流,落户于足立区的沼泽地带。明治末年,这一带零星分布的菜园就像是夹杂在沼泽地和莲花池间的小岛。

随着排水系统的建设,这一带逐渐工业化,从旧下町聚集而来的拾荒者在这片实际上依然过于潮湿,不适合修厂建屋的土地上落脚,并形成了一个社区。这里真的很像几个世纪之前,隅田川沿岸的湿地尚未被填埋开垦之时的浅草:除了艰苦跋涉穿越沼泽滩涂前去参拜西新井大师①的信徒之外,就只有一小部分人住在这里,艰难求生。拾荒者们最好过的黄金年代一直持续到1960年左右。之后,本是无本生意的拾荒业,也需要些许资金投入才能从事了。因为收来的废品和废纸现在要靠小货车运送了。"二战"后,紧邻浅草上游的隅田川西岸,出现了一个更小一些但更加出名的拾荒者聚集区。收破烂的人被称为"端屋"(ばた屋),看起来正是由于这个聚集区。"端"即"大川端"的"端",意指河岸,"屋"意指从事买卖的商人或店家。

1936年圣诞节时正好是昭和天皇继位满十年。如果昭和时代在此时终结,那么这个意味着和平与和谐的年号便有点讽刺了。因为这十年来,日本一直朝着陷入混乱和冲突的方向快速前进。多元化和宽容的时代已然过去,让位于极端狭隘的爱国主义和暴力镇压。除了激进的左翼运动受到影响自不用说之外,连某种程度上可谓无害的大众娱乐消遣活动也受到了影响。同时受到影响的甚至还有城市的景观。10个月前的1936年2月26日,1930年代最激烈的内乱爆发了,这便是二二六事变。这场由陆军过激派引发的军事冲突造成的间接影响中,就包括砍倒了日比谷公园的象征之一,那些美丽的矮棕榈树。日比谷公园紧邻皇宫广场南面,是东京市的中央公园。叛乱者将他们最后的据点设在了山王饭店,就在西边不远处。为了

---

① 原文为"西新井药师",疑有误。此处应该是指位于今天东京都足立区西新井一丁目的总持寺,通称"西新井大师"。而"西新井药师"是指位于中野区的梅照院,其在东京西部,与浅草和足立都无关系。由于这两家寺院都属真言宗丰山派,作者很可能是搞混了。

炮轰他们,政府军在公园架起了火炮,而那些棕榈树便成了障碍。

奥运会某种程度上成为这场内乱的下一个受害者。1932年洛杉矶奥运会上,日本代表队,尤其是游泳队表现很好。之后不久,日本民众支持东京承办1940年奥运会的情绪高涨。申办活动正式开展之时,希特勒正任德国总理。所以如果日本真的承办奥运会,我们将会看到两届极端民族主义的奥运会接连登场。不过日本人甚至在欧洲局势发展到1939年令奥运会成为泡影的第二次世界大战爆发之前,就放弃了举办权。亚洲局势的发展已经使奥运会无法在日本举行,至少日本官方是这么认为的。因为日本与中国的战争,即日本方面宣称的"支那事变"①,在柏林奥运会结束后一年就爆发了。

1935年夏天,日本派出一支代表团去了柏林。他们选择走西伯利亚大铁路,途中还与苏联官员起了摩擦。日本送给希特勒的贵重礼物中有一把黄金剑,在边境上被没收了,不过最终通过外交途径送达柏林。参加柏林奥运会的东京市代表在奥运会结束后没有回国。他在取道美国回国的途中留了下来,在西北大学找了个教师职位。

东京在1936年柏林奥运会,或者说纳粹德国举办的奥运会开幕前一天,正式获得了1940年奥运会的举办权。日本代表团在这届奥运会上也表现不错,日本女运动员还首次夺得奥运金牌,但代表团成员的行为举止却十分不端,以致日本驻柏林大使馆专门向文部省发去一份特别报告。日本运动员归国途中,还在返回横滨的船上因争吵引发斗殴事件,这也许可以说是走歪了的武士精神占据了主导。

国内的控制也越来越严苛。总理大臣更换得十分频繁。柏林奥运会后四年里,走马上任的六位总理中,有三位不是来自陆军就是海军。也就是在这四年的半当中,日本宣布必须放弃举办奥运会。理由是不能从中日战争中匀出足够的钢材来修建奥运场馆。原先的场馆建设计划若要完成,需要足以建造一艘驱逐舰的钢材量。尽管后

---

① 即1937年的七七事变。

来这个量削减到只要一半,日本政府还是觉得难以满足。主要设施选址在驹泽高尔夫球场,它远在世田谷区,位于新区的最西南端。另有一个体育馆准备建在神田。高尔夫球场如今是驹泽奥林匹克公园,它是"二战"结束之后,东京终于举办的1964年奥运会的主会场之一。

如果1940年东京奥运会当初如期举办,它必定会是一场民族主义气氛翻倍的奥运会。因为1940年即昭和十五年,也是皇纪纪元2600年,即日本传说中第一代天皇神武天皇即位算起第2600年,也就是说在爱国主义者眼中,大日本帝国已传承了26个世纪。著名的零式战斗机也是得名于这个纪元2600年的后两个数字。它在这年正式服役。于是这一年便缺不了大规模的庆典和各种纪念仪式。

除了奥运会,本应举行的世界大博览会也被取消了。如果如期召开,想必也会是民族主义满满的展会吧,不过取而代之的是更露骨地鼓吹民族主义的零年庆典。高层的意思,是想要弄出个让民众甩掉死气沉沉的阴暗情绪,鼓舞士气的活动,好让他们恢复自信和积极乐观。但到了1940年,日本无法一举"解决"中国的事实已经变得越来越明显。虽然大部分中国城市已经被日本攻占陷落,但抗日运动依然顽强地坚持着,日本国民要么继续"为国捐躯",要么颜面扫地,又或两者兼而有之,除此之外别无其他选择。

世博会的准备工作已经进行到了在预定的会场隅田川河口和横滨海岸举行"地镇祭"①的地步。门票也开始预售,并且一直卖得很好。胜哄桥这座位于隅田川最下游的桥梁,作为"二战"前修建的桥梁中最新的一座,其实也是为这次盛会而建的。使团被派往海外以炒热气氛。但紧接着,同样是在1938年夏天,日本政府宣布世博会也同奥运会一样无限延期了。于是东京市选择用相对省钱的零年庆典来替代。有传言说市役所将会搬到原来准备作为世博会用地的月岛上。但关于投机倒把的负面报道,使这个计划胎死腹中。曾担任

---

① 日本建筑开工仪式之一,在开工前祭祀土地神,祈祷工程顺利进行,可译为奠基仪式。

过东京府知事的时任市长①是相对清廉的官员之一。现在看来,市役所当时未能搬迁,多少有些遗憾。如果当时搬了,它后来就不会落得只好迁至原来江户的范围之外了。

按照传统但多少有些含混的算法,1940年2月11日是皇纪纪年2600年正式到来的日子。这一天即纪元节②当天,举行了花车游行和水上祭典等庆祝活动,但由于2月是一年中最冷的时节,庆典活动的高潮被挪到了气候相对温和的11月。1940年夏天,应东京这座城市而非日本国家层面的邀请,东京迎来了一位尊贵的客人——溥仪,"满洲国"的傀儡皇帝。东京市长在欢迎会上声称,溥仪的到访是东京与中国和"满洲国"这两个独立的政治实体共同磋商的结果。市长继续说道,他毫不怀疑"满洲国"会实现国家建设的伟大理想并屹立于世界文化之巅。这真是那个时代日本会有的论调。

11月10日和11日,在皇宫前广场即宫城外苑举行了民众的大型庆祝集会。天皇和皇后也莅临了。其中第二天的集会是一次野餐会。每个人,包括天皇夫妇,都在会上试吃了陆军野战口粮。从新闻报道上看,全国民众深受感动。11月12日,在宫城外苑附近的餐馆里举办了一场盛大的宴会。11月13日又在明治神宫外苑举行了一次比10日那天还盛大的集会,人数是上次的一倍。应该说人们对无疾而终的奥运会多少有些恋恋不舍吧,在这期间甚至还举办了模仿奥运会的圣火传递活动。圣火从奈良南部的橿原神宫③传递进京。橿原神宫修建于明治时期,其所在地据说是传说中首位天皇神武天皇即位之地。圣火于11月10日抵达东京,在传递至终点站明治神宫外苑之前,一直寄放在市役所。

---

① 应该是指牛塚虎太郎(1879—1966),1929年10月至1931年12月任东京府知事,1933年5月至1937年5月任东京市长,是那个年代唯一一任满任期的东京市长。
② 根据《古事记》等日本传说中记载的第一代天皇神武天皇的即位日而设的节日,为每年的2月11日,1873年起设立至1948年废止。
③ 位于奈良县橿原市亩傍山东麓,是供奉日本第一代天皇神武天皇的神社。因传说中神武天皇的宫殿就在此处,而于1980年由明治天皇下令建造。

在这之前,所有节日庆典活动都以国家处于非常时期为由遭到禁止,但为庆祝零年,这五天网开一面。名为"山车"的花车、神舆游街及提灯游行活动是如此之多,就好像平时分布各地、纵贯四季的各种地方节庆都集中在一起举行似的。"花电车"这种为盛大公共场合特意装饰的车辆也缓缓驶过城中。不过到了 11 月 15 日,街头出现了这样的海报:"庆典结束了。回去工作吧!"

除此之外,为宣扬当时的口号"八纮一宇"①,还举行了其他各种纪念活动,如邀请作家、教育家和年轻人参会的各类国际会议,"建设新东亚"会议,专门的武术锦标赛,以及更加常规的运动会。

谷崎润一郎的小说《细雪》(又译《蒔冈四姐妹》)结尾有几幕发生在 1940 年秋天的东京,讲述蒔冈家这次终于成功嫁出了自家的三女儿。谷崎传神地描绘了日本人在此类全民庆典活动中一向高涨的狂热情绪,同时也成功地以他信手拈来的关西旁观者视角,暗示了这种狂热真是一种十足东京式的发蠢。为结婚事宜牵线搭桥的主要人物中,有一位活跃而忙碌的女记者,她就是如此絮叨的:

> 舰队检阅式的第二天开了大政翼赞会②的成立大会,还有靖国神社的大祭也开始了,21 号还有个阅兵式游行。噢,东京现在群情激奋。所有的酒店都客满了。……啊,对、对、就是这个原因,帝国饭店都爆满了。虽然我总算为您弄到一个房间,但不是太好的那种。

这里提到的大政翼赞会,是近卫文麿亲王为强化"精神总动员"而一手促成的产物,其实就是为了巩固极权统治而设。靖国神社位

---

① 语出《日本书纪》,可译为"全世界如一家",该口号在第二次世界大战期间,曾作为将日本对外侵略加以正当化的标语使用。
② 1940 年 10 月 12 日成立的日本极右翼政治团体,以近卫文麿为中心,力图推行一国一党的"新体制运动",开展法西斯精神总动员,推行军国主义教育。

于皇宫西北面，一直都是供奉战死者的神社。帝国饭店自然就是著名建筑师弗兰克·劳埃德·赖特在1923年大地震前完工并挺过了大地震的那幢建筑。

在准备零年庆典的策划案中，有一个提议是将穿过皇宫前广场的街道改为地下通道，以使广场变得更加宽阔。这个提案被否决了，理由是神圣的皇居就在眼前，这种建设方式不成体统且有风险。不过，依靠私人捐款和义工的劳动，东京市还是将广场收拾得干净了一些。此后的岁月中，任何想在皇宫前广场修地下隧道的提案都被以类似的理由驳回了。尽管面积远比英国白金汉宫或美国白宫的广场大，这里依然采用很不方便的公共交通出行方式。所有往来于东京中央车站和东京最繁忙的新宿站之间的列车，都必须在皇宫前广场这里绕个大弯，避免横穿。

当局开始在一些琐碎甚至荒唐可笑的事情上施行高压管制政策，也许他们认为这些鸡毛蒜皮的小事很重要吧。例如香烟的牌子叫什么名字。于是，以英文命名的金蝙蝠和樱桃牌香烟也换上了日本名字。尽管难以区分改名风潮有几分是官方强迫的，又有多少是受到大环境影响主动改的，但娱乐界人士必须跟随潮流的压力必然是十分巨大的，有些人可能在接到上面命令之前就主动顺着当局的意思做了。一位曾经自称为迪克·迈恩（Dick Mine）的歌手，就将名字改成峰耕一。在早前更自由的年代里，有一位名叫藤原釜足的谐星，而如今这个艺名也被视为大不敬。因为在历史上，12个世纪之前也有一位藤原镰足①，他是显赫的藤原家族的始祖，与日本皇室沾亲带故。于是那位谐星不得不另取了一个艺名。

然而当局并非在所有事情上都能如此顺利。一位文部大臣妄图

---

① "釜"与"镰"在日语中同音。藤原镰足（614—669），日本古代政治家，藤原家族之祖，曾协助中大兄皇子（天智天皇）灭苏我氏，推行大化改新。原名中臣镰子、中臣镰足，临终之际因功勋卓著获赐姓"藤原"。

将"妈妈"和"爸爸"这两个源自外来语的叫法从日语中剔除,当然他没有成功。这两个词已经根深蒂固,太多的儿童不知道该用什么词来代替它们。一支名为"呆愣小子"(呆れた Boys①)的吉他漫谈乐队,也将乐队名改成了"牛奶兄弟"(Milk Brothers②)。所谓"吉他漫谈"就是在吉他伴奏下唱歌打拍子的一种表演形式。虽说乐队原名中只有第二个词用了英文,而现在两个词都用了英文。但关键在于删掉了"呆愣"(呆れた,读音为 akireta)这个词,因为它含有"荒唐"、"惊得无语了"的意思,与当时严肃的社会氛围不相适应。乐队有两名成员的艺名分别为"芝利英"和"坊屋三郎",用的是莫里斯·舍瓦利耶③和查尔斯·博耶④的谐音。其中前者即"芝利英"在乐队改名之前就去世了。后者则一直用着"坊屋三郎"这个名字。

就像过去大地震给浅草歌剧带来毁灭性打击那样,战争也对轻歌舞剧这种表演形式产生了巨大影响,虽然这种影响是渐进的。荷风写于1942年的一篇短篇小品文,便以他最爱去的地方之一,浅草"歌剧馆"后台的化妆间为主题。大炮的轰鸣声从舞台那里传来,硝烟甚至弥漫进化妆间。男演员们都身着军装。煽动性的作品取代了色情文学,枪支和大炮在几年前就开始登上轻歌舞剧表演的舞台。

荷风强烈反对战争,当战争全面扩大,进入太平洋战场阶段时,像他这样的反对派只能陷入沉默。但我们还是能从他之前为浅草轻歌舞剧场所写的作品中感受到,他陷入了一种束手束脚,自我"规范"以免踩雷的状态里,这也从侧面暗示了轻歌舞剧场当时的状态。战前的1938年,他执笔编写了一部两幕轻歌剧《葛饰情话》。该剧在

---

① 该乐队的名称实际写作「アキレタ·ボーイズ」,「アキレタ」即日语「呆れた」的发音,「ボーイズ」即英文 Boys 的片假名写法,为方便读者理解,此处予以简化。
② 即「シルク·ブラザーズ」。
③ 莫里斯·舍瓦利耶(Maurice Chevalier, 1888—1972),法国演员、歌手。
④ 查尔斯·博耶(Charles Boyer, 1899—1978),法国演员,1930年代活跃于美国电影界。

"歌剧馆"①里上演了十天。顺带一提,葛饰过去是个郡,后来成为一个新区的区名,位于35个区的最东北端。战后,荷风又为浅草滑稽戏秀场写了三出短剧。从这些短剧中我们可以看出,他真正想写的是色色的作品,但当时的形势使他即使为了歌剧馆里跳舞的女孩们也不能这么写,因此那部共有两幕的轻歌剧便充满道德说教,宣扬忠诚和牺牲等传统美德,成了一部基调感伤,内容肤浅抽象的教条式作品。

这部轻歌剧里有三个主要角色,每个都有自己的独唱段,当然也有三人的合唱。第一幕里,男高音向一名公交车售票员求爱。公交车售票员这个职业从其出现起,就几乎全由年轻女孩子担任。这时一伙据称是电影导演等的人出现,把她带走了,承诺捧她成为电影明星。他们说是在她上班时发现了她,注意到她长得很像一位业已成名的女星。这些人这样合唱道:

  外景地
  乘着漫漫春日
  外景地
  通往幸福之路
  如此有趣的生活
  唱歌　跳舞
  跳舞　唱歌
  城市霓虹在召唤
  它们在召唤　那闪烁的彩灯
  快回家
  车子　加速开过
  唱吧　快啊

---

① 即「オペラ館」,1909年在浅草公园六区二号地(即今东京都台东区浅草二丁目五番)开业,1944年3月闭馆,是浅草著名的剧场及日本电影院。

> 快啊　唱吧

歌词中的"外景地"（ロケエション），指的是电影外景拍摄地，这个词直接使用了源自英文 Location 的片假名写法。歌词的音节数遵循了日本民谣常用的七言五言交替的不规则排列方式。

第二幕中，男高音娶了另一位女性，她是第一幕里在荒川排水渠东岸开小吃摊的女子。这位年轻的妻子本来要去为他们腹痛的孩子买药，但男高音代她出门跑这一趟，因为他是个好丈夫，而那时也快要下雨了。此时，昔日的售票员小姐登场了，孤苦伶仃，饱经沧桑。

> 那就是一场梦
> 我追寻的城市喧嚣
> 我放弃了爱情
> 也被世界抛弃
> 沉沦于污秽和羞耻
> 如被风卷起的纸片
> 随落叶飘零
> 被践踏于路旁
> 无人安慰
> 酒吧　咖啡屋　这里　那里
> 而我　无家可归
> 如一片落叶　为秋雨濡湿
> 何处终结
> 仅凭风携

独唱一完，那位年轻妻子的叔父就登场了，说她父亲被关进了监狱，请律师需要一大笔钱。虽然他感到难以启齿，但不得不问她是否愿意设法筹钱，实际上就是指卖身筹钱。售票员小姐站了出来，提出由自己做出牺牲，代替年轻的妻子。反正，她都已经"沉沦于污秽和羞耻"了。这样年轻的丈夫和妻子就能继续他们的生活,可能的话,长长久久,幸福美满。

> 就这样吧
> 已陷入泥沼的身子
> 没关系的
> 污秽肮脏
> 就这样陷进去吧
> 又有什么关系呢
> 只要能弥补负心
> 能帮上我所辜负的他
> 我乐意做出这样的牺牲

这就是明治新歌舞伎的世界,演出的任务就是颂扬美德和批判堕落。这也许可以说是更接近新派①戏剧的世界,后者发源于明治中期,采用一种混合情节剧的形式,虽然保留了演员男扮女装的传统,但尝试的是更加现实的表演风格。新派戏剧里的女主角通常都会为了男人选择自我牺牲,而男人们也乐于让她们牺牲,好像顺理成章似的。似乎她们在污秽中陷得越深就越崇高。在荷风的这部轻歌剧中,他早期作品中的色情元素荡然无存,硬要说哪里还稍微留有痕迹,那就只有剧中落魄归来的女主角的衣衫不整了。

战后,随着警方监控的放松和美国占领军对此类事情的漠不关心,荷风放开了手脚。他为滑稽秀场或脱衣舞场创作的短剧中,最有趣的一部是《停电夜晚发生的事》。这部戏没有音乐,只有一幕三场。主人公是被老男人包养的一名女性,这个老男人的具体职业,戏中未提,他因工作原因,长期不在家里。

---

① "新派"是始于1888年的一个日本戏剧流派,是与旧的歌舞伎不同的现代戏剧流派,故称"新派"。

第一场戏里,女主人不在家,她的女佣荣子在和洗衣店男孩厮混。

荣子:"别,很痒。"
当她扭个不停,看起来要摔出窗口的时候,山冈抱住了她。她的腿在里面,而身子悬在窗外,裙间的大腿露了出来,但后来总算站直了身子。就在此时,大厅传来了声响,是女主人回来了,她刚在女裁缝那里仔细量好了尺寸,愉快地归家了。

这时她的恩客,即那个老男人出现了,说他必须在大阪待几天。她对他亲吻爱抚,大献殷勤。在他离开后,她说:"唉,做小三可不是个轻松的活儿。"

第二场戏是一场梦境。一位年轻的陆军少尉[①]和一个婴儿是主角。这个年轻军人是战争时期女主人第一个爱上的男人,他在准备出征时问道:"人类的世界何时才能没有战争?"虽说这种反战的陈词滥调是战后戏剧中必备的桥段,但有一点,我们可以为荷风做一下辩护,那就是他比其他大多数作家和知识分子都更有资格这么说。

第三场中,舞台上灯光全灭,模拟停电时的场景。那些年,停电时常发生。警察的告诫声在舞台场景的街巷中响起。在这样的黑夜里,人们得小心盗贼。此时一名年轻的盗贼出现了。女主人邀他过夜。当另一个年纪稍大的盗贼闯入时,他正在脱她的衣服。(顺便提一句,第一场和第三场中都出现了1945年前还被禁止的吻戏。)她打发了巡夜时过来询问的警察,让年长的盗贼顺利逃走。此时,电灯重放光明,只剩女人和年轻盗贼对坐。

爱子笑了笑,将灯关掉,往和服衣襟里塞入怀纸,跪坐在被褥上。幕布缓缓落下,只听得昆虫的鸣叫声打破夜的宁静。

---

① 此据日译本,原文为中尉。

《停电夜晚发生的事》于1949年3月到4月间在浅草一家剧院上演。另一场名为《春情鸠之街》的短剧也于同年在同一家剧院上演,次年还移师浅草著名的脱衣舞秀场"六区座"再次上演。荷风本人在这两个版本的短剧中都有出现。之后,短剧还被改编成电影,名为《候鸟何时归》。鸠之街是位于隅田川东面的私娼窟,是十年前令荷风流连忘返的玉乃井私娼窟的战后版。

这部剧里,各色女孩和她们的恩客粉墨登场。有为人真挚的,也有轻佻的;有责任感强的,也有不负责任的;有乐在其中的,也有因家庭状况而身不由己的。在这些故事中,有一个被女人背叛的真挚男人和一个遭男人背叛的深情女人承受不住心伤,选择了一起自杀。我们可以看到,战争时期上演的《葛饰情话》中弥漫的说教腔调,很显然在战后的作品中也并不少见,只不过变成了新形式的说教——反战的"和平主义"说教。而与此不同的是,《葛饰情话》中没有的色情和荒诞的成分,在战后这些剧作中却是很明显的,虽然以今天的眼光看来,它们的程度似乎平淡又无害。由此可见,那些"爱国主义"的鼓吹者们,连浅草的辉煌即将落幕的那个年代也不放过,把时人仅存的小小娱乐也尽数剥夺了。

就像浅草自身和它的轻歌舞剧一样,描绘浅草风俗的读物也逐渐变得内容稀薄。在兴趣转移到北方雪域,准确地说是新泻县,时间则是在小说《雪国》于1935年开始连载之后,川端康成就几乎再也没有对浅草进行着墨。荷风的日记里倒还满是浅草以及吉原和向岛花街的趣事,他传神地描述了轻歌舞剧舞台上下的温情、舞者们生活的落魄潦倒,以及人生的虚妄。

关于太平洋战争前夜的浅草,最著名的文学作品要数高见顺的《在何样的星辰之下》。尽管小了近30岁,尽管只是私生子,高见顺依然算得上是荷风的堂弟。他的母亲虽然没有正式结婚,但他的父亲,当时的福井县知事,是荷风父亲的弟弟。《在何样的星辰之下》一般被归类为"风俗小说"①即"讲述风俗和礼仪的小说",而它讲的就是浅草的风俗礼仪。这部小说从1939年到1940年在《文艺》杂志上连载,小说的舞台设定为一两年前的浅草。不管怎么说,这部作品中描绘的浅草都没有川端《浅草红团》里那样栩栩如生,让读者印象深刻。但文学评论家们仍一致认为,就小说而言,高见顺的这部作品在两者中更胜一筹,问题可能出在1930年代末期的浅草已不再是1930年代初期的样子了。

作为浅草风俗的记录,这部作品中的大多数内容并没有超出我们已知的范围。比方说,轻歌舞剧场的演员中存在严格又不公的等级制度,舞者永远处于最底层。就像川端描述的一样,这些跳舞女孩的生活非常艰辛:"在浅草的剧场上班是如此辛苦,以致女孩们一旦离开就会马上变胖。美佐子就是这样,好像木桶的箍环突然断裂一样急速发福。"

此时的浅草有了一座特别显眼的新建筑,虽然它位于第六区之外。那就是1937年开业的"松竹映画"旗下的国际剧场(这栋建筑最近刚被拆除,原址上建起了酒店)。国际剧场的忠实追捧者们大部分是女性,据高见顺记叙称,她们出了地铁就心无旁骛地直奔剧场,根本不踏足第六区一步。虽说原因不明,但不论在哪里,纯女性表演的少女歌剧吸引到的基本是女性观众,国际剧场就是其中一例,它恰好有一个纯女性表演团。而歌剧和轻歌舞剧的热爱者,基本是男性。

《在何样的星辰之下》中也包含一些令人发笑的段子。它隐晦地告诉我们,"爱国主义者们"在扑灭"腐朽的西方影响"这件事上也不是完全成功的。比方说,国际剧场的演员中,有一位轻歌舞剧演员有个很不可思议的名字"瓶装北"(Bottlernouth),全名是"瓶口黑须兵卫"(Bingu Kurosubei)。这个名字实际上是模仿自美国影星宾•克罗斯比名字的发音。这部作品最出色的地方,并非《浅草红团》擅长的那种对人物、情节和风俗的记叙,而是情绪氛围的传达。旧时的美

---

① 指不注重人性问题和心理问题的探讨,而以描写世态风俗为主的小说。

好时光已经终结，舞台大幕正缓缓落下，例如小说中对昭和十三年即1938年末的浅草如此写道：

> 浅草旧时的胜地已被遗忘，成为废墟。就连水族馆这个称得上是浅草轻歌舞剧诞生的地方，现在也处于废弃状态，甚至成了怪谈故事的主角。传说深夜时分，你会听到屋顶传来舞女们跳踢踏舞的声音。而这栋建筑不久之后也被推倒了，过去赌场游乐厅的粉丝们连他们梦的残迹也失去了。

浅草从江户末期至明治中期之所以能充满活力，与它地处城市边缘大有关系。为了将"传播不良风气的祸端"隔绝在城市中心之外，幕府将军把吉原游廓搬到了那里，多年之后，歌舞伎也迁到了浅草。尽管到了昭和十几年时，浅草处于城区闹市的边缘地带这点并未改变，但与城区西边的涩谷和新宿不同，浅草所在的是日趋萧条的一带，保不住昔日繁华。虽说浅草也拥有地铁终点站，从此处可换乘开往日光方向的私营铁路线东武线，而且此处也有一家终点站百货公司：松屋百货。但除此之外，浅草整体而言是小型家庭店铺的街区。这些老铺虽以令人尊敬的执着坚持经营，但新店不曾出现。

在1939年发表的一篇散文《闲卧浅草》中，高见顺比较了银座和浅草。

> 浅草的咖啡馆没有表里不一的成分。银座的咖啡馆则虽有光鲜煽情的外表，但实质却是薄情的，繁华背后，只有空虚。而浅草的咖啡馆呈现在你面前的是一种特别的温情，并不隐藏临时凑合而不协调的矛盾品质。它就像一张用外语高歌的爵士唱片。若非如此，便会陷入相反的另一个极端，好似穿着时髦泳衣却顶着过时发型的少女，害羞又笨拙。这里没有那种银座风格的另收服务费的所谓新兴咖啡馆。不过这么说也不太准确。因为最近也有"大型茶座沙龙"开张了，比如"紫金庄"和"大港湾"，

它们确实有最低消费。但就像其他位于地铁周边的场所，如国际剧场一样，它们实际上只是紧挨着第六区，位于城区之外。也就是说总而言之，银座风格未能攻下浅草的保守主义，只能像皮癣一样依附在它的外侧……

虽说浅草是保守主义的，但同样矛盾的是：浅草小商铺的年轻一代继承者们，是摩登少年，根本不保守。他们的发型时髦新潮，裤腿紧贴皮肉。舞厅已不再吸引他们。在休闲时间里，他们更流行开着借来的得胜牌①汽车兜风。而他们谈论的，全是银座……

（我常去的浅草居酒屋里的漂亮女孩们）到了假日肯定会去银座打发时光。类似的例子我能举出很多个。浅草的年轻人都憧憬银座……但反过来，银座的年轻人也向往浅草吗？银座人会在假日来浅草吗？并不。他们看不起浅草。

在这一点上，高见顺引用了川端康成的观点：浅草没什么东西是一流的。高见继续写道：

浅草作为一个传统的热闹场所，有着不可撼动的地位，但它在品质上也确实不及银座，位居二流。浅草年轻人对银座的憧憬正是反映了这种二流对一流的憧憬。

正因为银座是最好的，它看起来总给人一种时刻拼尽全力以保持优势的感觉。而浅草本属二流，没有压力，得过且过。银座的寻欢者们总是全力以赴、气势汹汹，生怕不够尽兴。但消遣本应是放松，放下，顺其自然。

---

① 日产汽车公司旗下的一个汽车品牌，其历史可以追溯到1911年桥本增治郎创办的"快进社自动车工场"，该品牌日文名为「ダットサン」，英文名为DATSUN，此处采用香港地区的译名"得胜"，此外也有译为"达特桑"的。

"外国流毒"没能被完全清除的进一步证据,是文中"大港湾"一名中的"大"字,依然使用了源自英语 Grand 的片假名。

以上引用的这几段实际上有些模棱两可、含糊不清,看起来似乎与《在何样的星辰之下》中的一些描写相互矛盾。比如说在后者中,银座欢场里工作的女孩会选择浅草作为私会的地点,因为她们在那里不太可能撞见银座的客人。不过到底哪种描写才是真的,并不那么重要。重点在于高见顺对浅草的坦荡或者说表里如一,以及保守的赞颂。但他同时也指出,浅草有其缺乏专业精神的一面。所以若要享受专业的服务,人们会去银座。一个职业的银座女郎会去浅草幽会,那只是因为她非常看重自己在银座的客人,不能让他们知道而已。值得注意的是,高见顺并不像今天人们很容易联想到的那样,把银座与今日西部的繁华地区——池袋、新宿及涩谷相比较。

看来荷风一生都未曾舍弃浅草。1944 年,即战争时期的最后一个整年,他在一个寒冷的冬夜,在日记中记录了他的最爱——浅草"歌剧馆"的落幕,读来令人动容:

> 我穿行在歇业的商铺之间……在去向地铁的路上,我发现自己又在落泪……我一直在见证这一切,东京变为废墟的过程。

剧场的关闭不仅是轻歌舞剧表演形式的落幕,也是浅草引领大众文化时代的终结。战后,浅草虽然迎来了脱衣舞的黄金时代,但那多是缺乏想象力的东西,而且看起来总像是在模仿新宿。不过,荷风仍然喜欢浅草胜过城中其他任何地方。尽管他在晚年搬去了千叶县的市川市,但每次来东京时还是会在浅草打发时光。

高见顺也没有立即放弃浅草。战争年代里,他仍认为浅草保有余力。在他 1944 年所写的一篇散义《恩藉与魅力》中,他将浅草与新兴的热闹地区锦系町加以比较,认为浅草仍然吸引着河东岸的工厂工人。锦系町是一个影院汇集的娱乐区,是 1937 年作为"江东乐天地"打造的一个娱乐区,位于 1947 年后成为墨田区一部分的本所区,在1932年前的东京市东部边界附近。它是1930年代由一些企业家们开发的,他们认为可以把东京市西部边界一带的繁荣复制到东部边界。尽管这一计划也不能说是彻底失败了,但这里确实远远比不上新宿。江东地区的底层劳工们虽然不想跑到新宿那么远,但对于看上去颇近的锦系町也没什么兴趣,他们依然更偏爱浅草。高见顺对此做了个有趣的解释,他说锦系町"设施俱全,但丝毫不具备浅草那样的吸引力。因为它不像浅草有着传统的魅力。它剧场林立,却没有背后的文化。我们可以从中吸取经验教训"。

这是个有意思的观点,但却缺乏事实支撑。涩谷也没有多少历史积淀,而新宿在江户四大(或五大)宿场中也是后进之辈,但新宿和涩谷后来都发展得十分繁荣。由此可见,在地区发展过程中,吸引中产阶级和知识阶层比吸引劳工无产者们更为重要,而前者正不断西进。高见顺在战后也对浅草丧失了兴趣,许多昔日文学黄金年代的名流人士也是一样。虽然他编纂了关于浅草的散文集,但在这本书的后记中,他说他最初是想推掉这个工作的。最近几年的浅草对他而言已经是可有可无了。这本散文集中还收录了关于浅草的问卷调查结果,其中类似的感想也是屡见不鲜。著名喜剧演员榎健说他最近已经完全不去那儿了。"我所知的浅草已是十三到十四年前的了",有着日本"国民母亲"美誉的著名演员望月优子也这么说。而著名电影配音师,即我们前面提到的"活弁"这一行中,最有名的德川梦声[①]则以类似俳句的三行诗回应道:

  近来尽是
  久疏问候
  年末岁终

---

① 德川梦声(1894—1971),日本无声电影解说员、漫谈表演艺术家、作家、演员,日本放送艺能家协会初代理事长。

当川端说浅草孕育不出一流的东西时，他一定没有想到文学。文坛上曾经一度出现过一群可以称为"浅草派"的作家，以川端康成自己为代表，还有永井荷风、高见顺等人。而银座或新宿从未有过如此人才济济的辉煌时代。浅草曾一度吸引了如此众多才华横溢的作家，在这一点上，东京其他地方都望尘莫及，而伴随着浅草走向最后的衰落，这座城市也失去了无可替代的某些东西。

在昔日国际剧场矗立的地方附近，有一家咖啡屋，里面有一幅壁画，是出身浅草的文学评论家加太①所绘。虽然画风略显稚嫩，但颇具魅力，又很伤感。所有两次世界大战间隙，即从大正末年到昭和初期的浅草名流都出现在画里，榎健就在画的中央。他们中的很多人已经逝去，没有人还活跃在浅草了。国际剧场纯女子表演团的姑娘们曾是这家咖啡屋的常客。后来取代国际剧场拔地而起的酒店中的宾客们则不然。

广义上的银座，包含了西面的丸之内和日比谷公园以及东边的筑地，幅员辽阔，即使在战争前夕也拥有和浅草当年数量相当的电影院。而真正意义上的银座本身，在电影和表演艺术领域可谓乏善可陈，可以看作是夹在两座山脊之间的谷地，即西接丸之内—日比谷，东邻筑地，位于两者之间。银座本身基本是一个供人们吃喝玩乐、大肆购物的地方。

两座文化山脊各由一个大型影视公司统治，西边的是东宝株式会社，东边的是松竹株式会社。作为明治后期进军东京的大阪公司，松竹占据了东京歌舞伎的领头羊位置。它老谋深算的经营者很快就嗅到了电影充满商机的前景和重要性，随后挺进了电影产业。东宝

---

① 加太こうじ(1918—1998)，日本评论家、平民文化研究者、"纸芝居"剧作家。这幅壁画今天还在，有兴趣的读者可去拜访位于台东区西浅草3-13-1的这家咖啡馆。在这幅画上，卓别林坐在右下角，而壁画里被中缝穿过的全身像，是榎本健一，永井荷风站在左边，手里拿着一把伞。

同样来自大阪,它起家于纯女性组成的宝冢歌剧团。(宝冢市自身地处大阪的西北郊。)它最初是在1932年,以"东京宝冢"为名成立公司,进军东京,就像松竹在几十年前所做的一样,狠狠地打入了东京市场。尽管全力以赴,尝试抢占先机,但它一直未能撼动松竹在歌舞伎行业的支配地位,反而在舞台表演和轻歌舞剧,以及电影发行方面取得了巨大成功。它从1930年代中期开始制作电影,到了1940年代末,已控制了银座西部几乎所有的电影院、轻歌舞剧场和音乐厅,包括帝国剧场和外濠边上最气派的日本剧场。1943年,公司将社名改为"东宝",取自原社名"东京宝冢"的缩写。

日本剧场,也就是人们俗称的"日剧"里集合了大大小小一系列电影院,拥有一支歌舞队,还有脱衣舞秀场。虽然它在规模上相比松竹旗下的国际剧场略显逊色,但在日本本土最大的剧场中,也能排上老二,能容下三千人落座,而国际剧场则还能多容纳下几百人。然而,国际剧场位于浅草,受制于浅草的衰落而后继无力。正如我们之前提到过的,国际剧场如今已被一家酒店取代。虽然日本剧场的老建筑也已拆除,但它后来又建了新剧场,主要播放电影。以新的日本剧场为首,银座西侧一带东宝旗下的众多电影院,如今已完全压倒了银座东边的松竹。正如东京向西发展的潮流,银座同样出现了重心西移的倾向。

如果光从剧场的数量来看,浅草与银座不相上下,但实际上,究竟谁胜谁负是一目了然。就广义上的银座地区而言,银座不仅拥有歌舞伎行业中占据压倒性地位的歌舞伎座,令其他所有歌舞伎剧场都显逊色,还有以新桥演舞场为首的另外两座专供传统艺术进行现场表演的大剧场。而那些喜欢西洋音乐的观众,也可在帝国剧场或日比谷音乐厅欣赏交响音乐会和独奏独唱表演。另外,它还有"日剧"和宝冢剧场,后者在美国占领时期改名为厄尼·派尔(Ernie Pyle)[①]剧场。

[①] 1945年4月18日在冲绳伊江岛战斗中牺牲的著名美国战地记者。宝冢剧场在美国占领时期主要为美军驻日士兵举办慰问演出,因此改名,以示纪念。

而且最重要的是,银座是东京的文化中心,是潮流先锋,是追寻文化艺术之人汇集的地方。在"日剧"登台表演的姑娘们可以非常妖娆,宝冢歌剧中的女孩们可以十分荒诞诡异,但格调始终就在那里。与浅草不同,在银座,只要肯花钱,就能看到质量上乘的表演。

银座在外国音乐家及演员表演方面也几乎形成了垄断,外国演艺人士从第一次世界大战期间便开始蜂拥来日,直到"二战"迫近才停止了源源不断的涌入。花柳界也是同样,新桥艺伎正在崛起,吉原艺者艺伎则逐渐没落,苟延残喘,基本上只是徒有其名了。而浅草本地的艺者艺伎,也就是在寺庙后面摆摊的那些人,从来没有吉原或新桥艺者那样的地位,上不了台面。从幕末一路走来,现在仍然在世的江户之子已经所剩无几了,但如果他们还健在,看到今日的银座如此繁荣,必会大为惊异。因为江户末期的银座无论是在高雅艺术还是在低俗娱乐方面,都不见得占有多大比重,而浅草才是江户的全部。

明治精英阶层曾寻求"改良"歌舞伎,意图移除它源自町人文化,粗鄙市井的草根属性,将其打造成上等而有教化意义的艺术形式。于是西方的东西开始出现在歌舞伎中,它也受到了西洋化的影响。两位天才演员,初代左团次和他的儿子二代左团次,实验性地改革了歌舞伎,引入西方表演形式。虽说并没有走向启用女性演员的极端,但还是引入了西方的写实主义。与此同时,西方观众也跑来欣赏歌舞伎,发现这种表演形式很不错。由此看来,明治精英阶层源于文化自卑心理而发起的努力改造,实际上是会错了意。明治时代的日本人追求创造一种摆到世界舞台上也不会觉得丢脸的新戏剧形式,结果很惊奇地发现其实他们早已拥有。

另一方面,关西歌舞伎从明治以来就一直在衰退。谷崎笔下的莳冈家四姐妹,在品位上是彻头彻尾的关西范儿,甚至在许多方面激烈地偏袒关西,但在歌舞伎上却更喜欢东京歌舞伎。虽说今天最著名的歌舞伎天才演员中,有很多人出身关西,但他们都不得不先在东京的舞台上打响知名度。

两次世界大战间隙的岁月里,艺者艺伎们也尝试进行"改良"。

这可以追溯到1905年，警视厅禁止艺者艺伎公开演出时，为了找到规避这项禁令的方法，新桥艺者们计上心来，转而请求当局允许他们在自己的剧场进行歌舞表演。他们的坚持和努力终于奏效了，当局下发了许可，剧场也开始兴建；1923年，新桥演舞场开工建设，但由于不巧遇到大地震，直到1925年才完工。开幕演出定在当年4月，这是一场由新桥艺者们表演的古典舞蹈盛会，为了与京都艺伎舞蹈大会即"京舞"①相抗衡，还打出了"东舞"②的旗号。起先，艺者艺伎们每年只使用剧场3个月，余下的几个月便把剧场租出去。在达成了当初目的，成功避免被禁之后，花柳界的"改良"激情逐渐消退。1934年，他们将演舞场交给松竹株式会社经营。此后，演舞场变成了歌舞伎座的分剧场。"东舞"的旗号和艺者艺伎逐渐淡出人们的视野，只是前者由于成了每年的例行公事，在春天举办时仍堪称盛会。

无论川端说在浅草找不到一流的东西到底是指什么，我们仍可以从《浅草红团》的描写中强烈感受到，浅草公园的各处帐篷和棚屋里上演的杂耍，真是品质低劣的表演。以这些拙劣的表演为土壤，催生出了一种短寿却可算是日本原创的表演艺术形式，虽说它最终被电视这种与日本传统全然无关的表演形式或者说播放设备取代。早在明治时期，就有说书人以手影皮影等表演形式，也就是在墙壁或拉门上投影出人物形象的方式进行表演。到了昭和早期，这种表演形式走出了小戏棚，来到街头。与此同时，表演用的道具也从笨重的影戏道具，变为方便携带的厚板纸画片。纸芝居，即"纸戏"，或许还可译成"连环画剧"，就此诞生。纸芝居的表演者大部分为男性，骑着自行车带着纸画片和糖果箱走街串巷。寻到空地便会招徕一群非常幼齿的观众，用画片吸引住他们，然后向他们兜售糖果。纸芝居的黄金年代是1930年代。它很好地符合了当时爱国主义宣传的需要。据

---

① 每年4月由京都祇园烟花巷的人们举行的舞蹈大会，创始于明治五年(1872)。
② 此后每年春天，日本东京新桥花街都会举行该舞会。

那些当年正值孩提时代的人们回忆说，纸芝居对"英美怪兽"的演绎确实生动鲜活、栩栩如生，如今想来仍历历在目。尽管拿着竹刀互相追逐打闹的这些小小的追随者们，依然对纸芝居怀有期待，但它在1945年之后便消失无踪了。纸芝居曾经是东京街头不可或缺的一部分，但它很快便让位于电视，仅仅存在了一代人的时间。

另一种同样诞生于两次世界大战间隙的艺术形式，如今仍然越发欣欣向荣。就内容来看，也许有些人会认为它比纸芝居还要低俗，那就是漫画①，如今它也许是唯一能与电视一较长短的东西了。"戏画"②本身有着悠久而令人敬重的传统，历史长达几个世纪之久。今日在我们身边泛滥的那种漫画是在大地震之后才开始出现的。最早的几部是小短篇，以四格呈现。1923年末，《朝日新闻》和《报知新闻》开始刊载漫画，内容多是低俗的滑稽剧。第一部长篇漫画刊载于《朝日新闻》上，始于1926年，漫画由此转向严肃认真的风格。不过在今天，随着漫画越来越多地追求表现性和暴力，它已经超出了严肃的范畴，变得越发阴森骇人了。无论它的诞生是否该归罪于地震后的混乱，今天的漫画都是从此起源的。

就像我们前面提到的那样，日本棒球界在通往职业棒球的路上并非一帆风顺。1934年，随着由鲁斯③、卢·格里格④和其他美国职业棒球明星组成的美国棒球队来到日本对战日本选手，正力松太郎和他的《读卖新闻》社也在同年组建了日本巨人队。职业棒球队的序幕真正拉开。面对这支美国人组成的棒球队，当时非常年轻的日本

---

① 漫画在刚出现时被看作一种不上台面的东西，并不像今天那样被主流社会认同，请读者注意。
② 日本传统中以讽刺、幽默和寓言为内容的绘画，类似西方的漫画、卡通。其中较有名的是鸟羽僧正的《鸟兽戏话》。
③ 乔治·赫曼·鲁斯（George Herman Ruth, 1895—1948），美国著名职业棒球手，全盛时期效力于纽约队。
④ 亨利·卢·格里格（Henry Louis Gehrig, 1903—1941），美国职业棒球纽约洋基队的垒手，人称"铁人"。

投手泽村荣治①凭借把鲁斯压制在3打数1安打的出色发挥，一跃成为日本国民英雄。虽然他最终还是在面对格里格时以0∶1惜败，但如果有气势上的胜利这种说法，那他也算是虽败犹荣了。1936年，日本棒球职业联盟开始筹建，由三支东京队伍和来自名古屋和大阪的各两支队伍组成。其中名古屋的一支队伍——金鯱队②，在最初的比赛中战胜了巨人队，但它的后继者名古屋龙队，无论是在成绩上还是受欢迎程度上都败给了巨人队。"金鯱"这个队名，一看就知道源自名古屋城的天守阁，是它屋脊两端装饰的金色海怪。当时各队的队名，要比今天更富想象力，比方说时至今日，占据主导的是以狮子、老虎、巨人等英文词衍生出的片假名来给球队取名，而那时则有一支东京队伍叫"参议员队"（用的是源自英文 senator 的片假名），尽管日本人可能见过几位外国参议员，但日本其实从未有过这种职位。如今，只有巨人队（东京《读卖新闻》所有）和老虎队（大阪）③一直沿用了最初的名字。

随着战争局势的发展以及战况的不利，棒球被要求假装成本来就是日本的运动，即所谓的"纯国产"，而不是外来物。所有源自美国的棒球术语，如"好球"（strike）、"坏球"（ball）、"投手"（pitcher）等，这些早已成为年轻人词汇表一部分的词语，也都被改成了纯日语，不再使用外来语叫法。在描绘战争年代的一部电影里有一个非常好笑的场景，由于没人能记住那些改后的术语，甚至导致一场比赛进行不下去。战争的阴霾在其他地方也有所体现。1942年巨人队的一场比赛中，甚至设置了比赛投掷手榴弹的特别节目。这一幕发生在后乐园棒球场，它坐落在水户德川家大宅旧址上，1937年开幕后成为东京主要球场。到了1943年，棒球手们还改穿了没有编号的卡其布队

---

① 泽村荣治(1917—1944)，日本职业棒球巨人队投手，生于三重县。以职业棒球开创期的快速球投手而闻名。
② 即名古屋金鯱军，创立于1936年，1940年解散，与翼军合并重组为大洋军，后又改名为西铁军。未查到本文中所说的"名古屋龙队"（Nagoya Dragons），日译本也未收，待考。
③ 即著名的"阪神Tigers队"，1935年创立，属于阪神电气铁道株式会社。

服,即所谓的"国防色"队服,并被要求相互敬礼。虽说职业棒球比其他许多娱乐活动撑得更久,但最终还是自行解散了。1944年11月,已改名为"爱国棒球联盟"的职业棒球联盟宣布暂停所有活动。

那些年里,日本人在国际体坛上声名鹊起,却不是在棒球运动方面,而是在游泳上。如果1940年东京奥运会得以举行,他们很有可能像希特勒在1936年柏林奥运会上展示的那样,将奥运会办成民族(而非种族)优越性的展台。尽管成为民族自豪感的源泉,但游泳运动却未能持续吸引国民狂热的追捧。它和相扑一样走向了没落。这项国家成就在最近几十年里也没有像棒球一样得到国民持续不断的关注。在相扑上,同样出现过一阵群情激动的时光,那是在太平洋战争爆发前几年,由最著名的现代相扑手双叶山带来的。他甚至可以说是整个相扑史上最杰出的横纲了,受到NHK这个国家广播系统的持续关注和报道,在他之前还没有任何一位天才相扑手有此殊荣。

1939年(也就是日本与苏联签署互不侵犯条约的那年)年初的1月15日这一天,日本举国屏息。因为在此之前,双叶山已连胜69场,持续3年全胜,连夺6个锦标。那是相扑史上最长的连胜纪录,直至今日仍无人可破。1月15日这天,是东京春季联赛的第四天,尽管开赛于最严酷的寒冬,却仍称为春季联赛。双叶山输了比赛,没能拿下第70场胜利。他的对手是一个比他年轻的低级别选手,名叫安艺海。虽然安艺海在几年后也升到了相扑力士的最高级别横纲,但他在相扑史上留名,基本是由于打败了双叶山的这一战。

双叶山在1945年退役。战后有一段时间,他因为坚守某种看起来不太体面的新兴信仰而形象受损(当时正值各种新兴信仰如雨后春笋一般涌现)。1957年,他又回到相扑界,担任日本相扑协会的理事长,统领相扑联盟,整肃了协会中导致前任理事长自杀未遂的混乱。这段不太愉快的岁月是相扑运动在褪尽封建,迈向现代化的漫长历程中,经历的一段阵痛。双叶山享年仅50多岁,于1968年逝世。由于过度肥胖给重要的器官带来巨大负担,相扑手通常都不长命。相扑并没有像棒球那样在战争年代宣布停摆。即使遭逢战乱，它也一直坚持了下去。即使是在战争结束，百废待兴的 1945 年，相扑界仍举办了两场联赛，一场在美军进驻之前，一场在进驻之后。

在那段黑暗日子里，还有其他事物也吸引着东京人的注目，其中既有温情伤感的，也有恐怖惊悚的。东京乃至日本国民从来不畏惧表露出多愁善感的一面——又或许只是他们对"多愁善感"的定义与欧美人不同，并且比其他地方的人更能包容蓬勃的情感流露。

在那些温暖人心的事物中，忠犬八公的故事最为人称道。"八公"这个名字既有"数字八"的意思，又含有亲密无间的老伙计之意。八公是一只秋田犬，死于 1935 年 3 月 8 日。它在死前的十年间，每晚必定会出现在涩谷站，想要迎接主人下班回家。它趴着等候一列又一列火车进站又离站，但始终等不到主人出现。没人能让它明白，它的主人已经去世。在它死前一年，涩谷站前立起了它的铜像。由于战时金属短缺，八公铜像一度被熔，不过人们在战后又重新为它立了像，并且成为几乎举世皆知的东京名胜。涩谷如今已是最为繁华的热闹地带（八公的主人去世时，这里甚至还在城市范围之外）。当人们想要约在车站见面时，八公脚下是最常选择的碰头地点。约在这里，没人会弄错。

至少有一位著名的欧洲人士被八公的举动深深感动。在八公死前不久，著名德国建筑师布鲁诺·陶特（Bruno Taut）在他的日记中，对这条他总在车站前看到的狗狗，给予了很高的评价。顺便提一句，由于陶特著作的影响，半个世纪里，尤其是在日本，贬低江户幕府的建筑成就，赞美朝廷在京都修建的宫廷建筑，几乎成为一种惯例。不过这种观点最近出现了松动。现在，即使你主张说德川家的建筑品位并非一无是处，也不再被视作暴露自身品位不佳了。八公死后，人们为它举行了非常盛大的葬礼。如今，它的遗体制成的标本，陈列在上野国立科学博物馆里。

对于温暖人心的故事，总会有不同的声音出现，八公的事迹也是同样。持怀疑论的人对八公每晚都去车站的动机也有别的猜测，当然，真相我们永远无法知晓。像小说家大冈升平①那样对八公进行过观察的人中，有人坚称八公根本就不是在晚上去车站，而是一整天都在车站附近徘徊，等着人喂它。车站员工们比收养它的人家更慷慨亲切——也有可能是站务员们在看到它时，意识到这是一个编故事的好素材。如果真是这样，那他们可谓做得非常成功了。涩谷由此诞生了它最著名的地标。

东京的罪犯从过去开始就总是有种奇特的倾向，他们的怪癖之一就是渴望被抓到。东京警察也许配得上他们办事高效的名声，但有时候这一点颇令人怀疑。如果他们辖下的民众像芝加哥和马赛市民那样粗野不合作，他们的表现又会如何呢？对于罪犯想被人抓住的怪癖，我们可以举一个很典型的例子，1927年至1929年间出现过一个曾闯入一百多户房屋的说教式大盗。他从不伤人，也不怕被人看见。在选好要带走的东西后，他会小坐一会儿，与受害者攀谈，告诉他们养条看门狗和插好门闩的好处。有一次他在北郊板桥区偷盗一家米商时留下了指纹，但在随后几个月里他仍然继续行窃和说教，直到1929年初被抓到为止。事后证实，他是从事建筑行业的一名职业匠人。

就像明治时期最著名的罪犯是一个女杀人犯，昭和早期最著名的罪犯也是一个女杀人犯。不过20世纪前几十年，即大正时代时，至少东京并没有出现过像明治早期的毒妇高桥阿传那般传奇式的女杀人犯。昭和时期最著名的这桩女性杀人事件：阿部定事件，发生在二二六兵变的同年，因此人们常说新闻媒体如此热衷追逐阿部定事件，是为了摆脱二二六兵变的阴云。不过这种说法多少有些夸张了。无论时局如何，阿部定的猎奇杀人看来都会是媒体们喜欢的素材。而且就算军事政变的阴云确实存在，它在之后也很快自行消散

---

① 大冈升平（1909—1988），日本小说家，生于东京，其作品特点是通过描写战争体验来表现对人生的认识，并有细腻的心理分析。著有《莱特战记》、《野火》等。

了,尤其是在城中较为贫困的下町贫民街,也就是阿部定犯下杀人案的地方。虽说富裕的日本桥区,特别是在它最繁华高档的三越百货商场里,政变的动荡导致零售额一落千丈,但浅草的松屋百货就没受到什么大的影响。歌舞伎座的高价席位几乎卖不出去,但便宜的座位还像往常一样热销。浅草轻歌舞剧场确实也有空座位腾出来,但我们可以看到,发烧友中出现了山之手地区知识分子的身影。

不管怎样,阿部定犯案是在1936年5月。在此前的一周,她都和雇主,即东京城西一家饭店的老板,待在一家"待合"里,也就是那种专为干柴烈火的情侣开设的小旅馆里。那家小旅馆位于新区中人口最多的荒川区,靠近东京北部边界。男人四十出头,阿部定三十出头。5月18日,那男人被发现陈尸床上,是被勒死的。他的性器官被切除,且未遗留在房间里。5月20日,阿部在品川车站附近被捕。她随身带着那些器官,还有那男人的内衣。

随后阿部定被判有期徒刑,1941年从枥木女子监狱释放。之后几年里,她在浅草周边经营一家茶水店。然后她就消失了踪迹。最近曝出她似乎去了关西的一座尼姑庵。可以想见,继她之后,模仿她做法的女性也有几位,但远远不及她出名。

阿部定事件引发了许多黑色幽默。由于"剪下"这个动词在公交车检票,即给车票"打孔"时也会用到。因而每当公交售票员女孩在车厢里来回走动,例行公事地说道:"还没剪的乘客请给我剪一下"时,总能引发爆笑。这起杀人案件还催生了一部可以说是上等的艺术作品,日本人借此向世界证明了,他们到了现代依然能做出不输德川幕府时期的精美情色题材作品,这就是由大岛渚导演的电影《爱的corrida》,片中虽然有一些大尺度的镜头,但也具有极佳的美感和令人屏息的张力;它一定程度上真实还原了阿部定的故事。片中饰演阿部定情人的男演员,至今仍在影坛上拥有举足轻重的影响力,不过饰演阿部定的女演员后来则默默无闻,淡出了公众的视野。

当时的流行词汇再次直观而形象地向我们揭示了一个事实——

大正民主已终结,更为黑暗的时代已来临。像日语这样词汇更新换代如此迅速的语言,在其他主流语言中是很罕见的。通过这些新词汇,我们可以窥见当时的时代氛围和流行趋势。文部大臣虽然没能从日语里剔除"妈妈"和"爸爸"这种外来叫法,但受众广泛的报纸、广播和广告机构因为高度集中于东京,完全有可能被强制只使用那些"适合时势"的词汇。

到1930年代中期为止,源自外来词汇和短语的片假名词汇,还很常见,其中有些是完全照搬自英语的,有些则是加以改造变形产生的。前者如"空中女孩"(エア・ガール,Air girl)也就是空姐一词,如今已经从日语中消失了。很多人可能仍然认得"悠悠"(ヨーヨー,Yo-yo)①这个词,但它在标准字典里已经找不到了。"远足"(ハイキング,hiking)一词倒是一直流传下来,至今仍在使用。

"スフ"(日语片假名:スフ,罗马音:sufu,意思是人造棉)是排外时代来临前最后一批流行的外来词汇之一。这些使用广泛的外来词汇,大部分带有其原产国或中国的语素。要将汉语的影响从日语中剔除出去,恐怕就像是要消除拉丁语对英语的影响一样困难,甚至可说是要消灭这种语言自身了。"スフ"一词在日语中留存了下来,使用至今,但大多数日本人可能也像外国人一样,根本意识不到这是个外来词了。它是英语"staple fiber"(人造纤维)日式发音的首音节缩略形式。在战争时期,好的棉毛织物紧缺,都以"スフ"代用。其中一些种类沾水就会分解,因此穿着它游泳不会好过。不过,作为那时日本人眼中的外来事物,以及西方堕落颓废的象征,它在哪里都不会好过的。

排外时代流行的很多新词,像是"国民精神总动员"什么的,基本都是些空有形式的口号。而这类词实际要表达的和它们的字面意思也没什么关系。带有攻击性、剑拔弩张的词汇也不少。回看这些充满了疯狂的爱国主义,狂热而盲目如痴人说梦的词汇,让人不由得希

---

① 即"悠悠球"。

望那个产生了这些词汇的时代永远不要再次降临。"八纮一宇"按字面上的理解是说全世界人像同胞一般亲近,本身并不是什么坏词,但当时对此只有一种理解:"全世界都要成为日本,这才是历史的必然规律。"

必须承认,那个时代的某些"爱国主义"新词造得非常高明。"ABCD 包围圈"①这个词就是。它带有的微妙反讽意味,恐怕造词者自己都没意识到。ABCD 是指对日本形成包围圈的国家及国民,分别是美国人(Americans)、英国人(British)、中国人(Chinese)和荷兰人(Dutch)。盘踞东南亚的法国人本应也在里面,他们没能入选,也许是因为他们的英文名首字母没能接上字母表的顺序。俄国人(Russians)也没位列其中,这大概既有字母表顺序的原因,又有《苏日互不侵犯条约》的原因。不管怎么说,如果不借用西方的字母表就造不出这个词,也就是说当时被日本视为万恶的西方舶来品,非常讽刺地给大日本帝国派上了用场,用于煽动排外情绪。

"国体明征"运动也是对大正民主的反动。这个词的字面意义,在最大的日英词典里是这么解释的:"国体明征是指对国家政体基本概念的澄清。""国体"这个短语其实也可以被归入空洞口号的范畴。我们有时候从日本人宣扬独一无二优越性的各种主张中可以看出,他们好像认为只有自己才有政体。"国体明征"反映了一种对理性和知性立场的反智主义回应。

1935 年,宪法学家美浓部达吉②(其长子后来成了继"奥运知事"之后的东京都知事,即 1967—1979 年间的东京都知事)发表了"天皇机关说"。这激起了一帮人的激烈反对,他们认为天皇即使不与国家等同,也应该像父亲主持家庭一样统治国家。他们发起的所谓"国体明征"运动的高潮是 1937 年发表的《国体的本义》。这部专题论文由文部省组织撰写,严厉谴责个人主义思想,告诫日本民众说,他们是

---

① 指第二次世界大战期间由于日本的侵略扩张引发各国对其采取的经济封锁制裁。
② 美浓部达吉(1873—1948),日本法学家、政治家,大正民主制的代表性学者。

天皇这个神秘家族国家首脑的"赤子",因此国民的本分就是要通过侍奉、服从和自我牺牲来履行自己的职责。美浓部被以"不敬罪"起诉,但并未判决。随后,他被迫辞去了从东京帝国大学退休后就被授予的贵族院议员职位,所有著作被禁。1936 年他甚至被右翼极端分子袭击,但幸运逃脱,只受了轻伤。1945 年后,他抵制修改明治宪法,但没能成功。1948 年,美浓部逝世,他的一生可谓传奇,某种程度上可称之为国民英雄。

虽说乍看之下,美浓部事件不过是围绕着一个四字短语,以及一个人的思想主张而发生的一系列事件,但我们从中可以感受到时代的氛围,以及身为日本知识界中心的东京不得不承受的沉重压力。美浓部是一位独立的思想家,是坚持大正民主思想最后的幸存者之一。在他的苦难日子开始之前,左翼就已经因政府的弹压和甚嚣尘上的舆论而分崩离析了。"转向"是 1930 年代早期,即昭和五年至昭和十年期间的流行词之一。指的是那些舍弃了马克思主义,转而服务于皇国思想的知识分子和作家。对于日本为什么没有出现有组织的抵抗运动,以及转向地下斗争并为此献出生命的仁人志士,有许多可能的解释,其中最重要的一点,是日本在地理上所处的隔绝环境。但无论如何,没有出现抵抗运动是事实。"转向"成了时代的风潮。

第二次世界大战结束后的 1946 年,在送走了战争时期诸如"鬼畜米英"①、"一亿玉碎"②这类阴森可怖的流行语之后,我们可以看到,日本的流行词汇又重归明快且常常陷于轻率的世界大同主义,即对各种语言来者不拒。比方说,此时的流行短语中有源自法语 après-guerre(意为"战后")一词的外来语③,其在日语中有时指享乐主义,有时指

---

① 意为"英美禽兽"。
② 第二次世界大战末期随着日本战况不利,日本军部在垂死挣扎之际叫嚣要进行"本土决战",并提出了如"一亿玉碎"、"一亿(总)特攻"、"神州不灭"等口号。
③ 即「アプレ・ゲール」一词,意指(第二次世界大战后文学、艺术上的)战后派、战后虚无颓废派、战后型的人。

新开始,还有源自美国口语 hubbahubba 的外来语①。

既然有流行词存在,自然也就少不了所谓的时尚和潮流。任何一个城市都是如此,不过东京至少在明治早期出现过一波养兔热潮后,就比其他大多数地方对流行时尚更为疯狂,时髦风向的变幻也更为频繁。比如1932年,女人们突然都烫起了卷发,因为日本学会了如何生产烫发设备。1933年,就像我们前面已提到的那样,是悠悠球大热的年份。之后不久则是对敲章的狂热,不是说去敲邮局的邮戳,而是名胜古迹接待处为游客敲的纪念橡皮章,以证明来过这里。美国作家海伦·米尔斯(Helen Mears)在《猪年》(*The Year of the Wild Boar*)中写道,人们对集齐所有纪念章的狂热,甚至超过了对景点本身的兴趣。猪是中国十二生肖中最末尾的一个,米尔斯所说的猪年指的是1935年。回顾日本在20世纪上半叶的历史,若以十二生肖来计算年份,那么以1935年为末年的这12年,总体上是一个较为平静的时期,虽然发生了暗杀事件和在中国大陆发生的事变。而前一个12年中有关东大地震,后一个12年则有太平洋战争。

当西方的土木工程技术和建筑风格开始侵入江户街巷,永井荷风哀叹江户失去了过去的和谐,但明治时期的西式建筑其实也有自身的和谐韵味。至少就那些具有纪念意义的公共建筑而言,当明治早期别出心裁、过于奔放的建筑风格让位于砖石建筑风格时,涌现出的主要建筑和复合式建筑群,如丸之内的三菱伦敦镇和日本桥的日本银行大楼,虽然与江户时代和谐的风格相差甚远,但它们彼此之间保持着一种新的和谐,即拥有共通的式样。并且它们对西洋建筑风格的模仿,也不再像初期那样是生搬硬套,而是习得了内在神韵。而现在,能够自由塑造任何样式的混凝土建筑时代来临了。于是在大地震后,今日这种折中了各种样式的风格开始流行起来。20世纪是一个碎片化的世纪,其影响也波及东京,使东京在各方面被撕裂,最

---

① 即「ハバハバ」一词,意为"快点",因驻日美军的使用而流行。

终成为相比其他绝大多数城市都要巨大的碎片集合。

即便同是模仿欧洲风格,也是新式与旧式并存,比方说仅在丸之内一地,现代实用主义风格的箱形大楼边上,就是古典主义的红砖即赤炼瓦建筑。另外还有乍看使用的是现代建筑材料,但外形却是传统日本风格的建筑。上野国立博物馆主体建筑和歌舞伎座,便是使用新式水泥材料构建传统日本建筑的代表,其他例子还有很多,比如浅草观音寺背后的僧侣房。尽管现在的歌舞伎座是"二战"后重建的,原建筑的内部已在1945年空袭中完全烧毁,但除了屋脊线有所简化之外,新建筑与关东大地震后重建时的样子没多大区别。上野博物馆则相对朴素和强调实用性,它的屋顶让人联想起寺院的讲堂(虽然真正的寺院讲堂屋顶一般都没那么大),其正面突出的入口也很像是寺院的式样。上野博物馆建成于1937年,其所在地原来有一座由英国建筑大师约西亚·肯德尔设计的明治时期建筑,后因大地震严重受损而拆除。上野博物馆在1947年收归国有,它在成为国立博物馆之前原属皇室所有。在主馆侧面是两座分别早于它和晚于它建成的建筑:一座是明治晚期建成的石砌文艺复兴风格建筑,一座是战后建成的风格非常现代的玻璃和混凝土结构建筑。它们组成了一幅有趣的景象:若你面向入口处望向整个博物馆,从左向右,你首先会看到的是对西洋风格的模仿,然后是使用西方材料塑造的日式风格,最后是一座虽然在外形上没有日式的影子,却在本质上源自传统日式建筑设计理念的建筑。其中位于正中的这座建筑,用的是西方材料却弄成日式外形,所以许多人可能会觉得它有弄虚作假的嫌疑。这三座建筑都不算太丑,但它们确实风格各异,就像是20世纪东京这座城市的缩影。

这里我们必须多嘴一句的是,两次世界大战之间建成的许多建筑,比如日比谷公会堂和新桥的第一宾馆(后者最初是为那场告吹的奥运会而建的),老实说都极其丑陋。看来当初似乎谁都没有料到(包括建筑师自己)它们会留存这么久。

除此之外,还有一些建筑看起来是在尝试既非西式也非日式的奇怪风格。其中典型的代表也许是位于筑地的本愿寺。筑地既有鱼市，也是格兰特将军及其夫人访日时下榻过的别墅所在地，以及明治时期的外国人居留地。筑地的这座本愿寺作为西本愿寺①的分院，自德川幕府时代初期便在江户设立，1657年明历大火之后便一直待在筑地，未再迁址。明治时期它曾两次遭遇火灾。大地震发生时，它已是非常大的寺院了，以气派的正殿本堂为中心，规模远比今日宏大，但这些都在火灾中烧毁了。重建工作自1931年持续至1935年，主要模仿了印度寺庙的风格样式并改为石砌。其设计初衷是想将人们带回佛教的起源地，回归本真，正如本愿寺这个名字所暗示的。某种角度上讲，因为从来没有出现过这种风格的建筑，它看起来很奇怪，甚至比在东京的这片相较而言没什么变化的区域里，建起一座纽约风的玻璃幕墙大楼还要怪异。谷崎的小说《细雪》中，蒔冈家姐妹中的一人也称其为不可思议的建筑。如果只是普通的西洋建筑，她可不会这么说。

　　下町的各个区中，那些在明治时期越来越频繁遭遇水灾的地方，在大地震发生前不久，随着荒川排水渠的建成，变得相对安全了。（顺带一提，荷风的《葛饰情话》中那位年轻女子，就是在排水渠的岸边经营她的小吃摊。）但另一方面，以前城中不会被淹的地方，当降雨量超过排水渠承受能力时，便常常水漫金山了。日比谷，这片位于城市正中、皇宫前广场前面的区域，就是其中一个例子。对这种现象的解释是，随着大小运河水网被填，曾经可随运河排出的雨水如今无处可去了。（类似地，郊区水田的消失也被认为是导致明治时期下町洪灾日趋频繁的根源。因为它们在暴雨时节充当了蓄水池。）地面沉降现象则主要是抽取地下水造成的，在河东那些海拔部分低于海平面的区最为严重，然而其他各区也不乐观。像日比谷这种地处中心地带，设施和技术比较完备的区域也受到了影响。有些较老的

---

① 西本愿寺位于京都，是净土真宗本愿寺派的"本山"（佛教用语，指总寺院）。筑地的这座本愿寺是其分院，位于东京都中央区筑地三丁目。

建筑连地基都裸露了出来,以至于它们看起来很滑稽地高出地面一截。

1932年,随着市域扩大,邻近的5个郡被编入进来。但对于是否要合并重复的市、府行政机构,在此后十余年间仍然一直争论不休。区部、郡部和东京府各有各的利益考量,尤其当涉及金钱的时候,矛盾更是激烈。随着战争的拖延和日本的越陷越深,越来越多人认为东京作为国家首都,应该置于中央政府更加强力的监管之下,如果条件允许,甚至应该由中央政府直接控制。到了1943年7月,当明眼人逐渐意识到日本在太平洋战争中无法善终之时,东京政府行政组织的改组决议被通过了。

改革公告发表于6月1日,7月1日正式实施。在此之前的讨论一直秘密进行,因为日本人害怕会向英美泄露什么重要情报。从一年之前即1942年4月起,美军轰炸机开始从航空母舰上起飞,空袭东京,①这看来也加强了改革的紧迫性。不过这次改革并不彻底,没能如设想那般展开,也就是说未能将东京市、府合二为一,并一举废止郡部。而只是废除了市,将府改为都。

对于这一改革,人们最担心的是区的权力会不会缩小,因为改组后,区和都之间失去了"市"这一缓冲屏障。这种担心并非空穴来风。实际上在改革后,东京各区的自治权力比日本其他普通的市和町要小。

某种意义上讲,这次改组不过是追认既成的事实而已。东京自此明白无误地被置于内务省控制之下,但其实内务省当时早已控制了警视厅系统,其以"特高警察"②最为臭名昭著。内务省还操纵了东

---

① 即杜立德空袭,又称"东京空袭",1942年4月18日美国派出由杜立德中校指挥的轰炸机,对日本本土包括东京在内的几座城市进行轰炸,这是第二次世界大战期间美军首次空袭日本本土。
② 全称"特别高等警察",是大日本帝国的秘密警察组织,以"维持治安"为名,镇压社会主义、共产主义等运动,即所谓的"政治警察"、"思想警察"。

京都知事的任命。甚至在1943年前,内务省便已在市的行政工作上享有很大的发言权。从昭和时代开始到东京的市制被废除的17年间,共有9位东京市长,其中有5人是前内务省官员。为突显东京与其他府县的不同,东京都的最高行政长官也没有像其他地区的那样被称为知事,而是称作"长官"。第一任东京都长官在"国体明征"运动的积极推动者平沼骐一郎(战后作为甲级战犯在巢鸭监狱度过了余生)的内阁中任内务大臣。他还兼任"昭南市",即新加坡被日军占领后的市长和军事总监。1943年东京改组的前期准备也是他负责的。

"苦日子候前头"的征兆不仅出现在因钢铁短缺而使奥运会告吹上,或是在棒球场上将外国来的棒球术语剔除。九一八事变后不久,代用品的时代降临了。竹器和陶器代替金属器具成为炊具和餐具。还有我们前面已提到过的,人造纤维占据织物市场,取代了天然的棉花和羊毛制品。1938年甚至出现了一种烧木炭的出租车,由于以木炭代替汽油当燃料,它不仅烟气四溢,发出恶臭,有时甚至会导致乘客一氧化碳中毒而窒息。即使到了战后,这种出租车仍继续昭示着日本的一贫如洗。

《国家总动员法》与烧木炭的出租车几乎同时出现。国民努力的方向转向了提高技术和扩大生产,企图使日本在太平洋战争中有个好结果。从某种程度上说,这与战后复兴时期为提升出口而倾举国之力的做法相似。可见一个国家的国民性和国家制度不是那么容易改变的。当然重大的差异还是有的,1938年时由于财阀对股息分红和公债相关条款的反对,军队和政府方面被迫做出了让步。不过这是动员法实施过程中遇到的唯一反对。而到了战后倾举国之力扩大出口,以致引发贸易战①的时期,军队已经势弱,无力报当年的一箭之仇了。另一方面,对贸易战自然会唱反调的工会组织,如今也无力再

---

① 第二次世界大战后,随着日本经济复苏并拼命扩大出口,日本与欧美各国的贸易摩擦不断升级,其中尤以日美之间最为剧烈,以致有"日美贸易战争"之称。

做什么了。

若要说还有哪点是不同的,那就是近些年的经济总动员①没有像当年的军事总动员那样,连国民生活的乐趣也尽数剥夺。1943年初,谷崎的小说《细雪》开始在《中央公论》杂志上连载,但只出了两章就被封禁了,因为其描述战争初期大阪郊区资产阶级富裕生活的内容,被认为是"不务正业的"。虽然谷崎没有就此停止写作,但小说直到战争结束后的1948年末才终于完整出版。

太平洋战争持续的数年及之前的一段时间自然是黑暗的,但当局总算还没有铁腕到完全不可理喻的地步。谷崎和荷风这样的人还得以保持沉默,未被强迫成为政府喉舌,若是在一个彻底极权主义的国度,恐怕就不是那么回事了。一些电影导演还能通过巧妙应付,以便按自己的意愿拍摄,有些甚至成功嘲讽了审查制度。在影剧院方面,尽管主要集中于银座的所有大剧院都在1944年春天关门了,但并非所有的影剧院都被要求停业。其中有部分在战争结束前获准重新开业。顺带一提的是,1944年底,银座附近的"日剧",丸之内的帝国剧场,还有浅草的国际剧场被强征用于制造"风船爆弹",即一种携带燃烧弹的气球,日本人企图让它们随西风飘过太平洋,使美国陷入火海。

歌舞伎也没有完全消失。在战况最不利的时期也还有巡回表演。虽然东京、大阪和京都的大戏院都在1944年3月关停了,但新桥演舞场在短暂歇业之后被允许重新开张。即便是1945年演舞场和歌舞伎座在空袭中被焚毁的当天,著名的第六代菊五郎还在那里登台表演。不过在这次重新开业之后,演出时间被限制在每天不超过5小时,剧目也是同样的内容演两遍。相比过去一天连演9到10个小时且根本不重样,可谓是令人黯然神伤的衰败了。位于银座东部,松竹旗下三家剧场中最小的东京剧场,在空袭中幸免于难,于是直到1945年8月中旬,歌舞伎都在这里上演。但很快歌舞伎便遭到

---

① 此指20世纪七八十年代日本倾举国之力扩大出口的动员运动。

另一方的猛烈攻击。战时军部的审查员们不喜欢歌舞伎,特别是经典剧目热衷描写的幕末放荡不羁的主人公和英雄人物,觉得他们简直颓废堕落。而战后的美国占领军也对这种历史传承的传统艺术持怀疑态度,认为它们带有军国主义思想。

在珍珠港事件爆发前的一年半,花柳界已经受到非常时期的影响。艺伎艺者们服务的"料亭"即高档餐厅,以及"待合茶屋"都被要求在11点之前关门,艺伎更是在10点之前就得停止招待客人。不过相关服务全面停止,要到战事严峻的1944年春天,因为那些有权下令她们歇业的人,自己也需要享受她们的招待。有些艺伎专属于宪兵队或警察,此外还有陆军专属、海军专属和享受高级官僚特殊照顾的艺伎。另一方面,她们在传统上还是情报网的重要组成部分。新桥和赤坂的料亭之所以能够欣欣向荣,很大程度上是由于军方和政府常常需要利用她们。

太平洋战争开始后新增的税项,令享受艺伎服务变得更加昂贵。最后到了1944年3月5日,所有的料亭和待合茶屋都关门歇业了。关门前夜这天,艺伎们一直营业到将近黎明,之后她们都穿上裙裤——这是日本妇女劳动或防寒时穿的,几乎成了战争最后几个月里日本女性的统一着装——到军工厂去干活了。新桥的"半玉"即见习艺伎们还曾组建一支军乐队,在皇宫前广场上演奏以鼓舞士气。据荷风所说,他在1942年还曾看到玉乃井的女人们聚集在神社里,为日军攻下新加坡感谢上苍。

银座西侧的宝冢剧场里,纯女子表演团在1944年3月4日举行了宝冢少女歌剧的最后一场演出。因为涌来的观众实在太多,警察不得不拔出佩刀以维持秩序。

西方流行音乐因为受美国影响强烈而被认定是敌对音乐,差不多销声匿迹。不仅不许公开演出,连听唱片时也得调低音量。不过古典音乐却是另一番情形。在"净化"日本文化,即推行国粹主义的过程中,日本在这一点上不得不陷入矛盾,因为西方古典音乐最出色的创作者:德国人和意大利人是日本人的盟友,除此之外,日本人也希望俄国人不要插手他们与 ABCD(美英中荷)的纷争。于是,俄国和德国音乐在战争期间也一直飘荡在日本人耳边,这类演奏会并未停止。1945 年 5 月的那次东京大空袭①中,连续不断的空袭几乎完全摧毁了日比谷一带,连边上的都立图书馆也烧毁了,只有日比谷公会堂幸免于难。6 月,日本交响乐团在此举行了最后一场音乐会。他们演奏了贝多芬第九交响曲。在当时音乐家几乎都上了战场,交通和通信完全瘫痪的状况下,这可谓了不起的成就。最后一个乐章的合唱中,有一句"人人都是同胞,相拥亲吻吧"之类的歌词,大概算得上是另一种形式的"八纮一宇"吧。

　　猛烈的轰炸到来之前,提供艺伎服务的高级料亭已经全部关门了,但大量平民化的餐馆——乐观估计有三千家左右,在战争期间一直开门营业。此外还有改名为"国民酒场"的小酒馆,人们可以在那里爽上一杯。高见顺在他的日记中描述了一次去银座此类店时的经历。每位顾客可以喝一瓶啤酒或者一杯生啤,又或者一壶清酒。不过规定不是太严格。客人们被分成十人一组进场,但轮到高见那组时,有人混了进来,导致变成了 11 个人。如果你认识酒馆经理,这种特别照顾也是可以的。高见顺就是从一位寄席演员那里听说的,这位演员也是这家店主的熟人。

　　非常时期也并非全无好处。我们之前已提到过,它降低了自杀率。赌场的关闭无论从结果来看是好是坏,总之就是关了。据高见顺的说法,九一八事变爆发前,浅草观音寺北部一带遍布小赌场,每家都有望风的在街上巡逻。他们的主顾大多是附近蔬果店老板娘一类的人。不过事变爆发后,这些小赌场就统统关门了。战争对想结婚的人而言创造了一个不错的时机。如果大和民族真的是宣传中所谓的优秀民族,如果"八纮一宇"的目标真的明智,那么日本的人口就应该多多益善。"多生多生"变成了口号。为此还开设了市立的结婚

---

① 即东京大轰炸,是"二战"期间美国陆军航空队对日本首都东京进行的一系列大规模战略轰炸,主要有 1945 年 3 月 10 日和 5 月 25 日两次轰炸。

礼堂，以帮助新人们举办便宜而高效的婚礼。在太平洋战争中期的高峰时期，礼堂每月甚至可以举行两到三百场婚礼。

上野动物园则既有喜事，又经历了巨大的悲伤。1942年5月，一头小长颈鹿降生，被取名为"南"，以激励日本军队向东南亚推进。但到了1943年8月至9月，形势已经变得不得不杀死那些危险的食肉动物了。动物的遗体被拉到一家陆军兽医院进行解剖，其中著名的那些做成了标本，其余的则被埋在动物园里的一块纪念石下。园内活下来的动物数量仅为1940年的三分之一，为了筹措养育动物的钱，动物园干起了培育售卖鸡鸭和小猪仔的营生。到战争结束时甚至开辟了菜地。活到最后的动物中，最大的是三只骆驼、两只长颈鹿（包括"南"）和一头水牛。1945年4月13日的空袭中，动物园境内大约吃了140枚燃烧弹。最悲伤的故事还是关于大象的。本来已决定将它们毒死，但大象拒绝吃下投了毒的食物。管理员不忍心射杀它们，只能眼睁睁看着它们直到饿死都在祈求食物。最活跃也是脾气最暴躁的一头最先死去。曾有人提议将剩下的两头中较小的一头送去仙台，但因不现实而被主管否决了。当它们的生命即将走到尽头，在被黑白帷幕围住的笼子里，随着安魂仪式的进行，两头大象用尽最后的力气挣扎着站起来。它们似乎觉得，如果自己表演马戏就能得到食物。

美军对东京的第一次空袭由空军中校詹姆斯·A.杜立德指挥，发生在一个晴朗的春日午后。那天是1942年4月18日。13架舰载B-25轰炸机组成编队，以能够进行低空扫射的高度来袭，比预定的时间开始得早，起飞距离也比预想的远。那天早晨，一艘日本巡逻艇发现了美军航母的身影，并在被击沉前发出了无线电预警。消息被东京接收到了，但没有引起重视。当时的观点是：虽说不知道是否会遭遇空袭，但无论如何近期内应该不会发生空袭。从轰炸机进入人们的视线到警报响起，足足间隔了10分钟。也许日本人这么粗心大意，与他们相信大和魂能战胜一切的盲目自信有关吧。同样的缺乏防备在随后对日本人来说更为惨烈的空袭中再次出现。这13架美军轰炸机中的3架,将炸弹投在了东京南部的神奈川县。这天早上从美军航母上起飞的总共有16架轰炸机,除去轰炸东京的13架,另外的3架则轰炸了名古屋、大阪和神户。名古屋的炸弹投掷量比原先计划得多,因为原定应该飞向大阪的轰炸机误炸了它。

在此次空袭中,东京破坏严重的主要是北部和南部郊区,尽管位于市区中心、皇宫西侧的牛込区也有所损失,皇宫本身并未受损。死伤者总共364人,其中死亡39人。大约250栋建筑受损。

死者中的三分之二都出自东京南部,但最东北部的葛饰区发生的唯一一起死亡事件,却引发了日本人最大的愤慨。一名13岁的小男孩被飞机机枪扫射而死。新闻报纸对此大加报道。葛饰区本来就是一个医疗设施短缺出了名的区,如果这个小男孩住在设施更完善的区,也许还能保住性命。不过对于新闻媒体来说,这是向每个人宣扬"鬼畜米英"兽行的最佳素材。

日本军方睁眼说瞎话的行径同样暴露了出来。陆军司令部对外发表的第一份声明称,他们击落了9架飞机。但正如我们前面提到的,那天是一个晴朗无云的春日,根本没人看到过任何一架飞机坠落。当时流行的一个段子调侃说,也许军方说的是他们击落了"空气"而不是九架飞机。因为日语里"九机"和"空气"发音相似,日本人可是双关语的高手。事实上,日本军方连一架飞机都没击落。全部16架轰炸机都安全飞离了日本,降落在亚洲大陆或者大陆近海。之后机组成员们的经历各不相同。有8人被日军捕获,其中3人被处死。大多数人则遇到了中国游击队,经印度顺利回国。当时的日本首相东条英机,那天下午正巧也乘飞机去检阅部队。他与空袭者们擦肩而过。

日比谷公园在之前1936年2月的二二六事件时,失去了漂亮的棕榈树,成为炮兵阵地,如今它面向皇宫一侧的所有树木顶端都被砍去,变成了高射炮阵地。因为尽管此次空袭未对皇宫造成伤害,但日本军方认为,有些参与空袭的美军飞行员太厚颜无耻,竟在皇宫上空即天皇陛下头上飞来飞去耀武扬威,即使没有对陛下做出任何伤害行为,也是不能忍的。这种无礼的冒犯绝不能发生第二次。日比谷公园也像其他公园一样每况愈下,变得越来越不像个公园了。草坪和花圃变成了菜地。铁质的装饰品也被剥去,以弥补金属短缺,就连铜像也被拉走很多,只有那些鼓舞人们同英美作战的作品保留了下来。

美军最初的轰炸,针对的是九州南部诸岛,是从设在中国的基地发起的。1944年6月中旬,美军在塞班岛登陆。[①]之后的11月1日,美军飞机出现在东京上空,它们是从马里亚纳群岛起飞的,但这次仅为侦察而来,并非空袭。真正的空袭轰炸是从11月24日开始的。这场一直持续至次年2月份的早期轰炸,无论是由马里亚纳群岛起飞的飞机还是由舰载飞机执行的,针对的主要都是东京北部及郊外的军事目标。特别是2月16日至17日的连续轰炸,主要目标是郊区的空军基地。日军的战机损失惨重,首都的防空能力被严重削弱。

筑地鱼市南面海湾附近的滨离宫也可算是军事目标之一,因为它同日比谷公园一样,也被改造成了防空高射炮阵地。滨离宫最早是幕府将军的海滨别馆,直到1916年都被皇室作为举办大型皇家招待会的场地,到19世纪后期,即明治中期时还供显赫的外国宾客暂住。格兰特将军夫妇1879年到访日本的时候就住在这里,不过他们具体所住的地方在1899年被拆毁了。而在1944年11月末的轰炸中,滨离宫的主体建筑全部毁于一旦。

美军采用燃烧弹进行的轰炸始于1945年3月。其中造成破坏最严重的,是从3月9日深夜至10日凌晨的那一次空袭,它造成的破坏与关东大地震引发火灾的破坏不相上下,下町的大半都被摧毁。自午夜开始,一波又一波轰炸机连续不断飞过,连续的轰炸持续了两

[①] 塞班岛之战既为美军之后攻占马里亚纳群岛创造了条件,又为B-29远程轰炸机轰炸日本本土提供了基地。

个半小时。此次空袭瞄准的也许是世界上对火灾最没防御能力的城市人口稠密区,而且选择了西北风最强劲的早春时节。空袭的制定者大概也充分考虑了战况走势带来的有利因素。1945年2月至3月硫磺岛战役的胜利,以及之前一系列轰炸让关东防空网陷入瘫痪,使得实施大规模低空飞行轰炸已经足够安全。

那一晚,位于麻布区永井荷风的家也与数万户人家的房屋一样被焚毁了(可见受灾范围不仅仅局限于丁町)。他好不容易在一个亲戚那里找到了避难所,得以躺下睡觉。他在日记的结尾写道,即使闭上眼睛,眼前也全是飞扬的火星,耳畔好似仍有肆虐的狂风呼啸,挥之不去。荷风家附近其实并没有燃烧弹落下,火星是从很远的地方吹来的。但对于身处燃烧弹雨中的景象,我们只要读一读荷风的日记便仿佛身临其境:火花飞溅如山间狐火汇集一般,磷火飘荡好似鬼火。很多炸弹在半空中就爆炸了,四散放射出嘶嘶作响的蓝色弧光。

东京全市的五分之二都陷入了火海。隅田川和荒川排水渠之间的4个区几乎全部消失了。那天晚上大约死了7万到8万人。这一数字占了东京所有空袭死亡总人数的四分之三。

这是一个恐怖之夜,造成这一切的无疑是美国人和他们的轰炸机群。不过,关于这点我们应该补充说明一下,虽然听上去可能是某种开脱。隅田川东岸的几个区,还有靠近川崎的南部一带,是城中工业化程度最高的地区,也是东京工厂最集中的区域。不过由于这一带的工厂非常混杂,与居民住家挤在一起,以至于根本无法分清哪些是纯军事目标,哪些是纯粹的居民区。此外,日本方面又是如此短视,根本就没有为防范此类灾难做过任何布置。即使到了战争接近尾声的1945年头几个月,仍下令市民不得离开东京。所谓履行爱国责任就是坚守岗位,即使是死。对比3月的东京大空袭和8月对八王子市的空袭,就很能说明问题。八王子市的市民通过预警传单和其他途径得知并确信空袭将至,于是大多数人便逃离了市区,他们因此逃过一劫。在炸弹数量和当量都比3月东京大空袭更大的情况下,只有225人死亡。

416　　防空体系完全没有发挥效果,尽管早自1943年起就一直进行防空演练,尽管美军轰炸机不仅采取的是低空飞行,而且来袭路线也是可以推测出来的。3月东京大空袭的第一声警报直到第一枚炸弹落下数分钟后才响起。因为日本当局害怕万一是误报会对士气造成不良影响,更何况,如果天皇夫妇半夜被叫醒,穿戴整齐跑向避难所,却发现只是虚惊一场,谁又承担得起这个责任呢?

　　像浅草大部分地方一样,观音寺的建筑也在那个夜晚被烧毁了。这里曾历经大地震也仍然屹立不倒。1923年大地震时,川端康成还记录说寺庙的周边像一片花圃,来自北边难民的涌入使它生机勃勃。空袭开始后的大约凌晨1点半,几枚燃烧弹落入了观音寺本堂,大约两小时后,本堂被大火完全吞噬。五重塔也没能幸免,尽管一些外围建筑和一道门留存下来。浅草的人们一致认为,当局为了打仗而征用矗立在观音寺境内的明治著名演员团十郎的铜像,是极端错误的。他们相信正是这座铜像以手逼退了1923年大地震时烧到这里的火焰。所幸正殿里主佛的佛龛被安全转移出去,于战争结束后的1945年末安放到临时设置的本堂,并在十年后移回了部分重建好的原本堂内。传说佛龛中收藏着一座年代久远到不可考的黄金佛像,但具

417　　体没人知道,因为能获准查看究竟的人,几乎没有。空袭中烧毁的寺院建筑都是德川时代早期的,全是东京城中最古老的。

　　虽然尸体必须尽快处理,但无论是火葬的燃料还是人手方面,都无力焚化如此多的尸体,于是大多数尸体都只能草草掩埋。隅田川沿岸的几座公园成为公墓。战后迁葬的9万人中,8.5万都葬在了位于两国的震灾纪念堂的集体坟冢中。要确定尸体的身份几乎是不可能的。9万死者中有人认领的,只有剩下的那区区5000。走在各个墓园中,经常会碰到刻有1945年3月10日去世字样的墓碑,但墓中真正葬有遗骨的少之又少。

　　第二波大规模空袭在4月到来,从4月13日持续到15日。这波轰炸对城市西部和北部,以及从东京延伸进神奈川县的工业带造

成了巨大的破坏。旧城区边界上的明治神宫本殿也遭到破坏。紧接着发生在5月底的空袭,夷平了旧城区残存地域中的一半,主要包括银座一带,银座以南,以及更西面的山之手地区。皇宫主体建筑毁于5月25日,皇室只得搬到附属建筑中居住。之前曾有人提议将天皇的居所搬到神奈川县。如今,这项提议变成了将皇室迁到日本中部山区的堡垒中。如果军部真的得逞,如果日本真的顽抗到底,那么皇室搬迁的计划毫无疑问会付诸实施。由于首都就是国家首脑居住的地方,若皇室搬迁,无异于迁都。

多家报社的办公大楼被夷为平地,歌舞伎座和新桥演舞场也一样。两所大学——庆应大学以及身为教育大学前身的东京高师,遭到严重损毁。芝区的增上寺,即德川家两座菩提寺中位于南部的一座,几乎完全被毁。5月底的空袭也对公共交通系统造成了巨大打击,有轨电车完全停摆。不过,针对东京区部的大规模空袭到此为止,之后空袭的重点转移至区部之外。对市部的人口中心八王子市的空袭,我们在前文中已经提及。

1944年至1945年间飞临东京上空的美国战机总数超过4000架次。若单从投弹数①上说,1945年3月大空袭中投下的炸弹数比4月中旬和5月底的几次主要空袭时要少多了,约300枚。与此形成对比的是,5月24日的那次投下了500多枚炸弹,之后两天的投弹数也与此相当。如果受害者不仅指伤亡者,还包括无家可归之人的话,那么4月和5月的空袭尽管伤亡人数远不及3月,但受灾人数都达到了3月空袭的半数以上。

空袭还引发了各种流言和迷信。流言中有不少与现实相差甚远,只是日本人的一厢情愿。其中最夸张的传言之一是日本研制出了以松脂为燃料,能够往返美国与日本之间实施轰炸的战机,并组建了轰炸机编队。主要的化妆品生产商资生堂,这家据称自明治时代起便致力于帮日本妇女打造西方女性一般通透肌肤的企业,在1944

---

① 日译本此处作"架次",且后面这些具体数值皆作架次而非投弹数,存疑。

年接到了一笔高级香水的大订单。这一消息传开之后又引发了流言，说苏联军队要打过来了，这些香水就是准备作为礼物，用来取悦他们高层人士太太们的。实际上，这批香水似乎是用作换取中国的金属。

正如今天有各种号称能祛除癌症、预防艾滋病的食物和饮品，如豌豆汤或松果酒，那个时候也有据称能挡开炸弹的符咒和所谓偏方。其中之一是如果早晨只吃非常简单的米饭和泡菜，就不会被炸弹炸到，只是必须把这个秘密告诉他人，否则不会起效。金鱼也是很好的避弹神物。在空袭中侥幸保住房屋的房主，有时反而会不堪其扰。因为人们会不请自来。因为大家都身处灾难之中，有难同当，有福同享，一起挤一挤不是很自然的吗？以同样的理论"顺走"东西或是抢劫什么的也时有发生。

为空袭难民提供临时住所的计划，在 3 月空袭之后由于没什么希望付诸实施而放弃了。此后，重点放在了难民迁移上。对老弱病残者和地位卑微人士的迁移基本是强制实施的。由于害怕再也不能回来，人们并不愿意离开。而那些想走却不在集体迁移名单之列的人则发现，要想求到一张登上火车的票很难。小说家里见弴①在一篇类似自传体的小说《姥捨》（篇名意为弃母、弃老，即让老年人自生自灭）中，描述了这种毫无尊严的求票经历：

> 比起辗转托熟人求各种门路，或者对着当班的列车员又哭又跪地送礼这类灰头土脸、死缠烂打的方式，若能以市价差不多的金额行贿，还更有男子气概，更光明正大一点。

2 月到 8 月间，无论是出于自愿还是受到不同程度的强迫，超过

---

① 里见弴（1888—1983），日本作家，本名山内英夫，其哥哥有岛武郎和有岛生马分别为著名小说家和画家。代表作有《善心恶心》等，1959 年获文化勋章。

400万人离开了东京。留下的大约300万人则大多没有合适的避难所。据警方估测,1945年9月1日时,东京居民中每10人里就有1人是住在防空洞或其他临时凑和的住所里。

市立图书馆主馆,即日比谷图书馆①自明治末期便一直位于日比谷公园。杜立德指挥的美军空袭过后,日本方面开始计划将图书馆迁移至都内更边远地区。最先是用卡车运,后来(受中国人民在抗日战争中表现的启发)是用手推车推和背包背。5月空袭到来时,图书馆没能及时完成搬迁。馆室和大约20万卷书籍葬身火海。京桥图书馆是市区内的各分馆中,唯一在空袭中逃过一劫的,日比谷图书馆便在那里开设了临时办公室,直到1947年才又迁回日比谷。

从地图上看,因空袭而焚毁的区域,其范围比1923年关东大地震时要大得多,不过受损模式却很类似:位于东部的下町,远比西部的山之手地区受损严重。1923年东京15个区中,有1个区逃过了地震后的大火,而1945年东京35个区中,却没有一个能够幸免,尽管这一次,位于城市外围的受灾区域较为分散,并且东京南部的工业带,即东京—横滨工业带的北部延展部分,得以保留。如果我们从上野站和东京站东面一点点的地方,由北向南画一条线,那么从此线以东直到荒川排水渠之间——也就是比明治时期东京城边界更东边的地方,几乎烧得什么都不剩了。与此相对的是,这条线西侧上野公园附近,有大片区域幸存下来,呈点状分布。1923年大地震时也是这样,例如同样是下谷区,平原部分被完全烧毁而山区保留了下来。这片侥幸留存的地区在江户时代只是郊区,明治时期成为山之手地区知识分子和艺术家的聚集地,而到了今天,它是我们这些想要感受江户和明治商业氛围的游览者们的最佳去处。当然,如果3月空袭的那夜,风向反一反,那么今日这片怀旧胜地也就无法幸免了。

从整体上看,山之手地区就像1923年大地震时一样,是焚毁之

---

① 1908年11月作为东京市立日比谷图书馆开馆,1943年随着东京施行"都制"而改称东京都立日比谷图书馆。

地和幸存之地的混合物。20个新区之中,沿荒川排水渠下游分布的城东区近乎全毁;旧15个区周边的所有区,包括含有新宿一部分的四谷区,损失惨重。残垣断壁从新宿向西延伸至中野、杉并,一直绵延到35个区中最西南边的世田谷区的东部边界,看起来就像一条蜿蜒的废墟带,从最西边的区绵延至荒川排水渠。自大地震过后,还没有哪条地带如此绵长。在战争结束的1945年夏天,从世田谷区东部和杉并区出发,穿过新宿和神田;或者,选另一条路线,沿皇宫南部穿过日本桥;你可以踩着战火余烬,一路上只见焚烧过后的原野,一直走到荒川排水渠边。

420　　35个区中有4个区的死亡人数超过了1万人。这4个区均在下町,它们的死亡人数占到了总死亡人数的80%以上。这种情况令人再一次想起1923年关东大地震。有人说,大地震是对当时盛行的颓废享乐主义的惩罚,而今日的伤亡则是对日本发动军国主义侵略战争的惩罚。然而,最残酷的惩罚却落在了与奢侈颓废的享乐和制定侵略政策最无干系的人们身上。

　　死伤者甚众,下町的部分地方几乎成为空城。如果将1944年2月的人口数量设为基准数100,那么15个区中,位于河东岸的本所区和深川区人口分别锐减至4和6。本所剩下的实际人口不到1万。旧15个区中,残余人口最多的是最南边的芝区,1945年6月时还有1944年2月时的三分之一强。20个新区中,紧靠深川区东面的城东区人口从1944年基准数100骤降至5。除此之外的其他新区,没有出现失去五分之四以上人口的情况。也就是说与大地震时类似,即使是在受灾程度最重的旧市域,下町各区也是人口损失最惨重的。而与此相对的是,周边地区的一些地方到了1945年春时,人口已比1944年初有所增加。

　　战争内阁,也就是东条英机任首相的内阁,在1944年夏天下台。1945年5月,德国宣布投降。8月初,蘑菇云两次在日本上空腾起,两颗原子弹分别于8月6日和8月9日落下,在此之间的8月8日,苏联对日宣战，攻入日军盘踞的中国东北地区和朝鲜。8月15日，日本历史上第一次由天皇亲自发表了广播讲话，宣布接受《波茨坦公告》。由于年龄的关系，现在的东京市民中，只有不到半数人还记得当时原子弹炸出的炼狱。同样，记得那次广播的人也不到半数。即使在记得广播的人中，当时许多人也没有听懂天皇在说什么。因为那时广播信号总是很差，天皇的用辞也太过高深。不过，基本意思还是很快就传达到了。他显然不是要激励民众拿起竹矛在沙滩和山丘上迎击敌人。于是为何要特意进行这种异常的演说，就只剩下一种可能性了。

一些士兵在芝公园北面的爱宕山集结，试图像维新时代支持幕府的彰义队在上野负隅顽抗时那样坚守。自杀的人也不少。美国占领军对于是否会遭遇游击战，自然是做好了充分的准备。只是日本人更希望美国人去占领霞关的政府机构而放过他们在丸之内和日本桥的商业和金融中心。也许他们已经意识到下一场战争会是经济战了吧。① 但是美军先遣队认为丸之内更好布置防御工事。道格拉斯·麦克阿瑟将军也同意选择"第一生命大楼"即第一保险大厦作为他的总司令部。这是一栋厚壁堡垒式的建筑，窗户深嵌在坚实的四方柱内侧，大楼前面是开阔的城濠和皇宫前广场。战争期间，并没有什么用的东京防卫司令部，也曾将指挥部设在这里。

高见顺的妻子曾说，如果那时天皇下令要他们战斗至最后一个人，那么所有人都会这么做的。高见顺也倾向于认同这个说法。不过现实是日本人完全没有再抵抗。麦克阿瑟将军就算把总司令部设在霞关，或者在河东岸的废墟里搭帐篷住，都跟待在第一保险大厦的总部内一样安全。

8月底，身为军人的东京都首席行政官（即当时所称的"东京都长官"，1947年5月改称"东京都知事"），辞职了。在他之后，这一职位更迭频繁，从1945年8月到1947年5月间换了6人。其中最后

---

① 即之前脚注中提到的"日美贸易战争"。

一位：安井诚一郎，在卸任后又参加了统一进行的地方选举，成为历史上第一位经过公众投票选举产生的东京都知事。

美国军队进驻东京是在8月底。一队全副武装的先遣队在代代木公园（几天前激进右翼团体的几名青年还在此自杀）竖起了帐篷，并在周围布下了带刺的铁丝网。先遣队的目的是调查这里的地理情况并挑选适合征用的建筑。8月30日，麦克阿瑟将军的座机在东京西南部的厚木市飞机场着陆。他在横滨度过了第一晚，因为考虑到比起待在巨大的首都中心地带，这里能更好地防御游击队可能的攻击。9月2日，在东京湾里停泊的密苏里号上，日本签署了投降书。9月8日，盟军开始正式进驻东京。东京这座在历史上不断重复着焚毁和再建的城市，终于可以迎来新一轮的重建，翻开新的一页了。

第十章　棒鳕①和芋头

在战后的一段时间里,褒扬名古屋而贬低东京,成了颇为时兴的做法。这是因为名古屋充分利用战后重建的机会,给自己来了一个华丽大变身,将街道改造一新。而东京就那么摊了一段时间,然后又把自己拼凑成原先的样子。名古屋的重新规划给城市带来了宽阔的大道,街道的拓宽和道路的增加,使所有机动车至少在市中心的商业区,都能通行无阻了。而东京的都心区域则沿袭了与大正时期相差无几的街道模式。

然而在40年后的今天看来,当年名古屋的改造,究竟是好是坏,值得商榷。如今已经没有多少人还会认为,街道拓宽的速度能够跟得上车流增长的速度。就是名古屋现在也拥堵不堪了,更别说日本人本来就不擅长建造宽阔的街道。它们不是毫无特点就是丑陋无比。在名古屋,宽阔的街道把过去湮没殆尽。也许有人会反驳说,轰炸已经将过去掩埋了,但更重要的是,如今我们沿着名古屋市中心的宽敞大道行走时,已经完全感受不到几个世纪以来人们在此生活的温暖气息了。虽说东京也没留下多少旧时遗物,但其街道模式依然如故,使它比名古屋这个小得多的城市更显温暖亲切。虽然东京模式和名古屋模式谁更胜一筹,永远不会有最终定论,不过一样是拥堵,还是堵在闲适惬意的老式街道上比较自在一些。

---

① 鳕鱼干的一种,是将鳕鱼切成三片,去除头和内脏后晒干制成。"棒鳕"一词还可以指笨人、废物。

不过即使东京想要像名古屋那样进行大改造,也是不太可能的。一方面是因为碍事的建筑比比皆是。从东向西穿过1945年的余烬,你会来到东京中央车站近前。从这里能看到东京都厅的建筑严重损毁。但位于丸之内中心地带,三菱伦敦镇旧址上的楼宇则逃过一劫。只有极其反传统的政府,才会在一座已经满目疮痍的城市里推倒那些还能派得上用场的坚固建筑。

而且还有美国占领军的因素。虽说他们把当时东京乃至日本国内最大的办公楼——丸之内大楼①留给了日本人,但还是接手了丸之内地区除此之外的所有高楼大厦。由于没能说服美国占领军相信霞关的政府办公楼也能很好地满足他们的需求,日本人对如何才能把美军撵出丸之内毫无办法。骚扰作梗之类的也许有用,但实际上日本人从未进行过类似的尝试。要说那段日子里他们有什么策略的话,那就只是点头哈腰地逢迎美国占领军,期待他们能快点完事后离开。到了1947年,当首次统一进行的地方选举选出了首位东京都知事,都政府总算在一定程度上稳定下来时,保留旧街道模式已经成为全城的既成事实了。不过退一步说,即使东京政府能对丸之内地区的道路网进行改造,这是否能成为全面大改造的契机,也是值得怀疑的。因为就连名古屋也没对它的周边地区做太大改变。

与大地震时同样,当务之急是清除残垣断壁。于是大量的碎石瓦砾也像那时一样,再次被倾倒进各条运河。由于当时没有足够的车辆,也没有足够的汽油用于长途运输,无法像后来那样把这些瓦砾运去东京湾用于填海造地,于是一些宽阔街道边上的水路,就遭了殃,例如位于银座东边,建成于大地震后的昭和大道,其沿岸的运河,就成了倾倒瓦砾的最好选择。东京的街道尽管一度堆满了碎石瓦砾,但不久之后就恢复了通行。然而被倾倒了无数瓦砾的运河就没那么幸运了,它们再也没能恢复功能。这不禁让人联想到,如果下一

---

① 又译丸之内大厦,建于1923年,共8层,是昭和前期日本最大的大楼,1999年拆毁,2002年于原址上建成了新丸之内大厦,位于东京都千代田区丸之内二丁目。

场灾难到来，新出的瓦砾又该往哪里倒呢，真是令人担忧。有些运河在这之前已经淤塞不堪，几乎等同于死水泥坑。其中比较重要的一些，例如神田川，在经济飞速发展的那些年里就已经变得极其肮脏，用老百姓的话说，连伤寒病菌都无法在里面生存，因为河里有毒气体生成的气泡咕嘟翻腾，恶臭满溢。至此，江户时代以来的运河系统已变得七零八落，与废墟无异。无论如何，到了这个时代，不管是自然河流还是人工运河都已被时代抛弃。当经济发展摧毁了某些事物，为其哀悼哭泣可能显得有些愚蠢，但考虑到运河曾是江户不可或缺的一部分，人们忍不住会感到惋惜也是情有可原的。

  填埋运河，以及开始对因此新增出来的土地加以利用，是这座城市恢复生机的最初征兆之一。八重洲出口一带曾经只是东京中央车站的后门，它之所以繁荣起来，可能与美国驻军对丸之内的压制有关。但更重要的原因，还是八重洲出口边上的宫城外濠被填平了。在东京中央车站刚建成的几年间，铁路调车场和宫城外濠将车站与下町阻隔开来，使前者显得多少有些高冷。而如今外濠已被填平，上面还陆续建起了商店、餐馆，甚至温泉洗浴中心。八重洲出口所在的大楼于 1947 年建成，它横跨铁轨，位于车站东边，但建成后仅几个月，便毁于火灾。虽说有些可惜，不过即使不是因为火灾，它也会很快消失的，这里后来建起了兼有地上部分以及地下商店街的综合性楼宇。

  1953 年，"名店街"在八重洲口落成开张。① 所谓"名店街"，有点类似西方的"购物中心"，不过稍微不同的是它一般不提供泊车位，某种程度上说可能更像室内集市。虽然车站附属的商店街对于日本人来说已经不是什么新事物了，但如此大规模的还是第一个。而且它的地下部分作为最早的地下商店街，在之后的 15 年间不断扩张，分

---

① 东京站八重洲出口处的室内及地下商店街，如今仍是一个十分受欢迎的景点。走出八重洲地下中央检票口，可到达"东京站一番街"以及老字号云集的"八重洲地下街"，详情可参阅东京观光官方网站 Go Tokyo。

批开放，成为东方最大的地下商店街。于此同时，战后第一座高层建筑（地上8层地下2层）也在填埋地北端附近破土动工了，此时甚至还在朝鲜战争引发的建楼狂潮之前。到了1954年，八重洲口的人流量已经超越了车站正门丸之内口，1966年时，日均人流量更是达到50万人。如此说来，下町已经报了当年遭到忽视的一箭之仇[①]。

还有个类似的例子是关于"三十间堀川"[②]的，指的是在银座东面，由北向南流淌的一条运河，因长"三十间"，约合55米而得名。虽然银座主街道以东的后巷，同样位于银座，但在战前似乎不怎么有人气。因为这条运河成了一道天然屏障，将银座与更东边的松竹旗下影院娱乐一条街分隔开了。战后，这条运河也成为瓦砾的倾倒场。1950年，运河被完全填平，新出的土地被那些想把此处打造成娱乐中心的人士瓜分。他们在这里开设过弹珠游戏机厅、居酒屋、夜总会，甚至还有一家脱衣舞剧场，后者只经营了不到一年就关门了，其中还上演过如"安娜塔汉女王蜂"这样走红一时的剧目。安娜塔汉是马里亚纳群岛中的一个小岛，故事讲的是一个女人在战后数年与几个男人一起生活在这座孤岛上的事情。除此之外，这里还有一家"东京温泉"，这类洗浴中心虽然算不上新事物，但它们的大胆前卫，就像是要给过去的压抑岁月画上句号似的。它一直营业到1986年，接着让位于一座更高的四层楼的洗浴中心。虽然在东京市中心广阔的范围内都没有天然温泉，但从明治时期开始，人们便建起一些人工温泉，例如旧城区南界旁的品川区的那些温泉。

"东京温泉"有很大的大众浴池，据说融合了来自土耳其和北欧斯堪的纳维亚地区最先进的技术。此外也提供个人单间浴池，只收费100日元，在通货膨胀的时代算是很便宜的了，而且还可以请一位

[①] 当年东京中央火车站建成时，正门面对的是丸之内，而迟迟不肯建面向下町的后门出口，为此下町居民十分不满，还曾对车站进行抵制，详见上部。

[②] 此处据日译本，本书原文为 thirty-three-ken，译为中文，应为"三十三间堀川"。这条河到底叫哪个名字，待考。似乎日译本的叫法更多一些。

可爱的女按摩师。在那个时代,这实在是太令人震惊了,不是因为过于放纵——东京在这方面一向开放,大概只有传教士和警察才会对此大加抨击——而是因为过于奢侈。不仅是东京,就连整个日本在当时的条件下,看起来都承受不起这样的奢华。不过时间证明,这些温泉中心的经营者真是独具慧眼。因为他们开创了一个新时代,以致在后来者眼中,他们提供的这类服务都过于保守拘谨,而且当时他们的这种大胆前卫,也许正是这座城市在那个困苦的年代里所需要的。

填平"三十间堀川"还带来了一个当初预想不到的结果:它使银座东边的影院娱乐一条街变得更加靠近银座,最终被银座吞并了。旧时的木挽町变成了"东银座",最终连"东"也省去了,就叫"银座"了。可见在东京,地名的变化并没有多大的实际意义。即使地名里有"町"这个字,也只是与美国的"某某街"意思差不多,并没有什么行政管理方面的特殊含义。影院街在进入电视时代后的处境也不比电影全盛时代了。不过最令人惋惜的还是许多从江户时代便深入人心的古老町名消失了。虽然时至今日,年长者要看歌舞伎时,仍然会说"去木挽町",而不是"去银座",看来旧町名完全退出历史舞台还需要点时间。

正如被瓦砾填平的运河,黑市也为城市恢复活力出了分力。也许它们的存在也是不可或缺的。因为单靠配给制根本不够糊口。1947年,东京地方法院一位法官之死引起了报纸极大的关注。他因为拒绝吃任何购于黑市的食物而死于营养不良。

运送上下班乘客的电车线,沿线每个车站都有自己的小规模黑市,卖些非法获取的外国产品。随着配给制的取消和生活必需品的供应逐渐充足,这些小市场也退出了历史舞台,变成了餐馆聚集地。公司职员们在一天的工作结束之后,会聚集到这些地方饮酒放松,以暂时逃离来自家庭的压力。虽说这类小餐馆是随着上班族朝九晚五的生活而自然出现的,不过黑市的存在确实促使它们暴发性增长,并且速度远超战后普通商业的增长速度。

如果没有美军中管理补给的下级士兵协助，黑市是开不起来的，但关于黑市的取缔工作，美军却全权交给日本警察处理。美军司令部方面其实也没指望能取缔它们，只是希望不要在他们眼皮底下大行其道就好。因此黑市便没有成为东京中心地带恢复活力的最初动力，而基本集中在山手线沿线各换乘站附近，盛况空前。

黑市中最兴盛繁荣的是"阿美横丁"集市街，简称"阿美横"，就在上野站的南边。现在它当初的黑市已不复存在，但名称却保留了下来。美国人对这个地方有自己的称谓，叫做"上野军人服务社"（Ueno PX）。"阿美横丁"这个名称中，"横丁"的意思是小巷，"阿美"则是个谐音双关语，既可指"美国货"，又可指"糖"。① 在那个食品极端短缺的年代，售卖带甜味的食品是阿美横的一大亮点，其中甚至有直接用豆子或芋头为原料制作的糖。这一街区经常遭到警方的抄查。1946年5月的一天，甚至有600名持枪警察浩浩荡荡地开来。然而，就连他们也拼不过阿美横的适应力和恢复力。而且他们是否真的尽了力，实际上也令人怀疑。也许抄查可以短暂地减少黑市上美国物资的流通量，但也仅仅是暂时的。除非摊贩或店主被怀疑犯有其他更严重的罪行，否则他们会被宽大处理，就好像连警察也承认这一行总得有人干一样。当日本人终于又开始出国留洋，他们回国时必然要带礼物回家，据说万一因为太忙没来得及买，或者到了外国却没敢买，人们就会改去阿美横买。

战后的第二个十年里，阿美横开始从售卖美国物资转变为售卖水产品，这种东西想来也不会是从美国进口的。这种转变可以被看作是一种征兆，战后最糟糕的贫困混乱时期即将过去。1983年，一座由钢铁和玻璃建造而成、风格时髦的阿美横中心落成。不过搬进来的小零售商们主要售卖工业制品。食品供应商们依然在老地方沿街摆摊，销售额远超几步之遥的松坂屋百货公司的食品部。最近几

---

① 在日语中，"美国"一词的头两个假名（アメ）和"糖"（あめ）一词的发音都是"阿美"。

年①,阿美横成了新型黑市的中心。日本人(或者随便什么人)都可以在纽约之类的地方买入容易携带入境的商品,不交税地带回日本出售,价格可以比合法渠道入境的商品低。所有这些改变,加上其他很多变化,反映了更大范围上的改变。阿美横总是这样与不断变化的东京保持步调一致,或者说它本身便多多少少代表了这座城市的变迁。

如果说黑市摊贩要冒着被抄查和没收部分货品,甚至被拘留几天的风险,那么另一种处境更为可怜的黑市商人同样风险甚大。他们通常情况下是女性,通过从乡下购买大米再运送到城里出售来规避配给制,被称为"跑单帮的"(担ぎ屋,katsugiya)。他们的处境更为艰难,常常被集中查处,通常是在城市北部和东部的火车站,因为他们会在这里下火车或是转车。不过巡逻的警察除非万不得已,似乎也不愿针对他们。据说曾经有一位警察轻轻拍了拍一名妇女的肩膀说:"你的孩子尿了。"在那个时代,带小孩出行的通常做法是把孩子用袋子兜着绑在背上,跑单帮的女人会把偷运的大米绑在背上假装成是她的孩子,并不时做出哄拍的样子。故事里那可怜女人的米袋破了,大米稀稀落落地漏了下来。

据估计,在1946年初,东京约有6万家从事黑市经营的店或摊贩。听听人们对那段艰难岁月的回忆或是翻阅相关的记录,我们会觉得干这一行的人,大多是迫不得已,只能以此糊口。然而,很多人其实是处于黑社会暴力团体控制之下。日本投降之后不久,敲诈勒索、收保护费的帮派便在新宿车站东面、西面、南面各主要出入口一带圈占土地。

其中占据了新宿站最重要的出入口:东口一带土地的黑社会暴力团体②,以"光明从新宿照耀四方"为口号。现在东口一带几乎可以说是紧挨着世界上地价最高的地块了,但其合法的所有人(其中包含

---

① 指本书成书时的1980年代末期。
② 即"关东尾津组",其宣传口号原文为「光は新宿より」。

新宿零售商铺中历史最为悠久的"高野水果吧")为了从黑社会暴力团体手中夺回土地,甚至不得不求助于法院。持续不断的帮派斗争则是新宿站南口的特产,而新宿站西口的超级大混乱更是涉及所有权、租地权、经营权,等等。也许就是拜其所赐,我们至今仍能听到战争刚结束后不久人们对西口的一个俗称:小便横丁。由于各种主张和权利关系太过错综复杂,让小酒馆和饭店店主也有机可乘,能够买下属于自己的土地。池袋站西口的旧黑市,要等到战争结束后15年,才最终在法院的命令下被取缔。

那些日子里还有个"第三国民"的问题。这个问题在黑市交易和帮派纷争中非常突出。"第三国民"实际上是指定居日本的中国人和朝鲜人,即既非日本人也非美国人,而是持有"第三国籍"之人。美国占领军对他们很友好,因为中国人本身就是同盟国的盟友,而朝鲜人身为"敌人的敌人",也算得上是"准盟友"。很难说"第三国民"们没有利用他们身处的有利地位为自己谋利。

日本黑帮经常自诩为日本的罗宾汉、大和魂的捍卫者之类,至少他们对外是这么宣传的。对于这样的他们,日本警察虽不能公开包庇,但有很多证据表明他们暗中为日本帮派提供了很多帮助。在1946年的"新桥事件"中,虽说美国宪兵队和日本警察介入阻止了中国人帮派和日本人帮派争夺市场控制权的械斗,但实际上,双方熄火这一结果本身就是日本人的胜利。它向地位日渐式微的中国人表明,即使是在战后混乱与道德崩坏的日子里,他们也不能事事都按自己的想法来。

之后的1946年晚些时候,在东京湾对面的千叶县,警察似乎实际上是挑起了日本帮派与"第三国民"帮派之间的对决。本来这是一次千叶警察和美国宪兵联合组织的扫荡行动,计划不分国籍地把帮派分子一网打尽。但日本警察却将消息事先透露给了日本帮派并寻求他们的配合。而美国方面则没有对"第三国民"事先通风报信。于是当遭遇战发生时,几分钟的交火过后,只有数人被打伤,无人死亡,但最后只有"第三国民"被逮捕。

警察和黑社会的关系问题一直十分微妙又难以捉摸,不过至少可以这么说,比起有组织的犯罪,更为分散而无规律的犯罪对警察来说更为棘手。如果黑帮完全消失,对警察来说某些案子会更难侦破;而就黑帮团伙来说,比起和不相识的外人打交道,可能也更喜欢彼此都熟悉的警察。

430

推动战后日本复兴的最强力因素,出现得非常之晚,那就是1950年6月爆发的朝鲜战争。如果我们把日本1956年加入联合国之前的十年算作日本的战后恢复期,那么此时正值中间点上。对朝鲜而言,战争无疑是一种灾难,但对日本而言,这却是极为重要的契机,毫无糟糕之处。对于这场战争,东京乃至全日本都认为总会有人出来收拾局势,因而采取淡定态度,现在想想真是应对得十分妥当。处于美军占领之下的日本,其外交方针大概除了想办法让占领军快快走人之外,就是尽可能多出口些商品,赚些外汇了。一位著名编辑也曾评论道,日本读者觉得最乏味的选题大概就是两个,一是朝鲜问题,另一个是教育问题。不过即便如此,这种平静的态度仍然可以说是很得体的。对于朝鲜未来将何去何从,日本人漠不关心。

尽管如此,朝鲜战争对于日本来说绝对是极为重要的事件。日本人从朝鲜战争中获利甚多,他们将这些用于城市和国家的重建,终于至少在物质层面上回到了1940年代愚蠢地发起战争之前在国际上占据的位置。就在朝鲜战争爆发的1950年的下半年,美军的军需采购合同达到了1.8亿美元,而到了朝鲜战争即将结束的时候,其总额已飙升至23亿美元。日本的工业生产总值也恢复甚至超越了战前水平。战后几年还需要仰赖的美国直接援助,此时已不再必要。虽说在此之前,日本已经从废墟中勇敢地迈出了走向复兴之路的第一步,不过速度的加快确实与1950年代的特需生产脱不了干系。没人能责备日本人的渔翁得利,因为换作别人也会这么做的。但一个依据战后和平宪法第九条宣布放弃战争的国度,却因战争而繁荣昌盛,确实很是讽刺。

不过即使如此，紧随投降之后的岁月真的非常困难。当我们听一个中年或是更年长的日本人讲述那段艰难岁月的时候，需要注意分辨他所指的到底是哪个时段。也许有人会凭直觉推测认为最艰难的岁月是在战争的最后几个月，那是大轰炸阴云笼罩的时期，但对大多数日本人来说，真正可怕的是战后第一个冬天，也是他们回忆艰难岁月时最多谈到的，那是一个充满寒冷、疾病和饥饿的冬天。疾病中最凶恶的是流行性斑疹伤寒。1945年末到1946年初的那个冬天里，仅在东京都内就爆发了近1万例，近1000人因此死亡。天花和霍乱疫情也不容乐观，虽然它们没有斑疹伤寒那么高发，但若是在平时，它们几乎不会在日本爆发。伤寒之所以如此猖獗是因为虱子太多以及身上太脏，对于爱干净的日本人来说，真是十分难受。那个时候，想洗个热水澡都绝非易事。虽说过去跳蚤和臭虫在东京也不少见，但虱子又是另一回事了。

那个冬天，依然坚守在东京的人中，十分之一住在防空洞和土仓一类的临时避难所里。上野车站的地下通道在规模上虽然不能与后来建成的地下街相提并论，但在当时是城中最大的避难所，作为城里聚集了最多乞丐和流浪汉的地方，十分出名。虽然警方时不时会前来取缔，想把他们驱散，但最终也只能作罢。据说1945年12月中旬的一个晚上，就有约2500人被安置在这里。由于饥饿寒冷，冻死的人开始出现。此时东京的气温其实并没有降到零下很低的度数，但由于湿气太重，即使是营养状况较好的人也会觉得不适。1945年最后几个月，上野的流浪汉中每天都有2到3人死亡，有时候甚至高达每天6人。战后第二个冬天，情况稍稍有所改善，至少露宿的寒冷已不再是导致死亡的最主要的直接原因。1947年开年的第一周内，上野车站区域内有11人死亡，其中绝大多数死于肺炎。

在大学里，学生们坐在没有供暖的教室里，裹着外套瑟瑟发抖，教授则站在讲台上哆嗦着坚持讲课。即使是在占领军未接管的那些设施最好的大楼里，比如丸之内大楼或日本银行，打字员们也只能靠在办公室里摆上炭火盆取暖，时不时烤一下冻僵的手指。在剧场里，比如浅草六区座，舞者们在没有暖气的环境里仍坚持表演，其勇气令人敬佩。所有的东西都是限量供应的，连到饭店吃饭都要出示配给券。主食基本只有棒鳕和芋头。时至今日，很多经历过那段日子的日本人一看到这两种东西就开始发抖，吃怕了。

不过现在回想起来，当时东京乃至日本全国都笼罩着一种共患难的精神，让那时极为寒酸的日本人看起来比现在衣冠楚楚（或者说时尚）的一代更令人敬重。人们努力让自己从迷茫和打击中振作起来，重新审视自己；认识到军国主义的侵略扩张是走不通的，为了探寻另一条道路而再度迈开脚步。那样的身姿确实十分美丽。

跟大地震后一样，棚屋几乎是立即就在炸毁的废墟上建了起来。以往喧嚣的地方，如新宿、银座、上野等地，街头摊贩再度复活。他们在更稳定的商店恢复营业之前便开始向大众提供食品和饮料。美国占领军不喜欢街头小摊，于是在1949年下令要求取缔。1951年的大晦日，即日本的除夕夜，最后一家摊贩撤摊了。摊贩们转做其他营生的努力并没有全部取得成功。很多小摊最终被并入有顶棚的常设市场，例如银座东边被填平的"三十间堀"上建起的市场，以及上野最著名的地标西乡隆盛雕像脚下的市场。

随着摊贩消失，银座和新宿的街道变得更便于行人和车辆快速通行，但这种变化对于一座城市形成人群聚集的热闹地带是不利的。随着城市和国家的日趋富裕，小摊也许终将消失在历史的洪流里。有时候会有报纸采访过去做过摊贩的老人们，而几乎每次他们都会说无论如何再也不会干回老本行了，夏天骄阳似火、冬天冻出冻疮的日子太难熬。50年前，即昭和初年，政府的一次关于设立摊贩的不成功尝试早已证明，摆摊这一行根本不是半吊子和玩票性质的人干得下去的。那是在1930年夏天，为了在那惨淡的大萧条岁月中缓解失业压力，东京府警察在城中和郊区开辟了绵延大约10英里的沿街区域，给这些半路出家的摊贩摆摊。超过1.6万个小摊迅速出现，然而一年之内，其中1.4万个即宣告破产。

烧木炭的出租车也在1951年大晦日退出了历史舞台，并且再没出现过。虽说是"退出历史舞台",但其实也不是什么大事,因为当时已经不剩几辆了——可能顶多只有不到10辆在城里四处喷烟,相对于战争期间的3000辆左右而言,根本不能比了。很多人喜欢街头小摊,但没有人喜欢烧木炭的出租车。它们开起来哐铛哐铛,好像随时都会抛锚,并且一直烟熏火燎,连着乘客一起呛到窒息。就像棒鳕和芋头一样,它们是苦难困窘时代的象征。

某种意义上说,黑市从未消失。就像我们之前提到的,如今在阿美横这类地方仍能买到非正规渠道进口的商品(其中许多实际上是日本制造)。不过,随着市面上的生活必需品日渐充足以及配给制的废除,生活物资也就不再属于黑市交易的范畴。废除配给制的进程开始得很早。批发市场从1950年起敞开供应,零售市场解除配给制稍晚一些。冲着1964年奥运会而来到东京的许多人,可能都不会想到,到饭店吃饭需要凭票的制度在当时还很盛行。直到1968年,配给制才正式宣布废除,不过在那之前它已经名存实亡。黑市的米价在1959年已低于配给米价。就这样,零售领域的配给制也随之消亡了。

虽说早在第一波美国占领军到来的时候,废墟之上便已建起零零散散的棚屋了,但东京在解决住房问题方面至今仍然表现不佳。到了1946年底,每20个人中仍有1个寄居于临时避难场所,相对于一年前的每10个人中有1个可能好点儿,但人口在增长。1948年,第一个都营住宅项目在原陆军用地上建成,其中每一单元户的申请者高达300人。建设部的住房调查显示,截至1949年初,东京已重建了大约三分之一的住宅。这一表现比大阪略好,但不如其他一些城市,包括广岛和长崎,那里还是原子弹落下的地方呢。尽管相比东京,大阪在新建住房数量上表现不佳,但后者的人均居住面积却比东京要大。东京的人均居住面积还不足3叠,即3张榻榻米。(1张榻榻米大约2平方码,也就是约1.67平方米。3张榻榻米只有5平方米左右。)虽然这一数字后来逐渐增长并还在持续上升,但直到1986年,东京人均居住面积依然不足8张榻榻米,约合13.4平方米,是除冲绳外的日本所有都道府县中最低的——东京在经济上可是都道府县中最富裕的,冲绳则是最贫穷的两三个地区之一。而东京市民人均自有产权的面积大约只有12平方英尺,约合1.12平方米。也就是说,占地1000平方英尺,约合93平方米的一套房子或公寓,要挤上7个人。但这也只是平均算下来的数值,也就是说相比富裕的区,东部和东北部的区要远低于平均水平。地价飞涨使得工薪阶层即使想买一块他们负担得起的小小地产,也必须越来越远离市中心区域了,关于这点我们后面会详述。总之,土地问题看来是失控了,到了最后,所谓的"规划"能做的事,只剩下尽可能地让那些必须长途奔走的上班族更加便捷地出行了。

这座城市在公园建设方面也没能交出令人满意的答卷。以隅田川沿岸为首的大片土地,在大地震之后并没有用于兴建楼宇,而是保持开阔状态,并马上改建成了公园对公众开放。但这种做法在1945年战争结束时几乎没有出现。事实上,单是在公园设置上就因为牵扯到如国家公园、皇室庭园、都立及市立和区立公园等各种类型,导致问题变得十分复杂。虽说公园的用地面积增加了,但都政府对除了小型儿童游乐园以外的公园建设,至少在刚开始时,都不怎么上心,工程进展缓慢。反而是捐建的公园更引人注目。其中一个例子就是滨离宫。1879年格兰特将军夫妇访日时就小住于此,它过去曾是幕府将军的海滨别馆,后来被宫内省接手,然后又在1945年底捐赠给了东京都政府。一年半后,美国占领军征用了这块地方,不过并非全面征用,在美军出于训练目的使用的时候,会禁止外人进入,除此之外的时候则面向公众开放。

也就是说,都政府在战后城市还有大片焦土,可以做点什么的时候却基本什么都没做。不仅如此,一些战前的公园实际上已经消失了。其中最明显的例子是浅草公园,它是明治时代最初的五座公园之一。在这件事情上,美国占领军可能也要负一部分责任。它将公园的土地还给了浅草观音寺。而浅草观音寺由于极其缺乏重建资金,将公园用地完全商业化了。浅草公园里那著名的池塘存在了可能有三代人的时光,现在也没了。只有观音寺本堂背后的一块空地上还没有被建筑物占满。但即便是这里,也铺上了坚实的地面,成为观光大巴的停车场。

现在,东京人均享有的公园面积跟京都的数值差不多,比横滨的大一些,比大阪、名古屋和神户的小一些,后三个城市的人均公园面积依次递增。与美国城市的情况相比,东京人均公园面积只有华盛顿特区的二十分之一,并且东京公园的绝对面积远小于费城的数值,只比底特律的大一点点,而后面这两个城市的整体面积都远小于东京。也许根据具体定义不同,情况会有所不同,但总之东京在公园这一项上是远不及江户了。在江户时代,神社和寺庙境内的区域也起到了充当公园的作用,将这些加在一起来看,东京的公园占整座城市面积的比例要低于江户时代。

但我们也必须澄清的是,东京中心的大片区域对公众免费开放,是其优越而人性化的地方。比方说单看统计数据,首尔的人均公园面积比东京大得多,但统计数据没有说的是,人们想进入城市中心或其附近的任何大公园都必须买门票。

虽说东京在以上这些方面没能交出满意的答卷,但在建设并稳固自己以往作为日本经济中心的地位方面,以及形成对世界传统经济中心的强力挑战并一跃成为世界经济中心之一上,东京的成就令人瞩目。朝鲜战争不仅成为东京乃至整个日本经济复苏至关重要的契机,而且加速了经管人才和企业高管在东京的集聚。正所谓"风水轮流转",作为企业活动的中心,丸之内日趋繁荣,而日本桥则日渐黯淡。在战前,以及战后最初几年里,新建办公楼面积小于新建住宅面积。而到了1960年代初期,这一比率发生了逆转。

1930年代一度因非常时期的到来而终止的办公大楼建设热潮,以朝鲜战争为契机又再次开启了。1951年,距离丸之内大楼一街之隔的新丸之内大楼动工,此处离东京中央车站也很近,仅隔了一个广场。其实早在战争开始前,这栋建筑的地基就已经开挖了,于是这个大坑在整个美军占领时期都积满了水,成了一个池子,偶尔还会有尸体漂浮在水面上。因为据传有人在战败投降时在此埋了宝藏,于是在排水和回填作业开始之前还出现了一波寻宝热。当然最后什么都没找到。

从车站看去,新旧两栋丸之内大楼就像双胞胎,都有着毫无创意的平铺的正面。不过,新楼的楼层设计有些许不同,给三菱留出了更多的空间以供出租,也使这栋建筑成为当时东京乃至日本最大的建筑,就像曾经的旧丸之内大楼那样。当然这第一大的称号并没能保持多久。第三栋丸之内大楼——按照其所在的地点,更合适的称呼应该是大手町大楼,在1958年完工。在此之后,很多更巨大的楼宇拔地而起。

但与此同时,上班族们去这些新大楼上下班所需的交通配套设施却极端缺乏。战后第一个十年里,去往市中心的交通运能依然停留在战前水平。随着在大手町大楼上班的4万名职员加入上下班大军,国有铁道线上拥挤的状况变得令人难以忍受。站务员死命将乘客塞进车厢以便车门能顺利关上的痛苦场面(虽然在一些人看来可能有点滑稽)就是从那个时候开始出现的。1954年,东京的第二条地铁线,也是第一条直接途经丸之内的地铁线——丸之内线,开通了从池袋到御茶水之间的一段。但这段线路除了方便零零散散的学生和学者去往神田的书店看书之外,并没有多大用处。虽然这条地铁线在1956年延伸到了东京中央车站,1957年又延伸到了银座,但直到1959年,也就是大手町大楼落成后一年,它才延伸至上班族最为泛滥成灾的新宿。而银座线(浅草—涩谷)和这条丸之内线(池袋—新宿)之间的自由换乘,还要等到更后面才施行。说运营方以利益为先而忽视乘客的便利,也许是有失公允的,但事实确实如此。

另一方面,办公室职员在工作时更方便了——至少内勤人员从一间办公室跑到另一间办公室传达指示更方便了。原本在三菱伦敦镇旧址一带,也就是车站前绵延的那一片建筑群里,企业的租用模式是垂直的,也就是说一家公司会租用一栋建筑某一块的上下几层楼。

而如今,租用模式变成了水平式的。没有自己独立大楼的公司会从三菱或其他房东那里租用一整层或者两层。

1951年,即朝鲜战争爆发的第二年,也是办公楼建设热潮开始兴起的一年,东京的酒店客房数量也迎来了自1938年第一宾馆落成之后的首次增长,那就是日活大楼①的建成,它位于日比谷十字路口。该楼的一楼及地下为商铺,顶层为酒店,中间楼层为办公用。如今顶楼的酒店早已消失,不过即使它留存下来,在东京大型酒店林立的情况下也不会引人注意。这栋大楼的建设者是一家后来被电视业搞垮的电影公司②。在那个年代,这么大胆的手笔一度成为人们热议的话题,引发了极大的惊叹与好奇:这么多房间会有足够的外国人和企业家入住吗?当时几乎没有人预见到,外国客户的数量在保持酒店入住率上会如此无关紧要。

我们之前已提到过,第一宾馆位于新桥,其建设初衷是为了接待那场告吹奥运会的外国来宾。到它建成之时,"宾馆"③这类设施与"旅馆"不同,接待的基本上是外国人。不过,撇开第一宾馆的出身不谈,它希望能吸引日本商务人士,甚至偶尔举家来东京观光的日本人入住,从某种程度上说取得了成功。小小的房间,尤其是小小的浴缸,看起来便是为照顾日本客人的感受,吸引他们尝试西式旅馆这种新事物而做的安排。不过这种努力没能持续多久。战争降临,宾馆陆续被毁,即使是侥幸遗留下来的,例如以帝国饭店④和第一宾馆为首的那些宾馆,也被占领军接管了,供他们自己的职员和所谓的"外

---

① 日活宾馆大楼(日活ホテル)原址位于东京都千代田区有乐町,地上9层,地下4层。准确地说是开业于1952年4月,1969年被日活出售给三菱地产,改名为日比谷国际会馆,2003年拆除。
② 即"日活"(日本活动写真株式会社),曾经是与东宝、东映、松竹并称的大型电影公司。其实该公司今天还在,并未倒闭,只是今非昔比,基本没有多大影响力了。
③ 在日本,"宾馆"(ホテル)多指"以西式结构和设施为主"的西式旅馆,本身"ホテル"一词也是来源于英语hotel的外来语,具体情况有些复杂,详见后文。
④ 即著名的东京帝国饭店,其日文原名为"帝国ホテル",其实译为"帝国宾馆"是最准确的,但此处仍和本书上部一样,按中文约定俗成,译为"帝国饭店"。

商"暂住。不过一待占领时期终结,酒店业便再次以极大的热情投身于这种尝试之中,到了1964年东京奥运会前后,都内宾馆的房间总数已经增至原来的5倍。宾馆的常客,特别是选择入住高价房间的客人中,日本人的数量更是不断递增。

宾馆和旅馆之间的区别从来就不甚清晰。(也许稍微有点像艺伎和妓女之间的差别。)东京最早的宾馆是木结构的,那就是在1872年便毁于大火的筑地侯泰卢馆。它名字的前半部分"侯泰卢"(ホテル)来源于英文hotel的谐音,也就是说它应该属于"宾馆",但后半部分用的却是"旅馆"常用的"馆"这个汉字,也就是说它似乎认为自己既是"宾馆"又是"旅馆"。我们只要关注一下最近在上野新落成的一家所谓"宾馆宿"(ホテルやど,Hoteru Yado),就会发现这种折中主义的传统依然健在。顺便提一句,"宾馆宿"的"宿"字与新宿的"宿"字是同一个汉字。新宿这个地名本身,其实也含有"旅人借宿处"之意。

因为这种折中主义的健在,我们并不能一刀切地说宾馆就是西式的而旅馆就是日式的,如今即使是外观看上去只能称作是日式旅馆的地方,也备有床和沙发,而很多大宾馆也提供睡地板的和室风格的房间。我们也不能说宾馆就是贵的象征,而旅馆都是便宜的,因为两者都既有贵的也有便宜的。大概最明确的表述就是,宾馆往往又大又高还防火,而旅馆倾向于规模很小,一般不会超过两到三层楼,结构脆弱,易燃。

战后第一个十年末尾,东京城里有将近4000家旅馆,而宾馆只有十多家。可以说前者的房间数要几十倍于后者的房间数量。不过前者中大约四分之三都是"暧昧向"的,也就是面向所谓的"暧昧人士"开设的。它们的招牌上画有一个类似"翻倒的水母"的标志,这其实是表示温泉。标志上那几缕从温泉中冒出的蒸汽,画得很像向上的触手,而温泉则以一个扁图形表示,合起来就像一只仰卧的水母。夜陪女是这些旅馆非常重要的常客。

日本第一家美国人所说的那种"汽车旅馆",到底是何时何地诞生的,一直众说纷纭。有人说是在1963年的热海,有人说早在1957

年的"里日本",即日本本州岛濒临日本海的地区,就有其雏形了。但无论是哪种情况,看起来都与东京扯不上关系,而且似乎是发生在奥运会前的事。不过很快东京便出现了无数的翻版,其经营内容的个中奥妙也成了众人皆知的秘密。"翻倒的水母"和"汽车旅馆"这种说法,本身就带有一定暗示意味,却还是有所隐讳,如果我们用英语里的"love hotel"即"情人旅馆"加以解释,就非常直白了。

不过,日本人对于这类事实上的情人旅馆还是有点遮遮掩掩的。在过去那个时代,民众对于在吉原销魂一夜是很坦然的,并不觉得是羞耻的事,但如今在情人旅馆过夜则不然。江户时代的妻子们没有权力对丈夫时不时光顾吉原的行为说三道四,不过今天的夫人们如果看到或听说自家老公在情人旅馆出没,定会因丈夫的背叛而大发雷霆吧。要说为何要挂上"温泉旅馆"或"汽车旅馆"的名头来掩人耳目,很大一部分是为了尽可能保证偷情者不被发现。也就是说,家庭生活的内涵已经改变了。

官方记录显示,东京从关东大地震中恢复只用了不到10年时间。1930年,也就是大地震发生7年后,为了庆祝地震重建工作完成,官方甚至还举办了仪式,天皇亲临表示祝贺。但战败后的复兴则完全没有举办此类仪式。另一方面,战后重建与1923年大地震重建,以及后来的其他灾后重建都不同,它没有一个所谓"大功告成"的时间截点。虽然大地震重建时,也没设定过这么一个时间点,但事实上,由于大萧条和战争危机在帝都复兴庆典之后接踵而至,使得东京再也没有余裕大兴土木了。于是这场庆典就好像是一个标志,宣告了火热的建设复兴时期的落幕,以及暴风雨前平静而压抑时代的开始。

不过到了战后,这种建设停滞期再也没有出现过。各种建设一直持续进行。虽然经济衰退也发生过几次,但没有出现过严重的经济萧条。① 在现代主要国家中,能像日本这样免于卷进国际纷争,自由地专注于生产、出口、建设的国家,可以说几乎没有了吧。人们时

---

① 这是指本书成书时的情况。

常可以从报纸和杂志上看到战后时期"终于"完结的论调。这大概就跟当初许多人一直念叨的"江户已死"的论调相似,即使这次一口咬定说某个时代已结束了,过了不久又会老生常谈,说它现在才真正结束了之类的。"战后时期"这种说法,实际上与"重建时期"差不多是一个意思。作为一个经济和文化上的时期,它估计会一直持续下去,直到下一场灾难降临。

不过即使如此,我们仍可以说东京在 1950 年代中期或末期,基本恢复到了 1940 年前后的水平,在此之后,都可以算作是新的增长了。东京从 1923 年大地震中恢复,用了大约 10 年,从 1945 年战后的废墟中恢复,也用了大约 10 年。1950 年代中期起,我们开始听到日本人说,他们的生活水平回到了战前水平。

财富的分配从来不会是均等的,东京的日渐富足自然也不是在所有地区都一样。例如在住房状况上,不同区的情况就相差很大。美国占领军除了接管丸之内商业区的大部分楼宇之外,还征用了东京都范围内超过 600 户普通住宅。因为有权任意挑选中意的驻地,美军自然选择了最豪华的住宅,于是我们只要看看他们驻扎在哪里,就能知道东京最富裕的居民区分布在哪里了。被征用的住宅中有四分之一位于现在的港区,这一带在 1947 年之前分布着旧城区南部的三个区——芝区、赤坂区和麻布区。美国大使馆也位于港区,在其北部边缘。如果再加上另外两个区:其一是大田区,它是 1932 年新区划中最南边的区①;其二是涩谷区,它是东京城区西南部涩谷繁华地带的中心,那么其征用房屋就占到了总征用房屋量的一半还要多。与此相对的是,位于城市东北部边缘和东部边缘的 6 个区,连一间房屋都没被征用。不过即使占领军想在这 6 个区中靠近内侧的 3 个区②找个落脚处,那里也基本没剩下什么完好的房子可供征用了,而其余 3

---

① 1932 年编入东京市的新区实际上是大森区和蒲田区。1947 年 3 月 15 日,大森区与蒲田区合并为大田区,成为东京 23 个特别区中最南端的区。
② 应该是指荒川区、墨田区、江东区。

个靠近外侧的区①,虽然没有破坏得太严重,也没有什么能入得了占领军的法眼。

1956年时,江户川区作为最东边的两个区之一,人均收入最低。那时候它还是以农业为中心的区。在那些已经彻底城市化的区当中,紧邻隅田川东岸的两个区:江东区和墨田区的收入最低。1957年,运至神田农产品批发市场的蔬菜量是隅田川东岸的江东市场的两倍(东京共有7个批发市场,这是其中的两处),而销售总额却是后者的3.5倍。因为银座及筑地的高档料亭和蔬果零售商,会来神田批发市场采购。江东则没有这样的客户资源。(1956年,按销售额统计,神田占了全国蔬菜销售总额的14%,水果销售总额的26%。其水果销售额甚至超过了除东京自身外的其他城市,蔬菜销售额则仅仅低于大阪。)

东京都范围内的人口在1939年还是东京府的时代,曾一度超过700万,直到1944年还维持这个数值没怎么变化,但到了1945年末,下降到只有350万。在随后两年间,人口每年急速增长大约20%。此后增长率急剧下降。到了1952年时,东京都人口总数再一次突破了700万,1962年超过了1000万。1940年时,730万府民中,约有675万人居住在35个区,即"区部"。而到了1955年时,大约800万都民中,住在区部的不到700万人。这就是说,居住在1932年市域大扩张前的"郡部"的居民,其人口总数在战后翻了一倍,而与此相对的是,区部的人口数量只增长了区区20万左右。②

到了1960年代末期,区部人口增长到了将近900万,此后便再也没能突破这一数字。东京都区部人口已经饱和,只有过去的"郡部"地区的人口继续增长。尽管从长期来看有一点轻微的下降,区部人口自1967年起便维持在一个相对恒定的数字上。不过位于都心

---

① 应该是指足立区、葛饰区、江户川区。
② 这里读者可能会有些头晕,通俗可以理解成东京中心地带人口增长很少,而外围人口增长很多。

部,即中央的几个区,和东部及东北部的一些区,从更长期来看,在1945年的灾难到来之前,人口就一直在下降。虽然1945年之后每个区的人口都有所增长,但上述各区的人口再也没能回到其在战前最多时的那个数值。

我们可以千代田区和中央区为例,前者包含了丸之内商业区和大多数政府机构,后者则拥有银座和日本桥。1955年和1960年的两次人口普查显示,这两个区的人口在这期间出现了明显的下降。港区的人口虽然在1960年时比1955年时要多一些,但此后也有所下降。同样的情况发生在拥有上野和浅草的台东区,以及拥有国立顶级大学和后乐园棒球场的文京区。(非普查年份的估测数据显示,后两个区的人口在1960年普查后可能以极慢的速率增长过一到两年。)与此相对的是,位于区部最西南端的世田谷区,在1944年到1945年间失去了将近十分之一的人口,但到了1946年就恢复到比1944年时还多了,之后更是向着都内人口第一大区的宝座稳步迈进。如果我们把现在世田谷区所在区域与战前还属于郡部的同一片区域结合起来看,就会发现世田谷区一带在1935年的人口数量只相当于如今23个区中的第14位,而台东区和墨田区这两个隔隅田川相望且人口均未恢复到战前最高时期的区,在那时却属于人口最多的区域。

今天东京的23个区中,有8个区的人口在1960到1965年两次人口普查之间有所下降。这8个区正覆盖了旧东京城区(即1932年时的东京)范围内的所有区。而包含新宿区在内,两个横跨旧东京城区边界的区,虽说在这期间人口略有增加,但非普查年的估测显示,其到1965年也已经处于下滑状态了。与此相反的是,地处1932年东京城区边界外的所有新区,人口数量都在增长,只有一个区例外,那就是荒川区。这个区位于浅草北边,只有当受灾以及生活成本上升导致赤贫人士在浅草混不下去时,他们才会选择搬到这里。

凡此种种,可见东京已与昔日的江户渐行渐远了。新区不断壮大而旧区衰落,过去的郡部地区持续兴盛而区部在整体上渐渐没落。

当东京的整体人口开始出现轻微下降的迹象时，周围的三个县人口仍持续快速增长。就这样，随着江户时代曾经人口密集的城市中心地带逐渐空洞化，周边环带地区倒是渐渐扩张，其扩散效应不可避免地出现了，人们都有从众心理。应该说反而令人惊奇的是，这座城市在这种情况下竟然还能继续保有一个中心。在都心部的几个区，白天的人口数量是夜间的好几倍。这是在许多大城市都能看到的现象，因为市中心除了可以赚钱之外，已经没有任何能吸引人的地方。而东京的特别之处在于，人们仍热衷于聚集在市中心，在这里挥霍金钱与精力，尽情享乐。

自1947年普选出第一位东京都知事以来，都知事的平均任期达到了十年多一点。现在的都知事大多能够在他的第3个四年任期内继续留任，可见都知事的威信已经逐渐树立起来。这么长的任期，与战前那令人窒息的频繁更迭形成了鲜明对比。①

日本的地方政府自第二次世界大战后便遵循美国总统的选举模式，地方首席行政长官和议会成员都由普选产生。中央政府则遵循英国议会模式，首相由议会选举产生。以日本的情况来看，很难说两者孰优孰劣，因为这两种模式都能提供政治上的稳定性。战前的东京市长不得不与议会持续苦战。而战后的都议会，总的来说还是可控的，尽管自1965年后就没有任何一个政党能够占据议会席位的绝大多数。只有一位都知事完全失去了对都议会的控制，那就是人称"奥运知事"的东龙太郎，他把大部分的精力都投入到举办一场理想的盛会上去了。他本该更多关注一下奥运会成功举办后不久爆发的那场丑闻。② 不过战后总体上看，丑闻爆发的频率及其戏剧性都不如

---

① 本书写作时东京都知事的任期确实比较稳定，除了"奥运知事"东龙太郎之外，皆至少做满三届，不过自1990年代起，除了一位做满四届之外，其余皆任期较短，又出现了不稳定的倾向。
② 即东京都议会黑雾事件。1965年，即东京奥运会举办次年的3月，东京都议会在议长选举时发生了贿选事件，导致都议会解散并重新选举。

战前了。

在东京都的各项事务运行过程中,有一股强大的势力并不是都知事和都议会能够完全掌控的,那就是警视厅。东京都警视厅的警视总监,是经总理大臣和都公安委员会同意后,由国家公安委员会任命的(虽然都公安委员会实际并没多大权限)。这几个机构都不受都知事和都议会管辖。当外国总统或女王,以及教皇等重要宾客来访之时,为了加强警备护卫,东京变成了一座警察都市。东京的警察数量是大阪的两倍还多,尽管它的人口还不足大阪的两倍。警察过度执法的问题不仅仅局限于东京——1986年在神奈川县还发生过警察非法窃听的事件——但总是以东京最为显著,也许是因为这里国宾来访最为频繁。民众抱怨说,拨给警察的预算经费大部分是由都政府承担的,但都政府却无权控制警察的人数规模。当然即使这些钱由中央政府来承担,多半还是要从东京口袋里出的。作为全国最富裕的地方,自然也会对国家的税收贡献最多。1946年警视厅效仿美国人的做法,首次招募了女性警察。虽然这一做法持续至今,但其他很多同样效法自美国人的做法,比如提倡分权思想等,则早已湮没在历史尘埃中了。

早在1947年都知事首次通过普选产生之前,东京区部的划界问题就已经成为众矢之的。1932年东京划分为35个区之后,各区在面积上就差别很大,旧的15个区普遍比新增的20个区要小很多。而如今,在历经轰炸、疏散,以及疏散后人群的回归之后,各区人口数量的差异也走向了极端。最早提出合并各区以减少区的数量,并认为需要采取措施缓和各区之间不平衡的人,到底是美国占领军还是都政府,各种资料众说纷纭。不过根据其中最可信的资料来看,尽管美国占领军对这个问题并不怎么关心,都政府方面为了方便行事还是把对方卷了进去。

不管事实真相究竟如何,1946年,美国占领军下达指示,表示某些区应该整合。为此,当时的东京都长官在同年夏天组建了一个顾问委员会。取得总理大臣即首相的首肯之后,他在该年晚些时候提交了一份报告,建议将区的数量从35个减少到22个。根据这份提案,在这22个区中,有11个区可以保留现有的区名和区域,它们全部属于1932年新增的那20个区。而1932年时旧有的15个区,要么相互合并,要么与一个新区整合。只有新宿是一个例外,它是将两个老区并入一个新区后组成的。这些被整合的区,几乎都将失去它们原有的区名。

更名的提议引发了强烈的反对,因为当地人对旧名有着根深蒂固的自豪感。旧15个区中,只有4个区的区议会(当时称作"区会")立即表示了赞同。而与此相对的是20个新区中,面临整合的9个新区有6个同意更名,因为这些新区对名字的自豪感没有旧区那么强烈。谈判接踵而来,不过结局从一开始就没有悬念了,所有35个区最终都将被说服,这是板上钉钉的,而实际上也是如此,尽管在几个矛盾突出的案例中,居民们的反对实际上被无视了。例如东京都北部一个较小的居住区,想要并入其南部紧邻的一个居住区,却被硬归入了东边一个性质完全不同的工业区。翻阅这个新成立的区——北区编纂出版的区史,我们可以看到这一决定下得很快,并且没有经过公示。

1947年3月,在首次都知事普选即将举行之前,都长官在都议会(当时称作"都会")许可之下,宣布了拟将35个区减少至22个区的决定。所有的15个旧区,实际上都丧失了原有的名称,这次,公众意见再次被无视了。1947年初,《东京新闻》针对将被合并的24个区的居民进行了一项民意调查,询问他们未来想要的11个新区名是什么。结果最终采纳的新区名中,只有4个是居民们在这项调查中曾提到的。新区名中有些还是很合适的。例如新宿作为旧商业区的主要竞争对手,其名称也该成为一个新区的区名了,这个新区由四谷区、牛込区、淀桥区合并而成。但其他区名看起来就相当蠢。最糟糕的区名是"文京"。这个词的意思是"文学之都"或者"文化之都",可能是考虑到东京大学就在此处而取的名称,但读上去总有一种官僚腔夹杂在里面。

不过把各区的面积弄得平均一点,最初就不在重新划区的考量之中。合并之后,中央的几个区还是比远离丸之内和皇宫的大多数区要小得多。其中最小的是由下谷区和浅草合并而来的台东区,其面积只有西北边最远的板桥区的八分之一。顺带一提的是,尽管板桥区自1932年编入东京市成为一个区以来,其边界和名称就从未变过,但现在却显得有点大而无当了。它真的很大,最宽处横跨10英里,而且人口数量也在飞速增长。于是在1947年8月,它的西半又分出了一个新区——练马区,于是东京的区数也从22个变为了如今的23个。

新区的范围划分更多的是基于人口而不是地域。当局试图按照对将来的预判,将人口最少的区和人口最多的区维持在人口1∶3的比例上。但这种预判自然会与实际走向相差甚远。因为站在战后东京的一片废墟之中,没人能够预见到之后财富和繁荣再度回归时的盛况,也没人能预见到外围的区会发展得如此之好。如果板桥区没有一分为二,那么今天它的人口数量将是坐拥皇宫和丸之内商业区的千代田区的22倍或23倍。位于西南端最远的区:世田谷区,如今则是23个区中人口数量最多的,几近80万,是千代田区的17倍。

在授予各区权限的问题上,按照市民的意见略作调整的情况还是有的。不过针对各区权限过小这点,虽然有不少人反对,但对实际政策影响甚微。1947年,规定了都知事由普选产生的《地方自治法》的修订,使区长也采用了普选方式。1952年9月,强硬派政治家吉田茂领导下的政府,取消了区长普选制度而改用间接选举方式,理由说是因为区作为自治体过于狭小,采取区民自行选举的方式不太妥当。但实际上,都内的绝大多数市皆比区要小,而它们的市长却仍采用普选方式选举,因此这种说法很是牵强。总之从此以后,区长便由区议会推选,再经都知事认可之后上任。

不过20年后,有5个区的区议会决定由区民投票选举区长。得票率最高的候选人会被推荐给都知事。这5个区中,有3个区实际付诸了实施。这一改革与当时社会的风向有关,民众认为地方适当

444

分权对于解决东京日渐复杂的城市问题多少会有些帮助——这座城市确实越来越烟雾弥漫且债务缠身了。1974年《地方自治法》的修订,使区长的选举方式恢复到了过去的普选。区的权限大小也回到美国占领时期那样,与编入东京都的各市相同。

在区这一最低行政级别上,还出现了其他放宽管制的迹象。位于新宿区西面的中野区,甚至能够违抗文部省的旨意,以公选方式成立了区教育委员会。不过这类民意的小小得势,或许并不是改革的主要推手。最重要的还是东京在1967年到1979年间有一个积极支持改革的领导班子,由"革新知事"美浓部亮吉领导,并获得两大主要左翼政党支持,总体上比较激进。对于区长是由公众投票选举还是由都知事授意委任,地方自治机关其实是认为哪种方式都无所谓。对东京的改革而言,选举本身可能就是一种进步了,其他小题大作的举措也是如此。如果换作其他历史背景下,民意还会有多大效果,真的很难说。

失去找乐子和调侃精神的城市是黯淡无望的。东京显然一刻也未曾将这种精神遗忘。战后,找乐子的势头很快回归,各种幽默调侃的段子也传遍大街小巷。关于麦克阿瑟将军和其占领军的各种笑话,以美式幽默的标准来看,也许不是那么搞笑,但日式幽默本来就与美式幽默不同。总的来说,将军的形象在日本笑话中比在美国笑话中更加"高大"一些。比方说有这么个问答式的段子:

> 为什么说麦克阿瑟将军像个肚脐?
> 因为他位于"朕"之上啊。

"朕"是天皇的自称,他在1945年8月15日宣告无条件投降的广播中便这么用过,在此处就代指天皇。而这个词的发音与黑话里说的"小鸡鸡"相近(当然还不是最下流的叫法)。于是在这个双关语构成的段子里,将军阁下和肚脐都位于"朕"之上了。

近几年来一些国粹主义的论调一直坚称日本没有无条件投降,理由是天皇并未被迫退位。但是根据普遍的常识来看,美军占领时期天皇的地位究竟如何,是毋庸置疑的,麦克阿瑟将军和天皇第一次会面的情形便清楚地揭示出这一点了:是天皇去拜访将军,而不是将军去拜访天皇。将军甚至都没有去门口迎客,也没有亲自送客。在那张关于这次会面的著名照片中,麦克阿瑟将军身材高大,姿态放松,而天皇则显得既矮小又紧张。此后,天皇又拜访了将军5次,但将军从未回访过。战败投降的这年秋天,在布置各种事项时的说法都是"这是麦克阿瑟将军的命令",就像战争时期总是说"这是天皇陛下的命令"一样。他成了帝王般的存在,但也许比起任何在占领岁月中来到日本的美国人,他都更少接触日本的实情,每天只是在城濠边上的办公室和美国大使馆的住处之间来来回回,这段路程如果步行,大约只需15到20分钟。

主要歌舞伎剧场之一的东京剧场(简称"东剧"),作为银座东部松竹旗下娱乐产业的一部分,侥幸逃过了轰炸和大火。但同一旗下的另外两家主要剧场:新桥演舞场和歌舞伎座,就没那么幸运了,均被完全摧毁。歌舞伎在东京剧场里一直演到1945年8月上半月,甚至在8月15日广播宣布投降之时仍有演出。之后剧场便被关闭了,但到了9月1日,在甚至还不清楚美国占领军的态度之前,就又开张了。那时美国人的反应,时常有些奇怪。

市川猿之助作为东剧在8月初非常受欢迎的领衔男演员,于9月又回到这家剧场继续领衔演出了。10月,一种相较歌舞伎而言不那么程式化的情节剧:新派戏剧开始在东剧上演。而六代尾上菊五郎,20世纪最受欢迎的歌舞伎大家,则在丸之内的帝国剧场登台。与美国人的关系,最初似乎也进展顺利,但到了11月,问题出现了。这几乎可以说是歌舞伎巨头们自找的麻烦,或者至少是起于他们试探美国人的底线。初代中村吉右卫门,歌舞伎界另一位享有崇高地位的演员,在东剧演出了《寺小屋》一剧。在歌舞伎剧目中,特别是对那些不习惯此类题材的人来说,这部剧简直是疯狂宣扬旧式武士道精神，尤其是吹捧其中的所谓忠义观念，甚至把愚忠奉为美德的代表。习惯了此类题材的日本人可能没什么感觉，但在美国占领军审查员看来，简直就是挑战底线，于是他们叫停了这出戏。那些年，美国占领军总司令部设有专门负责审查文学和艺术作品的部门。虽然美国占领军称不上是十分民主，但在这种非常时期，采取审查措施也是情有可原。实际上，占领军当局也抱有某种危机感，因为短期内要完成的事情实在太多了。占领时期最终持续了六年，从长远眼光来看，可谓十分短暂。

审查制度对歌舞伎而言不是什么新鲜事。战时日本人自己的审查官们，就对他们认为毫无价值和不道德的内容采取非常严苛的态度，尤其是对剧中那些江户末期被理想化了的侠盗们。1945年战败之前，我们没有看到任何反抗审查的尝试，1945年之后也是同样。两种审查之下，日本民众所做的都只是去努力顺应。鉴于无论哪种审查制度之下，歌舞伎都一直在上演，这种顺应的做法可谓非常成功。

松竹很快组织了一个委员会负责选出没人会反对的剧目，并负责与审查官们沟通。后者接受了一份含有174部剧作的名单，它们的内容健康民主。审查官们还提出，编演新剧目也许是解决这类问题的办法。歌舞伎不同于能剧，并没有固定的保留剧目，也没有必须遵循的教条，新剧目一直以来都层出不穷。对于美国方面的这一提议，松竹至少在表面上很高兴地接受了。1946年初，它宣布歌舞伎若继续维持现状，会陷入僵化的危机，因此将致力于编演新剧，作为解决之道。

如果美军审查官们初期的观点和松竹依此制定的方针一直占据上风，那么在歌舞伎表演艺术中，舞蹈的地位很可能会变得比传统上任何时候都更加重要。歌舞伎一直以来都是一种高度仪式化并精心编舞的艺术形式，轮演剧目中包含完全由舞蹈构成的片段，因此这类表演应该会盛行起来。然而，"封建的"老旧经典很快又卷土重来。自1947年起，白名单之外的剧目便开始上演了，而美军审查官们也没表示反对。甚至连引发了最初事端的《寺小屋》(《菅原传授手习鉴》)这部戏,也在1952年美军结束占领之前上演了。

　　这段时期可谓歌舞伎历史上最为艰难的岁月,而东剧作为这期间最主要的歌舞伎剧场,却没能留存下来。这里的没能留存,指的是剧场原来的建筑。当然,如果我们把东剧本身定位成一家歌舞伎表演场,那么它其实也没能挺过战后十年,因为随着新桥演舞场和歌舞伎座相继重新开业,它转型成了一家电影院。演舞场和歌舞伎座分别是在1948年和1951年重新开业的,其内部都重新装修,外部则基本保留了战前的原貌。与当年即1925年开张时一样,1948年3月,新桥演舞场在重新开业之际,邀请新桥艺伎们作为首演嘉宾表演了东舞。为了节省经费,松竹并未重建战前歌舞伎座华美的座顶,其毁于1945年。但重建后的建筑仍可算是代表了大正末期至昭和初期那种颇受欢迎的建筑样式,即是用混凝土建造的传统日式建筑,是精致的江户风格。

　　东剧是大轰炸中唯一幸免于难的主要歌舞伎剧场,不过,日本桥的三越百货帮助填补了新桥演舞场和歌舞伎座重新开业前的空白。自世纪之交的商业革命催生了百货公司以来,它们一直都是文化和娱乐中心。它们需要成为这样的场所,以便将人们从只卖某类商品的传统店铺吸引过来,并让顾客在令人眩晕而陌生的巨大商场中有种家的感觉。值得赞扬的是,在成功吸引了大量客流之后,百货公司仍一直承担着身为文化和娱乐中心的责任。自1923年大地震后重建以来,三越就将它的一个大礼堂租出去,用作会议和表演场地。1947年,该礼堂的名字也从三越会堂改成了三越剧场,成为名副其实的专业剧场。除了为歌舞伎提供一个相比东剧更为奢华和优雅的表演场地之外,三越剧场在歌舞伎从老一辈演员传承到新一代的过程中,也扮演了非常重要的角色。

　　战后最初十年,就像明治时代最后十年那样,歌舞伎名家们都相继谢世,人们不禁要怀疑歌舞伎会不会就此寿终正寝。伟大的第六代菊五郎这位一代歌舞伎领军人物,于1949年去世,与另两位歌舞伎大家:第七代松本幸四郎、第七代泽村宗十郎的逝去,前后不到半年。① 他的谢幕演出就是在三越剧场。(在世的最后一年里,菊五郎成为第一位被授予文化勋章的歌舞伎演员。② 文化勋章是日本授予其文学和艺术人才的最高褒奖。歌舞伎走到这一步,经历了非常漫长的奋斗。在此之前近一个世纪,歌舞伎都未曾获得德川武士贵族阶层的关注。)初代吉右卫门,公认的第六代菊五郎的主要对手,也在1954年,即战后第一个十年的最后一年去世。但就如明治末期一样,要宣告歌舞伎这种表演形式已死,还为时过早。今日已是大师的那些演员们,当时正在逐步确立他们的地位,而帮助他们崛起的舞台与其说是东剧,不如说是三越剧场。三越剧场最后一次作为歌舞伎表演场所,是在1951年,也就是歌舞伎座重新开业的那一年。自1953年起,它又回归了最初的用途,成为举办音乐会和各种会议的会堂。

位于日本桥的明治座是东京历史最悠久的歌舞伎表演舞台,在1950年11月,也就是歌舞伎座重新开张前几个月时重新开业。但开张之后未满十年就又遭遇火灾,这已经是它自明治初年最初建成以来的第五次了。那是1957年4月的一个早晨,火起于照明室。万幸的是因为发生在上午,火灾中并没有人员伤亡。

东剧勉强逃过了占领军的征用。关于它是怎么逃过的,这里有一个有趣的故事,尽管真实性令人怀疑。据说1946年初,市川猿之助,就是那位1945年8月还在这个舞台上表演的歌舞伎大家,与当时最受推崇的女星水谷八重子一起出演了一部现代题材的戏剧。他们在剧中上演了吻戏,就在公众面前,毫不害臊。这种事前所未有。评论界对此意见不一,不过观众们却很乐于接受,评价不错。美国占领军也很欣赏此举,认为这是独立自由精神的体现,表达了真实的情感,因而没有征用这个剧场。

东京宝冢剧场作为东宝旗下的重要资产,是与银座的歌舞伎座

---

① 此处据日译本译出,英文原文为"两个月",经查有误。
② 第六代菊五郎于1949年7月10日去世,其获颁文化勋章是在1949年11月,实为追赠。

和其他松竹系大型剧场并列的大剧场。它没能逃过被征用的命运。每一个在占领期间来过东京的美国人,都知道这座改以著名美国战地记者厄尼·派尔命名的剧场。它在美国人手下运营了近十年,既放映电影,也上演舞台剧。剧场内聘用了大量演职人员,有点类似于政府为失业的日本剧场工作人员提供的某种辅助就业。东宝在1955年收回它时,发起了想要打破松竹对歌舞伎垄断的勇敢尝试。一些著名且颇有成就的歌舞伎演员加盟了东宝,例如第八代松本幸四郎及其子染五郎等,开启了东宝歌舞伎的大幕,而松竹似乎也颇受冲击,不得不采取对策,包括邀请流行歌手在歌舞伎座开演唱会(或者举办类似的活动)并找寻歌舞伎新星加以对抗。在其发掘的新一代歌舞伎演员中,最闪亮的是坂东玉三郎,一位反串女角的男演员,首次登台于1967年,出演的是1945年被美国审查官禁演的那出戏。他在三十多岁时,已是最著名的歌舞伎大师。东宝的努力最终没能获得成功,松竹依然垄断着歌舞伎市场。宝冢剧场也退回到它最初的演艺形式,上演轻音乐剧,其中最主要的便是全部由女性组成的宝冢少女歌剧团的表演。不过十年之后,宝冢剧团迎来了它最轰动的剧目《凡尔赛玫瑰》①。就像《费加罗的婚礼》上演时一样,在这部剧中,男性角色全由女演员饰演。而在剧情中,主角奥斯卡作为皇后玛丽·安托瓦内特的侍卫,也实为女扮男装。

宝冢剧场返还日方之后不久,就发生了火灾。与明治座的那次火灾不同,这次出现了死伤者。1958年2月1日,一部以北海道土著阿伊努人为主题的音乐喜剧(并非全由女性演员出演)首演。演出在主剧场进行,现场座无虚席,表演也进行得很顺利。在主剧场的楼上,电影观众们正在享受午后观影的时光。而再上一层,正在进行寄席表演剧场的施工。就在演出接近尾声高潮的时候,有一幕是阿伊

---

① 改编自日本漫画家池田理代子创作的以法国大革命为背景的同名漫画。当时宝冢歌剧团正面临经营困境,这部舞台剧的成功,为其带来了巨大声望和收益。2014年,为纪念宝冢诞辰一百周年,还曾演出该剧。

努人的村落遭到日本人的袭击被焚，其中火灾的逼真效果是由一种类似火焰喷射器的道具制造的，但它喷射出的火星似乎没有完全熄灭。以致在之后的表演中，一幅幕布开始冒烟，火势迅速蔓延。观众不明所以，甚至还为这不常见的戏剧性效果热烈鼓掌，直到舞台和观众席之间的防火幕布降下，才意识到大事不妙。恐慌引发了拥挤踩踏，所幸观众中只有人受伤而没有人死亡。剧场楼上没有目击事发场面的人们，也顺着安全通道迅速疏散了。但这次事件中还是有人身亡，他们全部出自后台，是两名儿童演员和一名舞女。

遭遇审查问题的不仅是歌舞伎，寄席也是同样。因为一些特定的封建倾向，比如日本历史中一直以来对忠诚和服从的强调，在寄席表演中也有体现。审查员们虽然在落语这种单口相声中没发现需要禁演的地方，不过同样由单口相声艺术家表演的严肃说教类型的"讲谈"就问题多多了。他们认为后者是在美化和宣扬封建好战的武士道思想，而且事实也确实如此。其中对复仇和以暴力手段追求正义的宣扬，尤其引起了他们的怀疑。于是针对讲谈表演也采取了类似歌舞伎时的措施。不过最终与歌舞伎一样，审查员们对它的关注不久就不了了之。

那个年代，东京城中最受欢迎的寄席表演场是位于隅田川附近，日本桥人形町的末广亭。不过由于观众越来越少，它在1970年关门了。如今，人形町虽然依旧保留了最多日本桥昔时的情影，但已不复当年人流如织的盛况。虽然其东面的明治座没能幸免于战火，不过这里倒是逃过了战时的数次大轰炸。战后几年，它看上去似乎在向废墟对面的西日本桥地区招手致意，遥望着那里的大型商业和金融机构，想要唤回昔日的荣光。

从江户末期到明治时期，即在电影席卷而来之前，寄席一直是财力有限的庶民们最常去的娱乐场所。不过不久之后，广播和棒球也接踵而至，然后是电视登场。如今，相比当年寄席全盛的江户时期，膨胀了很多倍的东京大都会拥有的寄席数量，却只有当年的百分之一。不过，我们也不必对寄席的未来表示绝望，因为它已与新媒体达成协议,获得了后者广泛的支持。东京最古老的寄席——上野的铃本演艺场①,现在是能容纳 200 人,规模最大的寄席表演场。在大萧条的 1930 年前后最艰难的日子里,它正是靠当时唯一的公共广播机构 NHK 给予的转播费才撑过来的。如今,广播和电视转播的收入依然能使著名的寄席表演家过上优渥的生活。此外,寄席似乎对年轻人也有吸引力。几乎每所大学都有自己的落语研究社团。表演者的年龄段也重新趋于年轻化,大多数活跃的专业表演者都出生在昭和年代,其中甚至还有几位女性;而生于明治时代的只有一位,生于大正时代的不到 20 位。

如此看来,落语应该能顺利延续下去,但讲谈就不容乐观了。时至今日,在整个东京(实际上是整个日本)专为讲谈表演而设的寄席只有一家。其也位于上野,开设于 1950 年,那时还在美国占领军的审查制度撤消之前。关于它的名字"本牧亭"②的由来很有意思。它曾是铃本演艺场的一部分,后者的历史可追溯至幕末的安政元年③,即美国海军准将佩里登陆横滨,与日本签订《日美亲善条约》的那年(1854 年)。横滨的本牧地区正是因佩里的这次黑船来航事件而广为人知的,寄席剧场的名字也来源于此。我们从中可以看出,江户时期的寄席对当时的时局和各种消息十分敏感,颇为关注。

也许厄尼·派尔这个名字不符合日本人的口味,因此剧场在归还之后很快又改回了"宝冢"一名。而"皮卡迪利"(Piccadilly)这个名字则似乎受到日本人的欢迎,在英联邦占领部队以此命名银座西部

---

① 位于东京都台东区上野二丁目上野铃本大楼中的寄席剧场,其历史可追溯到江户时期安政四年(1857 年)由三代日本牧屋仙之助开设的"本牧亭"。该本牧亭曾一度关闭,并在上野另开了一家"铃本亭",日后改名为"铃本演艺场"。1950 年,当时的三代目席亭铃木孝一郎,利用铃本演艺场的一角重新开设了本牧亭,即后文提到的那个讲谈寄席。

② 过去位于东京都台东区上野的讲谈寄席,1990 年关闭,后曾再开,但终因经营不善而于 2011 年倒闭。

③ 另一说为安政四年(1857 年)。

的一个剧场①之后，便一直沿用下去。但我们不能因此就说美国电影及相关产业在日本评价不高。玛丽莲·梦露和乔·迪马乔在1954年一同造访东京时受到了热烈追捧，当然，更多人是冲着梦露而非她的丈夫迪马乔而来。聚集在机场的记者和摄影师实在太多了，以至于梦露不得不匆忙从紧急出口下飞机。他们一路巡行进入东京和银座，沿途人山人海，民众争相目睹明星风采。

在那个时代，演艺生涯中有一段在洛杉矶停留的经历，会对一位演员的事业有巨大的帮助。当时甚至出现了一个流行词汇，这是一个非常形象化但没品的短语——阿美小（アメション，ameshon）。它是首字母缩略语，来源于日语中"美国的"（アメリカ，American）和"小便"（しょうーべん，shomben）这两个词的缩写，意思是在美国短暂停留，时间仅够去撒泡尿的。女演员田中绢代在1949年结束了"阿美小"返回日本时，同样在银座举行了公开巡游，一直行至《每日新闻》社，还从该社的露台上不断向观众抛飞吻。这可不是一个日本女人成体统的、可以接受的行为。据说她下飞机时对记者说的第一个词是"hello"。一段时间里，她成了人们讥笑的对象，但她作为演员的辉煌事业并没有受到影响。她逐步从天真烂漫的少女角色一路演绎至垂垂老矣的老妪。

战后二十年间也许是日本电影制作的黄金年代。以小津安二郎②为首的一批伟大的电影导演，在那个时候成就了他们最好的作品。然而，那却不是票房的黄金年代。两次大战之间的年代才是票房最高峰时期。第二次世界大战结束后第一个十年，出现了一波电影院建设高潮，高潮过后的昭和三十年代，东京电影院数量升至之前的4倍。然后，随着电视的普及，电影观众数量逐渐减少，电影院纷

---

① 应该是指最早于1924年在东京都麹町区开业的"邦乐座"，"二战"后被占领军接收并改名为"皮卡迪利剧场"（ピカデリー劇場），如今该地的建筑已翻新扩建，名为"丸之内皮卡迪利"（丸の内ピカデリー），位于东京都千代田区有乐町。
② 小津安二郎（1903—1963），日本电影导演、剧本作家，代表作品有《东京物语》《晚春》等。

纷破产倒闭。银座在这一电影衰落期统领了电影市场,那些大型时髦的"新片专场放映"电影院几乎都集中在银座及其附近。所谓的"新片专场放映"(ロードショー,该词是源自英语 road show 的外来语),主要是指将外国影片的放映权限定在每座城市只有一家电影院,并收取高昂的票价,长期放映。当那些放映便宜国产电影的影院纷纷倒闭之时,"新片专场放映"电影院倒是屹立不倒。

随着不加掩饰的吻戏于 1946 年第一次在舞台剧中出现,它在同年也登上了电影银幕,出现在一部如果没有这场吻戏就绝对会被遗忘的电影里。战后第一部商业电影则自然不会被人们遗忘,它名为《微风》①,是在如今属于东京首都圈的地域内拍摄的。其主题曲《苹果之歌》也成为战后第一首金曲,堪称昭和流行乐史上一首空前绝后的歌曲,一举抛弃了战争年代那种假大空的教条风格。1945 年,即战争结束那年的秋天,它在每个人口中传唱,红遍大街小巷。歌词作者是佐藤八郎②,一位著名幽默作家和打油诗人。

嘴唇渐渐靠近　红红的苹果
蓝天也在一边　静静地观望
苹果虽然什么都不说
但是我知道它的感觉
苹果是多么可爱
可爱的苹果

不仅没有激烈的感情宣泄,而且本身也没什么深奥的含义,③大概是这首歌广受欢迎的原因。当然,它的曲调也是欢快优美的,而且

---

① 1945 年 10 月 10 日上映的由佐佐木康导演的电影,其主题歌《苹果之歌》(「リンゴの唄」)成为复兴的象征。
② 佐藤八郎(1903—1973),日本诗人、童谣作家。曾任日本作诗家协会会长、日本童谣协会会长、日本音乐著作权协会会长。
③ 此处参考日译本译出。

其中看不到一滴眼泪,听不到一声呜咽,这在日本流行歌曲中是非同寻常的。

电视时代来临——无论公共频道还是商业频道的开播都始于1953年。前者如NHK的正式开播,始于2月;后者如日本电视台,始于8月。当时许多人认为,电视对日本人而言过于奢侈、负担不起,但结果证明他们简直错到离谱。五年后的1958年,随着经济的快速增长,NHK的签约用户就已高达100万。随着1960年彩色电视节目开始播放,①到了1962年3月,这一数字突破1000万。我们今天很难想象商业电视频道除了花言巧语、华而不实外,还有什么内容,不过最初的商业电视频道,在做广告方面倒是比较克制。

在"二战"之前,无线电广播时代的偶像如日本人迪克·迈恩(Dick Mine)会因名字"不符合日本时代精神",被要求改名。而在进入电视时代后,随着日本人再一次对外来事物,特别是美国风表现出很高的接受度,取类似洋名的歌手不断涌现。托尼·谷、佩吉·叶山、弗兰克·永井,等等,多到没完。托尼·谷曾经在厄尼·派尔剧场工作,作为著名的广播和电视主持人大受欢迎。他常常发明新词,或者应该说是把旧词变出新花样。比如说,"おこんばんは"(o-komban wa)一词,就是在标准日语的"晚上好"一词前面加上表示敬语的前缀"わ"(O),给人一种"尊敬的各位晚上好"的感觉。这些词当时流行到了几乎要被日语词典收录的地步,但我们今天基本上听不到这种说法了。哪些新词能留存下来,哪些新词转瞬即逝,在日语这种极端崇尚新词的语言中,是无法解释的。

禁欲主义者反对这些无论是在舞台上还是在银幕上开先河的公开吻戏,不仅仅因为吻戏本身,还因为这些吻戏预示的苗头。他们不幸言中了,更多的吻戏汹涌而来,舞台和银幕上都充斥着吻戏。战后第一个十年快结束的时候,甚至流行起一批自称具有教育意义,实则

---

① 此处按日译本译出,英原文为"1962年首次开始彩色节目的全年播放"。

是描写情色的电影。里面包含了大量挑逗性场景,虽然实际几乎没有直接的镜头,但自那之后的几十年间,随着时间推移,电影中人物的衣服越穿越少,暴露越来越多。不过所幸的是,即使是在《肉体之门》和《夜之女》这种片名的电影中,放映时也未出现直接滚床的镜头。就连我们之前提到过的,以阿部定事件为蓝本改编的著名情色电影,在日本公开上映时也有所删节。

现场舞台表演则更为前卫大胆。虽说相比电影,当地警察对现场演出的监管更为严格,但不知道是出于什么原因,他们在有些场合对上演内容相当宽容。当然,这也不是说可以随心所欲地想演什么都可以。不管怎样,脱衣舞秀成了大众娱乐中的新秀。而战后最初几年那种新鲜刺激或至少是具有冲击力的演出已经过时了,与18禁的舞台剧(理论上只向18岁以上的人群开放,但实际操作中更为宽松)相比,它们简直太温和了。

1947年1月15日是公认的脱衣舞秀诞生的日子。在那一天,上演了所谓的"画框式舞台秀",其正式的名称是"维纳斯的诞生",表演地点位于新宿一家名叫"帝都座"的剧场。舞台中央放置了一幅模拟画框的大型布景,当中一个跳舞女孩做出名画《维纳斯的诞生》中维纳斯的姿态。当然,她不是真的全裸,上身还穿着文胸,下身从腰开始也笼罩在薄纱之下。她的这个姿势大约摆了30秒,然后就完了。看过的人说完全没有艺术性。

不过就算是这种程度,也比当年浅草赌场游乐厅的尝试要大胆多了。剧场内非常安静,落针可闻。就为了看这30秒,人们来了一次又一次,售票点前排起的长队堪比配给制时期等待发放物资的长龙。这出表演一直演到1948年8月。

对新宿观众造成如此震撼性效果的演员们,不久之后也出现在浅草。6月,浅草的一家小剧场上演了一出真正的全裸表演,舞台场景设定为画家的画室,由一位年轻舞女饰演一名模特。这表演相当吸引观众。浅草从此进入了全情投入脱衣舞秀的时期,不过脱衣舞这个词最初指的并非是脱的过程,而是已经脱掉的状态。对此,人们常常使用源自"脱衣舞"英文单词"strip"的片假名外来语来表示,尽管日语中原来也有能准确表达这个含义的词。早些年代,当浅草的各种表演给大帮男人们带来慰藉和消遣时,就像后来广播和电视节目给众多女人们带来轻松快乐那样,浅草在涉及肉体的表演上,范围就比新宿要宽广得多。相比浅草歌剧和榎本健一受到追捧的时代,脱衣舞在浅草的繁盛,在许多人看来简直是浅草衰落的挽歌了。

新宿脱衣舞秀开场后的几年,就是文化史学家所说的脱衣舞的黄金年代。虽然新宿有脱衣舞剧场,之后在银座(有乐町)也出现了类似的剧场,但中心还是在浅草。随着东京都之外的地方,也就是东京都警察鞭长莫及之地,如船桥、横滨加入竞争,浅草的表演也变得更加大胆。由在后台更衣室脱好,再到舞台上摆个姿势,变成了直接在舞台上脱衣,成了真正意义上的脱衣舞秀。在这种表演刚刚出现的时候,浅草超过半数的脱衣舞娘都是穿和服表演的,而银座的表演者则多穿西式服装。新宿折中于两者之间。不过,浅草后来也迅速走上了银座路线。西式服装比和服好脱多了。

脱衣舞也有对手。被称为"寸剧"的轻戏剧小品,比如荷风的作品依然健在,并且受到欢迎。战后第一个十年的中期,即昭和二十年代后半叶,女性剑剧甚至一度威胁到了脱衣舞秀的地位。女性剑剧这种表演形式缘起于两次世界大战的间隙,就像我们在前文中提到的那样,"二战"前在浅草就有上演,"二战"后曾有 6 个剧团在浅草同时演出女性剑剧。女性剑剧原来就有色情的成分,而战后的这一时期面对竞争,它又采取了向脱衣舞靠拢的策略,并成功保住了自己的地位。然而最终胜出的还是脱衣舞。于是我们可以说,昭和二十年代后半叶,即 1950 年代早期,其实还是浅草脱衣舞的全盛时期吧。满是泡泡的"浴缸秀"在 1951 年出现,标志着脱衣舞秀的大获成功。钢丝脱衣舞和杂技脱衣舞也各自流行过一段时间。

浅草娱乐区的重建非常迅速,到了"二战"后第一个十年的末尾,它看上去已经恢复到能和西边的娱乐新贵叫板的地步了。浅草剧场中免于战火的,大约只有十家,仅是战前的三分之一多一点。其中有一些，比如"歌剧馆"这家荷风专门为其写剧本的剧场，在战争期间就因修筑防火带而被夷平了，战后也未得重建。因为其他各种原因被关闭的也有不少。有8家在投掷燃烧弹的空袭中，部分或完全被毁。不过到了1950年代中期，如果我们把播放电影和上演舞台剧的剧场都算在内，它们的总数量已经回升到几乎和战前齐平，几年之后还一度超过了战前水平。

如果我们撇开社会学和经济学的统计数字，仅从普通市民的感受来说，战后的浅草是东京最具活力、洋溢着温暖人情味的地方。而相比之下，银座和新宿已经开始成为冷冰冰的街区，人情淡薄了。浅草的所有这些嘈杂和熙攘，即使是在巨大的阴云消散，天光仍未大亮的那个时代，看上去也更像是晨曦而非暮色。

但是，浅草所谓的复兴只是一场虚幻。台东区，旧浅草区现在所属的区，在1966年出版的区史中引用了一篇报刊文章，称浅草已是被抛弃的荒芜之地，这种说法虽然有些极端，但并非全无根据。区史中还很轻蔑地称浅草为"千叶县浅草郡"，也就是说见多识广的城里人已经不屑来这里观光了，浅草能吸引的也就是来自东边千叶县的乡下人。虽然千叶县在法定上属于大东京首都圈，但在城里人眼中，它终究是乡下。

老一辈浅草人将浅草的衰落归罪于昔日的几个池子被填埋了。久保田万太郎这位土生土长的浅草人，诗人、剧作家、小说家，满怀乡愁地写过很多关于旧浅草的文章。他曾起誓说，少了那些池塘的浅草，他是再也不会去了。虽然他后来破誓了，很多人都在浅草看到过他的身影，但他的悲伤和愤怒是真实的。两个池塘都被填埋了，如果我们将其中那个葫芦瓢形的大池塘算作两个的话，就是三个。美国占领军虽然在撤离前的最后几个月里把浅草公园归还给了浅草观音寺，但后者为筹措资金，立刻便开始找寻买家。池塘的最南端归属了一家电影公司。这家公司将池塘的一部分重新挖通，在这里盖了座电影院，又将另一部分填平，用于兴建游乐园。池塘北部则被卖给了大财团，似乎无处不在的三井财阀便位列其中，他们在这里建了一个娱乐中心。除了没有妓院,这个娱乐中心几乎无所不包。游乐园和娱乐中心现在都已经消失不见了,只剩电影院还在。如果我们仅从字面上来理解,说池塘的消失导致浅草衰落,自然是不对的,因为一个地区的兴衰总有背后更深层的原因。但说浅草公园的变化导致浅草整体发生了巨大改变,倒是确实的。当一个地方的地形发生了变化,那些熟悉它过去风貌的老相识们,也许便会改去别处,以免因眼前的今非夕比而陷入感伤。

也许还有其他原因可以用来解释,为什么浅草的复兴一度看上去如此指日可待,最后却落得个惨淡收场的结局。加太①认为浅草注定没落是由于附近没有大学,导致没有大量学生群体作为资源。榎本健一觉得浅草的错误在于试图变得像银座一样高雅小资。这个观点颇有意思,因为它确实在一定程度上适用于评论榎本健一自己的浅草轻歌舞剧。不过要说浅草模仿过其他哪个喧嚣热闹的场所,那一定是新宿,而新宿可从来没被打上过像银座那样"有品位"的标签。对于加太的观点,也许有人会指出,六本木附近也少有大学,但学生们却会从很远的地方跑去那里。

其实浅草衰落背后的根本原因说起来很简单。日本人似乎很喜欢随波逐流,就好像听着鼓点走一样,而他们引以为傲的所谓第六感,或者说"悟性"(有各种各样的),能够敏锐地察觉到世间的走向,即大家行进的方向。东京这座城市的重心正在强力地西移,从下町平原地区向着山之手地区的方向移动。无论人们如何解释浅草衰落的原因,或提出多么好的解决方案,最终都无法抵挡这股历史潮流。

针对银座周边的脱衣舞舞女,我们最后要补充的是,那些有资格进行电影首映的影院,比如东京剧场和日本剧场(简称"东剧"和"日剧",分别位于银座以东和以西),同样有它们各自的脱衣舞娘,名字诸如玛丽·松原、吉普赛·玫瑰和弗丽达·松本。早期的表演相比新宿和浅草的更为高雅。例如1952年3月在"日剧"音乐厅上演的

---

① 参见前文脚注「加太こうじ」。

第一场脱衣舞秀,邀请到了法国巴黎女神游乐厅的两位艺术家,此外还请到了越路吹雪①,一位娱乐界毫不低俗的著名演员登台表演。不过随着时间推移,音乐厅的尺度也放宽了一点,很多以前不能上演的节目,现在也得到了演出许可。不过银座依然保持了一种特有的格调,是其他地方不具备的。

就像明治政府曾试图为早期来访和暂住日本的外国人提供玩乐用的女人一样,日本政府也想为美国占领军做同样的事。投降之后不久,银座出现了一幅海报,邀请年轻女性加入"特殊慰安设施协会"(后改名为"国际亲善协会"),为美国人提供消遣娱乐服务。这个协会在一家银座百货商场的地下室里举行过几次聚会,但很快就变成了为日本人开设的夜总会。日本政府自身也早就表示欲将大量游廊辟为美国占领军专用。但美国占领军对此并不领情,相反还将妓院划为"禁入区"(off limits),禁止美国士兵进入。这一禁令一直持续至美国撤军。时至今日,我们仍能在过去曾做这种用途的房屋那斑驳的墙砖和灰泥墙面上,找到"禁止进入"(off limits)的标记,不过由于它们基本分布在被经济发展抛下的衰败街区里,因此对当地不熟的人是挺难找到的。

过去人尽皆知的游廊中,位于下町的两个:吉原和洲崎,依旧兴盛。新宿的游廊也发展得不错。品川的游廊实际上还获得了公共补贴,因为它靠近海岸,又在东京—横滨国道边上,交通方便,很受美国士兵欢迎。在某些特定情况下,他们可以请艺伎相伴,因为艺伎不算是娼妓。而更傲气的新桥艺伎区则拒绝接受补助金。

最著名的"私娼窟",或者说是无照风化区、未经官方许可的游廊区——玉乃井,没能从大轰炸中恢复过来,但隅田川东面,即江东地区的另一个类似的地方兴盛起来,成了战后几年里也许是最著名的

---

① 越路吹雪(1924—1980),原宝冢女子歌剧团首席明星演员、歌手,本名内藤美保子,代表歌曲有《爱的赞歌》等,1965年获日本第七届唱片大奖,拥有极高声望。

458　一个私娼窟,那就是"鸠之町",也可称为"鸠之街"。永井荷风的一部并不那么重量级的滑稽短剧,即以此为背景。该剧改编为电影后,也在此取景拍摄。如果你不熟悉玉乃井,你可以想象鸠之町与它差不多,尽管这里的每扇门上都多了一个"禁止进入"的标志。

一种新形式的寻欢场所也开始在各处出现,成为人们想去见识的地方之一。荷风也跑去观察了一番,他在1947年2月25日的日记中写道:

> 今天天气晴朗,回暖了一点,是个适合在井边做饭,在屋檐下吃饭的好日子。午后我走过小岩的街区。沿千叶街道向西走五六丁①,便是私娼汇集的巢穴。这里在战时是精巧社的工厂及宿舍区,现在这片规模广大的厂房及建筑物成了从龟井户搬来的私娼们的住所。水泥门上挂着这地方的名字:东京宫殿,入口处是一家看花柳病的诊所。一侧是歌舞厅,每晚5点开门,据说每晚都有30个姑娘坐台。有5栋两层小楼作为宿舍楼,据说每栋都有14到15间房间,各宿舍楼之间有通道连接,还有卖点心、蔬菜和修鞋的。人们最初可能会被这里巨大的规模吓一跳。从门口开始一路上都有这样的标记:"禁止入内"(off limits)、"花柳病"(VD.)。直到去年10月还有美国军人进进出出,但现在,这里的顾客已经完全是日本人了。我了解到,在这里,半小时要100日元,1小时200日元;过夜的话,从晚上9点算起,一晚上要800日元,从11点算起,则是600日元。我给在点心店里吃东西的两三个女人各买了一个苹果,让她们带我到处转转,讲讲这里的事情。然后我从另一条路走回了车站。

"禁止进入"(off limits)的警告是用罗马字母写的。"宫殿"一词则是模拟英语发音,用日文片假名拼出的。龟井户即龟户,它和小岩

---

① 日本的町的下级区划单位,此处皆按日译本译出,本书英文原文作"500到600码"。

都位于隅田川以东，后者靠近东京与千叶县的边界。而荷风当时就住在千叶县的市川，即这条边界线的千叶县那一侧。龟户在战前就有个私娼窟，规模比玉乃井还大。在战火中被炸毁后，那里似乎已经退出了历史舞台，因此才有荷风在此处的所见所闻。战后，小岩地区也出现了另一个类似的私娼窟。而文中提到的精巧社即精工舍，无疑是指那家世界闻名的钟表制造企业。东京宫殿作为千叶国道沿途早些年的几景之一，其实也不过是昙花一现。那里的女孩们一旦有机会便搬去更靠城市中心的地区，于是到了1958年，这里的违法营生便消失无踪了。

然而能有住处遮风挡雨的女孩子，已是颇为幸运的了。那是一个街头拉客的街娼泛滥的时代。街头妓女成了那个时代的标志之一，而她们的逐渐消失（虽然她们从未完全消失过），也标志着更好的时代——并非道德提升而是物质改善的时代，到来了。战争结束的头几年，街头妓女到处都是，特别是在下班人群最为拥挤和士兵最多的地段最为显眼。在新宿的歌舞伎町，她们做生意的路线甚至成为街区格局改变的原因之一，这一点我们会在后面详细讲到。在这一行最兴盛的时期，就在东京中央车站南边，紧邻银座主十字路口西边的有乐町站附近，据说聚集了差不多500个姑娘。（有乐町通常被简称为"乐町"，即字面意义上的"欢乐城"。）1953年11月的一天晚上，一个醉醺醺的美国士兵将一个拉皮条的人从桥上扔了下去。这座桥位于有乐町和银座之间，横跨外濠，名叫"数寄屋桥"①。那个皮条客淹死了，而此次事件引发了媒体的极度关注。因为这时正值1951年《旧金山和约》签署之后，反美主义浪潮一度高涨。用片假名书写的"洋基滚回家"（ヤンキー・ゴー・ホーム，即 Yankee go home）甚至成为流行语之一。

---

① 该桥始建于1629年，位于江户城外濠上。1958年，为建设东京高速道路，外濠被填埋，该桥也被拆毁，不过作为银座中心地区十分有名的地标，它的名称保留下来，成为原址周边多地的名称。

因街头妓女而产生的新词中,至少有一个留存至今。她们被称为"砰砰女孩"(パンパン・ガール,panpan girls)。"砰砰"只是个拟声词,出处已不可考。描写她们,或者可以说是为她们在文学界代言的作家也出现了。小说家田村泰次郎是当时"肉体文学"的领军人物。他最著名的作品,1947年发表的一篇中篇小说——《肉体之门》,还被拍成了非常流行的同名电影。这部作品描写的是一个街头妓女小团体,她们在有乐町到银座和隅田川上的胜哄桥一带拉客,住在沟濠边废弃大楼的地下室里。她们有自己的规矩准则:只为钱财出卖身体,因为任何超出生意之外的性爱,会对她们所有人的生活构成威胁。故事的中心讲的是有个女孩坏了这个规矩,因此遭到私刑惩罚。这部作品因剧情原因,成为脱衣舞剧场明显不会错过的素材。在该剧的结尾,将要遭受私刑的可怜女孩,名叫婆罗洲・玛雅,这并非因为她去过婆罗洲,即位于东南亚的加里曼丹岛,而是因为她的哥哥战死在那里,于是她总是在谈论那里,并因此有了这个绰号。

有时候,二流的文学作品反而比一流作品更能敏锐地捕捉到时代的氛围。《肉体之门》肯定是一部二流作品,但在描绘那个严酷年代里充斥的绝望,以及人们在其中挣扎求生的坚强意志方面,大概很难找到出其右的作品了。这些女孩们所定的规矩,也许谈不上是崇高的,但她们必须靠它生存下去,抱团取暖。

对于花柳界中的"花",我们已经说得太多,可以打住了。接下来就谈谈"柳",即艺伎艺者吧。艺伎行业令人黯然神伤的衰落,在战争刚结束时倒不是那么明显,尽管已经出现了一些变动。由于传闻说美国占领军将大肆征地,可能会一直征到柳桥这座桥的南边。(古老优雅的柳桥艺伎区就是得名于这座桥。)于是艺伎们工作的料亭街都迁到了桥的北边。而新桥艺伎虽无征地之忧,却也向东迁移,将银座周边地区拱手让给了舞者和酒吧女。从事后看来,这一举动完全就是将未来也拱手送给了后两种人。内行人士抱怨说艺伎艺者的素质下降,新一代艺伎完全没有旧时艺伎的造诣和头脑。虽说此类抱怨自明治初年便不绝于耳,但确实一直都是有理有据的。艺伎行业的衰落直到几十年后才在数据上反映出来,此时更多的是在道德方面的滑坡。旧时的傲气品格与责任感渐渐消散,花柳之间的区别越来越模糊了。

战争刚结束不久的1945年10月,警察就已经允许酒吧和咖啡馆重新开业了。现在,此类店家是如此之多,以至于我们已经很难严格分类了。比方说,舞厅和夜总会之间就很难说有什么区别,它们看起来就是同一种东西,只不过前者统领了战前时光,后者在战后崛起。同样的问题也发生在咖啡馆和酒吧身上。银座在夜总会方面遥遥领先。那里唯一的6层高楼,从上到下都属于夜总会。其于1947年开业的时候,最初是按人种对宾客区别对待的,有一层专门供外国人(也就是西方人)使用。而《旧金山和约》签署后不久,这里就成了日本人专属的夜总会,不再允许"外国人"进入。即使在今天,这种类型的"种族歧视"(只有这个词最恰当)也屡见不鲜。在这种店里一片喧嚣中谈成的生意,为日本经济奇迹般的复兴贡献良多。不过到了1950年代,银座的这家大夜总会也陷入了经营困境,因为靠近政府机构所在地的赤坂区也建起了夜总会,相比之下那里更有档次也更便利。最终,这家大夜总会在1955年被一家大型杂志社收购。

时至今日,我们已经很少能听到人们说"咖啡馆"(カフェー,café)这个词了。另一方面,"酒吧"(バー,bar)这种叫法则随处可见。后者无疑来自英语,而前者可能来自法语。行家里手大概能区分出两者间的差别,但对那些仅从文学作品中了解战前咖啡馆的人来说,它们看起来与战后的"酒吧"都是一个样。根据价格,不同级别的年轻女性在酒吧中提供陪同服务,就像战前荷风所描写的咖啡屋女郎们做的那样。最优雅、收费也最贵的女郎一直都在银座。

除了酒吧之外,还有日语所说的"喫茶店",中文可以直译为"吃茶店"、茶馆。当然这个名称很具有误导性,我们把它们视作英文中所说的"咖啡屋"比较恰当。财力不足的人可以在此享受更有节制且更单纯的服务。战争刚过后的几年是"喫茶店"的数量飞速增长的几年,《旧金山和约》签署之后的几年则可谓是它的黄金时代。在这里,人们可以花一杯咖啡的价格终日沉迷于观看电视新闻短片,直到看饱看厌,或者谈天说地、商谈事项,也可以伴着爵士乐或古典音乐度过一段不算短的时光,后者便是所谓的"爵士乐喫茶店"和"名曲喫茶店"所提供的服务。还有一种"香颂(シャンソン,来自法语 chanson,意为歌谣)喫茶店",某些非常著名的歌手就是从这些地方起步的。咖啡并不便宜,但点一杯就可以在此泡上一整个下午,顺便打发整晚的时光,而不用匆匆忙忙,还是值得的。喫茶店的规模也不断扩大,到了 1950 年代中期,它们可能已经过于庞大了。比方说 1955 年,就在我们前面提到的那座 6 层高的大夜总会旁边,一座 6 层楼的喫茶店在银座繁华地段落成。店内以紫色作为主色调,门口还有真人大小、栩栩如生的女性人偶恭迎宾客,并有多支乐队现场轮番演奏。该店号称能容纳 650 名客人,但经营得并不好。刚开张时,人们可能会去尝尝鲜,但随即就会觉得这里不适合日常消费。

同样是在 1950 年代中期,喫茶店也变得不如刚开始那么纯洁了。其中特别是"深夜喫茶店"的问题甚至引起了媒体的关注和报道。1956 年,连都政府也出动了,公布措施,要对它们进行规范。在此之前,许可证的发放一度非常随意。有些店家甚至整夜经营,提供帘子围成的小隔间或者隐匿处,成为妓女和流氓混混经常出入的地方。作为旅馆的替代品,花点小钱就能过夜。1956 年颁布的法规禁止此类地方接待 18 岁以下的顾客,也禁止顾客在此过夜。虽然警方也会开展突袭检查,但这种间歇性的取缔工作并不能根除违规行为。或许在东京这种极为追求感官享受的城市里,本来就不可能对色情业严格管控,又或许警察自己也没怎么认真治理。

然后,"兼职沙龙"(アルバイト・サロン,arbeit salon)出现了。该词的前半部分源自德语,本意是指劳动,但自从战后,这个词就用于表示业余兼职工作了,主要指学生为凑生活费而打工。兼职沙龙的性质介于喫茶店和夜总会之间。白领女性、女学生,甚至有空余时间的家庭主妇都会在兼职沙龙里工作,白天充当陪酒的女招待,晚上则充当伴舞娘。这里比夜总会便宜,有段时间顾客们还就喜欢这里新手们业余生涩的招待方式,因此一度颇为流行,但到1950年代末期就风光不再了。

1947年1月,天皇发布的一份敕令(当时新宪法还未付诸实施)在理论上终结了卖淫活动的合法性。不过实际上,这不过是使过去持照经营的游廓,如吉原之类,转变为荷风喜爱的玉乃井这样的无照私娼窟而已。过去的妓楼摇身一变,成为"特殊饮食店",想加入的女人可以在那里当女招待。她们成了自由工作者,从营业所得中抽成,并且可以随时离职。吉原的女人们则成立了一个工会,甚至设立了属于她们自己的诊所,以取代有照游廓过去专门为预防和控制性病而设的医疗机构。她们本应到18岁以上才能入行,但很多人其实都不到18岁。

实际上,从有照的公开卖淫到私下无证无照卖淫的转变,让妓女们的生活变得更加艰难了。吉原为了确保这些女人不会在没还清卖身钱的情况下就跑路,采取了更为强硬的措施,使她们更难接到活了。私娼窟的经营者们更是雇用皮条客和地痞流氓打手限制妓女们的人身自由。

1947年的废娼看起来就像是一场轮回,特别像明治早期实施的同类举措。那时受到西方观念的影响,游廓的女性被解放过一次。而这样的事情在1958年又上演了一遍,不过这次是根据新宪法下国会颁布的法案,彻底禁止了卖淫。新法案受到吉原工会的抵制,她们组织了一场反对禁止卖淫的运动。

1955年,最高法院的一名书记官针对1947年宣布废除卖淫的天皇敕令(敕令九号),以及它为何收效如此甚微评论道:"我国的法律中,未能实现其立法主旨者不少,这是由于立法时未能详细彻底地对社会可能的反应进行调查。因此法律实施后,一旦遭遇社会反弹,法律便无力履行其既定的控制职能而陷入无力,如同一把传家宝刀一般作用寥寥。法令与现实社会不相适应。敕令九号也是如此。"[1]

---

[1] 引自高见顺编《浅草》。

一言以蔽之,社会尚未准备好。而且 40 年过去了,仍未准备好。不过,这把已经成为摆设的传家宝刀,偶尔也确实还会挥舞一下。没错,日本的很多法律常常是一纸空文,除非某个时候因为顺了某人的意而要切实执行一下。而那时,有些人可能要掉脑袋了。

棒球看来已经取代相扑,成为日本的国民运动,不过除此之外,还有其他各种各样的运动也曾风靡一时,其势头看起来似乎一度盖过了棒球。比方说战前有悠悠球,战后有呼啦圈,它在最流行的时候,甚至登上了歌舞伎舞台。就连志贺直哉①这位日本文学界举止庄重的老前辈之一,也对它产生了兴趣,穿着和服尝试了一把。在日本投降 6 年后兴起的弹珠赌博类游戏"柏青哥"②(日语写作:パチンコ,此词本来就源于日本,英文 pachinko 乃其日语音译)也是如此,在它刚开始出现的时候,许多人都认为这东西也就风靡一时,不久就会销声匿迹了。然而它并没有逐渐退场。即使在今天,要想选个娱乐项目,可以不用费力就打发时光,人们脑海中首先出现的恐怕还是这三样:棒球、电视、柏青哥。

"柏青哥"这词儿是个拟声词,在专指弹珠游戏之前还有许多其他用途,可以用来指弹弓、投石机,还有手枪。柏青哥作为弹珠游戏风行,最初是从名古屋开始的,而不是东京,但东京到 1952 年的时候,就已拥有超过 5000 家柏青哥游戏厅。虽然后来这一数字略有下降,但柏青哥游戏机的台数和顾客的数量一直保持恒定。有些游戏厅的规模非常巨大,简直就是不折不扣的赌场,里面彩灯闪烁,柏青哥钢珠弹射的噼啪声,伴着音响中播放的震耳欲聋的音乐声,响彻天际。弹珠在游戏机中是垂直落下的,与其在西方的原型不同,不是沿

---

① 志贺直哉(1883—1971),日本作家,"白桦派"代表人物之一,代表作有《暗夜行路》、《和解》等,1949 年获文化勋章。
② 可以意译为"弹球盘",是一种游戏机游戏,利用弹簧将小钢珠弹入箱形的游戏机中,如果能成功进入特定的孔内,便可滚出很多钢珠,用于换取奖品。

一个倾斜坡面,因而弹射时的速度和噪声都有所增加。由于大量的钢珠能够兑换奖品,所以柏青哥很快成为一种赌博性质的游戏。技术好的玩家会将他们换得的奖品以低于零售市场的价格出售。黑社会帮派也看出了其中的利益,进驻柏青哥市场。流氓混混常在店周围晃荡,伺机收购奖品。

1956年,东京都政府,连同全国其他地方自治体,对自动充填式的柏青哥赌博机开展了取缔行动。这种赌博机大大加快了游戏进行的速度,一台机器每分钟可以吞吐200多个弹珠。这使得能兑换的奖品数量增加了,由此给黑帮带来的收益也大幅增加。"第三国民"一直把持着柏青哥生意,他们既有人充当店主,也有人充当奖品收购者。十多年后,自动充填式赌博机又卷土重来,不过这次,每台机器有了每分钟最多吐出100个弹珠的限制。在1950年代中期,据说每十对离婚夫妻中,就有一对的离婚理由是丈夫挥霍无度,其中起于柏青哥赌博的不在少数。

有那么多风靡一时之物迅速消失,为什么唯有柏青哥一直长盛不衰?若说这是因为它可以帮助人们逃避现实,一时忘却烦扰琐事,倒也确实没错。但是逃避现实的方法还有很多,为什么日本人(虽然有些东亚国家也有类似情况)唯独钟情于柏青哥,就很难解释了。这个问题也许没有简单的答案,但看起来日本人似乎真的特别喜欢以这种方式放松身心:沉浸于纯粹的噪声中,好忘却一切。不管怎么说,柏青哥确是体现日本人独创性的一个例子。

战争一结束,棒球就快速回到了日本人民的生活中,无论是职业棒球,还是有大批民众参与的半业余性质的棒球,都不例外。战争阴云下改名为"日本棒球报国会"的日本棒球联盟,在10月[①]恢复了它的旧称,顺带重新启用了曾经被禁的来自英文的棒球术语。后乐园棒球场再一次将球场名中的"棒球场"一词,恢复到原先用来自英文的片假名(スタヂアム,即英文Stadium的片假名写法)表示,职业棒

---

① 原文如此,实际应为11月6日。

球队也纷纷恢复原名：巨人队、老虎队，等等，用的同样是来自英文的片假名。① 目前为止最好的投手，一位俄国人，也弃用了在战争阴云笼罩的年代被强制改用的日本名，恢复了本名。第一场职业系列赛1945年11月下旬在东京开打，采取了东西军对抗的形式，②带有点重回早庆战的味道。而就在这之前的11月18日，早稻田和庆应两所大学的现役选手和退役球员混合组队，在明治神宫球场打了一场比赛。③ 该球场此时已被美军征用，但为了举办此次盛会，网开一面。美国占领军完全赞同举行棒球比赛，他们认为这是和平而又民主的运动，而且还能巩固日美关系，当然不是之前10年里造就的那种日美关系。

小说家舟桥圣一④也观看了这场比赛，对于当时的印象，他如此写道：

> 由于美国驻军封闭了球场的大门，我们不得不从内野与外野看台的夹道之间，踩着破碎的混凝土石块入场。这种感受多少有些凄凉，但这也是没办法的吧……
>
> 刚刚经历过战争的残酷，我们原以为再也没有机会观看到棒球比赛了。尤其是在这里，在今年秋日的晴空下聆听球棒击球的轻脆响声这种事，早就因不可能实现而放弃了。所以说今天，就在此刻，能够像这样亲眼看到护网后面上演的强迫取分、野手选择、故意四坏球保送、二死满垒后的两好球三坏球，就像是一场梦。
>
> 我揉了揉眼睛，想确定自己不是在做梦。但这真的不是梦

---

① 东京巨人队在1945年实际未改名。大阪老虎队在1940年改名"阪神军"，1945年恢复了原名「大阪タイガース」(大阪 tigers)。
② 此据日译本。
③ 即所谓的"全早庆战"，是为纪念特殊日子而举办的赛事，独立于联赛之外。
④ 舟桥圣一(1904—1976)，日本小说家、剧作家。作品描写爱欲和忧愁，富有唯美主义色彩，代表作有《我所爱之人的胸饰》等。

境。看台上人满为患,就连美国驻军的官兵们在第一次观看了正式的大学棒球队比赛之后,似乎也对我们日本人有所改观。①

舟桥上面的记叙采用了刚恢复使用的棒球术语,穿插着源自英文的片假名。

美国占领军认同棒球有利于安抚和提升国民士气,舟桥的评论也从侧面印证了这一观点并非空穴来风。后乐园棒球场作为东京职业棒球比赛的主要场地,在战争结束时处于非常荒凉颓废的状态。记分板在4月的轰炸中扭曲变形只剩骨架,看台成为高射炮和机关枪的掩体,球场自身也被开辟成了菜地。尽管场地的情况不容乐观,但如果日本职业棒球想要谋求复兴,后乐园球场就必须留在日本人手中。这也是11月初棒球界巨头们在紧急会议上达成的观点。但就在几天之后,占领军便征用了这个球场,棒球巨头们的意图在一开始就遭遇挫折。然而他们并没有放弃。他们雄辩滔滔地游说,强调棒球对恢复战后日本人陷于颓废的精神是不可或缺的,终于使征用命令在1946年2月撤销了。于是战后第一个职业棒球联赛赛季在4月开打,比赛场地便是东京的后乐园棒球场和位于大阪郊区的西宫棒球场。虽然这年巨人队没能赢得当年的冠军奖杯,帮助东京人振奋精神,而是一支大阪队伍夺得了锦标。

战后的头几年,后乐园棒球场周围满是布满坑洞的空地。不过到了1955年,在它周围建起了东京都内首屈一指的游乐园,其规模和设施远超浅草的花屋敷②,里面不仅有过山车,甚至还有溜冰场和健身房。三岛由纪夫就是在这里进行拳击和健身训练,以期改变自幼的孱弱形象。

职业棒球渐渐有了足够的球员和赞助商,到1949年底更是拥有

---

① 引自舟桥圣一:《棒球界复活》,《讲谈俱乐部》1945年12月。
② 位于东京都台东区浅草二丁目的公园,始建于1853年,1872年起相继配备了游乐设施,是日本最早的游乐园之一。

了足够多的队伍,分裂为两个联盟——中央联盟和太平洋联盟。于是在次年,也就是1950年,第一个双联盟赛季开始了,当年秋天还举办了首场日本冠军赛①,与美国职业棒球大联盟总冠军赛的模式一致。这一次,东京又失望了。虽说一支东京球队赢得了冠军赛的胜利,但不是那支偶像级的队伍读卖巨人队。当初为巨人队命名的美国职业棒球大联盟著名左投手奥杜尔,在1949年还随他执教的旧金山海豹队(San Francisco Seals)到访东京。第一场夜间比赛在1950年举行,于是日本的棒球术语中又多了一个新词——"夜棒"(ナイター,nighter),它是"棒球夜场比赛"(ナイト·ゲーム,night game)的缩写,是一个日本式的英语单词。

日本棒球联盟的首任会长是身为日本职业棒球之父的正力松太郎。但该联盟后来分裂为两个互相较劲的联盟表明,除了振奋国民士气之外,棒球也是逐利的。东京巨人队和大阪老虎队原本在允许新的队伍加入旧联盟的事情上是相互对立的。但如果两队继续对掐,老虎队很可能会失去与巨人队进行最赚钱的比赛的机会,所以老虎队很快就改变了立场,新队伍得以涌入。联盟最终分裂为两个,而巨人队和老虎队仍得以留在同一个联盟内,继续他们之间最赚钱的比赛。

上野公园的不忍池之所以能够逃过被填平的命运,大概与美国占领军迅速归还后乐园球场脱不了干系吧。不忍池是东京最漂亮的景点之一,尤其是在仲夏,满池荷花摇曳生姿,美不胜收。不忍池非常浅,因而在战后曾被抽干,种上了庄稼。关于这些农作物的处置还发生过一起肮脏的丑闻。(不忍池有很大一部分在1968年再次消失,这次是因为挖掘一条新地铁线时不小心挖穿了池底。)

1949年,被抽干的水又灌了回来,不忍池恢复了原样,但又有传言

---

① 又译日本大赛,正式全名为"职业棒球日本锦标系列赛",是每年10月由日本职业棒球中央联盟和太平洋联盟的冠军队进行的比赛。1950年至1953年曾仿照美国职业棒球大联盟的总冠军赛(称世界大赛)而称为"日本大赛"。

说要将这座池塘挪作他用,而且不是用于划船娱乐和栽种观赏性水生植物。呼声最高的提案是将它填埋,改建为一座多层停车场——因为即使是在那个勒紧裤腰带的年代,机动车数量的增长和交通问题的日趋严峻,仍然势不可挡。另一个提案则在一些商人中间颇受欢迎,他们认为上野会像浅草一样走向衰落。这个提案建议将这块地方改建为棒球场,以帮助上野恢复活力。总之,赞成填埋池塘以提升土地利用效率的意见,在台东区区议会中占了大多数,不忍池的消亡似乎只是个时间问题。

反对派则四处游说,并试图通过举办烟火表演等,以引起公众关注。最后,他们决定进行最后一搏,前去拜访正力松太郎。后者很友好地倾听了这些人的诉求,并给棒球联盟的会长打了个电话,说当地人似乎不想建棒球场,所以他觉得联盟最好对这种状况慎重考虑,采取合适的做法。于是请愿者们接下来又去找了联盟会长。后者和颜悦色地点头同意了他们的所有建议,为持续三年的论战画上了句号。关于日本人的决策,我们经常能听到一个词:共识。通过这次事件也许能让我们理解它更深层次的含义。去拜访了正力松太郎的人中,有一位后来表示说,这是他第一次真正理解了"鹤鸣一声"①的含义。当然如果在这之前,以巨人队为首的各支球队没能获准收回后乐园球场的使用权,那么正力松太郎恐怕也无法站出来替反对派说话吧。

美国占领军对相扑的态度就不像对棒球那么友好了。位于隅田川东面的两国,带有圆顶大厅的相扑国技馆,在1945年圣诞节后一天被征用。像几家大剧场一样,国技馆也曾在战争的最后几个月被用作制造风船爆弹,即燃烧气球。除了1946年经占领军允许,在这个旧竞技场举行过一次大相扑秋季赛之外,此后40年间所有的相扑比赛都是在隅田川西岸进行的。而相扑比赛在整个江户时代,以及江户成为东京后的一个世纪的大部分时光里,其主场都是在隅田川东岸。

战后几年,相扑比赛一直辗转借用各种场地,其中甚至包括了后

---

① 日本谚语,比喻仅凭权威者的一句话就对事情做出决定。——译者注

乐园球场，后来终于在隅田川西岸的藏前①安定了下来，它就位于浅草的西南面，并且在此后三十多年未再变动。当时在那些临时辟为相扑比赛场的场馆入口处，都贴有警告标识："谢绝占领军及非占领军人士进入。"任何会讲占领军语言的人自然懂得这句话的含义：只要是外国人，无论跟美国占领军有关还是无关，都不准进入。从实际操作层面上讲，这其实就是说任何欧洲和非洲人若违规进入，很可能会被管理当局捉住、挨批并驱逐出场。其原因可能与这种地方过于拥挤有关，美国占领军认为这里的日本人太多了，不安全。

当旧的两国国技馆在1952年4月1日终于重回日本人手中时，相扑协会发现重新修葺的花费，尤其是清理舞台正面池座内倾倒的大量混凝土碎块的花费，实在是高昂得难以承受。于是在1958年，协会便把旧场馆卖给了日本大学，后者在1981年又把它转手卖给了都政府，最后在1983年被都政府拆毁。现在这块地方是一个停车场。顺带一提的是，明治神宫球场和帝国饭店被归还日本方面，也是在旧两国国技馆归还的同一天：1952年的愚人节。日本重要的事情都发生在愚人节，因为这一天是日本财年的第一天。1985年，相扑比赛重新移师回隅田川东岸，但不是在旧两国国技馆的故地，而是在其北面不远的地方，即在两国站的北侧建成的新国技馆。

或许所有握有强大权力的政体都有其专横的一面，而美国占领军，尽管满嘴鼓吹民主，实质上也是个握有强大权力的政体，因此也就免不了专制。它对棒球和相扑这两种运动的不同处理方式，就很难说是公平的。相扑协会某种程度上确实比较保守，不像棒球界的巨头那么善于游说，而且它也肯定无法像发源于美国的棒球那样，帮助日美建立起友谊和相互欣赏的纽带。拥有古老传统的相扑运动，也许也像柔道那样，被视为武术的一种。当然柔道无论对日本士兵还是美国士兵来说，确实不仅可用于防身，而且具有很强的攻击力。不过，我们很难相信相扑也会有类似的功用。

---

① 指位于东京都台东区藏前的藏前国技馆，1954年竣工，1984年闭馆，现已不存。

战争结束十多年后,相扑在其可谓走向现代化的道路上,又遭遇了一系列危机,这点我们在前面谈及伟大的相扑力士横纲双叶山的职业生涯时就已经略有提及。从明治时代以来,要求相扑运动进行现代化改革的压力就呈周期性的高涨态势,到了这一时期,甚至连国会也就这项运动对现代化的顽固抵制召开了多次听证会。当时相扑协会的理事长在退役前曾是横纲,名为"常乃花"。[①]（意思是"永恒的花",相扑力士经常取些绚丽的名字。）由于不堪改革的重压,他在1957年5月的一天,选择在隅田川西岸的藏前国技馆里,用一种实在是前现代的方式——剖腹,试图自杀。

　　虽然他最终幸运地保住一命,但他的职位还是由双叶山接任,后者在当年秋天推行了现代化改革。改革过程中棘手的问题在于比赛门票该怎样出售,而解决方案则一如既往地是各方妥协的产物。到底是在协会掌管的售票点直接售卖门票,还是通过传统的茶屋转售呢？妥协的结果是一部分在售票点卖,一部分在茶屋卖。同样的售票方式问题也曾困扰着歌舞伎业界,但后者实行了更坚决更积极的改革。如今通过茶屋转售门票的方式,在歌舞伎业界已不复存在。茶屋的地位也发生了改变,但这并没有影响到它们的运营方式。

　　相扑的现代化进程,或者说国际化（这又是一个像咒语一般被反复念叨的神奇词汇）进程中,还出现过其他各种各样的尝试。过去从来都是在池座处铺设草垫,让观众们盘坐其上观看比赛,现在则部分换成了座椅。土俵场[②]的上方有一个小顶棚[③],支撑它的四根柱子原来矗立在土俵场四周,现在也被撤掉了,改为悬吊式。这一改变发生在1952年,为的是使观众的视野更开阔,同时也保障力士们的安全,因为相扑力士们经常会撞到柱子上受伤。像能剧演员一样,相扑力

[①] 即常乃花宽市(1896—1960),第31代横纲,于1944年3月至1957年5月任日本相扑协会理事长。
[②] 是相扑比赛时力士们比拼的场地,其正式规格为用土堆成的高约50 cm,边长3间(约5.7 m)的正方形土台,台上用20个土草袋围成内径15尺(约4.55 m)的圆形场地。
[③] 即"神明造"。其本身是日本神社建筑的一种样式。

士们过去都是在两层屋顶下表演,一层笼罩整个竞技场或剧场,将之与天空隔开,另一层即我们前面提到的那个小顶棚,则为舞台或土俵场营造出一个更小更私密的空间。

战争结束不久当双叶山引退之时,每个人都说像他这样伟大的力士再也不会出现了。也许这确是事实,至少相扑作为一种大众娱乐被棒球挤下宝座也是不可辩驳的事实。不过虽说如此,相扑还是经受住了考验,并未走向末路。不仅如此,它还从战后的废墟中涅槃重生,迎来了自明治时代以来最为重要的一段时期。战后第一个十年的末尾,即昭和三十年代,两位相扑好手——若乃花和栃锦,开始了他们攀登巅峰之路,并双双在1950年代末获得横纲资格。(若乃花又是一个散发着花香氛围的名字,大体上是"青春之花"的意思。)虽然单独拿出一个人来说的话,他们也许不是战后最出色的相扑力士,但是作为对手,他们彼此之间却是最强最佳的劲敌,掀起了一股此后再未出现的相扑热潮,因为要比赛至少得有两个人。喜爱首字母缩略语的日本人甚至为此创造了"栃若时代"这个词。

两位相扑好手上演了一幕幕精彩刺激的对决,相比较而言,在最重要的几场比赛中,若乃花赢得较多。例如1958年赛事的最后一场,决定谁将晋升相扑最高级别横纲级的决战中,他俩先是打成了平手,后来若乃花在复赛中胜出。而1960年3月的赛事中,他俩都以15战全胜的战绩挺进决赛。这还是相扑史上第一次有两位横纲在这种情况下碰头。这次最后也是若乃花赢了。虽然为了制造明星效应来拉动票房和吸引电视观众,近些年相扑的定级确实水分甚重,但那场比赛确实精彩,不辱横纲之名。他俩带来的那些精彩瞬间,可以说是此后未见的。

我们经常听到的一种说法是,"外国人"对相扑运动的入侵,即"国技"相扑中出现外国选手,始于1960年代末一位夏威夷人高见山[1]

---

[1] 高见山大五郎(1944—),夏威夷出身的相扑力士,其相扑最高位为关胁。早年曾热衷于美式橄榄球等运动,后因遭遇车祸而留下后遗症,不得不中止。1964年经当时明治大学相扑部长的介绍,拜入高砂门下,1968年成为首位外国出身、外国籍的幕内力士。

在相扑界的崛起。但事实上在这之前,就已经有朝鲜人进入相扑界了。其中之一便是名为力道山①的相扑力士,虽然他更著名的身份是摔跤手,曾掀起过职业摔跤的热潮。当然就算没有他,职业摔跤也终会在日本流行开来。因为就像在世界各地一样,职业摔跤在日本也是表演的成分多过竞技。力道山最初是作为相扑力士取得了一定的成功,但出于对相扑界种种封建旧习的不满,他在1950年离开了相扑界,并在1951年10月以摔跤选手身份登场,引起世人的瞩目。之后他一跃成为那个时代的大英雄。因为他正好满足了那个时代日本人的心理需求——想痛扁一顿高大如怪兽般的白人巨汉,就像李小龙电影中的场景那样。力道山在1954年获得了"世界冠军金腰带",但他与黑社会过从甚密,因为觉得需要保镖,便雇用了黑帮人员。1963年12月,在赤坂的一家夜总会里,他因与人发生口角而被刺伤,对方正是控制当地的黑帮成员。一周后,力道山因伤口感染引发腹膜炎去世。

除了主要贩卖美军物资的黑市,还有另一种多少带点黑市色彩的市场存在,只是不常被提及。战争后期,日本军队占有了大量军需物资。事实上,他们几乎可以说是那时唯一不缺衣少食的部门。虽然以武器为首的危险品基本都上交美国占领军并销毁了,但可供民用的物资则通过各种渠道流入了民间。靠这个走上复兴之路的企业也不在少数,秋叶原电器街的诞生也是以此为基础。时至今日,秋叶原电器市场已成为东京的几大奇迹之一。我们这些不明真相的群众最好还是相信的一种说法是,精通电子设备的人可以在秋叶原找到任何已经被人类发明出来的东西。

"秋叶原"(秋葉原,Akihabara)原本字面上的意思就是"秋叶神社所在的原野"。就像永井荷风一生中一直反复强调的那样,它正确

---

① 力道山(1924—1963),出生于朝鲜,出生时名为金信洛,日本名为百田光浩,是相扑力士出身的摔跤手,在1950年代中期还曾参演电影。

的叫法应该是"秋叶之原"(秋葉が原,Akibagahara),那些念错的人都是没文化的。可惜的是,没文化的人的叫法最终占据了主流,因为今天每个人都叫它"秋叶原"。自明治二十年代起,秋叶原便成了货运车站,大地震之后,随着山手环线的全线开通,这里成为一个重要的客运站。明治时代,这里以出产家庭手工制品闻名,如梳子、分趾袜之类的。两次世界大战之间,则聚集了大量自行车批发商。不过第二次世界大战过后,残存的自行车批发商们退至离车站有一些距离的地方。

收音机在战争最后几个月,以及随后的艰难岁月里显得特别重要。通常,它是一个家庭会随身带入防空洞的唯一先进科技产品,也是获悉空袭警报不可或缺的重要途径。若不是日本国民被要求在1945年8月15日正午打开收音机,收听天皇宣布投降的"玉音放送",这个国家还不会如此顺从地缴械弃战。收音机甚至成为战后几个月里的身份象征。说某人拥有一台全波段的收音机,就是说这个人拥有特别的消息渠道。

所以,每个人都想要收音机,没有电视机可以缓缓,缺了收音机可不是那么容易对付过去的。秋叶原作为山手线与总武线的换乘站,在非法交易从千叶方向流入的军需物资方面,有着得天独厚的地理条件。第一家入驻秋叶原的商店便来自东京湾以东的千叶半岛。1951年底,神田一带零散分布的经营电器的摊贩,也随着当地整治路边摊而集中迁到了秋叶原。

电子电器业在秋叶原的强势兴起,还有另一个原因。那个时代,许多刚从战场回来、身无分文的年轻人想要继续他们的学业,而秋叶原刚好靠近神田—本乡大学区。他们中的很多人靠站在街头售卖花生维生,但如果具备一定的知识又想来钱快的话,更好的方式是自己组装收音机出售。所以,他们挨家挨户探访秋叶原的商店,从那些基本不懂各部件用途的店主手里收来收音机各部分的零件,然后自己组装。

这就是秋叶原电器街的发家史,如今它已然成为东京令人惊叹的奇迹之一。虽然许多为应付战后的混乱而出现的临时组织及做法都已经消失在时光中,但仍有一些像秋叶原这样经受住了时间的考验,保留下来并走向繁荣。如今秋叶原所在的千代田区依然是23个区中电子设备零售业最为发达的区。也许我们会觉得,集中了一流大企业的千代田区,居然在这类小型零售业方面也会独占鳌头,多少有点不可思议,但是我们应该记得,千代田区本来就是两个完全不同的区合并之后的产物,它们分别是高管人才云集的麹町区,以及学生、大学、小商店密布的神田区。

1952年4月28日,初代吉右卫门在歌舞伎座带领观众一同三呼万岁。那一天正是美军占领结束,《旧金山和约》与《日美安全保障条约》正式生效的日子。关于占领制度的解除和旧有管理体制等的恢复,是个冗长又复杂的过程,当然范围并不局限于东京,其对象也不是只有"夏令时"。不过后者倒是一个很好的例子,体现了美国制度在日本的水土不服,因而可以被迅速颠覆。"夏令时"这个在日语中以源自英文的片假名表示的词,指的是在夏季将时钟往前拨一个小时的制度,1948年4月由美军在日本强制推行,不过仅仅存在了4年,就在《旧金山和约》生效的那个月被废止。这是个能够被轻易颠覆的美国舶来品,尽管也有一些更为理性的观点支持推行夏令时。其中一个论点是,早上多出清醒又健康的一个小时,总比晚上多浪费一个小时喝酒和打麻将要好。美国人发起的另一项美式做法——以女性的名字如"凯瑟琳"之类命名台风,也在占领结束的次年就被废止了。自那以后,台风便只有数字编号而无真正的名字了。顺带一提的是,1947年秋登陆日本的台风凯蒂(Kitty),是战后袭击日本的台风中,对东京造成伤害最大的。

尽管吉右卫门本人并无此意,但他发起的那三声欢呼确实宣告了激进年代的到来。在占领岁月中只看报纸来了解事态的人,根本来不及对随后汹涌而来的各种事件做出反应。因为报纸上只会登载对美国人、美国占领军和其政策的欢迎之声,以及日本国民皆愿(借用后任驻日大使特别喜欢的说法）努力与美国发展平等伙伴关系的决心。而那些偶尔造访大学校园，有机会看到学生海报内容的人，则会隐约预感到另一股激流正在酝酿，不定何时就会喷薄而出。

这股暗流也确实终于爆发式地喷涌而出了，时间就在日本摆脱美国占领之后的第三天。五一劳动节是始于大正民主时期每年惯例举行的庆典之一。这一天，劳动者和进步的思想界人士纷纷上街游行。经过战争年代十年的停办，五一庆祝活动终于在战争结束后的次年重开了。据说有大约50万人参加了这次，也就是第17届五一劳动节庆典，集会地点就位于皇宫前广场上。在随后的几年中，皇宫前广场便一直成为五一的集会地。但是到了1951年，也就是美国占领军在这件事上享有发言权的最后一年，广场的使用被禁止了。而次年即占领结束后的1952年，也就是出问题的这年五一劳动节，也是同样。

这年的五一当天，劳动者和进步派人士聚集在明治神宫外苑。大型集会之后，他们在5条事先经过批准的路线上开始游行。但本应在日比谷公园结束游行的一队人马，却忍不住想要继续游行至街对面不远的皇宫前广场。几天前还在的美国占领军总部，就位于皇宫前广场另一条街对面，距日比谷的十字路口仅几步之遥。因此，如果麦克阿瑟将军还在那里的话，将会是城中对那里发生的事件目击得最清楚的人。游行者越过街对面城濠上的桥，涌入皇宫前广场，在那里，他们遇到了警察的拦截。警察动用警棍、催泪瓦斯，甚至手枪驱逐人群。游行队伍在撤退途中掀翻并放火焚烧路边的几辆美国产汽车。在那个年代，城里大部分车辆都是美国人的，而且他们依然享有随意在主干道边停放的权利。

最初发布的公告称只有一名年轻人被手枪击中身亡，但实际上在这场骚动中，共有两人死亡，100多人重伤，伤者大部分是警察而非示威者。现场有100多人被捕，最终被拘的总人数超过1000人。其中大约有200人被起诉，不过这之中超过一半的人，在将近二十年后的1970年被东京地方法院宣判无罪。日本的司法程序总是比世界上大多数法制国家要冗长烦琐得多。1972年,东京高等法院宣判当年在一审中已被定罪的大部分人无罪。于是最终只有不到20人被判有罪,需要服刑。

小说家梅崎春生[①]当时也在现场,但即使像他这样并不倾"左"的人士,也倾向于将这次骚乱的责任归咎于警方。他说是警方先诉诸暴力的,估计这确实是事实。警察在那个时候还不像现在这样装备精良,控制不住这么大规模的示威游行,面对如此多的示威群众,很有可能反应过度。但无论谁对谁错,1952年5月1日的这起事件都成了开启接下来这个波澜壮阔时代的标志性事件。把持了媒体的人士,似乎倾向于用一种简单的教条主义打发国民。一旦出现什么不好的事件,那当然是资本主义和帝国主义的错,我们应该团结在爱好和平的社会主义大旗之下。人们试图以各种方式解释这种现象出现的原因,但就在表面上至少是宁静平和的美国占领时期刚刚结束之后,反战主义、社会主义的惊雷便突然炸响,无疑是令人震惊的。

就在这起事件中的被告们还在等待漫长的审判结果出炉期间,抗议运动的势头渐弱,社会上也逐渐归于平静。1960年,试图阻止《日美安全保障条约》修订的运动归于失败,显示出媒体根本不是无所不能的,运动本身也是形式大于内容。抗议运动随之走向分裂(类似于1930年代,即昭和初年的转投他路),激进年代的黄金岁月一去不返。今天回首看来就如南柯一梦。总而言之,这些运动之所以如此引人注目,是因为它们发生在东京。如果发生在大阪或名古屋,就如同游行时错误地跑去美国西海岸的华盛顿州而不是美国首都华盛顿那样,关注者只会寥寥。

在美国占领之下发生了很多带有政治诉求的暴力运动。1946年甚至出现了过去日本历史上前所未见的,不是反对社会弊病,不是反对天皇身边的佞臣,而是直接针对天皇本人的示威活动。1946年春,在东京西部世田谷区的下马举行的一场要求"给我们大米"的区

[①] 梅崎春生(1915—1965),日本小说家,代表作有《樱岛》《幻化》等。

民集会,演变成了冲向皇宫的游行,领导者是刚从中国回来的共产主义急先锋,日本共产主义领袖野坂参三。他提出,只有直接去天皇那里申诉才管用。赞同他的游行队伍冲向了皇宫,在被驱散之前甚至已经突破了一道宫门。他们要求皇家立刻开仓济民。一幅标语牌上这样写道:"朕酒足饭饱,你们民众饿死算了。"其中使用了皇帝专属的第一人称代词"朕"。这给他们招致了"不敬罪"的指控,这也是这一罪名在废止之前的最后一次使用,被带走提审的数人,所涉罪名就是"大不敬"。美国占领军原先对共产党组织的运动还算宽容,在此之后便趋于收紧。

476　　时至今日,当年具有政治背景的事件中,有一起著名的案件:下山事件,至今仍是悬案。是自杀还是他杀,到现在还没有一个确切的结论。1949年春,国有铁道开始疯狂裁员。7月4日,国铁宣布了裁去4万名工人的计划。公司总裁下山定则最后一次被人目击到无恙,是在7月5日上午,在日本桥的三越百货总店附近。但第二天上午,人们在城市东北部的足立区、国有铁道自家常磐线的铁轨上,发现了他被辗压得七零八落的尸体。官方公布的尸检结果认为,下山总裁早在被列车碾过之前就已经死了。但也有专家持相反的观点,认为他是自己躺到铁轨上,然后被列车碾死的。还有人声称曾在7月5日深夜,在死亡现场附近看到过长得非常像他的人。结果是这起事件中没有任何人遭到逮捕。如果下山真是被人谋杀的,那凶手最有可能是工会激进分子。因为那些日子里他们可是非常愤怒的,原因之一当然是这个裁员计划,另一个原因则是麦克阿瑟将军于7月4日暗示,可能要将共产党定性为非法组织。

　　整个7月,国有铁道系统简直就是上千起蓄意破坏和恶意阻挠事件的灾难现场。最引人关注的事故不是发生在东京而是在福岛县,8月17日,一辆列车在国有铁道东北干线的松川站附近脱轨,导致3名乘务员死亡。被指控需对此事负责的工会成员,直到1963年才最终被最高法院宣判无罪。而在几周前还发生过一起更为血腥却不那么轰动的事故,地点位于东京西郊的三鹰市。7月15日,7节火车车厢从三鹰调车场倾斜的轨道上滑下,冲入一所民房,造成6人死亡。关于此次事件并非意外的猜测甚嚣尘上。两名工会成员被逮捕,其中一人被判死刑。但死刑实际并没有执行,因为那个人于1967年在监狱里死亡了。

如果松川事件中的被告真的有罪(最终因证据不足而无罪释放),如果下山并非自杀而是被谋杀的,那么认为工会在这三起事件中难辞其咎是很自然的想法。这些曾发生在日本的激进工会运动,如今听起来就像是从其传奇般的过去中遗留至今的微弱回响,但事实上,日本历史上确实存在过那么一个时期。1945年曾爆发过一次针对《读卖新闻》的罢工,甚至一时实现了后者的"民主化":工会掌管了编辑业务。工会运动的高涨已经到了计划在1947年2月举行全国大罢工的地步,但被麦克阿瑟将军下令禁止了。对于那些著名的暴力事件和铁路事件到底是何人所为,阴谋论开始出现:所有这些事都是某个极端反工会组织的阴谋,他们想以此抹黑工会。阴谋论的指向对象中,最受怀疑的就是美国占领军。在下山事件中,据说还在死者的衬衫上发现了美国人擦枪时使用的特殊润滑油。

三越百货公司作为国铁总裁生前最后被目击到的地方,与下山事件可以说略微能扯上点关系。而它自身也遭遇了罢工,不过这场罢工令人哭笑不得,显示出激进运动的退潮是如此迅速。事情发生在1951年年末,那是百货公司为冲业绩而最为忙碌的时候。因为此次事件,甚至还出现了一句流行语:"三越应有尽有,甚至是一场罢工。"当时管理层在非工会成员和兼职雇员的帮助下,准备好在12月18日早晨开门营业冲业绩,但大约2000名三越工会及其他工会增援的纠察队员封锁了商场入口,甚至还有30名激进的日莲宗僧侣也加入他们,在店门口击鼓游行,加以声援。警方赶来警告他们不能干扰正常营业,由于事态并未升级,警方仅仅采取了口头警告,双方也都未采取过激行为。到了中午,罢工散去,顾客得以涌入商场。

过去30多年里发生在东京的罢工,在劳动纠纷冲突的历史长卷中,可以算得上是最短的部分之一。它主要由一些每次都提前预告的仪式性罢工组成,比方说像是年中例行公事那样的公交系统罢工停运,事先会公布时间表,就像是过节放假一样。上班族们知道自己今晚回不到郊区的家了,便也自娱自乐地玩到很晚,并直接在市中心住上一晚。

战后第一个冬天的生活过于艰难,成为引发歌舞伎大师第十二代片冈仁左卫门一家五口被杀事件的导火索。他是第十二代承袭此名的歌舞伎演员,其一门的历史可追溯到17世纪的京都。1946年3月,他和4名家人于家中遇害。凶手是与这家人一起生活的一个年轻人。他抱怨称自己被这家人骗了,领到配给的食物比家里其他人少。某天当他在偷东西吃时,碰巧被仁左卫门的妻子撞见,遭到了训斥,他操起一把斧头砍向了前者。本来只打算报复仁左卫门夫人一个人的,却突然情绪爆发,把家里其他人也砍死了。

随带一提的是,与战后歌舞伎演员中其他死于非命的人相比,第八代坂东三津五郎的死因堪称奢华——他死于河豚中毒,那是在1975年。美食家们视为珍品的河豚,某些部位是有剧毒的。虽然若由专业人士处理,是可以安全食用的,但挑剔的美食家往往喜欢品尝靠近有毒部分的部位,据说可以使味蕾体验到销魂震颤的滋味。三津五郎似乎是靠得太近了一点。

战后岁月中出现的某些犯罪和品行不端事件,尽管在当时给人们带来了伤痛和损失,但事后回想起来却有不少引人发笑之处。例如1948年11月22日晚间,东京警视厅的警视总监在上野公园视察时(当时上野公园的治安很糟糕)遭到了一名男妓的暴打。于是接下来的一个月,该公园在夜间便禁止任何除了警察之外的人进入。1950年9月,日本大学一名才十多岁的年轻司机拐带了一位大学教授的女儿,还从一名大学职员那里偷走了巨额钱款。这两人是在床上被捉拿归案的。从潜逃到被捕的两天里,他们挥霍了相当于普通工薪阶层基础工资25倍的巨款。当警察冲入他们所在的房间时,男孩从床上坐起,用英语喊了一句:"噢,误会误会。"(Oh, mistake.)为何要用英语喊这句话,他自己没有多做解释,倒是别人衍生出很多个不同版本的解释。也许他是想让警官们以为自己是个美国人吧,毕竟在美军占领时代,美国人是有很多优待的。"Oh, mistake"也成为了那个时代满天飞的新词儿之一,就像我们前面已提到过的"nighter"表示夜间棒球比赛一样。

有些犯罪的性质则是极其凶残的,其代表便是"小平事件"。一名叫小平义雄的男子钻了战后粮食短缺的空子,强奸并杀害了足足10名妇女。他借口说认识能分些食物的农户,将她们诱骗至偏僻的地点,然后实施强奸杀人的暴行。最后一个被害人的尸体是在芝公园的后山上被发现的,那里也是如今东京塔矗立的地方。这名罪犯在1946年8月被逮捕归案。另一桩悲惨的案件,其名称与内容形成的强烈反差,多少有些讽刺,那就是著名的"寿产院事件"。在日语中,"寿"(日语发音:kotobuki)这个字有道喜、祝贺之意,而在此事件中,它是一家产科医院的名字。这家医院位于1947年前的牛込区,该区就在皇宫西面。1948年1月,警察逮到一辆汽车从医院中往外运送死婴。随后的调查发现,经营这家产科医院的夫妇从1945年起便以收取一定费用托管无主婴儿的方式牟利。他们以各种方法"处理"了超过100名婴儿。其中有些是被扔在寒冷的室外染上肺炎而死,有些是被饿死,而更多的是被闷死的。

还有另一起事件也引起了世人的关注,那就是"光俱乐部"事件。其主人公,一个名叫山崎晃嗣的青年基本代表了战后日本崇尚虚无主义的年轻一代。他其实属于当时的精英阶层,是东京大学的学生。他曾开设了名噪一时的高利贷放债公司"光俱乐部",在生意失败后的1949年11月选择了自杀。他说生活就是一出无聊的戏剧,死亡根本不算什么。这起事件激发了三岛由纪夫的灵感,他在几个月之后开始了小说《青色时代》的连载,故事原型就是山崎短暂的一生。

战后几年轰动全国的犯罪事件大概就是我们前文提到过的松川列车脱轨事件。因为这起事件激起了日本国民强烈的政治热情,也引起了著名作家广津和郎①的极大关注,使得该事件越发有名。广津和郎决心像法国作家埃米尔·左拉在德雷福斯案中所做的那样,义不容辞地为松川事件的无辜被告洗刷冤屈。② 而在东京发生的案件中,最著名的恐怕是帝国银行抢劫案,简称"帝银事件"。(帝国银行后来又改回了早些时候的名字:三井银行。)1948 年 1 月 26 日下午,就在银行快到关门的时候,一名佩戴貌似东京都公务人员臂章的 50 岁上下男子,踏进了位于西武—池袋线椎名町站不远处的椎名町分行。他声称自己负责痢疾防疫工作,由于附近发生了疫情,所有雇员都必须喝下预防用的药剂。于是当时在场的所有 16 人都照做了,其中 12 人最终死亡(11 名当场死亡,1 名送医途中死亡),因为他们喝下的其实是剧毒氰化钾。那名男子自己也佯装喝了一点点作为示范,但从结果来看,他应该是只喝了上方漂浮的一层水。这个人最后带着大量现金和一张支票逃之夭夭。

一个名叫平泽的画家作为这起案件的犯人被判死刑。死刑的判决由最高法院在 1955 年终审敲定,其间众人无数次申请重审,但都被驳回。不过这一判决结果虽然从未撤销,但也从未执行。1985 年,平泽被从专门处决东京死囚的仙台监狱转移回东京监狱。1987 年,他以 95 岁高龄病逝于监狱医院中。平泽被关押了将近 40 年,背着死刑判决活了将近三分之一个世纪。要执行死刑,需要的只是法务大臣的一个印章和签名,但没有任何一位法务大臣为此案件盖章签字。鉴于 1947 年到 1985 年间确实有 557 例死刑得以执行,坚信平泽无罪的人们认为,法务大臣们拒不签字这点,就能证明他们的观点是对的。从平泽终审宣判到他老死的这 30 多年间,一共换过了 30 多位法务大臣。这种走马灯式的部长更迭,让各种类型的政客都有

---

① 广津和郎(1891—1968),日本小说家、评论家、翻译家,广津柳浪之子,代表作有《神经病时代》《松川事件与裁判》等。
② 1894 年法国发生了著名的德雷福斯事件,这是一起法国军方陷害犹太血统军官的事件。著名作家左拉挺身而出,发表了一系列公开信,即有名的《我控诉》,由此引发整个法国争取社会公正的运动。

机会粉墨登场、手握大权,但显然这么多位立场各异的法务大臣中,每个人都对平泽是否真的有罪存有疑虑。

平泽的被捕经过是这样的:1948年8月,他在北海道本岛上被捕。引领警察锁定犯罪嫌疑人的物证,一定程度上也有些巧妙。实际上,在帝银事件发生前早些时候,便已有过两起类似事件。一起发生在1947年底东京南部的一家银行里,另一起就发生在帝银事件前几天,而且事发银行距离出事的椎名町分行非常近。这两家银行都在平泽住所步行可达的范围内。两起事件的手法也很相似,都有一个看上去很有说服力的男人信誓旦旦地宣称是来开展疾病防疫工作,要求银行雇员必须喝下他提供的液体。但在这两起早先的事件中,那个男人都没能得逞。三起事件的相似性让警方怀疑是同一人犯案,警方的关注点也被吸引到嫌疑人(如果确属同一人的话)在那两家银行里留下的名片上。其中一家银行里留下的名片上,是虚构的假名,但另一家银行里留下的名片上,是一位住在仙台的内科医生的名字,这个名字不太常见。

鉴于名片上那罕见的名字,以及名片在印刷上的特征,可以断定那张名片确实属于那位内科医生。因此,他被要求回忆曾经与他交换过名片的人。医生回忆出的人里就有平泽。他们两人曾在1947年,在从北海道函馆去往青森县的渡轮上见过,并交换了名片。于是平泽被警方圈定为头号犯罪嫌疑人并被拘捕。所有事情看起来都很合乎推理判断,但这本身并不能成为决定性的证据。

审问过程紧张又激烈。最开始根本没能审出任何与帝银事件有关的内容,但着实审出了警察感兴趣的其他事。随着平泽的临时拘留期将满,他可能涉嫌欺诈的证据浮出了水面。在另一家银行,他曾经(或者说被怀疑曾经)利用银行业务流程上的漏洞,冒领了另一位客户的钱款。于是,他被以欺诈罪传讯,审问得以继续。平泽签署了关于帝银事件的认罪书,但他之后又翻供,声称这份认罪书的内容大部分都是负责该案件的警探们编造的,他们对他进行精神折磨,让他稀里糊涂地签了名。但从一审到三审法庭都认可了那份认罪书的有效性,认定或支持死刑判决。

尽管人们常说以上这些就是这桩案子唯一的证据,但实际上并非没有其他证据。帝银事件发生后没多久,平泽的银行账户里就多出了一大笔钱,对于这点,至今没有令人信服的解释。平泽本人声称这是别人委托他画色情作品的酬劳,但这段内容并未在他宣誓过的证词中出现,而且本身也缺乏说服力。召集来的笔迹鉴定专家中有多位认为,那张在案发后第二天兑换的支票上的签名出自平泽之手,但专家们也并非一致同意这一结论。与此类似,帝银事件的四名幸存者也是各执一词。其他两家银行的雇员同样众说纷纭。有些人很确定地说犯人就是平泽,有些人则不那么确定。

在这种情况下,一般法庭都会坚持疑罪从无原则,不能给平泽定罪。而且有很多人认为,30多年都在死牢中惶惶不可终日,等待不知何时会被签署的死刑执行令,已经是一种非人的惩罚了。

总之,这起案件确实引人深思,其中最值得我们关注的是,它反映了战后混乱的环境和物质匮乏的状况。甚至连身为案发地的这家银行本身,看上去都只是一个勉强凑合而成的临时办公点,根本没有一点儿三井财团财大气粗的范儿。从当时的照片来看,那就是个普通的民宅,更像是在正式的建筑落成前应付一下的过渡房。今天的人们大概无法想象,宏伟浮华的银行大楼中那些冷静淡定的银行职员和分行经理,会接受突然出现的陌生人递来的据说是"药"的不明饮料。但在那个战争刚结束,传染病肆虐的年代,今天所谓人尽皆知的常识还远未扎根人们的脑海。

当时针对帝银事件,除了名片,警方还曾同时追查过另一条线。这可是激进左派最为欢迎的话题,因为它怀疑这一切都是美国要的阴谋诡计。警方认为罪犯很有可能精通化学毒剂的使用。而拥有此类知识最丰富的组织机构便是日本陆军,尤其是一度在中国东北地区活跃的一支化学战部队[1]。但这条线的调查受到美国人的阻碍,因

---

[1] 即731部队。——译者注

为他们把那支部队纳入了他们的保护伞下。就在平泽一案一审宣判前的几周,朝鲜战争爆发,据说由于美国有对朝发起化学战的想法,美军便想动用旧日本陆军掌握的化学毒剂技术来补足自己的短板。在那些日子里,有关化学战的流言漫天都是。我们只能说,这种说法也许并非空穴来风,但其证据比支持平泽有罪的那些更为薄弱。

由于江户之子们除了关西的那些城市,如京都、大阪之外,便没有其他城市可以拿来对比,而关西的城市本身也没有什么看点,所以这种相对闭塞的环境,令他们注意不到那些早期造访江户的外国客人很快便能发觉的特异之处。那就是江户与其说是一个城市,不如说是众多村落的集合。的确,如果说江户是一个拥有多个中心的分散型城市,那倒确实没错。而他们注意到的这个特征,也是这座不断经历剧变的城市中,亘古不变的要素。如今东京仍继续着多个中心并存的风格。当分散化布局在城市规划设计者中风行之时,东京却没必要开始这一进程,因为这一进程早已顺利展开。

1950年代,我们开始听到"副都心"这种说法。它的字面意思就是"城市的第二个心脏",也可以理解为"副中心"或"卫星城市"。虽然东京在历史上从未真正实施过什么有效的城市规划(东京的无穷魅力正是因此而得以形成的),但还是在1960年将"副都心"纳入了官方城市规划中。相应的委员会得以成立,都议会也通过了一份具体涉及新宿、涩谷和池袋的计划,拟将这三个地方打造为第一批"副都心",以疏解传统市中心区域的压力。副都心概念和相应的规划都明示了城市西扩的意图,应该说这是很现实的考虑,自江户改称东京以来,这种西扩的倾向就一直存在了。

在那个年代,新宿便遥遥领先于涩谷和池袋,这点到现在也还是没变。新宿也是三者中唯一真正能够对旧有的城市中心区,即"银座—日本桥—丸之内"形成挑战的地方。至于这种挑战到底获得了多少成功,还得留待日后评论。新宿最早的发展始于"内藤新宿"的设立,它是江户时期五条大道之一的甲州大道上的宿场。1885年,日本铁道的铁路线品川线开通，它从品川出发，经东京西部郊区直至东京北界的赤羽，路上便经过内藤新宿。过去人们从内陆去关西都是走中山道，沿这条路线，出了江户的第一个宿场是板桥宿。而近代铁路线则改从新宿始发，沿过去的甲州大道向西走，它开通于1904年，终点站为八王子。板桥也因此走向没落。在私营铁路方面，1915年开通的京王线和1927年开通的小田急线，也都以新宿为始发站。于是坐铁路往返于市区和郊区间上下班的旅客，便形成了在换乘前先在新宿喝两杯放松一下的习惯。新宿成为西郊最热闹的人流聚集地。

在"副都心"概念开始广为流传的年代，新宿看到了进一步拉开与其他地区的差距，保持领头羊地位的可能性。事实上，这种可能性正逐步变为现实，因为不久的将来，它会拥有一大块地皮可供开发。淀桥净水场（淀桥是1947年并入新宿区的三个区之一）占据了新宿车站西口以西超过80英亩，约合32公顷的大片土地。自大正时代起，便有将其迁往更西边的动议。到了1965年，这一计划终于付诸实施，这片新增的土地最终作何用途，留待后叙。

在那些年里，车站西口是个被人遗忘的角落，虽说这里也不是没有小酒馆和一些聚会场所。我们前面已经提到，战后黑帮暴力团伙不仅在车站东口、南口，在西口处也开设了黑市。这些市场的踪迹，至今仍留存于西口的一角，那就是昵称"小便横丁"的一群低矮简陋的房舍。其实当地人更希望人们叫它"串烧鸡巷"，因为串烧烤鸡和酒类是这里店家的主打。不过公众并不领情，小便横丁就是小便横丁，并且似乎只要它还存在，就会被一直这么叫下去。虽然这个名字听上去（或者说闻上去）不怎么好，但对于一些人来说，他们认为东京在战后40年里改造得过于彻底，令人感伤，而这里是他们寄托怀旧之情的最好地方。

比这里格调稍高的一处战后遗迹，位于南口。距离车站南口出来仅几步之遥，就在一直塞车的甲州大道公路沿途，跨越铁路线的天桥脚下，靠着水泥护墙，也是一堆简陋破旧的木结构房舍，就那么赤裸裸地呈现着战后的景象。这里曾经是一片小酒馆。建设省(即建设部)宣布想把这里拆除,建一个景观性的公共广场。这类广场大概是必要的,因为高峰时段的行人甚至都蔓延到公路上了。但这些房舍的主人中有一些钉子户,拒不搬离。他们说建设部又不是这片土地的所有人,无权驱逐他们,即使这上面的大部分房舍早已空置废弃。他们蹲守在这片曾属于国有铁道而现在他们认为属于其继任公司"JR东日本"的土地上,坚持着旁人看来难以理解的"就不搬走"的权利。闹上法庭看来是不可避免了。而相比之下,西口的土地归属则更为明晰。不过如果景观性广场得以建成,这里很可能会变得更加乏味。在这片破房舍的一个角落,有一个不到10平方英尺的公共厕所,但就是这么小一块地方的地价,按当时的汇率估算,也要接近200万美元。顺带一提的是,小便横丁没有公共厕所,这也是小便横丁之所以成为小便横丁的原因。

我们已经知道,西口和南口也并非没有酒吧、咖啡馆,但东口才是新宿真正的喧嚣所在。但同样是在东口,其最热闹的中心地带自明治末年以来也发生了转移。新宿过去与江户时代其他大道上的宿场一样,建有游廊。其位置就在现在的新宿御苑北面。但当更西面的新宿火车站建成后,周边的商业和娱乐中心受其吸引,都发生了西移,到了两次世界大战间隙的时期,新宿最热闹的地方,或者说是新宿咖啡馆文化的中心地带,已移至火车站东边不远处,向西的两条道路:甲州大道和青梅大道的分岔口附近①。女士们可以在这里的大型商场尽情购物,而男士们要找乐子,要到更北面一点的地方。

花园神社周围的一带最初叫"花园町",后来改称"金色街","金色"两字用的还是来自英文"Golden"的片假名,但这并不是因为它真

---

① 青梅大道(青梅街道)是从东京都新宿区出发,经由东京都青梅市到达山梨县甲府市的大道。始建于江户时期。其起点位于江户时期甲州大道上的宿场——内藤新宿的范围内,因此此地也可算是甲州大道与青梅大道的分岔口,日语写作「新宿追分」,约在今天的新宿三丁目交叉口附近。

的金光闪闪。随着车站东口的黑市被清理干净,从神社到东京都营有轨电车线之间的那片狭小而有人情味的街区,开始变得小酒馆林立。这些小店顶多能容纳十几名顾客,门面也不会超过几英尺宽。进入店内后,若是登上一段陡峭的楼梯便可来到二楼,这里有一些更隐秘而狭窄的单间,供客人更放松地畅饮或进行私密的谈话。这一带被称为金色街,大约是从奥运会开始的。即使现在有轨电车线已经消失,它依然保持着与西面出现的现代化大规模街区若即若离的关系,自成一格,并且展现出顽强的生命力。不过,我们几乎可以肯定地说,它坚持不了太久了。西武集团①正在策划将这块地区拿下,两层木质小楼的大杂院可不是西武集团喜欢的风格。

金色街西面宽敞明亮的现代化街区,即歌舞伎町繁华街区的形成过程,堪称勤奋苦干与企业家精神相结合的成功典范,当然其中也不乏幸运女神的眷顾。虽然看法因人而异,但歌舞伎町在今天仍可以说是东京最具活力的地方,或者至少可以说是东京最前卫之地,也是日本全国"性产业"最发达的区域之一。这里的性产业,虽然也许不像纽约时代广场上那么公开,但更为多样化。几乎没什么性癖好是在歌舞伎町找不到的。不过实际上,歌舞伎町连同它的这个名不副实的名称,直到1948年才正式出现。

在1945年的战火中化为灰烬之前,这片满是小店和低矮民房的街区还是一个没有什么特征的地方。战后,夜陪女们渐渐形成的拉客路线就穿过这一区域,一个名叫铃木喜兵卫②的男人注意到这点,由此有了一个宏大的梦想。铃木年少时曾在英国和美国大使馆里做过厨师,而且风评不错。(他的师父是一位名厨,后来成为帝国饭店主厨。)战争结束时,铃木正从事食品加工行业的经营,还是新宿火车站北边街道的町会长。他怀揣的这个梦想就是把街区打造成这一带

---

① 即西武铁道株式会社。
② 铃木喜兵卫(1891—1967),战后民间主导的重建计划"新宿第一复兴土地区画整理组合"的主要推进者。

的文化中心，拥有各种各样的剧场，包括歌舞伎剧院。后来这里确实成为了某种中心，也确实建成了巨大的新宿 Koma 剧场①和许多小剧场，但要说它是"文化"中心，恐怕同这片街区的特征不太相符，也许"粗俗淫秽"一词倒是更贴切些。

铃木和其他致力于将规划变为现实的人，忙到分身乏术，他们的工作内容十分庞杂，要给各种店铺（其中主要是为剧场观众提供餐饮服务的店）的店主们分配地块，提供便利设施。而且为了让人们记住这里，新的町名也需尽快敲定，因为这一新街区横跨了 1947 年归入新宿区的两个老街区：角筈町和西大久保町。原本散乱的形象已经不合时宜了。1948 年，首位民选都知事和其他众多显贵人士应邀出席了盛大的庆祝仪式，新町名"歌舞伎町"正式启用了。

这个新町名确实别具一格，而且还包含了一定的辟邪祈福的寓意。自古以来，歌舞伎便被视作下町固有的艺术形式，命定只能在它土生土长的地方存活。而今在新宿建造歌舞伎剧场，正是试图对这种老迷信发起挑战。事实上在这之前，新宿区便已经出现过试图支持推广歌舞伎的努力，但都以失败告终。比方说从 1917 年起，在并入新宿区之前的老四谷区，就有一家小剧场上演过历史学家们所说的二流歌舞伎表演。虽然这家剧场也与其他剧场一样逃不过反复遭遇火灾又反复重建的命运，但在大地震之后，由于它比下町的剧场更早恢复演出，这里还曾出现过一个短暂的繁荣时期。不过，当下町的剧场纷纷恢复营业，它的生意就走下坡路了，在 1937 年上演了最后一场歌舞伎表演。之后虽然也充当过其他表演场地，但在战后还是作为老旧危房拆除了。而另一方面，1929 年，新宿新开了一家名为"新歌舞伎座"的剧场。这个剧场后来改名为"新宿第一剧场"，并逐渐减少歌舞伎表演的比重，转而上演音乐会、轻歌舞剧和戏剧等形式更加现代的外来艺术。"二战"后由于下町的剧场基本全毁，这里再

---

① 位于东京都新宿区歌舞伎町一丁目的剧场，1956 年开业，2008 年闭馆，被誉为"演歌的殿堂"，简称「コマ劇」或「新コマ」。

次成为歌舞伎的主要表演场所,不过持续时间很短。这个剧场现已不存。

歌舞伎离开了下町就活不下去的所谓宿命魔咒,也许可以说已被国立剧场打破。因为后者正位于山之手地区最豪气的地段,隔城濠可以望到皇居的城门——半藏门①的侧面。而歌舞伎町则未能打破这个魔咒,它最终也没能拥有属于自己的歌舞伎专用剧场。这里的第一家电影院开张于1948年,十年后关门歇业。它特受左派知识分子的欢迎。顺带一提的是,它开业的这十年正好与左派知识界人士最如鱼得水的时代基本重合。歌舞伎町的经营方针总是更有策略性一些,它并不真的非要歌舞伎不可。在这十年间它不断发展,地位提升。1949年,都电对线路进行了调整,在歌舞伎町南端附近设立了终点站。西武铁道也在1952年将西武线延伸至歌舞伎町西端。

歌舞伎町曾举办过一次博览会。博览会这种东西似乎是日本在困难时期便会想要召开以鼓舞士气的活动,可谓日本民间智慧的产物。早在明治时期,为了提倡殖产兴业,鼓舞民众对先进的西方奋起直追,便出现过一波由国家主导举办博览会的热潮,其举办地基本位于上野。从实际效果来看,这些博览会也确实起到了作用。因此铃木决定,歌舞伎町也应该依样画葫芦。于是从1950年春到初夏,歌舞伎町的博览会便以"东京产业文化和平博览会"为名,在3个会场召开了。但从结果来看,这完全是一场灾难——或者说如果不是好运及时降临,就是一场彻彻底底的灾难。博览会演变为令人尴尬的大失败,也引起了广泛关注,歌舞伎町被推上了风口浪尖。1951年,铃木得以协调这一地区最大的地主峯岛茂兵卫和一家电影公司达成了一项土地交易。②该交易也确保了歌舞伎町最大最著名的剧

---

① 位于江户城即今日皇居西端的城门,主要供天皇及内廷皇族使用,禁止一般人出入。
② 铃木的歌舞伎町建设计划是与当地最大的地主,尾张屋土地株式会社社长峯岛茂兵卫一同实施的,由于博览会失败背上了沉重债务,只得将土地低价卖给四叶会,后者中即包括东宝电影公司。

场——新宿 Koma 剧场的用地。1956 年,Koma 剧场作为一家电影院开门营业,一年后即转型为舞台剧场。以榎本健一为首的全日本最著名的演艺人士,都曾在此登台演出过。

就这样,歌舞伎町渐渐成为新宿最喧嚣的地方。虽说在两次世界大战之间咖啡馆盛行的区域并没有凋敝,但在歌舞伎町炫目的光芒下也显得黯淡了。过去宿场附近的花街,在战争过后的几年里颇为火爆。1951 年在那里讨生活的女人数量是战争结束时的 10 倍。其中一些妓院还与时俱进,不是变身合伙经营的现代化管理模式,就是与久负盛名的吉原游廓区进行娼妓间的人员流动以获取更多利益。这种人员流动对妓院的好处是:一个姑娘可以有不止一次的"处女秀",而"处女秀"是极为赚钱的。顺带一提的是,在当时,吉原和新宿的游廓是东京城中最奢华昂贵的。

1958 年,随着《卖春防止法》全面实施的临近,为继续从事这份营生,妓院纷纷披上小酒馆的伪装。新宿区成立 30 年后,根据首次出版的新宿区地方志所述,歌舞伎町每天要接待近 50 万人,其中 80% 是不满 30 岁的年轻人。给城市中喧嚣的热闹场所带来生机与希望的一直是年轻人群,也因此,歌舞伎町一直保持着良好的发展势头。

我们前面已提到过,川端康成曾说如今的浅草已经生不出什么真正一流的东西了,那么他对歌舞伎町又会如何评价呢?遗憾的是,作为一个住在东京南面镰仓的人,他可能会对那些从东京南郊奔向银座的上班族有点印象,但对来自新宿更西面的上班族们,则几乎没有关注过。Koma 剧场确实有过一些略上档次的表演,但若剔除那些有资格首映的影院,那么可以说新宿站东口一带在上演高质量的剧作方面是全军覆没。在这方面,新宿从来不能与银座相提并论,连两次世界大战间隙浅草所能上演的各种多姿多彩的舞台表演都没有。东口基本上就是个充斥酒与性的地方,自那里成为歌舞伎町起就是这个调调,并且有愈演愈烈的趋势。虽然对有趣好玩的事物,人们显然不想太过吹毛求疵,而新宿特别是其中的歌舞伎町,确实是个有趣的地方,不过我们还是很想知道,川端若是把东口和浅草做个对比,会如何评价。

如果当初铃木和其他那些努力推动歌舞伎町向前发展的人,对它未来的发展方向有所规划,那么他们现在一定会万分吃惊。也许最初勾起铃木灵感的夜陪女们,已然确立了这块地方必然的发展方向。

从地图上一眼看去,我们就会发现涩谷所处的位置和新宿是如此相像,以至于我们难免好奇,虽然它的发展速度已经算是快的了,但为什么不像新宿那么快?与新宿一样,涩谷也位于从市中心通向西郊的大道与铁路线首次相交的点上。然而,这条通往城市西郊及关东腹地的大道,原本只是人们为前往大山参拜①而开辟的大山大道②,远不像以新宿作为分岔口的甲州大道和青梅大道那样重要。另外涩谷站也不像新宿站,并非国有铁道线上的换乘站点,并且此处私有铁路网的成型比国铁还慢。虽说在通向市中心的地铁方面,涩谷开通银座线,比新宿开通丸之内线早了四分之一个世纪,但新宿在涩谷的地铁站建成前几十年,就已成为重要的铁路换乘站了。

也许最重要的差异在于地形地貌。新宿和池袋都位于台地上,向任何方向都可以自由伸展。而涩谷则被丘陵环绕,就像被困在谷底一般。

1883年,当原本位于筑地外国人居留地的东京英和学校,即今日青山学院的前身,迁至它现在所在的青山时,学院再过去一点,宫益坂下方的涩谷谷地,几乎没有人烟。那时候,城区的范围还未扩张至城市行政边界线外,新生的青山学院,这所由筑地外国人居留地的传教士们筹建的大学,基本是建在了旷野中。涩谷的第一座火车站

---

① 指宗教团体大山社的成员每年6月27日至7月17日例行集体参拜位于日本神奈川县中部大山的阿夫利神社,称"大山诣",在江户时代中期十分盛行。
② 正式名称为「矢倉沢往還」,与今天日本的国道246号走向基本一致。

建成于两年后的 1885 年,但当时属于私铁的车站,后来才收归国有。涩谷宁静祥和的乡下村落形象开始发生转变,要等到中日甲午战争,尤其是日俄战争时期。陆军的兵营位于目黑①、世田谷②一带,从此处往返当时横卧在涩谷周边郊野的青山及代代木练兵场,基本都要通过涩谷站。与涩谷站所在的铁路线交错的那条公路③也经常用于军队运输。因此,如今看来与军队无缘的涩谷,原本却是因军队而喧嚣起来的,而现在,尚武精神和斯巴达式训练已消逝无踪。涩谷的快速发展与新宿一样是在大地震之后。等到 1932 年千驮谷、涩谷、代代幡三个町合并成为涩谷区时,其人口数量早已远超一个市的法定人口数了。

随着奥运会的临近,涩谷似乎也会像新宿征用淀桥净水场一样,新开辟一大块开阔的土地。美军曾经征用了涩谷北边与明治神宫紧邻的旧代代木练兵场,并改名为"华盛顿高地"作为军用宅地,而现在这块地方也被归还给日本人,用于建设奥运村。奥运会落幕后,这块地被改作他用,但它对涩谷的作用完全不像淀桥净水场的开发那样为这一地区的发展做出了直接的贡献。关于这点,我们留待后叙。

至少到今天为止,涩谷的发展仍赶不上新宿。一直要等到通往新桥的地铁线于 1939 年开通后,涩谷才有了与市中心的直接联系,而在 1932 年东横电铁开通至樱木町之前,从涩谷通向郊外,仅有一条由玉川电铁运营的私铁线。今天,这条私铁线已经并入了统治涩谷区的东急电铁系统,成为其中一个不甚重要的部分④。与新宿不同,涩谷直到最近还是东急一家独大,特别是"二战"期间及战争刚结束后,这一倾向尤其强烈。两家私铁的铁路线在 1942 年曾一度因战时统管的需要而合并,1948 年又恢复独立营运。

---

① 位于东京都 23 个区的西南部,现在日本航空自卫队目黑基地仍驻扎此处。
② 位于东京都 23 个区的西南部,目黑区西面,是东京都特别区中面积第二大的。
③ 应该是指青山大道(青山通り)。
④ 即"东急玉川线",已于 1969 年部分废线,其所剩线路改为东急世田谷线。

总之，涩谷总让人感觉比实际面积要小。当然实际上，相比新宿，它确实很小。在涩谷站换乘的旅客人数也远远比不上新宿。不过有个关键指标显示，新宿可能不会一直稳居副都心老大的位置，因为今天的年轻人更喜欢涩谷，而对新宿则多少有些不信任。新宿不仅黑帮林立而且街道脏乱，走在街上，不知何时就会突然冒出一个人来，冲你威胁要钱，或者把路过的年轻姑娘拐去卖淫。

由山手线的西部环线串联起的三处热闹地带——涩谷、新宿和池袋中，池袋的崛起只是个偶然。新宿和涩谷自江户时代以来便有大道穿过，一旦又有火车站建成，任何投机者都会看好它们的发展前景。但池袋这个地如其名，原本多沼泽的地方却不是这样，并没有什么重要的大道穿过。要说德川幕府时期众多贵族从内陆前往京都时所走的中山道，能通到今天山手线上的哪个车站，那也是巢鸭，位于池袋东边，而中山道出了江户的第一个宿场则是板桥，旅客们可在此歇脚，它位于巢鸭西北面。

如果当初铁路线建设时的选址与今天不同，投机商们看中的很可能就会是巢鸭或板桥了。这片地区的第一座火车站建在目白，位于池袋南面，如今我们可以看到，山手线的行进路线是从南至北依次穿过涩谷、新宿、目白，然后一路向北通过池袋。但当初的设计是想在目白这里分线，一支向正北走，通过赤羽，另一支则折向东，通到田端。而最后却是改在池袋分线。向东的支线开通于1903年，为山手线的池袋至田端段，而非目白至田端。那是因为目白的当地居民既不关心本地的投资前景，又缺乏远见，强烈反对在目白分线。于是分线点便移至当时还人烟稀少的池袋，一个无关紧要，不会引起反对声浪的地方。就这样，池袋建起了火车站，由此开始成长为继新宿和涩谷之后的第三大副都心。由于新宿和涩谷都位于山手线与旧有大道的交叉点上，我们可以推测，如果在目白分线的山手线早早贯通，那么作为第三大副都心崛起的就应该是巢鸭而非池袋。

池袋的发展比另外两个副都心要慢一些。在1956年通达东京中央车站的丸之内地铁线建成之前,池袋都没有直达市中心的快速交通线;而在 1969 年首都高速道路开通之前,这里甚至没有一条地面交通线能够直接与市中心相连。那个时候,如果想从银座或丸之内去池袋,只能在各条街道间来来回回地穿梭,或是乘山手环线绕远路。

就像涩谷一样,池袋也拥有一所传教士建的学校,但是成立时间比涩谷的青山学院晚很多,是在城市化进程已经快速展开之时。这所学校名叫圣保罗,日文名为"立教",同样始建于筑地外国人居留地,大约在大地震前后①搬到了池袋。与涩谷类似,池袋也是一家铁路公司独大。1915 年,西武铁道的前身武藏野铁道,开通了一条从池袋到埼玉县饭能的铁路线。后来这条铁路有了极大的发展,现在不仅贯通池袋,还延伸到新宿。

由于铁路沿线各站常建有百货商店,很自然地,西武铁道也开始涉足百货公司行业,尽管时机上已经有点来晚了。池袋可谓百货公司天然的落户地(不是因为池袋天生有着孕育百货公司的环境,而是因为它是一张白纸好画画)。太平洋战争爆发前,"武藏野食粮株式会社"刚刚开始在池袋营业。这家公司后来成为武藏野百货公司,再后来于 1949 年改名为"株式会社西武百货店"。"武藏野"是"西武"最初的名称,意为武藏平原,江户即后来的东京便位于武藏国境内。"西武"这个名字则更为审慎,意指武藏国西部。

西武企业集团在整个东京影响力巨大,其势力无处不在,其总裁还在 1987 年登上《福布斯》杂志的富豪排行榜,被列为全球最富有的非王室人士。②西武在池袋可谓是压倒性的存在。不管是在新宿还是池袋,由于火车站和铁路线都占据了街区的中央位置,呈南北走向,③因此想在车站西口和东口之间来往,便不得不绕远路,使人们不

---

① 即 1918 年。1922 年该学校升格为"立教大学"。
② 即堤义明(1934—),曾是西武企业集团的所有者,其父为西武的创立者堤康次郎。
③ 准确地说,新宿站是西北—东南走向,而池带站是东北—西南走向,并非正南—正北走向。

禁抱怨这种设置是多么不合理；但只有在池袋，人们的抱怨会直接冲着西武百货店而去，因为它就像克里姆林宫或柏林墙一样，横亘在通往池袋站东口的路中间。

从池袋站东口出来的行人，会发现自己西侧就是西武百货店，而东侧直到1971年还矗立着一座阴森的堡垒：要不是巢鸭监狱修建的年份较早（1895年），很可能就会被命名为池袋监狱了——它距离池袋火车站可比离巢鸭火车站近多了。之所以取名巢鸭监狱，而非池袋监狱，是因为在其建成时，池袋还只是这片名为巢鸭村的广阔乡野地带中一个不起眼的小地方。之后它的用途几经变更，最后在1937年成为东京拘置所（可理解为东京拘留中心），取代了市谷监狱的职能。顺带一提，明治年代一大批著名的罪犯，如女杀人犯高桥阿传，正是在市谷监狱处决的。而巢鸭处决的最后一批犯人是7名甲级战犯，包括战时日本首相东条英机，他在1948年圣诞节前两天被处以绞刑。

1958年，美国占领军将东京拘置所还给日本人，这里似乎有重操旧业、关押政治犯的趋势，引起当地巨大的反对声浪，这背后有经济利益的驱动。因为在当时，池袋已开始成为山手环线上新兴的大型购物娱乐中心之一。三越百货还在池袋站东口开设了一家分店。而从西武或三越百货的楼顶向下望去，直接就能看到拘置所的操场，实在是太晦气了，于是拘置所最终在1971年被拆毁。这块新空出来的土地就像新宿站西口的净水场旧址一样，围绕其规划用途的争论也是万分激烈。有人想建娱乐设施，有人倾向建造商业中心，后者赢得了最后的胜利。如今这里耸立着东京最高的大楼"阳光60大厦"，如果东京塔不算是大楼的话。

这3个副都心全部成长为铁路网络的重要节点，直到我们步入汽车时代，这点仍未改变。尽管奥运会刺激了高速公路的建设，但地面道路网络的不完善一直是制约汽车出行方式发展的天然瓶颈。1947年，东京的上牌汽车只有4万辆。到了战后第一个十年末尾，上升到25万辆,随后的20年里,又暴涨了10倍。早在1950年代中期,东京都内交通最繁忙的十字路口,就承载了3倍于其快速通行能力的车流量。这个十字路口就是祝田桥十字路口,位于皇宫前广场南端,霞关官厅街北端。除此之外,在都心的十字路口中,还有13个也超负荷运转。之后随着"甜甜圈化现象"的发展,极严重的堵车开始向外围的新宿等地区蔓延。诚然,高速公路也不断延伸,但问题依然无法解决。不过,东京不像美国大部分城市,除了汽车,东京还有其他交通出行方式可供选择。无论是地上还是地下,又或是高架,各种层级的铁路网几乎遍布东京各处。聪明人坐轨道交通就可以了。

战后,乘坐"都电",即东京都交通局运营的有轨电车的乘客,飞速增长。1955年达到最高峰,日均超过60万人。这一客流量与公营和私营地铁线的客流量相比,甚至还只能算是涓涓细流。有轨电车轨道总里程也有些许的增长,不过从1960年起便开始走下坡路了。随着1964年东京奥运会的临近,随着东京开始准备在世界面前展现自己的风采,废弃有轨电车的呼声开始出现,奥运之后它便真的几乎消失了[①]。

同时,废弃地面铁轨而保留头顶架空电网的无轨电车,也开始试运行。其运营时间从1952年持续到1968年。无轨电车线主要集中于东京北部和东部(非奥运地域)。其对时局的反应速度多少有些滞后于战后的有轨电车。无轨电车线路的总里程数自1961年开始下滑,最后一条线路在1968年正式停运。无轨电车本来就是汽油短缺的产物,依靠架空电网获得动力代替汽油,其地位处于汽车和有轨电车中间的尴尬位置,比有轨电车多了点自由,却又不及公共汽车自由自在。

于是路面上的公共交通运输任务便由公共汽车和出租车来承担了。1950年代是一个出租车司机极其蛮横霸道的年代,虽说当时日

---

① 现在仅剩的一条都电有轨电车线是荒川线,它从荒川区的三轮桥,行至新宿区的早稻田,全长12.2千米。

本各地干这行的人都挺胡来的,但东京的出租车司机也堪称个中翘楚了。毫无理由、不受制裁的拒载愈演愈烈,警方不得不来回巡视,组织严打行动。据说1950年代末的一系列严打行动中,仅一次便能抓到20多个恶劣分子,这显然只是庞大出租车从业人员中的冰山一角。对出租车何以如此蛮横拒载的解释五花八门、相互矛盾,不过其中最主要的一个原因,就是出租车的绝对数量太少且司机待遇没有跟上。曾经有一段时期,情况糟糕到了极点,以致银座的酒吧在打烊后不得不雇公共汽车送员工们回家。

1950年代也是"神风"出租车司机出没的时代——"神风"这个绰号源自"二战"后期的神风特攻队,他们驾驶零式战机进行自杀式袭击,而这些出租车司机的野蛮驾驶跟其有的一拼。他们之所以这样开车,与计价器的计费方式有关。当计价器得到了改良,在车辆静止不动地等红灯期间也能累加车费之后,司机们便不会再莫名焦躁,能更心平气和地开车了。1959年之前,所有出租车司机都隶属于出租车公司。而自那年起,出租车司机可以买下自己的车单干了。虽然放开这一限制的初衷,主要是想缓解一下出租车司机野蛮驾驶的状况,不过从那个时候开始,出租车行业也确实走上了良性发展的道路。单干的出租车司机,一般都是驾驶记录良好的年长老司机,而且由于他们驾驶的车辆是属于自己的私人财产,自然会十分小心,万一乱来被警察逮到的话,损失的就是自己的生意了。

1955年出现了一个流行词——神经症①,来源于德语的"神经官能症"一词。可见随着日本社会重归富庶,与富庶伴生的各种毛病也回来了。虽然日本人不喜欢给台风起美女的名字,但他们倒是给每一个特别景气的时期都起了名字。随着朝鲜战争爆发而迎来的第一个景气时期,就被早早命名为"特需景气"时期,昭和三十年左右开始的经济大发展时期则得名"神武景气"。神武天皇是传说中日本第一位天皇,"神武景气"这个名字意指这一时期的繁荣是日本史上前所

---

① 日语写作「ノイローゼ」,指由不安等原因导致的心理障碍。

未见的。

另一个在新闻和杂志上频繁出现的流行词是"族"。回顾"族"的发展过程,同样也是社会越来越富庶的过程。战后不久便成为话题的"斜阳族",可以理解为"日暮西山一族"或者"破落贵族",该词来源于一部描写战后没落华族家庭生活的小说《斜阳》。小说作者太宰治自己便是没落一族,不过他的境遇不顺,可以追溯到年少时期,远远早于那场摧毁了众多显赫大家族的灾难。两三年后出现了一个同音但意思上并无关联的词"社用族",反映了企业经济活力的逐步复苏。这里所说的"社用族"是指那些用公司钱款吃喝玩乐的职员和公司管理者,带有讽刺意味。到了战后第一个十年末尾,除了"神武景气"和"神经症",我们还有了一个新词"太阳族",源于一部讲述娇生惯养、放荡叛逆的年轻人的短篇小说《太阳的季节》。小说作者石原慎太郎,可能也曾是太阳族的一员,但现在已不是了。众所周知,他现在是国会右翼保守派的政治人物①。

至少在人来人往的繁华街道上,没有灯光的阴暗角落已经消失了,人类对黑暗的驱逐已经达到登峰造极的地步。写下著名的《阴翳礼赞》的谷崎润一郎,若是看到此景,免不了又要痛悼一番,但看来也只有石油冲击②能够扼制这座不夜城里闪烁的霓虹灯继续蔓延。1953年,银座竖起了一座世界上最大的霓虹灯,那是一个直径11米的巨大球体,就立在银座主干道即四丁目十字路口旁一座大楼顶上,是森永制果③的广告灯。虽然它在1973年中东石油危机时曾一度关闭,但之后又重新点亮,并在健在的30年中成为银座的奇观和标志之一,最后才在1983年因陈旧过时而被拆除。

战后第一个十年即将结束的时候,毒品问题浮出水面。尽管与

---

① 1999年,石原慎太郎当选东京都知事,并三度连任,他在第四个任期上仅1年多,便宣布辞职,成立新党"太阳党"。——译者注
② 指1973年因第4次中东战争,阿拉伯诸国实施石油战略,其影响波及日本,使日本社会和经济受到冲击。
③ 著名的糖果点心制造商,创始于1899年,其商标为天使,总公司位于东京都。

美国的毒品问题相比,日本的毒品问题一直以来都相对缓和,但毒品案件依然频发,毒品交易的利益也是巨额的。1954年,仅东京一地就因贩卖摇头丸逮捕了1.4万人,而据估计,其利润是成本的50到100倍。

　　1951年即昭和二十六年时,结核病在死因排行榜上还高居第二位。但到了战后第一个十年末尾,即昭和二十年代末期,它已滑落到了第10名,致死率也仅为战前高峰时期的25%。进入1950年代中期,我们开始听到人们抱怨说,要找个家政服务员是多么困难,好不容易找到了,又发现来的人简直又贵又无能,还态度强硬。东京第一家超市开设于1953年,但与美国不同,里面的商品一点也不便宜。被称作"人间船坞"的豪华体检也出现在此时。① 美容整形也开始成为热点,年轻女性会拿着心仪女明星的照片去找整形外科医生,整个双眼皮的大眼睛尤为流行。

　　棒鳕和芋头的时代很快随风而逝,成为历史。

---

① 1954年,日本的国立东京第一医院首次提出为人体定期进行全面的预防性健康检查的概念,并把整套检查体系称作"人间船坞"(人間ドック)。引喻在大海中远行的航船要定期驶入船坞,进行精细的检修与保养。——译者注

第十一章　奥运时代

虽说棒球多少帮助日本国民重拾了碎裂一地的士气，朝鲜战争从结果上看也对重振日本经济贡献良多，但强烈的民族自卑感，以及被世界摒弃、孤立无援的感觉依然根深蒂固。日本人总感觉自己的国家在某种程度上延续着国际贱民的地位，被国际社会拒之门外，因此他们极度渴望被国际社会承认，任何机会都想要抓住。1957年，在东京举办的国际文学大会，上了新闻的头版头条。要是在欧洲或是美国，这种集会除非是有恐怖分子扔了炸弹，才能登上报纸的头版。

日本人似乎觉得，任何来自国际上的关注都是好事。1958年，匈牙利裔英籍作家阿瑟·凯斯特勒（Arthur Koestler）来到东京，公开指责承办了1957年那次文学大会的国际笔会①日本支部。他一针见血地指出，日本支部对待文学自由的态度，即使说不上是与国际笔会的基本理念存在公开冲突，至少也是漠不关心的。他说得很对，当时的日本文坛正被左翼思想的进步人士占据，多少有些喜欢简单粗暴地解决问题，对苏联政府的绝大多数行为都持偏袒的态度，包括前者在1958年阻挠鲍利斯·列奥尼多维奇·帕斯捷尔纳克②领取诺贝尔文学奖的种种举动。凯斯特勒的观点同样登上了头版新闻。

---

① 国际笔会是覆盖全球一百余个国家的非官方组织，相当于世界范围的"作协"。——译者注

② 鲍利斯·列奥尼多维奇·帕斯捷尔纳克（1890—1960），苏联作家、诗人、翻译家。1957年发表《日瓦戈医生》并获1958年诺贝尔文学奖，后因受到苏联文坛猛烈攻击，只能拒绝该奖。

1948年,战后第一届奥林匹克运动会伦敦奥运会,来了又走了,处于美军占领中的日本根本没有参赛。本来只要有机会参赛,日本可是有很大胜算能借机展示一番他们的一位超级游泳健将的。未能获准参赛这点令日本万分懊恼。那位游泳好手就是古桥广之进,他在游泳方面是个天才(虽然他只有9根手指),是日本自1930年代以来培养出的最棒的游泳运动员。他曾在赛场上华丽绽放,如1949年参加洛杉矶全美游泳锦标赛时创造数项世界纪录,成绩傲人,但也像游泳运动员的既定命运一样,体力迅速衰退,在四年后的下一届奥运会来临之际已经淡出人们的视线,不得不靠在美国举行的一些国际比赛中取得胜利来维持生活。当时由于游泳在国际上并非大项,因此除了日本人,大概没人对这些比赛多加关注,但古桥的活跃表现,对提振日本国民精神所起的作用,也许与棒球一样大。

1951年,也就是美国占领军从日本撤军前一年,朝鲜战争爆发的第二年,麦克阿瑟将军回家的这年,日本重新被国际奥委会接受了,并在次年派出奥运代表团出征赫尔辛基。虽然这次的成绩算不上理想,但正如《奥林匹克宪章》所言——重在参与。下一个目标便是弥补1940年东京要办奥运会却没能办成的缺憾。伦敦虽然同样因为战争而没能举办1944年的奥运会,不过因为顺利承办了战后的第一届奥运会,已经得偿所愿。

早在赫尔辛基奥运会开幕的1952年,东京都知事便宣布东京将角逐1960年奥运会举办权。申办活动如期举行,但还是落选了。当时有7个候选城市,东京的得票数排名最末。1956年奥运会落幕后,东京都成立了申办1964年奥运会的特别办公室。1958年1月,专门负责前期具体准备工作的委员会开始运作。5月,奥运会申办工作正式展开。日本派出的申奥代表团启程前往德国慕尼黑,也就是国际奥委会将于1959年举行会议的地方。代表团成员包括东京都知事、前任都知事,以及一位不同于日本皇室大多数人,极富个人魅力的亲王。这一次,申办候选城市缩减为4个:东京、底特律、维也纳、布鲁塞尔。第一轮投票中,它们就是以这个顺序排列,东京最终以绝对优势获得了举办权。新闻报纸不用再把文学大会挂上头版充数了。

东京政府非常重视这次奥运会。1959年春天,东龙太郎作为新任都知事走马上任,就是专门为举办这次奥运会做的安排,因为他同时也是国际奥委会委员、日本奥委会主席。作为战后四位东京都知事中唯一没有参选连任第三届的都知事,也是唯一完全丧失对都议会控制权的都知事,他也许是东京都历史上全部四位都知事中[1]最不成功的一位(尽管有些人认为他的继任者美浓部亮吉比他还要失败)。在他的任期里爆出了战后最大的丑闻,最终演变为政治上的大混乱。不过全世界似乎都承认,东京乃至整个日本举办了一届超级棒的奥运会。这确是一次绝好的机会,向世界展示东京自1945年以来都取得了怎样的成就。日本人也充分利用这次机会,收获了自信与国际地位。

奥运会的"直接开销"与全部间接花费相比,只占一小部分。按照人们对间接花费的不同定义与归类,"直接开销"所占比例甚至可以说只有前者的三十分之一左右。总之,通过奥运的直接与间接开销,东京获得了从外部敛财的好机会,可以捎带解决一些困扰自身的问题。在直接开销方面,由国家财政承担的部分,比都政府承担的多出很多。这一点也不奇怪,因为需要建设运动场馆和奥运村,以及其他一些类似设施。

用于间接花费的经费绝大部分来自借贷。通向大阪的"子弹头高速列车"即东海道新干线的建设费用,就占了全部间接花费的近三分之一。尽管向世界展示日本人的组织能力和技术实力也是举办这次奥运会的主要目的之一,但这条新干线与奥运会的关系显然十分微弱。另外的三分之一,投向了街道和地铁建设,两者几乎各占一半。如果奥运会再晚一些时候举办,也许资金的分配就会大为不同了。奥运会筹备之时,东京的交通问题已经严重到了可谓陷入危机

---

[1] 本书成书于1989年,当时东京总共只出现过四位都知事。——译者注

的程度，建设高速公路和拓宽现有道路，被视为解决交通问题的重要方案。而奥运会之后，高速公路网的规模虽然仍在持续扩大，但将建设它们视为解决交通问题的重大方案的时代已经过去了。运动场馆方面，尤其是作为主体育场的国立竞技场和代代木体育馆，确实建得非常壮观，但那些直到现在还被人们称为"奥林匹克大道"的高速公路和拓宽的街道，才是奥运会给东京"市容"（上次提及此词还是关东大地震后，摄政裕仁亲王在复兴庆典上的演讲）带来的最引人注目的改变。只可惜这一道路改造并未在全城一致铺开，当时的重点只在于保证从羽田机场出发，穿过市区南端及东京湾附近，通到城中酒店的道路，以及从酒店至各个运动场馆的道路，也就是与奥运会相关的道路。这些地方大多集中在东京西南部：奥运村和代代木体育馆位于涩谷区，国立竞技场在新宿区，一个相当大的奥林匹克公园则位于涩谷外面的世田谷区。一时离开日本又回来的人，常常会被问到是否感觉东京变化很大；如果有人在奥运会前两三年离开东京，又正巧在盛会落幕后回来，多半也会被问及同样的问题。而他们的回答大概十有八九是："涩谷这一带确实变化太大了，全变了。"

在东京城区原先的中心地带，高速公路网络相对显得不起眼，因为其是建在旧有的公共道路及公共土地上的。整个高速公路网络占用的土地中，只有十分之一是从私人手里购得的。余下的部分全都是公共用地，包括旧有的街道和运河。高速公路沿着原有的道路系统小心翼翼地绕过新宿喧嚣的中心地带，只在人潮涌动的涩谷是毫不犹豫地穿心而过，开辟出一条过去不曾有过、直贯涩谷中心的通道。若是好久没回东京的老土地，走出涩谷火车站，忽然间就被周围的钢筋水泥柱子和众多车辆隆隆的轰鸣声包围，恐怕会一时半会儿搞不清自己身在何处了。

除了涩谷站周边地区之外，以奥运为契机建设的高速公路在港区和涩谷区最为显眼。这两个区分别位于皇宫和旧城区以南，以及西南面，在东京的23个区中也是最富裕的，因奥运也受惠（或许不完全是"惠"，还有受殃及的成分）最多。

早在东京还不敢奢望能申办奥运会之前,高架高速公路和地下快速运输系统就已经尝试性地开始建设了,虽然此时的规模还很小。运河及城濠的填埋工作,在战后的废墟瓦砾清理完毕,东京温泉以及东京中央车站八重洲口附近的"名店街"建成后,仍在继续。川端康成在《浅草红团》中曾描写了这么一个小男孩,他是居住在船上的船夫的儿子。早上,他的父亲会划船将他送到浅草,接着便划着船去工作。他则前往浅草寺境内的学校上学,放学后必须等到晚上他父亲划船来接,有时候左等右等都不来,甚至要等上一整夜。于是他便与浅草公园里聚集的流浪儿童交上了朋友,并加入了红团。不过这种生活方式到了战后便完全消失不见了。运河的填埋不仅使能够行船的河道以及泊船系船的地方消失,而且码头装卸工作的新法实施,也使江户及明治时代以来东京十分重要的水上生活方式,不再可能。

江户城堡的外濠中,曾经作为千代田区(位于外濠和旧城墙内侧)和中央区(位于外濠和旧城墙外侧)分界线的那一部分在1950年代被填埋了。这部分外濠也是有乐町和银座之间的分隔,美国士兵把一个日本皮条客扔下桥去的事件就发生在这里。那个倒霉的男人被抛下去的桥叫作数寄屋桥,曾是"摩男"、"摩女"们争相拍照留念的地方。在那些年里,这个地方特别出名,因为它在一部非常流行的催泪广播剧中有出场。这部由菊田一夫[①]编写的广播剧,名为《你的名字是?》,讲述的是因东京大轰炸及其后的战火阻碍,未能终成眷属的爱情故事。而在弗兰克·永井[②]最热卖的歌曲中出现的数寄屋桥,也在1957年被拆毁,如今其原址上只剩下菊田一夫题词的纪念碑,静静地诉说着数寄屋桥曾经的存在,令人伤感。

---

① 菊田一夫(1908—1973),日本剧作家、作词家。其代表作《你的名字是?》(「君の名は」),又译《请问芳名》,是1952—1954年日本NHK广播播送的系列广播剧,还曾拍成电影、电视剧和舞台剧。
② 弗兰克·永井(フランク永井,1932—2008),日本情感歌谣歌手,原名永井清人,以其独特的低音著称。此处提到的歌曲应该是他在1957年7月发表的《在有乐町见吧》(「有楽町で逢いましょう」)。

就在这被填埋了的外濠上,距离新桥车站以北不远处,建成了最初的高速道路,但其全长还不到两千米,根本不能帮助缓解银座主要街道的交通拥堵。虽然今天它的南北两端已与规模较大的首都高速公路网络相连,但主要还是作停车用。不过换个角度来看,它在某一点上比后来大多数新建的高速公路都顶用,利用高架下的空间建成的两条商店街在 1957 年开始营业,1958 年又新增了两条。在这四条街中,两条街上的店铺采用独立式布局,店与店之间以墙隔开。另外两条则更像是"名店街",或者说大百货商场底层的那种开放式的"购物中心",各摊位共享公共的空间。

填埋运河及相关建设的费用是由东京都政府承担的,后者将新增的土地以低于其价值的价格或卖或租了出去。如今租期马上就要到了。① 昔日数寄屋桥所在的位置,正好处于这一带建筑群的正中间,也就是千代田区与中央区的边界上。除非发生皮条客被抛下桥这种概率极低的事件(最初负责此案的是东边中央区的警察),不然当城濠还只是一摊淤泥和污浊死水的时候,它在两个区的官府眼中根本无关紧要。但现在,随着这片土地成为来钱之地,两个区开始争夺其归属权,最终导致两区的边界线一段划在旧外濠的这一侧,一段划在另一侧,有时候又划在正中间。

奥林匹克运动会即将开幕时建成的高速公路系统,也就是准备为奥运会服务的高速公路系统,总长大约 20 英里,合 30 多千米,但只覆盖了东京都中心的几个街区(银座、丸之内和日本桥)及南面和西面相邻的几个区。沿高速路向北,可从机场到达市中心,向西有两条路线,可分别到达涩谷的中心地带,以及奥运主体育场国立竞技场附近。代代木体育馆和奥运村则位于两者之间。

在很长一段时间里,东京北部和东部地区都未能得到高速公路的眷顾。奥运会结束后紧接着的几年,高速公路的拓展也主要集中在东京都的中心地带和西南部的几个区内。高速公路真正延伸到北

---

① 指本书成书的 1989 年。——译者注

部,要等到1969年,其将上野和日本桥连接了起来。东京的北部和东部地区,基本属于发展变化较慢的区域,于是一旦有高速公路这种全新的事物介入,可以想见整个地区的古朴气氛便一下被破坏了。而相比之下,更为发达且富裕的西部和南部,由于本来就比较现代,因此高速公路的出现反而显得锦上添花,将战后的疮痍一扫而光。不过这种评价完全不适用于沿隅田川东岸向北延伸的高速公路,因为它就像盖在河边著名的樱花林上的盖子,非常难看。高速公路给东京带来的不雅,还不止这一处,在日本桥也是如此。日本桥作为全日本最著名的桥,如今依然像过去那样横跨在同一条河川之上,未曾移动,却已被架在头顶上的高速公路抢去了风光。甚至连一度神圣的皇宫美景,也因高速公路而有所贬损。付出了种种令人痛心的代价之后,高速公路的总里程数,如今已经增长到了1964年的4倍以上。

对既有街道的扩宽,也是在西南部的几个区中最为显眼。青山大道,得名于它穿行而过的街区,就是其中最明显的例子。这条从外濠的"赤坂见附"①延伸到涩谷的道路,整个被扩宽为原来的两倍。街道改造的花费也十分巨大,在奥运会间接开支的清单上,街道改造的费用是高速公路建设费用的5倍。因为必须先将道路边原有的低矮房屋一家家地买下拆掉,腾出道路拓宽的空间,再在路边建造高楼以提高空间利用率。于是,"铅笔楼"这种建筑便应运而生,它们有好几层楼高,像铅笔一样细长地杵在道路两边。据说这些铅笔楼防震,但看起来不像能防震的样子。

离奥运会开幕不到1个月的时候,一条从羽田机场通至滨松町(该町位于银座和新桥南边)的单轨铁路线②终于开通了。从选址上说,它的地理位置不是最坏的,但也肯定不是最好的,除了旧芝离宫

---

① "见附"在日语中指面向翁城城门外侧的哨兵岗哨,相传江户城曾有36处这样的岗哨,现仅存"赤坂见附"一处的石垣,位于东京都千代田区。
② 指靠单股铁轨运行的列车,车辆骑跨在铁轨上的称跨座式,悬挂在铁轨上的称悬垂式。

恩赐庭园①之外，滨松町附近没有任何步行可达的景点或商场。想去那儿的人几乎都得换乘其他交通工具一到两次。虽然这种交通不便导致它刚开始时在东京市民中乏人问津——当然也可能是因为当时市民们被奥运带来的游客大军吓到了，所以敬而远之——但这条单轨电车线后来还是在商业上取得了巨大成功。要去羽田机场还是坐这条线最方便，而且也很有趣味。到了1980年，这条线每个月的载客量已超过200万。不过严格说来，这并不是东京的第一条单轨电车线路，因为数年之前在上野动物园里也建成过一条规模很小的单轨电车线。但另一方面，这条滨松町—羽田单轨铁路线却可以说是全日本，或者更准确地说是全世界最雄心勃勃的一条单轨。

新地铁线的建设大约始于朝鲜战争爆发的时候，到奥运会开幕之前已经大规模竣工，并且自那之后也一直没有停止建设。新宿也是同样，除了在稍微外围的地区建有高速公路，还拥有了一条通到市中心的地铁线。这条地铁线，即丸之内线，也是战后建成的第一条地铁线，沿东南走向贯穿了城市中心，然后向西弯折，在1957年开通了池袋至银座段，现在又延伸至新宿。到了1962年，这条地铁线的延长段继续施工，穿过新宿开通至东京都"区部"西部边缘的荻洼。

丸之内地铁线的施工在穿过银座向霞关推进时还曾遇到一桩很有趣的麻烦事。在日比谷公园附近，地铁线的挖掘者们突然被巨石拦住，不得不花费大量时间和金钱清除它们，经调查，这些巨石被证实是江户城外围城壁的地基，还很有可能是"数寄屋桥御门"②的支柱，数寄屋桥即得名于此门。它们有可能是17世纪时仙台藩主中最著名的伊达政宗埋在那儿的。东京地表上遗留的古迹已经不剩多少了，不过在地下还埋藏着许多尚待发现的具有考古学价值的遗物。

一座华丽耀眼的新银座综合地铁站赶在奥运会之前总算完工。

501

---

① 原文为滨离宫恩赐庭园，疑有误，此处根据该区域地图予以纠正。
② 即"数寄屋桥见附门"，始建于1602年，1629年由陆奥国仙台藩主伊达政宗将其石垣和枡形门建成完工。

它将新线路,即丸之内线和日比谷线,与战前建成的银座地铁线连接起来。相比东京中央车站八重洲口地下商城,这种没多少远到而来的客人会去的地方,银座的这座新的综合地铁站,更多地向世界展现了日本人是多么非凡的地下工程修筑者。

地铁的建设与高速公路不同,并未忽略城市北部的几个区。最早的地铁线银座线,便是在北部地区的上野和浅草间运行的。战后建设的首条地铁丸之内线,首先开通的也是位于皇宫北面御茶水方向的池袋及本乡站。到了奥运会时,日比谷线以及都营的浅草线也开通了,将东京最北部的足立区和东北部的葛饰区也与市中心连接了起来。除此之外,另一条地铁线"东西线"①也已开始建设,其东段延展到了地面上②,奥运会结束之后,它继续向西开通至中野站,向东则越过新宿北面,横跨市区一直伸入到千叶县。这条线路同样途经皇宫北面。从1954年到1964年10月奥运会开幕为止的十年间,地铁线的总里程增长了近100千米,也就是将近60英里。

那些年里,由于新机构参与到地铁建设中,导致新建成的地铁系统变得非常复杂,像是故意要弄晕来看奥运的客人们似的。都政府长久以来都想将旧有的地铁系统纳入管辖之下,因为该系统尽管属于公营而非私营,却不归都政府管辖,而且其最大的一个特点就是非常赚钱,是块肥肉。但种种努力都失败了,于是都政府转而开始兴建自己的地铁系统。工程始于1958年,当1960年它的第一段线路开通时,之前没有地铁的隅田川东岸一带也享受到了地铁服务。奥运会即将开幕时,这第一条都营地铁线的"浅草—大门③"段开始运营,它经过市中心,通向旧芝离宫恩赐庭园附近。都营线与旧有的地铁

---

① 即「東京メトロ東西線」。
② 即南砂町至西船桥这一段,为地上区间。
③ 指"大门站",位于东京都港区滨松町,1964年10月1日作为都营1号线的车站开始运营,都营1号线即文中所说的第一条都营地铁线,现已改名为都营地下铁浅草线。

线(营团线[①])之间虽然可以换乘,但对乘客来说既不方便,也不划算。相比营团线,都营线不仅票价较高而且还亏损。这主要是因为它起步得太晚了,虽然惠及了常期遭到遗忘的东部各区,但就失去先机这点来看,可能还不如不建。银座及丸之内这些客流量大的好地段,早已被好几条营团线占满了。

奥运会开幕前的几年中,推广无轨电车系统,原本是期望它能取代笨拙老旧的有轨电车。后者是东京最不愿给世界看到的事物之一,但事情不可能尽遂人愿。奥运时,有轨电车还是与日本人颇为自豪的新高速公路和地铁一同展现在了世界面前。有轨电车系统彻底废除,要等到奥运知事的继任者上任,他在1967年非常强势地推进了这项工作。无轨电车则在1965年迎来了客流量的最高峰,然后随着有轨电车的消失,无轨电车也湮没在了历史长河中。

在奥运会的间接支出中,排在街道改造和交通建设之后的最大项目是水利工程和污水处理系统的建设,其中后者所占比重稍大。1964年夏天,东京地区出现了一次严重的干旱和供水短缺。8月里,23个区中的17个区曾一度限水,一天中只有9个小时能够供水。山之手的部分地区甚至不得不完全依赖送水车。中央政府为了保障奥运会的成功举办,专门任命了一位负责奥运事务的大臣。为了解决供水短缺问题,他不得不四处奔走,以至于获得了"水道大臣"的雅号。现在的东京都知事铃木俊一[②],在被奥运知事任命为副都知事并专门负责奥运筹备工作之前,就在中央官厅任职。他本人也为水务问题伤透脑筋。

当时东京并不能直接利用东日本最大的利根川水系的水资源,但总算是赶在奥运之前将水从利根川经由埼玉县引入位于东京都多

[①] 指由日本"帝都高速度交通营团"经营的地铁线。"营团"是指由政府出资并加以监督的从事公共事业经营的特殊法人。帝都高速度交通营团根据《帝都高速度交通营团法》设立,由交通部相关部门管辖。故前文说其虽属公营,但不归东京都政府管理,2004年废止。

[②] 指本书成书时,即1989年时的都知事。——译者注

摩地域的东村山贮水池中了。用水问题一直困扰着东京，都政府实际上从未真正解决过这一问题。对于流入东京的大部分河川，农民们享有优先用水权。当农民们不需要大量用水的时候，城市便可得到充足的水源供应，但当农民们需要用水时，东京就会陷入缺水的窘境。

1987年又发生了一次严重的用水荒。都知事想在流入日本海的信浓川上建立大坝拦截水流，让水经由隧道穿越重山，流入利根川，再流进东京的供水系统。新泻县知事理所当然地反对这一提案，因为信浓川的主要入海口就位于其辖区内最重要的城市新泻市。这一项目不是仅靠东京都知事和东京政府自己就能敲定的。

在下水道和污水处理系统方面，由于整个系统的缺陷实在太大，所以重点主要放在如何尽量掩饰一下，以免在奥运期间丢人现眼。1964年时，在23个区中只有大约三分之一的人口用上了下水道。很明显，想在这方面撑起一幅明亮的现代化景象基本无望，所幸奥运宾客大概也没有兴趣深究此点。不过即使如此，在减轻掏粪工给人们造成的不适上还是能做点改进的，虽然不可能全部废除，但至少能把臭气减少一些。于是在奥运选手和游客们目力所及的大部分区域里，真空吸污车取代了老式的手推车加长柄勺的组合。从官方公布的数据来看，即使是在奥运会结束20年之后，东部的区中仍活跃着掏粪工的身影，在那些区里，只有不到四分之一的居民能享受到下水道带来的便利。

奥运会的这一年也是隅田川上最后一座桥①开通的年份，它连接了银座东面与隅田川河口（即"大川端"）最早的一块填埋地。开通仪式在奥运会开幕前6周举行。于是，隅田川上最后的渡船也消失了，东京离它似乎向往的样子——拥有一张与其他城市没什么区别的大众脸，又更近了一步。隅田川上的这个渡口已经有三百余年的历史

---

① 即1964年8月竣工的佃大桥，位于胜哄桥（勝鬨橋）上游，也是隅田川上最后的渡口：拥有320余年历史的「佃の渡し」的所在地。

了。名古屋附近的明治村想要将最后一艘渡船拿去收藏,但一位摆渡了40年的老船工坚持将它留在了东京。在当时那种没人关心历史遗迹是否留在东京的社会氛围下,这可谓是不可多得的成功。

作为奥运筹备的一环,建设部和一家致力于水资源开发的公营公司开始着手清理隅田川。当时隅田川的状态非常糟糕,位于西岸如柳桥一带的高档料亭及餐厅,在风向从河上过来的时候,就会充斥一股下水道似的臭味。(事实上,隅田川那时差不多就是个下水道。)8月,一条专门用于冲刷隅田川的水渠完工,其从新的东村山净水场延伸至隅田川上游。就在奥运会开幕前一个月,它开始运行。来自净水场的清水延水渠倾泻而下,将隅田川冲刷了整整一个月。根据10月底出炉的官方报告,隅田川清理的效果不错。柳桥艺伎区南面两国桥附近河面上的藻类减少了一半,更上游处甚至减少了四分之三。之前水体中的氧气几乎被藻类耗光,现在两国桥附近的含氧量上升到每吨0.5克,上游则有每吨2克。这点含氧量显然远远不足以供鱼类生存,但聊胜于无。隅田川的恶臭状况也有了很大改善,这点臭气的话,饭店及料亭靠熏香就可以掩盖住了。

在筹备和举办奥运会的那些年里,东京开始为建设"都立"公园做规划。在早前战争刚结束的时候,它意外地得到了如滨离宫恩赐庭园那样,来自皇室捐赠的公园。1958年,东京政府买下了位于堀切的一座远近闻名的菖蒲园①,它曾是江户城郊的一处苗圃,在隅田川以东挺远。几个世纪以来,那里的景观发生了剧变,但这个菖蒲园在其建成后的三个世纪中,除了一些休闲用的小凉亭之外,还从未有过大兴土木的开发。

把乞讨流浪人员清理出各国来宾的视野之外,也是奥运会准备工作的重要一环,其手段多少有点强权主义。很多人被赶进了收容

---

① 即堀切菖蒲园,位于今东京都葛饰区堀切二丁目,为葛饰区所辖的公园,其在江户时代便被列为"江户百景"之一,在浮世绘中屡有登场,相关可参见歌川广重所绘《名所江户百景·堀切的花菖蒲》。

所,政府的各种取缔行动又使其他一些人不得不卷起铺盖,搬到他们口耳相传的打击力度不那么大的地方。这类取缔行动在一个像纽约这样动不动就闹上法庭的城市,大概是不可能发生的。奥运会结束数年之后,亦即1973年"中东石油危机"过后,他们又回到了东京,不过也许应该说是另一拨流浪汉和乞讨者了。而这时的条件也好了许多,已经有许多地下道可供他们睡觉,众多的自动贩卖机能帮助他们避免与不友善的店家和服务员打交道,他们的生活变轻松了一些。

奥运筹备工作不论对于东京还是日本来说都是一件大事,日本人基本上是靠自己的力量完成了这一艰巨的任务。对比战争刚结束时的状况,真有一种士别三日的感觉。就算在这一过程中,他们多少请求过他国的一些协助(例如请求美军把"华盛顿高地"归还日本),也丝毫不会贬损他们付出的辛劳和取得的成功。而且为了顺利建设奥运村,这么做也是必要的。因为驻日美军的宿舍区正好位于涩谷区的代代木,紧邻明治神宫,该处不仅离高速公路很近,而且有大量空地可用于奥运村附属设施的修建,显然是奥运村最合适的选址地点,所以日方向美军提出了协助请求。交涉的结果是,此地在距离奥运会开幕不到一年的时候终于归还日方,附带条件是日方必须为美军提供替代的驻地。因此,奥运间接开支清单上便有了一项很小的支出,还不到总开支的1%,用于在调布建设美军住宅设施。调布市是东京都多摩地区东部的一个市,就在世田谷区的西面。

于是,在奥运准备工作相当完备的情况下,1964年"双十",也就是10月10日,奥运会开幕了。天气预报说开幕式当天很可能有雨,但没有下下来。人们普遍认为这次奥运会取得了巨大成功,同时也标志着东京在崛起为世界级大都市的道路上迈出了一大步。日本在这次奥运会上夺得16枚金牌,位列金牌榜上的第三名,仅次于美国和苏联。能够取得这样的成绩,一系列的安排布置功不可没。日本人有一支被"魔鬼"主教练大松博文残酷训练调教出来的强大女排,当然日本在柔道上也占据了一定的优势。这两个项目都是这届奥运会上才第一次列入奥运比赛项目的。

日本女排在本次奥运会上取得的金牌,是日本女运动员在历史上获得的第二枚奥运金牌,第一枚是在1936年柏林奥运会上由游泳运动员前畑秀子取得的。只是奥运会结束之后,发生了一些令人悲伤的事件,反映出把此类大赛的结果看得太重也会引发悲剧。圆谷幸吉,一位被认为有夺金实力的日本马拉松男选手在接近终点,跑入国立竞技场时,还仅落后于著名的埃塞俄比亚"赤脚大仙"阿贝贝(顺带一提的是,这次他穿鞋了),位居第二。但在最后200米的时候,他被一个英国人超越了——就在全场热切期盼的观众面前。还有一位十分有希望夺得女子田径跨栏铜牌的选手依田郁子,最终却只收获了第五。而这两位在之后都自杀了。

也许当一切都落下帷幕,一些日本人在回顾这届奥运会时,会希望那些为了使日本成绩好看而做的"小动作",如把柔道加入奥运项目,要是从来没有发生过就好了。胜率极大的女排比赛被安排在奥运会最后一天进行,并顺利夺金,但机关算尽的柔道却出了大岔子。之前连续3天里,在各公斤级的柔道比赛中,每天都有一位日本选手夺冠,但到了最后一天,在最关键的无差别级金牌争夺战中,荷兰选手安东·格辛克(Anton Geesink)夺冠成功。消息一出,甚至连日本街道上也回荡着悲伤的哭声。格辛克后来回忆说,比起与他对战的日本选手,与充满敌意的东道主观众抗争更为艰难。有人认为按体重分级的比赛制度本身就破坏了柔道的神秘性,即使在体型上处于弱势,也能像李小龙那样反而利用对手的体重以小制大,才是柔道的精髓。

著名导演市川昆[1]接受委任,执导拍摄了东京奥运会官方纪录片。"水道大臣"不喜欢这部影片,说它也许很有艺术性,但根本不是纪录片。

---

[1] 市川昆(1915—2008),日本电影导演,代表作有《炎上》、《野火》、《东京奥林匹克》等,其风格对后世电影导演影响巨大。

1956年,奥运会第一次在五环对应的五大洲之一的大洋洲举办。同为奥运五环之一的亚洲,在这之前还从未举办过一次奥运会。1945年作为战败国仍是一片焦土的日本,在近二十年后成功举办奥运会,给世界留下了其似乎不同于亚洲其他国家,拥有特殊能力的印象。虽然1964年的奥运会未能一举扫清日本国民的自卑感,但自信心的急速上升是十分明显的。作为东京历史上划时代的事件,有人认为1964年东京奥运会的重要性,能与1867年明治维新、1923年关东大地震和1945年的战败投降并列。虽然这自然有点言过其实,但奥运会确实是东京历史上的闪耀时刻,不仅是物质上的,也是精神上的。

赤冢行雄[①]在《战后欲望史——黄金的60年代》中如此写道:

> 东京奥运会不仅仅是一次体育盛会。它也是一个"仪式",标志着日本自战败后第一次正式被国际社会接受。开幕式当天,东京的交通一度陷入停顿。仿佛得到了来自各国的握手祝贺,兴奋激动的情绪席卷大街小巷。一时半会儿之后,人群与车辆嘈杂熙攘的景象才再度重现街头。

举国上下的欢愉之情都溢于言表,人们用短歌表达内心的激动,其感情之复杂,有喜悦,也有悲伤。

> 七万人的欢呼声中,阿贝贝跑入体育场,
> 表情不变,步伐不乱。

——松井克巳

---

① 赤冢行雄(1930—2015),日本评论家,中部大学名誉教授,专攻文学、犯罪、青少年问题等方面的研究。

> 一面接一面，九十四面国旗入场，
>
> 有些，也许，曾相见在战场。①
>
> ——土屋茂子

短歌中的"也许"一词，可以理解为只是日语中惯用的含蓄表达方式。

这年的 12 月 8 日，恰逢日本的第 23 个珍珠港事件周年纪念日②。这一天（虽然并非是故意选在这天），池袋的西武百货公司举办了一场奥运村使用过的二手家居用品大甩卖。所有商品在 1 小时内销售一空。

我们前面已经提到，从昭和初期的 1930 年代开始算起，东京要到 1951 年才建成了首家较重要的大型宾馆酒店。之后，新宾馆酒店的建设一度中断，然后在奥运筹备期间又迎来了酒店建设的井喷。皇宫附近，已经被填埋为大道的旧外濠沿线及其周边，矗立起了 6 家新落成的大型酒店。其中 17 层楼的那座，曾是东京城里最高的建筑。另一座，即帝国饭店的新馆，也是利用部分旧馆的土地建设起来的，只是当时还未拆除弗兰克・劳埃德・赖特设计的旧馆，后者是帝国饭店历史上的第二栋大楼。直到奥运会过去很多年之后，管理层才决定将旧馆拆除。赖特的侄女，女演员安妮・巴克斯特（Anne Baxter），还曾入住过这栋最新建成的帝国饭店新馆，并且对其十分满意。她说新馆为她叔叔的作品锦上添花。

就在这一时期，一种新的经济发展模式正悄然兴起，日本的国内市场一直以来都只服务于本国公民，而现在它飞速成长，终于成为经济发展的主力，令外商也眼红不已。明眼人很容易就会发现，所有这些新酒店都严重依赖日本本国的客源，以保证它们的盈利。酒店宾

---

① 皆选自《昭和万叶集》。

② 原文如此，美国的珍珠港事件纪念日为 12 月 7 日。这里有时区的原因，事件发生在东京时间 12 月 8 日，而当时美国时间（含夏威夷）还是 12 月 7 日。——译者注

馆的建设在奥运会结束之后仍未停止。1986年时,酒店客房的数量是1964年奥运会时的两倍还多。

新经济发展模式的兴起还体现在其他地方,那就是国内零售业的增长。不过这项指标在刚开始时,反而与人们的期望有所出入:受奥运会的影响,零售额反而下降了。在银座和新宿,1964年10月奥运期间的销售额,远低于之前10月份的平均销售额。原因是日本本国的顾客为了避开奥运的大客流而对这些商店避而远之,就像他们最初对待单轨铁路线一样。他们也不想被外国媒体拍到。照相机恐怕是唯一卖得很好的商品,但只有便宜货受欢迎,贵一些的还是卖不出去。店家们发现顾客在挑选商品时,比起商品本身是否合胃口,似乎更计较价格。但这一轮奥运零售额的下降也有积极的一面,它显示出主导日本市场的还是日本本国的消费者。日本零售业在面对外国商品的竞争时并没有受到明显冲击。回顾我们这个时代,可以看到最重要的现象之一,就是日本巨大的国内市场在不断成长的同时,巧妙地规避了外国商品的入侵。

在几个热闹地段中,涩谷是受奥运筹备工作影响最明显的,也是奥运会过后变化最大的。这并非仅指涩谷站周边地区在高速公路贯通后相比其他热闹地段发生了更令人目眩的改变,而是说整个涩谷地区有了大发展,其范围大致是以涩谷站为起点,向北延伸至明治神宫(其旁边横卧着被美国人改名为华盛顿高地的旧代代木练兵场和奥运村),再向东延伸至奥运会筹备期间拓宽了一倍的青山大道,然后再折回至涩谷站的三角地带。这个三角地带的东北角靠近东京另一个癫狂的娱乐区:六本木的外围,而六本木的北部则与赤坂相连,是一片歌舞厅(相扑力士力道山就是在赤坂的这类场所被刺伤的)和艺伎表演场所混杂在一起的地域。于是,从昔日外濠上的赤坂见附、溜池一带,一直延伸至涩谷的一大片区域,便成为集娱乐、购物于一体的热闹地带,并且聚集了多家事务所。尽管在日本当地没有这种说法,但为了便于说明,我们还是称这一带为"西南部"。

由于贯穿原宿地区①的主要街道："表参道"②的一头是奥运村，另一头是前往银座和旧市中心的主要道路：青山大道，因此以奥运会为契机，这一带营业至深夜的酒吧餐馆数量激增。最开始的时候，顾客还主要是运动员，但由于不少年轻女性很喜欢那里弥漫的异国情调，所以不久之后，她们便成了最重要的主顾。十年之前，这些年轻人还只能晃荡，没什么钱消费，而现在他们挣得动了，有能力大把花钱，因此成了座上宾。原宿的名声四下传播，开始成为全国各地好奇心旺盛又多少有点叛逆的年轻人向往的胜地。甚至连参加学校组织的修学旅行的学生们也涌向了此处，尤其是在气候温和、适宜出行的季节，美其名曰是为了拓展见识、提升素质。在以前那个时代，学生们会怀着崇敬的心情，规规矩矩列队参观皇居和国会议事堂。而现在，他们更喜欢去原宿逛逛，而作为监护人的老师们根本挡不住他们。

实际上在后奥运时代，能够最清楚地观察到日本未来走势的地方就是原宿。战后接连出现的各种"族"中，"原宿族"作为一种最新的"族"，大概就是在这时出现的。原宿作为町名已不复存在③，但它作为山手环线上涩谷站北面的一个站名，依然留存下来。原宿站在位置上极靠近奥运村，天皇遗体也是从这里启程，送往他们永久的安息地④。通常来说，原宿指代的是明治神宫和奥运村以东到青山大道的区域的北面——也就是我们前面提到的三角形区域的北面。"原宿族"一词也可以解读为"激情燃烧的年轻人"。原宿族大概是所有"族"中存在时间最长的了，当各种流行一时的风尚和激情散去之后，

---

① 今天涩谷区的一部分，其范围大至在原宿站至青山大道一带。
② 其最早是作为明治神宫的参道而修筑的大道，位置大致在今天的都道413号线的"青山大道至原宿站前的神宫桥交叉口"一段。
③ "原宿"这个町名已于1965年废止了。
④ 原文如此，疑有误，只查到1914年5月24日明治天皇的皇后：昭宪皇太后的葬仪在代代木练兵场（即日后代代木奥运村所在地）举行，并在原宿站以南铺设临时线路以供灵车出发。

他们如今依然存在于我们身边。他们开着自己的跑车、改装车和摩托车,旁若无人地沿着三角地带北面——也就是奥运村所在的代代木公园到青山大道一带,即"表参道"一带,来来回回飚车。连警察也对他们熟视无睹,不知是因为不想阻止还是没法阻止。

他们奇装异服,浓妆艳抹,目无法纪,随意闯入并侵占任何一处无防护的空地或空置的建筑。也就是在后奥运时代,英文单词"event"(公开活动)和"happening"(自发表演)以片假名的形式进入日语①,用于指年轻人爱出风头、爱表现的行为,尤其是指原宿和代代木的这些年轻人。在四分之一个世纪里,每个周日下午,这一带都充斥着从他们扩音器里飙出的震耳欲聋的噪声,随处可见他们怪异的服装和舞蹈。所有这些充满表现欲的"行为艺术"都集中在古板沉静的明治神宫前,就在涩谷三角区的西北角上。

很多人深受他们困扰,但也有人觉得他们多少象征了希望与活力——因为对所有国家中最循规蹈矩、千人一面的日本而言,一点点多元化,也许对所有人都有好处。美国经济学家托斯丹·凡勃伦(Thorstein Veblen)认为,总有一天日本人前近代式的生活方式会失去活力,到那时日本将失去一切未来的可能性。这一天也许真的会到来。但"原宿族"们终究并非是彻底叛逆或是堕落,原宿也不像新宿那样随处可见性服务的场所。原宿族的"公开活动"和"自发表演"都是在光天化日之下,露天进行的。

原宿—青山一带渐渐成为东京这座越来越时尚的城市中,特别高级的时尚中心。"时尚"(ファッション,fashion)这个词一般是指与女性相关的、尽显优雅女人味的东西,如高级女装之类。这点在原宿—青山也不例外。而男性服饰的潮流中心仍然是银座。

日本男士穿着西装以显示相应的身份,是从两次世界大战间隙开始的。在那张与麦克阿瑟将军第一次会见时所拍的照片中,天皇的着装看起来可能有点过于隆重了,但绝对符合他的身份。除了加

---

① 即「イベント」和「ハプニング」。

冕礼那种必须恪守传统礼制的仪式性场合之外，日本天皇在公开场合亮相时从来不穿日本传统服装，而穿西装。我们可以推测，这一惯例也是在两次世界大战间隙形成的。

而女性是从什么时候开始穿西式服装的呢？1923年关东大地震和1945年终于结束的"二战"这两场浩劫，使日本女性穿着西式服装的比率激增（尽管我们之前还提到1932年白木屋火灾中有许多遇难者仍然穿着和服）。第二次世界大战之后，和服逐渐退出日本人的日常生活，价格也越来越高。需求的降低使生产量减少，进一步抬高了价格。随着老裁缝逐渐离世，传统工艺渐被废弃，需要穿和服的人群，比如艺伎，不得不花费高昂的价格购置和服。若是想买高档的，价格还要更高。

事实上，"二战"结束之后又过了二十五到三十年，日本女性才终于普遍接受西式服装，不再觉得它是外来的东西，穿着别扭。西式服装到此时才进入日本女性的日常生活——不仅包含外交界和银行业那些早就接受了它们的女性，而是涵盖了普通家庭妇女和学生以及公司白领。如果以女性的服装作为指标，那么我们可以认为，从明治维新算起，西洋事物在日本完全扎根花了将近一个世纪。对于今天的日本人来说，穿和服可能更别扭些，比方说，年轻姑娘在毕业典礼或婚礼上穿上和服时，常常被和服的裙裾绊倒。她们已经习惯了穿西式服装时的大步走路，于是要求小碎步走路的日本传统服装，就显得非常别扭了。

"华盛顿高地"上除了代代木公园和作为奥林匹克场馆的代代木体育馆之外，在靠近涩谷的一面建起了日本放送协会NHK的新总部：NHK放送中心。顺便说一句，日比谷公园附近的旧总部，即位于田村町的旧放送会馆，也是"二战"期间日本对同盟国开展宣传攻势的广播节目"日本广播"（Radio Japan）的播送地，该节目中的女性播音员还被年轻美国大兵昵称为"东京玫瑰"。1972年，NHK将旧总部卖给了三菱，价格超过了340亿日元。即使是在那个美元强势的时代，这个价格换算过来也相当于近1亿美元。新落成的NHK

放送中心大厦,光明透亮,熠熠生辉,它与举办音乐会之类活动的NHK会堂同时揭幕,都在1973年。

六本木是无比喧哗的现代娱乐中心里最早出名的。早在"原宿族"出现之前好几年,"六本木族"就已经粉墨登场了。六本木与涩谷类似,最早也是拜日本陆军所赐而发展起来的。涩谷北面有代代木练兵场;六本木主要交叉口附近,即现在防卫厅的所在地,则有兵营集聚①,可以说六本木是应军队所需而崛起的。它最初起步,还是在中日甲午战争和日俄战争期间。第二次世界大战后,遗留的营房被美军接管,于是六本木转而为美军服务。

在美军占领期间,尽管六本木有很多开门到深夜、服务美国大兵的小酒吧,但这里却并不是特别有生机。当1958年东京塔于六本木的东南面落成时,六本木就像是灯塔脚下的暗影一般。东京塔耀眼光辉,六本木则不然,其边缘靠近东京塔的一带,是一个黑暗、孤寂、让人望而却步的地方,刑事案件频发。

不过,就在东京塔建成后不久的1960年代早期,即奥运会之前的几年,六本木作为新兴游乐场所,开始为人所知。就在美军于1959年搬离那些营房的同一年,一家非常大的电视台②在此开张。在声名鹊起的早期,相比东京的其他娱乐中心,六本木从各种意义上说,都拥有新特征。从时间上讲,它显然是最新崛起的,而在交通如此不便却能成为游乐中心这点上,它也确实是史无前例。浅草作为娱乐中心走向衰落,就是因为它既没有开通国铁,也不是重要的换乘站。而六本木别说国铁了,根本没有开通任何种类的快速交通线。它直到1964年,即奥运会举办的那年,才有了第一条地铁线,而高架线路方面则完全是空白,无论是私营或公营的都没有。但年轻人还是成群

---

① 即原"桧町驻屯地",位于今东京都港区赤坂九丁目,今已不存。现在原址上建有综合性大楼"东京Midtown"。该地的日本防卫厅已于2000年迁至他处,文中说的是1980年代的情况。

② 即NET(日本教育电视台),它是今天著名的朝日电视台的前身。

结队地涌过来。聚集在六本木的这些年轻人,不像后来集结在原宿的那些年轻人那样拥有自己的改装车和摩托车,他们几乎都没有自己的车。那么既然交通如此不便,到底是什么吸引着他们非要来六本木呢?答案是很明显的,那就是电视这种新兴媒体的吸引力。当美国大兵撤离六本木之后,电视台占据了这块地方,接着年轻人便争相涌过来,想要一睹当时"最潮"的电视媒体从业人员的风采,模仿他们的行为举止,跳"咚咚啪"舞①、吃披萨。"六本木族"成为大众媒体谈论的话题,始于1960年左右。无论是披萨,还是以"咚咚啪"为代表的新旋律,都充满异国情调,而电视业者则是走在潮流最前沿的人士。异国情调和最新的潮流就是"六本木族"所追求的,也成了他们自己的标签。

吉原在鼎盛时期常被称为"不夜城",但与奥运会之后的六本木相比,它明显称不上是"不夜"了。尽管吉原也是通宵营业的,但清晨时分,街道上却没什么人,即使有什么响声,也只不过是提醒人们小心火烛的敲梆声。而以六本木为首的青山、原宿,即西南部一带则不然。尤其是在节假日前夕,它们整夜灯火通明,人群熙攘,喧嚣吵闹,比日本历史上任何不夜城都要"不夜"。它们就像跨年夜时的时代广场,或是万圣节时的纽约格林威治村。②

电视产业也为北面赤坂的繁荣昌盛助了一臂之力。这里在过去曾经是历史比六本木和涩谷更为悠久,更为高雅的娱乐中心,是艺伎们的街区。而如今,艺伎已风光不再,她们这行近年急剧衰落。不过话又说回来,赤坂虽然是东京的几大艺伎区之一,但它拥有这一地位,也仅是从明治时期才开始的,在江户时期,它还是一片宁静的住宅区,有着高墙大院,晚上都不见灯光,直到明治时期才开始喧嚣起来。它地处外濠边上的"赤坂见附"周边,靠近明治时期城区的西南

---

① 1960年自日本大阪开始流行,后来遍及日本各地的一种社交舞的新旋律,日语写作「ドドンパ」。
② 纽约市的万圣节大游行是纽约格林威治村的年度盛事。

边缘。两次世界大战间隙即昭和初年,东京最早的地铁线开通时眷顾了这里,在赤坂见附设置了一个地铁站。而在第二次世界大战之后,赤坂见附站又成为战后建成的第一条地铁线"丸之内线"与另一条地铁线"银座线"之间仅有的两个换乘点之一,另一个换乘点是银座站①。

赤坂当初作为艺伎区之所以能繁荣兴盛,是因为它离中央政府机构所在地很近。也因此,战后,赤坂又成为所谓"待合政治"的中心。这个词是新闻媒体发明的,可以译为"幕后交易式政治",指政治上的重要决定不是在议会等公开场合敲定的,而是在招揽艺伎的酒馆等密会场所。内容多是政商勾结的大交易或是政治上派系斗争的拉帮结伙。

除了"待合政治"带来的好处之外,赤坂又以奥运会为契机,接连建起了多家大型酒店宾馆,并拥有了全东京最俗艳花哨的夜总会,在这点上,它甚至取代了银座。另一方面,赤坂与六本木一样也有电视台入驻,成了想要一睹"时代先锋"风采的人们聚集的地方。然而,"赤坂族"这种流行词却没有出现过。要说与赤坂关系最密切的大概是"社用族"(公款吃喝族)了吧,但它其实到处都有,并不是赤坂的专利。

涩谷—青山—原宿三角区几乎完全位于旧东京城区范围之外。赤坂和六本木则还在旧城区范围中,它们的街区分别有各自的历史,有些相对悠长,有些则是后起之秀,不过都无法追溯到明治时期之前。如今这些街区虽然看上去已相互独立,但界线清晰的静谧地带却少之又少,即使有,也只有窄窄的一小条。

很难说奥运会还是电视台在这一带的发展过程中谁贡献更大。六本木早在奥运会之前就已经开始发展了,因此也许即使奥运会没有给涩谷三角区带来改变,年轻人还是会涌来六本木。不过,奥运会

---

① 如今在银座线上的溜池山王站也可换乘丸之内线了。因该站与丸之内线上的"国会议事堂前站"之间不用出站就能互通。

也切切实实为这里带来了促进未来发展的各种要素，例如高速公路、精品店、最新时尚和异国风情。尽管日本人一直以来都相当固守过去的习惯和生活方式（至于凡勃伦的观点是对是错还有待证实），但在物质层面上，他们在展望和探寻未来发展之路时，却总是睁大眼睛放眼海外，这已经成为日本文化传统的一部分了。

在涩谷三角区大步前进的同时，新宿和池袋在奥运会前后的发展以及规划的推进却相对和缓。战后建成的第一条地铁线丸之内线，将这两个地方连接起来，并小心翼翼地选择路线，将它们与这座城市昔日的中心地带连接在一起。当新宿回归为餐饮购物之地时，池袋站则在其东口建立了停车场，但这步棋似乎走错了，反而使它与新宿和涩谷相比，赶上旧市中心的希望变得更加渺茫。即使是池袋站的西口，作为餐饮及游乐中心，也无法与新宿的歌舞伎町一争高低。

新宿效仿东京中央车站的八重洲口，开始建设大规模的地下通道，到奥运会时，一条宽阔的地下步道已沿地铁线的上层①铺就，连接了东口与西口。不过更大的计划仍有待完成。虽然当时还停留于纸面上，但新宿已计划在淀桥净水场的原址上建造一系列城市规划者最津津乐道的项目，其中包含道路建设，还有广场、公园、停车场，以及高层建筑群等。奥运会开幕前几年②，位于东京都多摩地域的新东山村净水场开通。奥运会后一年，作为老水库的淀桥净水场终于停止使用。于是新宿在奥运后总算等到了时机，可以将计划付诸实施。

尽管新宿在其拥有的交通要道数量上，依然继续胜过涩谷，但如果没有净水场这块宝地，它很可能会被涩谷三角区远远抛在身后。不过从另一个角度来说，除非位于东京都"市部"的各个城市的闹市区崛起，不然新宿的衰退只会是相对而言。它依然是巨大闪耀的喧

---

① 此据日译本。
② 原文为"前两年"，疑有误，东山村净水场开始通水是在1960年，而奥运会为1964年，故做此修改。

器之地,甚至在新宿站的西口崭露头角之前,新宿在性产业方面已经是西南地区的龙头老大了。当然相比充斥奇装异服和怪诞行径的原宿和代代木公园,以及拥有情趣俱乐部的六本木,这里仍是小男生可以带着他纯朴的高中生女朋友散步,而不用担心冒犯她或者招致对方奇怪误解的地方。新宿与其他地方的差别,颇像是时代广场与纽约格林威治村的区别。格林威治村会提供各种各样不当的娱乐,但都是秘密进行,见不得光。而如果要公开秀恩爱,人们会去时代广场。

部分有远见的公司,甚至在奥运会之前数年就看好这里的前景,一座保险公司大楼在1961年建成;另一座规模几近前者两倍的大楼,在1964年建成。虽说从规模和高度来看,它们都没有超过市中心"丸之内"的那些庞然大物,但在当时空旷的新宿站西口,新宿区不甚发达的一侧,它们看起来确实颇有一种宏伟凛然的气势。而今天从东面望去,它们就像是后来拔地而起的一系列高楼组成的大山脉脚下的小丘。

就在奥运结束之后,新宿也出现了一个新的族群——"疯癫族"。虽然他们与"原宿族"一样由社会青年组成,但是更具攻击性,更加反传统。"疯癫"一词出自谷崎润一郎晚年的小说《疯癫老人日记》的书名,某种程度上解释为"颓废"更符合当时的语境(实际上,谷崎的这本书若改名为《老年颓废日记》也是可以的)。当时新改建完工的新宿站东口,是进入新宿站综合体的主要入口,疯癫族将其前面的广场当成了自己的栖息地。他们就好像是旧金山"佩花嬉皮士"①的翻版。他们本可以去其他任何地方闲荡,挑中这里无非是为引人注意。由于非常希望被人关注,他们的举动都带有一种戏剧化的夸张气息。他们特意在人流密集的东口一带闲荡,大口吞下不明的液体,嗅吸袋子中的迷样物质,成功引起旁人的侧目。后来他们开始摆出与社会不公对抗的姿态,但这也是自掘坟墓的开始。日本社会面对辍学的学生或许会头痛不已,但要对付政治或意识形态上的异端分子,却是

---

① 美国嬉皮士的一种,常佩花象征爱。

得心应手。1967年,疯癫族加入某些过激派学生团体运动中,还参与了一次著名的冲击东口警察岗亭的事件,在当时过激派的学生运动团体不断分裂,变得越发暴力的大背景下,它成为一系列袭击事件中的第一起。当暴力斗争趋于沉寂,疯癫族也烟消云散了。

也是在奥运会前后,丸之内的伦敦镇,也就是那些从明治时期遗留下来的红砖建筑群,被陆续拆毁了。拆除工作一直持续到奥运会结束之后的时期,其中年代最久的最后才拆除。虽然当时没有出现反对的声音,但之后针对丸之内还遗留的两座红砖建筑——银行家俱乐部和东京中央车站的去留问题,却爆发了一场激烈的保护运动,终于使其幸免于难。这两栋建筑均可追溯至大正时期。东京也有值得作为历史遗产加以保留的建筑,是直到最近20年里才出现的观念①。不过也并非所有的明治遗物都从丸之内消失了。当年伦敦镇每幢建筑物的阁楼储物间内都藏有一座佛像。这些佛像及其身后表示光明的装饰物:圆光②,如今都被保存在丸之内大楼的地下室里,做出这一保护性安排的是当时指挥拆除工作的三菱公司高管。

尽管新宿站西口的发展已初现端倪,但市中心的商业中心却没有一丁点儿越过皇宫向西移动的迹象。除了我们前面提到过的两栋保险公司大楼,1960年代初期兴建的所有主要办公大楼都集中在原有的3个中心城区:千代田区、中央区和港区。拥有办公大楼最多的是千代田区,在该区中,办公大楼也就是分布在大丸之内地区,即丸之内、丸之内附近地区及其南北面邻近的几个街区。为什么只有保险公司敢于移来新宿,我们不得而知。也许是因为他们觉得自己比较能抵御外国资本的侵袭,因此没必要紧挨在政府边上吧。奥运会之后两年,另一家大公司也将总部搬迁到了涩谷以南目黑区的美国学校旧址,它也是保险公司。

虽说如此,在这三个中心城区内,昔日的中心地带发生了挪移,

---

① 指截至本书写成时的近20年。
② 此据日译本,原文为 lightning rods(避雷针)。

也是不争的事实。江户和明治时期金融业和零售业的中心,毫无疑问在日本桥区,而现在则逐渐远离日本桥区,向丸之内和银座方向移动。特别是金融业方面,相关机构在奥运会前后,基本都迁去了丸之内,只剩日本银行和东京证券交易所留在了日本桥。而主要的13家城市银行中,有12家都迁到了大丸之内地区。只有东京银行,也就是曾经为日本帝国主义扩张政策提供资金支持的横滨正金银行在战后的继任者,留在了日本桥。

所谓城市银行,尽管都是私有的,却与无数本地小银行截然不同,就其雄厚的实力而言,可以说是国家银行了。而1960年三井银行的搬离是标志性的。之前它已在日本桥矗立了80多年,自明治末期便与日本银行隔街相望。其第一栋建筑,在明治早期仿西方风格的建筑中堪称绚烂夺目,成为无数浮世绘木版画喜爱的题材。而如今,三井银行的总行已迁往有乐町,就在丸之内南边。顺带一提的是,三井银行在1945年到1954年间名为帝国银行,就是我们前面提到过,发生了战后最离奇的多人被杀事件的那家银行。

零售业的新中心是银座。零售业在大地震之后并不像金融和经管类企业那样集中于都心地区。3家非常大的百货公司至今仍然留在日本桥。其中两家是明治时代零售业革命中激烈竞争的对手,也是创造了百货公司这种业态的先驱。三越至今依然沿用原来的名字。而白木屋则改名为东急,就是其新东家,那家几乎主宰了涩谷一带的铁路公司的名字。顺带一提的是,白木屋的檀香山分店如今依然叫作白木屋。① 或许在名称方面,美国人比日本人更恋旧。与此同时,随着副都心,即沿山手环线分布的卫星城市迅速崛起,新的零售业中心开始形成。

---

① 1999年在日本本土全部停业之后,东急百货公司于2001年决定结束所有海外业务,原拟关闭这家位于夏威夷阿拉莫阿那中心(Ala Moana Shopping Center)的分店,但因收到约3万人的请愿,最终放弃关店,将其转卖给当地经营者,它由此成为300多年历史的白木屋如今仅存的一家店。

也许奥运会前后是银座对年轻群体拥有吸引力的最后时光。在这一时期有另外两种"族"出现又消失。其中,"御幸族"得名于御幸大道①,也就是明治天皇临幸滨离宫时,其御辇通过的那条路。因为"御幸族"多少有点败家,因此这条路后来也被称为"親不孝路",这个日语词翻译过来应该是"不孝敬父母路"或者"不孝子路"。"常春藤族"中的"常春藤"一词则源自英语单词"Ivy",因为这些人看上去模仿的是美国常春藤大学联盟的风格。这两种"族"几乎是前后脚出现的,而且十分相像,很难区分。不过我们大概也根本没必要把他们分得很清楚吧,因为这两个名称其实都是大众媒体给取的。这两个"族"都喜欢穿便服休闲装,男孩喜欢格子或条纹的衬衫和短西裤,女孩喜欢长裙配毛衣或罩衫;大购物袋则不分性别,人手一个。他们的装束也许看上去皱巴巴不合体,但通常是进口货,未必便宜。自此以后,银座再没出现过任何"族"了。青年人,特别是其中的年轻群体更偏爱原宿、青山这类西南地区,这点我们前面已提到过。虽然最近他们又有回到银座的迹象。

奥运时代最具代表性的建筑是位于代代木的国立体育馆,它的设计师是日本建筑大师丹下健三。丸之内的东京都厅舍,也就是东京都知事办公室所在的办公大楼,也出自这位建筑大师之手。目前在新宿正热火朝天建设中的新大楼,即都知事即将迁入的新东京都厅舍,同样是这位大师的手笔②。原来丸之内的东京都厅舍,始建于1953年,完工于1957年。它紧挨在东京中央车站南面,在沿铁路两边延伸的都厅建筑物中并不是规模最大的。虽说拥有这么一大块地皮,在原址上修建新的都厅舍也是可以的,不一定非要搬去新宿,但若是如此,东京都知事和他的幕僚们在施工期间就得找其他临时办公地了,会有各种不便。旧的都厅舍门前曾一度立有江户城(堡)创立者太田道灌的雕像,但没能留存下来。于是在新的都厅舍落成1

---

① 「みゆき通り」,其与银座大道交叉,位于银座5丁目与6丁目之间。
② 新东京都厅舍1988年3月开工,1991年2月竣工,3月投入使用。——译者注

年零2天后,一座新雕像也在旧的都厅舍揭幕。一开始,新雕像是安放在旧都厅舍面北而立的主楼门前的,就像旧雕像过去那样。而现在,由于东京中央车站南面有地铁线在施工,雕像被移到了后门。而在新宿的新东京都厅舍,已经没有了道灌像的位置。

第二次世界大战之后时至今日,东京塔都是全日本最高的建筑①。其实如果以封闭式且有屋顶作为衡量建筑的标准,东京塔根本算不上是真正的建筑。它就是一个4000吨重的钢铁框架,高333米,在125米和130米处有观景台。这座钢塔完工于1958年,尽管它比埃菲尔铁塔高了那么一点点,还是太过相像,以至于日本著名文化人类学家梅棹忠夫②称其为日本缺乏独创性的纪念碑。的确,此时距埃菲尔铁塔建成已近80年了,对于在此期间建筑工程技术的发展,应该有其他更新颖的利用方式吧,但在经济高速发展时期还未到来,日本国民极其渴望任何形式的强心剂之时,这么一座高塔的落成,也许对提振国民士气是有好处的。修筑东京塔的主要目的,也许仅仅就是让它比埃菲尔铁塔高一点儿;除了观景,它几乎没有任何其他用途。虽说当初建造时,人们也曾期待它能够在电子时代大展宏图,但实际上它在这方面并没多大作用。不过作为一个景点,它从一开始就获得了成功。人们为了坐上前往展望台的电梯,登高远望开阔的景色,往往要排队两到三个小时。我们并不知道东京塔向公众开放的日期是否有什么象征意义,即使有,也从未有人提起,就在10年前的同一天,东条英机及其战犯同伙在巢鸭监狱被处以绞刑。

东京塔边上,芝公园的丘陵一侧是个有故事的地方。昔日在那里的红叶馆中,明治时代的精英阶层可以体面地宴请外国绅士,而不

---

① 目前日本最高建筑是2012年竣工的全球最高自立式电波塔,东京晴空塔。它根据日文原名应译为"东京天空树",但因"天空树"名称已在中国大陆被注册,因此自2012年起其官方中文译名便改为"东京晴空塔"。该塔总高634米,也是目前世界第二高的建筑物,仅次于迪拜828米高的哈利法塔。——译者注
② 梅棹忠夫(1920—2010),日本民族学家,日本国立民族学博物馆首任馆长,文化勋章获得者,其代表作为《文明的生态史记》。

用专门造访花柳莺燕汇聚的烟花巷。同时,那里也是战后奸杀了10名女性的凶手小平义雄最后一次犯案的地方。

一般认为太田道灌是在1457年建成了江户城。所以尽管这里之前已有渔村和农家,但1957年依然可以视作是东京(江户)建成500周年。作为纪念活动之一,一座大型音乐厅在上野公园拔地而起,这就是著名的"东京文化会馆"。它完工于1961年,主要用作西方音乐演出场地,规模相比同一时期在新宿站西口建成的保险大厦差不了多少,也被视作是东京乃至日本在重新争取国际社会的尊重方面迈出的一大步。相比当时东京沿用的主要音乐厅日比谷公会堂而言,东京文化会馆的建成无疑是巨大的进步。虽然它的外观也许并不符合每个人的审美,而且现代建筑工程学当时还没认识到,未干的混凝土在潮湿气候下很快就会变脏,但其内部装饰和音响效果还是十分出色的。这也就是说在奥运之前,日本已经拥有了可以向世界夸耀的技术成就。

在上野公园的另一边,东京国立博物馆[1]在时隔四分之一个世纪之后恢复了新馆的建设。1962年,一座新展馆[2]拔地而起,并于1964年开馆,专门用于展出来自奈良法隆寺的珍宝。法隆寺可谓是日本早期艺术的圣髑盒。新展馆在设计理念上与1937年落成的"本馆"很相似,那就是用现代材料构筑传统建筑样式。但接下来于1968年完工的博物馆最新一栋建筑[3]就抛弃了传统建筑样式。这栋最新的建筑拥有平滑的屋顶、光亮透明的玻璃外墙。不过即使摒弃了日本传统建筑的外形,它仍然吸收了某些古老的日本传统建筑设计理念,比如采用了开放的空间设计和隐去承重墙的结构。

---

[1] 创始于1872年,是日本历史最悠久的博物馆,位于东京都台东区上野恩赐公园内,拥有"本馆"(意即主馆)、表庆馆、东洋馆、平成馆、法隆寺宝物馆共5个展示馆以及其他设施。本馆主体是采用钢筋混凝土的西式建筑,外加日式屋顶,属于帝冠样式的和洋折中建筑。
[2] 即"法隆寺宝物馆"。——译者注
[3] 即"东洋馆",展出日本以外的东方各国各地区的艺术品和考古遗物。——译者注

因此，我们可以说东京国立博物馆就是明治以来日本现代建筑的荟萃，是日本努力与西方融合的历史的见证。只是在这其中，唯独缺了明治早期的"西式"建筑形式，即仍然采用日本传统建筑方式和建材，只是在表面上添加了西式风格的细部装饰，也就是与博物馆本馆和法隆寺宝物馆相反的建筑方式。这其实是日本接触西方后最早出现的"西式"建筑模式。国立博物馆现存最古老的一栋建筑，始建于1908年，便是紧接其后的那个流行从头到尾照搬西方样式的年代的产物。这是一栋很漂亮的欧洲文艺复兴时期样式的建筑，中央有一个大穹顶，左右两侧也有较小的圆顶，总体上有点类似东京中央车站，尽管不同的是，这栋建筑是石筑而不是砖砌的。然后便是1937年和1962年建成的两个展馆，采用现代材料与传统样式混搭的折中风格。接着便是于1968年建成的这个东洋馆，用于陈列除日本外亚洲其他国家的艺术品。到此时，日本建筑界终于开始认识到，西方现代建筑设计理念正向他们靠拢，反而是他们没有必要刻意去迎合西方。日本新一代的现代建筑师们，或者说其中一些人遵循的设计理念，其实跟日本从古传承至今的建筑理念意外相似。

奥运会之前的十年，从某些方面讲是一个充满矛盾的时代。在其末期，随着奥运会的临近，升起了一股世界大同主义的暖光。但贯穿其中期，特别是1959年到1960年，则是仇外情绪的上升和一系列反对修订《日美安全保障条约》的示威抗议。

示威抗议活动在1960年夏天曾导致东京瘫痪长达数周，甚至还造成一人死亡，如果加上凶手，应该算两人。之所以这么说，是因为"二战"后最大的刺杀事件，当时社会党党魁浅沼稻次郎[①]遇刺，也与反安保条约运动脱不了干系。刺杀事件发生在10月，浅沼在日比谷公会堂的一次公开演说中。不过当这场始于夏天的躁动过去之后，

---

① 浅沼稻次郎(1898—1960)，日本政治家，第二次世界大战后任日本社会党第一书记、委员长，反对《日美安全保障条约》斗争领导人之一。

东京又再次恢复了平静如常。行凶者是个极端右翼的小年轻,他之后在狱中自尽。

那段时期是日本最仇外的时期,反美情绪尤其高涨。"洋基滚回家"是人们的口头禅之一(而且是用英语"Yankee go home"说的)。甚至连没什么文化,一向走草根路线的浅草也卷入了这种氛围。1960年4月,"六区座"剧场,就是那家曾经上演过永井荷风所写战后短剧的剧场,也新排了一出控诉立川基地的戏剧①。立川基地是一个大型美国空军基地,位于东京都的市部。

这出戏基本上采用了倒叙模式。一开场是一个年轻小伙子被控杀害恋人而遭到逮捕。警察同意让他解释为什么要杀掉深爱的女人。于是,往事开始回顾。原来他的女友为那些在立川基地里向美军士兵卖身的女人们提供救助,却不幸遭到美国人的强奸而染病。因此年轻人不得不对她痛下杀手。

那个时代东京的氛围就是这样。当然这出戏也是一出色情娱乐剧,不过它也表达了一种主张,与两次世界大战间隙极端右翼分子标榜的信条:"一人一杀"②相去不远。立川的女性们应该以"一人一杀"的精神把"敌人"(美国大兵)打倒,但因为日本是个和平的国度,所以不能直接付诸暴力,而可以用其他方式——比如令他们染上令人作呕的疾病。由此可见,虽然在个人层面上并无恩怨纠葛,但人们对外来者的厌恶是确实的。也许是因为原来只有自家人的时候过得很自在,而现在外来者的到来带来了一系列不确定性,威胁到了岛国原本的纯净,于是引发了国民的危机感。

内阁倒台了,但在那之前,安保条约已经修订通过了。而自此之后,左翼运动再也没有如此好战激进了。事实上,它甚至开始分裂

---

① 原文记载该剧名为 The Tachikawa Base: Ten Solid Years of Rape,因未查到日文剧名,此处暂按日译本翻译。
② 日本右翼政治思想理念的一种,是战前右翼团体"血盟团"的领导者井上日召所提倡的理念,教唆旗下成员将政经界的要人逐一定点清除,类似幕末的所谓"天诛"。

了。暴力斗争仍在继续,但都是局部小规模分散式的,而且大多是内讧。相比共产党采取的稳健路线,反代代木系的过激派学生团体则直接开始用水管和木棒互殴,甚至还出现了劫持飞机之类的严重暴力行径。虽然在奥运后的昭和四十年代上半期,大学因这些暴力分子的活动而深受其害,但作为政治势力,他们已经变得无足轻重。因此官方并不上心。除非报警,否则大学对这些狂热分子组成的团体根本就没有防备措施。如果大学不愿报警,警察也不会不请自来,学生们就会陷入巨大的麻烦中。1970年,又到了安保条约修订之时,东京本应迎来又一轮的群情激愤,却意外地没有出现任何波澜。那一年,日美双方明明都可以合法地宣布不再继续履行条约,但还是续了下去。

如果非要同普通暴力犯罪加以区分的话,还存在另一种含有政治意味的暴力,或者说社会层面上的暴力活动,要是放在另一个国家,它很可能会发展成相当严重的恶性事件了。而之所以在日本没有这样,与日语用词的不准确有关。日语中的外来语,通常以片假名模拟外文原词发音的方式书写,其中最常见的是源自英语的外来语,因为相比英文原词,其意思已有所变化,所以相当具有误导性,"贫民窟"(スラム,读音为suramu,源自英文slum)一词就是这样。例如在介绍山谷地区①时,日本人常会用"贫民窟"一词,但它与英文中所说的贫民窟并不是一回事。如果新闻里说美国"底特律贫民窟发生骚动",那事态必然是很严重了。而日本浅草和吉原北部的"山谷贫民窟警察岗亭又遭人投掷石块"这样的新闻,就是老生常谈了。这种事常有,谁都不会觉得可怕。人们跑去围观,就像去看一场烟花表演。投掷石块者也许真的对警察十分愤恨,但山谷贫民窟与美国的那种贫民窟是两码事。

山谷,与大阪的釜崎区一道,都是日本著名的"贫民窟"。不过在

---

① 位于东京都台东区东北部,现在作为地名,它已不复存在,但廉价旅馆还在。其大致位置在台东区的清川、日本堤、桥场,以及荒川区南千住一带。

那些强调语言表达准确性的人看来,山谷这样的贫民窟与明治起出现的那种贫民窟(其中最具代表性的就是皇宫西面四谷区的鲛桥)是不同的。鲛桥挤满了大量从乡村涌来的贫困阶层家庭,而相比之下,山谷则是为单身汉短工们提供廉价过夜处的地方,称作"廉价旅馆街"(どや街,读音为doyagai)更准确些。这个词源自地下黑帮暗语,是将双音节词的两个音节颠倒形成的一种说法:"どや"(doya)是"やど"(yado)的反写,后者翻译过来就是"小旅馆"或"临时借宿地"。

尽管如此,由于用的都是"贫民窟"一词,于是山谷地区发生的向警察岗亭投掷石块的事件,听上去也就与底特律的暴动好像没什么不同。

从江户到明治时代,山谷地区一直为离家之人提供食宿。这些人大体上可分为两种,其中之一是往来于江户(东京)与日本北方地区之间的旅行者,这是由于山谷位于从东京前往北方地区的主要大道——奥州大道边上;另一种是在吉原工作的人和恩客,因为山谷堀是从隅田川前往吉原的主要水道之一。1976年,这条水道除了河口的一百码左右,其他部分都被填平了。根据明治时期一份关于住宿场所的诏书,即1887年发布的《宿屋营业取缔规则》所述,山谷在此时已被列为最低档的住宿地。1897年在紧邻山谷北面开张的隅田川货运站,也就是大家通称的汐入站,则为山谷地区赋予了留存至今的特质,山谷成为那里的工人最方便的留宿地。

自明治末期起,山谷便出现了公营的职业介绍所,但要找工作,特别是近年来要找土木工程即建筑行业的工作,却基本要靠不那么正规的渠道,即通过被称为"手配师"的包工头介绍才行。这类组织常常是受地下黑帮控制的。介绍的工作既不稳定也没有社保,但也从不深究应聘者的底细。

最近,山谷的廉价旅馆已有所改善。战后最初几年,它们还只是帐篷,后来变为许多人挤在一起睡的大屋子。虽然如今这些几乎都消失了,但8个人同挤一间8张榻榻米、约合12平方英尺房间的现象并不少见。价格也跟着通货膨胀率水涨船高,不过涨得并不离谱,合租屋里的一个床位,价格还是可以不超过每晚1000日元的,如果出2000日元,还能享受到附带电视机的小单间待遇。只要有工作,在山谷生活就不算太凄惨。在这里,喝酒、赌博、廉价召妓唾手可得。只有当雨下个不停时,才甚是难熬。

1970年的调查显示,生活在山谷的年轻人不是很多。被调查者中60%都是三四十岁的中年人。超过半数都已经在山谷生活了5年以上。因此我们可以说,这里尽管仍然是按天付租的廉价旅馆区,但却已经不再只是流动人口的临时居所了。可以预见在这之后,山谷的居民会越来越趋于老龄化。随着时间推移,山谷也许终将会变得与东京北部和东部的居民区没有多大差别,廉价旅馆的生意也终将消失。山谷的劳动人口已从奥运前后约超1.5万的顶峰骤降了许多。即使是现在,白天大多数时候,这里看起来也与周边其他破败的街区没什么不同。要说何时最能看出它有些不同,大概是在早晨很早的时候。那时会有很多男人在街头集合,等待公车或卡车把他们载去白天干活的地方,与此同时,路旁还有一些仍在睡觉的人躺得四仰八叉。白天这里虽然冷清,不过到了傍晚时,街头会一下子热闹起来,生机勃勃的样子有些像新宿站西口的小便横丁。

虽说山谷不像底特律的贫民窟那样环境严酷,但也远没有好到让人不生怨言。进入1950年代之后,日本整体上进入经济高速发展时期,但山谷却没有随之发展起来;而且这里的人普遍认为,1960年夏天巨大警察岗亭的落户,反映了警方蛮横高压的态度。事实上,这些警察确实既不友好,也没有什么用。于是第一次大规模骚乱就在岗亭建成的这年夏天爆发了,并且正好与反对安保条约的骚乱撞在一起。随着骚乱逐渐升级,共有3000人聚集在岗亭周围,向其投掷石块,并企图放火焚烧。一名警察因此受伤。

自此以后,山谷骚乱事件频发,而那个警察岗亭总是成为被袭击的目标。也许是因为早期的几起事件受媒体关注过多,以致后来的事件都好像只是家常便饭了。

这一时期，在普通的刑事案件方面，像战争刚结束时那样的恶性案件已经很少了。可以与帝国银行事件或者寿产院事件、小平事件相提并论的恶性案件则完全没有了。或许在当时东京发生的事件中，最受关注的就是与一位电视"偶像"有关的事件了，但她并不是这起事件的犯人，而是受害者。1957年1月13日在浅草国际剧场，一名19岁的女孩将盐酸泼向了战后日本艺人中最受欢迎的常青树，演歌女王美空云雀①。"二战"期间，美空云雀还是个小孩子的时候，就作为重要的小演员参加劳军活动演出。在她演艺生涯最辉煌的时期，也就是奥运会前后，她甚至能连续两个月令拥有3000个座位的新宿Koma剧场在每天早晚两场的演出中座无虚席。而一般来说，能在Koma剧场连续演出1个月就已经是一种荣耀了，标志着一名流行歌手跻身顶尖行列。尽管由于健康原因，她近年来的出镜率已有所减少，但热度依然不减。那名犯事的女孩称自己是因为实在太喜欢美空，才想通过在她脸上留疤的形式与心中的偶像联系在一起。美空小姐休养了三周时间，恢复良好，再次登台时脸上并没有留下疤痕。此后，类似事件多次发生。

此外还有一些很奇怪的小案件像以往一样持续发生，让人不禁觉得日本的罪犯好像特别喜欢被抓到以引起关注，也使得日本警察比世界上其他任何地方的警察都好当。比方说1961年9月，一名男子走进上野警署的警员办公室，说是想向两年前以敲诈勒索罪将他送进监狱的警员打个招呼，顺便汇报一下自己出狱以来是多么规矩。随后，一位老人也走了进来，称有人在火车站偷了他的手表。这位老人当即认出这名男子就是偷他手表的小偷。另一起案件则发生在1965年，东京西南部目黑区的一名男子杀害了与他同居多年，算得上是实际妻子的女友，并将尸体封在了水泥块中。几个月来，他就一直与封存了尸体的水泥块同居一室。最终，他在试图将这个"有趣的

---

① 美空云雀(1937—1989)，日本歌手、演员，12岁出道时就被誉为"天才少女歌手"，作为昭和演歌界的代表性歌手，成为史上第一位获得"国民荣誉赏"的女性。

经历"作为爆料兜售给一家周刊杂志时被捕。

随着时间推移,犯罪也逐渐趋于智能化和白领化。进入1960年代之后,"总会屋"日趋活跃。尽管他们经营的所谓"业务"极少凶残暴力到需要警察和检察官的介入,但本质上依然是勒索和恐吓。"总会屋"一词体现了日语在需要的时候可以多么的精练,这个日语词的字面意思是"股东大会操纵者",但换作别种语言,就得用一长段话才能将其含义完全解释清楚。找不到对应词语的日英大字典是这么解释的,它是指"在多家公司持有小额股份,并试图通过威胁说要在股东大会上制造事端,以向这些公司勒索钱财的人"。

这个定义稍嫌冗长。"试图"一词是多余的,因为"总会屋"在迫使日本最大最有声誉的公司乖乖交出保护费上,一直做得非常成功。

那些公司之所以落到如此境地,自己也难辞其咎。要不是它们把黑社会势力,以及游走在黑白两道之间的那些人,招来打击工会和镇压环境污染引起的抗议等,也不会让后者嗅到可乘之机,发现借此敲诈是如此有利可图。从许多公司都偷偷给"总会屋"送钱可以看出,这些表面上的金融和产业界巨头,还是有许多不可告人的秘密的。总之,"总会屋"的手段比起帝国银行劫案那种精心设计的抢劫要精妙得多,也反映了如今的世道不再那么乱了,恶人们也不再不由分说就抢,而有余裕仔细盘算了。

在奥运会后的时代,甚至开始有操着英语的"总会屋"在外资企业的股东大会上出现。其中最能干的一个,是曾去美国留学的前美国陆军情报翻译官。"总会屋"的活动虽然不仅仅局限在东京,但由于东京几乎云集了所有大公司的总部,在这里掘金的机会也最多。像所有普通日本人一样,"总会屋"在工作方面也是非常勤勉的,这提醒了我们一个重要而又经常被忽视的事实:勤勉本身未必总是一种美德。

1965年夏天,人称奥运知事的东龙太郎宣布,他不再谋求连任。当时他在第二个任期上才干了一半时间。但即使撇开当初帮他胜选的最大看点——他全力保障的奥运会已经成功落幕这一事实,他不再谋求连任的理由也十分充分。而他的前任和后任,即首位民选都知事和来自左翼的进步派知事,都连任了3个任期,也就是12年。现任都知事铃木俊一①也正处于第3个任期,由于他施政有方、民望颇高,有望成为前所未有的连任4届的知事,当然这个前所未有仅指在东京,而在其他道府县并非闻所未闻。

东龙太郎不再谋求竞选连任的最大原因,是贿选丑闻的曝光和由此导致的议会多数党:自民党陷入的混乱。丑闻这种事无论如何都会妨碍连任的。

东京都政府大多数时候都笼罩在丑闻的阴云之下。战后的都政府也未能幸免,尽管相比战前,丑闻的规模和精彩程度都没那么夸张。东龙太郎在竞选第2个任期的时候就爆出了丑闻。接着,战后东京都政治史上最大的丑闻爆发了。都议会在1965年3月选出了一位议长,但这是一次非常肮脏的选举,贿赂和恐吓都公然进行。最终在这起后来称作"东京都议会黑雾事件"的丑闻曝光后,议长自身及其他大约20个人被捕。这届议会显然必须解散,不过在这之前,先要等《地方自治法》修订完成。6月,依据新法的规定,议会全票通过了自行解散的决议,改选工作随即进行。

从6月底到7月,当竞选拉票正进行得如火如荼的时候,一场巨大的蝇灾侵袭了隅田川东岸的几个区。铺天盖地都是黑压压的苍蝇。它们来自东京湾内一个叫作"梦之岛"的地方。梦之岛就是一个垃圾填埋场。虽然日本自卫队(可理解为日本军队)也出动杀灭苍蝇,但一开始似乎仅仅只是将它们驱散了。最终还是焦土政策起效了。拜其所赐,梦之岛一度成为连飞蝇都无法落脚的灰烬大山。虽说对于这起由垃圾场引发的爆炸性丑闻,都知事是否能够事先预见并加以预防,是个疑问,不过那么多垃圾堆在一起最终会变得怎样,

---

① 此处的现任指本书成书时的1989年,铃木俊一的任期果真有4个,直至1995年4月才卸任。——译者注

他应该是想得到的。总之,事情发生的时机实在是太不凑巧了。

7月底举行的这场选举简直就是一场大混战,撇开结果不谈,在这个过程中,各方粉墨登场,简直精彩纷呈。居然连被控贿选、正在等待判决结果的议员,也出马谋求连任;人尽皆知的黑帮分子亦在候选人行列。奥运知事及其党羽在选举中惨败,根本没有因一年前圆满完成举办奥运会的任务而给他面子。自1963年选举后占据议会多数席位的自民党,这次丧失了近一半的席位,只获得全部席位的三分之一。自此之后,再没有哪个单一党派能够占据一半以上的席位。党派联盟开始成为游戏规则。除自民党外的所有党派都有所斩获,特别是日本社会党凭借此次选举成为第一大党,比自民党多出7个席位。

自民党的这次惨败也预示了接下来的都知事选举走向,而彼时日本社会党和日本共产党也共同推出了一位颇有竞争力的候选人——美浓部亮吉,他是战前因"天皇机关说"而遭到右翼势力集中攻击的著名教授美浓部达吉的长子。美浓部亮吉是一位电视红人,追随者众多,特别是在女性中的支持率颇高。捅了东龙太郎政府最后致命一刀的垃圾处理问题,成了新上台的美浓部政府最关心的课题。

江户及东京的町名和门牌号设置一直是个相当复杂的问题,任何想要对其加以改善的努力,就结果来看,基本上都只是进一步增加了它的复杂程度而已。门牌号的设置原则,在欧美是沿着道路依序排列,而在日本则是在街区内随意设置,并非线性排列的。于是东京的门牌号便变得杂乱无章,原则不清,特别是想要改为欧美式时便会发现工程巨大,外加町名还不断变化,更增加了复杂度。手持一张稍微过时一点点的地图去找一个新门牌号,你就会发现要将这两者完全对上,简直是不可能完成的任务。当然反过来想在新的地图上找到一百年前的某个地名同样不可能。因为它在叫现在这个名字之前,很可能已改过好几次名了,而且就连现在这个名字说不定哪天又要改了。

对门牌号加以简化及合理化的尝试,基本都是从这两个方面入手的:其一是减少单独命名的町名,整合几个各有其名的街区,改用同一个町名;其二是在每个街区中尽量使门牌号的排列有一定规律可循,至少让邻近住家的门牌可以依序排列。町名的合并,自东京成为东京的一个世纪以来,一直偶有发生,只是在奥运会前后开始有组织地进行了。这一工程还没有完成,因为在1947年前属于神田区的那片地域,以及皇宫西面昔日的牛达区周边,还留有好几处十分混乱的小街区。尽管经过整理之后,要将新门牌与过时的地图对应上,变得更加困难了,但整理工作还是取得了一定成效。人们不在警察的帮助下也能自己找到一个新地址了。门牌号的编排常会出现沿着方向线来回反复的现象,就好像看书的时候一行从左往右读,一行又要从右往左读一样,但人们确实能抓住一些规律了,总之它也算是成体系了。过去的门牌号即使有什么系统可循,也是极为原始粗陋的,不过是按建筑物建成的时间编个号,外来者根本没办法搞懂里面的玄机。

相比门牌号编排上的改善,町名的合并可就问题多多了。与1947年各区合并时一样,许多古老的町名消失了,其背后的历史也随之泯没。

永井荷风在他的小说《墨东绮谭》的开头如此写道:

听人说起白须神社附近在过去被称为寺岛村时,我们首先想到的大概是第五代菊五郎的别墅吧,不过今天恰巧看到这里有这样的庭院遗留下来,不由得让人忆起过去那个时代的风雅。

据说这是他在第一次前往小说的舞台"玉乃井"的路上,经过一所偏僻别墅时的有感而发。但这多少有点臆写的成分,因为玉乃井附近在当时仍叫寺岛。如果换作是在今天,可能会说得更通一些,因为这个地名如今已消失了。这是一个颇有历史渊源且很有名的地名,备受尊崇的歌舞伎演员世家:菊五郎一族的姓氏便由来于此①。连这么重要的地名都消失了,不由得让人深切地感到玉乃井的"绮谭"离我们是更加遥远了。

当然也不是所有地区都对更改町名心存不满。吉原和山谷就认为换个新名字有利于改善形象,于是很愉快地接受了。但其实启用新名字并没有给这两个地方中的任何一个带来多大改善,不过这是另一码事了。吉原和山谷位于明治时期的城区北端,在态度上与之遥相呼应的,是位于明治城区南端的铃森。作为江户时期著名的刑场之一,其对改名同样持欢迎态度。

不过也有一些地区对旧名感情极深,对改名极其反对,以至于其居民在1965年提起了行政诉讼,要求保留原名。最终居民们胜诉了,文京区的"弥生町"得以继续维持原名。其实我们本来就很难理解当局怎么想去改掉这个如此重要的地名。日本历史上一个重要的时期——公元前3世纪到公元3世纪,之所以被命名为"弥生时代",就是因为明治中期(1884年)在这里出土了标志性的陶器。

不过大多数抵制新名的尝试都以失败告终。有时候是因为当地居民自己分化了。银座东边的木挽町,即如今歌舞伎座矗立的地方,在江户戏剧史上的地位不亚于东京市区内任何一处相关场所。浪漫主义者和稽古者想要保留这个名字,而商人和企业家们觉得町名中带有"银座"两字能助推生意。于是最后这里改名为"东银座"。而这其实还发生在系统整顿町名和门牌号之前。在后来的系统性整顿过程中,连"东"字都被去掉了,这一带直接改称银座了。

有时候某个历史悠久的町名会用来泛指周边地区,这样即使一个小地方的旧町名消失了,它的新名字仍是有历史底蕴的,还算不坏。但通常情况下,新取的町名都是上头的人新想出来的,乏味又充满官僚腔,导致如今东京各处充斥着"东"、"西"、"外"、"内",以及

---

① 过去只有武士阶层拥有"姓",明治四年(1871年)户籍法制定,规定普通人也要有"姓"。于是第五代菊五郎在取姓时便选择了其祖父第三代菊五郎隐居的"寺岛"作为一族的姓。

"中"、"中央"之类毫无特色的地名。在歌舞伎及寄席等戏迷圈子里，人们习惯以自己喜欢的演员居住的町名来代称他们，而不叫屋号，一方面表达敬意，一方面显得自己懂行。但就像最近一位戏迷抱怨的那样，如果继续这样下去，以后称呼某演员就变成"外某某"、"内某某"之类的，太煞风景了。

简化工作反而导致了复杂化，不仅因为许多旧町名被改掉了，还因为有时候一些旧町名还半调子地残留下来。比方说地铁和铁路公司不愿意仅仅因为地面上的町名变化，就去修改相应站点的站名。上野和浅草之间的两个地铁站就沿用了地面上已不再使用的旧町名作为站名，仍叫作"稻荷町站"和"田原町站"。椎名町作为帝国银行抢劫杀人案发生的地方，如今已不叫这个名字了，但它却仍是西武池袋线上一个车站的站名，这又导致了混乱。简化本身变成了复杂化的源头。

1965年8月1日对于浅草来说是令人伤感的一天。位于昔日浅草公园一角，作为剧场街承载了浅草戏剧辉煌历史的"（第）六区"这个地名，不复存在。就在同一天，连拥有悠久演剧传统的常盘座也关停了舞台表演业务，专营电影放映。从大正时代到昭和早期，这里曾经是浅草几乎所有的演艺大腕们都登台亮相过的地方。

昭和三十年代，或者说奥运会前的十年里，有一件事是市政府和都政府都没有参与，却仍能位列大事件之中的，那就是卖淫再次被立法禁止，这一次出手的是国会：在美国占领军撤离4年之后的1956年5月，一项反卖淫法案，即《卖春防止法》，在国会通过。其实际生效是在1958年4月1日。之前从战后起，卖淫虽然在名义上已被禁止，但相关法案是在美国占领方要求下制定的，而这一次是由国会通过的正式法律。女性选民和国会女性议员是其主要推动者，这两个群体都是战后随着女性首次获得选举和被选举而出现的。如果女性没有参政权，这样的法律根本不可能诞生，而且至少不会诞生得那么快——距离1947年天皇颁布第九号敕令才过去十年。当然反对新法的运动也不少,比方说以妓院老板们为首的男人们,自然是反对新法的,但最激烈地公然大肆反对的其实是部分女性。这真是一场巾帼不让须眉的激烈斗争,但并未改变一开始就注定的结果。其实在这之前,该法案已在国会搁置多年,而随着1956年初它即将通过,一系列反对运动山雨欲来。社会党中的两名国会议员就因在浅草积极组织反对运动而被该党除名。社会党或许会在某些问题上,比如在需不需要闹革命的问题上摇摆反复,但在反对卖淫上一直非常坚定。

当时甚至出现了一个反对《卖春防止法》的联合会,那就是由从事色情行业的女性等群体组成的"女性勤劳者组合连合",也可以译作东京女工工会联合会。当然,新法还是通过了。在新法完全付诸实施之前的两年过渡期,妓院老板们依然抱有希望,组织了一个号称为预防性病而设的全国自治联盟。一名国会议员就是因为收受该联盟的贿赂而被捕。一般认为卖淫正式被禁是在1958年。虽然《卖春防止法》理论上已经在前一年,即1957年4月1日生效,但当局从1958年的愚人节起,才正式开始对违犯者进行处罚。

就算反卖淫的新法必然会得到通过,卖淫也必然不会消失。全国受到新法影响的妇女有超过10万,她们及相关人士总会另辟蹊径。不过要说新法完全没有作用,倒也不尽然。历史悠久的花柳界作为江户和明治、大正时代东京艺术界的核心,在经年岁月中已渐渐式微,而新法无疑使其更加病入膏肓。过去旧城区中仅有的两个有照的游廓当中,历史比较短的洲崎,已经关门歇业,而历史久远得多的吉原,则转向了其他类似的产业,如经营"土耳其澡堂"。

吉原和洲崎都在1945年的空袭中遭到严重破坏。洲崎的重建显得比较简朴保守,不过考虑到当时物质匮乏,其品位还不坏。吉原最初是在临时棚屋中恢复营业的,不过战后不到6年就又故态复萌,重新变得华丽俗艳起来。此处有着全东京最奢华的娱乐场所,过夜一晚就要一万日元,相当于本书成书时的30美元,在当时是一大笔钱了。游廓的建筑风格可谓不拘一格、随心所欲,跟战前有的一拼。为了加强宣传,连旧时奢华的花魁游行也重新搬上了街头。

如果东京在这百年间不是那么频频遭灾，那么吉原风格和洲崎风格到底哪个将会成为主流，是值得思考的。东京的大部分地方看上去都是乱七八糟的大杂烩式风格。对于这一点，外来人士常常会颇有微词。而东京之子常常争辩说，这是因为这个城市遭灾太多。欧洲学者阿瑟·库斯勒（Arthur Koestler）曾评价说，东京的空间利用方式简直像是受过拷打一样。这时同行的东京之子反驳道：因为大地震和空袭被夷平两次，就只能是这个样子了吧，而且在这两次重灾之间，小灾小难更是数不清呢。的确，对于这样一座城市来说，能够活到今天，都付出了万分努力。不过尽管只是推测，我们仍可以说，不拘一格、随心所欲的吉原风格，恐怕才是名副其实的东京风格。

时至今日，漫步在洲崎的街道上，偶尔还能碰到一些特别的房屋和店家，能让人窥见这里昔日的营生。过去洲崎的最大卖点就是海景，但一块又一块毫无特色的填埋地，终究将洲崎与海相隔绝了。在市域内乃至周边的有照游廓中，明治时期才开业的洲崎也许是新来者，但它所在的深川区却是"岗场所"中有名的地方。"岗"的字面意思是山岗、丘陵，所谓"岗场所"是指未经官许的烟花巷，也就是江户时期的私娼区。关于为什么私娼区会叫作"岗场所"，众人意见不一，"岗"这个词在日语中也暗指"偏僻之地"，也许是指其属于"私娼区"，所以与吉原的有照经营方式相去甚远。于是像永井荷风这样的人，自然可以去那里徜徉，缅怀江户遗迹。洲崎的消逝确实会让人涌起一种失落感，令人感伤。

荷风钟爱的"私娼寮"，即私娼窟，也消失了不少，其中包括与"东京宫殿"一样，也许可算是战后此类场所中最著名的几处之一，位于隅田川东岸的鸠之町。1958年1月底，距当局正式开始处罚违规者还剩两个多月时，鸠之町的私娼馆全部关门歇业了。随着岁月流逝，墙上遗留的警示美国大兵的"Off-Limits"（禁止入内）字迹也越来越淡，但直到今天，如果你有心的话，依然可以在这里找到。

吉原就没那么顺从了，还是不肯放弃旧营生。虽然其中确有一些享有盛名的老店，自傲于其辉煌历史，选择静静歇业，售出土地。

但其他大部分店家则摇身一变,成了所谓的"土耳其澡堂"。因为一位土耳其人对此提出了抗议,所以现在这类场所的标准名称(虽然很少有人用)是"泡泡浴室"①。所谓土耳其澡堂,或者说泡泡浴室,其实就是名义上的洗浴中心,里面有年轻女性全程陪同,提供按摩服务,通常情况下费用不菲。其实就是新瓶装旧酒,换一个名字开妓院而已。现在吉原的这种浴室大约有 200 家,泡泡浴女郎在 2500 人左右。

吉原自明治时期起就以奢华的建筑而闻名,其中多是将世界各地的建筑风格随意混搭而成的新颖奇幻类型。吉原街道上土耳其风格的建筑其实不多,欧洲风格和古代东方更加富丽堂皇的建筑风格反而是最常见的,其中还偶尔夹杂着埃及风格。它们看上去都很有趣新奇,但《卖春防止法》的实施还是令吉原从昔日的高档渐渐掉了下来。过去那些更加端庄高雅的老店消失了,而不怎么上得了台面的反而留存下来,并且整体变得越来越不体面了。

私娼窟大多走了吉原的转型路线,而没有步洲崎或鸠之町关门歇业的后尘。警方似乎从一开始就认为新法要严格落实到位是不可能的,这与上一次宣布废止卖淫的九号敕令颁布时,最高法院那位法官的观点相同。以预防性病为由成立联盟的那些人,大概会觉得自己的主张得到了支持吧。有迹象显示《卖春防止法》实施后,街头卖淫女的数量反而猛增。

从 1947 年敕令颁布到《卖春防止法》实施之间的十年,就是所谓的"赤线"年代。"赤线"这个词最早似乎是源于警方内部的说法,东京都警视厅用它来指代九号敕令适用的街区。由此,有照游廓和私娼区一直以来的区别消失了。吉原和鸠之町都被划归为赤线区。不过,就像是为了抵制这种一概而论的分法一样,另一种新的区分出现了。像新宿"金色街"这样表面上还是以小酒馆为主,卖淫只在暗中

---

① 即「ソープランド」,指在单间里有女性做相关服务的特殊浴场,旧称土耳其澡堂,最早于 1951 年在东京出现,1984 年因土耳其青年的抗议而更名。

进行且不占主要的地方,开始被人们称为"青线区"。

1963年,也就是奥运会前一年,卖淫依然未能禁绝,并且可能逐渐成为麻烦的社会问题。这一事实,实际上已经被官方机构承认。公共广播公司NHK的播报用语手册规定,一直以来被称为BG的那些女性,从此以后都要改称OL。这两个缩写都来自英文,其全称分别为"business girl"(商业女郎)和"office lady"(白领丽人)。这两个词指的都是职业女性,但NHK担心前者可能会被理解成"卖淫女"。

与东京别处不同,吉原在近80年内未曾遭遇过大型的火灾。而就东京整体而言,如果撇开1923年大地震火灾和1945年空袭火灾这两次毁灭性的火灾不谈,那么1910年的大火就是最近也是最后的一次大火了。在东京消防厅百年的历史中,1963年4月发生在东京北部日暮里的那场大火是战后火灾中最大的一次,摧毁了36栋建筑,过火面积5087平方米。《东京百年史》①的年表则显示,1957年发生在隅田川东岸的一场大火摧毁了58栋建筑。这两者谁的规模更大其实并不重要,因为基本上它们当属同等规模,且相比"江户之花"②盛放年代的大火,可谓小巫见大巫了。

战后最轰动的火灾是一起发生在百货公司的火灾和另一起发生在酒店的大火。前者发生在1963年8月22日的池袋西武百货商场,共有7人遇难。那天是商场的休息日,但为了布置场地,商场的几百名维护人员、油漆工和相关工人都在店内。其中一队人员在第七层的食堂里除蟑螂。他们中的一人在吃完午饭抽烟放松时,将火柴扔到了一叠浸透了杀虫剂的纸上,一下子就烧了起来。在手忙脚乱灭火的途中,又有人踢倒了一罐杀虫剂。尽管商场方面对这场火灾其实并没有什么责任,但还是借致歉的机会搞了次甩卖大酬宾,却差点酿成另一场大灾难。商场开门时,门口聚集的人群已经太过庞

---

① 此据日译本,非指本书,参见本书上部脚注。
② "江户之花"是日本人给东京频繁的火灾起的雅号。——译者注

大,以致感觉不妙的商场在 1 小时内就不得不关门。直到中午,人群才全部散去。很多特意赶来的家庭主妇要求商场支付她们白跑一趟的来回车费,并最终得偿所愿。

虽然这次西武百货商场火灾的死亡人数比白木屋火灾要少,但也是战后东京火灾中死亡人数第三高的了。位列第一的是 1982 年 2 月发生在新日本宾馆的火灾,夺走了 33 条人命。居于第二位的是 1963 年东京南部品川区胜岛的一家仓库发生的火灾,共有 19 名消防员丧生。

战后最令人遗憾的火灾源于故意纵火。虽然身为日本重要历史文化遗产的建筑,在过去就经常遭遇纵火,但这场人为的火灾还是给防火方面从来就不甚坚强的东京造成了物质遗产上的重大损失。东京仅存的三座木结构的五重佛塔中,有一座矗立在上野附近的谷中灵园。1957 年 7 月 6 日,这座佛塔被大火彻底吞噬。重建的筹备工作现在才刚启动。① 佛塔烧得只剩奠基石保留下来,其位置距著名的女杀人犯高桥阿传的墓,以及永井荷风祖父的坟墓仅几步之遥。大火的余烬中发现了两具尸体。原来是附近一家裁缝店的老板与年龄不足他一半的女店员选了佛塔作为他们的殉情之地。这座佛塔建于 18 世纪下半期,也是明治时期流传甚广的著名小说《五重塔》的主题之一。作者幸田露伴将这部小说的主人公,那位建造佛塔的大师级木匠,塑造成一位体现了一切传统美德的人物。

1957 年还发生了一起看起来似乎会像 1923 年大矶町自杀殉情案那样,掀起殉情热潮的双双自杀案。那年初冬的一天,一对年轻男孩和女孩的尸体在静冈县伊豆半岛的天城山上被发现,尸检结果显示是男孩先枪杀了女孩再举枪自尽的,相当符合日本人对此类事件的普遍想象。这对情侣是来自东京的同校同学。女孩的名字叫爱新觉罗·慧生,是中国末代皇帝溥仪的侄女。电影《末代皇帝》中,皇帝

---

① 即谷中五重塔放火殉情事件。五重塔被烧毁后至今仍未重建,虽然 2007 年曾有关于重建计划的相关报道。

弟弟的日本人妻子也有露脸，那时她明显是怀孕了，很有可能怀的就是慧生。慧生长得非常漂亮且不似众人所想的那样郁郁寡欢。她之所以选择自杀这条路，可能更多地源自她继承自母亲的那一半日本血统。不过最终这浪漫的殉情无人效仿，而另一起发生在高岛平的跳楼事件，虽然相比之下平淡得多，倒是追随者甚众。1972年，东京西部新建成的高岛平①住宅区一座公寓大楼的楼顶上，一位女性纵身一跃，之后选择在该住宅区跳楼身亡的人连绵不绝，共有大约150人之多。

如果说谷中五重塔被焚毁是东京自"二战"以来因火灾遭受的建筑上的最大损失，那么东京在人物方面失去的最重要的人士又是谁呢？也许是永井荷风吧，他的辞世是在1959年4月底。永井荷风是日本近现代作家中最专注于描绘东京的，他对东京投入的感情之深，特别是对下町最细腻入微的描绘，也是最能引发读者共鸣的。他在晚年曾表示，希望死后能葬到吉原北面的一个小寺庙里，与花魁们的墓为伍。但最后还是葬在了杂司谷②。如果他能预见到日本第一摩天高楼，那座60层的阳光60大厦③④将会如乌云压顶般给他最后安息的灵园投射下巨大的阴影，估计会更加固执地坚持要葬在吉原的那座小庙里了。他不喜欢阳光60大厦那种玩意儿，也不喜欢其所象征的东西。

高见顺和川端康成这两位在描写浅草方面极出色的作家，也在荷风死后几年里陆续离世。前者是在1965年，后者，或许是自杀，于1972年去世。这两位都不像荷风那样终生都以未曾改变的热情爱

---

① 位于东京都板桥区，从1960年代末期开始规划建设为住宅区，1972年全部竣工，称为"高岛平团地"。
② 即位于东京都丰岛区的东京都立杂司谷灵园，该地葬有众多文化名人，如小泉八云、夏目漱石、泉镜花等。
③ 又译"阳光大厦"、"太阳城60"，是位于东京都丰岛区东池袋的"阳光城"建筑群中最高的核心超高层大楼，其地面高度239.7米，共60层，建成当时曾一度是亚洲最高的大楼。
④ 现在是第四高了。——译者注

着东京。武田麟太郎也是,作为战前银座最佳的描绘者,在战后次年即1946年春突然辞世,成为战后混乱的牺牲者。大多数文学辞典都闪烁其词地说他是死于急性肝病,但也有一两本暗示了更接近真相的死因。他是因为在涩谷某个小酒馆喝了含有甲醇的酒中毒身亡的。那个年代里,廉价的酒类一般都不安全。

此后东京再无像他们那样能将东京独特的韵味融入自身之中,以各自的方式加以表达的作家出现。又或许问题并不在作家们这边,而是因为过度膨胀,变得无序的东京,已不再拥有个性。

除了离奇的犯罪和一度流行的自杀,那时东京甚至还出现了诡异的死亡启事。那是在1964年11月10日,也就是奥运会开幕后正好一个月,一则落语表演艺术家三游亭金马已死的通告,在报纸上的付费刊登区,以第一人称的形式刊载了出来。

> 这次我已安然死亡。请各位放心。我一直以来都坚持对敬献的花圈,无论是真花还是假花都敬谢不敏。请各位原谅我平素的任性。也许在几百年之后,我们会再见面的,在极乐亭,或在三途川河滩的露叶之间。与此同时,祝各位寿泽绵长。谢谢你们在我生前给予的诸多善意。11月8日　三游亭金马。①

佛教典籍中有许多的地狱。在这段文字中提到的三途川河滩②边,早夭的小孩子们必须堆石头造塔,但石头永远没有堆完的一天,因为就在快堆完的时候,必然会有恶鬼将石头全部推倒。这段文字的总体意思就是,百年之后我们会再次相见,在天堂或在地狱。

从1960年的反《日美安全保障条约》骚动到1973年石油危机之

---

① 引自加藤秀俊、岩崎尔郎合编《昭和世相史》。
② 日语写作「賽の河原」,指佛教中冥河河滩,死去的孩子在此为供养父母垒石造塔,但总有魔鬼前来推倒,比喻死后行孝,劳而无功。

间的十几年,正是日本经济的快速腾飞期。1960年夏天,反对安保条约的示威队伍席卷了整个东京市区,其声势之浩大,似乎只差占领电视台就能完成革命大业了。在东京,电视台的重要性与十月革命中的冬宫无异。但热潮来得快,去得也快。学生运动虽然仍在继续,却主要集中在内讧和对抗大学上了。在日本这个"经济发展"在全民大事排行榜上从来没有掉出过前两位的国度,随着安保运动热潮的消退,经济发展重返国民生活头等大事,几乎是铁板钉钉的事。

1950年代末到1960年代流行的外来语有"魅力"(グラマー,源自英语glamour)、"休假"(ヴァカンス,来自法语vacance)、"休闲"(レジャー,来自英语leisure)、"上空秀"(トップレスショー,来自英语topless show)①、"自动化主妇"(オートメ主婦)和"即食"(インスタント,来自英语instant)。多数词的意思不言自明,一看就是表达了一种全新且富足的生活方式。其中一两个需要解释一下。倒数第二个词是个混杂词,前半部分是英语"automated"或"automation"的缩写,意思是"自动的"或"自动化";后半部分是日语,表示家庭主妇。最后一个词意指方便食品,是让"自动化主妇"的生活变得更加轻松的东西。

这个时代还有些"族"我们在前文中没提到过,它们是:"跄跄族"、"雷族"和"电气族"。跄跄族得名于三岛由纪夫的著名小说《美德的跄跄》②(「美徳のよろめき」),意指放荡与背德,特别是指性的不伦行为。雷族指的是骑摩托的飙车族,也就是今天所说的"暴走族"。他们常常在警察面前呼啸而过,警察则对此视而不见,希望这些人赶紧散去。电气族则又是一个缩写,其中"电气"一词源自英语electric(带电的,用电的),意指加了功放的音乐,尤其是电吉他。电气族就是今天所说的摇滚乐队。

---

① 指表演者完全不穿上衣的演出。——译者注
② 又译《美德的徘徊》、《美德的动摇》等,书名中「よろめき」这个词的字面意思是"走路不稳,跌跌撞撞",因此在此译为"跄跄"。

这些"族"和他们的名字都折射出了一个时代的风貌。就这个意义上说,还有两个词也十分有趣,那就是"安中派"和"安后派"。这两个词的首字指的都是《日美安全保障条约》,而第二个字则指出了时间上的差异——"事中"和"事后"。也就是说,在1960年安保骚动当时投身其中并被抓的那批人,被称作"安中派",而在其后,也就是1960年代初期,已有另一批人登上了历史舞台,他们就是所谓的"安后派",对他们来说,1960年已经是古老传说中的事了。

至于珍珠港事件,对他们来说则是史前时代的事了。1959年,东京一所国中即初中的45名学生,在事先没打招呼的情况下,被要求写一篇文章阐述12月8日的重要意义。12月8日即是日本偷袭珍珠港的纪念日,在美国的相应日期是12月7日,是国耻日。但只有两名学生知道这一天的重要意义,其他人则给这一天"赋予"了多种多样的意义:圣诞节大甩卖开始的日子,著名相扑选手结婚的日子,祖父离世的日子。也许换成美国中学生来做这个任务,其表现也不会比日本中学生好到哪里去,但既然如此,在对待8月6日即广岛原子弹爆炸纪念日的问题上,日本人本可以一碗水端平些,要无视就都无视掉。但这个日子,也就是日本可以声称自己是受害者的日子,在日本可是被大肆纪念的。

这个时代也是"我有车"(マイカー,来自英文 my car)的年代。早在昭和三十年代即奥运会的那个年代初期,"开车"(ドライヴ①)一词就已经流行开来。这个词与日语中的其他外来语一样,其实是用日语片假名拼读出外语词的发音,即英语动词 drive 的发音,当然它进入日语后已经被名词化了,意指一种新的娱乐方式——驾车兜风。最开始的时候,在路上兜风的都是荷包鼓鼓的商人和政府官员,但仅仅几年之后,租车业务便普及开来,其顾客已经半数都是学生群体了。

随后的十年里,私家车迅猛发展,经营停车场也开始成为一种新

---

① 此处据日译本,今天这个词多写作「トライブ」。

产业，东京第一家收费停车场在1959年开业。1963年，在自家门前的街道上停车被宣布违法。随着居民停车需求的日益增长，城内的各处小庭院绿化惨遭各种机动车辆霸占。不过总的来说，此时的路况相比明治末年和大正时代已有了很大改善。那时谷崎润一郎坐出租车时，还因颠簸过度撞到了车顶上，鼻子出血了呢。到了1980年代初，区部几乎所有的街道都已铺好了坚实的路面。市部的情况则没那么好，但就整个东京都而言，铺有坚实路面的道路已超过90%。而30年前，这一数字还在50%以下。

  1950年代中期所谓的"神武景气"让人们回想起了日本那半神话般的创国史。神武是传说中日本第一位天皇，"神武景气"这个词意味着这一繁荣是日本自创国以来前所未见的。虽然经济在1960和1970年代里也不是没有出现过反复，比如石油危机造成的经济短暂衰退，但主旋律是持续发展、繁荣的，国民自信心也不断增长。我们只要看看日本人为接下来几个繁荣时期所取的名字，就可以看出他们的经济是持续向好的。继"神武景气"之后，先是"岩户景气"，然后在奥运结束后迎来了"伊邪那岐景气"。这两个名字都将我们带到了比神武更久远的时代，即日本这片土地在神话中的起源。"岩户"即"天岩户"，是日本神话传说中的一个洞穴。据说太阳女神天照大神与她暴躁的弟弟素盏鸣尊争吵后躲入该洞穴内，女神的闭门不出导致世界被黑暗笼罩。伊邪那岐则是天照大神等众多神明的祖先，是日本神话中的父神。我们可以看出这些名字不断沿着日本神话向前返溯，意思是说自天岩户以来，甚至是从伊邪那岐的年代以来都没有这么景气过。在这几个景气时期，百货公司的销售业绩明显优于其他时期。

  超级市场是美国人的发明，这一点应该是每个人都认同的。这是个比美国货还要远销海外的美式经营理念。当然很多时候，它在出口到世界各地之后，走上了与美国本土不同的发展道路。在美国，超级市场起源于大萧条时期，为失业者和困难家庭提供低价食品。在东京，它们出现在战后第一个十年里，即昭和二十年代末期。也许有人会猜想,在棒鳕和芋头的日子里,超级市场的出现或许也与困难拮据的环境有关,然而事实并非如此。第一家采取自助式经营方式的食品专营店是位于青山的纪伊国屋,虽然它绝对可以自称为超市,但其面向的是集中居住在东京西南部青山、六本木、麻布一带的富裕外国人和日本有钱阶层。店里的东西非常昂贵。

大型百货商场的食品部同样是商品门类齐全、备货充足的,但由于并非开架销售,所以并不能让顾客自助选购。就像百货商场习惯的那样,食品与消费者之间隔了层玻璃,与非食品类分开摆放。而更接近美国原版的超市,即面向不太富裕的平民百姓开设的超级市场,直到奥运年代随着经济高速发展,普通市民收入渐涨时才开始出现。对比百货商场,日本的这种超市将食品和非食品类,如日用杂货等,都放在同一个地方供顾客选购,并因为这其实不怎么令人吃惊的创新而广受欢迎。

1964年,随着来自关西的连锁超市大荣(dai ei)进军东京,东京的连锁超市西支也开始大量开店。这两家的激烈竞争,最先开始于东京西郊。有社会学家认为,超市之所以在这片一向不属购物区的地方率先兴起,与该地区出现的"核心家庭①化"脱不了干系。

从奥运会之前的几年开始,日本人再说自己非常贫困就没什么说服力了。这点从消费量上看是显而易见的。1962年,有件事被媒体争相报道:浅草的一位服装批发商以5万日元的价格卖出了一条领带,而且几乎是瞬间售出。该领带的每条织线都各不相同,由熟练织工花了3天时间才织成。当时比普通领带稍贵的高档货也不会超过1000日元。日本政府在1964年所做的一项调查显示,50%的日本人认为自己属于中产阶级。在东京,这个比例可能还更高些。3年后的另一次调查显示,90%的东京妇女认为自己属于中产阶级。

1964年,即奥运会开幕这年的新流行词中,有个词叫作"钥匙儿

---

① 指由两代人组成的家庭,其核心成员是父母与未婚子女,相比传统家庭,规模要小。——译者注

童"。它准确表达了山之手地区（至于下町，已在大多数事情上被时代远远抛下）生活中出现的新现象：家庭核心化、住宅公寓化、家庭主妇"自动化"。所谓"钥匙儿童"就是指因为孩子放学回家时，家里不会有人，所以出门前父母会把钥匙交给他们。次年的报纸还对肥胖儿童的持续增多，做了报道。尽管这篇报道没有给出统计学方面的指标，相当不精确，却印证了人们自己的印象。饮食习惯正在改变，朝着高油脂的方向发展。对于钥匙儿童来说，由于父母通常会留钱给他们，却没人提醒他们别吃太多，要多运动，于是他们很有可能流连在自动贩卖机旁，不停地买那些不健康的食品吃。顺带一提的是，全日本范围内，自动贩卖机的数量也在整个 1970 年代翻了 100倍。不仅是垃圾食品，只要想的话，钥匙儿童还可以从自动贩卖机里买到威士忌、避孕套和色情书刊。

1964 年也可算作东京进入"公寓楼时代"的第 3 年。"公寓楼"（マンション，源自英文 mansion）是又一个传入日本后被赋予了新含义的外来语词汇，其英文原意是指贵族的豪宅，但到日本就变成了公寓楼或者说多少有点高档的住宅楼的代名词了。另一个外来语"木板房"（バラック，源自英文 barrack）也是如此，它在半个世纪前就已经为日本人所熟悉了，它在日语中的主要含义已经与其英文原意相去甚远，在英文中它指"兵营、营房"，而到了日语中则用于指轻薄脆弱的临时棚屋。不过我们也可以说它还是保留了一些英文原意的，都是指很多人挤在一起、住得很不舒服的那种大棚屋，虽然它在日语中已完全没有一点"兵营"之意了。日本人如果要说"兵营"，会用其他的词。当然现在，日本人对"木板房"也有了舒适度上的要求，尽管要改变它们的拥挤不堪还需时日。

"公寓楼"这个外来语词汇首次出现在日本是在 1962 年，一位开发商在按单元出售自建商品房时打出了这个名称。接着"公寓楼"一词渐渐演变为指任何类型的按单元出售的商品房，不过有时也用来指木结构供出租的"公寓屋"。

在战前,东京就有出租的"公寓屋"(アパート,来自英文 apartment)①存在。一家公营公司在城内各处盖了大片"公寓屋",其中留存至今的至少有 3 处。这些公寓屋既狭小,楼层也不高,顶多两层。不过这也不能一概而论,因为早在 1910 年,上野车站附近便建成了一栋木结构建筑,有 5 层楼高,内有超过 60 套房,取的就是"公寓屋"这个名字。1925 在东京大学附近建成了第一栋美式建筑,它用防火材料修建,共 4 层。直到 1986 年,这栋建筑一直作为某种形式的青年旅馆而存在,从它的名字"文化公寓屋"②(文化アパートメント,即"文化 apartment")就能猜出,它建于两次世界大战间隙。

以上提到的这种地方大多是为未婚人士准备的。直到战后,大规模的高层住宅楼群才开始修建,人们也开始洪水般地搬进去住。在日本有个妇孺皆知的词——"团地"。这个词出现于战后,是"公营住宅区"或大规模公寓式公共住宅的略称③。在东京有好几个巨型的"团地",通常不是什么令人愉快的地方,灰头土脸,年久失修。著名的自杀胜地,位于东京西北部的高岛平,就是一片团地。调查显示,"团地"租客间的交流很少,甚至比类似的美国城郊住宅区还少。可见日本人一旦被某种观念缠身,例如强调隐私权,就动不动走向极端。第一片"团地"大约在战争结束后 10 年时建成。因此出生在这里的第二代人现在也已经成年了。对于他们来说,"团地"就是他们的故乡吧,是他们自小长大的地方。"公寓楼"这种建筑形式以及其他有公共通道的多单元住宅,对东京而言是新事物,实际上也的确是日本经验的产物。"长屋"或者说排屋,即那种一个屋檐下住着很多

---

① 如果我们查字典,会发现「マンション」(源自 mansion)和「アパート」(源自 apartment)这两个词都可译为"公寓",为避免混乱,在校译时根据日日词典的解释,将前者译为"公寓楼",后者译为"公寓屋"。若有更好的译法,欢迎提出。
② 旧址位于今天东京都文京区,是由森本厚吉设立的文化普及会建造的日本最早的西式集合住宅。1926 年开业,1986 年拆除。它也是江户川乱步作品中,名侦探明智小五郎的侦探事务所的所在地——"开化公寓屋"(開化アパート)的原型。
③ 团地是国家或者县、市建设的公共住宅群,是统一用来出租的,不能购买。——译者注

户人,并且各家拥有独立门户的宅子,已经是过去式了。在明治早期,基本没人愿意搬去住银座炼瓦街上的新式红砖房,而现在,基本上每个人都在往这些差不多的建筑里搬。

公寓楼和团地吸收了美式住宅邻里间趋于疏远的特点,同时又兼有日式住宅耐久性差的缺陷。日本人在传统上就倾向于认为,一座房子反正撑不了很久,也就不需要考虑耐久性,即使是建造混凝土多层建筑,他们还是免不了这种惯性思维。当然,例外情况还是有的,尤其是在新宿和丸之内这样的政商重地上建造大楼时,他们会比较慎重,但这些楼宇在耐久性上还是远远不及美国或欧洲的同类建筑。关东大地震之后建造的公寓屋中,能够留存至今的都成了稀有的老古董,而相比之下,纽约遍地都是更老几十年的公寓楼。东京一直没有认真考虑过这些脆弱老楼的重修问题,以后注定会引起许多麻烦。如果这些老楼的拥有者没有意愿或财力进行重修,东京将可能首次出现堪比欧洲和美国的那种贫民窟——不是日语中所说的"贫民窟"(我们前面已介绍过),而是真正意义上的贫民窟。

自1956年日本国会通过了《首都圈整备法》,使"首都圈"这个概念正式取得法律地位以来,它就被用在各种场合,意思也是各种各样。《首都圈整备法》原是一部以英国的"大伦敦"规划为蓝本制定的法案,但当具体的规划方案在两年后提出时,"首都圈"的定义变成指以东京中央车站为中心,半径100千米以内的区域,也就是包含了东京北接的埼玉县、东接的千叶县和南接的神奈川县三县的全部;以及越过山脉,在西边与东京接壤的古代甲斐国属地,即今天山梨县的一部分;外加同样与东京接壤的关东地区北部另外3个县的一部分。1966年,首都圈定义再次修改,这次将关东地区所有6个县[①]和山梨县都完整囊括了进来。

由于遭到地方公共团体和开发商的强烈反对,在大伦敦规划中

---

① 此据日译本,即茨城县、栃木县、群马县、埼玉县、千叶县、神奈川县。关东地区共有6县1都(东京都)。

相当重要的绿带建设计划,到了东京的首都圈建设时,注定会完全失败。虽然构想十分宏大,但在东京首都圈计划中,真正明确具体的规划很少,只知道要在"市部"建造两个远郊住宅区,以及环状高速公路。不过即便如此,提出这整个构想,还是具有重大意义的,因为它告诉我们东京以后将扩展到何等规模。于是,另一个与"首都圈"类似的词出现了,那就是"大东京"。它在各种场合的意思也是各种各样,比较常见的定义是指包含了东京都、千叶县、埼玉县、神奈川县这一都三县,以及茨城县(特别是位于茨城县南部的研究学园都市筑波)的整片地域。如果以此为标准,那么"大东京"的人口已成功突破3000万,首都圈人口则将近4000万了。而这其中三分之一强的人口,都挤在一个小到惊人的范围里,精力充沛的人用一个周末的时间,就可以从这头走到那头了①。东京和关东北部各城市的人口稠密区之间,至今还留有农田,事实上,连东京的23个区里都还有耕地,但从东京湾西岸横须贺的滨海地区到东岸的千叶,都已成了连绵不断的城市带。农田的减少意味着一旦靠芋头过活的苦日子重新降临,情况会比上一次更惨。

我们之前已提到过,作为奥运准备工作的一环,隅田川被好好冲刷净化了一番,水中的含氧量逐渐增加了一些,小鱼也多了一点儿。但从其他方面看,这条大河并没有得到善待。沿岸散步的行人在相当长的一段路程里,甚至都看不到河面,因为有高高的水泥防护墙挡着;河面上的船工也好不到哪里去,他们几乎看不到除了防护墙之外的风景。造成这一切的终极原因是发生在150英里以外的一场由台风引起的暴风雨。1959年9月,因台风中心经过伊势湾而被称为"伊势湾台风"的暴风雨袭击了名古屋,造成近5000人死亡,成为自大正到昭和时代最恶劣的台风灾害。伊势湾在台风袭来的时候恰逢满潮,导致潮水上涨到了史无前例的高度,有近5米。而东京中央区

---

① 此据日译本。

（银座和日本桥都在此区）的最高点都没那么高。隅田川之前虽然已被防护堤包围，但为了防范类似的灾难袭击东京，现在墙体被砌得更高了。于是到了1960年代末，隅田川两岸大约15或16英里，即20多千米，都被超出满潮时水位8米高[①]的防护墙包围了。接下来的十年里，流入隅田川的两条主要运河——日本桥川和神田川两岸，也都修建了水泥防护墙。

毫无疑问，想要未雨绸缪地保护城内低地，即下町免受不知何时会降临的灾难侵害，是值得赞赏的。不过鉴于现在灾难还没到来，我们就还有闲心对那丑陋的防护墙哀叹一番。

隅田川受到的苛待不仅体现在防护墙上。一条奥运后开通的高速公路从日本桥的滨町公园北面横跨河上，并沿东岸溯流而上，一直通向浅草更上游的地方。就像防护墙一样，这条高速公路也很煞风景。隅田川的入海口曾经是赶潮拾贝的休闲胜地之一。而今因为填海造地，海岸线已从过去的入海口处，向外延伸了3千米，举目望去，全是灰压压的填埋地。其中就有梦之岛，那个蝇灾泛滥的源头。当然填海造地的想法本身仍是值得肯定的。东京的扩张是必然的，而且如果可以通过填埋垃圾来造地，不用侵占稻田，那么既不会有什么损失，还能有所收获。

不过即便如此，东京还是可以将填海而成的土地弄得令人赏心悦目一些。过去的下町已经充分证明了这一点。然而近几年来，这似乎是不太可能了。位于梦之岛一角的运动公园，也许就是都政府在这整片广阔的填埋地上建成的最好玩意儿了。但就连它也几乎全被运动设施、堆货场和公寓楼宇占满了。虽然政府还有进一步填埋东京湾以打造"未来都市"的计划，但眼见已经建成的那些地方，还是一派垃圾填埋地的景象，不禁让人心生怀疑。

总而言之，隅田川就是条被凌虐的小溪流。或许正是因为它相对娇小，导致它被随意对待。两岸防护墙之间的间隔不超过两百米。

---

① 此据日译本，英文原文为6—8米。

而人工运河荒川排水渠，就壮观多了。像隅田川这样狭小的河流，流经东京这样巨大的都市，注定会被污染。而且它又是如此惧怕水灾，因此被护墙围起来也是必然的。但我们也应该看到，世上还有威尼斯大运河这样的例子。我曾听到美国女游客从隅田川的游览船上下来时说，隅田川"跟威尼斯大运河相比真是天差地别呢"，觉得很有道理。威尼斯大运河同样是一条狭窄的水道，却依然如此美丽。

隅田川开河节作为江户年度盛典之一，因非常时期的来临，自1937年起停办了十年，在战后的1948年重开，但1961年又停办了，因为祭典活动上的大型焰火表演被认为存有火灾隐患，也因为隅田川散发的臭味让人根本无法愉快地坐船玩耍了。开河节一般在7月底举行，是宣告盛夏到来的例行活动，也是隅田川在还没变脏变臭之前，为夏天的东京带来的一大乐事。担心大型焰火表演存在火灾隐患，并非杞人忧天，过去京都的焰火表演就曾把旧皇宫的一座建筑引燃了。开河节原本是打算无限期停办的，但到1978年还是再开了，只是焰火表演的地点从两国移到了隅田川的上游靠近浅草的地方。这一表演每年能够吸引大约100万人前来观看，也是警察们最讨厌的大型活动之一。

由于举办地点的变更，届时百万观众们都聚集到浅草附近的河岸上，而不再去两国桥附近的下游河岸。柳桥艺伎区由此失去了吸引客人的重要招牌。这里的日式餐馆即料亭街，曾经是观看焰火的最佳场所，要价非常之高。想当年，可以毫不夸张地说，想要预定到观赏焰火的席位，您得提前好几年。能够在开河节当晚确保在柳桥的料亭拥有一个包间，几乎就是挤入上流社会的象征。

隅田川被水泥护墙所围，也给柳桥造成了沉重的打击，而且这种打击远远不止重伤，几乎可以说是致命伤了。从二楼的窗户看出去，虽然还能看到河面，但流浪艺人再也不会划船前来弹唱。也许就算没有修筑防护墙，柳桥也终将衰落。艺伎这行的生意在最近几十年堪称惨淡，而且位于下町的柳桥，也不再是政商界人士平时习惯去光顾的场所了。过去曾经辉煌一时的艺伎区中，柳桥很可能会最先消亡。即使那些熟悉花柳界的人都知道,柳桥在它辉煌的年代,是所有艺伎区中保留了最多江户风采的,它也是深川艺伎区,这个江户末期鼎盛一时的艺伎区,最名副其实的继任者。

与柔道不同,并没有人尝试将另一项日本传统体育项目——相扑,引入奥运会比赛项目中。这也许是因为它太日本化了。在大多数国家和运动项目中,肥胖和"赛出好成绩"并不相容。不过相扑并没有因此陷入低潮。若乃花和栃锦开创的战后相扑"黄金时代"仍在延续。大鹏作为上述两位名将引退之后最杰出的相扑手,可以说是相扑运动有史以来最受欢迎的横纲。他在电视上很受追捧,虽然比不过棒球,尤其是巨人队的受欢迎程度,但也颇为可观了。尽管没能进入奥运会,相扑还是变得更国际化了。1967年,夏威夷出身的高见山大五郎,成为第一位入幕①的非东方人力士。在引进新技术上,相扑也有了不少进步。1969年,录像带第一次被用于解决争议判决。(几位裁判中的任何一位都可以挑战裁判长的权威。)不过反过来说,新技术导致的失误也是有的。1960年9月20日,当一场比赛正在国技馆内进行时,土俵场上方的一盏灯突然爆炸了。正在台上缠斗的两名相扑手赶紧逃开。20分钟后,现场清理干净,他们又回到场上继续比赛。由于灯泡飞溅出的碎片扎到了其中一名力士的兜裆布里,他是在处理了烫伤之后,才回到台上。

著名作家石原慎太郎,就是那位凭借发表第二篇作品《太阳的季节》而产生了"太阳族"这个流行词的人,在1963年公开指责一场相扑比赛受到操纵。这场比赛在九州的福冈县举行,但东京作为相扑运动的大本营,自然会被推到风口浪尖。日本相扑协会声称绝无此事,各种争论后来也告一段落。不过从常识来看,大家对于这种事都是心照不宣。或许称不上是操纵比赛,但相扑手间基于情谊而相互体谅照顾,一直都是这项运动的一个组成部分。如果一名相扑手极

---

① 指成为"幕内"力士,该等级仅次于相扑最高级别的"横纲"。

度需要某场胜利,或者协会为了吸引观众,非常需要一场大胜,就会拜托相关力士帮忙。如果受托的力士拒绝帮忙,就会被视作是不讲人情义理的人。对于日本人来说,这种人是最忘恩负义的小人。

对此,一位功成名就的相扑力士横纲玉之海,后来罕见地坦白道:"带着7胜7负的战绩进入千秋乐①的力士总是会赢。即使是对力士来讲最重要的一场比赛,究竟谁会赢,事先也差不多知道了。"②

东京北部和东部,与南部和西部之间,至今仍然存有差异。后者总体上不仅富裕而且日新月异,前者则变化迟缓,远称不上富裕。这是一个粗糙而笼统的分法,却很能反映现实情况。如果你想看看古老的日本,或者说依然如故的日本,可以去转转山谷的那些寂寥贫寒的小街巷,而不是去涩谷。因为相比有钱有势的人居住的地域,这里仿佛时间停滞一样,别有一番野趣。

想要给下町修建一个属于它自己的棒球场,这个主意本身不错。从地理上讲,后乐园球场,也就是巨人队的主场,虽然算是建在低地,即下町的范围内,因为它位于海拔上只比海平面高几英尺的小石川的谷地;但从历史上讲,这里却是山之手地区的一部分,因为水户德川家的宅邸就曾位于此处。而且最近几十年,由于巨人队的风光,后乐园已经成为商业电视和广告追捧的宠儿,按我们之前所说的分法,这里明显与文化上"更潮"的东京西南部是一伙儿。

人们拟在距离山谷几步路的地方修建一个新球场,作为一支名气不大的球队——大每队③的主场。这个计划一经公布,下町的棒球爱好者们便期待着不用再专门跑去后乐园,可以在家门口尽兴了。1962年,新球场正式开张,名叫"东京球场"。它位于荒川区的南千住,就在昔日的浅草区北界过去一点儿的地方,恭迎棒球迷们的莅临。但这一等就等了数年,最终因为乏人问津,它在1977年被卖给

---

① 相扑界等对"最终决战日"的称呼。
② 引自《文艺春秋》昭和四十五年四月号。
③ 即今"千叶罗德海洋队"。

了都政府。现在,这里是业余沙地棒球场,连看台也撤走了。人们还是老样子,都涌去了后乐园球场。

在奥运年代早期,一种关于电视的讽刺说法几乎与电视本身一样流行。那就是毒舌评论家大宅壮一,在1956年谈及日本电视观众时所说的:"亿人退化成白痴。"①不过即使是这样,也削弱不了电视的力量,这种"靠电力播放的连环画剧"依旧成长再成长。甚至连校园里的那些演说者们,也一改他们过去僵硬呆板,只是哇哇大叫的演说风格,开始模仿电视播音员和活动主持人那种圆滑伶俐的口齿了。

---

① 即「一億総白痴化」,其含义大致是说电视是非常低俗的媒体,一天到晚只看电视的人会变成白痴。如果类比到今天,大概与"沉迷网游的会变成白痴"意思差不多。大宅壮一(1900—1970),日本记者、作家、评论家,其著名语录还有:驿弁大学(即车站便当大学,比喻学校扩招)、恐妻、太阳族、肥后猛妇等。

第十二章　昭和余韵

1965年春的一天，昭和时代在战后的岁月，终于比它截至"二战"投降的那一段要长了。1970年初夏的一天，昭和天皇在位的时间也终于超过了他的祖父，即日本有确切历史记录以来统治时间最长的明治天皇。1976年12月25日，昭和天皇成为日本历史上第一位迎来登基50周年的天皇。1986年12月25日，他又迎来了登基60周年。

这四个日子中的第一个，似乎根本没人注意到。若想宣称战后晦暗不明的日子终于结束，这本是个大好时机。第二个日子也只是在报纸上简要提到一下。最后两个日子则举办了正式的庆典，虽然没有一个是安排在圣诞节当天。其中，50周年庆典在1976年11月11日于武道馆举行，这座建筑位于皇宫北面，曾经见证了12年前日本人错失奥运柔道金牌。60周年庆典则是在1986年4月29日，天皇85岁生日那天，在隅田川东岸的新国技馆里举行的。这两次庆典与其说是隆重，不如说是气氛压抑、循规蹈矩。一种假装昭和王朝的前20年好像从未存在过的倾向愈演愈烈。就连学校教育也是，学生们对这段历史几乎一无所知。

确实，和平的阳光已普照日本大地，尽管每年8月6日纪念广岛原子弹爆炸时，人们还是会想起战争的存在，尽管日本依然喜欢装作如战争刚结束时那般贫穷，好图方便，但对于大多数日本人来说，战后的艰难岁月已逐渐淡出了记忆，渐行渐远。到昭和天皇登基50周年时，战后出生的日本人数量已经超过了之前出生的人数。当然即使是战前出生的,在"二战"结束时也顶多只有五岁,对日本的战败和那值得纪念的"玉音放送",不可能有清晰的记忆。

随着50周年的临近,昭示一个时代已经结束,另一个新时代即将开始的事件接连发生。例如在1968年,美元开始下跌。回想1949年时,美国占领军还曾将日元对美元的汇率固定在360日元兑1美元,那时这就像是神谕一样神圣不可侵犯。而如今则像是个过气的偶像一般跌下了神坛。1973年,"石油危机"爆发。油价飞涨,依赖进口石油的日本遭到重创,自朝鲜战争爆发以来依靠"特需经济"开启的经济高速增长时代走到了尽头。紧接着的是充满踌躇不安与不确定性的几年。企业破产率达到了战后的顶峰。昔日的高速增长看起来甚至可能要被零增长甚至负增长取代。凡此种种,对东京市民生活的影响是显而易见的。熄灭的霓虹灯中,首当其冲的就是银座的森永球状巨型广告灯。电梯停运,舞厅熄灯。电视播放时间和每场电影的播放时间也被缩短。加油站持续歇业。另一项原来与日元兑换美元汇率一样看似神圣不可侵犯的制度——企业报销,看起来也面临废止。

不过东京和整个日本最终克服了这一危机,不仅如此,日本人还怀揣了前所未有的巨大自信。也正是在那些年里,人们开始流传这样一种说法:日本在结束闭关锁国一个多世纪之后,终于再没什么可以向世界学习的了;而世界各国,凡是有点头脑的,就应该开始向日本学习了。即使现在经济增速放缓是个问题,但美元的持续下跌却是日本国家的对外政策——鼓励出口出口再出口——大获成功的最佳证明。霓虹灯再次点亮,灯火再次通明。到了1970年代末,至少从表面上看来,东京根本没有显现出遭受过"石油危机"打击的迹象。

然而与此同时,通货膨胀迅速发展。1975年东京区部的物价,已经涨到25年前战后疯长的物价刚得到抑制时的4倍。能源价格的上涨,自然导致本国制造业产品的价格更加昂贵。虽说美元的走低,有望使外国产品,尤其是进口美国产品更便宜,但这方面的通货紧缩几乎是不可觉察的,它自然也没有跟着美元贬值的幅度同步发生。不过经济增长看来还将持续,尽管速率逐渐减缓,日本也已证明自身能够处理原材料进口价格昂贵与工业输入品价格走低的问题。这样看来,日本国民萌发的新自信看起来还算是合乎情理的,但这种自信有没有使东京变成一个更美好更宜居的城市,则是仁者见仁,智者见智了。

1970年代末,大学校园重归宁静。随着媒体所说的"安田堡垒"的陷落,过激派学生以暴力手段随心所欲折腾学校的势头也开始消退。安田讲堂是东京大学的主要行政楼之一。激进派学生们以其作为大本营,将校长和其他行政人员赶出去,"占山为王",就是所谓的"安田堡垒",不过他们在1968年夏天同样被赶了出来。1969年1月,他们再次占据大楼,又再次被驱散。这一次,他们与近万名警察的激烈战斗通过电视转播呈现在全国民众面前①。于是那些年的流行词中又多了两个词:"武斗"(ゲバルト,读作gebaruto)和"武斗棒"(ゲバ棒)。前者源自德语"Gewalt"(暴力、力量),后者是将前者的前两个音节与"棒"这个汉字结合起来产生的。"武斗棒"指的是激进学生挥向警察和对立学生派系的棍棒。

三岛由纪夫死于1970年11月25日。这是个太过复杂的事件,他本人也是个极端复杂又聪明之人,所以不能仅以"走歪的国粹主义"来简单定性这起事件。他太了解这个国家的年轻人,也太清楚他们身上发生的变化了,所以他应该知道,当群情激荡的1960年代已成过去时,军队(更确切地说是陆上自卫队)不太会响应他的号召,一起发动一场"昭和维新"的。人们原本预计,像1960年那样的反安保条约示威活动在1970年还会重现,但实际上却并没有,而且1970年甚至可以视作是社会党完全丧失了威望的一年,之前它还可以与20多年来独掌日本政权的保守势力叫板。激进派走向分化,在随大流、默认现状的气氛中,人们开始认识到,即使在这种看上去是民主的体制内真的出现了"毒瘤",要把它摘除也是不可能的了。

---

① 即东大安田讲堂事件,安田讲堂位于东京大学本乡校区。

站在阳台上，向市谷驻屯地聚集的自卫队士兵们发表了几分钟的演讲，激励他们追随自己起义之后，三岛由纪夫退回到司令官办公室。在那里，他借由几位信奉者的帮助，切腹自杀了。听听那时留下来的录音，就知道当时士兵们的呼喝声更像是嘲弄与奚落而非同情——很难想象三岛会期望这群人有别的反应。

三岛的死亡，以一种非常消极的方式，述说了这个时代的特征。他不喜欢这个时代所有人都随大流，在现实中"温水煮青蛙"的风气。从着装到性关系，各个方面来看，三岛都是个我行我素，不循常规之人。他对西方各国自发产生的民主制度并不持批判态度，但他认为日本的民主就是一种伪善、一个借口。他曾希望1970年应该会爆发的反安保条约示威活动能够带来真正的对峙，并使某种更真挚的东西显露出来，即使是用一种过激的方式也没关系。很明显，他在夏天就开始为自己的死亡做准备了，也就是在反安保条约的冲突看起来有可能爆发的时候。在他最后的极端行为中，肯定有除了失望之外的其他动机。当然失望肯定是他选择自杀的动机之一。东京正在大步踏入一个更大更炫目的追求物质繁荣的时代，也是一个求稳定和随大流思想占据主导的时代。对此，没有任何人站出来提出反对意见。而三岛的这次反抗也可以说是表达反对的最后机会吧。

1977年春天，四名前三岛由纪夫的私人武装组织"盾之会"的成员，袭击了位于丸之内北边的日本经济团体联合会总部。[①] 正如激进左派阵营走向分化，右翼也是如此，而三岛及他以死所明之志，正是后者[②]的信条来源。这样的事件会产生重大影响的时代，离我们即使不是无限遥远，也已经相当久远了，但它们的存在让我们必须谨记：就在东京乃至整个日本，选择了一条康庄大道的时候，某些决不愚笨的人，却希望走另一条路。

[①] 指1977年3月3日由盾之会前成员伊藤好雄和西尾俊一等人参与实施的"经团连袭击事件"。其中实际只有两人出身盾之会，而非四人。

[②] 可能是指新右翼。

顺应时势的青年才俊们，或许能够在新建的高楼大厦顶层赢得一席之地。这些第一批建成的高楼是东京过去从未有过的建筑类型，真正当得起"摩天大楼"的名号。就像纽约在半个世纪以前做过的一样，东京也开始了与天竞高的日子。从这一点上看，奥运会后到天皇在位50周年之间的那段时间，确实可算是一个新时代的开端。

两次世界大战间隙和战后几年，城中相对耐久又防火的先进建筑，还都造得又矮又平。谷崎润一郎小说《细雪》中的女主人公幸子也表示，她从大阪乡下去东京时，发现一侧是城濠和皇宫前广场，另一侧是丸之内办公大楼的那条大街——也就是麦克阿瑟将军的总部曾经坐落的大街，几乎就是东京除了歌舞伎之外唯一的看点了。

与今日的状况相比较，这条大街当时还算是一条安静内敛的街道。当纽约的摩天大楼如帝国大厦，正像"摩天"这两个字所表现的那样直冲天际时，丸之内的诸多办公楼，包括它们之中最高的丸之内大楼，顶多只有七到八层楼高。之所以会这样，既是为了保持整体庄重的气氛，也有其他种种考虑。毕竟皇宫就在边上，要是盖得太高，俯视皇宫是很不敬的，也是基于同样的原因，位于樱田门的东京都警视厅总部大楼，也造得并不高。而另一个顾虑是，日本作为一个地震频发的国家，大概也不适合修建摩天大楼。

直到朝鲜战争之后，东京才开始出现相对较高的建筑。过去那种重视保持庄重氛围，同时也与美学理念紧密相连的建筑理念，似乎根本就被人遗忘了。奥运酒店中最大最高的新大谷酒店①就有17层高，俯看着江户城外濠留存至今的那一段，那里直到奥运会开幕前（亦即高速公路通车之前）还是东京留有江户余韵的最美地段之一。然而，当"真正的"摩天大楼时代到来，美学上的考虑再次成为重点。一场比拼谁能率先造出这样建筑的竞赛拉开序幕。这场竞赛在丸

---

① 位于东京都千代田区纪尾井町，1964年9月1日开张，后陆续增建新馆，至今仍是东京著名的顶级酒店。

之内濠端的海上保险大楼和三井财团准备建于霞关政府综合办公区南端的大楼之间展开。结果前者因为破坏了该区域的整体氛围而遭到反对,不得不削减楼层。而与此同时,三井的霞关大楼①已拔地而起,它于1968年建成,成为第一座"超高层"建筑,虽然它只有36层高。

虽然号称在设计建造过程中已充分考虑了各种情况,因此这栋建筑,以及其他"超高层"楼宇,都能完美抵御地震。但实际上,即使是最轻微的地震来袭,待在这些高楼的高层,都会像是晕船一样恶心难受。当这栋建筑刚建成的时候,美国大使馆的附属建筑就与它隔街相望,地震时人们会跑到窗边看这高楼如何摇晃。仰望这些超高层,与其担心它们能不能挺过大地震,不如担心上面的玻璃会不会劈头盖脸落到街上。总之,霞关大楼的修建是日本建筑界的一个新冒险,不过若是撇开它的高度不谈,这次冒险看起来也不是十分大胆。它就是一坨巨大的水泥块而已。

霞关大楼没能占据东京第一高楼的宝座多久。建成之后没几年,它的地位就滑落到了第十名。1970年,银座和新桥南边不远的滨松町建起了一座世界贸易中心大厦,有40层楼共152米高②。尽管开往羽田机场的单轨铁路线在奥运会前开通时,这栋大厦还未建成,但它现在已兼任这条线路的北部始发站了。

东京最高的建筑依然是东京塔③,而严格意义上的大楼——指有墙面和房间的那种建筑中,阳光60大厦最高,其于1978年完工,位于池袋的巢鸭监狱旧址,共有60层楼,近240米高,地下还有3层。

然而新宿站的西口,才是真正的超高层集聚之地。上面提及的摩天大楼都是形单影只的,这里却是超高层林立。不过从远处看过去,这片超高层聚集区总有一种独立于街区之外、孤零零的感觉。就

---

① 位于东京都千代田区霞关三丁目,地上36层,地下3层,1968年4月12日竣工。
② 此据日译本,英文原文为150米。
③ 目前是东京晴空塔最高。——译者注

好像这座城市还没做好足够的准备,不太清楚该拿它怎么办一样。

淀桥净水场旧址西端,面向新宿中央公园的一块,现在属都政府所有。新的都厅舍就建在这里。其他部分则移交给了私人开发商。中央公园①是由一片旧工厂用地,加上历史悠久的熊野神社境内的森林,改造而来,该神社至今还占据着公园一隅。

奥运岁月里,新宿站东口新建了一座车站大楼。除了作为后来的国有铁道新宿站的主要入口,它还是精心设计的购物餐饮中心,有个英文名字:My City(我的城市)。西口也在超高层建筑群开工前的 1966 年建成了广场,使原本混杂的车流和人群多少变得有序一些。在西口还未开发的年代,与"小便横丁"邻接的车站前广场曾经别有趣味,如今也消失无踪。数层高的综合性建筑取代了它的位置,不仅是在地上,还拥有地下楼层,将私家车、地铁线、涌动的人潮和商店街全部收入其中。如今从东口到过去净水场的所在地,已建成了全长一千米、连接了两座车站的巨型地下道,其沿途还有无数商店和大百货商场的入口,以及换乘铁路线的通道。没有几个城市能像东京那样把地底下挖了个遍,简直就像一个煤矿矿场。

如果新宿站的西口是因人流过于混杂而阻塞,倒也情有可原,但似乎没人料到它会这么轻易地就被故意闹事的人堵住。1968 年 10 月初的一天,反代代木系的全学连的学生聚集在这里,把地砖挖起来投掷,主要是冲着警察,当然也有人只是乱砸,他们还攻占了一个警察岗亭。预见到这个月的 21 日,即"国际反战日"会更加混乱,为防止事态升级,所有的路砖在一夜之间都被撬起,换成了沥青路面,所有商店的窗户也钉上木板封了起来。"My City"在当天傍晚就实施宵禁了,大约 1.2 万名警察被部署于此,严阵以待。但车站仍然被过激学生们占据,他们不仅投石,还放火,警方甚至连催泪瓦斯都用上了。车站一带陷入了巨大混乱。

---

① 即新宿中央公园,位于东京都西新宿二丁目,占地 8 万多平方米,是新宿的区立公园中面积最大的。

此后一段时间里，小规模冲突几乎是每晚必有的家常便饭，从旁观者的角度来看还挺有趣的。继"武斗"之后登场的是虽然激进，但还算非暴力的集会高歌。不过由于同样妨碍交通，引起了警方出动。虽然警方最终成功制止了这些又唱又跳，但也已经不堪其扰。1968年10月的这场新宿事件，以及翌年早些时候"安田堡垒"的陷落，也许是1960年代风起云涌的青年运动中最引人瞩目的事件了。我们之前已提到，东口的疯癫族也参与了袭警的活动，并由此与学生们一起被赶出了新缩，自身走向消亡。总之，无论是东口还是西口，广场的建设以及各种族的出现，外加学生的闹腾，等等，都反映了在那段日子里，新宿是一个充满活力的地方。

在净水场故地建起的第一栋超高层大楼是京王广场酒店，完工于1971年，共有47层，但却不到200米高。同样是在新宿，另一幢三井大楼，完工于1974年，共有55层，超出200米的标杆20米左右。建筑评论家对这些超高层不屑一顾，但认为新都厅舍倒还有些看头，即使后者看起来像是巨大的现代哥特式建筑。建设方对此倒也不遮遮掩掩，爽快承认其灵感来源就是巴黎圣母院，并认为新都厅舍将是"后现代"建筑的不朽典范。虽然"后现代"这个词当前非常时髦，但它到底是什么意思，其实晦涩难懂，用在建筑方面似乎是说建筑式样又要回归到遥远的过去时代，与20世纪相距甚远。

当以上这些正在西口蓬勃发展的时候，东口的喧嚣吵闹也未见衰退。东口一带现在依然是购物胜地，每天下午，有钱的夫人小姐们从各个方向涌入这里。再往东边一点，即新宿二丁目周边，也是新宿大久保一邮局曾经矗立的地方，则成了某种特殊地带。它发展成了东京乃至整个日本的同性恋"圣地"，而且可以肯定的是，它正在朝着世界同性恋"圣地"迈进。同性恋并不是男性的专属，但男性确实是主力。

歌舞伎町作为一个服务于更普通男性顾客的声色之地，加上它边上的金色街，可以说不仅是在新宿当地，甚至在整个日本范围内都甩了它的竞争者好几条街了（尽管在某些有点变态的"服务"方面，大阪常常走在前面)。1984年和1985年,警方又掀起了新一轮整顿世风的行动,据说就是由歌舞伎町引起的。性产业作为这里的两大卖点之一,实在搞得太过开放和厚颜无耻了。另一个卖点——酒,则只要不导致醉驾就不是问题。当然,警方对于醉驾是绝不手软的。伴随着酒而产生的噪声,也一样不被视作问题。东京及其警察在这方面一直很宽容。

整顿世风的行动将街上露骨的招牌都取缔了,皮条客们的活动也不再那么明目张胆。嫖客要达到目的,得费点力气了。俗艳的广告牌和霓虹灯已不再给他们指路。不过,歌舞伎町可是足足花了四分之一个世纪,才有今天这般"辉煌",它当然没打算一朝回到旧时代,或者变成别的什么地方。只要看看这片地区的详细地图,就知道这里的某些"行当"至今还在"营业"。

这样一份最近的地图上,充斥着神秘的符文和记号,按照地图凡例的说明,它们可以被翻译成这样:"偷窥秀;水晶;时尚保健;包房按摩;电话俱乐部;爱爱屋;电视游戏;录像播放室;女陪;私人桑拿;不着内裤的茶室;特殊浴室;成人玩具。"其中一半的关键字看起来都是源自英文的外来语。只有真正的行家才明白所有这些术语的确切含义,以及它们的严格区分和归类。但这里的性产业规模之巨大,分类之精细,无疑是显而易见的。

这其中,最神秘难解的就是第二个词:水晶(クリスタル)。这个用日语片假名表示的词,看起来源自英语 crystal。水晶这个英语单词其实已经在日语中有所应用,比如"水晶玻璃"、"晶体二极管",以及"晶体麦克风"等。但在这里似乎是从一本流行小说的标题里引申出来的。1980年,一位名叫田中康夫[①]的学生写了一篇小说,题为《总觉得,水晶样》(日文书名「なんとなく、クリスタル」,英文版书名 *Somehow Crystal*)。这是一篇几乎没有什么情节的中篇小说,其英

[①] 田中康夫(1956年4月—),日本政治家、作家,其学生时代所写的这部《总觉得,水晶样》曾获得第17届文艺赏。

译版不会超过3万字，却包含了442条脚注来说明细节，主要是解释其中提到的各种舶来品，因为不做说明的话，一般读者估计是看不懂的。所以"水晶"这个词用在这里，大概也是表示某种富有异国情调的东西，虽然我最近在歌舞伎町的调查工作，没能就这个词得出有说服力的解释，不过这些卖"水晶"的地儿，估计与一般的"成人用品店"半斤八两。

另一份最近整顿行动日趋严厉时编纂的地图，只涵盖了歌舞伎町的南半部分，也就是西武新宿站门前靠近东口的那一块。即使如此，其中也包括了20家"综合性色情屋"（也就是色情用品专门店），21家提供包房按摩的店，两家脱衣舞剧场，21家"包房裸体秀场"，4家色情片电影院，17家"泡泡浴室"（早前称为土耳其澡堂），4家包房录像厅，13家偷窥秀表演场（包括提供包房的），两家不着内裤茶室，17家情趣商店，以及另外11家无法归属于上述任何门类的经营场所——总数达到了132家。另外还有15家情人旅馆，大约200个皮条客来回游荡在这片区域。这一切都挤在一片东西长度不超过500码，南北宽度不超过200码的地域里。

脱衣舞秀场倒是很会用一个特殊的词来指代自己。它们从外面看上去，总显得相当矜持，也许只会悬挂一块牌子，上书"新艺术座"，牌子周边用一圈白色灯泡围起。这些外表佯作端庄的地方在警察扫黄行动中几乎不受影响。但里面的表演从来都是放纵不羁、百无禁忌的。曾经在画框布景中假扮维纳斯，上演了新宿最早的裸体秀的那名女孩，简直无法想象她到底开创了什么先河。如今这种表演已经是毫无遮掩、极尽淫荡了。这些地方都处于帮派控制之下，据说歌舞伎町这块地盘上盘踞着大约30个地下黑帮，大大小小，既有独立的，也有从属于更大帮派的。帮派与警察之间到底有哪些默契，只有他们自己或是对方能告诉我们了。

许多日本法律和东京都地方规章制度明令禁止的事，一直在歌舞伎町上演。对此，一种显而易见的解决方法，就是力图使法律和规章制度更加符合现实状况①,但正义之士们必然奋起反对这种做法。也许即使警察真的想要禁绝所有这些不法之事,也是心有余而力不足,于是他们的解决方法看起来既明智又切合实际:尽量眼不见为净。

1985年发生的事②对追捧歌舞伎町的美国人而言,堪比情人节大屠杀③。随着实施日的临近,歌舞伎町脱衣舞娘们的消失,看起来好像是板上钉钉了——或者她们会退回到上个时代那种被花边和裙裾层层包裹的造型。事实上,歌舞伎町确实在一段时间内变得安静谨慎了。但这只是店外街面上的假象,店内很快又恢复了嘈杂和堕落。

东京都的政治中心很快就将迁至新宿。过去在明治维新后的半个世纪间,东京的文化中心逐渐从下町转移至山之手地区,其影响极其深远,而这次政治中心上的移动,是否会带来与当年类似的巨变呢?也就是说现在身为中心的丸之内、银座、日本桥以及向南向西直到港区的这片地域,是否会退而成为副都心,而如今最大的副都心新宿,是否会取代前者,成为新的中心地带?对此,人们观点不一。不过这一切也许已经发生了,持这种观点的人认为,只要看看歌舞伎町的繁荣发展以及西口的超高层林立,就能说明问题了。

但目前却没有任何确凿证据支持这一观点。要说新宿在哪个领域超越了一直以来的都心,那大概就是性产业和酒类消费吧。至少它还没有成为企业经营管理方面的中心,这一中心依然在丸之内一带。虽然几家大保险公司确实将总部设在了新宿站西口,而且撇开百货商场大楼不谈的话,当初这里建成的第一栋可观的大楼,也是保

---

① 作者的意思可能是说,最好能在承认现实的基础上对相关行业加以规范,例如在色情业屡禁不止的情况下,可以将重点放在规范管控和防止性病传播上,因为不承认现实情况,其实不利于管理。当然这一话题一直以来都颇有争议,作者的观点是否正确,可由读者自行判断。
② 指《风俗营业等的规制及业务适当化等的相关法律》,简称"风营法"的实施。
③ 指发生在美国禁酒时代的1929年2月14日的流血事件,当时为贩运私酒,引起帮派火并。

险公司的大厦。但除了保险公司之外的大多数企业,仍将总部设在旧中心。地产巨头,如三井、三菱和住友也不例外,它们把总部设在丸之内,而把其在新宿修建的超高层大楼租给了小型企业、文化机构和类似的组织。

1982年,资本估值在10亿日元以上的公司,有75%都将总部设在了千代田区、中央区、港区这三个位于都心的区,而100亿日元以上的公司,在这一比例上更高达80%。企业与中央政府存在密不可分的关系,所以即使对那些总部不在东京的公司,如丰田汽车来说,建立驻东京办事处也是必不可少的。这类大企业的驻东京办事处,也同样集中驻扎在都心三区内。所有"城市银行"(背后实际由国家操纵)的总部也同样如此,其中绝大多数位于千代田区(丸之内)。

新宿不是一个非常有文化氛围的地方,除非"文化"一词可以宽泛地理解成,所有构成文明世界的要素都算文化,也就是说人们所做的所有事都能算是"文化"①,则另当别论。虽然人们在新宿进行着各种活动,新宿在高雅文化上却并无建树。最近有报道说,歌舞伎町有学校在教外国人学日语。这类教学活动如果发生在别处,大概可以算得上是文化活动了,而且是国际文化交流活动这种高端层面的文化活动。但歌舞伎町却是个奇特的地方。这里的学校实际上就是为了方便漂亮的东南亚姑娘们,尤其是菲律宾裔姑娘搞到签证而设的,然后再将她们塞到歌舞伎町的各处酒吧、夜总会和脱衣舞场工作。

我们前面已经提到过歌舞伎町当初的建设规划。它原本是打算通过修建新的歌舞伎剧场以成为一个戏剧中心,然而这个梦想却没能实现。确实,Koma剧场和城中最大的电影院一条街都在这里,其中Koma剧场还是这一地区最大的剧场,可供音乐会、独奏会和舞台表演使用,但流行艺人是这里的表演主体。而有新片放映权的特约电影院都集中在银座,古典音乐会、歌剧及外国巡演也都集中在都心三区以及上野,按当前的汇率换算,后者的票价有时候最高可达400

---

① 例如吃饭也算"饮食文化",睡觉也算"休闲文化"或者"保健文化"。

多美元。

与城市银行的情况类似,没有任何一家大型的全国性报社将总部搬到新宿。它们虽然搬离了银座,但却仍然留在了都心三区内。出版社则根本没有要往新宿迁移的迹象。虽说新宿区内并非没有大型出版社,但那都是因为它们过去就在那里,而且即便在新宿区,它们也是分布在靠近都心的东部边缘地带。与此相对的是,新宿站及其西口和东口都在新宿区西南角,离这些出版社所在位置有几英里远。有一家大电视台在新宿区有演播室,但这些演播室都位于新宿区中部,离新宿站距离遥远。其他电视台则除了NHK之外全部位于都心三区,NHK是在涩谷区。新宿区虽然有大量经营印刷业务的公司,但与出版社同样,分布在远离车站的东部地带。广告业大亨们也依旧集中在都心各区。因此在今天这个信息时代,我们尚不能说巨大且又不断成长的信息产业已在着手将新宿打造为东京的新中心。

在国民知晓度方面,新宿及其他任何一个副都心,都很难取代银座的传奇地位。1980年出版的一本中央区区史中提及,全国各地名称中带有"银座"两字的有将近500个——那些热闹一些的地方都喜欢自称"某某银座"。这本区史还对提到"银座"的流行歌曲数量进行了统计,结果多达51首。顺带一提的是,提到"京都"的有32首,提到"富士山"的有13首。而无论是地名还是歌曲名方面,涩谷和新宿都根本排不上号。的确,全国也有其他地方叫"新宿",但并不是模仿东京的新宿取的名,而多有各自的起源,因为"新宿"这两个词本来就有"新起的驿站"之意,而且它们的读法也与东京的新宿不同。① 也许中央区区史对银座的描述有过誉之嫌,毕竟银座是中央区的招牌之一,但即使如此,银座在大众中的影响力依然是独一无二的。就连东

---

① 日文中汉字的读法大致分为音读和训读两种,东京新宿区的"新宿"采用音读,即读作shinjuku,而其他地名中的"新宿"则通常采用训读,即读作arajuku。——译者注

京的其他地方都无法撼动它的地位,日本的其他城市就更不用提了。

在新宿西口,由私营铁路公司经营的车站各家百货商场,为迎接进出超高层的大量人员形成的大客流,将店铺全都翻扩一新,并在这些超高层楼宇以及连接楼宇与车站的地下通道里,开满了售卖昂贵商品的精品店。相比之下,东口自1945年的战争疮痍中恢复以来,其商业格局便没多大变化。而与此同时,旧都心地区为了能提供更多时尚高档的商品,进行了大规模的再开发。其中最明显的变化,就是在"日剧"(日本剧场)和《朝日新闻》社总部昔日驻扎的地方,建起了一个巨大的商业和娱乐中心。尽管它有个更正式的名字——有乐町中心,但人们通常都称它为"有乐町直棂"(其中"直棂"一词还是外来语,源自英文 mullion)。之所以这么叫,是因为它确实有着大量的竖直窗棂。实际上,它就是由一堆垂直线条组成的,金属直棂和玻璃布满了整栋建筑所有12层楼的外立面。楼中设有几家剧场,其中一个还继承了古老的"日剧"之名,以及一个礼堂,开设在中央天井周边,有着亮闪闪的自动扶梯和悬垂照明。其闪亮的程度和冷硬的白色都让人眩晕。而在礼堂的两侧是两家巨大的百货商场相互对峙,均由私营铁路公司运营,分属大阪的阪急电铁,以及西武铁道——那家整合了其前身:拥有池袋线的武藏野铁道,然后继续扩张兼并其他铁道线的公司。

如果阴影浓重的土墙和安逸沉静的木纹是传统日本家屋不可或缺的元素,那么可以说,除了东京少数几个地方,以及芝加哥的特普朗大厦之外,有乐町直棂简直就是非日式风格的极致了。但同时,这里也确实是东京最有未来感的地方之一。在这点上,我们只能得出这样一个结论,银座远比新宿更勇往直前。有乐町中心在1984年开业。到了1986年,每天据称有大约20万购物者和游客进出此地。顺带一提的是,这块地方早在成为"日剧"和《朝日新闻》社总部驻地之前很久的江户时代,便是江户两处裁判署之一的"南町奉行所"的所在地。这里的历史,可以毫不夸张地说,浓缩了这座城市从江户至今的数百年时光。

1984年在银座开张的大百货商场,并非只有"直棋"中的那两家。那一年可谓是"银座—有乐町战争"年。该年年初的时候,一家经营连锁超市的企业在这一带新开了一家走奢华路线的门店,还取了个华丽的法国名字:银座巴黎春天①。这家店距离"直棋"就几步路,尽管它位于银座范围,而"直棋"属于有乐町。其实银座之前已经有了6家大型百货商场,其中3家是战前建立的,另外3家的资本来自关西大阪和名古屋,是战后进来的。于是现在的银座加上有乐町一带,在吸引白天的女性购物群体方面,远胜于新宿。

我们必须承认,"直棋"在帮助银座返老还童上作出了巨大贡献,功不可没。之前自奥运会之后,银座就开始呈现出中年老态了。(在日本,中年意味着扔掉牛仔服,转而为公司尽忠。)"常春藤族"和"御幸族"可以说是最后一批将银座作为自己主要大本营的年轻群体了。而如今"直棋"的闪亮登场,再次在白天将年轻人吸引回银座一带,之后,大量的啤酒屋纷纷涌现,彻夜开放,使得银座在"直棋"里的百货商场和电影院关门之后,也能拖住年轻人游荡向六本木的脚步。

"直棋"对银座的重要性不只如此。银座地区自战后起就一直掌握了电影首映方面的主导权,而"直棋"及其附近相关多功能楼宇的建成,更加夯实了它在这方面的支配性地位。1984年开张的时候,"直棋"内就有5座影剧院入驻,包括老"日剧"。此后又增添了两座。东宝映画将宝冢剧院(曾改名为厄尼·派尔剧场)对面的街区整体重新开发,改造成了城里最时髦的地方。其与众多巨型百货商场一道构成的广阔休闲娱乐空间,将年轻群体再一次拉回了银座。

但在性产业和酒馆方面,新宿,尤其是其中的歌舞伎町,依然稳居龙头老大之位。1987年的一项统计数据表明,仅仅歌舞伎町一地,就有将近3000家酒吧、俱乐部、夜总会和其他餐饮店。这一数字基本与歌舞伎町的常住居民人数持平,甚至比银座的数值还高,后者

---

① 即「プランタン銀座」(Printemps Ginza),位于东京都中央区银座三丁目2番1号,已于2016年12月31日闭店。

才有 2000 家左右。都心三区在该项数字上的总和倒是超过了新宿，但并不能反映实际状况，因为它们的地域总面积比新宿区更广。比方说在都心三区中，港区的六本木和赤坂就离银座相当遥远，而新宿火车站周边步行可达的区域内，却是饮宴作乐之地林立。因此新宿，特别是新宿站东口一带，在这方面已经超过了旧都心地带，是我们不得不承认的事实。但我们必须指出，在品味方面，银座至今依然独领风骚。或许，新宿是浅草真正的继承者，它虽然聚集了各种找寻乐子的人们，但却不是品味优雅超凡的地方。

于是我们能得出的结论就是，以前的都心依然保持了地位不变。都政府搬到新宿，并不是搬到一个新的中心，而只是离开了那个有着强大持久生命力的旧中心而已。在铁路时代过度集中于一极的美国城市，到了汽车时代，多数都出现了显著的"甜甜圈化"。而东京由于从未集中于一个中心，因此也就没有出现那么严重的"甜甜圈化"。这大概是因为，相比洛杉矶那种曾经过度集中的城市，这类一开始就有多个中心、更加分散化的城市，其各个小中心的离心力也相对较弱吧。东京就是如此，它过去的都心地带如今在各方面仍比周边的各个副都心发达。当然对于这一点，各方褒贬不一，那些提倡并宣传"副都心"、"卫星城市"之类概念的人，认为东京已经过于集中于旧都心，应该将城市机能进一步分散。而另一方面，提出关东大地震后东京改造方案的查尔斯·比尔德则认为，东京（虽然他看的是半个世纪前的东京）分散化、多极化的势头过于强劲了。

不管是哪种形式的集中化，都有可能走向过度，但我们必须承认，城市中心地带的活力是整座城市保持活力的源泉。银座拥挤的人流和车流，在赶时间的时候确实令人发狂，但要是他们都弃银座而去，跑去市部，情况会更加糟糕。

尽管没有准确的衡量标准，但涩谷连同毗邻的青山和原宿，在某个方面确实超越了银座，那就是在最新流行的时尚方面。这种时尚极端崇尚欧风。

奥运会之后,涩谷有了两个极其重大的变化。其一是它冲出了过去龟缩的狭窄山谷地带,开始向外发展。其二是东急一家独霸的局面被打破了,其契机便是公园大道的"成立"。东京的街道很少是由官方命名的,它们的一些名称来自约定俗成。公园大道从涩谷车站向北爬坡,通往明治神宫、华盛顿高地和奥运村,曾被习惯性地称为区役所大道。后来随着华盛顿高地变身为代代木公园,它也就成了公园大道。但这个知名度很高的名字,并非出自官方,它最初是一场强力广告宣传活动的产物,当 Parco 百货商场在此开业时,为了加强宣传效果,将这条路改称为"公园大道"。Parco 是个意大利语单词,意即"公园"。其实这家百货商场完全可以用英文给自己取名,因为当时英语词汇"park"(公园)早已以片假名的形式进入日语,但百货商场为了显得更炫酷,就没有用英文或法文,而用了意大利语 Parco。法文之所以被否决,大概是因为它在这个词上与英文差别不大。①

这场广告宣传活动能够使涩谷一举实现前述两大最重要的变化,是因为它是由西武集团主办的。西武以经营私营铁路和房地产为依托,在奥运会后向涩谷大举进军,欲与东急争夺此地的霸权。就在 1967 年东急百货公司总店开业后的第二年,西武就在公园大道开设了涩谷百货分店,这也是涩谷开始冲出山谷地带,向外发展的标志性事件。两家都逐渐向代代木公园方向延伸,不再囿于东急占据主导的涩谷站周边。

就在西武开设了它在涩谷的第一家百货商场之后不久,它旗下的 Parco 系列门店,也在公园大道开出了第一家店。Parco 的广告标语是:"涩谷公园大道,与你擦肩而过的都是美人。"作为集优雅与奢

---

① 这段非常绕,为便于读者理解,根据日译本做了点调整。涩谷公园大道最早叫区役所大道,因为 1970 年涩谷区役所和涩谷公会堂在附近建成而得名。1973 年 6 月,西武百货集团旗下的涩谷 Parco(渋谷パルコ)门店在此开业,并借宣传之机将其改名为涩谷公园大道。

佻为一体的集市，Parco不太像是百货商场。它网罗了时尚服饰与餐饮界的精英人士作为特许经营者。东京在奥运会后逐渐成为全世界最时尚的都市之一，而涩谷，包含西南三角区的原宿和青山，也取得了过去一直由银座独占的地位，即成为最高端的时尚中心，这是浅草和新宿从来都望尘莫及的。而此时距离女人们弃用战争年代及战后岁月里所拎的简陋布袋，还没过多少年。

东急集团反击起来也毫不手软。他们把自家优雅精致又极富创意的集市开在了通往代代木公园的斜坡，即道玄坂上，并且取名为"Hands"①和"109"②。前者毫无疑问是个英文名字，含义为"手"，意指喜欢在业余时间做手工活，如木工活的人，能够在这里买齐所有可能会用到的东西，或许可以译为"东急手创馆"。后者则是个双关妙语，读作"One Oh Nine"。其中，"One Oh"（1-0）即"十"，"Nine"（9）即"九"。在日语中，"十"和"九"这两个汉字分别念作"tō"和"kyū"，连起来也就是"tōkyū"——东京急行电铁的简称"东急"。

东京的西南部，也就是我们之前提到过的，从涩谷和青山进一步扩大范围，包含了赤坂和六本木一带，几乎囊括了大部分比"有乐町直棱"还要浮华高端的高楼大厦。其中最引人注目的，大概是名为"Ark Hills"③的一组建筑，其于1986年正式落成。"Hills"一看就是个英文单词，而"Ark"看起来也像是英文，但实际上是"赤坂"（Akasaka）、"六本木"（Roppongi）、"开发"（Kaihatsu）三个词的首字母缩写，全称是"赤坂六本木地区再开发项目"。这片建筑群距离美国大使馆仅几步之遥，横跨了赤坂和六本木，或者应该说是位于老赤坂与麻布区的交界处，包含了音乐厅、豪华公寓屋、办公空间和一家

---

① 即1976年创立的东急旗下公司"株式会社东急Hands"（Tokyu Hands，東急ハンズ）所经营的连锁店，其涩谷店位于东京都涩谷区宇田川町12－18。
② 即今天位于东京都涩谷区道玄坂二丁目的SHIBUYA109，是东急为对抗西武而继东急百货店总店之后开设的重要商场，在多部电影中都有出镜，如电影《日本沉没》。
③ 即位于东京都港区赤坂一丁目到六本木一丁目的「アークヒルズ」（ARK Hills），内有「アーク森ビル」（ARK MORI Building，即ARK森大夏）和朝日电视台放送中心等。

外表非常闪耀的酒店。从某方面讲,这个项目可谓非常成功地实现了既定目标:吸引国际资本。这里有高度发达的通信设备提供24小时不间断服务。而那座酒店则以闪亮的墙面和辉煌的照明让人叹为观止。不过它光亮的外壁也让人感觉难以亲近,仿佛要把想进去的人弹出去似的。

不过很明显的是,Ark Hills未能成为东京的新景点。它未能成为人流和公交的必经之地,也未能成为像有乐町直樹一样每天吸引成千上万人来访的磁石。专家们将其失败的原因,归结于该建筑群的缺乏统一性,也就是说虽然身为钢筋混凝土建筑,它却想伪装成别的什么东西。这种说法可能确有道理,不过那些从未现身的群众,会不会注意到这种细枝末节,有待商榷。

无论现在是否广受欢迎,Ark Hills确实暗示了东京未来可能呈现的样子。如果说新宿在性产业和酒馆方面超过了银座,那么涩谷和西南部的六本木与赤坂,大概就是在充满未来感的闪亮新奇景观上,走在了银座前面,而且在为女性提供各种流行高档服饰上,它们也绝对是领先于银座乃至全日本的,特别是在吸引年轻人群方面尤其成功。即使最近由于直樹的关系,有些年轻人回流到银座,其地位仍未动摇。

1978年,共60层楼、240米高的阳光60大厦完工,矗立在池袋车站附近的巢鸭监狱原址上,这点我们前面已介绍过了。作为日本最高的大楼,尽管没有东京塔那么高,它看上去还是有些突兀,需要人们再适应一段日子。它或许没有监狱那么令人望而生畏,但也确实有点难以亲近。虽说从池袋站到大厦,步行大概也就15分钟,但路却特别难找。而且因为它位于东京中心城区的西北端,特别是到了冬天,这栋大厦看上去甚至比新宿站西口的超高层建筑群还要形单影只、萧索凄凉,与它的名字完全是背道而驰。

当我们克服各种心理和生理障碍,终于来到大厦脚下,并且迈步入内时,就会发现这栋大厦,连同附属建筑物一起,并非形单影只,而根本就是一座城市。其实"阳光城"才是整个建筑群的名字,而"阳光

565　60"只是其中最高的那栋楼的名字。这整片建筑群包含了数座美术馆，一座天文馆，一座水族馆，各种各样的商店，一座酒店，一家剧场，一个音乐厅，一个贸易促进中心（好像那个年代真的需要那种东西似的），政府办公室，三越百货的一家分店（另一家分店就在车站附近），以及很多其他的设施。境内一角孤零零地立着一块石碑①，述说着1948年战犯们在这里被处以绞刑的历史。

　　不过池袋站西口仍然留有空地，属于都政府所有。这一属性并不构成开发上的障碍，因为新宿站西口也有属于都政府的地块，照样开发得热火朝天，因此池袋站西口留有空地，更多是出于文化设施建设上的考虑。

　　尽管池袋这边有西武百货总店，有Parco，有一家东急旗下的Hands，还有阳光城，但要说它是副都心，依然有些单薄。从池袋站一路走向阳光60大厦，在还没到达之前，沿途就已逐渐冷清了。如果要把池袋与其他热闹场所相比，那么类比的对象不该是涩谷、银座，而应该是新宿。池袋在某种程度上与新宿类似，都缺乏高雅的氛围，但无论是在活跃度、规模，还是多样性方面，它都比不上新宿。这并不是说池袋沉闷乏味。它因为尚未完全定型，所以具有独特的活力。虽然它并不尊贵高雅，但热情满满，很积极地想干一番事业。一个世纪以前，没有任何迹象显示池袋后来会走向兴旺，因此，它今天能够跻身东京热闹场所之列，应该说已经是一种奇迹了。若要打比方的话，它就像美国西部荒野上因淘金热而突然兴起的城镇。

566　　　大东京首都圈集中了全日本半数的大学生，但下町却只有一所4年制大学：商船大学。据说很多来自外地的大学生在东京度过了整整4年时光，却根本没见过隅田川的样子，这估计并非瞎编，而是事实。

　　下町的某些区在文化事业建设方面也做了一些大胆又富于想象

---

① 应该是指在大楼边上的东池袋中央公园里竖立的和平祈念碑。

力的尝试和努力。江东区修建了一所民俗博物馆：深川江户资料馆,专注于保护、展示和宣传江户下町的文化习俗和物质遗产,运作非常成功。更早些时候,还有一座小一些的博物馆：下町风俗资料馆建成,其功能与前者类似,就在台东区不忍池旁边。台东区一直以来都以其他日本机构罕见的热情投身于文物古迹的保护和修复工作,比方说在东京音乐学校奏乐堂面临拆除时挺身而出,组织搬迁工作并加以修复,使我们今天仍可以在当年日本人首次聆听西洋音乐的环境中欣赏音乐。上野公园后面,谷中高地上的一家明治时期的酒屋,也是在其努力下得以复原的。

与此同时,台东区还尝试让歌舞伎重回它过去的中心：浅草。从江户时代末期至明治早期,浅草几乎垄断了歌舞伎。除了歌舞伎之外,许多更"近代"、更写实的戏剧形式也发源于浅草,它们也在台东区努力争取的范围内。虽然其中许多都顺利回归,不过上演期都十分短暂。

这些尝试所取得的成就是斐然的,但也同时反映了进一步推进的无望。"二战"结束 15 年后,在电视开始真正横扫戏剧和电影之前,浅草拥有近 40 家剧场。虽然它们上演的剧目并不是很有新意,但这些剧院在数量上是配得上昔日浅草的名声的。不过到了 1987 年,这一数字降到了只剩 16 家,包括两家脱衣舞剧场和 3 家专门放映隐晦色情片的电影院。(赤裸裸的色情片是不允许在日本任何电影中放映的,尽管脱衣舞秀中类似的内容比比皆是。)稍微严肃正经点的剧场还是有两家的,一家是寄席剧场,另一家则是举办音乐会和上演轻歌舞剧的剧场①。虽然非色情片电影院也有 8 家,但其中只有一家上映外国电影,而且因为没有首映权,所以全部都是二轮上映的片子。这并不是说外国电影就比日本电影好,而是因为在海外引起关注的外国新片,在银座和有乐町上映时,往往也能吸引到大量日本人和高额票房。1976 年,位于浅草的日本最古老的电影院"电气

---

① 此处按英文原文译出,日译本作"两家曲艺场、一家寄席、一家轻歌舞剧剧场"。

567 馆"被拆毁了。1985年,连曾经东方最大的剧场,也是松竹少女歌剧团大本营的国际剧场,也被拆除了,原址上建起一家酒店。当初修建国际剧场,原本是想与东宝旗下的宝冢少女歌剧团一较长短的。而如今相比松竹的惨淡收场,宝冢少女歌剧团依然势头不减,在其位于有乐町的主剧场和老家关西地区的剧场内,继续进行着颇为卖座的演出,其受众绝大部分是女性。

除了浅草之外,下町的另外两处主要的娱乐和购物区——上野和锦系町,基本没多大变化。这也就是说,与银座和新宿的欣欣向荣相比,它们相对衰落了。锦系町作为隅田川东岸唯一真正算得上是热闹的地方,依然云集了几家剧场,剧场外围则有一条窄长的酒吧和餐厅街环绕。上野虽然占地更大,但仍然远不及新宿和其他热闹场所繁荣。只有春日里樱花盛开的那几天,它会成为东京人流最密集的地方。那几天里,隅田川堤岸也能吸引不少赏樱人士前来,但它著名的川岸樱花因上方有高速公路经过,下方有隅田川的水泥护墙阻隔,被挤在了中间。

上野虽然也有许多酒吧和夜总会,但数量上无论如何也比不过新宿。1976年的统计显示,台东区的此类店铺数量只有新宿区的三分之一。由于台东区还包括浅草和吉原,因此上野的酒吧和夜总会数量,可能只相当于新宿站东口的四分之一。而且在那之后,新宿的此类店铺数量还在以更快的速度增长。由此看来,尽管已经建立了有趣的民俗博物馆,但我们还是可以说,衰败的阴影已经笼罩下町,挥之不去。

568 对于上野为何没能像新宿一样发展起来,近来人们老是倾向于归咎于第三国民——朝鲜人。确实,在上野,很多高层建筑的所有者是朝鲜人,但要说其是否像橡树一样搞得其他植物无法在其脚下生长,以致周围光秃秃的,是值得怀疑的。因为朝鲜人最集中的区域不是上野这样的地方,而是在城市外围地区,例如东北部的几个区和南部工业带。而在东京城区,他们分布得相当均衡,并没有特别集中在哪个区。具体来说,他们仅在23个区中的4个区里不是人数最多的外来居民,屈居第二,但并不比第一位少多少人:在千代田区(包括丸之内和皇宫)和港区(包括六本木和赤坂),美国人比朝鲜人稍多一些;在中央区(包括银座和日本桥)和丰岛区(包括池袋),中国人比朝鲜人更多一些;而且这上面提到的所有人中,没有多少是千代田区或中央区的固定居民,多为流动人口。其实丰岛区的中国人虽然比朝鲜人多,但那里并不是中国人最多的地方。中国人最多的地方是新宿,但那里的朝鲜人更多一些。中国人和美国人集中的区域,无论是在治安还是谋生等各方面,条件显然比朝鲜人集中的区域更好。

从上野公园笔直向南,途经大型百货商场的大道,是江户时期为防火而开辟的"广小路"之一,"广小路"的字面意思即拓宽小巷改造成的防火道。这些防火道之中,有三条周边发展成了欣欣向荣的购物娱乐区。但曾经很有名的两国"广小路"却被时代的洪流远远抛下。作为江户时代的繁华地带之一,它的热闹程度曾不输浅草,甚至品味上比浅草还要少一些粗鄙。进入铁路时代之后,两国虽然不如上野重要,但却是从东京湾东面千叶县方向进出东京的门户。而今,由于被新线路绕过,这里的火车站几乎荒废了,比方说总武本线的列车就不在两国停靠,而是直接从郊区驶往东京中央车站。不过两国最近也多少有了复苏的迹象,国技馆又重新回到了两国,而在其身后东边的大片荒地上,也计划建造一座更大型的民俗博物馆——江户东京博物馆,以展出和保存关于这座城市及其历史的物品和资料。该馆的建成或许能给两国增添一些人气,但整体前景依然黯淡。有传言说,在两国到锦系町一带,计划建立一个时尚中心,以与涩谷竞争。这是个大胆的构想,大家都盼着它能成功,但前景真的不乐观。因为消费能力颇高的女性顾客群体中,不论是年轻女性还是中年主妇,都不居住在城市的这一带,而且她们中估计也没多少人会认为,来两国能淘到比涩谷更好的东西。

江户文学真是地地道道的江户产物,有着浓浓的江户风。特别是在德川幕府统治后半期的一百年间,由于闭关锁国,它太过满足于

569 沉溺在自己的小世界里怡然自得,以致形成了自闭甚至傲慢自大的倾向。不过话说回来,江户文学中最优秀的作品确实拥有极强的感染力,使读者仿佛身临其境,对江户再也无法忘怀。直到第二次世界大战之前,类似的作品对东京各处都有描写。人们可以在川端康成的作品中感受浅草,在永井荷风的作品中感受更宽广的下町地域。但据高见顺所说,仅仅在荷风的《墨东绮谭》出版几年之后,作品中的此类感染力便骤然下降了。比方说,在以银座为舞台的作品中(无论是出自荷风还是武田麟太郎之手),人们虽然可以窥见银座各处的街景,如酒吧、咖啡馆、街角,但却无法感知银座的全部,也不能理解人们为什么会聚集到银座,它的吸引力何在。浅草是浓墨重彩,能够切实感知到的,而银座则显得散漫模糊且缥缈。浅草是拥有自身独特个性的,而银座却多少有些抽象。

很多小说的背景都是战后的东京。因此要想在作品中找到关于黑市和战后一片焦土的描写毫无困难,甚至还有阳光或月光穿过东京中央车站残破的屋顶,洒向大地的描述。战争刚结束的几年,最出色的小说作品之一是林芙美子①所著之《浮云》,主要表现了池袋的黑市,也可以说是表现了东京塔给周围带来的压抑气氛。先不论东京塔在文中的象征意义到底为何,总之它带有某种模糊的象征性。涩谷车站附近的一条街道,则因丹羽文雄②的小说《恋文》而得名"恋文横丁"③。至于田村泰次郎和他笔下的站街拉客女,我们在前文中已经提到过了。作品中她们动用私刑的地方是一片荒地,就好像要强调她们是原始生物,不属于任何文明人的团体一样。小说家狮子

---

① 林芙美子(1903—1951),日本小说家,代表作有《放浪记》、《清贫之书》等。
② 丹羽文雄(1904—2005),日本小说家,代表作有《蛇与鸠》、《一路》等,其在战后以东京银座等地为舞台所写的风俗小说很受欢迎。1977 年获得文化勋章。
③ 据说朝鲜战争时,此处有人开设代写业务,方便不懂英文的女性写情书给爱慕的美国军人,小说主人公也是一位代笔人。该条街道现已不存,原址上建有著名的百货店"涩谷109"。

文六①则在他的一部脍炙人口的小说《自由学校》中,描写了一对夫妇为了尽可能的自由而选择分开,但之后才明白他们只有在一起的时候才有自由,最终复合。其间离家出走的丈夫在流浪途中,寄居在了御茶水车站附近拾荒者聚居的棚户区,并接触到了走私团伙的成员。

类似的例子还能举出很多。许多作品中都有对东京各处的描写,不过总体上有一个令人在意的倾向。那就是如果将现实中的浅草和新宿加以对比,浅草一贯不如新宿繁荣热闹,但在文学世界里,两者的地位就发生逆转了。除非有更好的作品被发掘,不然我们甚至可以说,在描绘新宿的小说作品中,没有哪一部能够像《浅草红团》描绘浅草那样传神。也就是说能够满怀对新宿的无限热爱,将这片土地的神韵完整传达出来的作品,尚付阙如。从这个意义上讲,如果存在所谓的"浅草文学",那么相同意义上的"新宿文学"仍未出现,而同样意义上的"东京文学"可以说自战后以来也再未出现了。

实际上,就连战前描绘浅草的作品,相比幕末文学对江户的传神描绘,也差了一截。1933年,文艺评论家小林秀雄写了一篇文章,题为《失去故乡的文学》。里面写道:

> 回顾我的一生,我发现自己的生命中非常缺乏实质性的东西。要抓住一个真实存在的、立足于社会的人的面貌和本质,是不容易的。简单说来就是,比起描绘一个实实在在、土生土长的东京人,写一个抽象的、随便哪个都市里长大的人要容易得多。给这个人加上各种设定,当然也是一种写作方式,但这种文学背后实际上没有支撑,没有实质内容,只会引发一种因疲劳厌世而想要回归自然的抽象愿望。与现实社会绝缘的自然之美,在现世中虽然也确实存在,但脱离社会是生不出文学的。
>
> 虽然谷崎先生曾写道:"文学能让人们找到自己心灵的故

---

① 狮子文六(1893—1969),日本小说家、导演。本名岩田丰雄,号牡丹亭,代表作有《海军》等。1969年获文化勋章。

乡。"但何谈文学呢,我连实际上的故乡是什么,都还远远不清楚。

小林出生在明治时代东京的神田猿乐町①,也就是位于山之手南端突出部的一个街区,其家族世居东京。诚然,他自己在当时并没有太长的人生可供回顾。因为他写下这篇文章的时候,仅仅三十出头。不过由于他总是少年老成,所以我们不必揪着年龄这点不放。令我们深感佩服的,还是他这篇文章的前瞻性。1933年时,对于荷风和川端康成来说,下町即使算不上是故乡(因为他俩都不是在下町长大的),也可以说是精神寄托之地了,而小林却早早感到自己失去了故乡。

时至今日,几乎所有的日本作家都生活在东京,但他们中没有一人将东京当作故乡来写,也就是说小林觉察到的问题已经普遍化了。小林的人生基本是在山之手地区度过的,而川端和荷风则不仅呼吸山之手地区知识分子精英世界稀薄无臭的空气,还将下町更广阔也更污浊世界的空气一并吸入。而现在我们所说的东京,其实已经等同于指山之手地区了。从这个意义上讲,山之手地区发生的一切,也许就是当今的流行词"后现代化"所说的那种变化。逐渐被抽象意义上的都市化浸染,也许就是未来城市发展的走向。

进入电视时代、棒球时代之后,一个或许无法避免的现象就是街头生活的减少。这里的"街头生活",指的不是涩谷街头聚集的年轻人追求潮流的举动,而是曾经在普通街坊邻里之间随处可见的那种你来我往。人们可能会从大阪飞往原宿和代代木参加各种活动,尽情享受放松的周日下午,却不会再像以前那样在夏天晚上陆续出来,到街口消夏纳凉。这种街头生活对下町的意义,远比对山之手地区来得重要。因为山之手地区的工薪族和教授们通常独来独往,不喜搭理人,而下町的小商店主和手工艺人则不然。而且山之手地区还存在阶层差异,比方说金融界巨头边上住着鱼商。尽管日本企业的

---

① 即今千代田区的猿乐町,位于千代田区北部。

特点据说是内部抱团意识很强,意见也容易统一,但与世界其他地方一样,日本不同阶层的人之间也少有亲密的来往。

在江户和明治时期的东京,下町民众会在最便捷的场所,即自家街口娱乐放松。尤其是在夏日夜晚,这些街道与其说是走廊,不如说是人群聚集地。城中较贫困的阶层没多少闲钱可花,也极少出远门,但比起蹲在家里,还是待在家门口的街道上更有趣。因此在那时候,人们并非都聚集在热闹的地段,东京各处街道上都有人流,分布得比现在均匀多了。

这种倾向在战后一阵子仍然顽强地存在着,特别是在天气晴好的晚上,碰到缘日和有庙会集市的时候就更不用说了。但随着电视的普及,以及整个夏季每晚举行的棒球比赛开打,待在家里(对那些能够去现场的幸运儿而言,是在棒球场的看台上)变得更有吸引力,而街头则开始失去活力。现在一到晚上,或是周日这种不仅官署和公司,连小店也多半放假的日子,普通地段的街道上往往变得鸦雀无声。就连在上野不忍池畔和浅草观音寺内举办的大型夏日集市,也是每况愈下,摊贩和游人都越来越少。虽然也许还不至于彻底消失,但确实是一年不如一年了。

也许有人会争辩说,江户和明治时代,人们涌向街头,是因为他们的生活中几乎没有什么娱乐。确实,对于大多数人来说,过去在寒冷时节里唯一的享受就是去寄席和澡堂,天气转暖之后只要能够出门来到街上,就已经很快活了。于是一旦更有趣的事物出现,这种早先朴素的娱乐方式便被挤出了人们的日常生活。与过去物质匮乏的年代相比,现在的生活确实丰富多了。然而与此同时,人们生活的多样性也逐渐丧失,开始趋同了。有人认为这种新变化令人伤感。如今在夏日夜晚漫步于下町街头,已不再像昔日那样充满乐趣了。

奥运会圆满结束之时,"奥运知事"东龙太郎的第二个任期才刚走完将近一半。自1947年推行公选制以来,还没有任何一位知事是在任上去世或辞职的。而东京都知事中,决定不参加竞选谋求第二次连任的,也只有东龙太郎一人。由于我们前面介绍过的丑闻,他那时其实已经失去了对都议会的控制。

保守党并未在竞选首相上失利,但在重要的地方选举中却多有败北并弄丢地方最高长官的位子。奥运后爆发的都议会腐败丑闻引起的震荡强力又持久,使保守党失去了已经牢牢掌控20年之久的东京都知事之位。1967年4月的东京都知事选举,成为两位大学教授的擂台赛,最终,美浓部亮吉这位日本社会党和共产党推出的革新派候选人,获得了胜利。不过这并非一场轻松的完胜,因为在这两位候选人总共获得的425万张选票中,美浓部只比其对手,那位保守派的教授多了13万张,而且流向其他更弱势的第三方候选人的选票也不少,导致美浓部没能获得半数以上的选票。那一年都议会也没有进行选举,因此两年前都议会选举后形成的态势依然延续。社会党和共产党加起来的议席也不过半数。不过美浓部还是成功组织起一个有效的联盟,没有重蹈他那名誉扫地的前任的覆辙。在美浓部任期内,随后举行的各场都议会选举中,共产党一直比社会党表现得好,直到1977年,两党的支持率都大幅下滑,预示着民众已开始渴望改变。于是在两年后的1979年,也就是美浓部竞选谋求第三次连任时,一场剧变到来。

尽管最初当选时只是险胜,美浓部仍是一位颇受欢迎的知事,后续两次连任中都未遭遇任何困难。他之所以如此受欢迎,很大程度上得益于他的电视红人形象,特别是他那著名的微笑让人印象深刻。后者常常被称为"美浓部微笑"[1],这个词的后半部分(即"微笑")用的是源自英文"smile"的片假名,为什么不用日文而用源自英文的外来语是很玄妙的一件事。似乎日语需要经常性地借鉴外来语以保持活力。"明星候选人"[2]一词也是一样,其中"明星"用的是源自英文talent的片假名。"明星候选人"指的是利用自身的高曝光率打响知名度,以

---

[1] 即「美濃部スマイル」。
[2] 即「タレント候補」。

角逐公职的电视红人,如今在媒体上风评不佳。媒体将他们的上位归咎于自民党的尸位素餐,却忘了美浓部正是最早利用电视上的高曝光率参选的人之一。

美浓部是一个成功的政治家。但他作为都知事是否成功,值得商榷。在他任期内,东京都的财政一直赤字,到任期末尾时,都政府财政支出中,用于还债的支出比例是全国其他道府县平均值的两倍。对于造成这一切的原因,政府做了各种饶舌的详尽解释,并援引了种种外部事件,比如 1973 年爆发的那场导致大家的预算都一团乱的石油危机。确实,这一切不完全是美浓部知事的责任。因为在他前任东龙太郎上任初期时,财政就已经转为赤字了。但不可否认的是,美浓部在上任期间把情况弄得更糟了,我们很难为他的大手大脚和疏于管理开脱罪责。

当被问及美浓部最大的过错是什么时,一位著名的新闻人士曾回应道:"我认为他在所有事情上都有责任,他差点就把这个富裕的都市推到破产边缘了。"

1979 年,当时已在中央政府和都政府工作中干出一番成绩的铃木俊一,当选为新的东京都知事,并一直连任至今。[①] 在都议会里,自民党也终于从 1965 年的惨败低谷中恢复过来。自 1969 年起,虽然该党距占据议会过半数席位还差十多席,但已比共产党和社会党的总和还多。铃木知事就任后立即展开人员精减计划。在他第一个任期内,东京都的财政很快重回时隔 20 年不见的盈余状态。不过赤字或盈余其实是个统计学技术上的问题,因为都政府一直在发行公债,所以并不能说已偿清了所有债务。不过目前在账面上是平衡了。

也许有人会希望东京市长能狠抓一下诸如犯罪和毒品之类的问题。(美浓部也可以算是东京市长,尽管严格意义上讲,他是东京都知事。)不过尽管滥用兴奋剂已经成为令人头痛的问题,并引发警方多次出动,但毒品问题在日本城市中并不像在美国城市中那样严峻。

[①] 指到本书写成之时。铃木已于 2010 年 5 月去世。

而街头随机犯罪的低发生率,一直是东京无限自豪的一个方面,尽管这可能与有组织的犯罪更高发有关。退一步讲,这些都属警方的管辖范围,并且东京都警方也不归东京都知事管。因此美浓部执政期间所面临的最大问题,可能还是垃圾问题。这场所谓的"垃圾大战"毫无疑问吸引了媒体的大量关注,一度与"美浓部微笑"齐名。

在这之前,垃圾问题其实已持续发酵了一段时间,但到了1971年,亦即美浓部第二个任期时,问题激化了。这一年,江东区议会通过了一项决议,反对垃圾车通过该区驶向诸如梦之岛之类位于其沿岸的垃圾填埋场。一石激起千层浪,垃圾问题激烈爆发了。梦之岛就是我们前面提到过的1965年蝇灾的发源地。江东区议会宣称,每个区应该自己处理自己产生的垃圾,江东区没有义务成为西部那些富裕又不负责任的区倾泻垃圾的场所。

当时,东京都大约三分之二的垃圾都靠江东区的垃圾填埋场处理。23个区中有9个区完全没有任何垃圾处理设施。都知事认为这确实不公平,垃圾处理厂也应该在其他地方修建。江东区的义愤主要是被杉并这个23个区中最西端也最富裕的区激起的。因为早在1967年时,该区就有兴建一座新型高科技垃圾处理厂的计划,但一经公开就遭到该区居民的激烈反对,只得搁置。而同样的反对声也出现在情况类似的目黑区,它也是位于西南部的富裕区。于是每天5000辆垃圾车便照旧通过江东区,抛下一路污秽和臭味,沿途引发无数交通拥堵。1973年,江东区议会投票决定采取强力措施,赶走来自杉并区的垃圾车。

1974年,各区终于达成一份协议,原则上每个区都将建设足以处理自身垃圾的设施。杉并区那座充满争议的垃圾处理厂也建成了,江东区民众的怒火终于平息,"垃圾大战"落幕。梦之岛也转变为公园和体育场,如今其更多的是作为运动场所。1971年时,东京23个区每天总共产生超过1.2万吨垃圾,而其中来自山之手地区3个区的就占到三分之一。与十年前相比,垃圾总量也涨到了3倍,而同一时期,区部的人口总数才增长了不到5％,可见每个人产生的垃圾都急剧增加。经济奇迹的副产物之一,大概就是垃圾。1977年,垃圾中焚烧处理的比例上升到90％。因此我们可以说,美浓部政府在垃圾处理方面表现良好。

至于污水处理方面,1986年时东京的23个区中,全部用上下水道的只有7个区。就区部整体而言,用上下水道的人口比例约为83％,而市部的这一比例只有64％。不过同样是在区部,最东边的几个区在下水道建设上甚至落后于市部。比方说其中之一的足立区,只有46％的人能用上下水道,另外两个区——葛饰区和江户川区的比例也在60％以下。顺带一提的是,江东区和杉并区这两个"垃圾大战"中的死对头,用上下水道的人口比例都超过了90％。虽说都政府的目标是到21世纪之交时,让每个人都能用上下水道,但就连分布在东京都"市部"的各个城市中,也还有一个是根本没有下水道的。

现有10家污水处理厂在为东京都的"区部"服务。在奥运知事东龙太郎在任的最后一年里,排向隅田川的工业废水开始改由其中一个处理厂处理。由此,隅田川在水质和生态环境上改善了很多。

东京在奥运之前就和纽约结为姐妹城市,美浓部知事尽管反美,却也无意破坏这一关系。在这种"姐妹关系"中,东京看起来很大程度上是妹妹,因为它对纽约就像小妹妹对大姐姐一样敬仰,并且在外表上很多方面模仿纽约。当然,随着东京的崛起,它是否会变得从容一些,坐下来笑看别人(甚至有可能是纽约)来模仿自己,尚需拭目以待。

可以肯定的是,在刚刚结为姐妹城市时,东京对纽约的模仿是毫无遮拦的。印有"I"(我)加一个心形(表示Love),再加"New York"(纽约)字样的T恤衫也被照搬过来,只是"New York"换成了"Tokyo"(东京)而已。这一标语的出现频率高到甚至会让人认为它是东京的象征。但到1979年铃木知事首次参选时,他提出了一个新的标语口号"My Town 东京"(我的城市东京),其出发点即使不是为东京量身定制,也表达了他的执政理念。与前面那个带心形的标语类似,这个新标语的3个词中,前两个都来自英语。他借此承诺为大众营造一座没有火灾、不因地震而受灾且无公害的城市。在第一点和第三点上,虽然远远谈不上完美,但早在他就职之前,东京在这方面其实已经取得了长足的进步。至于第二点,我们只有等一场能与关东大地震匹敌的地震侵袭东京时,才能知道这方面的进步到底有多大。铃木知事还承诺为老年人提供慷慨的福利,在一个没有健全养老金制度的国度,老年人的生计问题正成为一个日渐严峻的问题。到了1980年代中期,东京65岁及以上的居民数量超过了100万。

不过相比全国的平均水平,东京在人口老龄化方面的负担还不是最重的。人口按年龄划分的统计显示:在15—55岁这个区间内,每个年龄段都是东京的比例更高;而在15岁以下和55岁以上这两个区间内,则是全国平均值比东京要高。在20—25岁这个年龄段上,东京是全国平均值的1.5倍。过了25岁后,这一数值略有下降,虽然各年龄的具体下降幅度不同,但与全国的情况相比,总体依然较年轻。因此按全国标准来看,东京依然是一个年轻化的城市。人们倾向于在年轻力壮时将妻子和孩子留在乡下,自己只身前往东京打拼,等年老体衰时再回老家。

先不论知事至今为止提出的那些远大目标到底能否完全实现,它们大部分至少是有明确的定义和内容的。但"My Town"这一口号中,仍有一个总体来说比较含混不清的部分,那就是要把东京打造为国际化大都市的这个目标。"国际化"是近年来颇为时髦的一个词。如果它的意思是想要将东京建设成能够比肩伦敦和纽约的金融中心,一个人们总能立即知晓全球市场动向的信息之都,一个24小时不夜城,那么这也算是一个明确的目标了,而且并没超出机智的日本人的能力范围。然而,如果它的意思是要将东京打造成海纳百川一般大度,能够接纳来自全球各地的人们以及他们的生活方式,就像纽约这座城市一样,那这种目标是否现实,就值得三思了。

尽管在物质层面上发生了巨大变化,尽管最近在原宿之类地方出现的年轻人,怪到被称作"新新人类",成为人们议论的话题,但东京依然是个相当保守的城市。它的居民远未准备去接受纽约式多元化的生活。虽然距离幕府将军排斥所有外国人的时代已过去几个世纪之久，东京在浑然故我这一点上，依旧没改变多少。时至今日，没有人会再幻想隔离外国人，但在很多方面，外国人依旧被有效排除在日本人的日常生活之外。在东京的生活中，外国人是无关紧要的一环；在国际经济层面上，虽然日本人可以投资世界，但外国人即使想要买入日本哪怕极小的一块土地，都几乎是不可能的。从这个意义上讲，这种经济政策在有效排外上，简直不输幕府的闭关锁国政策。不属于常住人口的外国人想要在东京购置房产，必须取得日本银行的许可。当然如果仅是小额的商品交易，且不涉及犯罪及其他特殊情况，则不需要特别审批，但兑换日元时高到不现实的汇率，也大大打击了消费意愿，哪怕政策层面上并未对此类交易设置障碍。

虽然长久以来，东京一直被人指责说有"美国化"的倾向，但在本质上，它并未美国化，而是充分自给自足的。这一点赋予了这座城市独特而有趣的个性，而对传统价值观的固守也是日本最大的力量源泉之一。但现在，日本人却自己提出要国际化，东京也把国际化作为一大目标。作为生活在东京的"外人"之一，我想现在应该也能发表一下自己的意见吧，我认为东京要想实现真正的国际化，也就是像纽约一样，平静地接受各类异质人群的那种国际化，大概是不可能的。

区部的人口虽然在美浓部知事上任时略有下降，但到1980年代初期开始回升。到了1987年又出现下滑。不过下滑幅度只是三百分之一多一点，尚不足以认定人口开始从区部流出，东京的人口仍可认为是保持恒定的。不过如果把邻近的横滨地区之类也算在内，那么东京地区的人口可以说是持续以远超全国人口的增长速度快速增长的。根据联合国统计数据，如今东京—横滨地区的人口已仅次于大墨西哥城地区，成为全球人口第二多的城市区，遥遥领先于大纽约地区。

在东京，现代生活所需的一切几乎齐备了，但另一方面，旧时的东西也在急速消失。

旧事物即使已无经济价值,也应予以保留,对于相信这点的人来说,1967年末到1968年初的那段日子尤其令人伤感。旧帝国饭店的拆除工作开始于1967年12月;次年初,丸之内的三菱一号馆周围也开始搭起脚手架,为拆除工作做准备。

当时的"旧帝国饭店",其实已不是最早那座第一代帝国饭店了,而是关东大地震前才建成的第二代,由弗兰克·劳埃德·赖特设计。为了争取保留这座建筑,1967年夏天还成立了协会,虽然最终未能成功,但保护运动的出现本身便具有十分重要的意义。在此之前,东京的人们普遍认为,为了追求经济效益而拆掉老建筑、盖新大楼,也是没办法的。而自此以后,唯利是图者在动手前都得三思,他们想拆的如果是公认具有文化价值的"文化财"①,很可能会激起抵抗。不过实际上,保护运动进行得多少有些随意,不是必定会发生,组织也缺乏稳定性。位于丸之内的东京中央车站和银行家俱乐部,都是大正时代的产物,其保护运动就相当受公众关注,而位于日本桥的大荣大楼,作为市中心遗留的最后一栋明治时期的新古典风格建筑就乏人理睬,终于在最近被拆毁了。三菱一号馆面临拆除时也未见反对声浪,这栋建筑完全消失了。它出自著名的英国建筑设计师约西亚·肯德尔之手,建成于1894年,同样是明治时期的新古典主义风格,而且是其中的代表性建筑。虽然房屋略显破败,室内阴暗发霉,在如此寸土寸金的地段只有三层小楼也过于奢侈,但它的拆除还是令人遗憾。旧帝国饭店的一些构件得以留存下来,其中最大的一部分,即正面的墙面,保存在名古屋附近的明治村。其他更小一些的部分则不需要跑到名古屋就能看到,它们保存在新帝国饭店和外国记者俱乐部等处。旧帝国饭店于1967年11月15日关闭。拆除工作恰巧始于有轨电车最后一次穿过银座大道之前一周多一点。如此说来,在美浓部执政初期,东京的变化特别急剧。除了建筑的残件之外,旧帝

---

① 即文化遗产,日本于1950年制定了《文化财保护法》,对此类对象进行保护。

国饭店的影子如今仍留存在城中各处。比方说,赖特因为看到庭院围墙上使用的大谷石①,十分中意,于是便把这种之前从未有人在建筑中使用过的石材,首次用于帝国饭店的外墙上。也正是它赋予了帝国饭店独特而美丽的棕灰色外观。自此之后,这种设计蔚然成风。其中留存至今最明显的代表就是首相官邸②,设计师是赖特的门生。建成于1933年,位于银座的一座非常壮观的啤酒厅,即那种附设舞池并有音乐表演的啤酒店,名为"狮厅"③,也很明显受到赖特这一风格的影响。

奥运会之后,东京实际上已废除了都营有轨电车。作为明治时代东京的骄傲之一,其鼎盛时期线路总长曾达到220英里,约合350多千米。虽然后来直到1958年都还有新线路陆续投入运营,但另一方面,自战后起到奥运会之前,又有多条线路停运。1963年和1966年,两条长度皆为8000米的线路废止了,一条是从新宿向西至荻洼,另一条则是从巢鸭向北,也就是说,这两条线都是自山手环线向外延伸的线路。

自新宿向西开往杉并区的荻洼的那条线,本来就问题多多,它是1951年从西武铁道那里买来的。由于是单轨线,它本身就很妨碍交通,行驶时总是对周边车辆造成巨大的烦扰,停车时则更加糟糕。而且因为是单轨线,为避免与反方向的列车撞上,常常不得不等在岔道上,好让运行中的对向电车通过,以至于会经常停在路中间。

都营有轨电车线的撤线工作始于1967年,终于1971年,仅保留了一条线路,其余全部废除。不过其实早在1966年,都政府就已经开始对车辆进行处理了。也许有人会觉得,在撤线之后,有轨电车的车辆就只能成为一堆废铁。然而,很多车辆却在公园和游乐场找到

---

① 日本栃木县宇都宫市大谷出产的凝灰岩石材。
② 指位于东京都千代田区永田町的原总理大臣官邸,建于1929年,设计者为下元连,现为总理大臣公邸。
③ 即「ビアホールライオン」(Beer hall Lion)银座七丁目店,位于东京都中央区银座7-9-20,开业于1934年,是日本现存最古老的啤酒厅,至今仍在营业。

了新家，成为怀旧者观摩以及登临体验的老古董。城中最早铺设的一条线路，也是第一批被废止的。1967年12月9日，一条20英里，约合30千米长的线路即将停运，这条穿过银座的一号线在当晚迎来最后一趟电车。数千群众满怀不舍，赶来向这最后一班列车道别。刚上任一年的美浓部都知事也发表了讲话。深夜，比原定时间大幅延迟的最后一趟电车向南行驶，穿过银座远去。之后，拆除轨道的工作立即彻夜展开。

五年之后的1972年，有轨电车线的轨道绝大部分都已完成拆除。之所以保留了一条线路，是因为民众强烈希望能留点什么做纪念，而美浓部政府在这方面并非不近人情，外加这条保留的线路本身也不同于普通的有轨电车线路，从设计到运行都很注意避免对交通造成不便。比方说，这条线路基本不走普通道路，而是在都电专用的路基上运行，即使有部分走了普通道路，挑的也是车流量比较少的那种。整条线路起始于新宿区的早稻田大学，在城市北部画出一条弧线，一直通到荒川区的三轮桥，那里距离经常登上电视及报端的"贫民窟"山谷，以及那座不成功的东京球场不远。这条线路就是都电荒川线。

我们前面提到，从新宿至荻洼的电车线原来属于西武铁道，与之类似，保留下来的这条都电荒川线原本也是私营铁道线，称为"王子线"，当初是为运载赏樱和赏红叶的游客前往飞鸟山这个风景名胜地而建的。飞鸟山公园如今隶属北区，但在这条有轨电车线修建之时，它所在的地方尚属市区之外。它也是明治时期市区之外唯一的公园。王子线的西半部分至早稻田的线路在1911年完工，即明治四十四年，而东半部分延伸至三轮桥的线路则在两年后的1913年完工。都电荒川线如今仍然很是火爆，而且不知为何，它的票价比公交车还便宜。在晴朗的周日下午，若想坐上车，就得先做好心理准备，你需要排长队等两三辆之后，才轮得到自己。

无轨电车通常被视作介于路面有轨电车和公共汽车之间，是不太令人满意的折中产物。它的寿命更加短暂，仅有16年，在倒数第二条有轨电车线停用前就消失了。最早开通的无轨电车线是从上野到隅田川对岸今井的线路,它也是最晚停运的。1968年9月某个夜晚的9点45分,最后一列无轨电车从今井驶向上野。比起几个月前最后一列穿过银座的都营有轨电车告别时,这次虽然没有那么引人关注,但还是坐满了人。也许这是因为明治时代的事物早已融入每个人的记忆中,成为这座城市不可或缺的一部分,令人无法忘怀。

与此同时,地铁线的总里程一直在增长,而且其规模今后也将持续扩张。不仅是新地铁线不断建设,地铁线路和郊区通勤电车线之间的相互渗透以及连接趋于紧密,也使得地铁线的总规模有了飞跃性的增长。当初最早的两条地铁线——银座线和丸之内线,在建成时还没有换乘之类的设计,不过即使有此类设想,当时也无法实现。到了1962年,这一壁垒终于打破了,都营浅草线与京成线接通。第二年,日比谷线与东武线(后来还加上东横线)实现了相互换乘,这样从郊区便可直达都心了。如今,每条郊区电车线都可换乘地铁。上下班人士换乘时,基本只需走到站台背面。这是一个极出色的系统,甚至可以说是世界上效率最高的。即使东京高昂的地价使普通工薪族无法住在工作地附近,必须每日来回长途奔波,有了这一系统的帮助,还是可以尽量减少劳顿。

在这种情况下,过去的集中换乘点,如新宿站之类,或许已经丧失了它们作为转运中心的价值。上下班人士已无须再在那里停留换乘。然而习惯一旦形成是很难改变的。这些过去的热闹场所,依然在下班时分人头攒动、熙熙攘攘。我们可以推断,很多工薪族都更愿意在新宿消磨下班后的时光,而不愿意回家听老婆唠叨或管教小孩。

如今,营团线和都营线这两大地铁系统承载的乘客数量已十分庞大。其中营团线无论是在客流量上,还是在绝对乘客数量和里程数所占比例方面,都远远超过都营线。前者的总里程数大约为82英里,约合30千米,是都营线的2.5倍,运送的乘客数却是后者的4倍还多。出现这种状况很容易会被认为是都营方面经营不力,然而根本原因还是营团线开通得早,把好地方都占了。其证据就是,营团线中客流量最大的两条线正是最早建成的银座线和丸之内线,它们都没有连通郊区电车线,但客流量却没受影响,其中一条日均客流大约90万,另一条是70万。

汽车数量也在急速增长,但东京与美国城市不同,不开私家车的理由有很多。因为人们很容易就能坐到地铁和电车等公共交通,而且极其准点,要去市中心或者穿过市中心,比开车省时得多。如果开车的话,即使走高速公路也不见得快,因为高速公路经常塞车,成功印证了建造之初人们的预测:它们对于缓解堵车问题根本派不上用场。

美浓部政府发掘出一套利用道路的新方法,确实非常值得称道,那就是名为"步行者天国"①的制度。之前美国也曾试行过封街禁车,只允许行人自由使用街道的做法,而早在1960年,横滨也进行过短期的试验。不过定期且有组织的实施,还是始于1970年夏的东京,以及以神户为首的其他一些地方城市,那时正值美浓部知事的首个任期将近尾声。

那年夏天的一个周日午后,在银座、新宿、池袋、浅草,以及位于远处市部的八王子市,主要街道全面禁止汽车驶入,行人大量涌上街头,享受占领街道的特权。试验大获成功,如果没有那么多人响应号召上街的话,这次尝试估计就会宣告失败了。最终,"步行者天国"成为东京固定的制度,而且推广到全国。实际上在活动举行的日子里,街道两边商铺的零售额也都有增长。如今,该活动的举办地早已超出最早的范围,在上野和原宿也有举办。

公交车和出租车司机也许会抱怨"步行者天国"给他们造成不便。不过这个世界上既成功又不给任何人带来不便的事例,可谓少之又少,而步行者天国可算是其中成功的了。它为这座城市带来一种新的街头生活方式,给大众生活增加了一项新娱乐。于是每周有几个小时,一些最繁华的街道变身成为公园。

---

① 即设立临时或长期的步行街,其上施行交通管制,只许行人通行。

而在另一项为步行者服务的创新措施上,美浓部政府虽然频遭抱怨,但不应该被指责,至少不该受到全盘否定,那就是人行天桥。它虽然不是美浓部知事引入的,但确实是在他当政时期大规模铺开的。理论上,它有助于保障步行者的人身安全和出行便利,因为它可以使行人在穿越繁忙十字路口时不用等待红灯,也不用担心被车撞倒。但许多步行者觉得它简直是一个不能忍受的麻烦。

东京最早的人行天桥于1962年在东京南部五反田的中原口交叉路口①建成。美浓部刚上任时已有30多座天桥,到了他执政末期,天桥几乎到处都是。对此颇为反感的东京市民也并非完全没有反抗,其中一个小小的表现便是,故意无视交通规则乱穿马路的情况显著增加。一般来说,当路口设有天桥的时候,是禁止直接从天桥下的街上横穿马路的,但人们常常宁愿违反禁令,也不愿爬那么多级天桥台阶。而且当下一次大地震来袭时,很难说这些天桥会不会大量坍塌,从而导致救火车无法通行,而震后的大火往往比地震本身更具破坏性。虽然这些天桥据说采用了抗震设计,但究竟是否靠谱,只有地震实际来了才知道。

另一种步道桥倒是几乎没人反对,那就是架设在水上专供步行者使用的步道桥。其中最重要的一座就是樱桥,架设在浅草北部隅田川上游处,1987年落成开通。这是一座很漂亮的桥,很适合漫步,其建设初衷原本是想帮助下町恢复一些活力,但就这点而言,它不幸选错了地方。确实,若从浅草方向上桥,桥右边就是著名的川岸樱花林,那是自江户时代起便闻名遐迩的一处胜景。尽管如今那里的樱花树被上方的高速公路和下方的隅田川防护墙围困,但在盛放之季还是壮观美丽的。问题是,这一切都集中在下游岸边,离樱桥有一段距离,而没有多少人会特别跑到上游去过一座桥。既然一样要建桥,如果能选址在人们更方便的地方会更好。近来甚至连吉原的泡泡浴室都无法吸引多少人远赴浅草北面,会去河东岸的人就更少了。不

---

① 位于东京都品川区。

过樱桥仍是很美丽的,它的存在也使那一带多少引人注目了一点。

最近几十年,战后街头陆续出现的各种"族"的数量似乎略有减少,已经很少能听到有关他们的各种传闻了。奥运会后流行的各种"族"主要集中在新宿和西南部一带,在这些令人眼花缭乱的族中,"地下族"是我们前文还没介绍过的族群之一,他们在别处也有,不过主要还是以新宿为中心。这里的"地下"一词用的是源自英文"underground"的片假名缩写①,指那些经常流连于地下前卫剧场或先锋派小剧场的年轻人。这些剧场中最著名的一个,即"状况剧场",设在新宿花园神社空地上的一座明亮的红色帐篷中。新宿金色街就在距神社一墙之隔的地方。红色帐篷里的表演者最引人注目的就是他们的浓妆艳抹。而另一个嗜好明艳到惊悚的色彩的族群是"迷幻族"。这里的"迷幻"一词源自英文"psychedelic"(致幻剂)的头两个音节。② 他们在衣服上和裸露的皮肤上涂抹令人目眩的颜料。1969年,当花园神社不再允许红帐篷驻扎的时候,发生了一起"地下族"与警方的冲突事件。由于演出班子未经允许便搬到了新宿站西口的中央公园内,防暴警察迅速出动取缔了这一违法行为,逮捕了包括经理唐十郎在内的许多人。不过,唐十郎在这之后倒是愈加发达了。1982年他还凭借一篇以真实案件为题材的小说《来自佐川君的信》获得了梦寐以求的新人作家奖,即第八十八回芥川奖。该案是一起谋杀食人案,一名留学巴黎的日本青年枪杀了一名荷兰籍女性并食用其尸体。

原宿的"步行者天国"活动,也就是原宿主要街道禁止车辆通行(技艺高超的摩托车除外③),只准行人上街的活动,既带来了一种非

---

① "地下族"的日文为「アングラ族」,其中「アングラ」读音为 angura,是 underground 的日语片假名「アンダーグラウンド」的缩写。「アンダーグラウンド」可译为地下的、秘密的、先锋派的、先锋派艺术等。
② "迷幻族"的日文为「サイケ族」,其中「サイケ」读音为 saike,是 psychedelic 的日语片假名「サイケデリック」的前半部分。
③ 估计是指那些骑摩托车的"暴走族"没人挡得住。

常特别的街头生活方式,也孕育了一个最近逐渐崭露头角的新族群——竹笋族。"竹笋"一词在战后棒鳕与芋头主宰的年代,带有令人不快的隐含意义,指为了换取生活必需品,不得不像一层又一层地剥竹笋那样典当随身物品甚至衣服鞋袜。大约从1980年或更早一些开始,这个词总算有了一层更明快的含义,尽管也不是所有人都觉得明快。那就是原宿出现了名为"竹笋"的专售服饰的精品店,其中出售蓬松花哨的服装,于是人们便把穿这种服装的年轻人叫作"竹笋族"。竹笋族本来已有代代木公园作为秀场,但原宿"步行者天国"提供了更多曝光度,也令他们更加兴奋,于是那里的整条街都成了他们标新立异的表演场地。

时至今日,竹笋族并未完全消失,但更新且人数更多的原宿族,占据了原宿的支配地位。看到这些在原宿街头疯狂跳舞的年轻人,就忍不住让人联想到危机年代里横扫日本全国的舞蹈热,例如幕末的"这可好啦"①运动,以及我们在前面已提到过,日本宣布退出国联的那个年代里,伴随《东京音头》旋律掀起的舞蹈热。由于最近几年并没有什么明显的危机出现,这一现象更像是对和平、繁荣之下的温暾日子,以及每天围绕工作和家庭打转的无聊生活的一种反抗。的确,人类本身就有喜欢找事的一面,但大众传媒对此类话题前所未有的热衷,也是原宿能够持续喧嚣的一大推手。

"族"这个词在最近几年已经使用得太过宽泛和随便,以至于它已经逐渐丧失了特定的含义,不再专指走在潮流前沿的特定人群。比方说"银发族"便是一例,这个词当然是用于指年长之士,但并非如人们猜想的那样,源自老年人的发色或银婚纪念日,而是起于公交车上专为照顾老弱病残而辟出的漆成银色的座位。还有"元高族",指的是利用日元汇率走高的机会,尽情享受过去连做梦都不敢想的奢

---

① 指幕末的庆应三年(1867)至次年,以近畿、东海为中心发生的狂热大规模群众运动,以降下神社的神符为契机,民众集队高喊"这可好啦"(「ええじゃないか」),边舞边前进,逐渐变为要求社会改革的运动,扩散至全国。

侈生活的人,比如购买从巴黎直接进口的高级时装和绘画作品,到夏威夷度假之类。

东京在发达国家的城市中,是自认且公认街头犯罪率低的楷模。但这不是说没有其他类型的犯罪。我们前面已提到过,有组织的暴力团伙犯罪在这里并未完全受到严打。而且还有另一种虽然有很多人为其辩护,但仍然改变不了其犯罪性质的行为,那就是出于政治和意识形态上的动机而实施的暴力行为。那些辩护的人,总是强调这类行为的动机的纯粹性,而在日本,只要动机纯粹,人们总是倾向于原谅。

1960 年的反安保条约骚乱之后,过激派青年们先是脱离了共产党,然后就开始互相攻击。随着共产党渐渐转变为走和平友爱路线,斗争转变为反代代木各派之间以及各派内部为争夺控制权而进行的"内暴"①,而且变得越来越凶残。打斗的目标开始是使对手重伤致残,后来甚至发展为欲置人于死地。木棒、钢管乃至斧头都是直接瞄准对手的脑门挥去。已有数十人死亡,且这一数字还在持续上升中。欧洲极端主义分子也许更精于刺杀政治家和银行家,但在互相残杀上,没有人比日本的过激派做得更成功。其中一起最凶残的事件夺走了 14 条年轻的生命。那是一场派系清洗,发生在 1972 年,地点是在关西平原西北的一座山间小屋中。② 这个派系的总部与大多数没有移往海外的派系一样是在东京。

当然,在公共场所发生的暴力事件并非全部属于帮派"内暴"。反对现行体制的斗争也一直持续不断。1960 年时,反对安保条约的示威游行虽是非法的,却还是非暴力的,即使偶有针对警察的暴力行

---

① 该词日文写作「内ゲバ」,读作 uchigeba,其中「ゲバ」(读作 geba)源自德语 "Gewalt" (暴力),可译为"内讧"。
② 日译本记载其为 1972 年 2 月发生的"浅间山庄事件",但由于该事件中仅有 3 名死者,且事件起因中虽有帮派火并这一因素,但主要还是以劫持人质与警方对峙为主,故存疑。

为,也只是徒手攻击。但从1960年代末开始,木棒和石块上阵了,随后还出现了自制的炸弹和土制燃烧瓶。关于此类暴力的动机是否纯粹,相关辩论也持续发酵。1969年,炸弹第一次上阵,此次爆炸事件发生在明治神宫外苑的大型集会召开时,共有37人受伤。至于土制燃烧瓶,早在美军结束占领的1952年,就开始成为反政府斗争中的武器了。它第一次导致实质性的伤亡是在1968年的银座,16人受伤。此时也正值大学的袭击事件数量达到最高峰的时候。

1966年,新的东京国际机场将落户千叶县成田市的消息,给年轻人宣泄所谓的"纯粹"激情提供了一个新的机会。1969年"安田堡垒"陷落之后,大学骚乱基本平息了,从此,东京都内大范围的暴力斗争也消停了。舞台中心转移到千叶县的成田。实际上,成田机场直到十多年后才最终落成启用。而在其间发生了无数暴力斗争事件,导致这一机场如今仍是世界上最戒备森严也最不便的机场之一。机场选址地区的一些农民不想放弃自己的土地,也为这些暴力事件提供了一个由头。此外,说建机场就是一个幌子,实际是为了建美军军事基地的传言,也成了暴力分子活动的依据。这种说法是真是假,也许终有一天会大白于天下。

放置和投掷小型炸弹的活动在1971年达到了顶峰,当时过激派成员纷纷用炸弹来对付警察岗亭和防暴警察。那年圣诞夜,一棵圣诞树在新宿警察岗亭背后爆炸,伤及11人。而就在一周之前,警视厅警务部长的妻子被邮寄来的炸弹炸死。

1974年发生了一起规模大得多的炸弹袭击事件,后来被证实是连环爆炸案的第一起事件。8月30日,一枚炸弹在三菱重工位于丸之内的总部办公楼门口爆炸,8人被炸死,376人受伤[①]。这起爆炸案中的8名被告被判有罪,他们都隶属一个自称"东亚反日武装战线"的派别。这一派别分为多个行动小组,各有夸张而生动的名字,如狼、大地之牙,等等。后来的调查证实,这个派别最初是由东京一所

---

① 即"三菱重工爆破事件"。

私立大学的一帮同班同学创立的,其使命据说是要矫正日本帝国主义的恶疾。这一派别与其他新左翼派别没有任何联系,也就是说,它并非1960年反安保条约骚乱之后派系分裂的产物。其成员都是平常看起来非常普通的办公室职员和家庭主妇。可见外表循规蹈矩的中产阶级,内心深处的不满可能比人们想象的要深重。

最近几年里,社会层面以及政治类犯罪的风头,远远盖过了私下的个人犯罪。这也许是日本社会走向成熟的一种标志,表明日本已摆脱封建余毒,赶上了世界发展的大势。明治早期虽然也出现过很多社会层面的犯罪,但猎奇且吸引世人瞩目的女杀人犯也不少。两次大战间隙,即大正至昭和初期,虽有许多政治刺杀案发生,包括针对三位首相的刺杀,但也有著名的阿部定事件。最近的犯罪史中,已经没有什么能引起人们兴趣的案件了,这大概与女性犯案很少有关。

绑架案中最引人瞩目的是一桩政治性的案件,它同时也是国际性的事件。1973年8月8日下午,韩国在野党首脑金大中,在其位于饭田桥的酒店房间里遭到劫持。被迫乘车至大阪后,他被带上了一艘船,5天后终于在他位于首尔的家中获释。他在海上时似乎险些被杀。绑架他的是韩国的情报人员,而这一切似乎并非出自韩国政府高层的授意。

时任日本首相田中角荣,也就是之后被控受贿的那位,在回答记者提问时说,这起事件给他的感觉是"奇奇怪怪"的。尽管媒体表现得义愤填膺,双方政府倒是达成了"政治妥协",也就是韩国政府那不是很充分的解释被日本方面接受了。日本政府在处理对韩关系上向来不太擅长。(而与它的美国爹就相处得融洽多了。)之后在流亡美国期间,金大中说他认为此事尚未完全解决,并认为造成如今这种局面的大部分责任在于日本政府。

另一方面,在政治意味不那么浓的犯罪活动中,白领型的犯罪仍然持续兴盛。比方说总会屋,也就是我们之前提过专门在股东大会上闹事的那些人,虽然干的也是敲诈勒索的勾当,但与其说是暴力型的,不如说基本上是智能型的犯罪。虽然已经出台了制裁他们的法律,也不时会有不幸被敲诈的商人因和他们私下交易而遭到曝光和痛斥,但他们可是精明周到的人群,总能找到各种办法继续干下去。比如说,他们会摇身一变成为期刊和报纸出版商,强迫目标公司以刊登广告的名义交钱。他们还会利用政治家们很喜欢用的一招,以召开社交聚会为名,向"参与各方"强卖高价入场券。就像美国保险公司发现提高保险费率比应付索赔诉讼更容易一样,日本公司觉得出些封口费收买总会屋,比在股东大会上冒险与他们对决更省事些。全日本估计有大约 1300 个总会屋,其中超过 900 个都在东京活动。

1968 年发生了一起金额空前巨大的抢劫案。这桩劫案本身就很有意思,而在这个过程中,警方的无能也一样很有意思。抢劫地点的选择,表明劫匪们很有幽默感,就在东京西郊的府中监狱旁边。12 月 10 日早上,一个骑着摩托车,看起来完全像个警察的人拦下了一辆银行运钞车,说接到举报称车上被人放置了炸弹。此时这辆运钞车上正装着东芝公司准备发给府中一家工厂员工的年终奖金,共有约 3 亿日元。这名男子要求车上的 4 名银行员工下车,自己则坐上驾驶座称要移动一下车,接着便把车开走,成功掳走了所有钱款,按现在的汇率计算就是将近 250 万美元。翌年春天,被劫的运钞车和装钞票的空保险箱在另一处郊区被找到,但劫匪一直未被捉拿归案。尽管劫匪明显是熟悉内情的人士,按这一线索顺藤摸瓜应该会有所收获,但警方依然没有公布任何嫌犯,也没有逮捕任何人。这一案件到 1975 年 12 月 10 日终于过了刑事诉讼时效期。而民事赔偿诉讼的时效也在 1988 年 12 月 9 日到期了。

不过也有一起稍微有些温暖人心的事件发生,虽然它背后疑点重重。一名贫困男子一夜暴富,而且就如报纸所言,他是以一种荒诞到近乎童话故事般的方式暴富的。1980 年一个下着蒙蒙细雨的春日傍晚,一名卡车司机注意到银座二丁目的路边护栏处,有一个用人包袱皮包着的包裹。他于是便将它捡回了位于河东贫困区的家中,打开后发现里面竟然装着 1 亿日元。当半年后仍无任何人来认领时,他成了这笔钱的主人。失主不来认领最有可能的解释,就是这笔钱有问题。这笔钱并非假币,但它的来源想必是失主即使损失1亿日元也要隐瞒的。这名卡车司机也觉得这背后的水很深。他辞掉工作,整天乔装打扮,重新练习武术,穿防弹背心,还雇用了3个24小时全天候待命的保镖。

进入1970年代末,我们开始听说"愉快犯"这个词,它最初似乎是警察发明的,指那些并非出于金钱或情感上的动机,而纯粹是为寻求刺激去实施犯罪的人。此类犯罪中的代表就是纵火。1977年,故意纵火已经超越抽烟,成为引发东京火灾的主要原因。

距离美国前总统格兰特将军夫妇莅临东京就能引发全城狂热的日子,已经过去一个多世纪之久了,而如今东京已经成为一个波澜不惊的城市。在最近访日的外国显贵中,只有英格兰女王和罗马教皇大人在引爆公众的想象力方面能与格兰特将军夫妇一拼,而他们的情况也是其他人无法效仿的,罗马教皇是宗教界独一无二的人物,英国女王则是现在唯一还能以君王的高贵姿态四处活动的世俗君主。除此之外的皇室成员访日,在人们眼中已成家常便饭,几乎无人关注。不用说美国前总统了,就连现总统访日也没有什么两样。如果说多少有点关心,那也是因为涉及安保措施问题,不过现在也很少有人认为这是要点了,而更多的是批判安保措施违宪。事实上,如果艾森豪威尔将军在1960年真的来到日本,倒真可谓是大事一件。然而他并没有来,因为发生了反安保条约骚乱。时至今日,美国总统的访问几乎已成常态。虽然日本人对此的泰然处之,可以说是日本社会走向成熟自信的表现,无疑是好的,不过1879年格兰特访日时他们的热切激动,想必也是挺好的。

著名演员歌手的来访则是另一码事了。他们可以轻而易举地让这座城市陷入狂热。自玛丽莲·梦露之后,已经有十多年没人引发类似盛况,但那只是因为没有足够重量级的名流来访而已。1966年,披头士来了。受台风影响,他们的飞机延迟到凌晨时分才抵达。也许这反而比较好,警方事先精心策划的安保预案也不用登场了。

原本的计划是,如果前来欢迎的人群失控,就用一架直升机先将客人送往自卫队位于新宿的市谷驻屯地,再用巡逻警车把他们载到赤坂的希尔顿酒店。而如果局势一上来就明摆着要失控,那么就直接让飞机降落在郊区的美国空军横田基地。

披头士在皇宫北面靖国神社附近的武道馆里举行了5场简短的演唱会。第一场演出时警方出动了2000名警察到场维持秩序,他们在日的5天期间,警方动用了超过8000名警力。上千名过于狂热的年轻人被拘捕,其中大部分是女性,不过并没有遭到更重的处罚。披头士乐队的鼓手林格·斯塔尔说感觉自己就像关在笼子里的虫子。

披头士此行赚到了6000万日元,总收益高达1亿日元,但主办方却连一分钱都没有赚到。安保措施耗去了都政府9000万日元。右翼分子的广播宣传车在街上声讨,称这一盛事是国家的耻辱。警察对他们并无取缔之意,或者说是无力取缔(骑摩托车的暴走族也享有此种待遇)。他们成天在苏联大使馆周边转悠,高音喇叭产生的噪声让周围的居民忍不住想打人。

自那以后,东京就频频因明星的到访陷入狂热,比如迈克尔·杰克逊和麦当娜访日时。无论这些明星是男是女,蜂拥而至的绝大部分都是女性。

在高端文化圈子里的各种访问和巡展中,法国人最为风光。萨特和西蒙·德·波伏娃在1966年到来;断臂维纳斯是在1964年,就在奥运会开幕前的几个月来日展出;蒙娜丽莎是在1974年。尽管后两者实际上并非法国出品,但这四者都来自法国,是不争的事实。在这其中,蒙娜丽莎的展出反响最大,也最成功。总共150万人,或者说作品展出的6天里,每天有20多万人,涌向上野国立博物馆,摩肩接踵只为一睹女神风采。但他们也只能是匆匆一瞥。因为有围栏将人群隔离在一定距离之外。扩音器里不断以礼貌但命令式的措辞敦促人们不要长时间停留。

作为一项广受欢迎的运动,棒球的地位仍然不可撼动。这也就是说,巨人队虽然偶尔也有低谷期,但整体还是如日中天。这支球队是如此受欢迎，在东京就不用说了，在那些没有本地球队的地方就更是无人能出其右。而除了名古屋、大阪和广岛之外，日本大多数地方都是没有本地球队的。因此我们可以说，巨人队就是整个日本棒球界的中流砥柱。如果巨人队崩溃，日本职业棒球也就崩盘了。

东京后乐园球场是日本职业棒球的圣地。纵使时光流逝，它光华依旧，一直领跑在前。这里见证了1950年第一场夜间棒球赛的开打。1959年它又新增了棒球博物馆和类似美国国家棒球名人堂的日本棒球名人堂。1976年它还引入人工草皮。此举想来真是奇怪，因为像东京这么多雨的地方，最麻烦的其实不是如何保证草皮的生长，而是控制长势不要疯了。撇开这点不论，现在，后乐园在经历一轮拆旧建新后，又拥有了第一座带顶棚的球场。那就是"东京巨蛋"①，其中"巨蛋"一词用的是源自英语"Dome"的片假名。其顶棚采用了空气膜的构造，内部气压比外面略高，使顶棚得以隆起。巨人队球迷被建议带好围巾和润喉喷雾器前来观赛。巨人队压倒性的人气表明，即使在其他领域都无比强势的西武集团，也无法在棒球上占据优势。虽然他们也大力宣传自己的球队——西武狮队②，但根本不能与巨人队的受欢迎程度相提并论。

相扑作为日本国粹，在全国范围内的热度依旧比不上棒球。不过主办方为了提振这项运动的活力，还是做了不少努力。例如将土俵场扩大，以使比赛尽量不会在一瞬间就结束；缩短双方力士摆出准备姿势的时间，以使比赛可以尽快开始。原本在传统上，力士们在场上摆好准备姿势到正式开打之间，要等待多长时间，是没有限制的，一般会等到双方的第六感提示他们"是时候上了！"才会正式开打。但进入广播转播时代后就必须有时间限制，不同级别的相扑手略有不同，而电视转播则使这方面的时间进一步缩减。如今，顶级相扑手

---

① 东京巨蛋（東京ドーム）位于东京都后乐一丁目，1988年落成，为读卖巨人队的主场，取代了1987年关闭的后乐园球场。

② 即今天的埼玉西武狮队，隶属日本职业棒球太平洋联盟。

拿姿势和瞪视的时间不能超过4分钟。然而电视观众仍然觉得慢，收看电视相扑赛的观众有逐渐流失的倾向。棒球虽然同样不是一项非常快速的运动，但即使再犹豫的投手，投一个球的预备动作也用不了4分钟。

据宣传相扑运动和研究相扑历史的人宣称，如今相扑运动又迎来了一个黄金年代。尽管最近几十年出现了两到三位非常出色的相扑手，但现在这个"黄金年代"距离上一个黄金时代也太近了，外加顶级相扑力士，即横纲的更迭速度也过快了，让人不禁对这种说法产生怀疑。从相扑运动开始有比较准确的历史记载以来，近两个半世纪里，出现过60位横纲级力士，而他们中有22位是在最近40年左右晋升到此级别的。但如果想要吸引电视观众，无论如何也需要有横纲和"黄金年代"这块招牌才行。最近有些横纲在相扑技术和吸引观众的能力方面都乏善可陈，其中有些人甚至完全没人缘儿。1987年，相扑协会迈出前所未有的一步，剥夺了力士双羽黑的横纲头衔及参赛资格。他行事作风粗野、傲慢无礼，甚至十分暴力。他曾被媒体和相扑宣传机构吹捧为"新人类"，意指不因循旧习，完全属于新一代的年轻人，作风开放且国际化。但结果却是日本相扑界对"新潮"的容忍度已到极限，再"新"下去恐怕连传统也要断绝了。

回顾相扑的历史，它常常在大家都以为不行了的时候又活过来了，这点倒与凤凰"不死鸟"的性质挺像的；但若每个"黄金时代"看起来都不如前一个，而且每隔十年左右就号称又一个黄金时代到来，那前景估计是不甚光明了。虽说情况再糟，相扑也会作为一种"文化遗产"延续下去，但对于那些见识过一两个真正的黄金时代的人们而言，这样实在是太令人伤感了。

除了棒球和相扑之外，还有一项运动如今也可称为国粹了，甚至大有取代相扑之势，那就是高尔夫。至少作为一项娱乐活动，它广受欢迎。这不是说人们喜欢观赏高尔夫比赛，而是喜欢亲身参与。虽说比赛时有电视转播，遇到著名选手出场时观众席上也是座无虚席，就像是在美国的圆石滩球场，以及美国大师赛主办方奥古斯塔国家高尔夫俱乐部里一样，但基本上，这就是一项商人、政客和官僚们的运动。作为一项日本人的运动，它与棒球一样，也是起源于富人的运动，而且至今仍没有摆脱这一本质。东京第一家高尔夫俱乐部成立于1914年，其创始人是正金银行的行长井上准之助，他后来还当上了大藏大臣即财务大臣，后被血盟团成员刺死。俱乐部成员基本上是当时显赫一时的商人和政客。井上曾试图教给日本人一个真理，一个他们自战争结束以后终于明白并一直掌握得很好的真理，那就是经济渗透远比军事侵略顽强持久。那时建造的位于东京世田谷区驹泽的高尔夫球场，后来成为奥运会高尔夫球的主要比赛场地之一。在之前早些时候，神户和横滨也已建起了高尔夫球场。早期进行的都是业余比赛，获胜者也都是外国人，不过日本人终于在1918年东京举行的首届高尔夫锦标赛上摘得了冠军，并且独占了前5名。

高尔夫在政客、官僚和商人间的流行，可能与另一种国粹——艺伎行业的衰落多少有些关系。艺伎和艺者水平的衰落令人伤感，但已是不争的事实。由于生活方式和品味的变化，艺伎们曾经引以为傲的传统音乐和舞蹈表演不再受到统治阶级的青睐，年轻女孩也不再愿意像以前那样忍受成为艺伎所必需的严苛训练。

过去无论是政界还是商界人士都喜欢选择"待合茶屋"，即可以招揽艺伎表演的高级酒馆，作为密谈交易的场所。而最近他们更多地选择高尔夫球场了。在球场上被窃听器偷听以及漏透情报的风险都较小。而且商人或政客在打高尔夫球时，可能不仅仅是在打球，同时也是在做重大决策，就像过去在待合茶屋里那样。

艺伎的衰落可以追溯到战后第二十年，经济刚刚开始高速增长的时候。由此看来，说这行的衰落是因为它太贵了，人们负担不起，是不足为信的。要想加入名门高尔夫俱乐部，仅会费就足够在待合茶屋里挥霍几十个晚上了，而"社用族"们疏远艺伎，却正是始于其"活动经费"开始变得宽裕的时候。

近几年出版的地方史和官方出版物已经变得矜持又忸怩了，不再像之前那样对花柳界大加介绍。1907年东京市出版的一本东京的旅行指南中,还对花柳界及各种娱乐场所详加介绍,甚至连各处有多少艺伎艺者可供挑选,都详细记载。而最近几年的区史区志则完全不碰此类话题,全是关于学校、福利设施、托儿所之类的内容。或许编撰这些出版物的机构和历史学家,多少有那么一点点前瞻性。他们之所以对艺伎视而不见,是因为后者已离消亡不远。

在这其中,1980年出版的中央区(包含银座和日本桥)区志是个例外,不禁让人耳目一新。据其所述,"最近一段时间以来"新桥,或者更准确地说是筑地的艺伎人数,比1950年代时少了一半还多,过去有超过400人,而现在只有不到200人。中央区其他地方的情况则更加糟糕。位于日本桥地区的芳町①和银座附近的新富町,几乎已经不复存在。新桥虽然顽强地延续至今,但那里的每一家"置屋",即艺伎的居所里基本只剩一名艺伎了,而过去一般都会有五到六人的。置屋也正在转型为合租式公寓屋,"待合茶屋"则迁入高楼大厦内。坐电梯前往待合茶屋,真可谓是时代变迁的缩影,因为在隅田川周围竖起防护墙之前,人们前往柳桥有艺伎表演的料亭,即高级餐厅,常常是坐小船。不同季节的氛围与时令的自然景致风光,也是组成艺伎高雅格调的重要部分。

整座城市的艺伎区都在凋零。不仅新桥是这样(它曾是近现代东京的三大艺伎区之一),柳桥也是一样。在柳桥地区,众多优雅的料亭曾从神田一直绵延到北面隅田川的西岸。而现在就只剩两家了。赤坂大概是三大艺伎区中最顽强的一个,因为它对政客和官僚而言非常方便,顺路就能到。但即使是在这里,艺伎行业的衰落也很显著。1984年时,赤坂的料亭数量只有十多年前的三分之一。涩谷的道玄坂上的圆山町,在战后它的鼎盛时期,也就是朝鲜战争时期,拥有300名艺伎。而到了1984年只剩下70人,且大多数都超过50岁。虽然她们还在弹奏三弦琴,但基本上已经没人跳舞了。可以预

---

① 旧址位于今日本桥人形町附近的花街。

见,等到她们引退或身故之时,这片艺伎区也就消亡了吧。而且艺伎主要的表演场所——料亭的数量锐减,比艺伎人数的减少还要严重,已从当初的140家直线下降到只剩11家。这也就是说,仍然坚守此行的艺伎,也无法指望会有多少生意。

不过,同一本中央区区志也指出,虽然有些区域逐渐走向衰败,但反过来也有一些地方逐渐兴起成为闹市。比方说,就在银座东边的料亭街逐渐走向凋敝之时,位于银座中央地带的酒吧则日益兴旺。剧场及演艺界向来和酒色享乐密不可分,对此区志也指出,演艺界的品位风格往往会随着服务业客人的嗜好发生改变,这就可以解释,为何如今这两者的风格都逐渐从传统的日式风格转变为更注重实用的西式风格。这也在更大范围上解释了一个更深层次的变化发生的原因,那就是为何从大正到昭和初年曾在浅草兴盛一时的庶民戏剧和表演,会走向衰落。

不过,我们不能因此就说戏剧和文艺表演已经消亡了。所有能在欧美找到的剧场类型,不管是保守的还是前卫的,东京都有,而一些传统的本土剧场也依旧健在。东京的各种剧场数量比纽约还多。就在不久前,一家杂志集中介绍了东京最有意思的20家剧场并配以照片。据说采编时最头疼的,不在于找到有意思的剧场,而是由于此类剧场实在太多,怎样选出20个就特伤脑筋。就连看起来不像会有此类场所的地方,例如隅田川东面的深川区,也有一些鲜为人知但确实十分有趣的剧场。

但分散化和碎片化也是不可否认的趋势,而且为赶时髦而趋于庸俗这点也令人遗憾。要说哪家剧场的附属剧团能像两次战争间隙时的浅草轻歌舞剧团那样受欢迎,大概就只有宝冢的少女歌剧团了。虽然在通俗娱乐表演方面,有新宿Koma剧场这个地标,但它却不像过去的浅草那样能够自己发掘、培养出好苗子。艺人们来这里演出之前就已经炙手可热了,而捧红他们的是电视。

大众娱乐(或者根据不同人的看法称为庸俗娱乐)也分成各种各样。即使是脱衣舞秀,其中前卫大胆的表演,票价也是很贵的,只有小部分人负担得起。寄席表演的票价虽然不贵，但观众却同样很少。而且正如我们所见，留存下来的寄席剧场也不剩多少了，规模都很小。其中最大的也只能坐下两百多名观众，而且除非遇到星期日或者数辆旅游大巴恰巧拉来许多团体游客，不然场内很少能坐满。直到不久之前，还有一些巡回演出的小剧团搭起临时小屋，演出混合了传统与现代元素的剧目。但如今，他们已经在东京销声匿迹，只能在乡下见到。不过即使把这些零星的表演加在一起，都不如当年榎本健一还在台上的那个时代浅草单独一个剧场的吸引力大。

取代这一切，或者说不止这一切，还有其他许多娱乐方式的是电视。浅草原本拥有的本地忠实观众被统一的全国电视观众所代替，或者也不能说是统一的全国观众，而是有多少电视频道就有多少个观众群。虽然过去几乎没什么娱乐的偏远地区，如今也有东西可看了，但东京作为大都会也因此失去了某些重要的东西。

电视与另一种极受欢迎的大众娱乐形式一起，不仅对日本的传统艺术造成威胁，还影响到以印刷文字为基本载体的文化产业。相较过去的其他娱乐形式而言，电视画面的节奏已经很快了，没有时间完整地细述什么，而且实际上也几乎没给精妙的语言留下发挥的余地。而漫画则更进一步，几乎连文字什么的也不需要了。它们的流行程度简直令人咋舌。光是1987年一年就有约6亿册漫画及相关杂志售出。在日本，漫画有着悠久的历史，而且不仅是幽默类的，还有一些让人不适的玩意儿也是古来有之。但最近的漫画却是少有幽默，多是暴力、血腥及色情内容。而且其中连对话都很少出现了，使得漫画读者翻书快到飞起。即使偶尔有文字出现，让他们放慢速度，这些文字也基本上是拟声词，本身没什么意义，不过是想向读者传达一种生理性的直接体验，给人以感观刺激。

本来日语在这方面的表达方式就特别丰富。许多人认为，这也解释了为何它能够与禅学这类排斥理性分析，喜欢诉之于直觉的信仰及行为模式如此合拍。拟声词在漫画中的比重远比在日常用语中大得多。其中有一些还非常滑稽。1970年的一篇新闻报道就举了

一些例子,如:"嚓哒"(ザシェ,zashe)是把对手的脸劈成两半时的声音;"嗞嗞—嗞嗞—"(ズズーズズー,zuzu~u~u zuzu~u~u)是吸面条时的声音;"啾啾叭"(チュ、チュバ,chu chuba)是亲嘴的声音;"啪啮"(パターン,pattaan)指一拳击中下巴;"呒叻叻哩,呒噜呒噜"(ムレレリ、ムルムル,murereri murumuru)则表现的是年轻女性等待心上人时的焦躁急切。这些词如果离开了漫画场景就是毫无意义的声音,也就是说,它们根本是游离在日常语言之外的,或者也可以说超越了语言的范畴吧。

此类新奇现象当然不是东京独有的,也不能说东京在事事上都引领潮流。在电视和广告上,肯定是东京占据上风,但在涉及性和暴力方面,常常是大阪充当急先锋。有关漫画的很多微妙的新走向都能追根溯源到大阪。不过最关键的还是,我们在描绘今天的东京以及它未来将演变成的样子时,不仅要注意它在物理上的变化,还同时不能忽略它在精神上的改变。

正如下町及其文化已经被发源于山之手地区的强大媒体洪流吞没,如今东京自身也与其他地区融合成为一个巨大的整体。更有甚者,连檀香山市长也谈到,他感觉他的城市几乎要变成东京的后花园了。即便是大阪这座在感性方面极富自身特色的城市,也一样有类似的感受。而与此同时,东京之子们则痛感他们自己的城市也在发展过程中失去了某些重要而独特的东西,就像谷崎润一郎反复抱怨的那样。要说如今东京还有什么可以自夸的独特性,那大概就只有它比日本还能代表日本发展的走向,也就是说它集中了日本几乎全部的玻璃、钢铁,它在这方面以及信息的计算机化方面,走得比日本其他任何地方都要极端。而金钱与权力向东京无限集中的过程,也正是这座城市特有的个性逐渐消逝的过程。

就像外国人想要在日本买一块土地,除非是极其偏远的乡下,不然几乎是不可能的一样,大多数日本人想要在东京买一块土地,也几乎是不可能的。

酒肆中流行的一个段子，调侃的就是一万元纸币和高昂的地价之间的关系。一万元纸币是日本政府发行的最高面额钞票，大约相当于80美元①，具体行情依汇率波动每天略有不同。这个段子说的是，若将一万元钞票尽可能地折叠到最小，然后带到银座，丢到地上，它都买不起它下面的那块小小的地面。

类似的段子还有很多，比如说如果将皇宫的整片土地出售换成美元，按一直飞涨的汇率计算，甚至能买下整个加州。汇率高低其实是由贸易收支情况决定的，实际上并不一定与货币本身的价值及购买力一致，这点在这里便产生了神奇的效果，因为实际上，美元的价值和购买力远比日元强。因此，这个段子与其说是反映了地价高得离谱，不如说是体现了汇率的匪夷所思。至于那个万元钞票的段子，当然也有一点夸张的成分。实验证明，一张一万元面值的日元纸钞可以被折叠成2平方厘米那么小。因此，需要5000张纸币，或者说5000万日元，也就是大约40万美元（这里我们可以再一次看到汇率的神奇效果）才能覆盖1平方米的地面。而根据日本国土厅年度地价调查显示：1987年底，银座地价最高的地方，或者说全日本地价最高的地方是在银座主交通要道，也就是四丁目十字路口附近，其价格为每平方米3400万日元。所以，一万元钞的说法确实是一种夸张，尽管夸张程度还算在可以接受的范围内；而人们之所以喜欢调侃说皇宫这块土地的地价抵过整个加州，大概还是想强调东京地价实在高到离谱了吧。

东京十大最贵商业地产中的7个在中心城区，也就是千代田区、中央区和港区。住宅房产中最贵的前9名也在这三个区，第10名则在涩谷。最贵的住宅房产位于千代田区皇宫西北面，每平方米要价超过1200万日元，或者说将近10万美元。

如果假设工薪族用于购置房产的金额最多不能超出其年薪的5倍，那么每平方米房价不能超过15万日元，不然他们就负担不起了。

---

① 指本书写作时期。

而在东京,地价低于每平方米100万日元的就只有旧城区北部和东部边缘,也就是浅草北部和隅田川东部几个区。西部或南部没有任何一处地方的地价会低于100万。即使是在东京都区部,除非是非常边缘的地区,不然绝无可能以低于50万日元的价格拿下1平方米,而整个区部没有任何地方的单价会低于10万日元。如果想要10万日元以下的房子,就得向西一直走到大山绵延的地方,距离城市中心大约50千米。

东京附近几个县的情况也好不到哪儿去,尽管地价没东京那么高。比方说,横滨中心地带最贵的土地每平方米在1000万日元以下。但即使是在地价相对低一些的千叶县,要想找到低于每平方米10万日元以下的土地,也必须走到远离成田机场及车站1到2千米的地方。而在埼玉县,想找此类地方得走更远,而横滨所在的神奈川县全境都根本没有这样的地方。

成田距离东京市中心大约60千米。如今这一距离已经被认为属于合理的上下班距离了。如果正好住在上野站这里,就可以坐最快的特快列车在1小时内到达成田机场;但是上班族们显然不会住在车站或机场附近,特快列车也不可能像上下班常用列车那样有那么频繁的班次。东京严酷的上下班生活甚至塑造了一种称为"通勤文化"的亚文化。满是爆料照片的周刊杂志以及漫画杂志的激增便是其一,它们满足了在列车上睡不好且不愿意想太多的人的需求。另一个便是所谓的"痴汉",意即"对女性进行性骚扰者"。列车拥挤时,漂亮姑娘基本都会被痴汉盯上,尽管他们极少做出超过"咸猪手"的举动。

中产阶级基本已经放弃在东京都区部买房了。即使是小小的合租式公寓屋,他们也无法奢望。最近几年,我们开始听到一个词——"亿厦"(億ション,读作okushon)。光听发音有些像日语中的外来语"拍卖"(オークション,读作ookushon,源自英文auction)一词,虽然不排除有部分来源于此,但其主要还是源自"公寓楼"(マンション,读作manshon)。由于"公寓楼"这个词的前半部分发音与日语中的"万"(读作man)相似,因此可双关成是售价上万的房子,而"亿厦"这个词则是把"万"改成了"亿"(oku),用于指售价上亿的高档公寓,按当前汇率,1亿日元接近100万美元了。最近由建筑商和房地产交易商联合推出的一项调查显示:东京都范围内一套20多平方米的新公寓房,平均总价已超过1亿日元。

所以对中产阶级来说,仅有的一线买房希望,便是公营的团地房了。但即使是这样,希望仍很渺茫。吸引最多申请者的5个团地中,有4个都在相邻的县内,只有1个竞争激烈程度排名第3的,是在东京都内,并且位于23个区中最西北的那个区。竞争最激烈的那个团地,位于千叶县西部边缘附近填埋而成的土地上,即浦安市,该市也是东京迪士尼乐园的所在地。每套房的申请者超过了350人。

造成这一问题的根本原因是土地炒作,东京则是这一投机行为的重灾区。直到最近,东京地区的地价上涨速率仍是全国平均水平的3倍左右,是大阪地区的3倍以上,是名古屋地区的近8倍。不过近期的几次调查都显示,地价逐渐趋稳,甚至还会略降。房地产公司则相继破产,其倒闭的速度就经济大环境来看无法解释。若要说破产在什么时候是受人欢迎的,大概就是在现在这种情况下吧。也许政府的种种措施,诸如推行惩罚性的税制、限制信贷、规定大额交易必须获得许可等,终于开始起效了。也有可能只是地价触顶了。因为要炒作房地产,只有在买家愿意出更多钱接盘的情况下,才能成功。

不过即使房价真的有降,也不足以使中产阶级买得起,而且急剧下跌的可能性是微乎其微的。因为银行的资产与地价紧密联系在一起,而银行是权势集团的核心,除非民怨沸腾,否则现行体制的维护者们是不可能给自己制造麻烦的。在某些国家,我们还能期待民怨切实发威一下,但在日本这是不可能的,上班族们也只是叹叹气,然后继续忍受辛苦的上下班生活。因此,都知事的那句宣传口号"My City"中的"My"似乎仅指亿万富豪和拾荒者,夹在其中的任何阶层都被摒除在外了。

如果有什么东西会威胁到银座作为城市商业中心的地位,那极有可能就是地价。银座可能正被其自身的抢手所扼杀。银座的土地实际上极少交易,不过从最近进行的好几次交易中可以看到,地价甚至已比1987年那次调查时还要高了,每平方米接近4000万日元。新桥和新宿也有几个地方的地价逼近银座水平,丸之内也有几处非商业地产已接近银座的水平了。但被地价扼住咽喉最明显的地方还是银座。银座的许多商家都采用连锁店经营模式,也就是说虽然总店仍然设在银座,但那只是为了广告效应,商家是从开设在其他地方的分店赚钱来支持总店。即使是未采取连锁模式的商家,其主要投资也集中在房地产上,不然负担不起这么高的开店成本。因此我们可以认为,银座已经成为商家打广告和房地产企业驻扎的地方。对于那些希望银座继续发挥"都心机能"的人来说,这是令人堪忧的,我们这里没把百货商场之类的大资本企业考虑进去,是因为他们的规模足够大,在地价如此高的情况下仍然是能够赚到钱的。

四分之一个世纪以来,提议将首都从东京迁出的言论一直没消停过。官方第一次认真考虑这个问题是在1923年关东大地震刚结束之后。1963年时,这个问题再次被提上议程,时任建设大臣,也就是在奥运年代里被称为"水利大臣"的那位,提议在位于东京和大阪中点的滨松市丘陵地带建设一个新首都。国土厅组织了可行性方面的调查研究。首相甚至亲自授意将中央官厅下属的一些次要部门迁出东京。新首都的其他候选地还包括东京北面的仙台,以及关西的大阪。对于仙台,三得利公司的总裁在1988年曾说它是熊袭族①的地盘,引起了骚动。他的本意大概是想说那里是"野蛮人"的住地,但实际上他搞错了,因为日本最早的编年史中记载的熊袭族,生活在九州岛的南端,而仙台位于本州岛东北部。此举还给他自己的公司惹了一个大麻烦。因为不仅是仙台,就连仙台所在的整个日本东北地区都对他的说法十分愤怒,掀起了一场针对三得利产品的抵制运动,

---

① 熊袭族是古代日本九州岛西南部的原住民中的一支,后融入大和民族。

导致销售额明显下滑。一名政客也响应抵制号召,骂三得利所在的大阪为"痰盂"。由此可见,迁都的议论中也不时出现有趣的插曲。

其实,除非又来一场关东大地震规模的自然灾害,不然迁都不太可能发生。因为权势集团有太多利益与东京存在千丝万缕的联系。甚至那些猛烈抨击东京过度极权的人,也很怀疑迁都的可行性。他们当中最具影响力的一位批评家叫作细川护熙,是真正的"熊袭族之地"——九州岛熊本县的县长。就连他也毫不期待会发生如此激进的变革。在平成二年(1990年)三·四月号《东京人》上刊登的文章中,他写道:

> 迁都和分都的议论一直都有。但我认为,要将目前好不容易集中在东京的首都机能,移到富士山麓或仙台之类的地方,是很不现实的。不过就希腊城邦发展的历史经验来看,只有当地方县市有了活力,国家才能富强,因此除了财政、外交和防卫之类重大机构不适用外,我认为应把迁移也不会太影响政府机能的政府机构,尽可能地分散至地方,比方说北海道开发厅、冲绳开发厅就是不错的例子……为使日本诸岛平衡发展,避免成为头重脚轻的大头娃娃,需要在东京发展的同时,尽量激发其他府道县的更多活力。

当然,大公司的经管高层还会留在政府的"中枢机构"所在地。金融界人士也是如此,尽管他们中有些人也觉得东京太挤了,但是"紧贴中央"对他们而言至关重要。日本最大的钢铁公司新日铁,直到1967年都与三井共同拥有丸之内(严格说是在大手町,位于丸之内北面)的一栋大楼。现在它则以一年40亿日元,约合3000多万美元的价格,从三菱手中租用办公楼。如果在东京中心没有自己的土地,就连新日铁这样的大公司也没办法建起属于自己的办公楼。

过去10年里,丸之内的土地从未转手过。如果有一小块土地流入市场,买家在竞价时很可能会对卖家表示:"你要多少钱我都给。"

三菱称，想要丸之内土地的企业超过350家，若要全部满足，需要再开辟50英亩，约合20万平方米的新空间。

铃木知事与细川县长看法一致。昭和六十三年（1988年）7月号《东京人》上，他在与梅棹忠夫的对谈中表示："其他46个道府县，甚至连埼玉县，都在东京设有办事处……想在和平时期将首都从东京迁出是不现实的。没有自然灾害，没有大轰炸，没有明治维新这种革命运动爆发，要想迁都可不容易。"

埼玉县首府浦和市的三个车站，本身便是开往北部的主要上下班列车线在开出东京之后的第三、第四、第五站。但即使已经非常靠近东京，仍嫌太远。东京的吸引力是如此巨大，连埼玉县都必须过来设置办事处。

金钱与权利在东京的高度集中，其程度之深，在美国是难以想象的。粗略估计，在美国，大约三分之一的大型企业将总部设在纽约及其附近。但它们中的很多正准备搬离纽约，而且进行得很成功。除非迫于成本压力这种可谓不可抗力，没有迹象表明东京和关东地区有类似的企业外流现象，而一直都是企业往里涌。过去也曾经是政治中心的关西地区，直到第二次世界大战之前都还能够安慰自己说，虽然我已不是政治中心，但还是经济中心，而且这种看法也不是毫无依据的。但是现在，虽然关西人在经营商业方面，仍然可以说更勤恳敬业，但强调关西是经济中心，已不再具有多少说服力了。

虽然偶尔也有几家大企业没有把总部设在东京，比方说松下和丰田汽车，但即使是它们，在东京也必然设有分公司，而且规模很大，以致总部和分公司之间的区别，大概就只有前者掌管长期财务，后者负责日常运营。有些企业甚至在东京和大阪都设立总部。

东京的高度集中不止体现在企业和官僚机构方面。碰巧在我手边的一本"文学家备忘录"中，列出了大约400家文艺界人士可能需要查找的组织机构的地址和电话号码。其中只有7家不在东京及其周边地区：它们是位于大阪的摄影师协会，两家分别位于大阪和京都的出版社，一家在静冈的造纸厂，以及三家分别位于名古屋、大阪、神户的广告代理商。

同一本备忘录中列出的大约900位艺术和知识界人士中,只有十分之一居住在东京通勤圈(即往返东京的上下班距离)以外。这其中大部分是住在京都的大学教授,可见日本的文化领域尚且留有少许的分散化。京都大学作为唯一一所多少能与东京大学分庭抗礼的大学,其毕业生与东京大学的毕业生一样,能够获得进入精英阶层的敲门砖。

不过在另一个领域,京都大学甚至能提供更好的敲门砖。京都大学出了好几位自然科学领域的诺贝尔奖获得者,因此想成为科学家的英才们更应该瞄准京都大学。铃木都知事的孙子最近考入东京大学物理学院,但其实这是该大学唯一招不满人的学院。报考理科的考生如果同时通过了东京大学和京都大学的考试,往往会选择后者。不过在与权势相关,能为今后从政铺路的领域,如法律、政治、经济领域,情况正好相反,报这些学科的英才们,如果两所大学的入学考试都通过了,会选择入读东京大学,因为东大给出的敲门砖更可靠。现实中,京都大学之所以将入学考试安排在和东京大学同一天,就有这样的隐情,即使是最聪明的考生,也无法同时参加两所大学的考试,他们必须预先做出选择,这样也保全了京都大学的面子。

学生和大学也高度集中在东京,尽管可能比不上大企业、出版社和艺术家的集中度,但也十分惊人。全国三分之一的学院和大学,以及约半数的学生都在东京。尽管大学开始从都心向外迁移,趋于分散,但依旧没有离开大东京圈。顺带一提的是,茨城县南部新建成的筑波科学城,是把原来位于文京区的东京教育大学迁至大东京圈一带,再以此为核心大规模扩建而成的。筑波最大的特点之一就是十分沉闷。人们曾经设想会有成千上万的热血青年突然涌入这片原来什么也没有的地方,而且成田机场这个火药桶就在附近,学生们的不满很可能会借此爆发,但实际上什么都没有发生。大学运动此起彼伏的那段激情燃烧的岁月,不知怎么回事就消逝了,尽管也可能是学生的激情还未爆发出来,只是在闷烧而已。

不过,将来统治这个国家的终究还是东京大学的毕业生以及一小部分京都大学的毕业生。在这一事实面前,上面那些综合统计数据都不重要了。毕业于地方大学的人,若是能在地方公共团体或当地警队中谋到一个职位,已是非常幸运了。

如今,大阪在人口数量上已无可奈何地退居为日本第三大城市。它已被东京上班族们的"留宿城"(bed town)横滨超越。虽然横滨自己也是个相当重要的中心,但它成了东京上班族的留宿地,却是十分明显的。相对于夜间的人口,横滨的日间人口比例在日本十大城市中是最低的。

于是可以这么说,如今的东京既是一切,也几乎拥有一切。但许多东京之子可能会觉得它失去了最重要的东西,那就是使东京成为东京的个性特征。人们常会将其归咎于"美国化",但这并非真正的原因。因为东京看上去与美国城市没有多少相像的地方,在氛围上也几乎感觉不到什么相似之处。东京丧失个性特征,是那非常日本式的同质化进程导致的。各种事物都被东京吸收,而与此同时,东京自身也被各种事物所消解。日本就是这样一路胜利前行着,不用像当今许多国家那样为内部的分裂与对立问题烦恼。

虽然东京未来的规划并非只是想修建高新技术支撑的办公楼,但这种倾向确实十分强烈。同样的,虽然规划所涉地域范围并不完全局限于都心地带,但总体上还是以都心为重。如果规划成功变为现实,那么高层建筑群,其中许多由各区支持建造,将遍布城市各处。而在外围的市部,也将有新的"新城"拔地而起。与此同时,现有"新城"中的各种设施,如交通设施,也将得到改善。

尽管从地价的疯涨来看,东京中央几个区的土地利用率似乎已经饱和,但实际上,尚有进一步开发的余地。各处依然留有空地,其土地所有者也认为,尚有办法更集约地利用土地。三菱地所①称,如

---

① 三菱地所株式会社是日本最大的房地产开发商之一,始建于1937年。

果丸之内能像新宿站西口那样密集地修建超高层大楼,其办公空间可以比现在扩张 10 到 20 倍。紧邻新桥以东、银座以南的汐留货运站旧址,也就是当年东京中部第一个铁路终点站的所在地,终将被变卖并重新开发,用于偿还旧国铁留下的巨额债务。一批类似港区 Ark Hills 那样的综合建筑群,以及超高层公寓楼,也会拔地而起。当然后者显然不是中产阶级享受得起的。另外,东京中央车站南面,旧都厅的所在地还空着。很明显,都政府不想把它交给房地产开发商,而想用于修建大型会议厅及文化中心。

除此以外,还有一片待开发的处女地,那就是东京的河滨区域和更为广阔的海滨区域。最近访日的著名人类学家克劳德·列维·斯特劳斯(Claude Lévi-Strauss)说,他认为东京的未来在隅田川沿岸。每当这样的大人物关注什么时,其他人也会将目光转向那里。于是高层建筑的各种建设项目开始在隅田川沿岸各处展开。其中一个已经动工,处于建设过程中,那就是位于隅田川东岸,正对着浅草最喧嚣地段的朝日啤酒工厂①旧址再开发项目,这座工厂曾因破坏了隅田川的美景而遭永井荷风憎恶。不过,新楼宇大概也不会受荷风待见。因为它们比原来的工厂还要显眼,而且没有建筑学上的美感。这里一共计划建造三栋高楼和一些低层建筑。朝日啤酒公司打算在其中一个角上兴建大型啤酒厅,大概是这项计划中唯一有吸引力的部分了。

位于浅草和山谷贫民窟北面、隅田川更上游处的荒川区,作为较贫穷的区之一,规划兴建一片"川之手"综合建筑群。"川之手"这个名字,一看就知道是参照"山之手"一词取的。因为后者可理解为"山区",前者自然就是"河区"了。项目选址在隅田川大幅度向南打弯的

---

① 即朝日啤酒位于东京都墨田区吾妻桥的吾妻桥工厂。1989 年,"朝日啤酒大厦"(Asahi Beer Tower)等楼宇在其旧址上建成,其中的"朝日啤酒厅"(Asahi Beer Hall,スーパードライホール)真是个很奇怪的建筑,它顶上的"金色火焰"造型,还被人们戏称为"金便便"。

这一段的内侧，以隅田川货运站即汐入站为中心。该货运站也是我们前面提到过，塑造了山谷地区特质的重要车站。此外还包含了运动场和一小块居民区。其总面积是新宿站西口净水场旧址那块地的近4倍。具体规划方案由丹下健三，那位设计了新旧两处东京都厅的国际著名建筑大师设计。但整个方案看起来就是一堆管子和长方体的集合，让人感到索然无味。虽然我们不愿认为丹下健三已黔驴技穷，但现实让人不得不产生这种怀疑。即便如此，他的名字在东京未来规划中仍无所不在。

东京湾沿岸即海滨地带，作为待开发的处女地有着广阔的前景。江户时代的海岸线现在已荡然无存。明治时代的浮世绘艺术家们很喜欢描绘蒸汽机车沿海岸边的铁路驶向横滨的场景。而如今，铁路线的东侧已完全成为填海地。有将近4000公顷土地从东京湾填出，成为东京都陆上面积的一部分。另外两个临海县：千叶县和神奈川县，也有大片的填海地。横滨对填海地也有着宏伟的规划，包括将在横滨站东面的填海地上建造比池袋阳光60大厦还高的、能在一段时间内号称日本第一的高楼。在千叶县内与东京都交界处的浦安市，也就是东京迪士尼乐园的周边，已建成4家大型酒店，第5家也将完工。为了便于宣传推广，这片区域多被称为"舞滨东京海湾度假城"（舞浜東京ベイ・リゾート・シティー，Maihama Tokyo Bay Resort City）。该名称中的最后三个单词是源自英语的外来语。舞滨是浦安的一部分。

东京都内的填埋地中，将近一半已被开发，主要用于兴建工厂、船坞和运动场等设施。剩下的2000公顷中，都政府已对440公顷有了规划，其中320公顷土地的所有权在都政府手中。规划的重点是利用近四分之一的土地兴建一个"信息港"（テレポート，teleport），其实就是一个配有卫星通信等最新高科技设施的通信中心。另外还计划修建20多栋高层办公楼、合租公寓屋（预计可容纳5到6万人，以东京的总人口看来可谓沧海一粟），以及一些运动和文化设施。整个工程的规模估计会从新桥以东向南一直延伸至品川近海之地。

这就是东京未来的蓝图,其中一部分已经开始成为现实,但总体来说,这些规划非常零散,缺乏整合,一块在这儿,一块在那儿,大多还停留在设想阶段。它们并非都能实现。即使不论巨额的先期投入,这类计划的数量也太多了,就是其中最有希望实现的"信息港"建设计划,据估算也要花费超过 300 亿美元。只要都政府不改变整体思路,凭它一己之力根本无法搞定,必须依靠大企业的帮助,当然后者估计会十分乐意。

总之,在这幅关于东京未来的图景中,几乎没有给中产阶级留下任何希望,他们如今正被驱往远郊和邻县。从美学角度来看,这幅未来图景也不令人赏心悦目。已被开发的东京湾填海地,只能说是个煞风景的地方,只有尘土和混凝土连绵不绝。虽说过去的老街区看上去多少有些杂乱,如皇宫北面、神田附近那片店铺和住宅混杂的地域,并且那里的屋主对各自的房屋应该是什么样子,都与邻舍看法略微不同,导致整片街区缺乏协调性,但这些老房子至少有一种自然形成的、颇有历史感的韵味。而新兴的大片填埋地则毫无这种感觉。

可以想见,当今世界最富有的城市,自然想要尽可能地延续现有的繁荣,为此投入巨资加强通信、信息等方面的建设,也是很自然的。但结果却是,这座城市对其面临的最大问题未予重视,那就是:不那么富有的阶层在生活上得不到照顾,不够有钱便难以融入这座城市。虽然这可能无法避免,但我想至少在城市美观性的问题上,可以提出质疑,最后的处女地即新近填埋而成的土地,一定要走前辈们煞风景的老路吗;分散于东京各处的钢筋水泥立方体,一定要整成像 Ark Hills 那样散发着冷冰冰的光芒,或是像团地公共住宅区那样灰头土脸吗?前景不容乐观。因为在这些领域里,日本人并没有展现过什么天赋。规划方案使用的术语可谓毫无原创性,几乎都是模仿他人。我们前文提到过的"后现代"一词,到处都是。"空间"这个看起来几乎摒弃了审美判断的词汇,也是同样。每当听到有人把某个建筑形容为一个有趣的"空间",我总忍不住想打断对方(即使是在演讲途中),说道:"好吧,假定它仅仅是个'空间',那么它这里凸出来,那里凹下去，坑坑洼洼也是挺有创意的，但你难道不觉得这实在太丑了吗？"

当美国最"多金"时，它创造了纽约的宏伟壮丽。当西欧诸国还很有钱时，它们塑造了阿姆斯特丹、巴黎和伦敦的稳重和谐。如今，东京正在汇聚前所未有的海量通信和情报，不过这一切都还是无形的，当它最终化为有形之时，这座城市能否拥有壮美或和谐呢，不得不说，这种可能性是很小的。

作者注释

p. 24 "*he regained consciousness.*" Akutagawa Ryunosuke, in *Daitōkyō Hanjōki (A Chronicle of the Prosperity of Tokyo)*, in two volumes, 1928; *Shitamachi (The Low City)*, 13 – 14.

31 *A Dutch observer*. Pompe van Meerbevoort, quoted in *Tōkyō Hyakunenshi (A History of the Tokyo Century)*, in six volumes; 1. 1973, 1521 – 22.

34 *wife and daughter*. Tanizaki Junichirō, *Setsuyō Zuihitsu (Osaka Essays)*, 1935, 229 – 33. Tanizaki uses the French/English "vaudeville."

36 "*Edo townsmen.* "Hasegawa Shigure, *Kyūbun Nihombashi (Ancient Tidings of Nihombashi)*, 1935, 232.

43 *by the solar*. The solar or Gregorian calendar was adopted on January 1, 1873. That date corresponded to December 3, 1872, under the lunar calendar, and so the remaining days of the lunar year were dropped. Except when otherwise specified, dates through 1872 have been converted to the Gregorian calendar.

46 *Edo as it was. The Poems of Tanizaki Junichirō*, 1977, 348. Composed on August 19, 1962.

48 *drank himself to death*. Hasegawa, *Kyūbun Nihombashi*, 63.

51 "*houses are built.* " W. E. Griffis, *Guide Book of Yedo*, 11.

51 *into the river*. John Russell Young, *Around the World with General Grant*. Two volumes, 1879. II, 597 – 98. The Enriokwan, or Enryōkan, was the guest house at the Hama Palace.

52 *Fukuzawa Yukichi. Seiyō Jijō (The Situation in the West)*, second part, 9. In Fukuzawa Yukichi, Collected Works, II, 1898.

57 *florid decorations*. Tanizaki Junichirō, *Yōshō Jidai (My Boyhood)*,

in Collected Works, XXIX, 1959, 181 - 84. "Sanctuary of the Instincts" is Honnōji. A temple by that name, where occurred perhaps the most famous assassination in Japanese history, that of Oda Nobunaga, is situated in Kyoto. Here the name is, of course, used sportively.

58 *an interrupted dream.* Kitahara Hakushū, in *Daitōkyō Hanjōki, Shitamachi,* 166 - 67. Kinoshita Mokutarō was a well-known poet. Eau-devie de Dantzick is in Roman letters in the original.

62 *transfer to Fukagawa.* Nagai Kafū, Collected Works, V, 1948, 80 - 81.

62 *"Mitsukoshi is today.* "Hasegawa, *Kyūbun Nihombashi,* 14.

64 *water from embankments.* The novelist Kikuchi Kan described a more interesting sort of gaffe in the case of the postal service, begun even before the opening of the railroad. The two characters on the post boxes were misconstrued as "urinal." *Meiji Bummei Kidan (Curious Tales of Meiji Civilization),* 1948, 60.

71 *a school of whitefish.* Osanai Kaoru, *Okawabata (The Bank of the Big River),* 52 - 53, 55 - 56. Masao is of course the hero, closely resembling Osanai. Kimitarō is a geisha. Some of her colleagues go for English lessons to the Summer School in Tsukiji, attended by the young Tanizaki. Nakasu was a restaurant and theater district in Nihombashi. Today it lies mostly beneath expressways.

72 *The River Sumida.* Widely published. See, for instance, *Nihon no Bungaku (Japanese Literature),* XVIII, 1967, 138.

73 *Mitsui the millionaire.* W. E. Griffis, *The Mikado's Empire,* 1906 (eleventh edition; first published 1876), 365 - 66, 370.

74 *"latrines of later years."* Ishii Kendō, *Meiji Jibutsu Kigen (Origin of Things Meiji),* Part 2, 1944, 734.

74 *une laideur Americaine.* Pierre Loti, *Ouevres Complètes,* undated, IV, 473.

75 *"structural hodge-podge."* Philip Terry, *Guide to the Japanese Empire,* 1920, 143.

76 *a famous artist.* Kishida Ryūsei, in *Daitōkyo Hanjōki, Shitamachi,* 360.

78 *someone would say.* Tanizaki, *Yōshō Jidai,* 91. The Kairakuen, in Nihombashi, was the first Chinese restaurant in Tokyo (see page 113). Genchan, son of the proprietor, was a close friend of Tanizaki's.

78	*connoisseur of fires and firefighting methods.* E. S. Morse, *Japan Day by Day*, 1936, I, 31 - 32; I, 133; II, 125 - 26.
80	*willows in full leaf.* Kubota Mantarō, Collected Works, XII, 1948, 250 - 51.
81	*"capital of the Tycoon.* "Sir Rutherford Alcock, *The Capital of the Tycoon*, 1863, I, 115.
84	*dim in mists.* Kubota, Collected Works, XII, 210 - 11.
89	*lights were to be discerned.* Takahama Kyoshi, in *Daitōkyō Hanjōki, Yamanote (The High City)*, 63 - 64.
93	*"cry out in astonishment."* Natsume Sōseki, *Gubijinsō (The Poppy)*, 1908, 255.
93	*"wait for pretty boys."* Tanizaki, *Yōshō Jidai*, 73, 75.
95	*"passed away forever."* Griffis, *The Mikado's Empire*, 550.
96	*"Edo was destroyed."* Tayama Katai, Collected Works, XV, 1974, 539.
102	*"old one had not been."* Hasegawa, *Kyūbun Nihombashi*, 117 - 18.
106	*"trees and foliage."* Basil Hall Chamberlain and W. B. Mason, *Murray's Handbook: Japan*, 1903, 115.
106	*acting to the end.* Cf. *Titus Andronicus*, II, IV: "Enter Demetrius and Chiron, with Lavinia, ravished; her hands cut off, and her tongue cut out."
116	*"erected immediately."* Clara Whitney, *Clara's Diary*, 1979, 257.
117	*"to our honored country."* Ibid., 260 - 61.
128	*"chatters on and on."* Quoted in *Nishikie Bakumatsu Meiji no Rekishi (A History of Late Edo and Meiji in Woodcuts)*, X, 1978, 82. I have not been able to trace the source in Ryokuu's writings.
129	*behind the grand hall.* Kubota, Collected Works, XII, 55 - 57.
132	*in vacant lots.* Nagai Karū, *Hiyorigeta (Good-weather Footgear)*, widely published. See, for instance, *Nihon no Bungaku (Japanese Literature)*, XVIII, 1967, 440 - 41. The Japanese names of the weeds referred to are *kayatsurigusa, nekojirashi, oka no mamma, ōbako,* and *hakobe.*
140	*of her short stories.* Higuchi Ichiyō, "Takekurabe" ("Growing Up"), widely published. See, for instance, *Nihon no Bungaku (Japanese Literature)*, V, 1968, 98.
144	*oscillations of the boats.* Morse, *Japan Day by Day*, I, 129 - 31.

144	*hopeless condition spiritually.* Whitney, *Clara's Diary*, 93 - 94.
146	*sharp and cold.* Nagai Kafū, "The Fox." Widely published. See, for instance, Collected Works, XII, 94. The Japanese title is "Kitsune."
154	*shiver, pleasantly.* Tanizaki, *Yōshō Jidai*, 120 - 21.
154	*"out of patience."* Whitney, *Clara's Diary*, 277.
155	*illuminate his face.* Morse, *Japan Day by Day*, I, 28 - 29.
155	*"clean away the decay."* Quoted in *Japanese Music and Dance in the Meiji Era*, compiled and edited by Komiya Toyotaka. Centenary Culture Council Series, III, 1956, 191 - 92.
160	*"what he had left was Yose."* Osanai Kaoru, quoted in the magazine *Hon*, distributed for advertising purposes by Kodansha, June, 1980.
163	*busy holiday-makers.* Chamberlain and Hall, *Murray's Handbook: Japan*, 1891, 85 and 87.
165	*upset no one.* Tanizaki, *Yōshō Jidai*, 109 - 10.
172	*a romantic setting.* Quoted by Kubota, Collected Works, XII, 94.
176	*would not soon forget.* Higuchi Ichiyō, "Growing Up." Widely published. See for instance *Nihon no Bungaku*, V, 98.
194	*air of the degenerate.* Tayama Katai, in *Daitōkyō Hanjōki*, *Shitamachi*, 300 - 3, 304 - 6. *Owai*, "excrement," was the cry of the night-soil draymen as they made their way through the city. "Spectacle Bridge," Meganebashi, was another name for Yorozuyobashi, also known as Manseibashi, in Kanda. The English word "degenerate" is used.
194	*today, assembled.* Hasegawa, *Kyūbun Nihombashi*, 163, 165 - 66.
195	*affluence in party dress.* Ibid., 233. *Danna*, something like "master" or "head of the house," is the word rendered "men of affluence."
205	*"Nôtre Dame to Paris."* Griffis, *The Mikado's Empire*, 378.
206	*"at such play."* Ibid., 388.
207	*"a charred waste."* Akutagawa Ryūnosuke, quoted by Kubota Mantarō in Collected Works, XII, 31 - 32.
208	*since the earthquake.* Ibid., 33 - 34.
209	*attributes of a park.* Tokyo Annai (A Guide to Tokyo), 1907, II, 448. The area of the park converts to about thirteen and a half acres. The Satake were lords of Kubota, the present Akita.
210	*that ancient sadness.* Nagai Kafū, from *Udekurabe (A Test of Skills)*.

Widely published. See for instance *Nihon no Bungaku (Japanese Literature)*, XVIII, 1967, 221.

214 *old Fukagawa was*. Akutagawa, in *Daitōkyō Hanjoki, Shitamachi*, 3, 30, 46. Regions within "the red line" were under the Edo magistracy. In effect it marked the ciry limits.

214 *"semblance of sanctity."* Chamberlain and Hall, *Murray's Handbook: Japan*, 1903, 88.

215 *"at the head of their lists."* *Tokyo Annai*, 1907, II, 598, 650.

219 *clams and seaweed*. *Ibid*., II, 745 – 46.

222 *a more revolting form*. Alcock, *The Capital of the Tycoon*, I, 111 – 13. *Norimono* and *kago* are two words for "sedan chair." The Tocado is more properly the Tokaido.

224 *"from other years."* Osanai Kaoru, in *Daitōkyō Hanjoki, Yamanote*, 547.

235 *half of it to ashes*. Arishima Ikuma, *Ibid*., 94, 96.

237 *"cawing outside the window."* Morse, *Japan Day by Day*, I, 15.

253 *"that suggests Valentino."* Kishida Ryūsei, in *Daitōkyō Hanjōki, Shitamachi*, 362 – 63.

256 *it rained*. Nagai Kafū, *Hanabi (Fireworks)*. Widely published. See for *instance, Kafū Zuihitsu (Kafū's Essays)*, III, 1982, 14.

258 *dwell outside it*. Terry, *Guide to the Japanese Empire*, 133.

276 *had not yet come*. Tanizaki, *Setsuyō Zuihitsu*, 215 – 21.

295 *"avenues and streets."* *The Reconstruction of Tokyo*, Tokyo, Tokyo Municipal Office, 1933. iv.

296 *"from our beds."* Quoted in *Tōkyō Hyakunenshi (Tokyo Centennial History)*, Tokyo, Tokyo Prefectural Office, in six volumes, IV, 1972, 1241.

297 *"field of flowers."* Collected Works, Tokyo, Shinchōsha, II, 1970, 54.

297 *"mountain of rubble."* *Ibid*., 55.

300 *"prayed in silence."* Collected Short Stories, Tokyo, Kōdansha, 1964, 338.

300 *"fresh autumn wind."* Collected Works, Tokyo. Iwanami Shoten, XIX, 1964, 332.

300 *"seemed very near."* Collected Works, VIII, 1963, 94.

302 *"woman out dancing."* Collected Works, XIX, 334.

305 "*royal death approaches?*" Collected Works, XX, 1964, 86.
311 "*a generous estimate.*" Collected Works, Tokyo, Chūō Kōron Sha, XXII, 1959, 157 – 59
312 "*appearance of health.*" Collected Works, XII, 1970, 39.
313 "*to be beautiful.*" Ibid., 33.
320 "*be your bride.*" Shōwa Ryūkōkashi (*A History of Shōwa Popular Music*), Tokyo, Mainichi Shimbun, 1977, 59.
323 "*the repellent kind.*" Collected Works, XXIX, 1982, 232 – 34. A more recent version of the collected works than that cited elsewhere.
340 "*after a rain.*" Op. cit., 197.
340 "*into the mirrors.*" Collected Works, VIII, 236.
341 "*on their way.*" Collected Works, Tokyo, Shinchosha, III, 1977, 14.
342 "*medical science marvelous?*" Collected Works, II, 28 – 29.
343 "*just like Osaka.*" Collected Works, III, 28.
343 "*not with dew.*" Shōwa Ryūkōkashi, 51 – 52.
344 "*a chain store.*" Op. cit., 14.
348 "*spring and autumn.*" p. cxc.
355 "*for the dancer.*" Shōwa Ryūkōkashi, 48 – 49.
353 "*into new ones.*" Collected Works, II, 30 – 31.
354 "*song and legs.*" Ibid., 31.
355 "*the Fourth District.*" Ibid.
359 "*was really listening.*" Collected Works, III, 356. The passage is a single sentence in the original.
360 "*stroll down Ginza.*" Collected Works, II, 33.
362 "*bags of sweets.*" Ibid., 128 – 29.
362 "*quite radiates eroticism.*" Ibid., 109.
363 "*world doesn't have.*" Ibid., 86.
365 "*only in Asakusa.*" Collected Works, III, 75.
376 "*want to flee.*" Chikamatsu Shūkō, quoted in Tōkyō Hyakunenshi, V, 1972, 900.
384 "*of a room.*" New York, Alfred A. Knopf, 1957, 483.
386 "*make haste, sing.*" Collected Works, XII, 1963, 402 – 3.
386 "*at my breast.*" Ibid., 408.
386 "*make the sacrifice.*" Ibid., 413.
387 "*in the hall.*" Ibid., 422.

387 "to be in." Ibid., 430.
387 "from human affairs?" Ibid., 432.
388 "breaks the silence." Ibid., 437.
389 "together are removed." Collected Works, Tokyo, Keisō Shōbō, 1, 1970, 153.
340 "of their dream." Ibid., 241.
392 "letting things go." Collected Works, XIX, 1974, 551–52.
392 "going to ruins." Collected Works, XXIII, 1964, 439.
393 "moral from this." Collected Works, XIX, 570.
393 "neglect the place." Asakusa, edited by Takami Jun, Tokyo, Eihōsha, 1955, 272.
408 "that odd building," p. 96.
418 "a modest gift." Collected Works, Tokyo, Chikuma Shobō, IX, 1978, 17.
452 "how agreeable." Shōwa Ryūkōkashi, 141.
458 "a different route." Collected Works, XXIV, 1964, 180.
463 "with Edict 9." Murata Hiroo, in Takami, Asakusa, 240.
465 "of us Japanese." Quoted in Shōwa no Sesō (Aspects of Shōwa), edited by Harada Katsumasa, Tokyo, Shōgakkan, 1983, 140. The Harada volume is an appendix to the Shōgakkan history of the Shōwa Period.
494 "came back again." Akatsuka Yukio, quoted in Edo Tōkyō Gaku Jiten (The Edo Tokyo Encyclopedia), edited by Ogi Shinzō et al., Tokyo, Sanseido, 1987, 239.
506 "things a bit." Quoted in Harada, op. cit., 254.
515 "oversaw the destruction." It may be a mistake to say that nothing else survives of Mitsubishi Londontown. Fragments of the Ginza Bricktown of early Meiji, thought to have been utterly lost, have turned up in the course of demolitions, excavations, and rebuildings.
523 "helpful of police." When a friend and I tried to photograph the mammoth police box we were told that regulations forbade it. Inquiry with police headquarters revealed that there are no such regulations.
527 "villa of Kikugorō." Collected Works, IX, 1964, 111–12.
530 "use of space." Arthur Koestler, as we were having a stroll.
535 "Sanyūtei Kimba." Quoted in Shōwa no Sesō (Aspects of Shōwa),

edited by Iwasaki Jiro and Katō Hidetoshi, Tokyo, Shakai Shisōsha, 1971, 269.

542 *"had a point.* " The lady, obviously American, winked and smiled and made the remark as she got off the riverboat from Asakusa. I was waiting at Shibaura to board the same boat in the opposite direction.

544 *"going to win.* " Tamanoumi, in *Bungei Shunjū ni Miru Shōwa Supōtsu shi (A History of Shōwa as seen in Bungei Shunjū)*, II, 1988, 526. The article is reprinted from the magazine *Bungei Shunjū* for April 1970. Tamanoumi became a Yokozuna in 1970 and died while still an active wrestler.

570 *"have a home.* " *Shōwa Bungaku Zenshū* (a uniform edition of Shōwa writing), Tokyo, Shōgakkan, IX. 1987, 44.

573 *"edge of bankruptcy.* " Fukuda Shintarō, president of the Jiji News Service, in conversation.

599 *"goes on developing.* " *Tōkyōjin (The Tokyoite)*, March-April 1988, 134 – 35.

600 *"not be easy.* " *Tōkyōjin,* special issue, July 1988, 22 – 23.

索引

说明1. 第一项为英文原文,第二项为原书页码(见本书边码),第三项为中文译名(仅限专有名词),第四项为日文原名(仅在易混淆时标注)。
2. 斜体数字以及"页数 *and illus.*"表示插图所在页数,因本书未收插图,故可略。

ABCD encirclement, 404, ABCD 包围圈
Abe family, 239, 阿部家族
Abe Sada (O-sada), 402, 阿部定, お定
addresses, 228–29
Adults' Day, 144, 成人节
advertising, 118, 271, 213, 558
air raids, *416*, 418
Aishinkakura Eisei, 534, 爱新觉罗·慧生
Akasaka, 511–12, 赤坂
Akasaka Detached Palace, 40, 230, 236, 赤坂离宫
Akasaka Ward, 228, 232, 249, 赤坂区
akasen (red line), 532, 赤线区
Akihabara district, 211, 秋叶原区
Akihabara electronics market, 471, 秋叶原电器街
Akutagawa Ryūnosuke, 24, 110, 214, 321, 芥川龙之介
Alcock, Sir Rutherford, 81, 221, 224, 阿礼国
alleys, 96; broad, 163, 568
American Occupation, 420–94; end of, 473; housing and, 439–40; pleasure quarters and, 457; street stalls and, 433; theaters and, 449; wards and, 443–45; *see also* postwar period
ameshon, 451, 阿美小
Ameya Yokochō (Ameyoko), 426, *427*, 阿美横丁
Anchūha, 536, 安中派
Angoha, 536, 安后派
anti-Americanism, 459
Anti-Japanese Armed East Asian Front, 585, 东亚反日武装战线
Aoyama Avenue, 499–500, 507, 508, 青山大道
Aoyama Gakuin (missionary school), 202, 488, 青山学院(教会学校)
Aoyama Gakuin University, 488, 青山学院
"Apple Song, The," 452,《苹果之歌》
"après-guerre," 405, 战后派
aqueducts, 95, 275
Arakawa Drainage Channel, 72, 219, 257, 308, 386, 408, 415, 419, 542, 荒川排水渠

Arakawa River, 180, 257, 荒川

Arakawa Ward, 376, 379, *380*, 441, 545, 579, 603, 荒川区

"*arbeit salon,*" 462, 兼职沙龙

architects, 81

architecture, 81–89, 231, 252, 519–20, 345; aesthetics and, 603; brick buildings, 74–75, 90; Edo (Tokugawa period), 81; following 1923 earthquake, 312–13; government buildings, 228–31; 1930s, 406–08; of department stores, 316; skyscrapers, 550–51; Western buildings, 81–82; Yoshiwara, 532 *and illus.*; *see also individual buildings*

Arishima family, 234, 242, 有岛家族

Arishima Ikuma, 242, 有岛生马

aristocracy, 32, 186, 187, 242, 244

Ark Hills, 563–64, 603, 605

Arnold, Sir Edwin, 129, 埃德文·阿诺德

art, *see* prints; woodcuts

artists, 209, 244, 345

Art Theater (Geijutsuza), 266, 556, 艺术座

Asahi Shimbun (newspaper), 283, 309, 356, 559, 《朝日新闻》

Asakusa Kannon Temple, 138, 205, 312, 浅草观音寺

Asakusa opera, 261–64, 353–54, 浅草歌剧

"Asakusa Mynah Bird, The," 365, 《浅草的九官鸟》

Asakusa park, 128, 163, 342, 255, 356, 379, 397, 434–35, 456, 浅草公园

Asakusa Twelve Storys (Ryōunkaku), 84–86, 浅草十二层塔 ("十二层"、凌云阁), 浅草十二階

Asakusa Ward, 52, 99, 152, 191, 206, 209–10, 376, 456, 545, 浅草区; character of, 363–65, 390–92; decline of, 456, 566; Ginza compared to, 390–92; literature and, 668–70; new, 207–08; rebuilding of, 455; reviews, 353–67, *361, 365*; as *sakariba*, 324–25, 353; during Taishō, 260–64, *261*; temples and cemeteries in, 206; theaters, 566, *567*; World War II and, 385–89, *394*; *see also* Kawabata Yasunari; *Scarlet Gang of Asakusa*

assassinations, 146, 308, 405, 586

Asuka Hill, 138, 579, 飞鸟山

Asukayama Park, 128, 134, 135, 136, 579, 飞鸟山公园

automobiles, 34, 64, 294, 302, 334, 422, 433, 466, 474, 492, 513, 537, 581

Azabu Ward, 325, 563, 麻布区

Azuma Bridge (Azumabashi), 71, 72, 216, 吾妻桥

Azuma Ryūtarō, 496, 525–26, 东龙太郎

Baldwin (balloonist), 117, 鲍德温

balloons, 117

Banchō district, 235, 番町

Bandō Mitsugorō, 478, 坂东三津五郎

Bandō Tamasaburō, 449, 坂东玉三郎

bankara (style of dress), 111, "蛮领"

Bankers' Club, 514, 515, 577, 银行家俱乐部

Bank of Japan building, 87–88, 90, 188, 192, 196, 日本银行

"Bank of the Big River, The" (*Okawabata*) (Osanai), 69–70, 160, 《大川端》

Bank of Tokyo, 515, 东京银行

banzai, shouting of, 105, "万岁"

barbershops, 103–04

barracks, 296; military, 242

bars, 309, 311, 338, 339, 341, 386, 460,

493, 558, 560, 567, 593
Barton, William, 84, 威廉·巴顿
baseball, 105, 169–71, 274, 303, 347–49, 398–99, 450, 463, 464–67, 544, 545, 590; night games, 466, 478; World War II and, 398–99, 364–65
bataya (ragpicker), 380, 端屋
bathhouses, 103
baths, public vs. private, 103
Bauduin, E. A. F., 126, 鲍德温医生
Baxter, Anne, 507, 安妮·巴克斯特
bay front, 603–04
bazaars *(kankōba)*, 123, 劝工场
beaches, 114
Beard, Charles, 51, 268–69, 276, 297, 561, 查尔斯·比尔德
Beatles, 589
beauty school, 104
beef, eating of, 111–12
beer, 105
beggars, 379
benshi, 351–52, 弁士
Bird, Isabella, 74, 81, 205, 伊莎贝拉·伯德
Bird Fair (Tori no Ichi), 140, 176, 酉市
birds, 137
Black, J. R., 203, J. R. 布莱克
black markets, 425 *and illus.*, 426, 569
blossom-viewing, *see* cherry blossoms; peach blossoms; pear blossoms; plum blossoms
"Boatman's Song, The," 277, 《船头小曲》, 船頭小唄
boats, pleasure, 38, 68
bombings, 585; *see also* air raids
Bonin (Ogasawara) Islands, 47, 小笠原群岛
boundaries of Tokyo, 47–48

Boys' Day, 142, 男孩节
bread, 111
brick buildings, 74, 75, 90, 515, 540
Bricktown (Ginza), 61, 74 *and illus.*, 86, 90, 122, 188, 197, 198, 炼瓦街
bridges, 68, 69, 71–72, 313–14; *see also specific bridges*
British embassy, 228–29, 231, 235, 英国大使馆
British legation, burning of (1863), 31, 英国公使馆
broad alleys *(hirokōji)*, 163, 568, 广小路
brothels, 55, 174–75, 177, 487, 530, 532
Buddhism, 408
Buddhist clergy, 317
Bummei Kaika, *see* Civilization and Enlightenment, 文明开化
Bungei Kyōkai (Literary Society), 266, 文艺协会
building, 540; *see also* architecture
bunka jūtaku (cultural dwelling), 328, 文化住宅
Bunkyō Ward, 441, 528, 文京区
buses, 61, 332, 333, 369, 402–03, 493, 563
bureaucracy, Edo, 3
business girl, 533
butchers, 112

cafés, 309, 310, 311, 324, 336, 337, 338, 339–45, 386, 396, 460–61; *see also* bars; coffee houses; tea shops
calling cards, 106, 名片
canals, 59, 68–69, 96, 190, 197, 298, 314, 408, 423, 497, 498, 542
Capital District, 48, 409, 540–41, (东京)都

683

cartoons (comics), 397–98, 594
"casino," 323–24, 娱乐城
Casino Folies, 355–67, 378, 390, 赌场游乐厅
cemeteries, 39, 125, 131, 139, 171, 205, 206, 209, 222, 327, 417
chairs, 110
Chamberlain, Basil Hall, 106, 162, 214, 258, 巴兹尔·霍尔·张伯伦
chanoyu (tea ceremony), 36, 37, 茶道
censorship, 410, 447, 450
Chaplin, Charlie, 346, 347, 查理·卓别林
Chaplin caramels, 267, 卓别林奶糖
"Charleston," 323, 366, 查尔斯顿摇摆舞
cherry blossoms, 125, 126, 127, 135, 138, 139, 168, 176, 579
Chiba Prefecture, 52, 456, 458, 501, 596, 597, 千叶县
chikan (masher), 597, 痴汉
children, 142; reviews and, 356, 362
Children's Day, 142, 儿童节
China Incident, 381, 七七事变
Chinese cuisine, 112, 中华料理
Chinese people, 429, 568
Chiyoda Ward, 440–41, 472, 498, 568, 596, 千代田区
cholera epidemics, 40, 94, 114, 116
Christianity, 40, 244
Christmas, 318
chrysanthemums, 109, 135, 138, 176
Chūō University, 212, 中央大学
Chūō Ward, 186, 440, 498, 542, 558–59, 568, 592, 593, 中央区
Citizens' Day, 48, 市民日
city council, 48, 368, 375, 442
City Hall, 90, 市政厅

Civilization and Enlightenment (Bummei Kaika), 34, 38, 49, 93, 102–03, 105, 文明开化; meaning of, 52, 53
clams, 134, 137, 219, 223
class distinctions, 97, 190, 233
clock tower, Hattori, 199, 203, 服部钟楼
clothing: footwear, 315; men's, 509; women's, 319, 326, 510; see also dress
cod, 432, 433, 棒鳕
coffee houses, 113, 461–62; see also cafés
colleges, 601; see also universities
comic monologues, 37, 滑稽的落语表演
comics, see cartoons
communists, 514, 526, 572
commuting life, 597, 上下班生活, 通勤事情
Conder, Josiah, 81–82, 83–84, 90, 124, 231, 239, 240, 312, 577, 约西亚·肯德尔
conformity, 549
conservatism, 36, 141, 145, 190, 196, 363, 392
constitution, Meiji, 35–36, 49, 105, 202, 404, 462, 明治宪法
cooking, 345–46
corporate offices, 600–01
cosmetics, 326
courtesans, 171–72, 174–75, 337; see also geisha
crime, 401–03, 573, 584–88; gangs, 429–30, 556; and criminals, 43, 102–03, 165–68, 203–4; in Olympic years, 524–25; organized, 429–30, 584; political, 584–87; postwar period, 475–76, 478–82; *sōkaiya*, 524–25, 587; white-collar, 524–

684

25, 587
crosswalks, overhead, 582, 人行天桥
cultural center, Tokyo as, 99

Daiei Building, 87, 大荣大楼
Daiichi Hotel, 407, 437, 第一宾馆
Daiichi Insurance Building, 421, 第一保险大厦
Daiichi Kangyō Bank, 192-93, 第一劝业银行
Daimaru store, 62, 63, 187, 大丸百货
dairy products, 111, 271
dances, Niwaka, 176, 仁轮加
dancing, 109, 113, 320-21, 432, 447
danchi, 540, 605, 团地
Dangozaka, 138, 238, 团子坂
Danjūrō (Kabuki actor), 27, 116, 155-57, 159, 167, 416, 团十郎
Dazai Osamu, 493, 太宰治
de Beauvoir, Simone, 589, 西蒙·德·波伏娃
democracy, Taishō, 255, 276, 大正民主
department stores, 118-19, 119-20, 314-15, 516, 559; fires in, 318-19, 533; Ginza district, 559-60; *see also specific stores*
detectives, private, 105
depression, economic (1930s), 378-79
Diary of a Mad Old Man (Tanizaki), 514, 《疯癫老人日记》
diet, changes in, 111-12
Diet building, 228, 508, 国会议事堂
DiMaggio, Joe, 451, 乔·迪马乔
diving girls, 363
dollar, value of, 547
Doolittle, James A., 413, 詹姆斯·A.杜立德
doraibu (pleasure driving), 537, 驾车兜风
"double life, the," 101, 118, 145
doughnut effect, 329, 492, 甜甜圈化
drainage channel, 219, 257
drama, *see* theater
dress: Meiji, 103, 104, 107, 109, 111, 120, 174; Taishō, 252, 270
Dream Island, 526, 542, 573, 574
Drifting Clouds (Hayashi), 569, 《浮云》
drug problem, 494, 573
During the Rains (Kafū), 309-10, 338, 340, 344, 《梅雨前后》

Earthquake Memorial Hall, 299 *and illus.*, 417, 震灾纪念堂
earthquake of 1855, 26, 40
earthquake of 1923, 23-27, 33-34, 295-99, 296, 319-23
East Ginza, 425, 528, 东银座
Ebara, 327, 荏原
Echigoya (store), 193, 越后屋
economy, 300-01, 377-80, 547
Edo (the pre-Restoration city), 24-44; architecture of, 81; aristocracy of, 32; as capital and bureaucratic center, 31; demise of, 28, 184-85; foreigners in, 40; literature of, 245-46; pleasure quarters of, 30, 36, 37, 38-39, 150-51; population of, 32, 42; renamed Tokyo (1868), 44; rice riots in (1866), 41-42; stores in, 118; streets and alleys of, 96; theaters of, 37-38; transportation in, 37-38; Yose (variety or vaudeville halls) of, 37, 寄席
Edo castle, 46, 498, 500, 517, 江户城堡
Edo culture, 30, 36-39, 49-50, 98, 150-51, 245-46

685

Edogawa, 440, 江户川
education, 99, 202; during Taishō, 272–73; *see also* colleges; schools; universities
Eight Ginza Blocks (Takeda), 341–42, 344, 《银座八丁》
Einstein, Albert, 267–68, 爱因斯坦
Ekōin Temple, 163, 214, 回向院
elderly people, 425
Electricity Hall, 128, 566, 电气馆
electric lights, 93
electric power companies, 94
elevators, 120, 519, 547
Elocution Hall (Enzetsukan), 76, 演说馆
embassies and legations, 53, 228–29
emperors: Shōwa, *307*, 308, 420, 445–46 *and illus*., 475, 546–47; Taishō, 301–06, *304*, *305*
Enchō (Yose performer), 160–61, 三游亭圆朝
English period in architecture, 81
enkashi (street minstrels), 167–68, 168, 171, 演歌师
Ennosuke (Ichikawa Ennosuke), 446, 449, 市川猿之助
Enomoto Kenichi (Enoken), 536–57, 358, 393, 394 *and illus*., 456, 487, 榎本健一(榎健)
epidemics, 33, 35, 40, 482
era names, 40, 305, 年号
Ernie Pyle, 395, 449, 451, 453, 560, 厄尼·派尔
eroguro (erotic-grotesque), 341–43, 362, 378–79, 色情怪诞, エログロ
eroguro nansensu (*eroguro nonsense*), 色情荒诞, エログロ・ナンセンス
"Essence of National Polity, The," 404, 《国体的本义》

ethnological museum, 566
"event," 508–09, 公开活动, イベント
exchange rate, 547, 595–96
exports, 547
expositions, 93, 123–24, 126, 127, 251, 487, 博览会

factories, 98, 114, 115, 212, 214, 328, 604
fads, *see* vogues
fairs, *see* expositions
"Faltering of the Virtues, The" (Mishima), 536, 《美德的踉跄》
farmland, 99, 231–32, 328
feast days, 139, 163, 195
February 26 Incident (1936), 401, 二二六兵变
ferries, 216
festivals, 141–44, 274; Yoshiwara, 175–78, 吉原
films, *see* movies
fire(s), 26, 33, 40, 51, 77–80, 293–94, 318, 414–15, 533–35; of 1872 (Ginza), 72–73; of 1881 (Kanda), 66, 77–78; of 1911 (Yoshiwara), 77, 177–78; after 1923 earthquake, 25–27, 41; during Taishō, 256, 260
fire baskets, 78
fire department, 78, 256
firefighting methods, 78–80, 256, 317
fireflies, 137, 273
First Higher School, 170, 237, 第一高等学校
First National Bank, 158, *189*, 192, 第一国立银行
First National lndustrial Exposition (1877), 123, "第一届内国劝业博览会"
fishing, 99

686

fish market, central, 94–95, 中央鱼市
fish market scandal of 1928, 370
Five Mouths (post-stations), 178–81, "五宿场"
Flesh Gate (Tamura) (novella and film), 453, 459, *460*,《肉体之门》
flood control, 216–18, 257
floods, 72; of 1910, 97, 216, *217*; of Taishō, 257
flowers, 134–39, 273
"flowers of Edo" (fires), 33, 78, 140, 256, 295, 317, 533, "江户之花"
food, 111–12
footwear, 122–23; *see also* shoes
foreigners (foreign population), 114–18, 250–51, 576, 595; in Edo, 31, 40; in Ginza, 202; in Tsukiji, 53–58; violence against, 113, 117; *see also* American Occupation
foreign legations and embassies, 53, 228–29
Forty-Seven Loyal Retainers, 64, 222, 四十七赤穗浪士
"Fox, The" (Kafū), 145–46,《狐》
Free Theater (Jiyu Gekijō), 265–66, 自由剧场
Free School (Shishi), 569,《自由学校》
freeways, Olympic, 497–99
Fūgetsudō (confectioner), 200, 风月堂
Fuji, Mount, 143, 富士山; miniature, 128–29, 模拟富士山
Fujiwara Yoshie, 168, 藤原义江
Fukagawa Ward, 55–56, 212–14, 218–20, 376, 420, 530–31, 深川区
Fukuchi Genichirō, 176–77, 福地源一郎
fukutoshin (subcenters), 482–92, 516, 561, 副都心
Fukuzawa Yukichi, 49, 52–53, 76, 201, 福泽谕吉
Funabashi Seiichi, 465, 舟桥圣一
funayado (boat lodge or boating inn), 68–69, 184, 船宿
Futabayama, 399, 469, 470, *471*, 双叶山
Futen Zoku, 513–14, 疯癫族

gakusha-machi (professorial neighborhood), 239, 学者町
Gambler's Meadow, *see* Mitsubishi Meadow
gambling, 412
gangs, 429–30, 556
garbage, 526, 573–74
gaslights, 92–93, 154
gebabō, 548, 武斗棒, ゲバ棒
gebaruto, 548, 武斗, ゲバルト
geese, wild, 137
Geijutsuza (Art Theater), 266, 艺术座
geisha, *104*, 172–75, 292, 325, 395–96, 411, 543–44 *and illus.*, 艺伎艺者, 芸者; decline of, 511–12, 591–93; definition of, 337; earthquake of 1923 and, 297; postwar period and, 458, 460; residences of, 592–93; theaters of, 396–97; "town", 181–82
geisha districts, 181–85, 325, 411, 543–44, 艺者町/艺伎区/花街柳巷; *see also specific districts*
General Mobilization Law, 409–10,《国家总动员法》
General Staff Headquarters, 228, 参谋本部
German embassy, 228–29
Gilbert, W. S., 44–45, 威廉·S. 吉尔伯特
Gimbura ("fooling around in Ginza"), 75, 198, 205, 258, 330, 银座漫步/银逛
Ginza district, 28, 30, 60, 69, 123, 187,

190, 193 – 94, 197 – 205, 224 – 25, 227, 294, 324, 325, 330, 425, 433, 452, 494, 501, 516 – 17, 558 – 59, 593, 银座区; Asakusa compared to, 390 – 92; as city center, 293, 324, 325, 355, 558 – 59; Bricktown in, 74 – 77 *and illus.*, 198 – 99; cafés in, 200, 336, 338 *and illus.*, 339 – 41, 344, *396*, 461; canals of, 197; department stores, 560; during Taishō, 258 – 60; educational institutions in, 202; fire of 1872 in, 72 – 73; following 1923 earthquake, 295 – 96, 309 – 10; foreign settlement in, 202; gaslights in, 92 – 93; growth of suburbs and, 329; in 1870, 73; land prices in, 595 – 96, 598 – 99; main street of, 197, 259 – 60; *narikin (nouveau riche)* of, 199, 成金; newspapers in, 203; rebuilding of (after 1872 fire), 73 – 76; theaters in, 204, 394 – 96; willows of, 76, 259 *and illus.*

Ginza Printemps, 560, 银座巴黎春天

godowns (warehouses), 41, 71, 78, 146, 190, 194, 218

god performances (Kagura), 163 – 64, 神乐

god-seat festivals, 142, 神舆庆典

god-seats *(mikoshi)*, 139, 141, 144, 神舆

Golden Block, 485, 533, 553, 金色街

Golf, 591

Goten Hill, 136, 御殿山

Gotō Shimpei (mayor of Tokyo), 48, 49, 90, 254, 269, 297, 311, 后藤新平

government, 48 – 49, 368; Beard's views on, 268 – 69; earthquake of 1923 and, 298; offices of, 371 – 72 *and illus.*; postwar period, 441 – 45; prewar instability, 368 – 69; reorganization of (1943), 408 – 09; scandals and, 369 – 71, 496, 525 – 56; wards and, 442 – 45; westward movement of, 291 – 92; *see also* city council; mayors

government buildings, 228 – 29

governors, 368, 571 – 75

Graf Zeppelin, 346 – 47, 齐柏林伯爵号飞艇

Grant, Julia, 114 – 15, 151, 格兰特夫人

Grant, Gen. Ulysses S., 114 – 17, 143, 151, 尤利西斯·S.格兰特将军

grasses, 135 – 36, 138, 273

gravel scandal (1920), 49, 砂利事件

"Green Years, The" (Mishima), 479, 《青色时代》

Great Meiji Flood (1910), 72, 216, *217*, 明治大洪水

Greater Tokyo, 541, "大东京"

Griffis, W. E., 44, 51, 73, 89, 95, 113, 117, 165, 205 – 06, 264, W. E. 格里菲斯

grotesqueries, 342 – 43, 怪诞, グロテスク

hair styles, 103 – 04, 271

Hachikō, 400 – 01 *and illus.*, 忠犬八公

Hamachō geisha quarter, 191, 308, 滨町

Hamachō Park, 308, 滨町公园

Hamamatsuchō, 500, 551, 滨松町

Hamamoto Hiroshi, 354, 滨本浩

Hama Palace, 83, 197 – 98, 414, 434, 滨离宫

Hanai O-ume, *see* O-ume

Haneda, 99, 羽田

Hanasono Block, 485, 花园町

Hanasono tent, 583, 花园神社红帐篷

"happening," 508 – 09, 自发表演, ハプ

ニング
Hara Takeshi, 48,原敬
Harada Kinu, see O-kinu
Harajuku, 508–11, *509*, 561, 583,原宿
Hasegawa Shigure, see Shigure
hatamoto (lesser military orders), 234, 旗本
Hashimoto Gahō, 124,桥本雅邦
Hatonomachi (Pigeon Town), 457–58, 531 *and illus.*,鸠之町/鸠之街
Hatoyama Ichirō, 369,鸠山一郎
Hattori Kintarō, 199,服部金太郎
Hayama, Peggy, 453,佩吉·叶山
Hayashi Fumiko, 569,林芙美子
Hearn, Lafcadio, 33,卡迪奥·赫恩(小泉八云)
Heian Period, 36,平安时代
Hepburn, J.C., 106, J.C.赫伯恩
Hibiya, 408,日比谷
Hibiya Hall, 395, 407,日比谷公会堂
Hibiya Park, 130–31, 222,日比谷公园
High City (Yamanote), 27, 49–50, 52, 97, *97*–98, 231–46, 291–93,山之手; earthquake of 1923 and, 25, 30; grand estates of, 236; north-south differences in, 235–36; pleasure quarters of, 30; streets of, 232–34; *see also specific districts and wards*
"high-collar," defined, 104–05,"高领"
Higuchi Ichiyo, 98–99, 140, 176,樋口一叶
Hikagechō, 225,日荫町
hikitejaya (teahouses), 173, 174,引手茶屋
hilly places, 530,岗场所
Hirasawa, 479–82,平泽
hirokōji (broad alleys), 163, 568,广小路

Hirotsu Kazuo, 322–23, 479,广津和郎
Hitler, Adolf, 381, 399,希特勒
Hōgetsu, 266–67,岛村抱月
hokōsha tengoku (pedestrian paradise), 581–82,步行者天国
holidays, 46; *see also* feast days; festivals; seasons and seasonal observances
homeless, the, 417–18, *431*
Home Ministry, 254, 257, 371, 372, 375, 409,内务省
Hommokutei, 451,本牧亭
homogenization, 602,同质化
homosexuality, 553
Honganji Temple, 407 *and illus.*, 本愿寺
Hongō Ward, 235–36, *296*, 299,本乡区
Honjo Ward, 212–14, 216–18, *217*, *296*, 376, 420,本所区
horse-drawn transportation, 60
hospitals, 116
Hosokawa Morihiro, 599,细川护熙
Hoterukan (hotel), 54–55, 58, 76, 81, 187, 252,侯泰卢馆
"Hostess's Song," 343,《女招待之歌》
hotels, 437–38, 506–07, 550; *see also* inns; motels; *and specific establishments*
house numbers, 105–06,门牌号
housing, 328, 433–34, 439–40, 539–40, 596–98, 603
Hula-Hoop, 463,呼啦圈

Ichikawa Ennosuke, 446,市川猿之助
Ichikawa Kon, 506,市川昆
Ichimuraza theater, 152, 159, 164, 265, 市村座
Iemochi (shogun), 42,德川家茂
lkebukuro, 315, 324, 376, 377, 489–90, *491*, 512–13, 533, *565*, 569,池袋

689

Imperial Bank robbery (1948), 479–82, 481, 帝国银行抢劫案(帝银事件)

Imperial Hotel: first, 83, 229, 230 and illus., 256, 268; second, 230, 268, 384, 507, 577–78 and illus., 帝国饭店

Imperial Theater, 82, 121, 158, 159, 184, 230, 231, 261, 354, 410, 帝国剧场

Imperial University, 236–39, 东京帝国大学

individualism, as new outlook, 244, 245

industrial zones, 212–15, 220; see also factories

industry, 328–29, 558

inflation, 547–48

information industry, 558

inns, 437–38, 旅馆

Inoue Kaoru, 108–09, 井上馨

insects, 137, 273

insularity, 576

insurance companies, 515, 557

intelligentsia, 194, 271, 272, 334, 393

internationalization, 469, 575, 576

International Theater (Kokusai Gekijō), 390, 524, 566, 国际剧场

In the Realm of the Senses (film), 403, 《爱的 corrida》

irises, 137, 菖蒲

Iriya district, 137, 入谷

Ishihara Shintarō, 494, 544, 石原慎太郎

Ishikawajima Shipyards, 218, 石川岛造船所

"It," 323–24, 343, "它"

Itabashi district, 175, 180, 376, 444, 板桥

Itō, Prince, 113, 158, 伊藤博文

Itō Hirobumi, 31, 108, 109, 伊藤博文

Iwaitabashi, 492, 祝田桥

Iwasaki estate, 219, 239, 岩崎家宅邸

Iwasaki family, 235, 239, 岩崎家族

Iwo Islands, 47, 硫磺岛

Izu Islands, 47, 99, 320, 伊豆诸岛

Jackson, Michael, 589, 迈克尔·杰克逊

Japanese-American Security Treaty, 473, 520, 536, 《日美安保条约》

Japanese language, *see* language

Jiyū Gekijō (Free Theater), 265, 自由剧场

judo, 171, 469, 504–505, 506, 柔道

Jōtō Ward, 375, 376, 419, 420, 城东区

jujitsu, 171, 柔术

Kabuki, 37, 38, 39, 93, 97, 116–17, 151–60, 292, 346, 394–96, 566, 歌舞伎; censorship and, 447–48; crimes as material for, 165–67; dance and, 447; during Taishō, 260, 264–65; in Ginza, 204; in postwar period, 446–49; lighting for, 152, 155; Low City and, 486; modernization of, 469; movement for improvement of, 155–56; Tokyo vs. Osaka, 396; World War II and, 410–11

Kabuki actors, 57, 118, 150, 156, 271, 歌舞伎演员

Kabukichō district, 485–88, 553–58, 555, 560, 歌舞伎町

Kabukiza, 157–59, 265, 395, 397, 406 and illus., 410, 417, 446, 448, 448, 歌舞伎座

Kachitokibashi, 314, 382, 胜哄桥（读音疑应为 Kachidokibashi）, 勝鬨橋

Kafū (Nagai Kafū), 30, 34, 69, 75, 80, 114, 135, 161, 172, 184, 201, 211, 222, 233, 238, 242, 244, 251, 264, 275, 300–

02, 323, 325, *394*, 408, 415, 454, 520, 527–28, 531, 569, 570, 603, 永井荷风; death of, 535; on Akihabara, 472; on Asakusa, 392; on cafés, 357; on changes after 1923 earthquake, 309–10; on death of Taishō emperor, 304–05; on Fukagawa, 61–62, 213, 218–19; on Honjo, 213; on Negishi, 210; on postwar pleasure quarters, 458; on riots of 1918, 256; on Western style architecture, 405; Tamanoi quarter and, 335–36; "The Fox," 145–46; The River Sumida, 72, 136, 159, 174, 213, 215; "A Song in Fukagawa" (*Fukagawa no Uta*), 61; World War II and, 385–89, 410; *see also specific works*

Kaga estate, 53, 加贺宅邸
Kaga Yashiki, *see* Maeda estate
kagemajaya (shady teahouses), 238, 荫间茶屋
kagikko (key child), 539, 钥匙儿童
Kagura (god performances), 164–65, 神乐
Kagurazaka district, 182, 241, 325, 神乐坂
Kairakuen restaurant, 112, 偕乐园
Kameido district, 136, 336, 龟户
Kamikaze cabdrivers, 493, "神风"出租车司机
kamishibai (paper show), 397, 连环画剧, 纸芝居
Kanagaki Robun, *see* Robun
Kanagawa Prefecture, 47, 神奈川县
Kanda, 28, 95, 123, 194, 221, 232, 238, 241, 神田; Akihabara district of, 211, 秋叶原; fire of 1881 in, 77–79; produce market of, 211; universities of, 212; used-book district of, 212

Kanda River, 137, 314, 神田川
Kanda Shrine and festival, 141, 神田祭
Kanda wholesale produce market, 440, 神田农产品批发市场
Kan-eiji temple, 45, 125, 宽永寺
Kaneyasu, 33, 兼康
Kannon Temple, Asakusa, 28, 38, 138, 205, 312, 352, 416, 435, 571, 浅草观音寺
Kantō earthquake, *see* earthquake of 1923, 关东大地震
Kanya (impresario), 151–59 *passim*, 265, 守田勘弥
karizashiki ("rooms for rent"), 174–75, 贷座敷
Kashiwara Shrine, 383, 橿原神宫
Kasumigaseki Building, 551, 霞关大楼
Kata Kōji, 394 *and illus.*, 456, 加太
Kataoka Nizaemon, 478, 片冈仁左卫门
katsugiya (runners), 428, 跑单帮的
Katsushika Romance (Kafū), 385–87, 408, 《葛饰情话》
Kawabata Yasunari, 208, 378, 392, 397, 535, 570, 川端康成; on Akutagawa suicide, 321–23; Asakusa reviews and, 354–60; on earthquake of 1923, 297, 299–300, 312–13; Kabukichō and, 487–88; *see also Scarlet Gang of Asakusa; and other works*
kawanote, complex, 603, "川之手"综合建筑群
Kawarazaki Gonjuro, 57, 河原崎权十郎
Keiki (Yoshinobu) (last shogun), 42, 125, 德川庆喜
Keiō Plaza Hotel, 553, 京王广场酒店
Keiō University, 53, 76, 83, 112, 201, 204, 庆应义塾大学(庆应大学)

Keisei Railway scandal (1928), 369, 京成电铁行贿丑闻
kengeki (swordplay), 365, 454, 剑剧
key child (*kagikko*), 539, 钥匙儿童
Kichiemon, 265, 446, 448, 473, 吉右卫门
kidnapping, 586
Kikugorō (Kabuki actor), 57, 117, 154, 167, 265, 410, 448, 菊五郎
Kim Dae-jung, 586, 金大中
kimono, 107, 和服
Kinshichō, 393, 567, 568, 锦系町
Kinoshita Mokutarō, 58, 木下杢太郎
Kinoshita O-tsuya, *see* O-tsuya
Kishida Ryūsei, *see* Ryūsei
kissaten (tea shops), 344, 461, 吃茶店 / 咖啡屋, 喫茶店
Kitahara Hakushu, 58, 北原白秋
Kita Ward, 579, 北区
Kiyochika (artist), 63, 65–67, 小林清亲
Kiyosumi Park, 219, 清澄庭园
Kobayashi Hideo, 570, 小林秀雄
Kobayashi Kiyochika, *see* Kiyochika
Kobikichō, 202, 425, 528, 木挽町
Kodaira, 479, 519, 523, 小平义雄
Kōdan, 450, 451, 讲谈
Koestler, Arthur, 495, 阿瑟·凯斯特勒
Koishikawa Ward, 137, 241, 小石川区
Kōjimachi Ward, 148, 149, 227, 229, 231, 234, 235, 254, 麹町区
Kōjunsha *and illus.*, 201, 交询社
Kokugikan, 169, 347, 国技馆
Kokusai Gekijō, 390, 394, 566, 国际剧场
kokutai meichō (clarification of the fundamental concept of national polity), 404, 国体明征
Koma Stadium, 487, 558, 593, Koma 剧场

Konoe, Prince, 384, 近卫文麿
Kōrakuen Stadium, 398, 464, 465, 466, 后乐园棒球场
Korea, 568, 587
Koreans, 27, 429
Korea War, 424, 430, 435, 436, 482, 493, 495, 496, 500, 547, 593
Koshiji Fubuki, 457, 越路吹雪
Kotobuki affair (1947), 479, 寿产院事件
Kōtō Ward, 573–74, 江东区
Kotsukappara execution grounds, 35 *and illus.*, 165, 小冢原刑场
Kōyōkan restaurant, 224, 519, 红叶馆
Kubota Mantarō, 80, 84, 129, 172, 207, 216, 245, 456, 久保田万太郎
Kudan Hill, 132, 九段坂
Kudan shōkonsha (shrine), 133, 东京招魂社
kumitoriya (carters of night soil), 502, 掏粪工
Kuroda family, 203, 204, 黑田家族
Kyōbashi, 28, 30, 69, 74, 91, 98, 186, 187, 197–205, 240, 310, 京桥; see *also* Ginza district
Kyoto, 46, 48, 134, 233, 京都; and establishment of Tokyo as capital, 44, 46
Kyoto University, 601, 602, 京都大学

labor, 378, 476–78
landfills, 530, 542; *see also* canals
language: *manga* magazines and, 594–95; neologisms, 269–70, 271, 323, 403, 453
laver seaweed, 99, 134, 紫菜
law schools, 212
leftists (1930s), 378; *see also* communists; Socialist Party legations and embassies,

692

53, 228
Lévi-Strauss, Claude, 603, 克劳德·列维·斯特劳斯
libraries, 419
licensed quarters, 171–81, 335–36, 457–58, 530–31, 有照游廊; see also geisha districts; pleasure centers; and individual quarters
lighting: for Kabuki theater, 152, 154–55; street, 92–94
Lion café, 201, 343, 狮馆
Li Po, 172, 李白
Literary Society (Bungei Kyōkai), 266, 文艺协会
literature, 393–94, 459, 568–70; traditional vs. modern 245; see also specific authors and works
Lloyd, Harold, 267, 哈罗德·劳埃德
Local Autonomy Law, 526, 《地方自治法》
Londontown, 90–91, 228, 332, 371, 405, 422, 436, 514–15, 伦敦镇、一丁倫敦
Loodensteijn, Jan Joosten, 333, 杨·约斯坦
Loti, Pierre, 74, 83, 107, 114, 252, 皮埃尔·洛蒂
lotuses, 137–38
Love Consummated in Heaven (film), 320, 《在天国结为连理》
Love Letter (Niwa), 569, 《恋文》
Low City (Shitamachi), 24, 28–30, 28, 97–98, 188–89, 232, 233, 224–45, 227, 下町; air raids and, 414–15, 420; areas comprising, 28; baseball and, 348–49; boundaries of, 205, 243–44; cultural developments in, 566; decline of, 292–93; earthquake of 1923 and, 24, 25, 28, 293; fires in, 78; in Kubota's writings, 80; Kabuki and, 486; pleasure quarters of, 30; population of, 49; street life of, 570–71; suburban growth and, 327; see also specific wards and districts
lumberyards, 213 and illus., 219, 295
Lytton Report, 320, 李顿报告
MacArthur, Gen. Douglas, 421, 445, 446, 474, 476, 496, 550, 道路拉斯·麦克阿瑟
machiai, 174, 402, 512, 待合室
machiai politics, 152, 待合政治
machiaijaya (rendezvous teahouse), 181, 待合茶屋
Madonna, 589, 麦当娜
Maeda estate, 126, 137, 236, 237, 前田家宅邸
"Magic Flute, The," 262, 《魔笛》
Mainichi (newspaper), 203, 《东京每日新闻》
"Makioka Sisters, The" (Tanizaki), 134, 383, 396, 408, 410, 550, 《细雪》
"mama," use of term, 269–70, "妈妈"
Manchuria, 302, 316, 320, 378, 382, 420, 482, 535
manga magazines, 594–95, 漫画杂志
"mannequin girl", 323–24, 模特女郎
"mansions," 539–40, 597, 公寓楼, マンション
Manzai comic monologues, 345, 漫才
Maria Luz affair (1872), 174, 玛丽娅·鲁兹事件
Marine Insurance building, 34, 254, 550, 海上保险大楼
Marunouchi Building, 34, 254, 423, 432, 435, 436, 515, 550, 丸之内大楼
Marunouchi district, 89–91, 227, 254,

693

329, *514*, 515, 577, 602, 丸之内; as city center, 292, 294; growth of, 435; Londontown, 332, 405, 422–23, 436, 514–15; in postwar period, 422–23; real estate and, 600

Masakado (tenth-century general), 141, 平将门

masher (*chikan*), 597, 痴汉

Mason, W. B., 106, 162, 258, W. B. 梅森

Matsui Sumako, *see* Sumako

Matsushita, 600, 松下

Matsuya department store, 319, 390, 402, 松屋百货

May Day (1952), 473–75, 474, 五一劳动节

mayors, 48, 94, 95, 254, 368, 372, 374, 444, 573

Mears, Helen, 405, 海伦·米尔斯

meat, eating of, 111–12

Meguro Ward, 328, 515, 目黑区

Meiji Confectionery Company, 267, 明治制果公司

Meiji constitution, 36–37, 49, 105, 202, 404, 462, 明治宪法

Meiji emperor, 24, 31, 40, 44, *50*, 67, 137, 159, 230, 236, 516, 546, 明治天皇; funeral of, 114, 243, 248–50, 306 *and illus.*; illness and death of, 252–3, 247–48 *and illus.*, 292

Meiji Gakuin (school), 170, 明治学院

Meiji Restoration, 40, 99, 600, 明治维新

Meiji Shrine, 49, 137, 254, 273, 306, 348, 376, 417, 504, 509, 明治神宫

Meiji University, 212, 明治大学

Meijiza theater, 159, 191, 265, 449, 450, 明治座

meitengai (shopping center), 424, 499, 名店街

Metropole Hotel, 58, 大都会酒店

"*Mikado, The*" (Gilbert and Sullivan), 44–45, 155, 《日本天皇》

mikoshi (god-seats), 139, *220*, 383, 神舆

military barracks, 325

milk bars, 341, 奶吧

Minamoto Yoshiie, 116, 源义家

Minato Ward, 439, 440, 557, 560, 568, 603, 港区

Mine, Dick, 384, 453, 迪克·迈恩

Ministry of Justice, 228, 法务省

Minobe Ryōkichi, 526, 572–74, 美浓部亮吉

Minobe Tatsukichi, 404, 美浓部达吉

misdemeanors, 102, 478

Mito Tokugawa estate, 236, 水户德川家藩邸

Mishima Yukio, 16, 110, 466, 479, 536, 548–50 *and illus.*, 三岛由纪夫

Misora Hibari, 524, 美空云雀

Mitsubishi enterprises, 88, 109, 235, 294, 三菱; bombing of, 585–86 *and illus.*, Londontown, 90, 332, 405, 422–23, 436, 514–15

Mitsubishi Meadow (Gambler's Meadow), 87–91, 93, 95–96, 123, 133, 158, 169, 228, 254, 三菱草地

Mitsui Bank, 86, 94, *187*, 192 *and illus.*, 192–93, 479, 515, 三井银行

Mitsui Club, 83, 三井俱乐部

Mitsui dry-goods store, 119, 三井越后屋吴服店

Mitsui family, 243, 三井家族

Mitsukoshi Department Store, 25, 86, 94, 190, 448, 476, 477, 565, 三越百货

Mitsukoshi Theater, 448, 三越剧场

Miura Tamaki, 267, 三浦环

Miyatoza theater, 158–59, 260, 265, 宫户座
Miyukidōri street, 516, 御幸大道
Mizutani Yaeko, 449, 水谷八重子
mobo (modern boy), 260, 309, 323–24, 325, 摩登少年(摩男)
Mochizuki Yūko, 356, 357, 393, 望月优子
modeling business, 324
modernism, 244
"modern life," 323, 摩登生活
moga (modern girl), 260, 309, 323–24, 325, 摩登女郎(摩女)
Molotov cocktails, 585, 土制燃烧瓶
Mona Lisa, 589, 蒙娜丽莎
monorail, 500, 507, 551, 单轨铁路线
Monroe, Marilyn, 451, 589, 玛丽莲·梦露
Mori Arinori, 202, 森有礼
Mori of Nagato, 42, 毛利藩(长洲藩)
Mori Ogai, see Ogai
Morita Kanya, see Kanya
Moritaza, see Shintomiza theater
morning glories, 135, 137
Morse, E. S., 59, 63–64, 78–80, 81, 102, 143–44, 154–55, 190, 215, 237, 264, E.S.莫尔斯
motels, 438
Motomachi Park, 299, 元町公园
Moulin Rouge, 366, 红磨坊
Mount Fuji, 142, 353, 559, 599, 富士山; miniature, 128–29
movies, 267, 349–52, 410, 450, 451–52; see also specific movies
movie theaters, 128, 260, 350–51, 394–95, 452, 566
Mukōjima district, 84, 215, 219–20, 向岛区

mulberry trees, 231–32, 桑园
murderesses, 154, 231, 266, 401, 586
music, 167, 172, 320–21, 366, 411–12; see also opera
music halls, 128, 261, 325, 349; see also Yose
musumegidayū (theater music), 167, 263, 娘义太夫
My City (railway station), 552–53

Nagai, Frank, 453, 498, 弗兰克·永井
Nagai Kafū, see Kafū
Nagoya, postwar reconstruction of, 422, 名古屋
Nagoya Tokugawa estate, 236, 尾张德川家藩邸
Nakamura Kichiemon, 446–47, 中村吉右卫门
Nakasu Island, 70, 中洲
Nakayama Shimpei, 277, 321, 351, 中山晋平
Namba Daisuke. 301–02, 难波大助
Naniwabushi, 366, 浪花节
Nara, 45, 383, 519, 奈良
narikin (nouveau riche), 199, 成金
Narita airport, 596, 602, 成田机场
Narushima Ryūhoku, see Ryūhoku
nationalism, 170, 171, 358, 397, 548
National Museum (Ueno), 127, 312–13, 406, 519, 589, 国立博物馆
National Theater, 161, 486, 国立剧场
Natsume Sōseki, 9, 62, 93, 124, 238, 266, 夏目漱石
Negishi district, 210, 根岸
Nemuro district, 48, 根室
neologisms, 323, 403, 453; of Taishō period, 269
"Nesoberu Asakusa" (Takami), 390–

92,《闲卧浅草》

neurosis(*noiroze*), 493, 神经症

New Chronicle of Yanagibashi (Ryūkyo Shinshi) (Ryūhoku), 182,《柳桥新志》

New Otani, 550, 新大谷酒店

New Shimabara licensed quarter, 54, 152, 新岛原游廊

newspapers, 203, 302-03, 345, 558

New Year, 139, 142, 144

New York, 574-75

Nezu district, 175, 181, 237, 238, 根津

NHK (Nihon Hōsō Kyōkai), 348, 349, 399, 451, 452, 510, 533, 558, NHK(日本放送协会)

Nichigeki(Nihon Gekijō) (Japan Theater), 309, 395, 410, 457, 559, 560, 日本剧场("日剧")

Nichinichi (newspaper), 303,《东京日日新闻》

Nihombashi Bridge, 86, 94, 122, 186, 188, 192, 194, *196*, 370, 499, 577, 日本桥

Nihombashi River, 188-89, 190, 日本桥川

Nihombashi Ward, 28-29, 32, 33, 39, 62, 71, 77, 91, 98, 186-97, *191*, 226, 227, 232, 240-41, 293-94, 325, 329, 332-33, 435, 450, 516, 592-93, 日本桥区; as financial center, 472, 193; fish market in, 94-95, *189*; pleasure quarters in, 191, 195; pride of place of, 196; shrines and temples of, 191; during Taishō, 258

Nihon Hōsō Kyōkai (Japan Broadcasting Corporation), *see* NHK

Nihon University, 478, 日本大学

Nikolai Cathedral, 51, 84-85, 132, 194, 尼古拉教堂,ニコライ堂

Nikkatsu Building, 436, *437*, 日活大楼

ningen dokku (physical exams), 494, 人间船坞

Ningyōchō, 324, 325-26, 450, 人形町

Niwa Fumio, 569, 丹羽文雄

Niwaka dances, 176, 仁轮加

Normanton incident (1886), 110, 诺曼顿事件

Nō drama, 133, 292, 能剧

Nogi Maresuke, Gen., 114, 306, 乃木希典

noiroze (neurosis), 493, 神经症

Nosaka Sanzo, 475, 野坂参三

Occupation, American (after World War II), 128, 美军占领时期

Odakyū, 352, "小田急"

O-den (murderess), 154, 165, 166 *and illus*., 209, 231, 401, 491, 534, 高桥阿传

Oe Michiko, *455*, 大江美智子

office buildings, 435-36

office lady, 272, 533, 职业女性/白领丽人

Ogai (novelist), 9, 156, 238, 森鸥外

Ogasawara (Bonin) Islands, 47, 小笠原群岛

Ogawa Isshin, 90, 227; photographs by, *86*, *104*, 小川一真

Okawabata (The Bank of the Big River) (Osanai), 69-71,《大川端》

okiya (geisha residence), 592, 置屋

okushon (condominium), 597, 亿厦, 亿ション

Olympics, 381-82, 399, 495-96; 1964, 437, 496-508, *505*

Olympic Stadium, 517, 奥运主会场国立体育馆

O-kinu (murderess), 165, 231, 阿绢

696

omnibuses, 60, 193, 公交车
Omori, shell middens of, 63, 大森贝冢
Omura Masujirō, 45, 大村益次郎
Onna Kengeki, 454, *455 and illus.*, 女性剑剧
Ooka Shōhei, 334, 401, 大冈升平
opera, 261–63, 353–54; Asakusa, 261, 263–64
operetta, 262, 263, 轻歌剧
O-sada (Abe Sada), 401–03, *402*, 586, 阿部定
Osaka, 44, 48, 53, 98, 134, 150, 158, 302–03, 315, 339, 340, 345–46, 366, 595, 大阪
Oshima, suicides on, 320, 大矶町自杀事件
Osanai Kaoru, 69, 160, 171, 184, 224, 265, 小山内薰
Ota Dōkan, 371, 517, 519, 太田道灌
Otemachi Building, 436, 大手町大楼
Otsu Incident (1891), 301–03, 大津事件
O-tsuya, murder of (1910), 89–90, 阿艳被杀事件
O-ume (murderess), 154, 191, 231, 236, 花井阿梅
Oya Sōichi, 378, 545, 大宅壮一
Ozaki Yukio, 48, 94, 尾崎行雄
Ozu Yasujirō, 451, 小津安二郎

pachinko (pinball), 463–64 *and illus.*, 柏青哥
palanquins, 37, 60, 轿子
panic of 1927, 300, 378, 昭和金融恐慌
"*panpan* girls," 459, "砰砰女孩"
"papa," use of term, 270–71, 385, 403, 爸爸, パパ
Parkes, Sir Harry, 113, 哈利·帕克斯勋爵
Parco department store, 561–62, 562–63, 565 *and illus.*, Parco 百货
Park Avenue (Shibuya), 561–62 *and illus.*, 公园大道
parking-lot business, 537
parks, 96, 124–32, 299, 434–35, *435*; *see also specific parks*
parties, during Rokumeikan era, 109–10, 鹿鸣馆时代的舞会
peach blossoms, 136
pear blossoms, 136
Pearl Harbor, 537
pedestrian paradise, 581–82 *and illus.*, 583, 步行者天国
Peers Club, 83, 110, 华族俱乐部
people's saloons, 412, 国民酒场
"pencil buildings," 500, "铅笔楼"
peragoro (Asakusa opera devotees), 263–64, "戏棍"
performers, street, *509*
Perry, Commodore Matthew Calbraith, 40, 132, 182, 218, 451, 佩里准将（即"黑船来航"）
Peter coffeehouse, *394*, 彼得咖啡屋
Piss Alley, 429, 483–84 *and illus.*, 552, 小便横丁
place names, 526–28
planning, city, 602–06
Plantain café, 200–01, 大焦咖啡馆
plastic surgery, 494
pleasure centers (or quarters), 55–56, 163, 寻欢作乐场所/风月场所/游廓; of Edo, 30, 36, 37, 39, 151; in postwar period, 457–58; Shinjuku, 334–36, *335*; television and, 511–12; *see also licensed quarters; unlicensed quarters; and specific quarters and districts*
plum blossoms, 135–36, 139, 154, 215

697

police, 358, 363, 367, 396, 442, 453
police boxes, 148, 247, 585, 警察岗亭
political parties, 255, 298, 378
population, 49–50, 52, 232, 576; of Edo, 32, 42; during Taishō, 253–54; following 1923 earthquake, 327; 1932 expansion and, 373–7; in postwar period, 440–41
ports, opening of, 40
Portsmouth Treaty (1905), 147–48,《朴茨茅斯合约》
post-stations (Five Mouths), 178–81,"五宿场"
postwar period, 422–494; black markets and, 425–29 *and illus.*, 427, 428, 433; crime and, 476–77, 478–82; emperor and, 446; gangs and, 429–30; geisha and, 458, 460; government and, 442–45; homelessness during, 431 *and illus.*; housing and, 433–34; population during, 440–41; rationing and, 432, 433; *see also* American Occupation
preaching thief, 401, 说教式大盗
prints, 65–67, 75–76, 110, 浮世绘/版画
private detectives, 105
produce market (Kanda), 211, 神田农产品市场
professorial neighborhood (*gakushamachi*), 239, 学者町
prosperity, naming periods of, 493, 537–38, 景气
prostitution, 37, 117–18, 173–74, 206, 461–62, 462–63, 487, 529–33; outlawing of (1958), 178, 180; *see also* brothels; courtesans; geisha; geisha districts; licensed quarters; pleasure centers; pleasure quarters; soaplands
public transportation, 60, 332, 376, 417, 493; *see also specific types*
Pu-yi, 382, 535, 溥仪

rabbits, 112
radio, 349, 450–51, 472
ragpickers (*bataya*), 379, 380 *and illus.*, 598, 端屋/拾荒者
railroads, 62–64, 178–80, 220, 294, 315, 324–25, 329, 331, 332–33, 352, 476, 492; prints of, 65–67
"Rainbow" (Kawabata), 358, 359,《虹》
Rakugo comic monologues, 345, 346, 349, 351, 450, 451, 535, 落语
rationing, 425, 428, 433
reading from left to right, 105
real estate, 576, 595–99, 602–06
reconstruction (after 1923 earthquake), 295–96, 308, 312–13
restaurants, 316, 412, *543*
retail business, 294, 314–16, 507; *see also* department stores
reviews, 354–67, 349, *355*, *361*, 385–87, 593–94, 轻歌舞剧
rice riots (1866), 40–41, 42, 米骚动
rickshaws, 58–60, 人力车
right, radical, 549–50, 589
Rigoletto, 263,《弄臣》
Rikidōzan, 470–71, 508, 力道山
riots, 473–75, 474, 520, 536, 548, 549; of 1918, 255–56; after Portsmouth Treaty (1905), 147–48; rice (1866), 41–42
rivers, 68–72; *see also* floods
"River Sumida, The" (Kafū), 72, 136, 159, 174, 213, 215,《隅田川》
Robun (journalist), 166, 垣鲁文

698

Rokumeikan, 67, 82 – 83 and illus., 108 – 10, 229, 鹿鸣馆

Rokumeikan era, 107 – 10, 113, 鹿鸣馆时代

Roppongi, 147, 242, 325, 510 – 11, 六本木

Rossi, G. V., 261 – 62, 267, 354, G. V. 罗西

Royal movie house, 262, 皇家影院

Rule Assistance Association, 384, 大政翼赞会

Russia, 114

Russo-Japanese War (1904 – 1905), 147 – 49, 日俄战争

Ryōgoku, broad alley of, 214 – 15, 两国广小路

Ryōgoku Bridge, 214 – 15, 两国桥

Ryōgoku district, 568, 两国

Ryokuu (novelist), 127, 224, 斋藤绿雨

Ryōunkaku (Twelve Storys), 27, 84, 凌云阁

Ryūhoku (journalist), 182 – 83, 成岛柳北

Ryūkyo Shinshi (*New Chronicle of Yanagibashi*) (Ryūhoku), 182, 《柳桥新志》

Ryūsei (painter), 163, 253, 岸田刘生

Sadanji (Kabuki actor), 265 – 66, 左团次

Saigō Takamori, 127, 433, 西乡隆盛

St. Luke's Hospital, 56, 圣·路加医院

Saijō Yaso, 321, 343, 西条八十

Saionji, Prince, 158, 西园寺公望

Saitō Ryokuu, *see* Ryokuu

Salvation Army, 117 – 18, 救世军

sakariba (bustling place), 324 – 25, 353, 355, 392, 393, 400, 497, 507, 567, 580, 热闹场所, 盛り場; *see also specific places*

Sakurabashi (Sakura Bridge), 582, 樱桥

"salaryman," 328, 344, 工薪族

San Francisco Treaty, 334, 459, 461, 《旧金山和约》

Sanger, Margaret, 267 – 68, 玛格丽特·桑格

Sanjusangenbori, 424, 三十间堀川 (三十三间堀川?)

Sannō festival, 141, 山王祭

Sansom, G. B., 259, G. B. 桑塞姆

Sanya, 521 – 23, *522*, 528, 603, 山谷

Sanyūtei Enchō, *see* Enchō

Sanyūtei Kimba, 535 – 36, 三游亭金马

Sartre, Jean-Paul, 589, 萨特

Satō Hachirō, 452, 佐藤八郎

Satomi Ton, 234, 418, 里见弴

Sawamura Tanosuke, 106, 泽村田之助

scandals, government, 49, 369, 371, 442, 525, 572

Scarlet Gang of Asakusa (Kawabata), 297, 342, 353, 355, 359, 379, 389, 397, 498, 《浅草红团》

schools, 98 – 99; missionary, 202; Taishō, 273

school uniforms, 111

sea bathing, 114, 223, 403

seasons and seasonal observances, 134 – 44, 273 – 74

Seibu enterprises, 485, 490, 562, 590, 西武集团

Seibu Parco, *562*, 西武集团旗下 Parco 百货店

self-image, national, 495, 506

Seiyōken Hotel (now restaurant), 58, 126, 精养轩大饭店

Senjū (post-station), 180, 千住

Setagaya Ward, 419, 441, 497, 504, 591, 世田谷区

699

sewage disposal, 95, 274, 503, 574

Seward, William H., 114, 威廉·H. 苏华德

sexual equality, 317, 319

sexual mores, 343–44, 354, 357–58, 363–64, 449, 454, 554

shadows, Tanizaki on, 92–93, 谷崎论阴翳

"shan," 323–24, "漂亮"

Shiba Detached Palace, 114, 223, 芝离宫 (旧芝离宫恩赐庭园)

Shibaguchi, *see* Shimbashi

Shiba Park, 224, 349, 420, 479, 519, 芝公园

Shibaura, 223, 芝浦

Shiba Ward, 178, 221, 芝区; temples and cemeteries of, 222

Shibusawa Eiichi, 158, 涩泽荣一

Shibuya, 242, 315, 336, 337, 376–77, 涩谷; as chic, 561–63; as *fukutoshin*, 488–89; Hachikō, 400–0 *and illus.*; naming of, 375–76; Olympics and, 497, 498, 504, 507–08; public transportation and, 332, 336; as *sakariba*, 324–25, 393; Shinjuku compared to, 488–89

Shibuya Station, 64, 400, 497, 561, 涩谷站

Shiga Naoya, 463, 志贺直哉

Shigure (playwright), 16, 35, 49, 62, 101, 102, 103, 160, 185, 194, 195, 197, 211–12, 长谷川时雨

Shimamura Hōgetsu, *see* Hōgetsu

Shimazu Saburō, 60, 岛津久光

Shimbashi Club, 169, 新桥俱乐部

Shimbashi district, 69, 76, 220–21, 225, 592, 593, 新桥; geisha quarter in, 183–84, 225

Shimbashi Embujō, 396, 410, 417, 446, 447, 新桥演舞场

Shimbashi Incident (1946), 429, 新桥事件

Shimbashi Station, 27, 63, 64, 83, 94, 114–15, 121, 203, 224, 225, 226 *and illus.*, 498, 新桥站

Shimizu Kisuke, 54, 清水喜助

Shimooka Renjō, 66, 下冈莲杖

Shimoyama incident, 476–78, 下山事件

Shinagawa district, 175, 178–80, 376, 457, 品川

Shinjuku Central Park, 551, 新宿中央公园

Shinjuku Daiichi Gekijō, 486, 新宿第一剧场

Shinjuku district, 47, 95, 175, 178–80, 232, 315, 443, 新宿; air raids and, 419; as city center, 329, 557–58; *as fukutoshin*, 483–85; growth of, 333–36; literature and, 569; moving of government offices to, 292; Olympics (1964) and, 513; pleasure quarters, 334–36, 335, 560–61; reviews in, 366–67; as *sakariba*, 324, 393; Shibuya compared to, 48–89; slums, 335; street stalls, 433; strip shows, 453, 454; *see also* Kabukichō district

Shinjuku Eastmouth, 514, 562, 新宿站东口

Shinjuku Southmouth, 429, 483–84, 新宿站南口

Shinjuku Westmouth, 288, 515, 519, 523, 551, *552*, 557 559, 564, 583, 602, 603, 605, 新宿站西口

Shinkabukiza, 486, 新歌舞伎座

Shinnittetsu, 600, 新日铁

Shinobazu Pond, 11, 124, 125, 126, 137, *138*, 466, 467, 566, 571, 不忍池

Shintomiza theater, 116, 151–52, 153–54 *and illus.*, 155, 157, 158, 159, 204, 265, 新富座

Shinto religion, 134, 神道

Shioiri, 522, 603, 汐入

Shirokiya (Tōkyū) department store, 118, 120, 121 *and illus.*, 258, 294, 315 *and illus.*, 319, 357, 510, 516, 白木屋

Shiseidō (cosmetics firm), 200, 252, 418, 资生堂

Shitamachi, *see* Low City

Shitaya gang, 210, 根岸短歌会

Shishi Bunroku, 569, 狮子文六

Shitaya Park, 209, 下谷公园

Shitaya Ward, 25, 205, 208, 209, 210–11, 298, 317, 419, 下谷区

Shōchiku, 158, 394–95, 448, 449, 松竹

shoes, 110–11

shooting stalls, 84

shop girls, 62, 120, 319

shops and shopping, 118–23, 314–17, 333–34, 424, 432–33, 472–73; *see also* bazaars; black market; department stores; supermarkets

Shōriki Matsutarō, 255, 302, 369, 466, 正力松太郎

Shōyo (novelist/dramatist), 266, 341–42, 349, 坪内逍遥

Shōwa, meaning of term, 305, "昭和"

Shōwa Avenue (Showadori), 298, 312, 313, 317, 423, 昭和大道

Shōwa emperor, *307, 308, 421, 445–46 and illus.*, 475, 546, 昭和天皇

shrine festivals, 141–42

shrines, 132, 139–40, 162, 191; *see also* god-seats; god-seat festivals sideshows, 75, 209, 342, 363, 397

Sino-Japanese War (1894–1895), 142, 146, 147, 175, 200, 488, 甲午战争

Sixth District (Asakusa), 128–29, *350*, 356, 357, 390, 391, 529, 第六区

skyscrapers, 550

slang, *see* neologisms

slums, 221, 236, 521, 540, 579

snow viewing, 134–35, 139

Society for Improving the Theater, 155–56, 演剧改良会

soaplands, 531, *532*, 556, 583, 泡泡浴室

Socialist Party, 520, 529, 548–49

Soeta Azembō, 353, 添田雅蝉坊

sōkaiya (general-meeting business), 524, 525, 587, 总会屋

Somehow Crystal (Tanaka), 555–56, 《总觉得, 水晶样》

Spencer (balloonist), 117, 154, 157, 267, 271, 346, 斯宾塞

spiritual mobilization, 384, 403, 精神总动员

sports, 399; golf, 591; *see also* baseball; Sumō wrestling; swimmers

spring, 135–37, 140–41, 144–45

standard of living, 439

"stick girl," 311, 323, 324, "手杖女郎"

"*Strange Tale from East of the River, A*" (Kafū), 323, 527–28, 《墨东绮谭》

street life, 235, 397, 570, 571, 582, 583

street lights, 92–94

street minstrels (*enkashi*), 167–68, 171, 演歌师

street numbes, 105–06

street pattern, 50–51, 96, 233, 298, 422, 423

street performers, *509*

streets, 96; High City, 233; house numbers on, 195–96; naming of, 561–62; widening of, 499–500; traffic on left

701

side of, 105
strip shows, 354, 395, 556, 566, 594
students, 237–38, 271, 344, 473, 548 *and illus*., 552–53, 601–02
student uniforms, 111
suburbs, 326–29
subways, 34, 497, 501, 528–29
sufu (staple fiber), 403, 409, 人造纤维, スフ
Sugamo Prison, 409, 491 *and illus*., 519, 551, 564, 巢鸭监狱
Sugawara Michizane, 136, 菅原道真
Suginami Ward, 419, 573, 574, 杉并区
suicide, 319–23, 412, 534–35
Sullivan, Arthur, 44–45, 萨利文
Sukiyabashi (Sukiya Bridge), 498, 500, 数寄屋桥
Sumako (actress), 172, 266–67, 松井须磨子
Sumida embankment, 135, 136, 139, 216, 273, 274, 567, 隅田川堤岸
Sumida Park, 293, 308, 312, 345, 369, 隅田公园
Sumida River, 24, 41, 142, 159, 295, 308, 323, 369, 415, 434, 440, 441, 450, 457, 459, 468, 501, 503, 526, 531, 546, 593, 隅田川; flood-control devices on, 216–17, 257; flooding of, 72; "opening" of, 115, 142, 247, 开河节
Sumō wrestling, 156, 168–69, 214–15, 274, 347–48, 399, 468–71, 471, 544, 590–91, 相扑
Sunshine Building, 535, 564 *and illus*., 阳光60大厦
Suntory (whisky maker), 599, 三得利
super high-rises, 551
supermarkets, 494, 538, 560
Supreme Court, 239, 480, 532, 最高法院

Susaki district, 457, 530–31, 洲崎
Susaki licensed quarter, 218, 洲崎游廓
Suzugamori, 528, 铃森
Suzuki Shunichi, 573, 575, 600, 铃木俊一
Suzumoto, 450–51, 铃本演艺场
sweet potato, 432, 433, 芋头
swimmers, 495
swordplay troupes, 365, 剑剧剧团

Tachikawa Base: Ten Solid Years of Rape, 520
Taihō, 544, 大鹏
Taira Masakado, *see* Masakado
Taishō democracy, 255, 276, 大正民主
Taishō emperor, 250–51, 大正天皇
Taishō era, 298, 304–06 *and illus*., 305, 317, 323–26, 329–30, 大正时代
Taishō Hakurankai (Taishō Exposition) (1914), 251, 大正博览会
Taishō look, 251–53, 276, 大正风貌
Taishō Period, 251–77, 大正时期
Taitō Ward, 441, 456, 566, 567, 台东区
Tajiri Inajirō, 254, 田尻稻次郎
Takahama Kyoshi, 89, 高浜虚子
Takahashi O-den, 154, 165, *166*, 209, 401, 491, 534, 高桥阿传, お伝
Takami Jun, 389, 412, 421, 535, 569, 高见顺
Takano Fruits Parlor, 334, 429, 高野水果吧
Takarazuka theater, 宝冢剧场
Takeda Rintarō, 341, 342, 344, 535, 569, 武田麟太郎
Takehisa Yumeji, *see* Yumeji
Tama district, 47, 多摩
Tamanoi district, 321–22, 336, 388, 玉乃井

Tameike Pond, 137, 溜池

Tameike reservoir, 68, 溜池蓄水池

Tamura Taijirō, 459, 569, 田村泰次郎

Tanaka Giichi, 301, 田中义一

Tanaka Kakuei, 586, 田中角荣

Tanaka Kinuyo, 451, 田中绢代

Tanaka Yasuo, 555–56, 田中康夫

Tange Kenzō, 517 and illus., 603, 丹下健三

Tani, Tony, 453, 托尼·谷

Tanizaki Junichirō, 29, 46, 69–70, 153, 199, 293, 310–12, 339–40, 494, 谷崎润一郎; at English school, 56; and fire baskets, 78; on shadows and dark places, 92–93; see also "Makioka Sisters, The"

Tatsuno, 64, 龙野藩

Taut, Bruno, 400–01, 布鲁诺·陶特

taxis, 60, 160–61, 259, 409, 433, 493, 537, 582

Tayama Katai, 96, 193, 田山花袋

tea bushes, 231–32, 茶园

tea ceremony (*chanoyu*), 36, 292, 茶道

teahouses, 55, 茶屋; brothels and, 173, 175, 178, 238; rendezvous (*machiaijaya*), 181, 待合茶屋; shady (*kagemajaya*), 238, 荫间茶屋; theater, 152, 153–54, 157–58

tea shops (*kissaten*), 344, 461, 吃茶店/咖啡屋，喫茶店

teeth, blackening of, 101, 102, 207

telephone service, 120, 270 and illus., 317

television, 397, 451, 452, 511–12, 545, 558, 566, 594

temples, 139, 163, 191, 206, 209–10, 241

Tempō sumptuary edicts, 39, 天保改革

Tennōji Temple, 209, 天王寺

tenkō (recanting), 405, "转向"

Terajima, 527–28, 寺岛

Terry, Philip, 74–75, 252, 257–58, 菲利普·泰利

theaters, 248, 394–97, 446–49, 566–67 *and illus.*, 593; of Edo, 37–38; Kabuki, *see* Kabuki theater; movie, 128–29, 260; Nō, 133; Western, 265–67; *see also* movie theaters; Nō drama; reviews; Yose theater; *and individual establishments*

"third nationals," 429, 463, 568, "第三国民"

Tiger Gate Incident (1926), 301, 302, 303, 虎之门事件

Tochinishiki, 470, 544, 栃锦

Tōhō, 394–95, 449, 560, 东宝

Tōjin O-kichi, 358, 唐人阿吉

Tōjō Hideki, 414, 420, 491, 519, 东条英机

Tokaidō highway, 178, 186, 223, 东海道

Tokiwa bridge, 29, 常盘桥, 常盤橋

Tokuda Shūsei, 234, 238, 德田秋声

Tokugawa castle, 77, 江户城堡

Tokugawa cemetery (tombs), 126, 221, 德川家的陵寝/增上寺

Tokugawa Musei, 393, 德川梦声

Tokugawa regime, 28, 32, 40, 42, 43, 130, 德川幕府统治时期; end of, 40–45, 46

Tokutomi Roka, 232, 德富芦花

Tokyo: boundaries of, 47, 254; as capital district, 48; as a collection of villages, 51, 269, 276; establishment of, as capital, 44–46; government of, 48, 269; pronunciations of name, 44; *see also* Edo; High City; Low City

Tokyo Central Station, 62, 63, 76, 82, 87, 89, 90, 123, 225, 294, 332, 377,

384, 422, 423, 490, 498, 501, 513, 515, 517, 520, 569, 577, 603, 东京中央（火）车站/东京站, 東京駅

Tokyo Hotel, 299, 东京饭店

Tokyo International Airport, 585, 东京国际机场

Tokyo March, 351,《东京进行曲》

"Tokyo Ondo" ("Tokyo Dance"), 320–21,《东京音头》

Tokyo Onsen, 424–25, 东京温泉

Tokyo School of English, *see* First Higher School

Tokyo Shibaura (manufacturing firm), 223, 东芝

Tokyo Stadium, 545, 579, 东京球场

Tokyo Theater (Tōkyō Gekijō; Togeki), 东京剧场（"东剧"）

Tokyo Tower, 223, 479, 492, 510–11, 517–18 *and illus.*, 551, 564, 569, 东京塔

Tokyo University, 33, 53, 126, 348, 443, 479, 540, 548 *and illus.*, 601, 602, 东京大学

Tomioka Hachiman, 219, 富冈八幡宫

Tōkyū (Tokyo Express), 328, 336, 489, 东急

Tōkyū (Shirokiya) department store, 516, 562, 563, 东急百货（原"白木屋"）

totalitarianism, 384, 403

tourist buses, 435, 594

Tōyoko department store, 330, 336, 东横百货

traffic, 492

traffic on left side of street, 105

transportation, 58–65, 97, 275–76, 483, 488–90; in Edo, 37–38; Olympics (1964) and, 496–502; *see also* public transportation; *specific modes of transportation*

Treaty of San Francisco, 334, 459, 461,《旧金山和约》

tribes (*zoku*), 493–94, 508, 516, 536, 553, 560, 583, "族"

trolleys, 60–62, 223

trolley system, 60, 62, 94, 275, 332, 486–87, 492, 578

Tsubouchi Shōyo, 266, 341–42, 349, 坪内逍遥

Tsukiji fish market, 370, 筑地鱼市

Tsukiji quarter, 53–58, 53, 筑地

Tsukuba university and research complex, 601–02, 筑波科学城

tuberculosis, 494

Turkish baths, 34, 531, *532*, 556, 土耳其澡堂

Twelve Storys (Ryōunkaku), 26, 84, 85–86 *and illus.*, 129, 249, 264, 296–97, 353, 十二层塔（"十二层"）

typhus, 430–31

uchigeba (politically motivated fights), 584, 585, "内暴"

Ueno, 45, 91, 124–25, 208, 324, 326, 330, 331, 567–68, 上野

Ueno Park, 25, 45, 113, 125, 126, 137, 206, 208, 312, 317, 352, 466, 478, 519, 566, 568, 上野公园

Ueno Station, 125, 206, 316, 419, *431*, 597, 上野站

Ueno Zoo, 412, 500, 上野动物园

Uguisudani (Warbler Valley), 137, 莺谷

Umesao Tadao, 518, 梅棹忠夫

Umezaki Haruo, 475, 梅崎春生

Under What Stars (Takami), 389, 390, 392,《在何样的星辰之下》

underworld, 268, 429, 463, 470, 525

704

uniforms, student, 111
United States embassy, 148, 228, 231, 439, 446, 551, 563, 美国大使馆
United States legation, 51, 58, 229, 美国公使馆; attack on (1905), 148
universities, 212, 237, 328, 566, 601 – 02
unlicensed quarters, 335 – 36, 457 – 58, 私娼窟
Ushigome Ward, 325, 413, 479, 527, 牛込区

vacant lots, Kafū on, 132
variety or vaudeville halls (Yose), 37, 寄席
vending machines, 316, 503 – 04, 539
violence, 205 – 6, 253 – 4; *set also* crime
vogues: happenings and events, 508 – 09; *pachinko*, 463 – 64 *and illus.*; suicide, 319 – 23, 534 – 35; yo-yos, 320; *see also* tribes

Wakanohana, 470, 544, 若乃花
Wakayama Tokugawa estate, 230, 236, 纪伊德川家宅邸/纪州藩邸
wards, 226 – 27, 240 – 41, 375 – 76, 442 – 45, 区
Waseda, 139, 早稻田
Waseda University, 366 – 67, 579, 早稻田大学
Washington Heights, 489, 504, 507, 510, 561, 华盛顿高地
waste disposal, 95, 274 – 75
watch of the twenty-sixth night, 140, 守廿六夜
Waters, Thomas, 73, 81, 托马斯·沃特斯
water supply, 47, 95, 502
water vendors, 95, 275

waterways, 37 – 38, 68, 69, 106, 218, 299, 314, 498; *see also* canals
weddings, 105, 412
weeds, Kafū on, 132
wells, 27, 32, 95, 237, 275
Westerners, *see* foreigners
Western influences, 101 – 49
westernization, 131, 201, 311, 312, 328
Westmouth (Ikebukuro), 565, 池袋站西口
What Happened the Night the Lights Went Out (Kafū), 387, 388, 《停电夜晚发生的事情》
What Is Your Name? (radio serial), 498, 《你的名字是?》
white-collar crime, 524, 587
Whitney, Clara, 110 – 11, 116 – 17, 144, 154, 215, 222, 克拉拉·惠特尼
willows, 76, 259 *and illus.*
Wirgman, Charles, 66, 查尔斯·威格曼
wisteria, 136, 219, 264
"*Woman in the Rented Room, The*" (Kafū), 300, 《出租屋里的女人》
women: clothing of, 107, 319, 326, 510; cosmetics and, 326; department stores and, 316; in the performing arts, 167, 172; in police force, 442; in reviews, 356 – 58; in *sakariba*, 325 – 26; Sumō and, 168; during Taishō, 252, 266, 270 – 71; tooth-blackening by, 102; working, 317 – 18
Women's Higher Normal School, 237, 女子高等师范学校
woodcuts, 32, 68, 126, 194
World Trade Center, 551, 世界贸易中心大厦
World War I, 254, 255, 262
World War II: air raids, 413 – 20, *416*;

705

Asakusa and, 385–93, *394*; baseball and, 398–99; government reorganization and, 408–09; reviews and, 385–87; surrender, 420–21; *see also* postwar period

Wright, Frank Lloyd, 268, 507, 577–78 *and illus.*, 弗兰克·劳埃德·赖特

writers, 244–45

xenophobia, 27, 146, 403, 404

Yaesuguchi (Yaesu Mouth) 333, 八重洲口

Yamamoto cabinet, 300, 山本内阁

Yamanote, *see* High City

Yamanote line, 332, 578, 山手线/山手环线

Yamazaki, 479, 山崎晃嗣

Yanagibashi, 69, 225, 543–44, 柳桥; geisha quarter in, 182–83

Yanaka district, 209, 244, 谷中

Yanaka Pagoda, *534*, 535, 谷中五重塔

Yasuda Castle, 548, 553, 585, "安田堡垒"

Yasuda Zenjirō, 49, 安田善次郎

Yasui Seiichirō, 421, 安井诚一郎

Yasukuni Jinja (shrine), 133, 135, 139, 274, 384, 589, 靖国神社

Yayoichō, 528, 弥生町

Year of the Wild Boar (Mears), 405, 《猪年》

Yodobashi reservoir, 483, *552*, 淀桥净水场

Yokohama, 44, 56, 60, 62–63, 63, 106, 602, 604, 横浜

Yomiuri Giants, 170, 348–49, 读卖巨人队

Yomiuri Shimbun (newspaper), 302–03, 369, 476, 《读卖新闻》

yoromeki, 536, 踉跄族

Yose (variety or vaudeville halls), 37, 160–61, 162, 349, 450–51, 528, 566, 571, 594, 寄席

Yoshichō district, 592, 芳町

Yoshida Shigeru, 444, 吉田茂

Yoshiwara, 28, 37, 39, 40, 47, 77, 171–78, *173*, 177, 210, 487, 511, 528, 530, 532, 533, 吉原; after 1923 earthquake, 297, 321–23; festivals in, 175–77; fires in, 77 *and illus.*, 177–78; rebuilding of (after 1911 fire), 178

Yotsuya Ward, 47, 52, 178, 232, 236, 486, 四谷区

Young, John Russell, 51–52, 269, 杨约翰

Yoyogi, 517, 代代木

yo-yos, 320, 悠悠球

yukaihan, 588, "愉快犯"

Yumeji (artist), 252, 259, 竹久梦二

Yumeji girl, 252, 253 *and illus.*, 260, 276, 梦二所绘姑娘

Yūrakuchō Mullion, 559, 563, 有乐町直楗

Yūrakuchō Station, 459, 有乐町站

Yushima quarter, 238, 汤岛游廊

Yushima Shrine, 136, 汤岛天满宫

Zephyr (film), 452, 《微风》

Zero Year celebrations (1940), 382–84, 零年庆典

Zōjōji temple, 222, 增上寺

zoku (tribes), 493–94, 508, 516, 536, 553, 560, 583, "族"

中译本后记

初识本书，确切说是本书最著名的上半部《下町，山之手：东京从江户时代到大地震》(Low City, High City: Tokyo from Edo to the Earthquake)是在李欧梵所著《上海摩登》(Shanghai Modern)的参考文献中，那时候它的中文译名比较窘，被按照字面翻译成了《低城高城：东京从伊豆到地震》。之后我又反复在各种日本文化及东京的介绍和参考文献中看到这本书被提及，知道它是一本名著，但是却一直不见中文译本的身影。

我一直认为，一本名著若是一直无人翻译，其原因大概要么是内容太难，译者们感觉火候不到，不敢接，要么就是存在版权问题无法解决。某日我和做版权代理的朋友邓佳先生聊起此事，本是随口问问，没想到对方真的花了很大工夫把版权谈了下来，并且鼓动我说做吧做吧！于是那时刚踏上编辑岗位、年轻气盛的我想，也对，总要有个先吃螃蟹的人，便不管三七二十一就上了。现在想想还多亏了他的怂恿，不然还真不知道会等到猴年马月。

但事实证明我还是低估了翻译方面的困难，本书的作者是研究日本文学、翻译日本古典文学的名家，可谓是一位"日本通"，无论是书中有关日本及东京的各种传统习俗的描述（真是天文地理、风土人情无所不包），还是作者在介绍东京各个街区时，不时信手拈来地穿插引用日本近现代作家们文学作品中的段落，都极大地考验着译者和校译者自身的水平是不是"跟得上"，一不小心就可能因为相关知识的不备而闹出笑话。

除此之外，本书翻译的另一大困难，正如它的书名所显示的那样"Low City High City"每一个英文词都好懂，但放在一起就是让人摸不着头脑。书名况且如此（由此可见我们完全不能责怪《上海摩登》的中文译本，换作是谁都拿它没辙），更不用说书中的情况如何了。赛氏既是一位日本通，也是一位文学爱好者，他的笔触是富有文学情调的，这既有好处，也有坏处。好处是这使本书读来风趣幽默，引人入胜，不会像一些历史学书籍那样，虽然极其严谨，但枯燥无味。想来如果你翻开一本介绍东京历史的书，一上来就是"东京面积×××平方千米，人口×××万，有环状线×××条，大楼×××座……"想必要倒胃，并且这好似和世界上任何一个大都会都没有区别，而赛氏则绝无此类问题。但坏处是他的这种行文风格往往是"一切尽在不言之中"，不把话说白，而是让读者自己体会其中滋味，这可把译者给累坏了。在此我首先要感谢本书的两位译者：谢思远先生和刘娜女士。我找来的这本书想必给两位添了不少麻烦，真是不好意思。当然我自己也"自食其果"，校译得死去活来，还不得不重译了许多段落。不过虽然这个过程很苦，但因为很有收获，所以还是挺开心的。（套用日本文学的说法是虐得很开心？）我还想感谢译言平台协助我招募译者，并提供了许多帮助。

虽然有这种种困难，我想我还是很幸运的，这不仅体现在能够得到朋友相助谈下版权，能找到愿意接下这艰巨翻译任务的译者，更体现在能够幸运地遇到两位可以请教的"日本通"上。

赛氏说他是在永井荷风的引领下走遍东京的，如果类似的描述也适用于我，那么可以说我就是在本书日译本的译者：安西彻雄先生的引领下才得以完成校译工作的。作为上智大学文学部的教授，安西先生主攻英国文学，翻译了多部莎士比亚的作品如《李尔王》、《威尼斯商人》。如果说赛氏是一位出身英美世界的"日文通"，那么安西先生可以说是一位出身日本的"英文通"，想来也只有这样的两人，才能真正在同一个层面上开展对话吧。安西先生对本书上半部即《下町，山之手》的翻译最初是缩译，之后又加以补全，于1992年12

月由筑摩书房出版"文库版",后来又经讲谈社再版,我校译时参考的版本便是2013年11月讲谈社将其作为"讲谈社学术文库"系列之一出版的《東京 下町 山の手 1867—1923》。至于本书的下半部,校译时参考的是同样由安西先生翻译的《立ちあがる東京 廃墟、復興、そして喧騒の都市へ》,1992年10月由早川书房出版。在此我必须要向素未谋面的安西先生致谢,在本书许许多多疑难段落以及不时出现的文学作品引用上,如果没有他的日译本作为参照,我的校译很可能就只是一种不自量力的挣扎了。当然即使经过了校译,因我本人水平有限,倘若文中仍有谬误或有进一步提高的空间,欢迎各位读者批评指正,因为这不仅有利于本书提高质量,对我自己来说也是一个难得的学习机会。

除了安西先生之外,我还想特别感谢另一位"日本通":我的朋友凌树,她常年来往于日本各地,对日本传统文化特别熟悉。本书在校译过程中遇到的许多涉及日本文化和东京当地的问题,正是有了她不厌其烦地帮忙查证,才得以解决。无论是作者书中提到隆冬适合观赏的一种"亮叶卷心菜"(原文: a bright-leafed variety of cabbage,日译本未收),还是"守廿六夜"时跳出来的"三重影月亮瞬间变为一个"(原文: it emerged in a triple image, presently falling back into a single one),要不是她的热心帮助查证,光靠我本人的学识真是难以搞定。在这个过程中,她的细心和认真也给我留下了非常深刻的印象。此外我还想感谢华东师范大学的徐显芬老师,即使是在学术任务十分繁重的情况下,仍然愿意抽出时间耐心地一一回复我在微信上提出的关于日译本理解方面遇到的问题。

一部城市史不能没有地图,本书也收录了东京历史上各时期的五幅地图,以助读者一窥东京百年来的区划变迁和发展,是非常重要的资料。但也许是因为年代久远,原图的质量非常差,连版权方提供的扫描图也好不了多少。许多地图在原版中是跨页的,以致中间缺失了一条,作者标注的英文和原地图的日文夹杂,极难辨认。在此我要特别感谢本书的美编周清华女士,花费了大量时间和精力处理地图和图例,如果没有她的努力,我估计只能忍痛删掉这些地图,或者麻烦读者在墨团里艰难爬行了。

一本书的顺利出版,不是靠一个人的力量能够完成的。在此我也想对所有协助本书出版工作的同事们表达感谢。最后,我想特别感谢我所在的出版社和历史编辑室。本书编辑出版期间,我的身体状况频发,幸得社里大家的全力支持,得以免去来回奔波的劳顿,一边捧着药碗,一边集中精力于本书的校译和出版工作,真是感激不尽。

现在呈现给读者的这部包含上下部的《东京百年史》,其实最初是独立的两本书,其中《下町,山之手:东京从江户时代到大地震》出版于1983年,《东京崛起:大地震之后的东京》出版于1990年(成书于1989年左右)。日译本则紧跟其后,皆出版于1992年。如今无论是作者本人、日译本的译者安西彻雄先生,还是为本书写序的作者的挚友唐纳德·里奇先生,都已经作古。捧着这本书,我不禁有一种时光如梭的沧桑之感。虽然也许晚了一些,但我很高兴这本书现在终于有了中译本。当然伴随着它的出版,我心中的不安也是如影随形的,虽然在翻译和校译过程中已经做了力所能及的工作,但究竟是否做到了不辱赛氏之名(或者说倘若作者能从天上看到这本中译本,会不会仍然感觉不满意而勃然大怒,就像他对平成年代的年轻人那样一针见血地指出诸多不是呢?)我心里还真是吃不准。我想如果这个译本足够幸运,能够得到读者的认可,不至于被弃置埋没于灰堆,那么在若干年之后,历史也许会给出答案。

校译者　2018年5月　于魔都

图书在版编目(CIP)数据

东京百年史：从江户到昭和,1867—1989/(美)爱德华·赛登施蒂克著;谢思远,刘娜译.—上海：上海社会科学院出版社,2017
书名原文：Tokyo from Edo to Showa,1867—1989
ISBN 978-7-5520-2176-9

Ⅰ.①东… Ⅱ.①爱…②谢…③刘… Ⅲ.①东京－地方史－研究－1867－1989 Ⅳ.①K931.3

中国版本图书馆 CIP 数据核字(2017)第 276352 号
审图号：GS(2017)3244 号

Tokyo from Edo to Showa 1867-1989
Copyright © 2010 The Estate of Edward G. Seidensticker.
Arranged by Inbooker Cultural Development(Beijing) Co., Ltd.

东京百年史
从江户到昭和 1867—1989

著　　者：	[美]爱德华·赛登施蒂克(Edward Seidensticker)
译　　者：	谢思远　刘　娜
校 译 者：	曹艾达
责任编辑：	曹艾达
封面设计：	周清华
审 图 号：	GS(2017)3244 号
出版发行：	上海社会科学院出版社
	上海顺昌路 622 号　邮编 200025
	电话总机 021-63315900　销售热线 021-53063735
	http://www.sassp.org.cn　E-mail：sassp@sass.org.cn
照　　排：	南京前锦排版服务有限公司
印　　刷：	上海颛辉印刷厂
开　　本：	890×1240 毫米　1/32 开
印　　张：	22.75
字　　数：	605 千字
版　　次：	2018 年 9 月第 1 版　2019 年 5 月第 2 次印刷

ISBN 978-7-5520-2176-9/K·425　　　定价：89.00 元

版权所有　翻印必究